Lignée Baeske (Basse-Lusace)

Friedrich Christian — *épouse en 1893* — **Hedwig**
* 1876 † 1908 — * 1870 † 1941 (fin de l'automne)

Friedrich Heinrich Werner — *épouse en 1922* —
* 26.01.1896 à Thalov † 24.12.1984 à Berlin
Jardinier & garde-chasse chez von Dorset, commerçant

Frères & sœurs : . **Friederike** — *épouse en 1919* — **Paul Karge**
* 1893 † 1964 — * 1902 † 1958

Peter-Paul
* 1930 † 1989 (suicide)

. **Johannes**
* 1900 † 1916 (mort à la guerre)

August Adam — *épouse en 1935* — **Theresa Müller**
* 1901 à Altendorf — * 1911 à Altendorf
† 24.12.1939 (assassiné) — † 1941 (suicide)

Georg Heinrich (Ferdinand) Adam — *épouse le 07.03.1960* — **Henriette**
* 1935 à Altendorf — * 1936 à Mathildenbourg † 2000 à Berlin

Sœur : . **Felicitas (Lizi, Feli)**
* 01.09.1939 à Altendorf

Les « Jumeaux » :

. **Henry** — *épouse en 1992* — **Dorothea**
* 16.11.1960 (bulletin de naissance officiel) † novembre 2006 Germaniste — * 1963 à Francfort-sur-le-main Journaliste

. **Corinna** — *épouse en 1985* — **Dieter**
* 16.11.1960 Ophtalmologue — * 1950 Ingénieur (et collectionneur de pierres)

Laura (la « Crêpe »)
* 1985 à Berlin

Amie d'Henriette : **Dora** — *épouse* — **Roland**
* 1935 — * 1935 † 1995 (cancer du poumon)

Lignée Schneidereit (Prusse orientale)

Henry — *épouse en 1890* — **Ursula**
* 1865 † 1948 — * 1872 † 1926

Johanna
* 21.11.1891 † 22.12.1974
Dame de compagnie chez von Dorset

Frères & sœurs : . **Wilhelm** — *épouse* — **Elfriede**
* 1898 † 1943 (mort à la guerre) — * 1905 † ?

Père : . **Konrad Wernstorf**
Mère : . **Helene**
Sœur : . **Hilde**
* 1903 † ?

. **Anna**
* 1926

Fille : . **Susi**
* 1950

. **Bertha**
* 1928

. **Joseph**
* 1900 † 1943 (mort dans le Caucase)

Les Jumelles : . **Pauline**
* 1910 (réside à Lübeck après 1945)

. **Waltraut** — *épouse* — **Karl**
* 1910 — (prisonnier de guerre des Russes, porté disparu)

Petra — *épouse en 1958* — **Rudolf**
* 1935 † 2008 — * 1930 † 2007

Ralf
* 1960

Frère : . **Reinhold**
* 1937

— *épouse en secondes noces* — **Gustav**
(réside à Bad Bentheim après 1945)

Amie de Johanna : **Isolde Przemysl**
* 1895 à Przemysl (Pologne) † ? (assassinée à Theresienstadt)

LE SILENCE

Reinhard Jirgl

LE SILENCE

Notes et traduction de l'allemand
par Martine Rémon

Quidam éditeur

Note de l'auteur
Par respect pour les personnes vivantes ou celles décédées depuis, tous les noms (personnages, villes et rues) ont été changés.

Note du traducteur
Les mots ou expressions suivis d'un appel de note renvoient aux notes rassemblées à la fin du roman (p. 603-609). Ces notes apportent des éclaircissements sur certains aspects, mots étrangers, abréviations, détails pratiques, références historiques, sociologiques et politiques.
La présente traduction est le résultat d'une collaboration minutieuse entre l'auteur et sa traductrice. Elle a permis de mettre à jour certaines inexactitudes que l'auteur a pris le soin de rectifier. Ces corrections ultérieures peuvent expliquer les différences entre la première édition originale et la traduction ci-après.

Publié avec l'aide de la Fondation des Arts (Düsseldorf),
Land de Rhénanie du Nord-Westphalie,
dans le cadre de « Dialogues en littérature ».

DIE STILLE

LE SILENCE

ISBN : 978-2-37491-053-6 / ISSN : 1779-7888
Dépot légal : octobre 2016

www.quidamediteur.com
Diffusion-distribution : Harmonia Mundi

Conception graphique de couverture : Hugues Vollant.
Le logo est de Mœbius que nous remercions de sa générosité spontanée.

Qui fut malchanceux de ne pas mourir jeune
sans caractère pour s'ôter la vie
de bonne heure
– né trop tôt et encore vivant trop tard –,
son avenir sera de vieillir.

Georg Heinrich Adam, médecin

Ce livre est dédié à l'avenir.

Premier Livre

COUVÉE DE CENDRES

1

Photo 1 *Werner, sa fille Henriette assise sur ses genoux, dans l'appartement de Mathildenbourg, 1942*

Août, encore un mois plein de chaleur à Berlin, en l'an 2003. Le pouls de l'après-midi ralentit, l'heure retient son souffle. Grillée depuis dessemaines desjoursédesnuits. Lesoleil – voilé, gris blanc son éclat, sans ombre é plombé. Le ciel un toit de fonte chauffée à blanc tendu sur Laville, sous lequel de lourdes émanations fermentées pèsent dans une année trop mûre. Échappées des tunnels de l'U-Bahn, des moufettes de produits désinfectants, bonbonsuaves & prononcées, découpent en été chimiquement fané la brume compacte qui couve. Une chair se traîne nonchalante le long des maisons fournaises – sur l'asfalte pâteux – à travers le bloc vitreux de Ville&sueur. Des semaines torrides ont changé l'atmosphère en immobilité huileuse é pourrissement des Tropiques. Mais 1 simple fissure : et Lorage éclatera, mugissant comme à la crevaison d'une digue.

Des gens, 1 grand nombre d'entre eux paraît me dépasser en âge, se meuvent péniblement le long de l'allée du cimetière. (Perceptible de temps à autre à travers le feuillage des arbres&buissons flétris par la chaleur le gémissement des trains de la S-Bahn, comparable à de l'air chaud comprimé compressé dans le bloc de la ville.) On dirait que tous=nous pataugeons dans une masse gélifiée ; les fleurs avides d'air frais ouvrent leurs calices. Me précédant sur l'allée de dalles, Max le cocker spaniel, presque aussi vieux que moi avec ses dix ans d'âge canin convertis en âge humain. La main de fonte de la chaleur l'écrase lui aussi, – il se traîne de l'avant, haletant. À vrai dire, il est interdit d'emmener promener les chiens dans les cimetières. Mais ç'est chose courante partout. Les gardiens nous laissent faire, Max é moi ; sans doute donnons-nous l'impression d'être tous=les=deux en route vers le silence originel, é: il est déconseillé de vouloir en dévier quiconque. – Max me lance parfois un regard provocateur, comme si ce qui se déroulait ici=au-cimetière tenait d'une compétition entre 2 vieilles créatures, les morts installés dans les tribunes, et qui perd Ici a Tout perdu à=jamais –.– À cette époque de l'année jusqu'il y a trois ans, quand j'avais encore mon cabinet médical, ces quelques semaines de congés, citadelle d'heures oisives, me semblaient rétrécir à vue d'œil, s'effriter implacablement – & les lueurs crues du rappel au Devoir du Travail m'envahissaient dès le matin, l'ultime instant de temps libre sombrait dans la morosité brun poussière à l'amorce du dimanche soir. *Tu te moquais de ma tristesse de fin de vacances, qui remontait à mon enfance ; Henriette, aujourd'hui aussi je suis en-solo avec elle. Qui n'est plus que la douleur fantôme de toutes ces années révolues où j'ai pratiqué la médecine. Il y a 3 ans, à la douleur fantôme s'est ajoutée la douleur véritable. Elle nous lie tous=les=deux, toi Henriette moi, solidement=ensemble par-delà ta mort. Tu es restée belle même dans la vieillesse. Tu as su vieillir sans perdre ; une femme affichant son caractère au-fil=des-ans. Rares sont les gens qui acquièrent un visage humain. Plus rares encore ceux qui le conservent. Tu as été de ceux-là. Et libérés des devoir&chargedetravail, nous=deux aurions pu exhumer le commencement de notre vie des gravats ordinaires Dézannées, comme des havres enfouis de l'enfance. Redevenirenfant dans sa vieillesse, tant que le Count-Down de la vie nous l'accorde encore. – Ton souffle fut trop court, Henriette, à peine six mois te furent comptés pour ton temps d'enfance renouvelé. Et demeure en moi le sentiment non pas que tu m'aies abandonné, mais que c'est moi qui !t'aie abandonnée en m'attardant=ici..... – De l'eau, tiède & qui coule avec parcimonie du robinet de la fontaine, que je répands maintenant avec l'arrosoir sur ta tombe – goulûment avalée par la terre poussiéreuse, comme si, en allée de ta vie, tu avais rejoint les plantes dans la poussière. Et que désormais tu appartiens à la terre. (Repose en paix.)*

–Te revoilà encore à penser à !elle. – :Le martèlement de la voix cassante de Felicitas – je lève les yeux vers ma sœur : elle se dresse devant moi comme 1 pieu, drapée dans son tailleur foncé (à motifs de fleurs grises, scintillant mollement dans la pénombre telles des immortelles de fer sur des clôtures). À travers la pièce qu'obscurcissent les stores, elle me toise de son regard inquisiteur. Un obscurcissement qui semble rimer pour elle avec fraîcheur, bien que le soleil ait disparu depuis le matin é se soit fondu dans le ciel de plomb.

Vifs les yeux de Felicitas, même dans le clair-obscur de la pièce, & de cet éclat énergique que les Vieillefilles savent parfaire après avoir livré il-y-a-bien-des-années l'Ultimebataille contre la sécheresse de leur vie personnelle & s'être accommodées d'1 solitude charnelle comme seules certaines femmes y parviennent : 1 soumission sans résignation. De sorte qu'au-fil-du-temps – depuis que j'étais, & d'une certaine façon elle aussi, entré par mariage dans la famille d'Henriette – ma sœur s'était transformée en pince obstinée=tenace qui, d'une main ferme & aussi entêtée qu'une gardienne de dynastie, maintenait serrée cette famille dont les composantes humaines semblaient souvent témoigner 1 parfaite indifférence les unes envers les autres. Attitude qui, dans ce familiboîtier, finit par valoir à cette femme le sobriquet de *Vierge de Fer* et, à une fête réunissant chaque été le clan dans le jardin familial près de Weißensee, Henry, le grand-père par alliance, faisant allusion à la date de naissance de Felicitas le 1er septembre 1939, avec l'excentricité qu'on lui connaissait, lança par-dessus-la-table : *Laguerre vint avec la Bienheureuse.* Et il y était allé de son éternel vieux couplet sur son histoire (parce qu'à l'instar de bien d'autres de sa Géné-Ration il avait écopé de sa part de-guerre, & ils trimballaient désormais cet héritage avec eux, en ce sens qu'ils En parlaient à la moindre occasion). –

–?Es-tu venu pour aller !la voir au cimetière ?ou es-tu ici parce que je te l'ai demandé. – La voix de Felicitas retrouve cette intonation de bois brandebourgeoise qui confère à ses mots en quête de sérieux absolu cette implacabilité qui lui est propre. –Et je crois bien que tu pleures à nouveau. !Ressaisitoi. Je ne !supporte pas les hommes qui pleurnichent. Henriette est morte, ça fait 3 ans ; ton sacrifice, comme toujours=chez-toi, arrive trop !tard.

Elle a prononcé la dernière phrase, un quasi-triomfe, sur le ton expérimenté des vieilles=esseulées qui assistent dans la chapelle ardente du cimetière à toutes les cérémonies funèbres annoncées, avec une pré-dilection pour les inhumations catholiques (elles promettent un déroulement plus compliqué) & qui, routinières telles des maîtresses de cérémonies des pleurs, participent aux rituels de cet acte, animées d'une faim=des-honneurs carrément sportive, en ce sens qu'elles sont toujours les 1res à la lisière de cette communauté rassemblée de bric et de broc à produire lever&sasseoir, inclinerlatête&joindrelesmains, et toute autre gesticulation corporelle accompagnant ce rituel funèbre de commande à la cadence d'1 à la ½heure. Mue par la même faim-des-honneurs, Felicitas ne manquera pas cette nouvelle occasion de vouloir m'éduquer = m'inciter à ordre&contenance : ma sœur de 64 ans, fidèle à son métier d'ancienne & éternelle enseignante.

Aux temps de la ErDéA nommée certes professeur de lycée en dépit de sa fidélité inconditionnelle à la foi chrétienne, on avait toutefois estimé avoir satisfait ainsi à son honneur & avancement, de sorte que du point de vue professionnel cette nomination s'avérait être un butoir plutôt qu'1 rail de carrière ; On voulait se séparer d'elle é: On n'arrivait pas à s'en débarrasser, alors On l'avait distinguée avec cette nomination pour mieux lui jeter la pierre, dans l'espoir qu'elle s'effondre. En vain. Quand la pierre frappe toujours au même endroit sans tuer – elle finit par endurcir. Après Le-Tournant, à cause de ce titre de *professeur de lycée*, elle fut d'abord soupçonnée de *proximité avec le système*. Mais on ne trouvait nulle part de documents confirmant ce soupçon, c'était même plutôt l'inverse é:, confrontée à la campagne de dénigrement contre 1 collègue (un de ses plus grands adversaires-d'antan, qui avait strictement tout pu nier par suite de l'échec du déchiffrement, mais qui sur la foi de certains-dossiers=établis était soupçonné comme collaborateur inofficiel « I.M. Rat d'église » d'avoir avec son appareil sensitif gluant espionné au-fil-des-ans l'inflexible Puritaine pour le compte de-l'État via l'1=de-ces-cryptopédés d'officiers traitants), elle s'éleva de surcroît contre le renvoi qui menaçait cet homme, avec cette implacabilité sans faille conforme à sa morale, armée de tout le verbiage chrétien du bénissez-vos-ennemis. Et Felicitas n'eut de repos que lorsque ce collègue=ennemi, sans reproche, fut entièrement réhabilité. Ce qui permit à celui-ci de rester-en-poste. Mais en remerciement, & sans plus de façon, le nouveau directeur du lycée, qui ne comprenait rien à ces disputes&chambards autour de cette chierie=de-Zonest et que cela répugnait, étiqueta Felicitas comme *rigoureusement impropre* à enseigner – car peu importe l'époque, et pour savoir ce qu'est la soumission, un Saül clamant être devenu Paul vaut largement=plus pour l'Autorité qu'1 Jean-Baptiste condamné à perdre sa tête pour avoir tendu obstinément le cou vers n'importe quel Pouvoir : sale-fumier-ou-fin-limier=de=la-Staasi, dans Cepays-ci aussi chaque porc retrouve son auge. – ?Mettre à profit le manque d'enseignants, ?changer d'établissement : du=reste, avec ses 58 ans comptant depuis longtemps au nombre des-morts sur le marché-du-travail, On ne fit auc-1 obstacle lorsque, fatiguée des mêmes=sempiternels différends & impitoyables mesquineries dans les brumes crayeuses de l'école, cette femme déposa pour finir une demande de départ à la retraite anticipée.

Ma sœur dés-armée, depuis qu'elle a été privée de son métier d'enseignante, 1 rôle tenu & répété des décenniesdurant, lève vers=moi (son frère plus âgé de quatre ans) ses durs yeux clairs pleins d'énergie pédagogique mise en sommeil : –Au lieu de courir au cimetière, tu ferais mieux de te préparer pour ton voyage demainmatin. Après tout, tu n'es pas le 1er vieilhomme à avoir vu sa femme partir avant lu – (son toussotement le cri d'1 pie.)

Naturellement, une fois encore, cela lui remettait en tête l'histoire du grand-père par alliance Henry Schneidereit ; 1 homme au visage de musaraigne é moustache broussailleuse tirée au cordeau débordant sur ses joues creuses qui, après la mort de sa femme en 1926 – il avait alors 61 ans & sentait *son heure proche* –, fit creuser sa tombe à côté de celle de son épouse & chaque jour ou presque, & par tous les temps, il se rendait au cimetière afin de vérifier la bonne tenue du trou, retirait parfois la terre effondrée en sautant dans son futur tombeau la bêche à la main pour le remettre en état en prévision du *Jour J*. Or, il restait en vie é: ne parvenait pas à mourir. Le Jour J vint enfin, mais autrement que prévu : Laguerre & les-Russes arrivèrent jusqu'aux environs de Gumbinnen, & le veuf s'enfuit à l'automne 1944, d'abord chez ce qu'il restait de deux familles à Thalov où, depuis-des-années, Hedwig, la propriétaire du domaine, qui reviendrait au lendemain de sa mort en 41 à sa fille Friederike, avait tout simplement – pour de très particulières raisons – intimé à tous les parents encore vivants de s'y rendre –, pour finir (puisque personne ne pouvait échapper à Laguerre ni aux-Russes) par échouer à Mathildenbourg : de sorte qu'il ne rejoignit jamais sa tombe sur laquelle il avait veillé duranttant-d'années. *Mais il n'était pas le seul alors à s'être fait arnaquer de sa vie et de sa tombe par-dessus le marché : il partageait ce sort avec environ Soixantemillionsdegens.* Et parce qu'ici=dans l'appartement de Felicitas *l'appartenance familiale* traîne dans l'air rassis de vieillefillerie comme les fruits décoratifs é poussiéreux sur la table & la commode, elle s'empresse d'ajouter : –Il te reste toujours tes enfants = !notre famille.

–Merci de me le rappeler. Sans toi, je !les aurais vraiment oubliés depuis longtemps. Mais aller-*courir*-le-cimetière, là n'est pas la question, é: encore moins aujourd'hui. Et dans le clair-obscur de la pièce, ma main dénie, nerveuse é comme taillée dans un bois d'une pâleur de cendre (:Ma main 1 mémento desséché –:– é: dire qu'hier encore elle était celle d'un !30tenaire). Sourire – un mouvement inattendu perçu à la commissure des lèvres. Sourire, seul (car sa-vie-durant La Professeur de Lycée s'était montrée résistante à l'ironie comme 1 prolo). Et ma main devient l'éventail embarrassé agitant l'air étouffant de la pièce en quête d'1 souffle rafraîchissant.

–Tu dis : mes enfants = notre famille : et tu oublies Max. !Max, tu sais bien qu'il !est Laseuleraison qui fait que demain je –. – Et je n'achève pas non plus cette phrase, comme biendesphrases entre nous depuis longtemps déjà. Je gratte le pelage du chien couché à mes côtés, haletant, il lève vers moi ses yeux affectueux.

Ma sœur réplique d'un sanglot qui, devant l'obstacle enfin atteint et pour lui pareillement insurmontable, force l'être le plus déterminé à reconnaître ses limites. Mais elle ne serait pas ma sœur si elle ne savait tirer=profit de cette impasse. – Elle traverse comme une flèche l'ombre chauffée de poussière trouble de sa chambre de vieille femme, va à l'armoire en acajou, sort un objet du tiroir et revient vers la table.

–Demain, quand tu rencontreras Henry à Francfort : tu lui remettras Ceci. – Et elle me tend un album de photographies relié dans un cuir sombre, si friable qu'il a au toucher la douceur de la flanelle – non : elle le !pointe vers moi comme 1 rapière.

Elle a manifestement mûri un certain=plan depuis-Longtemps ; ses gestes ne m'autorisent à auc-1 répartie. Ma sœur est assez maligne pour savoir qu'il m'est dès lors impossible de repousser sa demande inacceptable, cet album de famille naguère commencé par la belle-mère Johanna pour ses petits-enfants, les dits jumeaux Henry & Corinna, une suite de photographies noir&blanc avec d'énigmatiques sauts entre les époques. Felicitas peut compter là-dessus, c'est exactement=ce qu'elle vient encore à l'instant de me reprocher de sa voix sèche qui servira désormais ses intentions : ma douleur inconsolable de la mort d'Henriette.

Photo 2 *Henriette (s'étirant dans le fauteuil), dans l'appartement de Mathildenbourg, 1942*

Les deux premières photographies montrent Henriette en 1942 (âgée de 6 ans alors), Laguerre n'a pas encore refoulé jusque dans la Marche de Brandebourg, bien que mainte ville allemande et ses habitants aient déjà brûlés dans le ressac des bombes-incendiaires-alliées – pour, semble-t-il, effacer par Cètemasse de Mort Unefaute imputable comme toute faute à 1 petit nombre, é: qu'auc-1 bombe n'est jamais parvenue à effacer. De sorte qu'en-vérité=lesfeuxdesbombardements servaient=des-desseins autrement plus s1mples que, disons, la destruction-par-le-feu de la faute ou la libération d'un peuple entier de sa nuit séculaire grâce aux nuits embrasées : ils ne servaient qu'1 but, le même que poursuivent coûte-que-coûte & à-toutes-les-époques toutes-les-armées-du-monde, à savoir gagner Une Guerre ; & qui visera avec une cruauté maximale, sans la moindre pitié & le plus longtemps possible les desseins de la Guerre en frappant fort, celui-là la-Guerre gagnera.

Henriette donc, à 6 ans, assise sur les genoux de son père, le jardinier qualifié Werner Baeske, lequel sur ces photographies, comme cela se faisait avant-guerre, porte dignement une veste sombre & un costume identique, une cravate à motifs & de la poche de poitrine pointe *gentlemanlike* le mouchoir et ses 2 bouts pliés, le regard tourné vers sa fille comme vers un cadeau convoité, un sourire fier sur son visage d'éternel jeune homme. Et puis ses lèvres épaisses, qui jurent avec des traits masculins, é ses grands yeux ronds : n'exprimant ni l'effroi ni l'étonnement, plutôt la préoccupation=de=soi, le défaut d'un caractère-entier absolument enclin à se-donner-de-grands-airs, é celui de l'excentricité (aussi contagieuse que la méningite), afin d'être é demeurer en=soi dans Unmonde de Guerre-Perpétuelle, faudrait-il pour cela faire le tour de la Terre – :Ces yeux = son héritage = la malédiction de la famille. Ou: plutôt la tare généalogique, le défaut de-tissage&d'écriture dans la bénédiction familiale – qui, comme cette fièvre uniquement contagieuse de génération en génération, contamine pareillement tous les descendants, ceux de la lignée paternelle originaire d'1 patelin du nom de Thalov sis à la périphérie nord de la Basse-Lusace (une région qui sera défigurée plus tard par l'exploitation à ciel ouvert du lignite), et ceux aussi de la lignée maternelle, ces Schneidereit de Gumbinnen en Prusse orientale, les infectant tous de cette marque de Caïn : ces yeux ronds & grands, – non pour absorber en=soi le maximum de connaissance du-monde, mais, derrière ces regards pleins d'obstination à vivre & levés comme des boucliers, d'être-é-demeurer=en=soi, avec cette forme de fierté & de fidélité qui sait facilement déjouer la raison, comme n'en sont capables d'habitude que les zadolescents dans la dé-raison de leur premier amour enflammé. Sans doute est-ce la jeunesse permanente de cet homme que la fillette de 6 ans a perçue é qui sur ces photos l'amène à se blottir avec confiance contre son père comme une chatte.

Sur la deuxième photo de la même page cette enfant seule, sans doute à peine quelques instants plus tard & photographiée par=son=père : un corps rondelet de fillette, boutonné dans une douce robe tricotée, adossé contre un gros coussin brodé de motifs floraux, la petite main droite posée sur le ventre, le visage – sous une frange de cheveux blond cendré, yeux nez lèvres empreints d'une gaieté enfantine en=harmonie avec les traits délicats pleins de sérénité – légèrement incliné é engageant, faisant ainsi de chaque contemplateur un camarade –.– J'avais regardé un nombre incalculable de fois ces deux photos, vieilles de plus de soixante ans désormais, car ce sont là les mêmes traits qu'Henriette avait su conserver, malgré son avancée en âge, comme la composante la plus personnelle de sa fidélité aux origines. *Et chaque mort est une mort violente, la tienne aussi, Henriette ; elle doit être vengée. De ?qui : dans ce monde=incommensurable de-la-Mort ?où trouver !le seul-é-unique coupable de la !tienne : celui qui par sa faute mérite la=sienne. Où se terre l'assassin qui veut faire de moi son meurtrier. L'histoire du meurtre est celle de l'amour perdu – S'y consument les flammes noires de tout inachèvement..... encore et encore jusqu'au prochainmeurtre – etc. –*

–Tu as parlé ? – Felicitas me regarde d'un air scrutateur.

–!?Aurais-tu l'intention de refuser de remettre à Henry – (elle marque 1 pause) –à ton fils ce souvenir de famille pour son voyage outre-Atlantique. En dépit de tout ce qui vous sépare depuis toujours, tu ne ?!manqueras pas de !cœur au point de l'En priver. Quand il sera de l'Autrecôté=Enamérique, il doit savoir qu'il a encore Unefamille qui ne l'oublie pas, et qu'il peut venir la retrouver à tout moment si nécessaire. Il faut qu'il !Le sache & !tu lui remettras cet album. – Elle me jette ses regards de gouvernante professe=orale pour vérifier que j'ai bien compris sa leçon.

–Oui Lizi.

–Et demain, quand tu partiras – parce que tu !partiras, ?n'est-ce-pas. –Son regard scrutateur vif & pointu fendant le clair-obscur *(:C'est vrai, l'idée de ne pas tenir cette promesse ne m'a pas effleuré ; je ferai le voyage Felicitas, tu peux compter là-dessus ; car j'ai tout=prévu ; je n'ai rien laissé dans le vague, qui relève de mon héritage. À mon âge chaque voyage risque de finir en Grandvoyage –.)* –Demain matin donc, à l'heure de ton départ – (j'entends à nouveau la voix sèche de ma sœur car elle n'en a pas encore fini avec son examen) –à supposer qu'il te vienne l'idée de ?laisser cet album « par hasard » & de ?l'oublier. Tiens : !prends. –

L'album pèse lourd dans ma main. *Et ces grands yeux, l'héritage familial, je devais aussi les retrouver chez ma fille Corinna, de sorte que les deux premières photographies de cet album, prises à trente ans d'intervalle, pourraient autant être celles de=cette enfant –, et maintenant que tu es morte Henriette, vous regarder toutes deux est pour=moi une seule é même douleur, comme si ma fille avait désormais disparu elle aussi de ma vie* –:– Cette enfant au caractère=volontaire qui Toutepetite déjà se tenait cachée dans l'appartement, craintive comme une chatte, jusqu'à ce que les visiteurs venus à la maison soient repartis – et même un peu plus longuement par sécurité ; les cris supplications menaces étaient sans effet : elle restait dans sa-cachette ; et un jour d'été (la petite devait avoir aussi dans les 6 ans à l'époque), après avoir interrogé les voisins &

les promeneurs qui venaient à nous=pris-de-crainte, n'avaient-ils pas vu 1 petite fille –, désemparés=désespérés & complètement défaits, Henriette & moi voulions renoncer à la chercher é prévenir la police, lorsque, le soir déjà bien avancé, je découvris enfin cette enfant : dans le garde-manger entre les pots de grès, conserves, tresses d'oignon, à attendre debout depuis-des-heures silencieuse dans sa robe claire amidonnée : deux grands yeux ronds me fixaient depuis la souillarde é la bouche dans le petit visage était plissée comme une cicatrice mal recousue, non pas tant sous l'effet de la peine enfantine éprouvée sur le moment, mais plutôt caractéristique de cette clairvoyance dans le noir propre aux enfants seulement : *sans espoir, é me voilà –.– Non, je ne l'oublierai pas « par hasard », comme tu voudrais me l'attribuer à tort, Lizi, & je ferai passer au « fils » cet album d'esprits-volontaires, d'excentricités & de solitude rassemblés. Mais je crains qu'à son départ pour les États-Unis dans quelques semaines, il réagisse !exactement ainsi : qu'il considère désormais cet album comme 1 vestige vestimentaire de l'enfance, que des ascendants s'acharnent à conserver dans leur volonté de ligoter de fatalité leurs enfants montés-en-âge dès leurs premières années révolues, comportement à la fois ridiculement tragique & follement repoussant ; – c'est !lui, Lizi:, !qui ne l'emportera pas, afin que tout le ballast d'un passé funeste disparaisse en même temps que le débarras de son appartement, comme une malédiction enfin effacée fait tomber en poussière les fantômes –. À sa place, c'est en tout cas ce que je ferais. Mais je suis l'émissaire en service commandé destiné à remettre ce récupérateur de chaleur familial & je ne m'épargnerai pas de prêter le flanc à la parfaite indifférence de ce « fils », je remettrai à cette créature toujours pour moi étrangère & tenue à distance les 45 pages de gros papier brun velouté encollées d'une mort 100 fois figée (car la plupart des gens sur les photographies ne vivent plus depuis des lustres). Je le ferai à contrecœur é: demain à Francfort confronté à ce « fils » dans mon mauvais rôle de Vieux ringard (qui jadis creusa un profond fossé autour de lui, afin que la confiance enfantine=naïve du garçon gèle à-chaque-fois dans les eaux glaciales du rejet paternel – un père visiblement adouci par l'âge é sans cesse au bord des larmes comme 1 de ces dictateurs décatis ayant survécu à leur dictature & qui au novembre de leur vie essaient désormais de parsemer d'étoiles chaque homicide, aidés du givre de l'âge –: aux yeux des descendants=d'aujourd'hui rien sinon un objet de dégoût & d'aversion ironique), je m'humilierai devant lui & je l'aiderai ainsi à assurer le triomfe personnel qu'il attend depuis de silonguezannées. (Car ma douleur enclose dans l'album est la seule Authentique, et ce qui me reste de plus précieux dans le Devoirvivrencore.)* Mais assurément d'auc-1 valeur pour lui, Henry, mon « fils » et ses 43 ans désormais *(son titre de jumeau de Corinna, il ne le doit qu'à ton caractère-opiniâtre, Henriette)*. Henry, disions-nous, docteur en germanistique, qui sur les brisants de sa 43e année – chez certains hommes un des écueils les plus dangereux de leur vie – cherche toujours=&=encore le Paradis, son regard de chouette derrière des lunettes en nickel, & qui prétend maintenant L'avoir trouvé en Caroline du Nord, où il s'administrera les cellules fraîches de l'avancement professionnel (comme il dit) à la Duke University de Durham. Et dire que son dernier échec remonte à 4 ans à peine : les hormones l'avaient alors rendu fou &, au bout de 8 ans de mariage, toutesaffairescessantes, il s'était senti obligé de quitter sa femme pour une étudinde de son cours, mijaurée & mangeuse-de-cru ; – mais à peine 3 mois plus tard l'aromance tourna à l'aigre-sans-huile & sans y aller par 4 chemins la délicate petite chérie le ficha dehors ; – il vint ensuite nous trouver=à-la-maison, à plat ventre é geignant, n'avions-nous pas 1 lit à lui offrir, 1 gîte, *après-tout-je-suis-votre-fils* & blablaba –.– À l'époque, Henriette souffrait déjà du cœur, on avait parlé d'opération & de pontage ; mais elle s'était résignée, avait accueilli chez nous ce tas de lamentations & pris soin de lui *(je ne disais rien car il me semblait que chaque mot prononcé aurait rendu les choses encore plus terribles pour Henriette)*. Et après que Dorothea, son épouse (une femme étrange, silencieuse), l'eut repris chez=elle, voilà que Môssieuledocteur veut fuir le paysage de sa vie ratée & montrer de !quel bois il est fait. Mais sa dernière défaite : il ne !l'a pas surmontée, é: c'est certainement l'unique raison qui l'a fait me convoquer à Francfortsurlemain par les soins de Felicitas, mais pardi, !non pour !me voir, moi son père, une dernière fois avant son départ pour les États-Unis, é: surtout pas pour une réconciliation.

–Non, Lizi. Je ne « l'oublierai » pas : je le lui transmettrai. – Dis-je dans cette pièce d'une voix ferme au pieu d'apparence humaine & en tailleur d'immortelles planté dans l'entre-chien&loup suffocant d'un dimanche après-midi, – soudain conscient du double sens de la phrase que je viens de prononcer. Et je me penche vers le chien couché à mes pieds (afin que Felicitas ne voie pas mon visage), gratte son pelage dru marron foncé, é sens le regard méfiant de ma sœur peser sur moi en même temps que la touffeur de l'après-midi. –

Elle hésite un instant – ?a-t-elle elle aussi relevé l'ambiguïté inconsciente de ma phrase *je le lui transmettrai*. Mais, obstinée comme elle l'est, ma sœur semble manifestement décidée à croire que !cette fois je garderai mon calme avec mon « fils » & que je lui transmettrai pour=de=bon la collection des 100 photographies – les plus anciennes avoisinent les cent ans. Peut-être la candeur sans-malice de Felicitas, une des caractéristiques surprenantes de certains individus conjointement à leur attitude rigoureuse, lui ?a-t-elle réellement ?masqué l'intention manifeste de mon « fils » de m'humilier avec cet Aller-à-Canossa. Et que, au contraire, elle persiste à se sentir comme liée par Un Serment fait à Johanna, morte il y a bientôt trente ans, la seule avec qui elle se soit jamais entendue dans cette famille, avec leur souci partagé de maintenir la cohésion du groupe.

2

Photo 3 — *Werner, sa fille Henriette assise sur ses genoux, dans l'appartement de Mathildenbourg, 1942*

Johanna, 1 sorte de Mère Courage – dont le 1er frère Wilhelm & peu après le 2nd, Joseph, étaient tous les deux tombés comme Volontaires de Guerre en Russiequarantetrois – continuait de faire la brave. Et n'ayant pas de fils à envoyer se faire tuer, elle expédia encore au printemps 45 ses deux sœurs Pauline & Waltraut comme auxiliaires dans l'armée de l'air. Qui se montrèrent assez malignes pour s'évaporer dans la nature leplutôtpossible –; Pauline chez des proches à Lübeck, Waltraut chez une cousine à Bad Bentheim – & entre-temps, dans les vestiges des deux villes, parmi les maisonstalagmites fumantes, les bombardés, les expulsés & hordes de réfugiés, étaient arrivés les-

Américains. Réfugiés à leur tour, Johanna, suivie de son père Henry (le même qui à Gumbinnen veillait chaque=jour sur sa tombe déjà creusée, pour finir par tout de même devoir l'abandonner dans sa fuite devant les-Russes), resta finalement cantonnée à Mathildenbourg avec sa croix=des-Mères – & devrait attendre Lejour où elle croiserait ton chemin, Felicitas. À chac-1 la sienne : 1 croix remise par le-Pays (un morceau de tôle é un ruban chamarré) parce qu'ON avait fait erreur en tenant Wilhelm é Joseph pour les fils de Johanna + 1 croix de bois remise par-l'Église (un personnage sculpté cloué dessus) = 2 femmes, différentes dans leur entêtement, semblables dans les têtes.....

Mais il manque toujours une dernière composante pour parachever un caractère, même entier, comme manque dans cet album la dernière photo sur la toute dernière page : la n° 101, – détachée un jour par quelqu'un – ?pourquoi. On l'ignore. Elle manque, seuls les coins collés sur le papier témoignent de l'existence passée d'une photographie. *Et il semble dès lors qu'une chance soit donnée à chac-1 d'entre nous Encorevivants d'entrer dans cet album familial des Morts et de devenir soi-même cette dernière photo disparue –*

[– Pour cela, il te reste encore un jour et demi –] : (!?Qui va là, ?d'où vient soudain Cètevoix – ?Qui parle) – –

–C'est lourd. – Dis-je alors pour me ressaisir & je soupèse la chemise cartonnée entre mes mains, tandis qu'une surdité, comme par surcompression subaquatique, écarte loin de moi ma voix et ce que ?moi-seul=je viens d'entendre à l'instant. (Louchant en cachette vers Felicitas : *?a-t-elle ?aussi entendu Cètevoix.*) Felicitas a regagné le fauteuil dans l'angle à côté de la plante verte foisonnante, elle est assise silencieuse comme un monument à la Nature. Pazunmot de plus. À présent, même ses regards ont sombré dans le clair-obscur plomb trouble de l'après-midi –. –C'est lourd. – Dis-je encore 1 fois dans la touffeur assourdie de la pièce.

Silence é chaleur repue de poussière.

Pour la 1re fois depuis-très-longtemps je me languis de la voix de ma sœur, qu'elle me parle pour m'alléger du poids de cet album de famille bourré de toutes sortes de souffrances gens colère invincible travail société guerre passion sans retour é à-côté-dessus-dedans l'abyssale bêtise=humaine insondable & empêtrée dans sa propre éternité noire. *Qu'elle parle enfin – qu'elle fasse entendre sa voix d'éducatrice qui se ne se fatiguait presque jamais, qui ne lâchait pas avant d'avoir par le martèlement de son discours enfoncé dans ma cervelle irréconciliable jusqu'au dernier clou d'1 Commandement aux Bienséances – !impossible d'imaginer cette voix ivre de chant –, et devrait-elle entonner les strofes de l'hymne national, elle modulerait chaque vers sur une note amère-chagrine, consternée & soucieuse de tout-éduquer, au point qu'il deviendrait presque insupportable d'écouter longuement cette Euménide protes-Tante, un exercice qui s'avérerait aussi pénible & finalement sans intérêt, que l'est celui de vouloir se frayer 1 chemin d'heurezentières dans le sable, à travers la lande, entre de grands troncs de pins élancés & au garde-à-vous comme des soldats dans l'air résineupoisseux de ces belles=forêts=quelconques du Brandebourg, ou encore celui de vouloir prendre part à la rude somptuosité du pays de la Marche que les dépliants touristiques sont les seuls à promettre* –. Or, c'est à Cèteheure, c'est !maintenant que j'aurais besoin d'entendre sa voix – la voix monotone de Felicitas, qui crécellise sans exception sur tout et enjoint de tenir bon : à tout préférable en ce dimanche après-midi dans une pièce saturée d'odeurs éculées & rassises, plutôt que de devoir supporter & endurer ce sombre mutisme éclos & maintenant installé dans la chaleur la poussière é l'opacité transpirante –.

Encore un jour et demi (d'après Cètevoix tout à l'heure), é: ?ensuite: ?qu'adviendra-t-il –

Des heures qui désormais s'1nsinueront avares de mots – dans le soir – dans la nuit –.– *Lizi, il suffirait maintenant que tu réagisses comme tu n'as cessé de le faire au-fil-des-ans, que tu en appelles à ma conscience avec ta façon renfrognée aux sonorités de bois & que tu me reproches toute mon=ingratitude é tous mes=manquements : notamment les manquements envers mes enfants, Henry é: Corinna, les dits jumeaux (:qui instinctivement = dès leur tout-jeune-âge avaient senti qu'il ne fallait pas s'attendre de ma part à de la bonté paternelle, ce qui les a rendus=solitaires dès l'enfance) : ces deux enfants, malgré leurs faibles ressemblances physiques (!comment auraient-ils pu en avoir), que tout le monde appelait pourtant Les Jumeaux (jumeaux : parce qu'Unjour = il y a quarante-trois ans –)*

–Toi & moi, nous avons été orphelins de bonne heure, Lizi, é: ?!comment des orphelins auraient-ils pu savoir s'y prendre pour réchauffer leur cœur = ce viscère à battements simiesques. – *Les revoilà : Lesmots de notre histoire, Felicitas, Lesmots qui parlent de notre désespoir, de l'égarement que même Tondieu ne te pardonnera pas, Petite Soeur.* Et sa riposte : –Orphelins par Lafaute du père dois-tu préciser, & aussi que cet homme a été un !monstre : un individu qui a détruit des vies, un – *(et aujourd'hui aussi elle ne trouverait pas plus le troisième qualificatif pour maudire notre père défunt –)* –Oui Lizi : un monstre, un homme qui a détruit des vies – qui a finalement notre !Bonnemère elle aussi sur la conscience : qu'il !expie en !toutéternité.

–Qu'il expie.

–Et toi : plutôt que de te moquer, tu ferais mieux de faire attention que ce qu'il y a en=toi d'héritage du père ne – –C'était aussi le !tien : Lizi – –Oui, mais je ne suis pas devenue sans cœur ; très=tôt j'ai entrepris de m'occuper d'une chose que toi, Monchergeorg, tu as toujours envoyée promener, plein de sarcasme : travailler à ton âme, te sauver de l'Aiguillon-du-Mal que ce dénaturé a planté dans notre chair – *eccetera eccetera Lizi et ton orgue de barbarie plein de jérémiades piétistes : qu'il aurait fallu que je commence d'abord par apprendre l'humilité-&-la-reconnaissance pour nous en être sortis tous les deux sans dommages* – –?sans dommages, Lizi – –!Oui : !sans dommages – *de l'orphelinat et de La-Guerre=pré-Enfersurterre & pour avoir été accueillis dans un familiboîtier, à la suite de quoi c'eût été Un Devoir pour nous d'aménager l'espace de notre âme personnelle (comme tu te plais à le dire) et d'en faire en quelque sorte le living-room de l'esprit-de-famille afin de transmettre à notre propre descendance, humbles-&-reconnaissants, la chaleur reçue de cette communauté familiale ;* –une descendance du néant é du désespoir, Lizi, pour laquelle je suis seulement capable d'éprouver de la consternation devant la volonté-d'exister toujours incompréhensible à mes yeux : ?pourquoi ce qui est, cherche-t-il à ?rester – é: surtout !pas son contraire.

[– Il te reste encore un jour et demi –] : (Lavoix, ?d'où vient-elle – surcompression surdité – ça doit être circulatoire, la chaleur..... Garde ton calme)

Eh bien Lizi, 1 fois encore nous pourrions étaler Notre=Histoire – une dernière fois, car l'heure qui s'incline lentement vers le soir aux lueurs brunes a déjà pris la couleur des pages de cet album – le sinistre crépuscule préféré des fantômes, aussi flou & sale que le sont depuis-toujours la faute & les désirs.

Et le départ demain matin, vers 1 individu qui m'a toujours été aussi indifférent que n'importe quel quidam dans la rue, qui serait autorisé, parce qu'être humain au même titre que moi, à me réclamer de la sympathie voire de l'amour pour cette 1nique raison –, é: qui de son côté n'éprouve plus rien pour moi, si ce n'est de l'indifférence, non : de la répulsion & de la dérision telles qu'on les ressent envers 1 terreur enfantine ayant fait son temps (& qui s'évertue à me le faire bien comprendre pour tout ce qui reste à venir é tout ce qui s'est passé) en ce sens qu'il espère m'humilier, moi son père, en faisant de moi une sorte de convoyeur du seul être auquel il semble attaché dans cette famille é qu'il tient absolument à revoir, c'était souligné dans sa lettre à Felicitas, avant son départ pour les-États-Unis : Max, le chien. –

Notre père nous a abandonnés.

L'1nique phrase que j'ai entendue dans la bouche de ma mère sur la disparition de cet homme ; l'1nique phrase dont je me souviens. Et dès que Mère la prononçait (le plus souvent le soir), qu'elle ployait en même temps sous elle, même la lumière dans la pièce paraissait troublée, les mains résignées de Mère immobiles sur ses genoux é de l'eau dans son regard. !L'eau..... –La suite de l'histoire, je ne l'ai apprise que bien plus tard, comme tu sais, après l'orphelinat, quand la famille du pasteur nous a recueillis & que nous –

–Ne recommence pas avec cette histoire d'orphelinat-à-Vockau, avec toutes ces hordes=d'enfants dévoyés, les édu-castratrices & leurs lèvres de canne de jong, leurs chignons cruellement=raides sur leurs nuques, que tu décris toujours de façon si pittoresque, des femmes qui se souciaient seulement de nous quand il s'agissait de punir ; qui dans leurs longues blouses blanches & sous leurs coiffes vissées sur le front ressemblaient à des armures en tôle –: & toutes ces descriptions qui dès-le-début, comme tu le répètes souvent, t'avaient tellement bien familiarisé avec le-familial –

–!Non Lizi. Plus rien de cetemps à l'orphelinat, *dont par bonheur tu n'as rien gardé ou si peu du haut de tes dix-huit mois, et !tes souvenirs débutent seulement au moment où tu t'es sentie chez toi pour la 1re fois : dans la famille du pasteur Brickau à Königshain – où tout a commencé pour toi – en cet endroit où, au-fil-des-ans, d'une certaine manière, les histoires du pasteur & de sa femme n'ont pas simplement ressuscité notre père mais nous l'ont fait apparaître vraiment.*

Auguste Adam, un batelier d'Altendorf, qui au fil de l'Oder & de la Neisse transportait sur sa péniche du bois & du charbon, parfois des bêtes (moutons, cochons, bovins), des fruits&légumes aux récoltes de l'automne ; – é: qui rêvait Des-Ports=du-Monde & de Voyages-au-Long-Cours. Et pas qu'en son for intérieur, mais à Altendorf où il revenait les mois d'hiver quand l'embâcle bloquait les fleuves é que la navigation fluviale entrait en jachère comme l'immense plaine couverte de champs & de prés qui s'étendait jusqu'au coude de l'Oder, hérissée de lames épines pieux, où traînaient quelques charrues herses faneuses abandonnées sur place au milieu des touffes d'herbes d'avant la dernière inondation – puis venait le gel ; givre é neige figeant le fer craquelé – et sur le blanc des champs, les terres arables se détachent de lignes noires retournées telles les lettres sur les pages d'un livre captivant & fourmillant des chères-aventures du Vastemonde. Et l'on pourrait presque imaginer Auguste, pour l'heure batelier désœuvré, arpentant la plaine silencieuse plongée dans l'hiver – jusqu'aux courants noirs de l'Oder (jamais les fleuves ne sont autrement plus noirs qu'à cette saison), couverte de givre é de glace é des roseaux bruns hérissés dressés sur ses rives comme des lances oubliées –, & dans la journée, parcourant seul les-champs pour lire à même les sillons de la terre fraîchement labourée ses rêves-niaiseries qu'il restituerait au-mieux au *Pichet* en inventant soir-après-soir des histoires *sur le monde & les grandevilles sur les gens & leurs tours de passe-passe par lesquels n'importe quel étranger attire n'importe quel autre étranger comme une plante carnassière attire les insectes – les capture –, et il épice les airs de toutes sortes d'odeurs bruits appels tapages venus de langues étrangères et les papilles perçoivent ces arômes étrangement=captivants dans la tranche d'azur cinglant par trop sapide – les yeux boivent des panoramas de collines vert olive où étincellent des maisons blanches – fermes chalets villas – comme si des bancs de nuages clairs déclinaient sur les bosquets é déployaient les étés du sud sur une terre légère – où il est facile de vivre facile de –*

–!Hum. –

–Parfaitement. – (Je n'ai jamais réussi à dépasser ce point du récit, et aujourd'hui aussi je ne poursuis pas.) Entre-temps, Felicitas a allumé la lampe sur la table, & une lueur jaune s'écoule sirupeusindolemment dans le soir d'été tourné en bloc de chaleur étouffante. Comme si le fait de se passer d'une lumière plus vive n'était pas seulement imputable à son avarice en matière de dépenses d'électricité, mais serait particulièrement déplacé pour convoquer les fantômes hors du noir&blanc 4angulaire de leurs caveaux photographiques, é: tout éclairage plus vif ainsi que toute dimension plus conséquente, confrontés à l'exiguïté de notre Vécudepetitesgens – compte tenu de nos actes jamais accomplis jusqu'au bout, de nos désirs jamais vraiment assouvis (au point qu'il y a longtemps qu'on ne les exprime tout simplement plus, du moins pas avec la même précision rigoureuse de n'importe quelle liste des commissions du lundi matin), de nos appétits, épuisés par anticipation et oubliés par après, qui font de ce Devoirvivre ce qu'il est – ne pouvaient désormais se percevoir autrement que comme déplacés, indécents & sous le signe de l'escroquerie.

Photo 4 *Werner (assis dans le fauteuil, la tête en appui sur son bras gauche), dans l'appartement de Mathildenbourg, 1942*

Oui, Lizi, peut-être ces vies s'estompent-elles comme cela s'est produit de leur temps : dès=le-départ de simples existences imparfaites, et maintenant nous les ramassons, les lèvres pincées & nos mines éloquemment silencieuses – feuilles lettres photographies & puis des fragments d'histoires & de comptes rendus oraux –, et tout ce bric-à-brac, nous le tenons entre nos doigts déjà tremblants, à hauteur de nos yeux qui s'efforcent d'y voir, nous tournons les pages brunes é veloutées d'1 album dans lequel le souffle é la vie d'hommes femmes enfants disparus semblent coincés comme les fleurs friables qu'on découvre entre les pages des livres des vieilles filles – au-fond aussi incompréhensibles pour nous aujourd'hui que le latin médiéval ; les ombres chimiques d'une poignée d'humains ayant vécu, avec lesquels d'une certaine manière, Lizi, par leur chair&sang longuement tari é l'héritage capturé dans les rangs de nos ancêtres disparus, nous nous sommes, moi en particulier, introduits ici comme des dormeurs – afin d'acquérir, à la lumière crépusculaire de cette heure par la seule obstination du hasard d'être toujours en vie, une sorte d'importance que ces gens dans leur ensemble, amis:ou:ennemis, n'eurent !jamais du vivant de leurs passions, de leurs excentricités & de leur violence d'exister. Dans la brume suffocante de cette heure crépusculaire ils nous sont présents – mais seulement dans nos mots ; é ces mots aussi nous nous les sommes dits par trop souvent, Lizi, de sorte qu'à l'instar de vieilles photographies ces mots n'existent plus que par eux=mêmes, s'appartenant=en-propre, traversés par le déclin du jour, hors d'atteinte é enracinés dans 1 cosmos d'horribles imbroglios sanguinaires dont ont été & restent capables les humains, qui semblent toujours=ne=rien=savoir de ce talent. (Et aujourd'hui aussi, je sens seulement encore la sueur sur mon front é dans mon cou, sécrétée par l'air suffocant de la pièce. Que ?reste-t-il.)

–Sois bref –

–Oui, je fais court – :mais ?où me suis-je arrêté –

–Dans la plaine aux environs d'Altendorf, au *Pichet*, en compagnie d'un certain Auguste Adam, batelier, & de ses incroyables histoires à dormir debout qu'il allait chercher dieusaitoù –

–Et de sa verve flamboyante débordant d'aventures, ce feu de paroles sorti de ses rêves-niais taillés à pic, qu'il plantait soir-après-soir comme des sémaphores dans les profondeurs de la salle d'auberge obscurcie aux relents d'hiver de terre mouillée de sueur & de tabac bon marché, pour, de la manière la plus candide & sa langue allant comme un claquet de moulin, s'extraire lui & ses auditeurs de la cuvette familière & se projeter tout droit au centre Dumonde –

–Et même si ce n'était pas le centre Dumonde, ses apparitions étaient exactement ce qu'il fallait pour attirer un=certain type de femmes & les piéger à la lueur vive de sa lampe à parlotte jamais éteinte. En tête du peloton la fille de l'aubergiste : Theresa.

–Mais racontée ainsi, l'histoire le ferait passer pour bien trop malin&rusé, bien trop finaud, ce batelier et sa péniche à pommes coincée aux mois de glace. Une péniche qui ne lui appartenait même pas, qu'il avait louée, car ?où le fils d'1 paysan ruiné de l'autre côté de l'Oder aurait-il bien pu trouver Largent pour l'achat d'un chaland. Non, Lizi, il en allait certainement tout autrement : il devançait les autres et se prenait à son-propre-piège, s'empêtrant dans les mailles de ses rêves-âneries ; à-la-fin, il n'y avait plus que lui pour vraiment croire à son bavardage, profondément convaincu é le cœur bouillant=de-ferveur, comme ces petits enfants qui jouent aux chanteurs d'opéra, qui commencent d'abord par bomber le torse sur toute cette emphase de voix&sons opulents & qui à la fin, les joues couvertes de larmes, se laissent aller à l'agréable frisson que procurent ce grondement & ces ardentes formes pathétiques –

–À propopotin de se laisser aller : il l'a eue comme ça, la fille de l'aubergiste, Theresa. Et il l'a mise enceinte encore avant le mariage, de sorte qu'ils furent !forcés de se marier à l'époque=en-35. Et aussi parce que le père de Theresa, le tenancier du *Pichet*, avait menacé l'Auguste de son fusil, que s'il déshonorait sa fille, il lui ferait manger-son-bulletin-de-naissance é: devrait-il pour cela se faire guillotiner dix fois. Et plus encore : il a monté le village contre ce gendre, si bien que le mariage fut tout sauf Unefête. Le village-entier resta confiné chez-lui, les villageois suivirent depuis les meurtrières de leurs fenêtres cul-de-bouteille le cortège qui descendait la rue principale, et le voile blanc de la mariée traînait dans la boue en ce jour d'avril 1935, é: il n'y avait personne, ni demoiselles d'honneur ni témoins, pour porter sa traîne. ?Et ?lui : Monsieur=Lemarié marchait droit & la tête haute, sans dévier son regard, de l'avant, comme s'il avait avalé le mètre étalon de la probe-droiture & pouvait fixer le soleil de l'avenir dans les yeux –, dans ses chaussures à talons hauts dont elle n'avait pas l'habitude, seule son épouse trébuchait sur les pavés en têtes de chat & la boue, fuyant ce présent –

–& à la petite cérémonie qui suivit, le pasteur du village ne pouvait s'empêcher de..... reluquer d'un œil gras le ventre de la mariée, au point qu'il faillit oublier de donner *sa bénédiction* à force de fixer le ventre arrondi & béni de la femme. – –Et quand ils quittèrent l'église après la cérémonie du mariage, forcés de descendre une nouvelle fois la rue principale, une poignée de villageois sortit quand même de ses trous. Mais ils ne venaient pas présenter leurs vœux de bonheur aux mariés, ni franchir le seuil de la maison de l'époux parée pour la fête (les mets abondants, qui avaient exigé de pénibles économies, ne furent pas touchés, les boissons préparées tournèrent à l'aigre). Les gens quittaient 1niquement leurs trous pour vilipender le marié. Parmi eux quelques garnements des JiHasch agitant des fanions de leurs pattes de ½branlocheurs – en !plein jour – car ils avaient sans doute flairé dans l'air du village Autre-Chose que la simple procession-en-grande-pompe d'un mariage gâché, & c'est pourquoi, sans tarder, dans leur rôle bien appris d'esclaves=au=service=du=Pays, vêtus de leurs chemises brunes, le poignard battant leurs culottes noires, ils avaient en mariées de l'État voulu transformer en battue la marche nuptiale, avec hallali & flambeaux. –

–!Lizi : mais !quel est ce ton. Si tes anciens élèves et ton pasteur t'entendaient, ils pourraient carrément croire que tu es devenue une anarchiste bien=freevole dans tes vieux jours : on va finir par !s'entendre tous les deux, tandis que demain avec Monsieurmonfils. – Mais dis-moi : Mère n'a-t-elle ?pas ?pleuré de tout cet affront. Àsaplace=n'aurais-tu ?pas versé de larmes. Car pour 1 femme, le jour du mariage, c'est bien le-plus-beau-jour-de-sa-v –

–Je n'ai jamais entendu parler de larmes. Mère n'en a pas versé Uneseule. – Rétorqua Felicitas sur un ton définitivement=arrêté, et un jour, soldatesque, elle avait ajouté : *–Comme toute personne digne ne va pas battre la campagne avec ses soucis.* (J'ai comme l'impression d'entendre ici aussi, dans le clair-obscur suffocant brun jaune de sa chambre, Cètevoix *(:?la-même qu'avant)*, qui essaie 1 fois de plus de me remettre sur les rails ; – et la vieille distance entre nous est rétablie.)

–Oui, et ce plusbeaujourdanslaviedunefemme se termina le soir à l'auberge, où une rixe couronna le tout, en-conformité=de-style si l'on veut, car contrairement à sa douce=vaillante épouse, ç'en était fini de la maîtrise longuement contenue du mari. Auguste baron Du Monde n'arrivait pas à surmonter l'affront : il se soûla gravement, courut dans la rue du village – invectiva & maudit 1 nom après l'autre jusqu'à ce qu'une horde bondisse du noir & cloue le bec à la Grandegueule, lui cassant en même temps pour l'occasion quelques paires=de-côtes afin que, au lendemain de la nuit de noces, il ne s'échappe pas trop vite de sa boîte de Paradis=conjugal pour aller chasser les derniers fantômes aux yeux écarquillés é: ne causer que du souci à sa femme (notre mère) –

[– Il te reste encore un jour et demi –]

–Pourtant, Lizi, je me souviens encore du temps où il remontait-&descendait le fleuve sur son bateau et la !joie de Mère à l'annonce : il rentre ce soir. Tu n'étais pazencorenée, Lizi, et le pasteur, chez qui nous sommes allés par la suite, ne pouvait pas le savoir ; mais moi : je m'en souviens très bien : je vois Mère dans sa plus belle robe, la bleu clair, celle qui allait si bien avec ses cheveux châtain, mais elle la portait rarement, car c'était de la belle étoffe é faite pour les grandes occasions, mais il y avait peu d'occasions de faire la fête sur une propriété ruinée. Et Mère s'était même fait arranger les cheveux par le coiffeur & elle fleurait la cannelle é les bougies, & dès l'après-midi le fumet du rôti embaumait depuis la cuisine –, é ce n'était pourtant pas le soir de Noël ; c'était parce qu'il rentrait de voyage – notre père. De son côté, il apportait Du-Dehors ses odeurs : tabac huile de machine eau & vase, é ces effluves, encore inconnues de moi alors é qui s'appellent *homme*. Et quand il jouait avec moi, le gamin d'à peine 4 ans, é qu'il me parlait, il s'agenouillait, et il était alors aussi petit que moi. Et il me donnait des cadeaux, à toi aussi plus tard, qu'il rapportait Du-Dehors –. Ainsi, les retours de Père étaient pour moi toujours comme des courants d'air traversant le logement saupoudré de cannelle é chaud de bougie – les yeux de Mère flamboyaient comme ses joues, et pendant-des-heures elle glissait à travers chaque pièce et abandonnait dans son sillage ce parfum de fraîcheur végétale, amer é piquant, comme du pissenlit fraîchement cueilli é sa gouttelette de lait à l'endroit de la cassure de la fine tige couleur chair – et ses bras nus sentaient les pommes vertes. – Les choses auraient encore pu tourner bien Alors. Même pour moi –

–Pommes vertes = pommes d'Auguste, père égale cadeau é ami. Et les choses auraient pu bien-tourner – même pour ?toi : Laisse-moi !rire :

tu !n'y crois pas toi-même. – Ce n'était déjà plus ma sœur alors, c'était déjà *Lavoix d'Il te reste encore un jour et demi* qui parlait – !maintenant je la reconnais –, qui me coupa la parole. Mais je n'en savais rien Alors, entendais Cètevoix pour la 1re fois é croyais que c'était toi, Felicitas.

J'avais donc s1mplement poursuivi Alors : –Mais ce que tu n'as pas dit, Lizi, c'est qu'à l'époque Notrepère se lança dans le Jeu-de-Hazard. Car il s'était mis en tête qu'en jouant gros il trouverait Largent nécessaire au financement de sa dernière lubie : un bateau de plaisance avec orchestre & gastronomie, sur l'Oder pour commencer, quand les estivants arrivent de Vockau Mathildenbourg Berlin – plus tard il projetait de remonter l'Elbe jusqu'à Hambourg & Lui, Le Grand Auguste baron Du Monde, en frac une orchidée blanche au revers le havane aux lèvres & la coupe de champe à la main, se pavanant sur les plats-bords de son vapeur doré à faire les zônneurs le long du front des Bienhabillés & des Monocles.

–C'est ça. Et ?où trouver l'argent à flamber – tu as droit à 3 réponses :c'est la dot de sa femme = notre mère, qu'il a misée. Mais le pot aux roses n'a été découvert que bien plus tard : quand il était trop=tard –

3

Photo 5 *Wilhelm (cigarette et long fume-cigarette à la commissure des lèvres, assis à la table devant l'arbre de Noël décoré, lisant 1 livre), dans l'appartement de Tempelhof, Noël 1942*

–Mais Lizi, tu dois préciser auparavant qu'il !gagnait au jeu.

–Je l'imagine à la table de jeux, comment il dut d'abord apprendre à réprimer la rougeur de joie fusante qui gagnait son visage juvénile car elle le trahissait très vite aux-yeux des joueurs confirmés, comme s'il tenait 1 miroir devant ses cartes ; j'imagine la joie du Chanceux à l'instant où son pouce déployait les cartes en éventail & que lentement, répétant

chaque-fois le geste, il voyait se dérouler les couleurs & les figures qu'il savait être à nouveau la Meilleure Main, car pour=lui, la fortune variait seulement les figures, mais ne changeait rien à ses faveurs. Très vite, il maîtrisa le mélange des cartes comme un prestidigitateur à la foire annuelle – sut produire vagues & éventails – la déclinaison grammaticale du joueur, terrifiante, muette & une menace véritable pour les partenaires inexpérimentés ; – mais il devait mettre un frein à ses acrobaties, s'il ne voulait pas effrayer par ses talents intimidants les joueurs occasionnels pleins aux as. Plus tard, son attitude impassible dissimula jusqu'à son être=même, seules ses boucles rousses flamboyaient sous-la-Chance comme un feu de la Nuit de Walpurgis. Apprendre à renchérir sur les mises avec raffinement sans éveiller de soupçons chez les autres joueurs pour les attirer..... dans=le=jeu avait la même importance que de savoir maîtriser une rougeur de joie manifeste.. –Ce qui a eu l'air de lui réussir d'autant mieux chaque fois qu'il raflait le pot car, n'est-ce pas, se disaient sûrement les autres joueurs, ce type ne peut tout de même pas gagner à !tous les coups, – mais le plus souvent ils faisaient fausse route, tombaient dans le panneau, perdaient & perdaient. En ces heures passées à la table de jeu, au fil de sa longue carrièreuh de joueur, il apprit effectivement à afficher une mine aussi dépourvue d'expression qu'une vieille porte de cabinets & à manipuler les mises avec le même raffinement que l'avocat sans causes qui s'arrange des paragrafes. Et ce n'est que plus tard, à l'issue de ces soirées (les gros paquets de billets & objets de valeur tintant au fond de ses poches) que seul=à-l'air-libre il se risquait de nouveau à respirer profondément&librement, comme le pêcheur de perles qui, depuis les profondeurs des fonds hasardeux, cet autre monde profondément hostile, réussit pourtant à regagner la surface –, et qu'il se débarrassait de tout, inexpression & raffinement, comme s'il quittait pour ainsi dire ses vêtements de travail. Alors il pouvait redevenir le Grandgarçon de Quarantans aux oreilles rouges de bonheur.....

–Il gagnait, semble-t-il, avec une telle régularité, que, d'après les dires, il y eut nécessité pour lui d'élargir à des localités éloignées ses parties de cartes du soir, car dans le coin plus personne ne voulait jouer avec ce sacré veinard. Mais le plus souvent sa réputation le précédait, & déjà l'on murmurait dans les cafés que Cetype avait scellé un pacte=avec-le-Diable. Partout où il apparaissait, l'ambiance devenait silencieuse é glaciale. Il était parfois obligé de pousser plus au nord jusqu'à Vockau pour encore trouver des pigeons prêts à se laisser plumer par cet Enfant de la Chance..... Mais voilà, ce genre de réputation a toujours le don d'attirer de Plusnaïfs, qui précisément se laissent avoir par !elle dans l'idée de pouvoir la détruire & se rengorger par la suite pour avoir !damer le pion à un veinard.

–Les-gens sont bêtes. Et ils en sont de leur poche.

–Le temps qu'il faut & de la somme qu'il faut, jusqu'à ce que – veinard ou pas – pesât un temps sur lui le très=prosaïque soupçon d'être un tricheur. Il arrivait qu'on l'épie, & il prenait une volée de coups et on lui reprenait ses gains après.

–Or, jamais il ne résistait ou: filait le train aux voleurs pour récupérer les sommes gagnées ; il acceptait l'affront & la perte avec une indifférence & une confiance sans nom, comme si Unevoix lui assurait *Ça ne fait rien. Tu récupéreras ce qu'on t'a volé en !gagnant plus-gros la prochaine fois* –.– Et il continuait de jouer indifféremment=confiant, et de fait : il gagnait..... Les coups qu'il prenait en retour n'étaient que la colère des mauvais perdants, car jamais on ne parvint à !prouver qu'il trichait. Parce qu'il n'a jamais triché. Tout s1mplement.

–Oui, je sais. Et je me souviens du ton sombre plein d'appréhension=respectueuse même dans la voix du pasteur Brickau, il-y-a-des-années, quand il m'a parlé de la satanée chance-au-jeu de cet homme (que je n'appelle plus notre père). Même le !pasteur était tombé sous=le=charme. Et j'ai entendu le !même ton dans la bouche d'un autre homme : Werner, ton beau-père (le jardinier), autrefois, quand il parlait de la Première Guerre mondiale – quand il s'était retrouvé sur-le-front en France, couché des semaines durant au fond de tranchées à moitié inondées & sans dormir la nuit car jours&nuits les-canons faisaient exploser sans distinction la boue&terre=autour et Lapeur surgissait de la gadoue comme un spectre gluant & rôdait et il n'arrêtait pas de se réveiller en sursaut de sa somnolence=engourdie et appelait sa mère à grands cris. Et là encore é malgré toute l'horreur, il y avait l'Autrechose dans la voix, venue de la profondeur la plus insondable, parce que le Mal-Originel exerce toujours la plus grande fascination –

[– Il te reste encore un jour et demi –]

–?Comment, ah oui : le batelier & Chevalier de la Chance au Rêve Doré, il jouait & gagnait. De sorte que depuis un bon moment ces parties de cartes répétées chaque soir n'étaient plus pour lui des *jeux* mais un *travail régulier* qu'il accomplissait comme autrefois quand il naviguait d'amont=en-aval sur sa péniche, & comme d'autres gens –

–d'autres=gens !honnêtes –

–Oui, Lizi : comme d'autres gens gagnent péniblement=leur-pain-quotidien. Des gens dont il se distinguait avant=tout par son insouciance, sa confiance=en-Dieu-ou-Dieusaitqui de gagner chaque soir, d'empocher la mise en dépit de quelques pertes. Les comptes-arrêtés, il restait Le Gagnant (depuis-longtemps son bateau était amarré au port sans servir), il se souciait de moins en moins des frets.

–C'est sans doute son insouciance personnelle qui a préservé chez lui cette Chance tout=au-fil-du-temps : la conviction naïve=prétentieuse d'être quelqu'un d'exceptionnel & de devenir un jour un personnage hors du commun.

–Sa chance au jeu lui procura non seulement Largent pour éteindre ses-Dettes auprès du bailleur, mais suffisamment de Liquidités pour envisager concrètement la réalisation de son Dernier Rêve : faire construire un bateau de plaisance avec tout le tralala – comme il se l'était imaginé en tirant des plans dorés sur la comète. Bien sûr il fut forcé de contracter des crédits, de !groscrédits. Et pour économiser les intérêts bancaires – comme sa cervelle de marinier ouverte à tous les vents le lui suggérait, s'imaginant avoir lui-même !jeté l'hameçon & tenir les-Autres au bout, alors qu'il s'était laissé ferrer sur le terrain de chasse des requins, – il emprunta des sommes colossales auprès d'individus louches lesquels, le tambour de guerre à peine effleuré, trouvent leurs quartiers dans n'importe quel cantonnement du monde & veillent sur leur butin, comme c'était le cas en ce temps-là, au printemps 39, dans la ville de garnison de Vockau. Car Cesgenslà sont comme les-mouches..... qui flairent le magnifique tas de fumier – :S'agit alors de : !rappliquer&occuper. Manifestement il ne s'en trouvait qu'1 pour ne rien voir. – D'autant qu'au printemps 39 les choses allaient merveilleusement bien : dans cet entre-deux éphémère, précédant le 1er verdoiement&fleurissement des arbres, à l'heure où la fraîcheur printanière bleusoleil efface la paix=hivernale – terre é herbes certes encore fatiguées de la dernière neige épuisée –, à Vockau sur l'Oder, le bateau de plaisance *La Conque d'Or* était fin prêt, avec orchestre & dzimm boum tralala sur le pont, sous des guirlandes de fleurs & des fanions qui claquaient au vent pour attirer la foule-des-invités.

–Oui. Et sur-le-pont près du bastingage le Sieur Auguste en frac & haut-de-forme, l'orchidée blanche au revers & le havane à la commissure des lèvres (é: rien de ce qu'on voyait, même la fumée qu'il bouffardait=crâneusement de son cigare, ne lui appartenait, le tout acheté à-crédit.....) de sorte qu'au regard des gens il passait sans doute pour un croque-mort trop coquettement attifé. Mais il n'avait que faire des regards ironiques ; – & il faisait des courbettes devant le front des Bienhabillés & Monocles. Et le-front n'allait pas tarder à se présenter, mais différent de celui qu'on attendait : car 6 mois plus tard, le 1er septembre 1939, La Guerre arrivait..... – *Et toi, Felicitas. Mais aujourd'hui aussi, c'est d'un geste las de la main que tu aurais écarté cette vieille blague insipide sur la date de ton anniversaire, que Henry le grand-père par alliance, le propriétaire contrarié d'une tombe en Prusse orientale, avait débité un jour dans l'univers-familial.*

–Si son cinéma personnel autour de ses rêves-niais & de son Énorme Chance=au-jeu n'avaient pas complètement aveuglé-&-rendu-sourd cet incorrigible gamin aux échos du monde & aux paroles de mise en garde de sa femme, alors enceinte de son 2e enfant – – toi, Lizi – – Monsieur Le Fanfaron aurait alors sans doute entendu le son surchauffé du tambour contre les-Polonais. Et il aurait dû remarquer que la navigation civile sur l'Oder & la Neisse avait pratiquement cessé ; que le monde empestait sérieusement Lefer&lefeu –.– Mais !non : il ne percevait le Vastemonde qu'à travers ce que le batelier s'était imaginé, champagne orchidées parfums & havanes ; – jusqu'au jour où il resta le seul & 1nique passager à bord de *La Conque d'Or*. Et 1 jour, après que les rats eurent quitté le navire depuis belle lurette & qu'à leur place..... les-Créanciers foulèrent les plats-bords – c'en fut terminé.

Photo 6 *Elfriede (assise à la table devant l'arbre de Noël décoré), dans l'appartement de Tempelhof, Nöel 1942*

–Oui : c'en fut terminé pour=lui, le Mégalo & Ange de la Chance, qui avait volé trop près du soleil & qui maintenant s'était brûlé les ailes dorées : 1 homme qui hélas fut aussi notre père. Tandis que pour notre mère à peine 30tenaire et deux marmots pendus à ses basques, ce fut de=ce-jour..... 1 commencement. – *Car là où il y a un commencement, il y aura aussi 1 fin /Le Maillon Faible se retrouve seul=en-1er. – : ?!Quoi d'autre sinon la dérision de soi pour blesser plus méchamment. Mais aujourd'hui aussi, tu aurais eu naturellement=raison :* –Toucetemps=durant, notre père n'avait jamais rien appris de plus. –

–Non. On sait bien qu'une certaine forme de bêtise se confond avec une pauvreté en esprit ; heureux les pauvres en esprit car le royaume des cieux leur appartient. Sauf qu'il y a différents chemins pour y parvenir.

Notre père nous a abandonnés.

–Dans les heures précédant le soir de Noël, é sans Autreforme de procès Ils en finirent avec lui : les-Créanciers, hordes de prêteurs louches, profiteurs des premières années sous le soleil noir : banqueroutiers de leurs anciens commerces, aujourd'hui Fripouilles avec la carte du Parti usurpant les biens saisis : tout bouffis de la sèche confiance=en=soi acquise dans les affaires antérieures & aussi salement importuns que l'argent=peut-l'être. Et c'est à EUX qu'il s'était livré les yeux tout écarquillés pour phynancer son Dernier Rêve ; & ILS étaient partout où ça sentait le butin : chez !ce Roucain venu d'un Trouàvaches/Oder avec sa main incroyablement heureuse-au-jeu, ça !puait littéralement l'affaire juteuse. ILS lui accordèrent crédit-sur-crédit, consentirent à des délais de paiement, augmentèrent sa cagnotte.....

Or, depuis le début de la guerre, les-croisières sur l'Oder battaient plutôt de l'aile (ne parlons pas des voyages à Hambourg), Père se retrouva sans Lesou. Les-Autorités finirent par confisquer le bateau : comme hôpital de campagne indispensable à la guerre. À l'époque, les Premières Victoires ramenèrent aussi à Vockau les premiers blessés du-front & les premiers morts. (Et en même temps ces histoires de mise à mort : chasse à l'homme contre les Polonais é ces Choses, paraît-il, avec-les-Juifs..... exécutions, charniers – des histoires qu'on ne racontait pas, mais qui s'enlisaient dans des chuchotements.) *Même si en attendant que cette marée de feu reflue de l'autre côté de l'Oder, une autre marée de soldats étrangers, ce Moloch Guerre aux dents d'acier, déchire, engloutit indifféremment dans son grondement bouillonnant=avidesang la chair de coupables ou non coupables de participants ou non participants, et qu'il faudra attendre encore cinq années et davantage jusqu'à « la grande invasion des Sarmates » (toujours les mêmes gueules d'ogre, puisque à les regarder de près les bouches béantes du triomfateur et du type mort foudroyé de douleur sont impossibles à différencier) – Oui, mais ces Événements restaient à venir. Ils surviendraient bien plus tard. En attendant –*

–En attendant, !pazunpfennig pour les conneries. Complètement loufoque : un bateau de plaisance en !Pleineguerre. Pas besoin de discours enflammé pour chauffer les-esprits & enfumer la raison avec une fraséologie nébuleuse par=ordre=de=l'Histoire=&=de=la=Race, tu !parles, & toute cette supercherie de sperme&sang-impurs, car Dieu=sait que ce n'était pas la Premièreguerre de l'humanité (la dernière n'avait pas encore vraiment refroidi), chac-1 savait donc à !quoi s'en tenir : endurer tenir bon fermer sa gueule maintenir-ensemble=la-famille & le peu de biens – :bref, ni temps ni public ni argent pour la bamboula – :Et lorsque, poussé dans ses retranchements, Monsieur feu=Chevalier Gagnant, ce grand gosse, voulut se plaindre aux-Autorités de la saisie de sa *Conque d'Or*, des subalternes le flanquèrent à la porte, hurlant & postillonnant depuis leurs visages rouges de colère : le pat-riot-isthme aboyant..... Alors les-Créanciers serrèrent..... les rangs. Ils refusèrent d'attendre plus longuement Leurargent. Et comme l'incorrigible gamin se tenait planqué –

–Il avait pris la tangente, & franchi l'Oder en catimini vers le côté polonais –

–ILS menacèrent d'abord notre mère. Elle LEUR remit le peu qui restait ; trop peu pour les-Créanciers. Le temps de remboursement était comme l'année presque écoulé.

Les-Créanciers ne se satisfont jamais longtemps de comptes en l'air. Il essaya donc de retenter sa=chance-au-jeu. Mais quand il se trouvait encore 1 type prêt à jouer-aux-cartes avec lui, le Chevalier Gagnant d'Antan perdait désormais ses parties. Perdait & perdait aussi régulièrement qu'il avait gagné autrefois.

–Car Lachance ne tolère pas qu'on la sonne pour être au rendez-vous. Là où misère é tourment en appellent à Elle, Elle se détourne brusquement, ulcérée comme une putain aristocratique que l'on ose gratifier d'un chèque barré au lieu d'un cachet princier en contrepartie de ses talents=de-comédienne au Théâtre de la Chair. – –Et à supposer qu'il eût gagné au jeu comme autrefois, en !cestempslà !jamais il n'aurait pu réunir !Lasomme due à ses-Créanciers.

–Et donc ILS se mirent à le traquer comme une bête. –

Noël : chac-1 tient à aborder la Nativité et le nouvel An dans la réconciliation & les choses bien en ordre. Ainsi Cejourlà il était revenu à la maison et m'avait aidé, j'avais 4 ans, à décorer le sapin dans la salle de séjour. Je passais à mon père les fines boules de verre colorées et les bougies. – ?Comment la paix-de-Noël christique touche-t-elle l'homme : tout juste deux mille ans à côté ; ce qui fit venir les Créanciers & la Populace droit devant la maison à Altendorf. Quand Père jette un coup d'œil par la fenêtre : il voit la-Meute marcher sur notre maison – en tête, son beau-père, l'aubergiste muni d'un fusil, le bourgmestre également dans le cortège : appels cris, ILS approchent.

C'est !cette=image-là qui invariablement me revient chaque fois que je pense à notre père : se détournant de la fenêtre du séjour, il dépose avec précaution une boule de verre près du sapin ; – ses boucles rousses, des rafales de vent enflammées, ses traits comme déformés par le rire é: les larmes –, et 1 pellicule de givre semble frissonner sur son visage, comme un plâtre qui prend. Et il se sauve par la porte de derrière sans un mot, & s'éloigne. – Ce fut la dernière fois où je vis notre père. – Mère n'avait rien remarqué de tout ça, dans la cuisine, attelée à la toilette du nourrisson, toi Lizi. C'est seulement au bruit des cris=dehors & des coups frappés contre la porte qu'elle se précipite dans la pièce, tenant dans ses bras l'enfant enroulée dans une couverture. Trop tard. – Ce qui advint ensuite, j'ai entendu des-gens le raconter. Et les comptes rendus ultérieurs du pasteur me font revivre l'événement de Cètejournée avec plus de netteté encore que dans mon souvenir, le souvenir qu'un petit garçon de 4 ans a pu en conserver.

Dehors, le gel gris plomb & le silence recouvrent de givre une neige ancienne comme un fin manteau – des traces de pas, les seules, montrent aux poursuivants le chemin qu'il a pris. Dans la poursuite acharnée, il fonce & renverse treillages & clôtures, – vole au-dessus de l'herbe qui crisse – par-dessus des champs crevassés, le long des sillons gelés figés comme des vagues de terre, dans lesquels il a lu ses rêves d'incorrigible gamin tournés vers Levastemonde – vers ?où fuit-il : vers le fleuve. ?Pourquoi. Une vieille habitude le ?ramenait-elle sur son ?bateau (qui n'existait plus pour=lui depuis longtemps puisque L'ÉTAT le lui avait confisqué). Le fleuve libre de glace, fin ; la-Meute le coince sur la berge. Son beau-père, l'aubergiste, avance d'un pas, en hurlant : *je t'ai prévenu, si tu déshonores ma fille, je te !descends.* Et lève son arme, vise & tire. Le fusil s'enraye. Il le jette, sort son couteau et se précipite sur l'homme-poussé-dans-ses-retranchements. Lui aussi a 1 couteau ; les deux hommes se battent, agitent les lames, entaillent profondément manteaux & air glacial –. Maladroits, lourds=brutaux, ils se déchaînent l'un:contre:l'autre comme des bêtes décidées à tuer=avec=acharnement *(car chac-1=de-son-côté avait sans doute des comptes à régler avec ce qu'on nomme la fatalité ; des comptes très anciens, reçus en héritage, et du fait de l'incapacité personnelle, grevés plus lourdement encore à cause d'un Devoirvivre médiocre, é: hic&nunc, confronté à la tronche grotesque de l'autre, s'offre l'occasion d'égaliser.)* Les deux hommes tombent dans la neige sale, ils roulent – du sang – perdent leurs armes, luttent entre:eux –, tâtonnent à nouveau après leurs couteaux, – tandis que la-Meute les ceinture comme Un Rempart. Il est impossible maintenant que l'un échappe à l'autre ; maintenant ni l'un ni l'autre n'en a l'envie. Tout en tiraillant leurs vêtements, les deux hommes s'envoient l'1:l'autre des coups de couteau à la cadence de machines, d'une insensibilité bestiale à la douleur –: du sang frais dans la neige – puis un !cri, vif & aigu, juste 1 fois – et Père ne bouge plus. Le couteau de l'Autre a tailladé son cœur. L'homme qui l'a terrassé veut se redresser, – titube, tombe et, grièvement blessé lui aussi, reste étendu près du mort. Quelques hommes font un pas hors du Rempart, soulèvent le blessé & le ramènent au village chez-le-docteur (comme ils disent), tandis que 2 autres attrapent sans ménagement le mort (notre père) & le jettent dans les eaux noires du fleuve. *(Repose en paix.)* Puis suivent les autres. En chemin ils rencontrent la femme du Tué, Mère. Des hommes ceinturent la Hurlante, la traînent avec eux & la ramènent au village.

L'aubergiste grièvement blessé (il a déjà perdu beaucoupdesang, sa vie s'amenuise –) n'est pas transporté chez le médecin mais dans son auberge, dans le débit de boissons, & on le couche sur la table d'habitués en chêne. Ils tâtent son pouls, écoutent son souffle – il est encore en vie, gémit faiblement, délire comme un fiévreux – du sang suintant des blessures au couteau.

(Il manque 1 photographie sur une page de l'album.)

Sans doute les-villageois ont-ils réfléchi en chemin : *le docteur signalera l'incident : !Autorités=!Police=!Tribunal=&=!Sanctions..... ?Pourquoi payer pour les histoires tordues des autres qui ne nous regardent pas.* (1 vie 1 souffle – s'amenuisant –.) Le frère de l'aubergiste a réfléchi : *mon frère mort, l'auberge !me revient.* – L'heure presse, la nuit-de-Noël approche, dehors le jour livide sombre dans un gris profond. Une fois les-Créanciers volatilisés (un constat : pas d'argent à prendre dans l'immédiat, le reste ne les concerne pas), sous la voûte plombée de la nuit de Noël (en catimini, comme les cadeaux qu'on transporte pour l'heure dans les séjours des humains), des gens d'Altendorf, le frère de l'aubergiste & le bourgmestre en tête, ramènent le Grandblessé sur la berge du fleuve à l'endroit de la lutte & couchent le moribond dans la neige sale, dans une flaque de sang déjà gelé. – Certes, je ne me rappelle pas qui m'a raconté l'histoire de-la-neige-&-du-sang-gelé – mais chaque fois que j'entends parler de la mort violente d'un homme, je sens l'odeur fade et froide du sang, et ensuite le gel qui depuis les morts vient recouvrir les vivants. –

(Il manque 1 photographie sur une page de l'album.)

4

Photo 7 *Peter-Paul et sa grand-mère Hedwig ; Thalov 1936*

–Et Là-Bas les faibles lueurs des lanternes montrent aux-gens : l'autre cadavre, celui de notre père, le courant ne l'a pas entraîné, il s'est pris dans les roseaux près de la berge (ses cheveux roux enchevêtrés d'algues pâles). Ainsi tout ressemble à un combat solitaire entre ces deux hommes. La-Horde patiente encore un moment sur place, ils se dévisagent les-uns-les-autres. Personne ne parle.

–Assurément non. À quoi bon d'ailleurs.

–Ils savent implicitement quoi faire & quoi dire dès que les-Autorités se présenteront & poseront leurs questions. En s'éloignant, ils prennent soin d'effacer leurs=propres traces dans la neige. (Au bout de deux jours, le dégel se charge du reste.) Ils se hâtent, car l'obscurité s'abat épaisse & glaciale sur les toits de roseaux des maisons paysannes, obstinément sournoises & tapies en silence contre des-années=des-décennies dans laterre&lesprés de la grande plaine. Et aujourd'hui, c'est la Scainheinte Nuit.

Dans notre salle de séjour, le sapin partiellement décoré (le dernier souvenir de mon père) demeure comme la maison, froid é sans lumière. Ni voix ni bougies ni parfum de Noël ; ses branches é les boules de verre pâles comme si quelqu'un les avait saupoudrées de chaux. –

Les-Autorités se renseignèrent sans doute peu & et peu longuement sur les circonstances de la mort de deux hommes d'un patelin venteux près de l'Oder. La=victoire=éclair=de=la=Wehrmacht en Pologne faisait affluer du ciel guerrier la-marée-de-dossiers vers les-Autorités – car tout vainqueur qui se respecte doit également vaincre la-Législation du vaincu..... Et comme l'affaire allait bien avec l'air du temps, sans plus de façon, on colla Lecrime-du-fleuve=sur-le-dos-du-Polak : Lafautentière toujours à l'homme à terre. Le bourgmestre d'Altendorf veilla aussi à se faire muter. D'une part afin d'apaiser l'affaire ; d'autre part – pour des raisons particulières – Monsieur le Bourgmestre se retira à Thalov. –Et ainsi réduisirent-ILS notre mère au silence, elle avait=unetoutautreversion, & la poussèrent-à-bout, lui arrachèrent les phrases comme on arrache d'un album 1 photographie qui dérange – –Ou: insupporte – –Soit !je veux bien. Mais tu n'es pas obligée de la regarder, cette – –photographie, é: les points de colle aux 4 coins sont les seuls à témoigner sur le support papier de son existence passée. Classée sans suite.

–Oui. Classée sans suite

La voix rogue de Felicitas : – classée : oui : pour les-Autorités & les-gens du village. Mais Pasansuitepour Mère é: Nisansuite pour nous.

Et soixante-trois-ans-plus-tard les traces de ce crime & temps révolu toujours intactes, comme si la mémoire de l'eau – !L'eau..... – *près de la berge où fut commis ce crime les avait conservées, en toute éternité. Si bien que les événements survenus en 1940 et dans les années qui suivirent, avec tous leurs détails horribles, se passaient d'être racontés une nouvelle fois pour qu'on les imagine : il suffisait que nous nous regardions, Lizi : toi moi moi toi –, pour déchiffrer inlassablement dans les eaux du temps ces traces indélébiles telles qu'elles avaient été fixées un jour à tout=jamais par l'eau : les traces restantes portant ton nom é le mien –, qui se sont altérées pour devenir nos photographies vivantes, et bien au-delà de notre existence.* – !L'eau..... –

Notre père nous a abandonnés.

–Après que Mère eut prononcé cette phrase sur un ton déjà légèrement poli par l'habitude, assise le buste fléchi fixant ses mains à même les genoux – –Mais ces mains n'étaient pas jointes, elles se tournaient l'1 vers l'autre comme 2 demi-sphères, une fois qu'elle t'avait, Lizi, écartée d'elle et couchée, enveloppée dans des langes&draps propres après t'avoir bercée pour t'endormir, elle-même bâillant sans gêne, longuement, la bouche grande ouverte é dans un bruit de mâchoires (comme si elle appelait le sommeil dans un pays lointain –), ces deux mains restaient alors ouvertes comme si elles avaient encore suffisamment d'énergie pour protéger une autre créature, une créature bien plus grande et plus vieille que son enfant-de-3-mois, toi Lizi. Des mains – rien de petites mains d'ornement, car elles devaient empoigner encore plus fort qu'avant : laver-le-linge, ravauder, couper-du-bois, cuisiner, retourner=la-plate-bande devant la maison (:un minable lopin: plusrien d'un potager é: pazencore un champ ; notre dernier bien – c'était tout ce qui nous restait maintenant que le mari était mort) – é: cela ne suffisait pourtant pas à nous nourrir. Aussi notre mère avait-elle accepté en plus des travaux-de-couture=à-domicile pour nous épargner la misère la plus noire. Sous la goutte jaune de la lampe de la cuisine, des étoffes ruisselaient autour-d'elle – la tête penchée sur ses doigts, l'aiguille scintillant – des jours&soirs-durant notre mère était assise comme ça. C'étaient des mains de travailleuse, mais sans leur aspect rude ou ridé, restées plutôt minces é timides. Ainsi sont les touchers de Mère dans la mémoire de ma peau –

–Tes mains, Georg, tu les tiens d'elle. Je t'ai toujours envié pour ça. Alors que moi, j'ai écopé des grosses mains carrées du père. – Presque effrayé par la remarque de Felicitas, j'approche maintenant et pour la 2e fois ce soir mes mains (en secret elles m'ont toujours parues féminines à moi aussi) de mes yeux – (étonné, comme si je devais leur dire adieu aujourd'hui) –.

[– Il te reste encore 1 jour –] : ?D'où vient Cètevoix Felicitas : ?Qui parle – ?Qui décompte mon temps à rebours – !Est-ce ?toi –

–Mais, d'une certaine manière, ces mains furent probablement les 1res à intimer à ses sens é aux autres parties de son corps : *Tu dois encore accomplir une chose.* Car, toi & moi exceptés, Mère voyait bien chaque-fois que ces mains ne tenaient plus rien de vivant, – *nous a abandonnés* –, si bien qu'elles, ses mains, semblaient aussi les 1res à être condamnées à vivre dans le deuil face au Sort, incapables de réagir é vulnérables, comme elle-même par la suite. Une chose qu'enfant=alors j'avais certes remarquée (dans la journée notre mère s'absentait souvent longuement de la maison), mais que j'étais incapable de formuler : elle tenait encore à s'assurer de l'accomplissement d'une chose & elle s'en était finalement acquitté, avant qu'elle \

–!Stop. –

La voix de Felicitas si énergique & forte criant dans la pièce trouble de chaleur, dans cette atmosphère vespérale immobile qu'on dirait de volonté ossifiée, comme si son exhortation-à-s'arrêter parvenait à rétablir ici&maintenant Soixantannées écoulées afin de corriger le passé, de détourner une=bonnefois=pourtoutes notre mère de son geste d'alors *(qui se repète par le retour annuel de cette date tel un carrousel diabolique faisant revivre inlassablement le même événement).* Car avant que ma sœur doive se risquer à écouter une nouvelle fois ces histoires de ma bouche & servies par mes mots aux résonances assurément méprisantes & dévalorisantes à ses oreilles, elle préfère très vite prendre elle-même La Parole *(?Es-tu aussi cette Autrevoix, Felicitas, que j'entends ici dans ta vieille chambre suffocante depuis que tu as déposé l'album de photographies entre mes mains)*, s'attribuant les propos qu'elle m'a entendus lui tenir un jour, avec la volonté toutefois de les nettoyer de mon indifférence, de l'indifférence de l'ancien médecin envers le tout Humainement=Insuffisant.

–Des lettres. – Fait-elle remarquer sur un ton circonstancié. –Des formulaires & une foule de papiers – à l'époque entassés sur la table. Parmi eux une enveloppe aux bords noirs. Mais ce n'étaient pas des condoléances tardives pour la mort de notre père (elles eussent été les seules d'ailleurs) ; c'était l'annonce de décès du dernier parent de notre famille : un oncle prospère du côté maternel à Königshain, sous la protection duquel elle avait pensé nous placer nous=ses-enfants (& elle-même d'une certaine manière). Mais la-Mort en=son=temps s'était chargée de modifier ce qui nous restait de famille, nous tenait sousacoupe, contrecarrait des intentions qui auraient encore pu déboucher sur une issue favorable. –

–Comme si avait soufflé l'Esprisaint, qui laisse venir=à=lui les petits-enfants. –

Felicitas passe sur mon commentaire équivoque. –Des formulaires donc : d'abord pour toucher l'héritage de l'oncle défunt qui avait couché sur son testament 1 partie de la somme devant revenir à sa nièce – –À l'époque, le pasteur Brickau, notre futur tuteur, avait immédiatement placé cet argent nous revenant à-nous=les-enfants. Et il nous avait recueillis chez=lui, car il – –Mais !non. Quand il est venu nous chercher à l'orphelinat pour nous accueillir=dans sa famille, il n'était pas encore au courant de l'héritage. Et franchement, c'était vraiment pas grand-chose, pour Père jamais&augrandjamais de quoi régler ses dettes. – –Mais si ce qui nous attendait était survenu quelques mois plus tôt, en quelque sorte 1 mort !avant l'autre : notre mère n'aurait certainement pas –\ :Felicitas tape du pied comme

1 gamine, – dans l'air chaud rien qu'un bruit sourd, comme si ma phrase inachevée était tombée dans la poussière.

–Des formulaires. – Répète-t-elle avec obstination –Et encore des formulaires : pour le secours aux pauvres, pour l'admission dans 1 orphelinat à Königshain –

–Stopstop. – À mon tour maintenant. –Tu dois être très précise dans ton récit. À ce moment-là, nous=deux, toi âgée d'1 an et moi tout juste de 5, nous n'étions pas encore des orphelins. Mais notre mère travaillait déjà à cet avenir..... Elle antidata donc les demandes d'admission à l'orphelinat d'un certain=délai, celui=exactement après son – –Oui. Et elle confia à 1 notaire l'enveloppe contenant les formulaires & sa signature apposée, avec la recommandation de ne l'ouvrir qu'après l'annonce d'un certain événement & de faire ensuite le nécessaire. – –Le notaire ?a-t-il essayé de la ?dissuader. – –Si oui, il aura échoué. Mais selon toute vraisemblance il ne l'aura pas fait, car ses honoraires ne prévoient sans doute pas de droit à percevoir pour *dissuasion*. Notre mère avait engagé son avenir é: de fait le nôtre sur la voie administrative. – –Pour ainsi dire. Car elle n'a pu rester Chef-de-Famille que le temps où cette famille a eu 1 Chef, pour tenter de s'extraire du kaos que l'autre Chef = notre père avait causé. À présent notre père était mort. Sans chef, elle avait perdu la tête. – Là encore, ma sœur ne s'y arrête pas, comme on passe sur la remarque idiote d'1 élève que, du point de vue de la discipline, il vaut mieux oublier que de s'y attarder. Felicitas poursuit la narration de son cru sans en démordre, dans le but qu'une fois prête=à=servir je la rabâche à mon « fils » comme 1 leçon, puisqu'elle considérait cette rencontre comme un examen final ; enseignante 1 jour = enseignante toujours.

–Ainsi, est-ce en conformité avec le règlement administratif, si l'on peut dire, que notre mère a accompli son dernier devoir – –Comme une pharaonne qui de son vivant faisait mettre en place la dernière pierre de son tombeau, mais ordonnait par ailleurs de murer d'une autre lourde de plusieurs tonnes tous les accès futurs jusqu'à elle. Oui. Exactement la même chose. À 1 détail près. Qu'elle devait encore régler au préalable.

–?Que veux-tu dire. – Les yeux stupéfaits de Felicitas tournés vers moi dans le clair-obscur de la pièce étouffante. Car jusque-là je n'avais jamais évoqué cette partie de l'histoire.

–La robe bleue de Mère. – Dis-je. –Celle qu'elle sortait de l'armoire & revêtait seulement quand Père rentrait de ses voyages en péniche.

–Oui, ?et alors. – Felicitas s'irrite de la tournure inhabituelle. –C'est ?quoi, cette histoire de robe.

–Cette robe, si étroitement=liée à !lui, devait elle aussi connaître une sorte de prévoyance jusqu'à-la-fin-des-temps. ?Peut-être Mère a-t-elle pour ainsi dire confié cette robe au Représentant-Destin, une chose qu'elle aurait voulu accomplir sur nous=ses-enfants, qu'elle souhaitait certainement au-plus-profond d'elle-même, mais qu'elle ne se serait !jamais risquée à avouer et encore moins à commettre : de la maison, Mère a gagné le jardin, sa robe bleue pendue au bras. Dehors, je sens encore le vent aux senteurs fraîches de poireau, 1 journée claire d'avril, le ciel déversant tant de bleu que l'étoffe du vêtement semblait comme taillée dans l'azur céleste. J'ai couru vers elle –, me suis heurté comme on se heurte à un mur à la détermination muette d'Unefemme, entièrement murée, sans porte ni fenêtre. Saisi à mon tour, de peur. J'avais envie de m'éloigner mais ne bougeais pas. Mère a étendu la robe sur une plate-bande non retournée, puis elle a versé dessus de l'alcool, – les flammes dévoraient la seule robe pour les grandes occasions qu'elle=avait possédée. Et quand il n'est resté plus que quelques lambeaux réduits en cendres que le vent a dispersées rapidement, alors – je revois encore la scène – la femme debout tout près|de-moi, qui me paraissait si étrangère, dans l'oubli=d'elle-même, a fermé les yeux – et, comme si elle venait d'accomplir son Dernierdevoir, elle a inspiré, profondément soulagée. – *(Felicitas : tiens-tu aujourd'hui aussi à dire ce qu'il y a lieu de dire maintenant.)*

Elle garde le silence. Ne bouge pas. *Lavoix* – non plus. Seul Max, le chien à mes pieds, qui s'était endormi, s'est réveillé, il remue & lève ses yeux vers moi. Il a envie de faire sa promenade. Ce soir encore, seul 1 fantomatique souffle rafraîchissant viendra effleurer le bloc de chaleur installé depuis des jours, 1 soupçon de fraîcheur nocturne pâle é irréelle, & la promenade au fil de rues torrides le long de façades d'où émane une vapeur épaisse, encollée de lumières brumeuses, comme si l'on remettait sur soi des vêtements confinés portés trop longtemps.

C'est donc à !moi d'exprimer à-la-fin ce qui tenant en si peu de mots a décidé de la vie future de deux êtres au-fil-de-toutes-ces-années et bien au-delà de l'instant présent ; le dire sur ces tonalités sèches é détachées qui se prêtent aux mots pour traverser dans une égale=indifférence les époques et tous leurs Morts é Vivants. –Le lendemain, on a découvert notre mère dans le fleuve. À l'endroit même où l'année précédente, à Noël, la populace avait jeté à l'eau comme une bête crevée son Bienaimé=Mari, notre défunt père. Le courant n'avait pas non plus entraîné son cadavre. Et si les assassins l'avaient certes séparée de son époux, dans l'eau, oui dans l'eau, elle faisait à nouveau 1 avec=lui. – Et comme si les-fonctionnaires=de-la-commune l'avaient compris ainsi, comme si de !la voir à Cètendroit 1 lueur de bon sens avait éclairé 1 instant leurs âmes de fonctionnaires, on l'a enterrée dans sa robe de mariée, les épaules prises dans un carré de laine. C'était Mère. *(Repose en paix.)* Et Ensuite, a commencé pour nous –

–Tu n'es pas obligé de parler de l'orphelinat. – (La voix de Felicitas assombrie par la clarté matapaisante de la lampe sur la table.) – Ni maintenant ni plus jamais. – –!Non. *(La 1re photo manquant sur la page 3 de l'album.)* –Non. Plus !jamais. – Dis-je d'une voix plus forte que voulue. Et j'entends ma sœur chercher son souffle – profondément dans l'air étouffant, d'une volonté sèche. On dirait la même respiration qu'il y a soixante-trois ans, l'inspiration après l'accomplissement de l'Ultimedevoir.

Alors je me lève, en silence – marche vers la porte. Max, frétillant de joie, file le long de mes jambes vers le couloir sombre, – dehors.

[– 1 jour. C'est ce qu'il te reste encore –]

5

Photo 8 *Henriette et sa mère Johanna ; 1941*

Ô ne me parle !plus de toi. Moncherfrère.

La seule chose que je veuille entendre de ta part, c'est que demain à Francfort tu feras ce que je t'ai demandé. Mais ne me dis pas que tu as fait du chemin dans ta tête. Tu chemines seulement avec Max, le chien, le long des rues, à fendre le soir étouffant. Tu as finement tiré ton épingle du jeu, comme tous les lâches qui font confiance au-temps : ça cessera un jour. Jamais tu n'as considéré La Famille, celle du pasteur Brickau qui nous a sortis de l'orphelinat pour nous accueillir chez=lui, et plus tard ta propre famille, autrement qu'avec les yeux de l'Indifférent qui regarde un album de photographies : ce n'est pas moi é je n'y étais pas. Ni autrefois ni aujourd'hui. Et ces photographies à leur tour ne sont rien pour toi sinon de petits cercueils carrés sous verre, rangés côte-à-côte&pêle-mêle, des cercueils pour des disparus que tu refuses de connaître. Mais au travers des couvercles de verre brille le temps, comme pris dans la glace, gardant sous=sa=coupe les hommes et toutes les idées qu'ils se font de la fierté, de l'amour, de la folie ; – dans lesquelles – mais !toi !jamais (et c'est là ta croyance=erronée) – ils s'empêtrent & s'abandonnent, devenus proies eux-mêmes, pour ensuite – ?comment disais-tu déjà : crapahuter péniblement tels des bousiers en haut de la pente sableuse des instabilités=humaines (poursuivant avec-ferveur=leur-but dans un degré d'inconscience tel qu'il ne leur viendrait même pas à l'idée de dire : surmonter la mort), afin de donner à leur existrance 1consistance dans 1 inconstance=permanente, dans le rien=qu'instable, dans le sable=du-temps. – Or, Georg, à supposer que les photographies ne soient pas la représentation de la ?vie, mais la vie une représentation des ?photographies – qu'adviendrait-il ?alors. Car ce que tu dis, Chergeorg, n'est pas juste ; é: ce que tu fais est faux. C'est depuis ta place de spectateur dans la Loge des Lâches de la vie que tu t'es exprimé toutecézannées, & tu as jeté un regard également=indifférent de visiteur de la vie aux événements autour-de-toi : !Gare (as-tu dit un jour) à celui qui insuffle la vie à de !pareils personnages. Mais ?sais-tu si, dans ta volonté de garder ta réserve & de te détourner des-hommes, tu ne t'es pas ?privé toi=même de !ton propre souffle. Et ne sais-tu pas qu'avec ton souffle tu fais revenir les morts. Ainsi revivent-Ils, ceux pour qui l'amour fut trop court et la mort trop-longue ; vivre encore et aimer encore à travers !toi. Aimer : tu ?entends Cemot, é: sais-tu entre-temps à ton âge !ce qu'il signifie. Autrefois, il y a quarante-trois ans, en 1960, en cet après-midi de printemps (tu étais venu au presbytère parce qu'une fois de plus tu étais Enfuite, tu avais fui comme tu avais appris à fuir) é le Grand Déluge avait commencé – je te L'ai dit, Cemot – mais déjà à ce moment-là tu ne m'as pas écoutée. Ni à ce moment-là, ni plus jamais depuis, parce que tu as honte..... – Je sais, aujourd'hui tu me prends pour une vieille fille desséchée é bornée, qui veut faire la leçon à tout le monde en annotant de rouge dans la marge les fautes d'autrui. Ô ne cherche !pas de prétextes, je connais les blagues qu'On raconte sur le compte de femmes=comme-moi parce qu'elles ont renoncé au plaisir de la chair pour Quelqu'un qu'elles peuvent aimer plus profondément que la chair de n'importe-quel-homme. (Sauf que moi aussi j'ai aimé un jour. Et je n'en ai pas eu honte comme toi, – et ce jusqu'à aujourd'hui.) Mais tu n'as pas appris l'importance de Cemot, ça j'en suis certaine. Probablement n'as-tu appris qu'1chose de plus au-fil-de-tout-ce-temps, sans jamais avoir voulu l'exprimer : me haïr moi, ta sœur. Me haïr..... à cause d'un soir de mars noyé sous le déluge il y a quarante-trois ans. !La pluie – si seulement il pouvait pleuvoir=!maintenant –. J'ai un peu d'avance sur toi, je sais au moins Une Chose qui t'est restée étrangère dans ton existence clarifiée, parachevée en phrases. C'est : – :!Non. Je ne le répéterai !pas. Ce Seul Mot, pour toi ce sera toujours 1 mot=de-trop. Il te dépasse, toi & ta volonté. Et hurlerais-je Ce Seul Mot à ton oreille, – tu ne L'entendrais pas. Mais ne cherche pas à m'abuser, Georg ; et surtout : ne te méprends pas sur ton compte plus longuement. La peine que suscite en toi la mort d'Henriette est en-réalité un profond regret=de=toi=même, car tu es resté barricadé en=toi une vie=durant é: tu n'as jamais appris à faire plus pour les gens que les rejeter. Ainsi n'as-tu toujours fait qu'éviter ta femme. Et plus tard ton fils, que tu pouvais rejeter de toute la force de ton cœur, servit d'exutoire à ta femme, à moi ta sœur et pour finir à toi-même. Car personne ne t'aime moins que toi-même. Et si tu n'étais pas sorti ce soir, si tu n'avais pas pris Max, le chien, comme alibi pour te défiler une fois de plus face à Cette Histoire ; si tu étais resté ici=avec-moi – j'aurais pu te raconter ce que tu as manqué depuis=ton=tout=début. Car l'homme doit d'abord tout apprendre. Pour toi, Georg (:!Non : pour moi aussi ; simplement j'ai ressenti Toutça différemment de toi –) cette nécessité d'apprendre avait par deux fois dans ta vie jusqu'alors ressemblé à ce plongeon dans l'eau glacée, compacte, noirehivernale d'un certain fleuve, – à la noyade et à l'engloutissement à cause de son propre poids dans cet élément douloureux englobant Tout engloutissant Tout envahissant=Tout : – et des flots noirs se sont refermés Alors sur lui (que je n'appelle plus notre père), et sur toi aussi sans que tu ne le saches. Car tu ne devais connaître ni la lente succession des événements ni la lente mise en confiance avec les inconnues de la-vie ni la construction de ta propre existence, mais Le-Choc-Brutal. Par deux fois. La deuxième en entrant dans le tableau d'une famille (Lafamille de ta femme Henriette). Mais vingt ans plus tôt, peu après la mort de nos parents, la première :

–Comme si ce bloc haut=de-3-étages, jadis le château du domaine de Wolff à Thalov (retranché derrière un rempart fermé en forme d'anneau) semblait dès la première heure de sa construction avoir été marqué par les intempéries & vieux. *(Tu commençais toujours comme ça tes histoires de l'orphelinat autrefois. En ajoutant très vite :)* –La Bâtisse comme dégrossie d'un bloc de pierre : née d'un coup de taille abstrait dans le cerveau à la Piranèse d'un architecte ès cauchemars & fichée dans la dure terre plane au milieu des jardins envahis par la broussaille é la mauvaise herbe du parc à l'abandon. Et aux jours d'été, quand les airs éclatant de bleu flottaient dans des nuages de lumière, on aurait dit que !ce pan de ciel joyeux avait subi 1 déchirure bidimensionnelle, comme ces affiches arrachées des murs, et dessous plus rien d'une clarté bleue enjouée, mais la réalité d'une maçonnerie brute, effritée, d'où se dégage une odeur humide=viciée de chaux. *(Ajoutais-tu dans la foulée, comme si tu étais tenu d'expliquer devant un tribunal non pas ton innocence mais ta compétence en La Matière :)* –Les murs exsudaient le renfermé par les pores de cette maison barricadée depuis-toujours, comble d'une chair déliquescente & tourmentée une vie=durant..... Les porteurs de cette chair se renouvelaient certes d'année-en-année, mais Le Vieillissement faisait main basse sur chac-1, & !dès la 1re heure=ici, les enfants devenaient vieillards sans jeunesse. Des âmes obscurantistes *(poursuivais-tu)* –des esprits boueux qui, pour se sentir à l'aise dans leur fange intérieure, essaient de construire là où c'est possible les décors qui vont avec eux. Qu'on ne se laisse pas aveugler par les proverbes & les postures : les plus forts en gueule qui avec leurs braillements franc=frais=fier=fort retroussent du gymnique geste ancestral leurs manches dépourvues d'esprit, roulent des muscles & des yeux – :!ce sont bien=souvent eux les tordus=à=ne=faire=étroitement=qu'1 avec la-pourriture. Ils trouvent pratiquement=Tout=à=bon=Droit pour leurs saloperies intérieures, fidèles à la notion qui veut que pourriture & décadence soient contagieuses à toutépoque. *(Puis, emporté par la colère, tu te taisais parfois un long moment, avant de poursuivre :)* –Et ce sont ces mêmes cervelles fangeuses, comme toute la saloperie présente de tout temps chez les-hommes, qui ont aussi conçu !cette=bâtisse non loin de Thalov. Le dos tourné à un paysage de collines planes ondoyant au loin et s'étendant jusqu'à la plaine de l'Oder – à chaque printemps la marée d'adonis en fleurs sur-les-prés=à-perte-de-vue –,– nous=les-enfants la regardions depuis les fenêtres les plus hautes de l'orphelinat.

Et c'est comme si ces instants=d'autrefois resurgissaient ici=encemoment, l'étouffante chaleur compacte de cette soirée dégagée par la pièce a disparu, l'entre chien é loup éclaire le Temps Passé où, pour la 1re fois, encore plein d'une jeune colère, tu as évoqué pour moi Cestemps, parce que dans cet-Autrefois-là j'étais trop jeune..... pour avoir des souvenirs. –Car courir de la maison vers les prés, nous=les-occupants de l'orphelinat n'y étions jamais autorisés. Dans l'ancienne maison de maître délabrée du domaine seigneurial appartenant à Wolff (un ancien capitaine prussien sans descendance crevé de chtouille&biture), une 40taine d'enfants, orphelins ou déclarés comme tels par leurs parents ou par l'État-**SS**, étaient parqués dans deux salles hautes sous plafond : les garçons séparés des filles, de tous âges – tu étais l'1 des plus jeunes, Lizi ; par contre les plus vieux dépassaient déjà les 10 ans –, aux origines les plus diverses, à tous les degrés de la pauvreté é: de la dépravation. Et parce que le projet éducatif avait pour nom barbarie, chac-1 était le tourment de l'autre. Gamins de 5 ans, qui savaient à peine parler, incontinents, bègues, voleurs & dénonciateurs rapaces de 10 ans. Cette partie sous le toit de l'ancien château avait dû abriter un jour l'aire de battage, sous elle des écuries ou des remises, transformées par la suite, de sorte que s'y trouvaient maintenant les dortoirs à hauts murs du parcage en masse des occupants du foyer, avec des lits superposés et leurs cadres en métal éraflé alignés dans chaque longueur comme un parc automobile pour petites machines de guerre – au milieu, le couloir de patrouille des surveillants. Les murs nus, le crépi et les badigeons délavés écaillés, les fenêtres grillagées, creusées très haut sous le plafond comme des puits donnant vers la salle à travers les murs épais et comparables à des lucarnes déversant les déchets de la lumière du jour. C'est seulement en grimpant sur les épaules d'1 autre enfant (mais c'était INTERDIT) qu'on pouvait apercevoir : 1 bout de ciel, 1 bout de terre. –

Et après 1 pause tu poursuivais. –APPRENDRE LES BONNES MANIÈRES L'ORDRE LA PROPRETÉ – !mon œil. L'instruction pour les orphelins les plus âgés : à partir d'abécédaires graisseux recopier dans le cahier toujours les mêmes passages ; calcul fastidieux ; beaucoup de sport : coups de sifflet, ordres beuglés, sueur de gymnastes, taper dans le ballon, hématomes, contusions, fractures ; en guise de punition Passation-par-les-verges=le-long-des-couloirs. C'étaient les seuls contacts physiques tolérés=endurés entre nous. – Souvent les garçons & les filles plus âgés se faufilent hors du foyer, furètent dans le parc à l'abandon et entre les plates-bandes en jachère, cigarettes alcool tripotages. Îlots de petits pas au milieu de feuilles putrescentes, humide&moisi de champignons fleurant de la terre vermoulue –, à l'arrêt les pieds s'enfonçaient jusqu'à la cheville, l'air une bouche remplie d'épaisse boue brune de dépérissement. Et perdue dans cette nature poussant à l'état sauvage l'ancienne exploitation horticole tombée en ruines – *C'est exactement=ici dans cette exploitation horticole que ton beau-père, Werner Baeske, le seul dans la famille avec qui tu te sois entendu, a terminé naguère son apprentissage, en février 1914 ; avant de se porter volontaire comme réserviste dans l'armée territoriale – ce qui est somme toute la carrièreuh naturelle pour 1 jardinier, pasvrai.* – –Je voyais toutes les serres endommagées, les vitres brisées – é à l'intérieur, des entrelacs de plantes livrées à elles-mêmes depuis-des-années, qui par de curieux accouplements croissaient étrangement=sauvages : dressant lentement mais sans auc-1 pitié leurs tentacules étrangleurs l'un:contre:l'autre dans l'Éternellelutte des plantes pour la lumière –.– La surveillance de nous-autres=hordes-d'enfants était souvent relâchée ; la dizaine d'hommes & de femmes, des ratés des métiers les plus divers & relégués ici comme éducateurs – puisque, en définitive, faire des enfants comme les battre, c'est à la portée du dernier des connards –, ils passaient sous la contrainte les longuesheures d'enfermement qui était aussi le leur à se beurrer chaudement jours&nuits sans joie & à s'accoupler minablement pour au moins parvenir-à-tuer le temps et toute sa vacuité. (Au bout du couloir du rez-de-chaussée, aux heures nocturnes, venus des chambres des éducatiches, bruits bégaiements braillements beuglements, des verres & des bouteilles se brisaient –) des corps à moitié nus se filant le train de-chambre-en-chambre le long des couloirs. Le lendemainmatin, des nuées de tabac froid relents de chair échauffée é vomissure chenalaient par Lamaison. Des heurejoursemainemois, compressés ensemble par la glu de l'avilissement : vie précoce. ***p. 462, Photo 76*** →

Photo 9 — *Henriette, le 1er jour d'école, 1943*

–Unjour dans les airs autour de Lamaison un vrombissement aigu – des bourdonnements sifflements se rapprochant – :un coup sourd porté à la terre comme d'un poing d'acier : 1 fokker venait de s'abattre sur une écurie tout-près, – !feu dans les bosquets à l'abandon : !aufeu chez les occupants du foyer : TOUT LE MONDE DEHORS. – La troupe d'enfants déboussolés & blancs comme des asticots fourmillant dans la cour, lentement rassemblés sous les cris des éducateurs tâtonnant dans l'âcre fumée vers les prés, dans le bois tout proche le crépitement de flammes voraces –. Et Là-Bas, l'épave de l'avion en feu, comme un animal préhistorique vaincu enfoncé dans la terre déchiquetée, des traverses de métal tordu dressées dans les airs lumineux et semblables aux bras des gladiateurs implorant la clémence – dans le vent l'odeur irritante de kérosène brûlé. Touché par la chute de l'engin un cheval alezan, une jument, masse de chair immobile é silencieuse couchée sur le flanc, à notre approche son sexe béant rudement tourné vers nous les enfants. Et rampant entre les débris de l'avion aux côtés de la jument morte 3 hommes – pilote, radio, tireur, couverts de sang – comme si la jument s'était encore dépêchée de les mettre au monde avant de mourir, des fumerolles s'échappent de leurs uniformes roussis. Des éducateurs s'approchent d'un pas flegmatique, empoignent les blessés et les traînent plus loin, par l'écurie, et retour à l'orphelinat avec la horde d'enfants. (Les feux dans les bosquets avaient asphyxié un grand nombre de plantes sauvages mais épargné le foyer.)

!Excitation par là-bas : réquisition de lits pour les soldats blessés au titre d'hôpital de campagne provisoire : à présent ELLE était=!là : LAGUERRE. Poussés par de jeunes morveux des braillements héroïques de loups-garous, l'ampoule du couloir éclatée sous la bousculade – chac-1 voulait donner !son lit. 1 des lits où On les coucha était le mien. Et comme il n'y en avait pas d'autre de libre, on m'hébergea dans l'un des logements des éducateurs. Je fus ainsi témoin de leurs orgies & soûlographies. (Le sexe béant d'une jument morte) – –

–Et c'est à ce moment que tu as montré pour la premièrefois !Ce que tu as appris de lui (que je n'appelle plus notre père) : fuir.

–Oui. J'ai fichu le camp. Me suis tiré – loin, comme si j'avais le feu aux trousses. Ai couru vers les ruines de l'ancienne exploitation horticole –, partout l'odeur de brûlé é des murs roussis. Ensuite, j'ai réfléchi, j'ai pensé à toi, Lizi, & que je n'avais pas le droit de te laisser Là-Bas. Alors, je me suis refaufilé dans l'orphelinat, pour te chercher –; On m'y attendait déjà..... S'enfuir d'ici, c'est comme déserter de cette saleté d'armée, on encourt de lourdes peines. Livré à tous. – *:Oui: et pleinement participant : forcé de courir le long de la-rue devant Lamaison entre les deux haies des occupants du foyer accourus. Poings chaussures bottes pleuvaient sur lui, et quand quelqu'1 lui eut fait 1 croche-pied et qu'il s'étala sur le gravier, ILS s'abattirent sur=lui, grandes&petites gueules criaient crachaient sur lui – il continuait de ramper à 4 pattes (essayait de ne pas crier, de ne pas pleurer) – :Mais c'était là Ce que TOUS=ILS attendaient, coups&horions tombèrent alors sans répit –, puis à la fin le jour la lumière & la douleur s'effacèrent de sa vue.*

–En revenant à-moi dans les lavabos, solidement suspendu entre deux surveillants comme 1 bout de viande équarrie, sous les croûtes, la saleté, je sentis coller à moi une sorte d'humidité : bavesangurine..... Du pommeau de la douche le jet glacé de l'eau qui darde. C'est dans cet état que je retournai à l'orphelinat, rompu. *Mais pour peu de temps. Car à peine remis sur pieds, tu t'enfuis une nouvelle fois, cette fois avec=moi à califourchon sur ton dos, à-la-nuit-tombée (on me l'a raconté bien plus tard ; je n'avais même pas 2 ans Alors, et auc-1 souvenir). Quant à toi, repris une fois de plus, & battu une fois de plus, et touçatouça répété bien d'autres fois..... Mais quand bien même ILS t'auraient coupé la tête comme à Störtebeker, tu aurais persisté à fuir&déguerpir=envers&contre tout – encore&toujours=à-nouveau.*

–Ta punition est loin d'être !terminée. M'avait gueulé le directeur du foyer après ma dernière tentative de fuite. Que je tienne seulement à nouveau sur mes jambes, et alors –

–*Alors le pasteur Brickau finit par s'interposer.* – Et s'en revient le soir étouffant et sa chaleur de four, le clair-obscur jaune lourd d'un été trop longtemps sans pluie saturé d'effluves florales salement pourrissantes, une Villentière et ses habitations fermentées dans la sueur, dont tu arpentes maintenant les rues, Max le chien comme alibi au bout de la laisse, loin du bonheur abrupt des villas de la banlieue chic, dont les occupants distingués semblent avoir quitté l'âge des nécessités=d'adaptation sous le flux rafraîchissant de leur vie climatisée ; – le long de la maison-en-propriété bichonnée comme un pain levé appartenant au représentant de la classe moyenne, qui pour sa part se tient à l'écart des blocs-d'habitation des Masses : cellules de Sans-Moyens, bourrées de chair parmi des relents de sexes & de peaux mal lavées, avec une abondante moisissure souterraine & les crachements d'une population aux dents haineuses, aux sens émoussés, 1 seul intérêt, cligner d'un œil roquet vers le-voisin : l'habitat=prison des établissements d'exécution de la lèpre d'exister. !À quelle vitesse eux-tous se multiplient, avortés-nés dans des étables bétonnées, & un monde décuplé en 1 rien de temps..... Derrière les carreaux à angles-droits, chac-1 reconnaît en chac-1 le No Man's Néant..... *Rangée-par-rangée, étage sur étage – sans doute chaque fenêtre ressemble-t-elle dès lors pour toi, Georg, à 1 photo, 1 photographie=supplémentaire dans un album (que tu aimerais bien oublier chez moi) pendant que tu arpentes les rues de Berlin comme si tu traversais une fournaise – toujours les mêmes rues é, j'en suis persuadée, toujours les mêmes phrases à-ressasser=en-toi, car Cèteville a l'apparence du meilleur adversaire, les rues&parcours*

celle des mots : 1 fois prononcés, ils tracent leur voie qu'ils impriment de manière indélébile & trompeuse dans le monologue continu avec soi-même. Un jour que tu me disais Cesmots, j'ai finement tendu l'oreille et je me suis imprégnée de chac-1 d'eux comme d'1 photo, é dans cet album ouvert fait de béton & de temps, j'ai transformé l'1 comme l'autre en maisons d'habitation à géométrie=démoniaque. Ces carreaux, on les croirait strictement mesurés & délimités à l'identique pour découper non seulement le mental & les propos des gens vivant derrière, mais aussi leur vie entière é, hors de l'encadrement vitre&lumière, ces gens, tailladés sans merci, seraient tout s1mplement tenus de renoncer à ce que vivre veut dire. Et viendraient-ils à croiser 1 x le bonheur en ces lieux (puisque le bonheur, comme la fièvre, ça s'attrape parfois), ils le fixeraient du regard comme 1 de leurs voisins=hostiles, é: ne le reconnaîtront pas. *Une marée d'animaux abrutis..... (une fois tu as parlé d'EUX en ces termes, Georg, et tu savais pourquoi..... é de quoi tu parlais) une engeance hautement douée pour jacasser&cogner voirouge&beugler, des ectoplasmes-d'humus si veulement=abrutis qu'ils en deviennent immortels, sur lesquels ni guerre ni souffrance ni catastrophes et victoire & triomphe encore moins n'ont de fait la moindre prise – rognures de bipèdes pris dans la gigantesque cuve de pierreverrebétonasfalte meute déversée pêle-mêle dans le bouillon sonore du bourdonnement idiot des grandes villes..... Craché de haut-parleurs, un retentissant tempopilondemasse grondant d'éclats empochtronnés, walkmen, le narcotique fiché droit dans les crânes via les écouteurs, et les Sans-Boulot de marcher vers la longue fin-de-journée.....* – Et cependant je tiens à te dire une chose, Georg : une fois que bavardages&bruits les ont abandonnés, que toute la vulgarité a disparu et que, dans un silence soudain, de cette masse de bouillie, avec toute sa vulnérabilité inhérente à l'aberrant=surterre, surgit La Créature – un très vieux fragment tragique prélevé sur le-temps, qui ne devrait pas exister sous cette forme, que !dis-je, qui n'aurait jamais dû exister *(:?Tu entends !ce que je dis, Georg, et ?tu devines à ?qui je pense :),* mais qui ligotée par le maillage des générations ne pourra cependant plus jamais disparaître de la terre é sera contrainte d'y séjourner – de persévérer dans l'être=là figé..... sans silence ni recueillement possibles ; – en revanche, d'interminables sirènes=d'alarme – de leur origine animale subsistent les cris, une peur compressée hors des machines : véhicules de secours police pompiers, – et ensuite, en l'espace d'1 instant, comme si une immense boule d'acier avait bouché la Grandegueule de la Ville, pleine d'effroi la nuit s'étouffe soudain dans le silence. : Tout pourrait recommencer Alors : les Nus & la Chair, celle bien nourrie soignée lissée sous les cosmétiques cures wellness, é: l'autre effondrée boursouflée avachie par les drogues alcool malbouffe, ces deux chairs pourraient en égale proportion et en raison d'un régime encore inconnu hier se retrouver reléguées dans les mêmes trous boueux, entassées dans des wagons à bestiaux & parquées dans les-camps pour former le Nouveau-Convoi de l'Éternel-20e-siècle..... *C'est ce que je voulais te dire, Georg : quand Lesilence LES saisit, les pressentiments les gagnent : dès lors que chac-1 se voit allouer 1 destin pas plus grand qu'un bon de réduction au supermarché – et il faudra s'en contenter –, alors que l'ombre des corps se hâte déjà au devant de l'Éternelle=Prochaineguerre (chac-1 est une proie avant même le 1er coup tiré) é: que tout calcul-raisonné se situe hors-du-temps – chac-1continuera de défiler sans=relâche chac-1 pour=soi dans l'Éternelprésent..... – ?Pourquoi ne viens-tu pas ?me rejoindre maintenant, alors que tu en as encore le temps. ?Crains-tu toujours que je Le ?dise, Georg, que je te répéte une nouvelle fois Ce Seul Mot d'il y a quarantans&plus –. ?Est-ce la !raison qui t'a fait t'enfuir, et rien qu'à cause de Ce Seul Mot que tu ne supportes pas de m'entendre dire, tu te ?plieras néanmoins à ma volonté en revoyant demain notre fils.*

?Tu te rappelles de ce que je t'ai dit un jour sur ce ton juvénile qui sait tout 1000-x-mieux que tout le monde, que l'homme doit d'abord tout apprendre. Et toi, Moncherfrère, tu avais Alors déjà appris Cette Seule Leçon : fuir. Voilà !Ce que tu fus forcé d'apprendre en ce temps-là (je n'existais pas encore). L'homme (que je ne n'appelle plus notre père) était encore en vie, mais il s'était déjà adonné aux jeux de cartes ; les premières dettes = les premiers créanciers..... Car contrairement à ce que tu aimes raconter, la série d'heureux hasards était !loin d'être aussi !évidente. Du moins, ai-je entendu dire par la suite, qu'il en allait tout autrement au-début. Il mit (pour nos moyens) de grossesommes en-jeu..... et perdit. Ses dettes augmentèrent auprès des-Créanciers qui lui prêtèrent de l'argent pour après le poursuivre encore&encore comme des mouches sur le

fumier & sans volonté de se retirer aussi longtemps que le tas n'aurait pas entièrement pourri et disparu sous la terre. –

–Ou dans les eaux. –

–Les eaux de l'Oder. Oui. Et c'est aussi le seul bien que ce tout=puissant Chevalier de la Chance à la toison de feu nous a légué, à notre mère & à nous : des dettes & encore des dettes..... Et pour éteindre le feu il n'y a que l'eau.

–Et après que les-Créanciers l'eurent frappé à mort pour n'avoir rien pu récupérer, ni sur lui ni sur nous, & qu'il fallut maquiller le meurtre avec le concours des habitants d'un village entier ; – le dimanche à l'église le pasteur Brickau organisa des !collectes auprès des gens d'Altendorf & des environs. Car il connaissait ses ouailles = qui se fichaient bien de la mort d'un homme mais ne voulaient pas vivre avec ça=sur-la-conscience – (en particulier en Destemps où certaines nouvelles se chuchotaient : à=l'Est, ça va pas fort.....) – & à la même vitesse qu'elles l'avaient perpétré, elles voulurent se racheter de leur crime. Et, nonmaisregardeça, maintenant les-gens !donnaient, !remplissaient le pochon d'offrande ; et 1 fois de plus le pasteur devait se dire à=part=lui combien !grande avait été la faute de son église d'avoir naguère supprimé le commerce des indulgences. – Quoi qu'il en soit, à-la-longue, cette collecte permit de dégrever de ses dettes notre propriété & de procéder officiellement à sa vente. Envolées les dettes, mais envolé aussi notre chez-nous ; !finie – l'enfance. À-compter=de-là : l'orphelinat..... Et à la fin – –Et à la fin le pasteur Brickau nous a tiré de là et nous a accueillis chez=lui dans sa famille.

6

Photo 10 — *Mariage de Friederike & Paul, les parents de Peter-Paul, 1919*

–Mais Lizi : C'était quoi, cette leçon que j'avais déjà apprise alors, comme tu dis, é ?où ça. – –Tu !L'as vraiment ?oublié. Et dire que c'est toi=enpersonne qui m'a décrit Touça dans les moindres détails il y a Dézannées. *Une fois de plus, les-Créanciers se sont rués chez nous pour réclamer leur-argent : ici&maintenant=!sans-délai. Parce que l'homme (que je n'appelle plus notre père) était insolvable, ILS le menacèrent é nous avec, lui accordèrent encore 1 délai. Et lui (que je n'appelle plus notre père) soulagé a voulu retourner dans la maison –: alors Mère lui a barré le chemin, toi, son fils, tenu-par-la-main. – !Auguste. – Lui a-t-elle crié comme à 1 somnambule qu'il s'agit de tirer de son sommeil. Elle ne le touchait pas. Seule sa voix, qui hurlait son nom, se dressait devant lui comme Un Mur, de sorte que l'Incorrigible Gamin = le Tâtonneur dans ses rêves serait forcé de le heurter pour !enfin se !réveiller. La femme, elle n'était Quevolonté, a crié trois fois son nom, comme une formule magique, l'a empoigné de Savoix : –!Auguste-Auguste-!Auguste.* – Ça te ?revient ?maintenant. –

–Oui.

–Et ensuite ?qu'a-t-il fait cet homme (qui aurait mieux fait de n'être le père de Personne).

–Il nous a attrapés & cachés, lui avec, sur son bateau car il croyait que nous=tous y serions en sécurité et que nous pourrions nous sauver&déguerpir à la venue..... des-Créanciers. – –Il n'avait qu'1 idée en tête, filer, à l'anglaise – mais vers ?où.

Il a navigué sur l'Oder vers l'aval, vers Vockau, – & s'est remis aussitôt à jouer. *(Et à ce mot d'enfants, jouer, la saveur d'un rire amer sur ma langue –)* –En particulier à Ce Jeu qui lui valait sa réputation=à-la-ronde. D'ailleurs, c'est vraiment=à-partir-de-là qu'est née sa série légendaire de coups de chance..... *(Oui, Georg, toi aussi tu aurais pu être un incorrigible gamin comme il l'a été, si l'occasion s'était présentée : il suffit !d'écouter ta voix et les mots voluptueux que tu lui prêtes, encore aujourd'hui tout tremblant d'émotion dans la description que tu fais de Cètescène d'après tout ce que tu as entendu, Le-Grand-Schlem d'il y a soixante-cinq ans.)*

–Encore deux joueurs en-lice – des billets amoncelés sur la table, du papier sale et froissé en masse. Si bien qu'en cette arrière-salle de café obscurcie aux regards du dehors, dominant le bloc âcre de tabac&sueur d'une nuit entière traversée d'air vicié, il semble se détacher une=certaine autre odeur : l'odeur de l'argent ; – l'odeur du triomphe à son apogée – le triomphe d'idées=délirantes & bluffantes qui jaillissent des milliers de fois des bourgeons de la soif vivace de rafler. Elle pénètre les sens des deux derniers joueurs, fait flamboyer une chevelure cuivrée. Voilà longtemps que les deux hommes ont perdu leur lucidité, & c'est désormais la perception supérieure des aveugles qui les entraîne vers des mises risquées.

L'autre joueur, corpulent, un vieux fabricant de textiles des environs de Vockau, auquel la-Wehrmacht confie de Groscontrats depuis-longtemps & qui a ainsi pu s'enrichir avec la guerre qui vient (il flairait l'odeur de la-Guerre dans l'Argent de ses profits, mais se savait en même temps trop vieux pour être enrôlé dans-le-Conflit=à-venir), appuie lourdement ses bras sur la table –: réfléchit, rumine, compte –; avance enfin sa mise – quelques billets de Cent-Reichsmark – haletant comme un cheval & fortement en nage, son corps exhale des relents de fatigue par manque de sommeil. Sans qu'il soit nécessaire de Le préciser, chac-1=ici-présent le sait : jeu-final.

1 troisième homme distribue les cartes aux deux derniers joueurs encore assis à la table au petit matin : seuls ses longs doigts cireux sont visibles dans le rai de lumière qui tombe du lustre. Dans la semi-pénombre sur fond de murs sales, immobiles, on dirait une statuaire de démons, cinq d'entre les Créanciers..... – de leur œil envieux rivé à l'action, ils guettent le gain du Rouquin = leur argent. –

On a retenu cette variante au poker où la 1re carte est donnée face cachée et les quatre suivantes face visible. Le donneur (1 créature au visage de trognon de pomme, tamarinesque, factotum de bureau dans un ulster vert criard) est l'organisateur pugnace de ces cercles illégaux & un pourcentage sur chaque gain va dans sa poche. Il vient à l'instant de poser un roi de cœur sur la carte cachée du fabricant de textiles ; un valet de cœur sur celle de l'autre joueur aux cheveux roux. Le fabricant de textiles avec la carte la plus forte enchérit : trois cents marks. Houpperouge suit, pousse nonchalamment & sans un mot ses trois billets de cent vers le centre de la table éclairée.

Silence & tabac. –

Du donneur au fabricant de textiles, un roi de carreau maintenant ; à l'autre, le 10 de trèfle. –La paire de rois annonce. – (La voix nasillarde du factotum s'adressant au fabricant, dépassionnée telle qu'une annonce faite à la radio.)

Bruit de mâchonnement lâché par les lèvres du fabricant dans le silence à travers la fumée de tabac ; il réfléchit, veut faire croire qu'il hésite (avec une !paire de rois), – puis, le cigare dans une main, l'autre poussant un paquet de billets au centre de la table, sa voix : – !Mille de plus.

Tabac & silence. –

Et l'arrière-salle grossièrement lambrissée d'1 café à Vockau sur l'Oder ressembla soudain à 1 pièce dans un bunker au milieu d'un coin-de-terre tombant lentement en ruine sous le feu guerrier –: pas à un bunker pour se protéger & se soustraire aux couteaux=du-dehors coulés dans les haine&obssession-de-vengeance menées sanguinaires&raciales, mais plutôt à 1 feu additionnel dont l'éclat charbonné de son propre dé=règlement prend la coloration fumée gris jaunâtre des yeux de chiens retournés à l'état sauvage, et que viennent aviver le souffle martial, son métal chauffé & tous les fracas des mots d'acier de Cetemps.....

Impassible, avec les simagrées d'1 gamin qui joue au poker (:il se la joue, version play-boy décati, masque de granit & yeux de crocodile – à part les-hommes, les crocodiles n'ont pas d'ennemis – lèvres pincées de mépris quand il jette la Fortemise, lui la tête cuivrée aux traits enfantins) & c'est 1 gosse bon joueur : – Vos mille – & je suis. –

Le fabricant donne kittance d'un rire gras *(:je te !tiens dans mes filets blanc-bec rouquemoute –)*. Et le jeu continue : le donneur fournit au fabricant le troisième roi – de trèfle –, le roi de pique à son vis-à-vis. Dès lors les rapports sont évidents : 3 rois par ici / possibilité de quinte par là. –Le brelan de rois annonce. – Métallique, la voix radiophonique.

(*Faut pas que je laisse s'échapper le poisson – je dois le !ferrer – alors !mollo avec les enchères* – se dit évidemment le fabricant, la meilleure main de 3 rois posée devant lui sur la table :) –Je suis – Un millier de plus. – Gras essuyage de papier&mains par-dessus la table en bois.

Mais rien n'altère la face de granit impliquée dans le jeu (:?Se figure-t-il maintenant, ce gamin d'homme – Moi=roi-des-joueurs-de-poker Flamme-Beau Ier, je me les fais=tous & je les rétame : *!?Ne lisez-vous rien sur mes lèvres grimaçant de savoir, où déjà millefemmes* *se sont délectées du nectar de la victoire,* – sa Houpperouge ébouriffée du sérieux piquant de l'enfant), & il réagit : –Vos mille – (bruit gras par-dessus la table) – –& !dixmille –: de plus.

Murmure désordonné monté du clair-obscur brun gras devant les murs – –Maintenant c'est parti pour se !soumettre |ou| se !démettre..... –

Le fabricant déchiquette son mégot de cigare, ses dents viennent s'enfoncer loin dans ses lèvres, il reconnaît son erreur : il a sous-estimé Houpperouge..... *(Comme ça le p'titgars mise sur une quinte. ?!S'rais donc tomber=dans-le-piège de ce singe=roublard – ?que faire. : ?Laisser tomber avec !Troisrois – de la !folie. Demander à voir : dix mille de plus, – et pour-finir 1 piètre victoire. Car : il ne fera pas !mieux que mes Troisrois. Mais il reste en-jeu. Alors fais gaffe mon pote : je vais te !rétamer, je vais te !plumer jusqu'à l'os, p'tit mec à gueule d'ange.)*

Le factotum attend. Le fabricant lui fait un signe de la tête – impassible, le donneur retourne les dernières cartes respectives : 10 de carreau au fabricant : As de cœur à l'Autre. Et son commentaire sec sur la donne : full possible ici, quinte là. Vous annoncez. Il tourne ses regards bigleux vers le fabricant.

Et voit une sueur délétère sur les traits lentement décomposés. *(?Pourquoi Cètepeur : tu mènes le jeu – il ne l'a !pas – en auc-1 !cas il a la dame. Attends un peu morveux : tu vas voir comment tu vas te !ramasser :)* : – Ôll-in. – Le calme dans l'œil du cyclone. Le fabricant pousse le tas de billets graisseux sous la lumière et s'adosse à sa chaise, allume un autre cigare, cérémonieux. Regard jeté à son vis-à-vis à travers la fumée.

Dont la voix est calme é limpide comme la première lueur de l'aube. – Le tout. Ça fait ?combien.

Le donneur compte –, puis : –quatre-vingt-mille. – Et annonce la somme de ce même ton détaché avec lequel il dirait aujourd'hui nous sommes mardi.

–Bien. Vos quatre-vingt mille – & quatre-vingt-mille de plus. – (:??Qui prononce ces mots : ?Houpperouge é ses traits enfantins figés dans le granit. Non :) C'est Lavoix de la Bêtise bienheureuse, de la Confiance originelle=en-personne.

–Vous êtes ?!fou. Comme si les motifs graisseux s'animaient, des créatures brun sale bondissent vers la table, leurs doigts dressés tels une palissade, pour contenir l'aberration. Trop tard. –Troptard. – Confirme à son tour le factotum vert criard intéressé au chiffre d'affaires moyennant pourcentage. Et au fabricant : –Vous ?suivez.

Ce dernier respire bruyamment, on dirait que ses poumons vont se changer en pelles. –Je demande à voir. – Ahane-t-il & il fume à grosses bouffées : –Mais les quatre-vingt-mille de plus, j'les zaipasurmoi. Sur le tapis, c'est tout=cequejai. – Une rougeur cuisante gagne son visage en nage.

–D'un gnôme-d'ônneur comme vous l'êtes, j'accepte sanproblème une reconnessence de dettes. – (:!Où ce gosse a-t-il pu apprendre ces mots. ?Sont-ce là encore les propos d'1 gamin qui ?joue au poker – :) Oui. Et Lavoix d'un gamin !décidé à !gagner.

–Bien. – Le factotum embroche de son regard d'encre le fabricant. Dont le visage ruisselle de sueur quand il rédige la reconnaissance de dettes – l'écriture se brouille devant ses yeux, la main qui tient la plume imbibe le papier. Puis c'en est fait. Et du sang-froid du fabricant aussi –:– En poussant le papier vers le monticule de billets sous la lumière tombée du plafond, il bondit brusquement de sa chaise &, avant même que soit retournée la dernière carte, il hurle : –Tu ne l'as !pas, la dame. Ce s'rait un !comble si t'avais la !dame. Tu ne l'as !pas. – Hurle l'homme et, de toute son envergure, il s'étale sur la table pour retourner sa dernière carte : 8 de cœur –: adieu full, mais il lui reste le brelan-royal : ?Et l'autre, l'écervelé de Têtecuivrée : –Merde, kèssetattend pour la ?retourner –:et il hurle une nouvelle fois, le visage pris d'un coup de sang : –Tu ne l'as !pas, la dame – beugle le gros homme en postillonnant, –ce s'rait un !comble si t'avais la !dame, – et – !non!tin!tin : tu ne l'as en auc-1 !cas, – hurlant encore & encore, et même bien après que La Carte a été retournée, d'un geste aussi banal qu'1 chute de feuilles à l'automne, & que le factotum, implacable comme le couperet dressé du Destin-en-personne, annonce : –La quinte l'emporte. – Et sur la table, exposée à touslesregards, La Carte : la dame de pique.

Tu vois bien, Lizi : s'il ne s'était pas enfui, les-Créanciers l'auraient haché menu autrefois ; – jamais il n'aurait décroché !Cètevictoire. Et le lendemain, je le revois encore guetter les-Créanciers : trônant dans le fauteuil du séjour, les cuisses grandement étalées, la poche de poitrine rebondie de billets, fumant à grosses bouffées son havane comme l'un des-Grands-&-Puissants de-ce-monde. Il reçut ses-Créanciers, les mouches à merde comme il les appelait. Et il les paya rubis sur l'ongle. Et ils lui firent miroiter & lui accordèrent d'autres crédits, à lui, au Roi des Grands Gosses, rutilant de richesse triomfe & gloire.

–!Ha=Lagloire. Mais ce n'était pas la-Gloire qui le protégeait : le protégeait cette aura d'invulnérabilité qui flottait autour de lui depuis Ce=Jeu, impénétrable, ne signifiant rien, solide & si compacte, qu'au toucher elle ressemblait à l'insolence=même. Et Cette Aura avertissait toutunchac-1 : tu ne peux !pas me nuire.

–Jusqu'à ce jour de Noël..... Lizi, ne me dis pas que tu tiens à le passer sous ?silence. Car le néant mis à part, rien n'est éternel.

–Non. Ce n'est pas ce que j'ai voulu dire. Parce que le contraire du jeu, ce n'est ni le sérieux ni le réel. Mais –

–?Mais –

–La mort. Et il fut tenu de jouer jusqu'à ce que le-jeu fût usé, jusqu'à qu'Il apparaisse sous les reflets dorés de la lucky-pellicule. –

Peu importe qu'il ait très vite perdu une partie de son gain légendaire dans la foulée, les-Créanciers & leurs crédits étaient !justement là=pour-ça..... Et contrairement à n'importe-qui d'autre qui aurait perçu dans cette situation comme une..... mise en garde contre la fréquentation de ces territoires obscurs de la Chanceaujeu – il se sentait encouragé dans ses délires. On rencontre chez-les-hommes une force supérieure à la sottise & plus durable qu'elle : l'ignorance.....

–Mais –

–!Maisquoi : cet homme (que je n'appelle plus notre père) était devenu 1 esclave de l'argent, 1 accro du métal, malade de toujours=plusdeclinquant. Or, ce qui brillait là en réalité, c'était l'éclat d'un Feu où toutunchac-1 se brûle 1 jour les doigts en voulant Le toucher. Il croyait qu'il suffirait de !s'enfuir, les-flammes une fois trop près. Et c'est de !Ça, exactement=de!Ça dont tu as été le témoin Alors. Tu étais suffisamment=vieux avec tes pas tout à fait 5 ans pour le voir. C'est ainsi, Moncherfrère, qu'il t'a appris à fuir, une chose qui ne finit jamais bien mais pas non plus nécessairement é surtout pas tout de suite mal. Et bien plus encore : même !l'illusion du Happy End ne saurait être révélée parce qu'1 possibilité autre que celle-ci doit rester invisible. Ainsi n'importe quelle issue passera-t-elle pour une fin heureuse. C'est à !cette illusion fatale qu'a succombé ce père, qui aurait mieux fait de n'être le père de Personne, et à laquelle, à son exemple, tu as succombé plus tard. ?Ou peux-tu le ?nier.

7

Photo 11 — *Henriette et son père Werner, excursion dans le parc de Sans-Souci, 1942*

As-tu ?entendu et ?compris !ce que je t'ai raconté une nouvelle fois à partir de tes propres mots vieillis aujourd'hui=ici dans cette pièce qui rissole de la chaleur de longuesheures coupées du temps, à ton derniersoir avant les 1res retrouvailles avec ton fils depuis ?combiendannées. Mais ces mots n'ont trouvé ni profondeur ni résonance ni sens, ils se sont contentés d'être=là comme chaleur&suffocation ne sont Pazunair respirable, mais une espèce de colle invisible qui fait adhérer uniformément ensemble le-Bien et le-Mal de tout-ce-qui-est-mort é: tout-ce-qui-est-vivant pour les transformer en ces chimères brouilleuses de pensées qui laissent s'exuder de l'humain tout ce qui est inhumain –, où les forces vives se corrompent nécessairement en-raideur pernicieuse, l'amour amèrement en-honte. (Moi aussi j'ai aimé un jour. ?Aimerais-tu parler ?d'amour avec moi, ta sœur, qui à tes yeux tient plus d'1 poussière que d'une femme –) : Non. Une fois de plus, tu t'es enfui Georg. Autrefois de l'orphelinat, Cesoir devant moi. C'est une preuve=suffisante de l'enseignement que cet homme (que je n'appelle plus notre père) t'a dispensé en-son-temps : une manière de se sauver qu'on ne peut même pas qualifier de fuite. –: Et d'ailleurs ?où aurais-tu Alors voulu ?fuir, toi = le gamin d'un peu moins de 6 ans, avec moi sachant à peine marcher ; nulle part où nous réfugier. Mais je sais aussi que, posée ainsi, cette question est 1 fausse question. Ce qui comptait pour=toi n'était pas la destination mais la fuite=en-elle-même, qu'il suffisait, aimais-tu croire à travers ta perception enfantine (puisque tu as eu, phénomène rare chez le-croyant, la !révélation –), de répéter assez=souvent afin de produire Un Effet : la mort ou le salut. Et un de ces effets – !écoute-moi maintenant

– s'appelait : le pasteur Brickau. À vrai dire, ce n'est pas lui qui s'est chargé de nous, mais c'est !toi = le fugitif de 6 ans portant sa sœur Àcalifourchon sur son dos, qui t'es chargé de cet homme, alors que tu ne pouvais pas le connaître (mais on ne les rencontre pas seulement qu'en mathématique supérieure, les Inconnues aux mains invisibles qui savent produire du visible, elles surviennent aussi dans les calculs du banal=quotidien ; et tu t'es bien montré le fils de ton père par tes façons de faire en plaçant une confiance inébranlable dans ces Inconnues comme seuls le font les-enfants les-mathématiciens é autres fous), c'est donc toi qui as finalement amené cet homme à agir & intervenir sur les événements. Mais c'est aussi une chose que tu ne surmonteras jamais, é qu'il t'est impossible jusqu'à=aujourd'hui de te pardonner=à-toi-même : avoir-fui-l'orphelinat pour appeler d'autres gens à l'aide. Des appels au secours qui ne demeurèrent pas sans écho, mais firent réellement=venir de l'aide ; ta fuite devenait donc une arrivée. Or, appeler-d'Autregens-à-l'aide revient à avouer sa propre=impuissance..... Si bien que pour les individus=de-ton-espèce, 1 vie qui continue grâce à l'aide d'autrui passe ensuite à leurs yeux pour plus médiocre que pasdeviedutout. Mais tu as continué de vivre, et plus=tard le pasteur & sa famille furent juste dignes de tes sarcasmes & de ton dénigrement. Je t'entends encore te moquer de la joie de procréer de cet homme – dont l'aspect général – tête engoncée, corps, mains, allure – faisait l'effet d'un petit carré trapu, les traits de son visage baignés de cette quiétude effrontément=sûre-d'elle de ceux qui ont toujours-raison..... Ce qui t'a inspiré ce commentaire : – Après avoir fait à sa pauvre épouse douzenfants = douzapôtres (malgré quatre fausses couches) – car pour ce qui était de procréer, ce pasteur s'y connaissait en diable, et sa femme soumise à ces pastorales canonnades charnelles ayant fini par mouiller dans le port sûr de son climatère, la faim d'enfants si agréable à Dieu, siens ou pas siens : qu'importe, de cet ogre en Pan Toufles portant bavette étant toutefois loin d'être rassasiée – il nous a recueillis, toi, Lizi, âgée de pas tout à fait 2 ans é moi de 6, dans la chaleur caséeuse des charentaises de sa famille pastorale avec pommes de terre en robe de chambre & infusions à la camomille. *Raillais-tu plus tard. Et il en allait de même de son* – inébranlable foi de technicien outillé avec tournevis & burette de Deus pour actionner la machine ronflante de la Theo-Logie, *qui faisait les frais de tes sarcasmes autant que le*

Protes-Tantisme aux relents chimiques de pilules pisse-froid à l'œuvre dans cette famille : –la brise délicate de l'Armoire à Pharmacie de l'Esprit Ceint–: *Elle ne devait Riensignifier de plus pour toi, cette famille, ou: n'importe quelle autre..... – Et pourtant cet homme nous avait recueillis chez=lui comme les deux pièces encore manquantes du puzzle que sa femme & lui considéraient vraisemblablement comme* Leur Décision. *Sans moue ni jalousie, ses autres enfants, rangés d'après leur âge comme des tuyaux d'orgue, se contentèrent de se pousser 1 peu pour faire place-à-table à 2 assiettes supplémentaires. Et cet homme & la femme de cet homme, 1 créature silencieuse & discrète qui semblait sans âge (dont la plupart notait la présence seulement au deuxième regard) ne nous offrirent pas à nous-autres=enfants cet amour de léchouilles simiesques, constamment tributaire du tempérament lunatique, d'abord accordé et puis retiré pour cause d'humeur punitive, mais proposèrent Une Chose autrement plus précieuse car source=de=confiance : justice familiale, protection contre toute menace extérieure, droit à la curiosité & à l'innocence des questions – et au-delà, ce laisser-tranquille qui est des plus profitable aux enfants en pleine croissance. – Et dans ce refuge de confiance, ce pasteur, notre père désormais, & sa discrète mais toujours solidement=présente épouse – Ruth de son nom – notre mère désormais, nous inculquèrent, à-nous=orphelins, les principes marquants de leur conduite de vie : bonnes manières & savoir-vivre, amabilité, honnêteté, respect du faible & secours là où il est nécessaire, politesse & respect de la parole donnée ; se contenter de la portion-congrue qui revient à-l'homme & faire preuve de ce courage-dans-la-vie-de-chaque-jour qui aide à surmonter l'adversité sans se plaindre. Des principes inculqués surtout par cette petite femme de pasteur, nerveuse & plutôt taciturne, aux traits sans rides, lisses au 1er regard mais renfrognés cependant, privés dès l'enfance de la fraîcheur des jeunes filles, ils avaient l'air usé par la vie & vieux de=tout=temps avec leurs yeux sans éclat profondément enchâssés dans des cavités brunes. Leur regard aurait dû être doux, mais il avait viré à l'impératif, comme sa voix d'une chaleur laineuse qu'un aigu rayait de ses traces abrasives dès qu'elle s'adressait à son mari ou à d'autres fonctionnaires. On aurait dit 1 femme de ménage chargée d'évacuer jour-après-jour la saleté de toute bonté des bureaux de gestion de la mansuétude. Et qu'importe les vêtements qu'elle portait, ils semblaient toujours élimés,*

& ses chaussures (quelque soit le modèle) paraissaient grincer, répandre aussi 1odeur tenace de graisse comme son corps fildeferiforme celle forte de savon. Et forte des Sam's Days, toujours synonymes de Grandelessive – alors des vapeurs de buanderie chenalaient à travers le presbytère comme à midi le fumet de la soupe de pommes de terre préparée la veille dans une grande casserole pour=tous et avalée d'un trait le lendemain au déjeuner pour vite s'en-retourner-au-linge. Cette expression, Chergeorg, dans les années où tu étais encore un garnement, alimentait déjà tes commentaires choquants : –parce que la bénédiction-divine ne peut pas se défiler devant tant d'emballement pour le linge *(& ta main esquissait un arrondi devant ton ventre).* –Cette femme, qui était notre mère désormais, & avec elle, tout le substrat-maison avait pris l'odeur d'austérité du linge rudement frotté é caractéristique de cette foi, comme si chaque jour était un jour de lessive. En hiver ou par mauvais temps au grenier, mises à blanchir entre les arbres fruitiers l'été, les pièces en toile de lin amidonnées accrochées sur les fils, comme autant de mécréants d'abord convertis puis exécutés. – *Mais cette femme discrète l'emportait dès qu'elle s'adressait à-nous=les-enfants. Un éclat de vie illuminait alors son regard – une légère rougeur, non pas d'embarras mais de joie attestée en silence, transformait et lissait les traits jaunis de sa mine de vieille fille, et une voix jamais forte improvisait une enfilade de phrases simples comme à l'ordinaire le linge accroché sur le fil, des phrases empreintes de ce naturel quand on s'adresse à un enfant. Et aucune différence – entre ses propres enfants ou nous, entre Georg & moi – dans ses façons fermes & indulgentes de nous traiter.* –Mais elle ne porte jamais de robe bleue. *Avais-tu dit, Georg, à propos de cette femme, qui était notre mère désormais, alors que nous vivions depuis peu dans cette famille :* –D'ailleurs, elle ne porte jamais rien qui semble lui faire plaisir. Donc, elle ne peut pas être !ma mère. – *1nsérés dans ce libellé-familial, toi moi, nous avons vécu notre enfance et le début de notre jeunesse sans hostilité sans vexation – ?comment as-tu dit un jour :* –dans l'esprit=de-suite de la mécanique christique qui nous fait peut-être nous regrouper en hordes croyantes à seul dessein de préserver en nous l'oubli de nos origines, de manière à ce que nous et tous ceux après nous puissions continuer à vivre dans cet oubli chaleureux, privés d'humour é sans que le doute ne nous ébranle, dans cette

chaleur d'entrailles au milieu d'une troupe de frères&sœurs étrangers et leur odeur de pain douceâtre. Et même s'il est impossible à quiconque de vivre dans le respect fidèle=total de ces règles, ici les écarts & manquements se paraient de moins d'insolence brutalité & sournoiserie, en 1 mot : de moins d'inhumanité que chez ces gens qui traquent les fantômes..... d'un temps=ordinaire : bonheur héroïsme succès prospérité amour=argent&biens. *Tu le sais, Georg, je t'ai toujours écouté, é mieux que tu n'aimes à t'écouter toi-même. – Puis vint pour=nous=deux le moment de croiser le Sérieux-de-la-Vie : les études et un métier, toi la médecine, moi la pédagogie – avec tous-les-obstacles & détours institués dans 1 pays d'obédience a=théiste parce issus d'1 famille de pasteur. Finalement, d'1 manière ou d'1autre, enfance&jeunesse s'en étaient allées avec nous comme dans 1 promenade à travers la plaine natale –. Mais le souvenir ne s'éteint pas – parfois, il sommeille ; et puis il se réveille. – Ta dérision, Georg, finalement ton dégoût de la maison du pasteur et de ses occupants, n'est pas issue de manquements ; elle s'est manifestée bien plus tard, exactement quatorze ans après ; é: elle ne provenait pas du plaisir naïvement=cruel de faire souffrir ou de commettre délibérément une injustice, ton aversion est née du mépris du jeune homme de 20 ans, ce qui en persistant dans le temps t'a endurci. Et, je le sais, tu sens malgré=tout en=toi les survivances de ces vieilles règles qu'enfant et plus tard adulte en devenir On t'a inculquées en ces jours&nuits d'années de guerre& – à plus !forte raison – d'après-guerre avec leurs hommes é mondes déchirés. Car en-des-temps où l'humanité s'assèche sous l'anathème du Pouvoir de l'Autorité comme un cours d'eau dans la fournaise du désert, la simple présence d'un Honnête Homme est déjà un acte de résistance. Ces vieilles règles certifiées conformes au mètre-étalon de la bienséance et que le pasteur de Köngishain nous a léguées, à toi à moi, que tu portes en=toi, Georg, mais auxquelles depuis longtemps tu ne sais plus donner de valeur solide, & c'est pourquoi, sous le couvert des sarcasmes, tu as voulu te retrancher derrière 1 carapace d'inaccessibilité. C'est pourquoi la vue d'enfants au regard franc te glace, innocence é belle humeur te rendaient suspicieux ; ton attirance n'allait qu'à la part pénible, obscure des âmes humaines – et !combien rarement tu Les rencontras à l'âge de l'hypocrisie –, mais n'En demeurait pas moins pour toi que : l'existence=humaine ne se mesure pas à l'aune des bienfaits, mais seulement à celle de l'horreur é de la gravité qui ensorcellent&scellent=le-destin des hommes. Une carapace contre toute lumière. Mais cette carapace, Moncherfrère, n'est pas compacte, elle tient plutôt de la passoire –: Ne la ?perçois-tu pas parfois comme ces inclusions étrangères dans les éboulis de ce que d'autres appellent une âme. Et quand bien même au-fil-des-ans tu as mis une sourdine à ta dérision & à ton sarcasme (personne n'est en définitive capable de s'énerver avec la même énergie pour une même chose unevie=durant) : tes brusques explosions de colère en sont toutefois toujours une preuve..... – comme si les plaques tectoniques des temps les plus reculés se mettaient soudain en branle pour s'entre:choquer. Car au fond tu as ressenti du mépris pour toi-même é pour ta conscience qui a débattu en toi, Alors=enfant, afin que tu appelles à l'aide (comme le suicidé ne cherche pas à vrai dire à se punir par sa mort démonstrative, mais à punir le reste=dumonde, à moins que ce ne soit finalement Dieu=en-personne), voilà pourquoi tu te méprises toi-même à travers ta postérité, à travers Henry é Corinna, et jusqu'aux lendemains&-surlendemains=à-venir. Parce que cette descendance, finassons donc un peu, trouve son-origine uniquement dans cet appel à l'aide qu'en enfant raisonnable tu as lancé il y a soixante-trois ans : du cercle de connaissances du pasteur faisait aussi partie la famille Baeske de Königshain, la famille d'Henriette ta future femme, que tu as aimée comme tu sais aimer autrui : en t'enfuyant dans l'attente – que quelqu'un te tende la main. Il en a toujours été ainsi avec=toi et rien n'a changé jusqu'à aujourd'hui=an 2003. Mais les autres n'étaient pas les seuls à te répugner, Dieu singulièrement passait Lui aussi pour repoussant, étranger, monstrueux à tes yeux. Dans nos jeunes années, que de !fois nous sommes-nous disputés à ce propos, é: comme=toujours des débats pour rien – de l'escrime en miroir, dont les lames de la manie-de-vouloir-avoir-chac-1-raison balayaient au loin la rouille d'une éventuelle compréhension. Plus tard tu as refusé d'en débattre.* –Parmi les nombreux sujets à éviter *(disais-tu)*, –figurent les discussions sur la dive-bouteille avec les ivrognes & les conversations sur-Dieu avec les croyants. *Ta vie, Georg, est derrière toi. Et au bout, ton ciel est vide. C'est pourquoi j'ai la certitude qu'en revoyant demain ton fils à Francfort – peut-être pour vos ultimes retrouvailles, car ?quisait s'il reviendra d'Amérique de ton vivant – tu gâcheras votre rencontre.*

Ô ne me raconte plus !rien dans la traversée de !ta propre nuit. Elle a d'ores & déjà cessé d'être la mienne. !Nuit.

Photo 12 *(rangée de derr., de g. à dr.) 1 inconnue ; Friederike ; Elfriede ; Johanna ; Hilde ; (au centre) Hedwig ; (devant à g. Henriette, à dr. Peter-Paul), propriété d'Hedwig, dans le jardin de Thalov, 1941*

Cette !proximité..... Sata!née proximité.....

Comme si cet homme, qui est mon « fils », n'incarnait pour=moi rien qu'une machine diabolique générant en permanence un champ dynamique qui, avec l'obstination propre à la Machine, plus de cet homme je m'approche, transforme en rage & colère écumante la honte profonde que je ressens à son égard. Si bien qu'à la seule pensée de rencontrer d'ici peu cet individu dont l'existence est pour moi l'outrage d'une vie=entière, le masque d'une risée figée dans le silence....., je ne pourrai contenir l'explosion de ma colère qu'avec une maîtrise de moi parfaitement exceptionnelle. *[– Tes ongles creusent tes paumes jusqu'au sang –: la saignée, pour éviter de lever la main contre le « fils ». !Pourquoi n'est-il pas mort avant sa naissance, ou: toi de préférence avant ce vil engendrement. –]* Demain, il m'ouvrira la porte, – :& il me fixera de ses yeux vacillants à travers ses lunettes en nickel, ses lèvres troussées en grimace compatissante sur ses dents de travers. Ce visage é ses traits me semblent plus vieux que le mien, é: me fichent pourtant chaque fois 1 coup, car *[– car tu es forcé d'y reconnaître Une Chose similaire au vacillement de son regard é à sa manière gauche devant les Autres, comme si toute son apparence mendiait après quelque Droitdevivre sans coups ; dévorée par les passions réprimées, les pensées fourvoyées é les désirs avortés finalement taris dans le sable de la médiocrité personnelle ; défigurée par les entailles de la désillusion où se devine 1 vie d'univers-cyte-taire futile –]* en tous points ils me prouvent notre parenté. Je l'ai remarqué lors de notre dernière rencontre à l'occasion de l'enterrement d'Henriette –.– Et, horrifié, je fus forcé de constater autre chose aussi : la ressemblance de son visage avec celui de Felicitas : la physionomie actuelle de ma sœur, celle pour ainsi dire qui s'annonçait naguère, embaumée & aujourd'hui, au bout de tandannées d'une sorte de marche en arrière, se détachant sans vergogne & pleine d'ironie des traits de cet homme – *Une !malédiction..... Sata!née proximité..... Et rien n'est oublié, Tout revient.....*

Hier soir, pour la première fois depuis-des-années, pendant la promenade avec Max, le chien, dans l'enfilade des rues fournaises de la Frankfurter Allee *[– Et désormais ni jour en reste, ni nuit – à peine encore 1 soupçon de temps – prends garde : !bientôt –]* – sous le pont de la S-Bahn, entre deux piliers de fer, dans l'une des niches sombres du mur, plaquée par la chaleur-des-jours : !cette odeur..... Sans détour, de toute sa force furibonde=persifleuse, elle m'assaillit, fouetta mes sens d'un passé vieux de plus de quarante ans, pénétra dans le laboratoire de chimie des souvenirs & se figea en une identité consis-Tante : sous l'effet conjugué de je ne sais quels composants de saleté grisâtre maçonnerie & fer galeux, la suaventêtante odeur du jasmin en fleurs. –

➞ *Yäs : mîn oui –,– un parfum ensorcelant et la chaleur du corps d'1 fille – !Pluie – Joursetnuits sous la pluie de mars il y a quarante-trois ans. –*

Longs flots d'une pluie limpide tombés à verse, on aurait dit que par ces fils liquides la terre printanière mûrie avant l'heure se fondait à tout=jamais dans le pesant bleugris d'un ciel immobile. Jours=nuits – et les torrents de pluie continuaient à tomber – déjà de petits cours d'eau faisaient sortir l'Oder de son lit – enfouissant sous leurs eaux routes chemins champs prairies – ils envahissaient les propriétés des basses terres, les fermes telles des épaves grossières perchaient au milieu du lac aux teintes boueuses ; l'Oder arrachait et entraînait dans ses flots putrides ce qui auparavant était encore proprement séparé : aux caves salles de séjour étables & cuisines du matériel & des objets remisés avec&sans attache – articles ménagers machines agricoles cadavres d'animaux fumier petit bois é tout ce capharnaüm de ce qui avant avait constitué biens & foyer. De larges courants d'un brun rouge sale – de la même stricte inconditionnalité propre à la voracité primitive, inondant Lepays, encore indifférenciés entre dévastation é: fécondité, le but de ce flux demeurant en Deslointains énigmatiques –.

Aucun habitant ici ne se souvenait d'une crue !pareille – d'une inondation aussi !spectaculaire, qui avait fini par transformer toute la plaine aux environs d'Altendorf en un immense champ encombré, puant de détritus&cadavres. Les mouches..... bombinèrent très vite en méchantes nuées bourdonnantes autour de la charogne & des maisons effondrées s'enfonçant lentement dans la boue. Printemps 1960 : même LAGUERRE avec ses Derniermassacres à Halbe & sur les Hauteurs de Seelow n'avait pas causé !autant de ravages.

Cette année-là, semailles & récoltes détruites pour une bonne part dans la région, élevage ruiné pour-longtemps ; les représailles du Gouvernement contre les exploitations 1ndividuelles augmentèrent – La-crue donnait à-l'État l'Occasion d'exercer son chantage –, les aides n'allèrent plus qu'aux eLPéGen [1] récemment créées ; beaucoup de paysans de cette région abandonnèrent terres&biens. Du jour au lendemain 1 pays devait trouver Un Futur sans avoir connu de Présent ; – slogans propagande sirènes pas cadencé : roulement creux de tambours & gamins-en-uniforme, aux seules fins de résonner plus fort & plus aigu que le passé personnel – pour se baptiser ÉTAT DES OUVRIERS & PAYSANS & VAINQUEUR-DE-L'HISTOIRE, comme Hitler&staline s'étaient désignés FÜHRER, & en saupoudrant l'imposture de l'or scintillant des statistiques, é: là où la poudre d'or fait défaut : slogans propagande sirènes pas cadencé, – délires, bégaiements fiévreux –, débordant de mensonges afin d'activer l'aller-de-l'avant-&-bouger, la marche vers le progrès – : ?!Combien de temps tient un dilemme..... : dix-huit mois plus tard, on avait construit LEMUR à Berlin.

!Pluie – Jourssénuits lacrue de la pluie sans fin –

À présent les flots charriaient les cercueils hors de la terre meuble du cimetière, & hors des champs, quelques munitions, engins non explosés de bombardements aériens obus mines de la DERNIÈREGUERRE –: De ces flots boueux, l'explosion de vieilles munitions faisait jaillir très haut des fleurs de cadavres&purin en forme d'entonnoirs – détruisant une nouvelle fois ce qui l'avait déjà été. – *Felicitas, maintenant que je ne suis plus assis en face de toi dans ton étouffante chambre desséchée, que dans la fonte du soleil déclinant je ne suis plus tenu de voir s'étaler de plus en plus les contours de ta silhouette assise=là comme une tache d'encre s'étendant dans la pénombre de la pièce – une de ces taches qui, pleines de souvenirs perfides, cartographient le paysage intime=personnel des cauchemars ; – à distance je peux désormais te raconter !ce que je sais de toutes ces photographies perdues, arrachées et vraisemblablement détruites de cet album qui a vu le jour comme une table des lois très ancienne faite de préceptes&interdits puisés dans les profondeurs & les parts d'ombre de deux familles, imbibé de colère é de honte, mais avant-tout d'indifférence, de distance é de léger ennui. Maintenant que tu n'es plus présente, je peux te parler de tout ce qui manque, de tout ce qui a raté. –*

Quand la pluie s'est mise à tomber, ce printemps-là en 1960 (j'avais déjà 25 ans, mais en étais seulement au 2e semestre de mes études de médecine), 1 week-end je quittai Mathildenbourg (tu te souviens, j'y vivais depuis mon mariage avec Henriette, parce qu'il n'y avait pas moyen d'obtenir un logement à Berlin, & par conséquent pas d'autorisation de s'y établir) pour venir vous voir, toi & le pasteur Brickau à Altendorf. J'avais entrepris des études avec quelques années de retard sur les autres, car être le fils adoptif d'1 pasteur signait dans l'État-des-ouvriers-&-paysans *la-mauvaise-origine*. Et pour prévenir & corriger cette ex-traction : astreint au travail dans la pro=duckscion socialiste = de l'exploitation à ciel ouvert du lignite à Brachov pendant 1 an..... : 1 an=durant, les sens de plus en plus émoussés, dans n'importe quel miroir 1 visage fatigué, sale – le ?mien. Et le pasteur (qui secrètement se sentait probablement coupable des astreintes au travail de ses enfants, cette forme séculaire du péché originel) n'eut d'autre alternative que de me faire ses adieux en m'exhortant de l'un de ses gestes silencieux, dignes de l'Ancien Testament : *Vas là-bas en paix, fais honneur à ton corps & veille à ne pas connaître le même sort que Martin, mon fils aîné.* Le pasteur était de ce type d'hommes qui transmettent aux autres leurs expériences non par des mots & des sentences, mais par leur physionomie é leur gestuelle.

Mais je ne fis pas honneur à mon corps, !que pouvait-on bien honorer de cette chair sale, courbée de fatigue, maltraitée – &, comme bien des collègues=de=mon=entourage, dans mon envie de disparaître & de tomber malade, je cherchais à me suicider=à=tempérament, en me soûlant..... – Et avant même que la 1re année de travail obligatoire soit écoulée, j'en avais eu ma=claque é plus auc-1 envie de faire des études de médecine. Voulais demeurer là où j'étais & ce que j'étais devenu : dans la mine à ciel ouvert 1 ivrogne-&-prolo-parmi-les-prolos. Nulle part ailleurs la punition par le travail n'était aussi fréquente que dans 1 pays où travailler deviendrait une=nécessité. – C'est d'abord Henriette, et ce encore avant notre mariage, qui me redonna courage & me remit sur les longs rails des études. Je me portai à nouveau candidat, obtins la recommandation écrite de la commission politique de l'entreprise, car j'étais manifestement arrivé là où On voulait me faire arriver : la mauvaise origine exsudée grâce au boulot de routine, ma morgue (que l'On avait soupçonnée) dégueulée après certaines beuveries, j'étais maintenant 1=des=leurs..... Mon inscription à l'université prit effet à l'automne 1959. Mais mon intérêt pour les études était dépourvu d'enthousiasme avant même qu'elles commencent. Seules la sinistre perspective d'un retour=-à-la-mine-à-ciel-ouvert et la peine éprouvée par Henriette devant mon indifférence=à-vivre me firent rester à Berlin, université Humboldt, faculté de médecyne. – Ma venue à Altendorf en ces premiers jours de mars 1960 était une fuite de Mathildenbourg, une fuite de Berlin & de l'université et ses études détestées, mais avant-tout c'était une fuite devant la première dispute avec Henriette.

Nous nous étions mariés quelques mois plus tôt, et cette querelle n'avait rien à voir avec les giboulées avrilesques des velléités de jeunes époux qui annoncent s1mplement le changement de temps vers une nouvelle saison. Cette dispute entre nous était sérieuse. Son motif – inoubliable : les-pères, la-paternité..... : et tes deux phrases sobres, Henriette : – *Nous allons avoir 1 enfant. Tu vas être père.*

p. 90, Photo 15 →

Photo 13 *(de g. à dr.) Hilde, Elfriede, Werner, Johanna, Henriette sur le devant, propriété d'Hedwig, jardin de Thalov, 1942*

Brusquement, je me mis à parler comme toi, Felicitas : devant Henriette, je cassai du sucre sur le dos du joueur, notre père. Et pas que sur son dos ; je réglais finalement leur=compte à touslespères, *ces !tuyaux qui auraient mieux fait de gicler sur la plaque de la cuisinière qu'à l'intérieur de leur-femme : au moins !ça leur aurait fait une crêpe* – criais-je, empli de cette méchanceté exaltée que j'avais découverte en=moi dans la mine-à-ciel-ouvert, & que dans mon besoin de blesser j'expédiais hors de moi à coups d'innombrables pelletées de lignite. J'ignorais alors qu'à travers ces grossièretés de babouin précisément, j'avais prouvé mon talent à être-père. Car même le maître-né n'est pas maître de sa nature, sinon régner-en-maître ne serait pas maîtrisable.

Ma colère, Henriette, ne s'en prenait pas seulement à ton père, le jardinier combattant commerçant : elle se dirigeait tout autant contre le mien é: plus encore contre moi=même é mon affection re=montant à l'enfance pour cet incorrigible gamin et son incroyable chance-aux-cartes. D'abord amusée par mes dénigrements (mais tout humour, s'il dure trop longtemps, finit par se consumer de sérieux), mes sarcasmes te mirent peu à peu en colère car, depuis un bon moment, ils avaient perdu toute ingénuité. Tu avais raison de supputer que mon aversion du rôle-de-père concernait aussi notre couple : que je ne faisais auc-1 cas d'une quelconque descendance é: que tu t'étais engagée dans 1 vie de couple sans enfants. Que, comme le faisait remarquer un jour Peter-Paul, le neveu de ton père, avec ses façons de vipère-emphatique, à propos de mes origines : *–Une !malédiction pèse sur cette famille, un jour ou l'autre, comme une tumeur, elle apparaîtra chez l'un des corbeaux issus du nid, et elle sera porteuse de mort&perversion pour ceux qui auront frayé avec..... ceux qui la portent en eux* – (:Voilà ce qu'il disait en son temps, et d'autres choses du même tonneau, mais seulement après que Felicitas eut opposé un refus déterminé & une-fin-de=non-recevoir aux offres sentimentales de cet homme plus âgé de six ans) : *[– ?Mais pourquoi t'es-tu senti obligé de trahir ton père défunt ; de t'enfuir aussi devant lui et de lui ?ressembler une nouvelle fois justement=par-ton-attitude –]* – Et je me souviens du Silence qui suivit la dispute avec Henriette. J'étais devant la volonté muette é mauvaise de cette femme comme devant une épaisse muraille noire – pour la première fois – une dispute, que moi=seul-solo avais déclenchée, é cette Muraille Féminine qui se dresse puissante, impénétrable. Tout ce qui semblait encore 1 accès é il y a peu 1 regard lumineux – condamné à présent, ôté des yeux ; perdu..... Et devant Cette Muraillenoire de mutisme, je me sentais rétrécir, désespéré, sol1taire –.– Aussi je me suis enfui..... ***p. 125, Photo 19 →***

Le vieux pasteur, devenu veuf entre-temps, fut lui aussi contraint de déménager à Altendorf sur=Ordre du-Pouvoir. Depuis Unbon-moment, les-Autorités & la direction d'arrondissement du eSEuhDéh[2] n'avaient pas cessé de le harceler, lui = qui n'avait pas voulu renoncer de son plein gré à assister sa paroisse de Königshain ; les-Autorités avaient fini par l'expulser sans autre forme de procès, lui & toute sa famille, de la grande maison de Königshain, pour 1 bagatelle : 1 trimestre il avait oublié de payer la facture d'électricité – la mort de sa femme l'avait éprouvé, il avait perdu la vue d'ensemble sur les affaires-courantes –; les-Autorités s'en servirent comme prétexte et l'exproprièrent tout de suite après la construction du MURDEBERLIN. Après quoi il fut assigné, & nous avec, à vivre à Altendorf, en exil dans son propre pays. – Car voilà un bon moment que le pasteur Brickau et sa paroisse de Königshain dérangeaient les Idéologues de-l'État, ces calotins de la religion rouge : de plus en plus de jeunes gens se réunissaient dans la grande maison avec jardin du pasteur, discutaient entre eux, développant volontés individuelles é paroles personnelles, sans le sceau du-Parti..... *Car vois-tu, qui n'est pas avec* NOUS *est contre* NOUS. *Et qui est contre* NOUS, NOUS *le traquerons jusqu'à son dernier atome. Et même cet ultime atome,* NOUS *l'écraserons contre* LEMUR, *de sorte qu'à-l'avenir, il ne s'en trouvera plusunseul contre* NOUS, *car vois-tu :* !NOUS=SEULS *sommes la-lumière du monde & la-vie éternelle.....* Et mainte lumière brilla ainsi sur les bureaux de la police secrète de ErDéA telle la lampe des interrogatoires braquée sur les personnes arrêtées dans la maison du pasteur & déplacées ; mainte vie fut détruite dans les cellules bétonnées des prisons, ces forteresses antichambres des camps de concentration, planifiées de même dans cette Allemagne Nouvelle jusqu'en 1989 –.– Et le vieux pasteur Brickau voyait Cela, entendait Cela : ON vint le chercher 1 matin, pour l'envoyer dans la prison centrale de Vockau ; là-bas, ON lui montra, comme aux siècles passés les-instruments au-délinquant, la cour étroite et ses cages de béton, les barbelés, les cellules, ON ordonna au vieil homme d'attendre-debout-le-dos-au-mur dans les couloirs des-heures&des-heures-durant – jusqu'à ce qu'il s'effondre, à bout de forces, – é: s'incline devant la Puissance Supérieure. – *Peut-être est-ce La Honte qui plongea par après le pasteur dans le mutisme, La Honte de n'avoir pas pu dire-une-prière dans cet enfer d'abrutissement : d'avoir oublié Dieu comme Dieu nous avait oubliés –.– Pas un mot de bénédiction, seul subsista dans la bouche du pasteur 1 goût de vomi.*

C'est sans doute le-hasard qui voulut que le vieux serviteur de Dieu vienne habiter justement à-proximité de la maison où nous avions vu le jour. Quoi qu'il en soit, quitter sa paroisse de Königshain pour venir s'établir dans le village fut probablement pour lui comme consentir à son propre bannissement. *Cet homme – qui nous avait tant appris avec son assurance bien carrée de mécanicien aux commandes de la Machine=Théo-Logie – s'était laissé chasser de sa paroisse par les sbires d'1Faraon rouge à Berlin, bien qu'il ne fût pas menacé de crucifixion ?S'était-il souvenu par après de la Vieillehistoire de Pierre traqué, qui avait voulu s'enfuir de Rome et qui, parvenu aux portes de la ville & sur le point d'être en-sécurité, avait entendu La Voix pleine de tristesse : Je vais à Rome me faire crucifier une deuxième fois. –: Mais Berlin-Est n'est pas Rome, 1 prédicant de petite ville n'est pas Pierre ; aussi lui resta-t-il, comme=toujours, seulement sa propre sa voix. [– Plus de jour en reste pour toi maintenant, – à peine quelques heures encore –]* Ainsi il vécut à Altendorf sans être crucifié, après la mort de sa femme, puis après mon départ & celui de ses enfants, en ta compagnie, Felicitas, abandonné sur son île d'inflexibilité. Là-bas, ayant déjà franchi le cap des soixante-dix ans – tout ce que sa stature avait jadis présenté de carré, s'était amolli en 1 apparence plus délicate, plus douce ; les traits de son visage désormais semblables à une falaise de grès érodée par l'eau –, cet homme s'enfonça dans l'oubli, pour finir l'une des situations les plus heureuses de Toutemps pour un Homme Droit. – De sa nombreuse progéniture, Felicitas, tu étais la seule à être restée à ses côtés – tous ses autres enfants, dispersés à travers le pays au gré de leurs métiers divers (pas de théologue), revenaient dans la petite maison de leur père à la rigueur aux fêtes religieuses. Et la mort avait déjà entamé son œuvre à l'extrémité de la chaîne de sa descendance et de son maillon le plus ancien : Martin, son fils premier-né, était mort dans un accident le 17 juin 1953. Il avait renié la religion de son père & dès son dix-huitième anniversaire, il était devenu un membre à 1000% du eSEuhDéh. *(Aucun de tes enfants n'est resté là où ton visage de roc avait voulu les conduire – les 12 apôtres, Aujourd'hui comme autrefois : !qui peut leur en vouloir d'avoir mis-les-bouts quand ça craignait pour leurs=fesses – ou ce qu'il en restait alors.)* De sa propre initiative, ce fils rejoignit Berlin=le-Grandchantier de la Stalineallee, comme ouvrier du bâtiment ; ce matin-là de juin, comme à son habitude & en sa qualité de meilleur ouvrier le 1er sur place, mais aussi le seul à avoir grimpé ce jour-là sur l'échafaudage, é: l'échafaudage lui-même semblant manifestement déterminé à participer à la grève et au soulèvement ; aussi la planche de bois qu'il traversa glissa-t-elle hors de ses fixations (concours-de-circonstances ou sabotage – la question ne fut pas élucidée) et le jeune ouvrier tomba dans Levide d'une hauteur de plusieurs étages. Certaines recrues meurent pendant les longstransportsdetroupes=vers-le-front avant même d'avoir entraperçu le champ-de-bataille ou: l'ennemi, sans parler de celles qui n'ont jamais tiré 1 coup de fusil : ce jeune fils de pasteur, qui avait renié père&église, fut certainement la 1re victime de ce dix-sept-juin-mil-neuf-cent-cinquante-trois. À la suite de quoi, le vieux pasteur éprouva le besoin constant d'avoir des descendants dans sa famille, ce qui plus tard (*mais ?peut-être le déclic s'était-il déjà produit dans son esprit, au moment où il apprit de ta bouche que tu étais enceinte, Felicitas –)* l'incitera probablement à mettre à exécution un certain=plan & ensuite à œuvrer de Tous Ses Moyens par après pour que tu demeures près de lui, Felicitas, même au lendemain de ce week-end, protégée par cette discrétion com=pacte entourée de silence, propre aux-villages é à eux-seuls, où les histoires des gens & leurs actes-&-crimes savent se faire tolérer en silence. Et ici, à Altendorf, courait toujours cette=Vieillehistoire d'1 certain joueur & d'un meurtre, On l'avait collé à=l'époque sur le dos du-Polack – *notre vie dure depuis soixante-dix ans* – et sans doute ce vieux pasteur de Königshain, ayant déjà survécu à sa propre vie, voulait-il encore avant sa mort à tout le moins transposer en une langue !exacte cette=Vieillehistoire – –

Or moi, je m'étais enfui de Berlin, ce jour de mars 1960. Enfui à cause de tes deux phrases sobres, Henriette – elles m'avaient fait voler en éclats comme une grenade explosive, si bien que je ne m'étais pas seulement enfui, j'avais été propulsé au loin – Loin.....

Au début du trajet, seules quelques grosses gouttes s'écrasaient contre les fenêtres de l'autocar qui m'emmenait par des localités éparpillées de Königshain à Altendorf dans la plaine. Mais très vite d'épaisses nuées grises s'échappèrent des méandres clairs qui s'écoulaient sur la vitre poussiéreuse. Leciel, des semaines plus tôt é bientroptôt dans l'année, avait rabattu sur le pays son bleu solidement ancré é sa chaleur estivale, – maintenant Leciel était aussi sombre & lourd de malheur qu'Unhomme –. Des filets de pluie ridaient la vue sur les prés&champs prématurément jaunis é fanés sous la chaleur – le chuintement des pneus mouillés se mêlait au bruit du moteur. Enfin, aux derniers kilomètres, sous les hachures de la pluie, la vue familière du village des jeunes années obliqua dans le champ de vision : – jardins, fermes, maisons 1solées & arbres fruitiers épars le long de la route qui guidait en ligne droite dans la plaine jusqu'à l'Oder les pavés grossiers & l'étroit ourlet de sable –. Ambiance taciturne silencieuse & figée en ce lieu où des mains humaines avaient trimé dur & se cramponnaient avec ténacité aux biens en terre&plantes. Pour l'arrivant (j'étais le seul passager que le car convoyait jusqu'ici, au terminus), les jardins entourés de leurs clôtures & haies avaient l'air de petites criques abritées par le vert feuille du printemps, légèrement penchés vers l'avant pour mieux entendre & observer. Et le village patientait en silence : maisons paysannes, renfermées & muettes, vieilles briques, toits de roseaux brunis par les intempéries ; une forte puanteur de bêtes exhalant d'étables obscures – seul stimulus d'une impression de vie ici partout cachée. Le village & ses environs m'étaient à la fois familiers é: étrangers, tout étant plus ratatiné que dans mon souvenir (*comme les corps des vieilles gens qui semblent rétrécir, se recroqueviller vers la terre – é: qui sous l'œuvre du temps qui les ride demeurent cependant Lesmêmes reconnaissables).* Mon arrivée sur place s'accompagna en même temps de la fin d'un printemps étouffant é du début de la Grande Pluie.....

La petite maison du pasteur Brickau sur la butte la plus haute aux abords du village, elle se dissimulait derrière d'épais buissons de jasmin déjà tout épanoui. L'air que la pluie n'avait pas encore détrempé retenait encore en volutes ensorcelantes le parfum entêtant autour de la maison.

L'homme se contenta d'une brève salutation sur le pas de la porte, mais les traits délavés du vieux pasteur scintillaient de la joie des retrouvailles, & la hâte & l'empressement des gestes qui le faisaient courir devant moi dans la maison, laissaient croire qu'il voulait régler mille choses à la fois – et tandis qu'il se hâtait vers la petite cuisine, sa voix cria ton nom : *!Lizi* – et : *!Viens voir qui nous rend visite* – &, avant même que l'Interpellée puisse répondre et s'approcher, les mains adroites du vieil homme étaient déjà occupées à porter à manger & à boire. –

8

Photo 14 — *Henriette, sur la propriété de Friederike, dans le jardin à Thalov, 1942*

J'étais grandement soulagé que ni le pasteur ni Felicitas ne m'interrogent sur la ?raison de ma surprenante visite ici. – Nous avions pris place – le vieux pasteur, ma sœur de 21 ans, moi – dans le petit séjour autour de la table ovale qui occupait presque tout l'espace, recouverte de la lourde nappe couleur ocre que je connaissais d'Autrefois. L'arôme du thé chaud nous enveloppait dans=la=pièce comme une ressouvenance, – é dehors, comme des troupeaux de bêtes au galop, le crépitement dur de Lapluie. Le mécanisme de la pendule marron picorait le temps, annonçant chaque quart d'heure de sa tonalité vieil or qui résonnait comme Letemps=en-personne –.– Et je m'étais mis à parler : de Berlin, de l'université, mais sur-Tout de ma dispute avec Henriette, après qu'elle m'avait annoncé que j'allais être-père –.– J'épanchais mon trop-plein, aussi Tout y passa-t-il. –

–Tu es là parce que tu t'es sauvé. – Constata avec objectivité le Vieillard à la fin de mon récit. –Qui s'est sauvé peut revenir sur ses pas & rentrer chez lui. – Dit-il simplement. –La discrétion des loups dans la neige. – Mais le pasteur n'entendit pas ma remarque, il termina sa phrase. –Personne ne s'apercevra qu'il s'est sauvé. – Et de nouveau les traits de son visage affichaient cet aspect non érodé, carré minéral familier depuis l'enfance, & qui m'avait toujours fait penser aux vieilles tables de la loi telles qu'elles étaient représentées dans la Bible pour enfants.

Felicitas s'était elle aussi tue le temps de mon récit. Elle gardait les yeux baissés sur ses doigts qui reposaient sur la nappe é ressemblaient à de petits bouts de bois sombres dans la pièce lentement noyée sous le crépuscule.

Le pasteur se leva, alla vers l'interrupteur, – peine perdue : – Plusdecourant. Déjà à cette heure-ci. – Nous entendions Lapluie..... L'homme se dirigea alors vers le débarras, revint avec des bougies & des allumettes. Après que les tulipes-flammes é leur doux crépitement eurent rempli la pièce de leur chaude odeur de cire é de leur paisible lumière jaune, l'homme me considéra longuement é avec insistance.

–Et si tu reviens sur tes pas, tu pourras retrouver le chemin de son bon vouloir, comme tu dis. Ce bon vouloir t'a rendu service un jour. Et il existe toujours. Parce que le bon vouloir d'un individu, c'est comme un puits qui parfois se bouche. Mais – et sa voix avait retrouvé le ton intime de la pièce –faire demi-tour te demandera un peu de temps maintenant. – Il pencha la tête, à l'affût du crépitement de la pluie..... – Le soir était déjà bien avancé. –Tu devras passer la nuit ici. – Ajouta le pasteur. –Et peut-être même rester plus longtemps, tout le week-end. Car par un temps pareil, les cars ne circulent plus. Et elle se fera du-souci, ta femme. – En disant cela, le vieux pasteur plissa les yeux, comme s'il jaugeait un poids.

–Une nouvelle inondation s'annonce. – Prophétisa Felicitas. –Les digues sont vieilles é: ne tiendront pas longtemps. – Toute la soirée, silencieuse, elle n'avait rien commenté de ce que je racontais, comme si elle était déjà au courant de Tout, qu'elle avait eu connaissance au préalable des phrases, de la manière=exacte avec laquelle je relatais Les Faits. Durant tout ce temps, elle avait gardé sa tête baissée, comme si elle avait honte d'entendre ce qui m'était arrivé, ses mains à même la nappe telles deux feuilles couleur d'encre s'assombrissant de plus en plus. Seules ses lèvres avaient frémi d'un tremblement presque imperceptible, comme 1 souffleuse murmurant à l'acteur-en-scène les mots d'un texte étranger afin que le comédien Dethéâtre ne manque pas sa réplique –.

Mon bagage n'était pas prévu pour un voyage-avec-nuitée, ça tenait plutôt d'une porte d'appartement claquée dans le dos, é: la clé à l'intérieur. –Je crois bien que tu devras rester ici. – Répéta le pasteur. –Dans ta chambre, la mansarde, il y a ?assez=de=place, n'est-ce-pas. – Et son regard se tourna vers Felicitas. –Autant de place aujourd'hui qu'autrefois. – Elle se leva, passa la porte, longea le couloir et l'étroit escalier au-bout. Je la suivis. Et comme naguère à Königshain, dans le spacieux presbytère et ses nombreuses chambres où nous avions grandi tous les deux, ici aussi & malgré l'exiguïté de la petite maison, les murs étaient entièrement couverts d'étagères de livres & d'archives. Des livres lus jusqu'à plus soif é des feuilles volantes tiraient leurs langues de papier pâles hors de classeurs & de chemises, envahissant l'étroit couloir et le minuscule escalier raide qui menait au-grenier. Sous la lueur vacillante de la bougie, les langues de papier paraissaient encore plus jaunies, comme si sur elles s'étalaient des bénédictions & des bravades étiolées (certainement les anciens-sermons du pasteur, du temps des deux Reich brun&rouge, un difficile équilibre oratoire constant=permanent entre conformisme é: protestation ; le pasteur avait toujours voulu les faire relier, sans jamais y être parvenu jusque-là). Et de nouveau me parvenait le mélange d'odeurs de vieux papiers vêtements portés é souliers : l'odeur de mon enfance&jeunesse dans la famille du pasteur, – elle n'avait pas disparu, elle ne disparaîtrait jamais, jusques et y compris le nième déménagement. 1 seule odeur manquait. Mais avant même de pouvoir m'en souvenir, je l'avais sentie : en pénétrant dans la mansarde de Felicitas cette crayeuse odeur chimique de pilules comme échappée de l'armoire à pharmacie – retenue prisonnière dans la chambre de ma sœur, si tenace qu'on pouvait croire que les murs en étaient badigeonnés. *L'odeur de la foi, l'élément chimique du mot catéchisme..... Pas une odeur de vieille fille mais celle d'1 veuve – l'odeur de désirs déjà morts dans ce corps de fille de 21 ans, é: seule sa peau lisse é juvénile semblait avoir survécu à la mort intérieure, encore vierge des pattes maladroites des destructeurs de rêves.....* – Et je me précipitai vers la lucarne é sa petite fenêtre à 2 battants, l'ouvris violemment – dans le reste de lumière du soir, je vis la pluie courir sur le marais en bruissant dans de grands manteaux gris, – sur les massifs de jasmin aux fleurs épanouies bien trop précocement (enveloppant maison&jardinet comme un nuage fleurant bon le bonheur d'oublier) – froides les averses cardant les prés&champs brûlés par le soleil, la terre de printemps fanée, comme à la vue d'enfants accusant des traits de vieillards – un mugissement sans fin – – des heures durant, puis encore des joursénuits durant –. *Et les eaux des ruisseaux é des rivières, l'Oder, enfleront et franchiront les vieilles digues, comme cela arrivait certain printemps, à l'époque où j'habitais encore dans la maison à l'autre bout du village ; quand Père vivait encore é Mère* – – un mugissement sans fin –: une rafale envoya alors des flots de pluie par la fenêtre, je la refermai.

Et jetai un coup d'œil circulaire à la petite chambre de Felicitas qui rappelait l'intérieur d'1 boîte ou d'1 cage où logeait une créature dont on ne savait si elle était inoffensive ou dangereuse. Le mobilier banal ne faisait penser ni à un homme ni à une femme ni à 1 enfant – table, tabouret, chaise de cuisine – le grand lit bedonnant semblait remplir à lui seul la morne pièce. Felicitas suivait mes regards, devinait certainement mes pensées. –C'est son lit. – Dit-elle, et d'un bref mouvement ses épaules désignaient l'étage du-dessous. –Il l'a fait monter ici, dans ma chambre, à la mort de Ruth. Il couche depuis sur le canapé du séjour. Après la disparition de sa femme, il n'a pas pu se résoudre à continuer de dormir dans !ce –.– Felicitas ne termina pas sa phrase. : Moi saisi d'effroi à l'idée de devoir Cètenuit, et Quisait combien d'autres, m'allonger près de ma sœur sur ce lit où nuit-après-nuit leur-vie=durant cet homme et sa femme s'étaient étendus & avaient fait leur douzaine d'enfants, et dans lequel l'épouse était morte quelques années auparavant. *(Journal nocturne d'un lit pastoral)*. (Me sentais rétrécir & devenir aussi raide qu'1 planche à la vue de Cette Couche..... À la dérobée, j'évaluai aussi la chaise de cuisine : *!Nonhon. Là encore une punition : !Bonne chance pour te rompre le-cou&les-os*[3]*.)* La bougie sur la table éclairait d'une flamme paisible, et pourtant, malgré la dimension réduite de la pièce, l'obscurité y semblait si imposante & toute-puissante que c'était en vain que la petitelueur dévorante luttait Contre elle. Parfois un craquement de poutres chevrons murs, comme si 1 navire bataillait contre la mer & les assauts des vagues –.

Entre-temps, tu t'étais allongée sur le lit tandis que je me tenais à la fenêtre é regardais le soir sans lumière gorgé de pluie. –

!Lapluie..... Cette !proximité – sata!née proximité..... – J'avais laissé 1 battant entrouvert juste ce qu'il faut pour que le vent ne rabatte pas la pluie à l'intérieur, – mais, exhalée des massifs fournis, l'odeur ensorcelante du jasmin envahissait la pièce (couvrait celle des pilules) et se mélangeait à l'air que nous respirions. –

Tu étais étendue toute habillée sur le dos, tes cheveux dénoués é cuivrés répandus sur l'oreiller, ta tête et ses traits clairs scintillants semblant reposer sur un grand éventail moelleux. Bras é jambes tendus, comme si tu faisais *la-planche*, é ton sourire s'éleva vers-moi. *–Viens, allonge-toi.* As-tu dit d'une voix calme. *–!Comment veux-tu que ?j'mallonge si déjà !tu prends toutelaplace.* Ai-je grogné depuis la fenêtre sans bouger. *–!Jasmin – parfum ensorcelant – cette !proximité..... –Allez viens. Comme autrefois.* Et tu t'es poussée d'1 cran. Je me suis installé sur le bord du lit, j'ai aussitôt senti la chaleur de ton corps à l'endroit où tu étais encore couchée à l'instant. *–C'est pas assez large pour nous deux.* Protestai-je (ma voix déjà hésitante), je me relevai, attrapai sur le lit oreiller & couverture pour m'allonger sur la carpette-au-pied. Tu regardais par-dessus le bord du lit comme si tu étais dans un bateau. *–?!Tu as vraiment envie de dormir par=terre comme un ?chien.* J'entendais ta voix, 1 rien fâchée ou chagrinée, et : *– Soipas !stupide : déshabille-toi et vienaulit.*

Nous nous sommes dévisagés. *–Tourne-toi.* Ai-je dit à tes yeux ronds. Pouffant en silence de tant de chichis=de=gamin devant sa propre sœur, sa cadette de 4 ans, tu t'es tournée vers le mur et, tandis que je me détournais de mon côté, pour quitter lentement & en silence mes vêtements, j'entendis dans mon dos d'autres froissements d'étoffes, plus rapides, comme des chuchots vite échangés –, puis le clic aigu d'1 verrou. Et quand je me suis retourné, tu étais couchée sur le dos comme avant, bras é jambes tendus – ta peau nue blanche é lisse jetant mille feux –

– Jasmin – ensorcelant – Oui –

Photo 15 *(derr. de g. à dr.) Johanna, Elfriede, Hilde, (devant) Henriette ; (devant au centre) Werner, dans le jardin de la propriété d'Hedwig à Thalov, 1942*

➞ Et me voilà nu moi aussi, devant ton lit. Mais tu ne me faisais pasplusdeplace, tu étais allongée é levais vers moi tes yeux silencieux.

–*!Non.* Ma voix plus rude & plus violente que je ne l'aurais voulu : –*Faichaud Icidanlapièce. On dormira plusse au frais, si toi é: moi honni couche !pas ensemble dans ce même* –

Mais tu ne m'as pas laissé finir ma phrase ; tu t'es redressée un peu, toujours sans rien dire, les bras tendus vers-moi, tu as saisi mes mains dont les doigts – je m'en souviens – étaient écartés comme des plumes de bois. Mais tes mains se sont refermées solidement autour de mes poignets ; (aujourd'hui encore je sens leur pression) ; leur détermination refusait d'admettre ma peur –: cette poigne solide, ce n'était pas toi en fait – Cela et la manière dont tu m'attirais à=toi : Cela se situait ailleurs qu'en toi ; Cela et la souplesse de ton mouvement en venant à ma rencontre, en m'attirant à=toi sur le lit *(sur cette couche pastorale qui avait vu descendre sur elle des douzaines-d'années-durant & au-delà la bénédiction-de-12-enfants d'une union voulue par Dieu, comme on dit, avec en supplément quatre fausses couches, en quelque sorte offertes en bonus à cette femme soumise à la volonté divine, qui était devenue notre mère ; – d'abord ça & puis sa mort : dans ce même lit ; une histoire écrite d'une respiration haletante, à laquelle avait encore manqué 1 seul=chapitre pour sombrer corps=&=âme dans le Touthumain : entre donner le jour é mourir, cette histoire de frère&sœur, un texte apokryfe de la chair, qui déverse la lumière noire de l'infamie sur la bénédiction-du-clan & qui s'incrustera ensuite dans le reste du texte comme une malédiction proférée en secret)* – et sur le drap ton corps comme une main offerte – (une créature, Felicitas, d'Unenature bien antérieure à la séparation entre Animal é: Humain) – *!Viens.* – (:Et Cette-Voix-Là était celle de la nuit des temps bien antérieure à toi –) –

– Et tes bras ont attiré d'un seul élan mon corps vers le lit, et j'ai obéi à cette lente pulsion irrésistible proche=du=rêve – *Jasmin Yãs : mîn !oui 5 mn* – et ce parfum a jailli comme un feu de nos corps, enflammé notre peau nue, laissé notre chair venir l'un=à=l'autre é flamboyé dans notre souffle, plus vif é plus fort que toute honte. – –

p. 324, Photo 52 →

Remplie de béton à prise lente, telle était l'image de la maison plongée dans Le Silence. Seul le martèlement régulier, sec, de la pendule cognait contre le bloc, en vain mais infatigable, – 1nique pulsation de vie. Et ce goût de mortier humide traînait ailleurs que sur les langues des 3 personnes dans la pièce é aurait gâché le repas si chaque bouchée n'avait pas déjà été détrempée de cette humidité venue des Grandes Averses. S'y ajoutait l'odeur impérieuse=entêtante du jasmin, comme si l'air pluvieux était rongé par le lourd arôme suave de ma sœur, – résistant à la bourbe du déluge=dehors : de sorte que les aliments et leur saveur s'apparentaient à des morceaux douceâtes de glaise, qu'on engloutissait. Et l'odeur gagnait les autres sens avec la même dureté=du-béton, les-emmurait, empêchait d'agir. Depuis-des-heures, je me tenais à la fenêtre, scrutais les carreaux – évitais d'avaler quoi que ce soit, é même de plonger-mon-regard-dehors dans le gris pierre à fusil de l'air. Là-bas, de la même régularité é persistance imbécile que le grondement d'une cascade, Lapluie.....

Mais Ça ne pouvait pas durer comme Ça se présentait sur le moment. Avec cet empressement d'horloge, le-Temps semblait démolir la vie à chaque coup – jusqu'à sa complète disparition, que l'air vienne à manquer é que tout ne soit plus=qu'1. Et déjà la glaise au parfum suavehumide de jasmin envahissait telle une nappe de boue la maison privée d'air qui sombrait lentement. Il était donc indispensable que l'air revienne, qu'à nouveau on puisse respirer dans cette atmosphère de boue douceâtre. De Toutesesforces. Maintenant. !Immédiatement.

–!!Assieds-toi & !!mange. – Cria soudain Felicitas depuis la table. –Tu crois p'tête que c'est em?!poisonné. ?Ou que j'ai une ?!maladie=contagieuse –.– Puis des larmes vinrent bâillonner sa voix.

C'en fut fini Dusilence, mis hors du temps par le picorement 1niforme de la pendule : comme si ces mots âprement criés en avaient cassé le balancier. Mais les paroles de ma sœur furent elles aussi circonscrites immédiatement par l'humidité, comme si 1 main les avait jetées dans une eau sauvage dans laquelle tout bruit & désespoir devaient sombrer et s'asphyxier sans résonnance comme au fond d'un marécage.

Dès le 2e jour, je me trouvai à la fenêtre heure-après-heure *(dehors ce stupide déluge sans fin.....)*, je sautais presque tous les repas é regardais dehors, comme pour me languir d'une libération, guettant la fin de la pluie é mon départ d'ici. Un air rafraîchi sentant l'humidité, mélangé à la jeune terre de mars noyée sous l'eau & aux vieilles poutres détrempées, avait depuis longtemps envahi aussi cette maison (charriant au loin le parfum du jasmin), et j'avais l'impression que désormais l'odeur de pilules crayeuses de la chambre de Felicitas s'était installée partout – aussi viciée désormais que l'air imprégné de craie ressurgi des premiers jours d'école. : La voix aiguë de Felicitas, précipitée dans le silence traversé des picorements de la pendule, m'avait fait sursauter, – je jetai les yeux vers elle, comme tiré d'un profondrêve. Et croisai le regard du Vieillard, depuis-des-jours lui aussi assis muet à table à l'heure des repas. Il s'était contenté de lever brièvement les yeux de son assiette (il était au courant qu'au lendemain de Cèteseulenuit j'avais déménagé de la mansarde & posé mon matelas au grenier entre des cartons & de vieux meubles au placage éclaté, mais il s'était gardé d'en connaître la raison), – son regard plongé dans le mien : l'homme avait maintenant tout saisi. Il finit tranquillement son repas, comme si de rien n'était. Les traits de son visage baignés à nouveau de cette quiétude effrontément=sûre-d'elle de ceux qui ont toujours-raison.

– Et Lapluie..... – Lapluie..... interminable –

Les crues avaient d'abord inondé la plaine – Leseaux, semblables à de sales malédictions & imprécations montées des sillons de la terre, demeuraient immobiles é d'un gris crépusculaire, attendant que Toutevie ait sombré en elles, – ce n'est que plus tard qu'elles avaient glissé à travers le pays comme une grande étendue inanimée étirée en une surface lisse gris-fer, progressant résolument sans faire de bruit vers un but mystérieux, –décombres & cadavres parmi les îles des Malchanceux, ils flottaient eux aussi au gré du courant, – dérivaient. Une boue aux puanteurs d'immondices traînait sur les champs&herbages dans les fermes chambres é étables – maigres é branlants des mats de télégraphe 1solés perchaient sur la terre ramollie comme des obélisques de guingois, les empreintes des humains ayant occupé un jour ces terres –, dans les maisons, les murs é meubles maculés des traces séchées de la crue, le plongeon à fond dans le malheur, é des bâtisses s'échappe la puanteur humide de la mort tout autant que des gueules béantes des animaux noyés – lentement entraînés par les flots, leurs corps grotesquement bouffis –

[– et encore 1 peu plus loin – plus de jours entiers – à peine encore quelques heures à toi –]

Au bout de 5 (é: non 40) jours&nuits=depluie le déluge cessa. La maison du vieux pasteur construite sur la butte était l'1 des rares propriétés dans la région à avoir été épargnée par la crue. Et 5 jours plus tard, les 1ers secours – police pompiers ambulances & gardes-frontières – arrivèrent dans les villages inondés, pour évacuer habitants bêtes & tous corps&biens indispensables non inondés, – et je pus ainsi m'échapper à mon tour de l'intemporalité d'un Grandéluge &, en avril 1960, je retournai à Berlin à l'université ; regagnai Mathildenbourg é mon=foyer chez ma femme, Henriette. Et désormais deux horloges décomptaient à vue d'œil les mois=d'attente féminine.

p. 133, Photo 20 →

Felicitas ne venait plus rendre visite=au vieux pasteur que les week-ends, mais sa grossesse n'échappa évidemment pas aux regards des villageois. Le vieux pasteur s'était toutefois entendu à tenir la chose secrète devant-le-village, du moins la naissance de l'enfant, dans la mesure du possible, parce que celle-ci avait eu lieu à Vockau où Felicitas terminait ses études à l'École normale supérieure. Le 16 décembre 1960, vers 8 heures du matin (1 mois ½ avant terme), l'enfant vint au-monde à la maternité de Vockau..... – 1 garçon. Felicitas n'avait pas choisi de prénom. Elle avait pensé à Tout en se préparant à vivre=seule Cètejournée, mais choisir un prénom pour l'enfant lui était tout bonnement sorti de la tête, un peu comme si durant Toucetemps d'attente, elle n'avait jamais vraiment cru à la naissance é à l'existence d'1 enfant réel=tangible. C'est alors qu'Henriette, ma femme, prénomma le petit Henry.

–Sans doute parce qu'à l'époque, au moment de choisir le prénom, c'était 1 peu comme si elle lavait le linge sale. Ton Henriette n'a jamais manqué !d'entrain : et que je t'enjambe tous les obstacles le cœur=vaillant

& sans mollir à la manière de ces femmes qui se voient toujours au centre d'1 scène. Tout juste 1 mois plus tôt, le 16.11.1960, dans une maternité de Mathildenbourg, elle-même avait donné le jour à 1 enfant : Corinna – :!également le tien, Georg. Ainsi, en l'espace d'1 mois tu es devenu père par 2 x. Et déjà à la perspective de ta 1re paternité, tu t'étais enfui..... Aussi as-tu fait la sourde oreille quand je t'ai dit que tous les deux, toi é moi, à défaut de former une famille, nous aurions pu être là l'un=pour=l'autre. Nous aurions pu rester=ensemble comme autrefois lorsque, à-chacune de tes tentatives de fuite de l'orphelinat, tu me portais moi=Àcalifourchon sur ton dos afin qu'Ils..... ne nous séparent jamais. Mais toi, Georg, tu n'as jamais compris grand-chose aux femmes. Tu ignores par conséquent que pour-vous-les-hommes Lesexe = La Finalité, alors que pour-nous-les-femmes Lesexe = simplement Le Départ Donné. Ce n'est pas moi, mais !toi qui as renoncé : tu as renoncé à !ton propre commencement. Je voulais te le rappeler. ?Ne l'as-tu pas ?compris, Autrefois, ce soir de mars toi=é=moi –. Mais tu avais bien appris ta leçon, & elle stipulait implacablement&osbstinément : !Fuir. Un cheval aveugle contre un borgne. –

–Tu te ?moques de ?moi. Très !bien. Ma Sœur Attachée. Ris tant qu'il y a encore des histoires pour faire rire.

–Mais je ne ris pas. En tout cas pas de toi. Tu devrais le savoir au bout de tandannées. Et je sais aussi que si tu poursuis cette histoire, elle ne sera pas exacte.

→ *–Dès Lejour où j'ai constaté ma grossesse et me suis confiée au pasteur (de ton récit-passé débité à la hâte, il avait compris que ta femme, Henriette, attendait elle aussi 1 enfant=de-toi, et en apprenant que Monenfant était né avant terme – si !enavance que ça tombait bien –), l'homme-présent en ce vieux pasteur prit l'Initiative ; un homme qui savait pour ainsi dire réciter le Notre-Père dans un sens é dans l'autre & qui jusqu'à son dernier souffle a essayé de conformer sa vie au psaume 90. (Car avec ses soixante-dix ans passés, il avait dû avoir à maintes reprises un haut-le-cœur : non seulement devant la chair mais aussi devant le triste-spectacle des volontés&folies de-l'humanité.....) Ainsi donc, retranchée derrière l'abondant jasmin, la petite maison située sur l'1nique butte d'Altendorf est devenue en quelque sorte la Colline du Général en chef, le terrain de man-œuvres destinées à la survie de deux individus.*

(Une maisonnée qui par la suite, et selon la volonté de l'homme&pasteur, devrait continuer de demeurer à l'abri de la curiosité=avide des villageois &, dans la mesure du possible, du reste de la parenté également, devenue aussi la tienne, Georg, par ton mariage.)

Henry, !mon fils, On me le retira tout de suite pour le placer, dixit le ton clinicien : en couveuse. Après quoi je ne devais plus jamais récupérer mon enfant. Le pasteur Brickau, en sa qualité de père adoptif, était venu à la maternité & avait emporté le nouveau-né avec=lui – mais pas chez=lui à Altendorf, il l'avait emmené chez ta femme, chez Henriette à Mathildenbourg. !C'était le plan qu'il avait mûri dès=le-départ (seulement je n'en avais eu connaissance que bien=trop-tard).

Mais reste !Unpoint que je n'ai jamais réussi à éclaircir (et je resterai dans l'ignorance jusqu'au bout puisque le pasteur & Henriette, ta femme, sont morts) : ?!Comment s'Y sont-ils pris alors pour que les deux nouveaux-nés – l'1 né à Mathildenbourg le 16.11, l'autre à Vockau exactement=un mois plus tard – soient néanmoins enregistrés par l'État-Civil comme les !jumeaux : Henry é Corinna, nés le 16.11.1960 à Mathildenbourg, de Henriette Adam, née Baeske. ***p. 324, Photo 52*** →

De nombreux villages de la plaine furent détruits par la crue de ce printemps 1960, Altendorf presque entièrement. Il y eut également quelques morts : dont le frère de cet aubergiste, père de notre mère & meneur du lynchage-par-la-populace du 24.12.1939, et plusieurs personnes d'Altendorf elles aussi impliquées à l'époque dans le meurtre de notre père. Jadis, en ce jour de Noël, le frère de l'aubergiste avait fait le nécessaire pour qu'On ramène le corps de son frère grièvement blessé sur le lieu du combat au bord de l'Oder, afin de l'y laisser mourir, car il voulait entrer en possession de l'auberge, ce qui advint. (Reste que la H.O.[4] lui avait confisqué l'auberge il y a quelques années ; vieux, malade, ulcéré, il était alité depuis-un-bon-moment quand Ledéluge l'emporta.) Après quoi, le pasteur Brickau comprit sans doute qu'il n'avait plus rien à faire en ces lieux ; sa mission était accomplie (*par la main de Dieu*, dirait-il). Mais !?qui est capable de !mourir une fois son devoir accompli. Ainsi lui restait-il peut-être une dernière joie, celle de constituer une liste de gens qui d'après ses lois de granit iraient avec-certitude en enfer. Et en tête de cette liste – qui devait s'allonger encore & encore avec chaque jour de vie accordée en plus – figuraient certainement les enfants du pasteur..... Cette douzaine de renégats (c'était probablement là son sentiment à leur égard), auxquels il avait montré de trop près Les-Péchés & leurs punitions, si bien qu'ils succombèrent très vite à leurs tentations (cela dit, en comparaison de la triste vie de fromage moisi gâté par les vers, dans ce soi-disant Altendorf à l'échelle d'un pays entier, même l'Enfer=évangélique passait pour avoir plein=de-charme). Donc, une fois *sa mission accomplie*, le vieux pasteur végéta encore quelques années, jusqu'à ce que ses yeux se ferment sur Dieu&lemonde. Et aux-yeux-du-monde, il avait aussi emporté avec=lui danlaterre ce qu'il savait de Cette-Histoire.

À une fête de famille, seul Peter-Paul (naguère éconduit par Felicitas) raconta à table cette blague ambiguë : –2 blond-dînettes bavardent ensemble. L'1, qui a récemment accouché de jumeaux, dit à sa copine : *Le père du 1er je sais qui c'est. : ?Mais du 2e, j'en sais rien.* – Consternée, l'assemblée se tut. Peter-Paul, seul à rire & plein de venin, poursuivant : –Et ce qui vaut pour une blonde, vaut doublement pour une !rousse \

–!Basta. – Werner trancha net son sarcasme. –Ça !suffit.

–« Le nom du père est le secret de la mère[5]. » – Peter-Paul revint encore 1 x à la charge, la langue fourchue, puis par prudence se tut : les yeux de Werner lui=jetaient deux regards comme des poings durcis. Et dans le clan-familial, plus jamais quiconque ne contesta à Henry é: Corinna leur statut de jumeaux.

–Dans la vie de Peter-Paul – d'une fierté exagérée de vieux garçon, certes indépendante de sa volonté, mais à laquelle il ne pouvait échapper (le-célibat y collait comme une odeur tenace en soi) – tout était allé à-ce-point-de-travers, qu'il était devenu, et depuis Cejour encore plus, le Thersite[6] de la famille. L'été, durant les fêtes familiales à Thalov, il se métamorphosait en *cul-de-plomb* : un type dont le derrière demeurait collé à table comme s'il avait cuit avec, & il restait scotché là, obstiné, bien après qu'on eut desservi & vidé les fonds de bouteille. Une fois, un plaisantin de la famille fit remarquer que Peter-Paul n'était pas un si mauvais bougre, mais c'était son nom d'apôtre qui ne collait pas : en vérité, il était Jean, le disciple dont il est dit qu'il resta jusqu'au dernier plat servi[7]. Mais sa glande spirituelle pleine de venin enferma Peter-Paul dans son rôle de Thersite et, à l'image du modèle classique, ce qui lui pendait au bout du nez pour ses méchantes piques, c'était au mieux de se voir interdit de parole. Il mourut à l'été 1989.

–Allons, Lizi – même s'il souffrait d'un cancer de l'estomac décelé tardivement et que (comme le scorpion peut crever de son propre venin) *il n'y avait plus grand-chose à faire,* au dire des-médecins d'Alors – onnepeutpasdire qu'il a eu 1 « mort » ordinaire. Mais : ?Peut-être est-ce la perspective de sa mort prochaine, qui l'a conduit à ce geste à l'été 89 –

–!Tais-toi. Rien de cela maintenant.

9

Photo 16 — *(Photographie floue) Hilde (?), propriété de Friederike, dans le jardin de Thalov, 1942*

Et tandis que toi, Henriette, tu commençais à parler de ton père Werner, en quelque sorte comme d'une forme particulière destinée à introduire une famille – d'après cette 1re présentation *devant les lorgnons*[8] d'une parentèle vivant dans un temps déterminé avant notre mariage, aujourd'hui (comme le préfèrent les femmes & les Américains) *avant in-effigie*[9] –, je percevais ce goût étrange – ce mélange de poussière terne, que l'on trouve sous le plancher de maisons longtemps inhabitées, & de métal de vieilles cuillères –, et songeais au *Temps..... Au goût du temps.* Mais tu t'étais mise à évoquer gens & choses de ta voix dépassionnée, sachant-d'emblée qu'il n'y aurait rien de sentationnel à raconter, ni d'événements éclatants pour briller façon halo de rumeurs scandales é folles=audaces autour des-Célébrés de Toutemps. Tu ne savais parler que des gens simples morts et disparus ; pour lesquels il n'y a ni chalet au bord du lac de Zurich ni ferme à la montage ni Achill Island[10] ; ni aiguesîle possible en classe de luckse en cas de danger ; quand ils apparaissent en public, pas la moindre protection derrière le rempart physique des gardiens & organisateurs lesquels, suivant l'index pointé de la personnalité en vue, se précipitent sur les suspects : *!Service d'ordre : !Vite : Ceux-là* –; tu parlais de gens qui n'arrivent pas à quitter les îles des Ruines aux Malchanceux, qui n'ont pas grandi dans des salons, nulle richesse=artistique de gravures & peintures de Maîtres anciens accrochées sur leurs murs, des gens qui ne prenaient pas leurs repas sur des nappes damassées servis dans de la vaisselle d'argent, qui mangeaient, si tant est qu'ils avaient de quoi, sur du formica ou du contreplaqué, dans des assiettes en plastique avec des cuillères en plastique ; des gens qui ne se tenaient jamais sur les hauteurs du Commandement, & qui de ce fait étaient souvent tenus de payer leur vie durant plus que ce dont ils étaient..... redevables.

Et ainsi me fis-tu voir les vieux documents de ton père – car tu avais déjà remarqué que Quelque Chose me liait à cet homme, par-delà les générations –. L'un après l'autre tu posas sur la table ces vieux papiers, qui semblaient vouloir se déplier d'eux-mêmes, comme les cartes d'1 Vieuxjeu qu'il fallait rejouer dans 1 éternel recommencement (sur une table comme on n'en trouve dans aucune arrière-salle de bistrot, é: là aussi il n'était pas question de gains, de sorte que l'issue de la partie dénierait toute légende d'une chance incroyable au jeu). Car tout ce qui a réellement été fait, vécu, enduré se trouve dans un rapport stupide d'inégalité avec ce qui a été consigné, la part administrative de la biographie ; l'horrible dépense originelle en crève-corps & vexations – é: puis quelques brèves not-actions, parfois à peine 1 phrase ; 1 fiche de caisse suffit à Tout=cela : nom, date de naissance, date de décès, comme pour n'importe-quel bestiau – é c'était 1 vie.

L'éternel=aujourd'hui (me disais-je, é j'entendais l'intonation de ta voix que tu t'efforçais de vouloir anodine, Henriette, ménageant des pauses entre, – feuilletant les documents, –) – et mon regard finit par s'arrêter sur l'1 de ces papiers comme sur La Carte, celle que l'on attend car elle est La Carte=redoutée, celle qui va rapporter à l'Autre ; c'est toujours à-l'Autre que le-gain profite, é: ce n'est que rarement, !trop rarement qu'on a voulu se l'avouer à soi-même avant ; – mais ?aurait-on pour autant désiré y ?changer quelque chose. Car les *sentiments* sont ce qu'il y a de plus coriace & donc de plus cruel que les hommes sont obligés de traîner avec=eux ; ce qui par=nature les rend infirmes, pourrait-on dire, parce que les *sentiments* sont toujours à clopiner après la vie, sur les béquilles de la convoitise, vers une femme dont l'homme ignore en fait ?pourquoi !celle-ci paraît désirable, au point d'être prêt à tout risquer à cause d'elle. –.

Et ainsi, sur la feuille agrafée sans soin, je lus en 1er les vieilles transcriptions tracées à l'encre à copier bleue, déjà pâlies comme si l'on y avait déversé de l'eau :

Renseignements complémentaires aux renseignements personnels.
(Exercices et affectations, conduite, sanctions etc.)

21/ affecté à la comp. ci-contre
10. depuis 3. 17
17 Blessé le 4.10.17 dans les combats d'Ypres.

Combats livrés : 30.6.17 Croix de Fer IIe classe Solde touchée jusqu'au 30.9.17 inclus Logé et nourri jusqu'au 5.10.17 "	31.7 – 19.8.16. Combats d'Estiler 25.8 – 10.9.16. Combats de Thypval-Tozièrer. 15.9 – 23.10.16. Guerre de position à V. Yser. Bataille de la Somme. 4.11. – 22.11.16. Combats de Le-Barque-Varlencurt. 20.11.16 – 15.3.17. Guerre de position au N. de la Somme. Près de Le-Barque 16. – 17.3.17. Combats de repli sur la position Siegfried. 10.4 – 20.7.17. Bataille du printemps près d'Arras 1917. 7/8. – 12.7.17. Guerre de position en Artois. (Acheville Avion) 24. – 28.6. et 1.7. Bataille de Lens : 4.8. – 25.9.17. Bataille de Lens. 27.9. – 4.10.17

Conduite : **Très bien**

Sanctions : aucune

Lieutenan

Dès lors que chac-1 se voit allouer 1 destin pas plus grand qu'un bon de réduction au supermarché, l'ombre des corps se hâte au devant de l'Éternelle=Prochaineguerre. Dès lors qu'il s'agit pour les pauvretypes de crever, les riches=ordures rappliquent avec Ethos-Pathos-Athos-Porthos-Aramis : Ne te demande !pas : que peut le=pays pour !toi, mais ?ce que tu peux pour..... !ton=pays. (Une phrase prononcée un jour par le Président d'Unpays encore partisan de l'esclavage 150 ans plus tôt. Un Président tombé par la suite sous les balles de ses propres compatriotes qui ont ainsi fait pour leur pays ce qu'ils ont..... pu.) – Et de même que La Loi se dirige exclusivement contre la-Bête, L'Ethos vise 1niquement les pauvres-gens. Si la merde rapportait plus que l'argent, les-pauvres seraient constipés à vie. Les-Riches vont bien même jusqu'à piquer les sous sur l'assiette de Madame Pipi.

Et pendant toucetemps, je ne pouvais en effet m'empêcher de repenser aux histoires sur mon père & sa partie de poker légendaire, autrefois à Vockau, il y a plus de vingtans : et dans le même temps, écartant ta voix, j'entendais émerger du brouillard temporel cette autre voix, détachée, dépassionnée, la voix des informations d'1 donneur de cartes (factotum de bureau vêtu d'un ulster vert criard), l'organisateur pugnace de ces cercles illégaux & intéressé au pourcentage sur chaque gain : *La paire-de-rois annonce. – Un soc qui laboure le royaume terrestre des temps –: ce qu'il retourne & défriche fut rarement apprécié, et l'est encore moins quand cela se reproduit. Mais Tout ce qui avait disparu revient* (et je t'écoutais, Henriette, plus attentivement) *rien ne veut rester dans la terre. Tout ce qui a été détruit & enfoui par-le-passé revient avec=le-temps & à la lumière –: les cadavres des Tués, & pas que ceux-là, tout=le=reste de bric-à-brac aussi, les ordures&ferraille, tout ce qui a été consommé & jeté – loin des yeux mais jamais longtemps loin du cœur – s'en revient ; –, et ramène Sonépoque en même temps que ses ombres, ça & Letemps – ils sont de=retour.....* : & j'avais l'impression que c'était maintenant le factotum de bureau desséché qui parlait d'1 voix, comme s'il importait de lire le mode d'emploi d'une casserole, sachant combien cette consigne était superflue, car ?!qui ne sait ?pas se servir d'une casserole ; personne qui doit en 1er coller ses fesses sur la plaque brûlante pour comprendre que c'est là=l'exacte-place de-toute-casserole. –

Autres états de service de Baeske :
Du 6.5. – 20.7.18. 1re Comp. G.G.R 5

Le 20.7.18 Baeske est reconnu « blessé et renvoyé dans ses foyers » selon l'art. 10 du Code de Guerre du 2.7.18 10 B / 73 / 6 B.G. / f. II i. 4894 IId – 933 772.7.18 10 73. Sa situation ouvre droit au versement d'une rente mens. de 30 M (taux d'invalidité 33 1/3 %, incluant 15 M d'allocations de guerre du 1.8.18 au 31.8.18 inclus.

Réformé pour entrer au service du Capitaine Wolff, châtelain à Thalov et démobilisé pour rejoindre Thalov, arrondissement de Riedrose, Commandt mil. de Vockau s/O.

Sanctions : aucune. Conduite : bonne
B. a participé aux campagnes 1916/17.
Batailles livrées s. S. 10/11
Contre-visite médicale : 1920

" Délivrance d'une carte personnelle. B. a été informé des conditions de présentation et d'optention de la rente par le 1er Batail. des G. Grenad. R.5.

Solde touchée jusqu'au
31.7.18 inclus.
Logé et nourri dito.

Baeske a droit à une tenue de démobilisation pour mutilé de guerre touchant une rente.

Vockau s/O., le 9.VI.19
E.B. Welzel
25.8.19

Tenue remise
sans manteau.

Sellerst
Adjudant

Manteau remis.
Off. du Distr. Rathen.

Service de Ravitaillement
Corps de garde
~~Commandement général a.i.~~ Berlin NW. 7, le *2 juillet* 191*8*.
~~Section Ravitaillement~~ Charlottenstraße 43[3.]

Nr. *10 73/6* B.G.

Suite aux blessures de guerre votre taux d'invalidité est estimé à : *33 1/3*%

./.

./.

Vos indemnités d'entretien s'élèvent à :

15,– M Rente mens. (La rente totale d'un *simple soldat* s'élève à *540,–* M par an).

15,– M Allocations de guerre

./. M *./.*

Total *15,–* M mensuels qui vous sont accordés à compter du *1er août* 1918.

Contre-visite médicale *1920.*

Après réception de la présente vous disposez d'un délai de trois mois pour contester la décision auprès du Ministère de la guerre, section des pensions.

Le même recours devra être adressé

à l'unité de service avant votre démobilisation

à l'adjudant du district où vous séjournez depuis votre démobilisation

~~Représentation du Commandement général,~~
~~Section Ravitaillement~~
Pradolski
Lieutenant-colonel. (90)

Au
Grenadier
Werner Baeske

Thalov
Arrondissement de Riedrose

– – :Santé fichue, corps rompu – pour un pays=de-banques-croûtiers..... En guise de rémunération 1 costume (sans manteau, car m'enfin n'exagérons pas, y a une limite à tout, pas vrai), mais personne ne doit vivre comme un chien *(même pas !ça)*, et pour couronner le tout quelques picaillons de rente lâchés comme on file un pourboire au serveur : L'Éternelle Solde du Soldat..... *Déjà en ce temps-Là je déplorais vivement l'absence d'1 seule tête à la tête des chefs d'État et qu'On puisse l'abattre d'1 seul coup 1=fois=pour=toutes –:* la colère juvénile faisait de moi un Caligula-de-bas-étage ; mais j'ai appris depuis que n'importe quel État est une hydre dans la boucle fermée de l'Histoire-Éternelle..... *Car les Tempsanciens n'ont jamais rien eu d'ancien ; ils font partie de chaque présent – comme si Tout=Cela venait de se produire à l'instant é se répétait sans fin, et les ombres d'Hadès du passé – les morts é les disparus – reprennent forme par le sang, le 1er charron de l'enfer le savait déjà. Et parce qu'il y a toujours=quellequesoitlépoque du sang en excédent prêt à être versé, ils errent – les morts é les disparus de retour = les Éternels=Humains de chair & d'os pourvus d'un sang neuf & d'une peau neuve – dès=lors pour de bon sur cette terre qu'ils n'ont jamais véritablement quittée. Et ils ne font pas s1mplement étalage de leur passé : parce qu'ils sont !réellement !restés, ils arrivent avec des histoires encore inexistantes, puisqu'elles ne commenceront que demain – mais elles ressembleront à s'y méprendre à celles d'autrefois, parce que personne ne doit savoir que le futur solennellement promis n'existera jamais. –*

Quand tu avais alors commencé ton récit, Henriette, que de mes 20 ans j'en devinais plus que je ne pouvais en savoir de Tout=Cela, dans la récalcitrance personnelle que je m'étais bricolée tant bien que mal à la va-vite, je me voyais juste comme 1 ombre, 1 photographie floue (parce que prise trop vite, d'où son aspect bancal, & mal développée de surcroît), é: non pas comme un être vivant=existant. D'autant que ta voix, & singulièrement les gestes brefs mais précis avec lesquels tu posais sur la table les documents de ton père comme le-fatum=en-personne – des documents, établis & rédigés avec les traits d'encre autoritaires de subalternes, detoutemps les mêmes à faire leur boulot, et qui tous savent se caser dans les lignes préimprimées comme sur n'1mporte quel CV de godillots, s'y sentant tellement sûrs d'eux é continuant de l'être, au point que la moindre faute d'orthographe est encore capable de reprendre en sous-œuvre leur self-assurance & l'incontournable Moi=j'ai=raison qui soutient le Grandédifice Au Sérieux de la Vie & Au Devoir Citoyen envers l'État – des documents qui voulaient dire : *!Regarde : lui aussi a été 1 original, 1ours=solitaire ; & pourtant il a !réussi : à avoir femme & enfant, à faire vivre notre=famille & à lui faire traverser Lesépoques* –.– Et m'étais ainsi trouvé forcé d'écouter cette femme, devenue *Ma Femme* depuis quelques mois, avec cet étrange mélange fait d'attente & de rejet, et je subordorais cependant que, par cette histoire=là, c'était moi=seul qui apparaîtrait au premier plan à la fin – car son récit s'achèverait avec moi é avec=nous. Si bien que je croyais entendre soudainement dans le ton accommodant de sa voix, qui dès=le-début & seulement à !Cètefin s'était adressée à=moi : *Tu n'as pas encore vécu – tu n'es même pas encore Aumonde –*

[– plus que quelques heures –]

Tu débuteras demain. À travers moi é Notrenfant –

Photo 17 *(floue) Werner (?) dans le jardin de Thalov, 1942*

Mais tu étais loin d'en avoir terminé avec ce Jeu=Sérieux ; au contraire : il lui manquait encore le début pour s'engager sur une longue route. Et ces vieux documents, nécessité & obéissance obligent, en-tout-temps & si-souvent froissés & de nouveau dépliés sous les yeux fonctionnarisés d'exécutants serviles, entre tes mains ils s'ouvraient désormais d'eux-mêmes, avec ce froissement fatigué du papier archi-vieux, semblable au souffle mité de vieux domestiques ou de garçons de café.

Et je considérai la 2e feuille que tu étalais sous mes yeux *(?peut-être du même geste avec lequel vingt ans plus tôt sur la table de l'arrière-salle d'un bistrot à Vockau sous le chapiteau jaune enfumé de l'1nique lampe mon père s'était vu présenter la 2e carte – le valet de cœur – accompagnée de la voix du donneur qui sonnait comme découpée dans la tôle)* avec cet allant=de=soi des gens qui savent qu'en agissant ainsi ils ne se tromperont pas, qui par cette assurance=qui-est-la-leur cherchent au contraire à donner aux Autres, aux Indécis, la force nécessaire de continuer – *(mais !non, pas comme !ça : Henriette, il te manquait la confiance originelle de l'incorrigible gamin qui a probablement possédé mon-père=alors, qui l'a chevauché et, c'est exactement=dans-cette-posture qu'il pouvait dompter la-chance sous ses fesses comme un cheval fou –;– toi, Henriette, tu connaissais l'issue du jeu que tu étalais devant moi)* et la seule chose encore véritablement incertaine pour toi restait ma réponse à ta phrase sobre : – Nous allons avoir 1 enfant. Tu vas être père.....

Jadis, en jouant-aux-cartes, mon père aimait à s'imaginer en homme à femmes avec des manières de play-boy usé par la vie é misogyne, ses doux yeux paranoïdes & son-regard de *dégoût*[11] jaugeant les lascivités offertes dans leurs vêtements chauds de parfum, leurs plis semblables aux rideaux chatoyants d'un théâtre masquant la promesse d'un Grand Spectacle à Gogo –: *Allons bon : une fois de plus rien que ce Vieujeu=des=Dies=irae.* !Que n'aurait-il donné pour !être ce Dorian Gray, non l'Éterneljeunehomme du portrait, mais le Discrédité au visage creusé de rides & le Marqué par le-vice. Il n'y a que comme ça, devait se dire ce Grandgosse, que le Monde=des-femmes le reconnaîtrait !enfin comme Un=des=leurs –.– Mais !toi, Henriette, ?comment t'étais-tu vue dans ce jeu-de-mère foncièrement=sérieux –. *(Ce Jeu=Sérieux qui !te promet toujours Lavictoire – mais une victoire sans sommet ou: à sommets multiples, une victoire à l'arrière du tertre originel*[12] *naissant lentement des fonds humides de la mer bourbeuse sous les forceps froids de la réalité é: plus-Rien qu'il faille dé-terminer, fin de l'étroite sente d'être une petite fille dès lors que tout ce qui a trouvé nom reste insuffisant pour dire=l'indicible, dont l'incandescence prisonnière de la chair est trop éloignée pour nommer les choses, une simple perception des sens comme cinq lettres au fond de récipients à bords étroits –:* E M M E F M E M E F F M E M E *: – or, réussir à la faire se suivre dans le bon ordre comme dans la formule magique qui résoud tout, exige plus que l'Entièrevie d'unhomme.)*

Et donc je lus Cequisuit, donné par tes mains, les mains d'une personne soudainement si étrangère à moi, ma F E M M E :

Passeport Nr. ....
délivré le ....

Certificat de baptême

(valable pour la scolarité et la confirmation.)

et le mariage religieux.

Werner Otto Friedrich Baeske,

né le *26 janvier 1896* à *Thalov,*

a été baptisé le *23 (vingt-trois) février 1896*

*(*mille *huit* cent *quatre-vingt seize).*

Père: *Friedrich Baeske, maître menuisier.*

Mère: *Hedwig,* née *Ebert.*

Certifié pour copie conforme au registre des baptêmes.

Thalov, le *25 février* 19*22.*

Église évangélique de Thalov

Le Pasteur :

(L. s.)

Chr. Schlaubentantz

Section **XVII.** Nr. **29.** – Formulaire=Éditions Imprimerie royale Delitzsch & Fils, Bockau s/D.

– –: *Entre les mots tracés sur chaque papier s'Inscruste le-temps séché dont la main invisible a accompagné toute œuvre d'écriture. C'est le temps mort, momifié. S'il fut rempli de bonheur ou de malheur ou: simplement vide – ?qui peut le ?savoir & à ?quoi bon. Ce qui est mort, Henriette, doit le !rester. Doit rester parmi les ombres car dès=le-départ elles sont si nombreuses à être déversées dans la vie ; ombres des passions, comme les feuilles jadis arrachées aux arbres ou les pétales de fleurs qu'on retrouve parfois entre les pages de vieux livres – vie comprimée, vieillie, puis devenue confuse ; – émiettée sous l'odeur morne du papier, le parfum floral d'antan envolé depuis longtemps. Et ?qui trouve les mots accompagnant les premiers pas du Devoir Vivre & venus se graver dans le petit cerveau d'1 enfant tout juste né –.–*

Et ça continuait, tu étalais devant moi feuille-après-feuille. *Car quelques semaines-auparavant, tu avais placé ton OUI Entravers de toute possibilité de quitter & terminer ce que pusillanime=bécasseau=j'étais le dernier à prendre pour un jeu ; un OUI voulant dire NON TU RESTES, plus strictement que n'importe quelle dénégation.* Et le 3e document

Certificat de fin d'études

remis à *Werner Baeske, fils de Friedrich Baeske, maître menuisier, décédé* né à *Thalov*, arrondissement de *Riedrose*, le *26 janvier* 18*96*, de confession *protestante* admis dans cette école le *15 octobre* 19*01*, après avoir fréquenté l'école de ______ arrondissement de ______ du ____ au ____ 190___.

1. **Fréquentation :** *régulière*
2. **Assiduité :** *bonne*
3. **Connaissances et Capacités :** *bonnes*
   L'élève sait *couramment* lire et *bien* écrire.
4. **Conduite** durant la scolarité : *bonne*
5. **Remarques :** ______

Thalov, arrondissement de *Riedrose*, le *18 mars 1910*

Document à conserver jusqu'à l'appel sous les drapeaux. À présenter aux Autorités militaires.

L'Inspecteur : *Chr. Schlaubentantz* **L'Instituteur :** *Gericke*

Section **VII.** Nr. **24.** – Editions Imprimerie royale Delitzsch & Fils, Bockau s/D.

– 10 de cœur –, et d'autres – l'Un-à-la-suite-de-l'Autre, des documents et ce qu'ils savaient des jeunes années de ton père :

Et d'autres écritures manuscrites suivaient sur d'autres formulaires, comme autrefois, lors de la partie-finale, le roi de pique était distribué au Veinard à la tête cuivrée. Mais là encore, sur les feuilles Dézannées comprimées en miettes de poussière, é parfois indistinctes du sang séché :

Certificat d'apprentissage

***Werner Baeske**, né le 26 janvier 1896 à Thalov, Marche de Brandebourg, fils du maître menuisier Baeske, a appris le métier de jardinier dans la présente école sise sur le domaine seigneurial appartenant à Monsieur le Capitaine R. Wolff et a suivi l'apprentissage pendant trois années consécutives, soit du 1er mars 1911 au 28 février 1914.*

Au cours de la même période, le susnommé a acquis des connaissances en reproduction, culture et soins à porter aux variétés de plantes en pots ainsi qu'en culture de plein air, culture des arbres fruitiers, notamment leur taille.

Baeske a atteint après son instruction un niveau de formation suffisant qui m'autorise à le recommander au mieux à Monsieur mon Collègue et à exprimer la demande de continuer de l'accompagner dans sa vie future et dans sa formation complémentaire, comme l'accompagnent aussi mes meilleurs vœux pour l'avenir. Sa conduite morale, son assiduité et sa ponctualité méritent d'être particulièrement soulignées.

Certifié conforme à la vérité par mes nom et signature.

Thalov, Marche de Brandebourg
Arrond. Riedrose 28.2.1914. *Heinz Kleinpeter*
Chef Jardinier

C'est avec un grand plaisir que je me joins entièrement aux bonnes appréciations de ce certificat et je souhaite au susnommé une bonne continuation dans ses entreprises futures, puisse-t-il faire siennes ces bonnes dispositions et rester fidèle à lui-même. Tel est mon souhait.

Capitaine Wolff.

En lisant cette dernière signature – les caractères tracés par un ivrogne & un flambeur, un massacre de lettres dans un box à putes – elles s'en revenaient vers=moi : mes Jeunesannées – C'est !moi qu'on visait maintenant : *l'ancien château à Thalov – transformé en orphelinat..... – l'exploitation horticole à l'abandon au milieu d'une nature sauvage – Souvent les garçons & les filles les plus âgés se faufilaient hors du foyer, furetaient dans le parc à l'abandon et entre les plates-bandes en jachère, cigarettes alcool tripotages* –.– C'est !ici qu'il a fait son apprentissage, mon père, dans cette exploitation=là. Et l'apprentissage à peine fini, il s'est – tiens, regarde et lis. *(Et à tes phrases, Henriette, à la manière dont tu m'incluais dans Tondiscours sans échappatoire possible, comme le Joueur avait été en son temps obligé de suivre la trace de son Roi-de-Pic=de-la-Chance sans non plus d'échappatoire, car pour lui aussi il était trop tard pour abandonner la partie)*, je me vis contraint à mon tour d'examiner, de poursuivre la lecture :

District *III*, **Année** *1896*, **Lieu** *Thalov*, **Nr.** *2*.

Le *jardinier Werner Friedrich Heinrich Baeske*
né le *26 janvier* **189***6*, **à** *Thalov*
Arrondissement *Riedrose* **District** *Vockau s/O*
Etat fédéral *Prusse* **s'est fait enregistrer ce jour au Landsturm.**

Taille : 1,*68/5* Poids ___ kg
Tour de poitrine : *80/88* Vis. dr. *-1 = 5/5*
g. ___

Brachow, le *23 juin* 191*5*

H = 5 m **Le Président des autorités civiles**

–Il a rejoint l'armée territoriale de réserve comme engagé volontaire parce que c'était dans l'air-du-temps autant que le Tout-feu&Tout-flamme. Du jardinier au mercenaire : deux états, n'est-ce pas, qui ont rapport à la terre, au creusement des tombes, rejoindre la soldatesque & entrer en guerre, c'est somme=toute la carrièreuh naturelle d'un jardinier, pavrai. – *Et vingt-cinq ans plus tard, contre mon gré, je foulais la même terre que ton père naguère ; voyais les mêmes serres où il avait appris à cultiver les fleurs –; à présent elles étaient endommagées, les vitres brisées – é à l'intérieur, des plantes en abondance, qu'il avait peut-être encore plantées jadis, é: qui livrées à elles-mêmes depuis-des-années é par de curieux accouplements croissaient étrangement=sauvages –*. Et resurgi de Cetemps-là, Tout..... me prit à revers, comme ce qui est mort empoigne ce qui est vivant & le fait tomber à la renverse –. Mais toi, Henriette, tu ne m'accordas pas de répit, – ce n'était pas fini, As-de-Cœur –

[– plus qu'1 soupçon – quelques heures encore –]

[Armes impériales : Aigle couronné]

Landsturm

Livret militaire

du

Grenadier Werner Friedrich Heinrich Baeske.

5e Régiment-des-Gardes-Grenadiers

5e Compagnie de réserve

Classe : 1915

Moltkestr. 34

679 Infanterie

Livret militaire de l'armée nationale

1. Prénom et Nom :
Werner Friedrich Heinrich Baeske

né le *26 janvier* 18*96*
à *Thalov*
Arrondissement : *Riedrose*
Etat fédéral : *Prusse*

2. Situation ou profession : *jardinier*
3. Religion : *protest.*
4. Marié : *non*
Enfants : *·/.*
5. Date d'entrée et état de service :
25 sept. 1915 comme engagé volontaire au Landsturm
6. Affectation (avec indication de la compagnie, ~~escadron~~, ~~batterie~~)

5e Régiment-des-Gardes-Grenadiers

Livret militaire **5e Compagnie de réserve**

Changements d'affectation (avec indication de la compagnie, ~~escadron~~, ~~batterie~~)

6 JUIN 1916 ***au dépôt des recrues de la 4e Div. d'infanterie***

Avancements (avec indication de la date et de l'état de service) :

·/·

7. Date et objet de la démobilisation :

·/·

8. Corps d'armée :

5e Régiment-des-Gardes-
Grenadiers
5e Compagnie de réserve

au front
Nr. d'enrôlement ~~dans les troupes~~
Nr. *925* Période 191*4/5*
Taille : 1, *70* m.

9. Médailles et distinctions :

·/·

10. Campagnes, blessures :

·/·

11. Formation militaire spéciale :
Sait se servir d'un fusil 98

Classe de tir : *II*

Insigne :

12. Remarques :

Pointure de bottes : Longueur : *28.5* cm,
largeur : *4.*

Solde versée jusqu'au **10 JUIN 1916** *inclus*
Logé et nourri jusqu'au **6 JUIN 1916** *inclus*
A touché *M.*7.10 de prime de pansage

Brevet d'aptitude pour

·/·

Fait à *Spandau,*
le *6 juin* **191***6*

Le Commandement

5e Régiment royal prussien des Gardes-Grenadiers

et Bataillon de réserve.

D'un geste muet, tu me présentas encore 1 autre feuillet. Et je vis des lignes sèches tracées sur 1 morceau de papier réglé & déjà grisé par le temps, 1 feuille sortie d'un registre de commerçant avec ses colonnes préimprimées (l'écriture courante, plus négligente que maladroite, resserrée dans les deux marges de gauche & la feuille de papier aux trois quarts recouverte de parafes, le nombre **78** en caractères gothiques se détachant de l'ensemble en haut à droite), *ce que ton père, Henriette, avait été forcé d'écrire à la fin de la Dernièreguerre à destination des-Nouvelles-Autorités – car il avait eu la malchance de survivre à deux conflits : une !raison=suffisante pour les Pouvoirs-publics de lui demander pourquoi il n'y avait pas laissé sa peau comme c'est le lot des subordonnés. Qu'il était toujours là, à générer des coûts & même à réclamer auprès des Instances d'Exister-Ici.* Toutes les négligences dans la biographie personnelle n'étaient nullement imputables à un quelconque mépris de l'Autorité à laquelle elle s'adressait, mais tenaient plutôt du *fugace* : la volonté-de-s'évader de soi sans se faire remarquer, à cause de la honte & d'un fardeau Trop-insupportable..... Et parce que chac-1, pour avoir dû se débrouiller pour s'en sortir, soupçonne à tout le moins qu'il devra toujours=&=partout justifier de son existence, les mots pour évoquer sa personne lui étaient venus aussi secs & discrets, le texte écrit sans alinéa (comme si la tranche de vie se limitait à 1 simple souffle, é: rien qu'on puisse exiger de plus, é d'ailleurs on n'en demande pas plus), de manière à ce que le Devoirdisparaître décrété ne fasse éventuellement pas trop de bruit & cause un moindredérangement – car à l'instar du fossoyeur qui préfère sans nul doute creuser le trou dans une terre meuble, tout fonctionnaire aime par-dessus tout enterrer les dossiers aux phrases les plus faciles à chiffonner. Vivre en société implique que chac-1 doit s'entendre avec l'autre de gré ou de force, s'il ne veut pas se noyer dans la mer=masse de la société.

Curriculum Vitae

Je soussigné Werner Baeske, né le 26 janv. 1896 à Thalov/Vockau s/O, fils du maître menuisier Baeske, suis allé à l'école primaire de Thalov. Du 1er mars 1911 – 28 février 1914, j'ai été apprenti à l'exploitation horticole du château. Du 1er mars au 15 avril aide-jardinier chez Brand, exploitation horticole, Königshain s/Spr. Du 15 avril au 7 août 1914 aide-jardinier chez Abel, exploitation horticole à Königshain. Puis enrôlé dans le 5e Régiment des Gardes-Grenadiers à Spandau, blessé le 5.10.1917. Démobilisé le 1.06.18 pour blessures à l'armée. Aide-jardinier à l'exploitation horticole du château de Thalov/Vockau s/O. du 1.6.18 au 1.9.19. Du 1er nov. 1919 au 30 mars 1920, aide-jardinier chez Wernicke, jardinier-paysagiste, à Radnitz/Berlin. Du 1er avril 1920 au 1er août 1922, jardinier chez von Dorset à Greifenthin près de Mathildenbourg. Du 1er août 1922 au 31 décembre 1929, magasin d'alimentation générale, Alte Residenz Str. 114 Mathildenbourg. Du 1er janvier 1930 au 1er février 1960, magasin d'alimentation générale à Mathildenbourg, Breite Str. 34. Au 1er février 1960, reprise du magasin par la H.O. de Mathildenbourg.

–Mais, supposons que je sois un fonctionnaire & que je puisse, Henriette, convoquer ton père aujourd'hui, j'aurais quelques questions à lui poser :

?Vous ne vous êtes jamais ?marié par hasard.

?Où figurent dans votre CV votre femme & l'enfant Henriette : ?toi.

?Pourquoi n'avez-vous pas ?mentionné ces événements dans votre biographie. ?Femme&enfant vous étaient-elles complètement ?indifférentes.

Et ?qu'avez-vous fait pendant la 2e Guerre mondiale : ?Vous n'étiez ?Quecommerçant – Touscesmillans..... durant. Les gouvernements changent, mais les-dossiers restent. Et ce qui passait hier pour= l'exemple est aujourd'hui suspect, & inversement. La trahison est 1 masque creux & la vérité possède de nombreux fils fixés au corps de la marionnette.

Photo 18 *(photographie floue) Hilde (?) propriété de Friederike, jardin de Thalov, 1942*

Et puisque nul jeu ne s'achève sans que la dernière carte soit retournée, même si chac-1 sait que celle-ci, qu'importe la figure & la couleur, sera invariablement et quoi qu'on fasse toujours la même, la-seule-&-l'1nique, d'un format bien plus petit qu'une carte de jeu & bien plus sommaire qu'un curriculum vitae écrit de sa propre main, Aujourd'hui je la retourne moi-même, cette dernière carte, afin de mettre un terme au jeu :

En l'an 1980, après y avoir longuement répugné, la-Famille se chargea de trouver à Werner 1 place dans une maison de retraite. Auparavant, il fit un long séjour à l'hôpital : sa blessure de guerre, avec-l'âge elle était revenue à la charge & plus cruellement qu'avant, le laissait presque impotent. Mais Werner refusait de rendre les clés de son appartement, il nourrissait l'espoir secret que *la maison-de-retraite, ce sera du provisoire, comme l'hôpital : je rentrerai à nouveau chez-moi.* Personne ne voulut lui ôter Cètecertitude ; ses facultés accusaient déjà une légère grisaille, ses grands yeux irréductibles se tournaient vers=l'intérieur, – ses joues é ses tempes semblaient affaissées. Mais ses cheveux clairsemés, il savait encore magnifiquement les hérisser : ainsi répartit-il entre ses proches le service de nettoyage de son appartement inoccupé. 1 x par semaine, comme 1 commando de travail, nous rappliquions dans l'appartement crépusculaire de Mathildenbourg déjà plongé dans une sorte de silence post-humain. – Et puis un jour son appartement fut cambriolé. Tout ce qu'On pouvait assimiler à des objets de valeur fut volé – la belle sculpture équestre notamment, une œuvre en laiton avec un socle incrusté de pierres précieuses & offerte par Wilhelm à son ami Werner en cadeau de mariage, que Corinna, ma fille, trouvait elle aussi si ravissante & dont secrètement elle escomptait hériter.

C'était le jour où j'étais de service de nettoyage de l'appartement : je trouvai la serrure brutalement défoncée au ciseau, le chambranle éclaté, la porte, ouverte, offrait 1 vue sur le couloir avec 1 miroir terne – la lumière inconsistante é désarmée, la fente de la porte scandaleusement entrebâillée –. L'effraction avait dû faire un boucan d'enfer dans la maison (:les 2 voisins qui habitaient au rez-de-chaussée : rien vu, rien entendu ; porte=rabattue).

Après cet incident, tous les jours ou presque, nous allions courir toi Henriette ou moi en quittant mon cabinet, à Mathildenbourg, chez la VéPé[13] ; chaque-fois ON nous berçait de belles promesses, ILS s'amusaient de nous, nous Le constations é: n'y pouvions rien faire, puisque nous demandions LEUR aide..... ON nous faisait patienter de plus en plus longuement dans le couloir sans originalité devant le bureau du commissariat, des-heures-&-des-heures écoulées dans le martèlement des bottes le long=du=corridor, portes ouverterefermées, s'en échappaient des bouts monotones de conversation, la frappe légasthénique de machines à écrire, parfois des cris & des disputes avec des gens qu'ON amenait & le Holà-on-se-!calme, le cri-des-bourres=pour=rappeler-à-l'ordre les insubordonnés pendant l'interrogatoire ; – tout le monde à nous regarder de travers ; – jusqu'à ce qu'ON m'appelle enfin, que je m'énerve quant à l'incapacité=des-services dans Notre Affaire & que de derrière son bureau la face sauciflarde du fonctionnaire m'annonce : – *Nous zavons mis !cinq collègues sur Lecoup, et ils zansont déjà à noter des !heuresupp.* – Puis le Type-en-vert se penchait sous la table comme si son stylo y avait roulé, mais j'entendais monter son ricanement d'hominidé. Nous n'avons plus jamais remis les pieds Là-bas.....

Personne ne trouva jamais les-coupables ; personne n'eut envie de raconter le cambriolage & le vol de ses biens à Werner=en-maison-de-retraite. De sorte qu'1 jour il rédigea son testament & y coucha des choses qu'il ne possédait plus depuis bien longtemps.

À l'époque, le 24 décembre 1984, et comme chaquannée, nous étions invités, toi Henriette é moi, dans la maison de ta famille ; une=de=ces rencontres familiales comme elles avaient lieu en été & en hiver (jamais personne ne les avait contestées). Et depuis longtempsdéjà, ces retrouvailles placées sous l'élan sentimental avaient elles aussi naturellement perdu de leur éclat au-fil-des-ans comme du papier trop longtemps exposé à la lumière du jour ; – aussi (en=silence é sans se l'avouer à soi=même) chacun semblait avoir conservé en lui ces sentiments ternis, car l'écriture sur le papier de leurs années avait pali autant que la feuille du document certifiant leur existence. Ils existaient encore en tant que famille – aussi gardaient-ils=leurs-distances teintées de cordialité. –

Pour-les-fêtes, on avait obtenu pour ton père 1 autorisation de sortie de la maison de retraite –; déjà quelque peu absent à lui-même, il s'était fait sa propre=opinion du-monde & de tout ce qu'il y voyait. Dans la maison de retraite, il était forcé de partager sa chambre avec 1 autre vieillard, un ancien propriétaire foncier qui recevait de temps-à-autre la visite d'1 ami décati du nom de Knecht, Le Valet. Mais ton père restait fermement convaincu que ce compagnon de chambrée disposait toujours de son valet pour le servir, & il se plaignait vivement de n'être pas logé à la même enseigne, alors qu'il avait eu 1 commis à sa disposition au temps où il était commerçant & négociant en denrées coloniales – (à vrai dire dans sa seule imagination, une situation inventée pour se vanter devant le propriétaire foncier, & à laquelle lui-même avait probablement fini par croire). Quand on lui répliquait que ce commis était mort depuis des années, ton père réagissait avec une amertume nouvelle : ne pouvait-On lui fournir un autre commis – peut-être ses-chers-proches ?trouvaient-ils le coût trop ?élevé ou ?jugeaient-ils trop ?compliqué ?d'exaucer ce Dernier Vœu. Après quoi il fallait le calmer – difficile de venir à bout du rempart d'esprit-volontaire & de contrariété du Vieux. – Et plus tard, comme à la fin d'un travail éreintant, le silence de toutes parts.

Ce 24.12.1984 aussi les conversations autour de la table de Noël avaient été étouffées par le Vieilentêtement. Ton père, profondément vexé sur le sujet comme toutelesfois-précédentes, était assis près du sapin, vêtu d'un gilet vert foncé (son cadeau de Noël), les bras posés sur les accoudoirs, la nuque en appui sur le dossier du fauteuil de grand-père & il fixait le plafond en silence. Ces années d'inoccupation à la maison de retraite qui ne pardonnent pas, qui avaient paralysé son envie d'agir, avaient aussi éteint Lalumière du Mégalo=en-lui. Le rouet qui autrefois filait à toute vitesse les folles chimères, privé de sa pédale au fil-des-ans, tous ses fils dorés rembobinés et devenus de la filasse, – il était aujourd'hui à l'arrêt. Et devenu confus, l'homme entendait probablement des voix venues de temps lointains qui lui enjoignaient de revenir en arrière, vers Cètépoque où la gloire, séduisante, étincelante, aimait à lui sourire de ses grands yeux irréductibles : combattant commerçant connaisseur-du-monde – dans son ère primitive personnelle, les fossiles de la ruse, de la matoiserie & des attaques se trouvaient à sa disposition. Cesvoix, c'étaient déjà des voix de ténèbres. Quelque Chose d'Autre..... le travaillait, – la dernière séquence était pour aujourd'hui.

Petra, la fille de Waltraut, venue de Bad Bentheim (elle avait obtenu 1 autorisation de visite en ErDéA pour les fêtes de Noël), fut la première à remarquer de son œil expert d'infirmière ce changement à peine perceptible des traits de ton père, sa bouche ouverte en O dans un visage pétrifié par la gravité profonde des créatures, & elle plongea son regard dans les grands yeux d'ordinaire irréductibles, mais ceux-ci étaient soudain comme une vitre poussiéreuse, incapables de renvoyer dans la pièce la lueur des bougies –;– alors la femme poussa 1 petit cri rauque.

Les bougies illuminaient chaleureusement le sapin, une odeur suave exhalée du gâteau – é: l'être humain n'était plus là. Seul son corps trônait encore dans le fauteuil, comme pressé contre le rembourrage sous l'effet d'une grande accélération é abandonné là. – *Dame de Pic* – L'1-nique=La-Dernièrecarte.

Ton père Werner, il était loin déjà. Et sans doute s'en était-il allé, rongé par le chagrin é déçu. –

Le 24 décembre 1984 est décédé à Berlin mon cher pè-re, notre regretté beau-père, grand-père et arrière-grand-père

Werner Baeske
Commerçant
né le 26.1.1896

Avec une profonde tristesse,
au nom de ceux qu'il laisse derrière lui
Henriette Adam, née Baeske

Berlin, janvier 1985

Noël 1939 / Noël 1984 : pour moi / pour toi : le soir de la mort du père.

Mais, Henriette, ?l'as-tu jamais !bien regardé, ce petit bout de papier annonçant son décès (le plus petit d'entre tous comparé à l'autre notifiant sa participation aux combats de la Première Guerre, et qu'on pourrait prendre pour 1 ticket de caisse du marché aux puces du Destin) : Aujourd'hui, !Henriette, regarde-le bien. ?Pourquoi a-t-on coupé le mot père dans le faire-part de décès – ?pourquoi dans l'annonce de sa propre mort n'a-t-il pas au moins pu rester entier, être ce dont il avait été incapable de son vivant : ce qu'on appelle un bon père. (:!Lui !non !plus, Henriette. Lui non plus ne l'a pas été.)

➞ À l'époque, quand tu me montras les documents de ton père, 1 photographie glissa de l'enveloppe (je devais la retrouver plus tard dans l'album). Une photographie datant vraisemblablement du printemps 1939 : au fond, un paysage d'arbres&arbustes encore fatigués de l'hiver – sans feuilles & leurs branches&ramures confusément embroussaillées, é au premier plan, à gauche de la photo, ton père dans un élégant manteau de laine gris, avec une double rangée de boutons, le chapeau gris clair légèrement incliné sur 1 côté – ses deux bras pendent lourds é gauches. À droite sur la photo, à ½ pas devant son mari, ta mère : Johanna, dans un manteau d'hiver foncé, qui apparaît noir sur la photographie. Une partie de son visage est cachée par l'ombre de son grand chapeau de fibres à très larges bords ressemblant à une cloche gris clair. Ses deux bras, qu'on dirait sans vie, pendent également le long de son corps. Mais on a comme l'impression que : les doigts de sa main droite, par hasard, d'une manière désintéressée ou même forcée, s'emparent d'1 petite main, la main gauche d'1 fillette de pas tout à fait 3 ans peut-être, accoutrée d'un petit manteau ample, six gros boutons clairs sur le devant, minuscule le bonnet, comme celui d'1=de-ces-poupées de brocanteur : c'est toi, Henriette. – Ton bras droit est encore légèrement levé, comme si tu cherchais après la main de ton père (qui ne veut pas te la donner ou qui l'avait retirée à l'instant). C'est sans doute parce que tu n'as pas trouvé cette main que ton visage potelé de petite fille paraît buté & grognon, comme au bord des larmes. Il n'y a que ta mère pour te prendre par la main, d'un air de dire : *Nous formons, malgré=tout, toujours Unefamille.* Et les vêtements d'hiver, raides & profilés comme des quilles, tombent autour des corps, de sorte que la photo suggère trois figurines figées de tailles différentes du jeu de halma, surmontées de têtes humaines. (:?Qu'était-il arrivé Alors, en ce dernier printemps précédant le début d'Uneguerre qui n'était rien sinon la continuation d'Une Autre, inachevée, couvant depuis..... 20 ans.) Car l'expression avec laquelle ta mère fixe l'appareil sous l'ombre de son chapeau (les yeux sont presque masqués par cette ombre, la lumière capte juste son nez légèrement trop long) semble empreinte de tristesse é de crainte ; la tentative timide-sceptique d'1 sourire –.– Mais !regarde : en vérité, ses yeux ne se posent sur personne ; ce sont à la fois les regards d'un amour contenu é d'une peur retenue, qui cachent peut-être de la jalousie, mais qu'elle ne montera jamais, à !aucunprix. Ainsi, les pieds chaussés de souliers à boucles foncés, elle fait 1 tout petit pas à peine perceptible vers le-contemplateur, lui offre comme dans une tentative muette, songeuse – avec toi, Henriette, tenue à la main – Quelque Chose qu'elle nommerait (si jamais elle avait à s'adresser à=elle=même en mots formulés, en silence à-part=elle) *son amour* –.

?Aurais-tu été, Henriette, !toi aussi 1 enfant conçue simplement par l'entêtement familial..... –

10

Photo 19 — *(derr. de g. à dr.) Hedwig, Johanna et Werner, Friederike, Hilde, (devant) les enfants Henriette et Peter-Paul, propriété d'Hedwig, à Thalov, été 1941*

➞ *Famille..... Cette sata!née famille..... é: tu t'Y es laissé prendre.....* Enfonçai mes dents dans la lèvre inférieure, – une salive au goût douceâtre de sang dans ma bouche. Ne bougeai pas, m'agrippai fermement à la barre à l'avant de la rangée des places assises, il y avait suffisamment de places libres mais je restai debout tout le temps du trajet du bus qui cahotait jusqu'à Vockau. *?Avais-tu ?vraiment si peu d'intuition, Henriette. !Comment pouvais-tu ?croire que ce curriculum expéditif – celui de ton père –m'inculquerait Lajoie d'être-père=&=d'avoir-une-famille ; à !moi précisément (qui déjà à l'époque et depuis près de 24 ans avait entrepris de consolider ma carapace intérieure), dont l'esprit portait les marques de la peur imprimée par l'orphelinat, une peur qui me faisait vomir devant tout ce qui s'appelle..... étalage-de-procès-durs : mariage, devoir&avoir-des-enfants, armée & guerre : les devoirs pour être reçu aux examens.....* Et ça à 1=type=comme=moi : qui avait vu se répéter toute cette horreur dix-huit mois avant notre mariage, le soir de la mort de Paul Karge (l'ancien préposé à-la-Poste=locale). Je faisais déjà partie de-la-famille, mais il fallait que ma 1re visite à la parenté réunie au grand complet tombe !justement – *?qui décide que ça !tombe juste* – un jour-pareil & à un !Momentpareil..... Après que le médecin, sorti à l'instant de la chambre à coucher de son appartement de Mathildenbourg, eut annoncé aux proches que le patient ne passerait probablement pas la nuit, tels des corbeaux tristes, les mains embarrassées sur les genoux, repliés sur nous-mêmes & monosyllabiques, nous sommes restés assis autour de la table du séjour au milieu des lourdes exhalaisons de médicaments en ce soir de 1958. : La voix du médecin nous tira violemment de notre léthargie. Le patient a toute sa-conscience, poursuivit-il d'un ton empressé, comme s'il lui fallait vanter les qualités d'un objet mis en vente au marché aux puces, & il souhaite revoir encore 1 x l'1 après l'autre chacun des présents. Comme si nous nous trouvions dans son cabinet de consultation, nous sommes entrés dans la chambre d'agonie, l'1 après l'autre & avec précaution, on aurait dit que nous suivions les prescriptions d'une ordonnance. – Enfin, nouveau=venu dans cette famille, je m'approchai à mon tour de son lit. Après son retour de captivité, cet homme se déplaçait furtivement – 1 ombre sans corps, sa santé démolie. Il ne trouvait pas non plus de sujet de conversation avec son fils Peter-Paul, adulte depuis ; au bureau de Poste où On l'avait réintégré, il s'acquittait de travaux subalternes, l'homme perturbé n'était plus bon à Autrechose. Taciturne, grognon, à la vue de l'uniforme saisi par la peur=d'être-pris propre au soldat-de-retour-chez-lui la-Guerre finie – l'ultime chaîne de vie à lui être restée.

Mais aujourd'hui, dans ces heures avant sa mort, il revivait. Il était allongé, alerte (difficile d'imaginer la-Mort déjà à l'œuvre), seules sa tête et ses mains paraissaient étrangement oppressées au milieu de l'amoncellement de la literie, comme si une force de gravitation spécifique faite de muscleschair&peau l'attirait vers les oreillers, sans répit é toujours plus profondément. – D'abord il ne me regarda pas, ses yeux étaient rivés sur la tapisserie à fleurs du mur-en-face. Mais d'une voix forte & distincte il m'annonça (ce qu'il avait certainement annoncé à tous mes prédécesseurs ; jamais jusque-là il ne s'était montré aussi expansif), qu'il avait désormais l'intention de mourir. Il le faisait savoir sur le même ton grave=comminatoire qu'il opposait aux-gens venus aux-temps-jadis se présenter à son guichet de la Poste & désireux de solder 1-bonnefois=pourtoutes leur compte d'épargne, même à la perspective de perdre des intérêts. –J'ai l'intention de mourir. – Répéta sa voix en insistant. Il ne semblait pas attendre de réponse mais il poursuivit en expliquant qu'avant cela il attendait le prêtre, – puis le médecin reviendrait encore 1 fois pour constater son décès, plus tard les employés des pompes funèbres & tout-ce-qui-s'en-suit. Tout cela, insistait-il, relevait d'une procédure fatigante qu'il faudrait respecter scrupuleusement – Puis l'Agonisant se tut soudain, tourna vers moi son frêle visage de rapace et, plus distinctement que sa voix, ses yeux jetant leurs flamboiements dans la lumière accablée s'adressèrent à moi en me disant que tout ce qu'il venait d'énoncer, il le comprenait bien & le tenait pour=juste – mais que seule 1 chose lui échappait : il était !concerné & il s'agissait de !sa=mort –. Après quoi, dans une plainte sèche, le bras du Mourant se tendit vers moi –; ses petits doigts griffus cherchèrent après ma main, comme pour être rassuré à son contact, que Toutcela=n'est-pas-si-grave, même pas vrai en définitive –. Mais il ne la trouva pas, j'avais déjà quitté la pièce. – Et comme pour corroborer son pressentiment des difficultés qui amèneraient à commettre des fautes dans cette procédure, porter 1 Mort Enterre, ce matin du 1er mai 1958, le corbillard et son cercueil, dans leur cheminement à travers les rues de Mathildenbourg vers le cimetière, se retrouvèrent soudain au-cœur de la Manif-ès-Station : tout le long de l'artère principale qui traverse le centre de Mathildenbourg sous le soleil cru du printemps, pris dans les dzimboumtralala banderolles&drapeaux rougeflamboyants claquant au vent & les slogans creux de la Journéedeluttedetouslestravailleurs jetés de haut-parleurs au-fil-des-rues – le long du Vertendre de bouleaux leptosomes (déposés devant les portes dans des seaux & boîtes en fer blanc) – le Noir parallélépipédique étincelant du corbillard lentement poussé au milieu de la formation humaine & de ses œillets rouges en carton piqués aux revers (les gaz d'échappement enveloppant de leurs nuages les calicots du Triomphedusocialisme –). Des hommes-en-uniformedecombat, des VoPos[14] en fines bottes tubulaires, sous le shako les crânes au rouge apoplectique rugissant de Sens de l'Ordre, tentaient d'intervenir – en vain. Impossible d'écarter ce Mementomori de tôle sur roues des trompettes tambours haut-parleurs & rouges calicots aux blanches lettres plissées par le vent

|HEUR| |NOT|RE| |P| | |EUPL| | |TON| | |PAR| |I |LE| |S |D| ; au milieu des masses de visages mastics, un corbillard solidement calé restait coincé dans le corso-de-mai=du-Parti. –

Nous avons grandi en un endroit, Henriette, où la vie était devenue sans=intérêt é la mort grotesque. Avais-tu ?vraiment si !peu d'intuition lorsque, à l'aide des documents de ton père, avec ménagement & circonspection comme tu le croyais, tu cherchais à m'aiguiller vers le mode-familial ; é: tu avais pourtant affaire à un type jamais remis de ses intoxications, pour qui une nourriture aussi vigoureusement=administrée signifierait tout juste..... la rechute. Et à travers ce ménagement & cette circonspection, j'avais comme l'impression de sentir les petits doigts crochus de ce Moribond qui tendait vers moi son bras, mais sans parvenir à m'atteindre alors – !aujourd'hui en revanche, il était parvenu à toucher ma main, aujourd'hui il me tenait empoigné, é: de porte il n'y a plus entre lui é moi.

..... laissé prendre. Ma foi oui, tu t'y es laissé prendre.....

!Si peu d'intuition, Henriette = à la manière des femmes qui, dans leur volonté d'imposer !leurs=propres désirs, savent se montrer aussi naturellement=lourdes que l'argile dont, paraît-il, nous sommes tous=faits. Étant donné que *ses combats à Ypres à l'âge de 17 ans* doivent rapporter sur le ticket de caisse délivré à la rampe-du-reliquat-de-sa-destinée grosso modo les 33 $^{1}/_{3}$ % d'invalidité revenant à Chac-1 tant qu'il est en-vie, tu supposais sans doute que l'orphelinat avait été *mon Ypres*, & pour lesmutilés, il existe des prothèses : mariage famille pater=nitée. – Et tu n'avais peut-être même pas tort ; – si bien que ma colère ne pouvait que s'accroître : Ce qui était humiliation & avilissement à mes yeux !?devrait-il plus tard – dans le soi-disant bilan global du Devoirexister hominal..... – simplement exprimer *l'état normal* au sein d'une histoire des humiliations & des avilissements solidement consignée depuis=la-nuit-des-temps ; état qu'il s'agirait non seulement d'accepter mais aussi de remplir de façon à autoriser plus tard une quelconque crapule de prêtre subalterne à inscrire sur mon bulletin-d'existence le prédicat : *Conduite : très bonne – Combats livrés : tous – Sanctions : aucune. – Baeske continua de servir :* –: Car l'obéissance aux Autorités – n'est rien sinon la forme la plus étriquée, la plus lâche de la fuite. *?Qui a jamais remarqué ces convois de Fugitifs.*

– Sur les photographies je lisais la froide obstination dans les yeux de ton père ; – mais ?que cachent-ils : des regards-à-faire-l'élégant d'1 habitus porcelaineux=distingué enclin à l'imitation, par lequel il s'imagine probablement fabriquer son=individualité & la préserver ; – les ravages pervers de la liberté humaine exercée dans la condition du petit-seigneur.....

–!Les pères – ils sont aussi ridicules qu'ils sont redoutablement féconds. Les-pères ne méritent même !pas notre mépris. – T'avais-je hurlé é mon début ressemblait à uncoupdepoing ; jubilant d'injustice à l'intérieur, je me vautrais dans cette fange de colère, avec délectation, car je !voulais te faire mal, Henriette ou: plutôt je cherchais à mettre-à-zéro tes envies d'Une Famille. *Car dans l'1 des regards de ta mère fixé sur la pellicule il y a 21 ans – je reconnais aussi le tien, Henriette ; reconnais la bande-familiale comme on reconnaît dans les descendants de cette famille une particularité physique, 1 trait marquant du visage – et je savais !ce qui se cachait derrière ta timidité, ta retenue, ton amour tenu-secret : quels désir innommés, & bien mieux que si tu les avais prononcés à voix haute avec la banalité des mots, tu voulais communiquer, en silence & par le poids pesant du papier de ces documents, à 1 seule personne : !moi.....* D'où ma colère, le besoin-frénétique é le plaisir de Teblesser, – depuis ma cage.

D'où=!ces-phrases, enflammées ilyaplusdequarantans par ma colère contre toi, Henriette, lancées pour avoir soudain compris ma propre impuissance dans toute sa dimension ; des propos que je n'avais jamais retirés, qui (sans que nous En reparlâmes jamais) nous avaient accablés toi & moi toutes-ces-années dans un silence ressemblant déjà à l'oubli, et que j'aurais voulu retirer en !tant d'occasions (mais je n'y parvenais jamais qu'en=silence). Or, voilà plus de 3 ans qu'il est à=jamais trop tard pour cela aussi ; é c'est précisément l'aspect=irrévocable de la non-réparation d'1 injure qui est la source de ma peine, de mon regret de ne pas m'être montré plus amical envers toi. – *Or, en quarantans En ai-je tiré un ?enseignement : si je revivais la même situation, celle où tu feuilles-testais l'album de famille devant moi, je réagirais !exactement de la même façon ; mais sans la colère d'autrefois. Apprendre qu'on n'a tiré aucun enseignement d'une situation, c'est regretter vraiment.* ***p. 75, Photo 12* →**

Jasmin – et à chaque pas le long de la Frankfurter Allee ce parfum couvrait mes sens de tout son poids, venait=se=nicher é persistait, alors que j'avais pénétré depuis longtemps dans d'autres odeurs, d'autres volutes de puanteur montées de cette ville vespérale desséchée – échappés des niches porches béton dressé, bourrés d'humains, me heurtaient lait caillé urine sueur aigrelette gaz-d'échappement graisse de cuisson, tout ce qui pue chez les hommesmaisons&machines –; mais il persistait : *jasmin* –. Et Max, son apathie envolée, me tirait le long de l'Allee, excité & plein d'enthousiasme canin au gré de sensations cacosmiques –, pendant trente-ans&plus, mon cabinet médical s'était situé par-làbas, sous l'étouffante lumière vomie par les néons sur l'asfalte, la plaque avec le nom de mon successeur étincelait d'un blanc de porcelaine & toujours neuve même trois ans plus tard. *(Moi, 1Encorechanceux, qui avait réussi à trouver un successeur pour son cabinet, alors que depuis belle lurette être-médecin se gérait comme une maladie, la santé bureaucratisée à-mort.....)* – Max, le nez au sol, me tirait & m'entraînait plus loin, comme s'il poursuivait Unbut qu'il fallait atteindre !Cesoir à !Cèteheure – !absolument – avant qu'il ne soit trop tard pour=Tout –.

[– quelques heures encore, des heures traversant une nuit un jour, – puis l'autre nuit au cœur d'une nuit –]

Entre-temps, je m'étais presque habitué à Lavoix, comme on s'habitue peu ou prou à 1 bruit dans l'oreille, gênant certes mais de faible intensité, en ce sens qu'on s'Y attend –. *!Oui : c'est ?p'tête bien=!ça : 1 bruit dans l'oreille dû à l'hypertension, au surmenage par Cètechaleur..... Après tout, j'ai plus 20 ans. Une fois rentré, je prendrai ma tension. Lavoix – juste 1 congestion, la cause à l'origine de tous ces radotages & autres mysthères.* – Et filant toujours & toujours de l'avant – à toute allure le long de l'Allee – au bout de la laisse tendue le vieux chien me traînait moi vieux type à travers-la-nuit Frankfurter Allee – de plus en plus vite et plus loin – m'entraînant d'une nuit avalée de travers car trop chaude vers lepetitjour desheuresplustard dans le soleil nouvellement flamboyant : n'offrant toujours pas de rafraîchissement ni de pluie au silence suffocant, pas plus qu'à Cèteheure qui me poussa à bord du train des grandes lignes – I-C-E – fonçant à toute vitesse sur la voie ferrée au fil des heures, & dépassant midi, sous la blancheur aride d'un ciel figé de soleil – é j'avais l'impression que le chien me tirait=toujours par le bras qui tenait la laisse – plus loin & plus loin au cœur des heures d'un jour – dans le delta de rails aux bras multiples des vastes installations ferroviaires de la gare centrale de Francfortsurlemain – le long des cheminées de centrales thermiques jusqu'aux stalagmites des tours des Banques&Foire. Leur vue rappelant le Toujours=Imparfait, obélisques sans commémoration, comme si les entreprises de construction avaient fait faillite peu avant l'achèvement des travaux, & ces tours en forme d'aiguille piquent désormais l'air vitreux, ruines ironiques, déjà mortes au temps du Travail, pierres tombales & monuments 1niquement dressés à la gloire de l'Avidité Écervelée..... – é dévoilent par la grande ampleur des banques-croûtes implantées le véritable intérêt des affaires : non pas l'économie florissante mais la faillite fabriquée de toutes pièces & machiavêlement moneypolysée d'une vieille puissance économique –. Bientôt le train pénètre sous les grandes voûtes en berceau de la gare, blanc opaque le verre des dizaines&dizaines de vitres du toit ondulé haut jeté sous un soleil cuisant comme découpé dans une tôle brûlante. Couleur crème sale aussi l'ensemble d'entrelacs métalliques soutenant le toit de l'imposant bâtiment fin 19e siècle. – Et puis à l'arrêt du train, quand la lente ouverture de la porte libère les regards & des passages vers le quai au milieu de la bruyante banalité retentissante de la gare, – là, à l'avant de l'épais flux humain qui se dégorge : lui, mon « fils ». Droit face à cette porte, comme 1 coursier qu'on aurait mandé sur place. Les cheveux gris dépeignés, bien qu'usé jusqu'à la corde, il persiste à s'habiller comme un étudiant de 30 ans. Vieille veste sable clair fripée=coûteuse autrefois, chemise de coton bleue (le tissu auréolé de taches sombres de transpiration, carte géographique de sa peur de cette rencontre.....), blanc sale le col de son T.shirt, sales ses chaussures de sport –: Devant moi non pas l'Enfant Prodigue mais le « fils » qui ne s'est jamais sauvé. Max le chien bondit de joie à cette apparition, s'il avait des bras, il étreindrait cet homme qui est censé être mon « fils ». Je reste planté à côté du train, sans dire 1 mot, sans qu'on ne me dise 1 mot.

–Je veux revoir le !chien une dernière fois avant mon départ pour les-États-Unis. – Voilà ce qu'il (mon « fils ») t'avait ordonné, Felicitas,

& c'est comme ça que tu m'avais envoyé Ici (en tant qu'arrhes, en transmetteur d'un album de photographies qui n'intéresse personne, et encore moins cet-homme=Là-bas). Et me voici spectateur de salutations où arrivée é retrouvailles sont encore synonymes de joie : homme=é=chien.

Durant le trajet en train j'avais encore voulu déceler en moi les traces d'1 entente possible à l'approche de cet individu, comme la vie é le toucher peuvent reparaître dans des zones de peau traumatisées, complètement insensibles, – car prendre-de-l'âge, puis être-vieux réduit souvent pour finir par les effacer les gouffres à l'origine des querelles & leurs insondables profonds-heurts, ponce ce-qui-est pour que cela devienne compréhension indulgente, parce que les ravages causés aux enfants par les parents ne peuvent jamais se prévaloir d'1 caractère unique, comme si les parents n'étaient jamais passés par là. Car la vie=de=famille, que tous petits déjà on nous avait vantée comme la-plus-belle & la-plus-noble conquête d'un individu – avait beaucoup perdu de son tranchant sous le polissoir des ans, de même que mon aversion des enfants, les miens en particulier. Si bien que ces pensées prennent entre-temps pour moi les traits du pasteur Brickau, l'homme qui autrefois nous avait fait voir, à Felicitas & à moi, Cette Vie : des tables de la Loi en granit, aux arêtes vives taillées à même le roc divin & irréfutable Sa Probe=Droiture ; – à-la-fin, un grès délavé, friable é terni par l'âge. – !Pourquoi (me disais-je encore au cours du trajet, une main plongée dans la douce fourrure du chien endormi à mes pieds, – j'ai dû m'endormir à mon tour peu après), !pourquoi les vieilles-querelles, dans tout ce qu'elles présentent d'implacabilité granitique, n'auraient-elle pas été ?poncées elles aussi –. Après tout, pour voir les-étoiles il n'est pas nécessaire de voler à leur rencontre à travers l'espace ; – une nuit sans nuages & le regard levé plongé dans le néant aux scintillements sombres : c'est assez=d'étoiles. –

Mais les étoiles du familial s'éteignent sans-tarder=à-l'instant où nos regards se croisent sous la réalité d'un soleil vif brûlant de saleté. Une gare torride retentissant de bruits – un air poussiéreux aux odeurs de tôle chauffée – 1 homme, le visage enfoui dans le pelage d'un chien – l'homme qui est censé être mon « fils » depuis une nuit *jasmin* il y a quarante-trois ans..... Pour revoir ensuite son visage où vacille son incertitude de chouette, sa bouche aux mauvaises dents, gênée & souriant narquoisement, – é: de nouveau la Vieillecolère qui fuse aussitôt. *Une colère* (Un cri poussé) – *qui n'a jamais été autre chose que la PEUR* (:Lemot qui depuis la mort d'Henriette n'était plus audible en=moi) – !le revoilà, hurlant après moi se déchaînant toujours plus en=moi, Lemot Béton : PEUR – *!Henriette – PEUR plus de la moitié d'une vie=durant – Yās : mîn !oui 5 mn.....*

Photo 20 *(derr. de g. à dr.) Waltraut, Hedwig, Friederike, un inconnu, (au centre, allongés sur la couverture, en appui sur les coudes, de g. à dr.) Johanna et Werner, Paul, Hilde (devant, accroupis) Henriette et Peter-Paul, excursion à Riedrose, été 1941*

→ – *Les voyageurs sont les plus proches de nous les morts – ?Peux-tu ?m'entendre Georg – ?Te souviens-tu de ?moi=Henriette=Tafemme – Je me souviens de* Ces yeux – *de ton visage de ta peau couverte de taches rouges é de ta bouche é sa grimace hâtive – le visage de l'écolier comme 1 vieux masque plaqué sur tes 24 ans – tu as porté ce visage à-travers-le-temps (jusqu'à ce que* Ces Yeux *s'éteignent pour moi il y a 3 ans, et depuis je te dois une vie) – Enfant, je les ai vus pour la 1re fois –* Ces Yeux – *Et plus tard comme femme, le-Jour-de-notre=Mariage où, escortée du cordon familial, je marchais vers le bureau de l'état civil – bien trop en avance devant le portail de l'hôtel de ville – D'autres couples passaient avant nous (à la cadence d'1 ½heure comme cela se reproduira à l'enterrement futur) – Où attendait l'homme que je voulais épouser – !Pingouin – Pensai-je en le voyant de loin Plaquai ma main sur ma bouche car je croyais que j'allais éclater de rire – N'a-t-il pas l'air d'un !Manchot-Empereur – Mais même=moi la comparaison ne me faisait pas rire – tu avais l'air si étriqué que ton habit semblait tenir debout à côté de toi (les pantalons trop courts le costume usé & loué de surcroît Mais tu t'en fichais comme de ta première chemise Tu semblais même fier de ton apparence : Regardez combien je suis peu fait pour Ce à quoi VOUS me destinez –) Cette enveloppe-d'étoffe était flanquée & soutenue par la figure de ta sœur Felicitas (satellite sans équipage aux sens télescopiques balayant & surveillant l'étoile Esprit-de-famille) De l'autre côté le corps robuste du pasteur Brickau (assuré & d'aplomb comme une intrigue) – les deux témoins du mariage de* Ces Yeux *– une matinée de lundi fraîchumide mais soudain éclairée d'un 1er rayon de soleil vif & resplendissant dans les airs apparemment sans autre raison – et qui devrait après les embraser pendant=des=semaines avec la première grosse chaleur de l'année – ?Quand était-ce : au printemps 1960 – Oui – La terre réduite en poussière Le vent l'entraînait, un vent chaud grillant légèrement semences&champs en un midi interminable figé dans le silence Rempli de soleil Si bien que Letemps semblait n'être qu'une fusion d'or blanc Qui précipiterait des semaines-plus-tard ce midi figé en grande muraille..... dans la Grandepluie – Printemps 1960 – Ç'est !si loin, Georg – Une douzaine de roses flamboyaient hors du gypsophile du bouquet que* Ces Yeux *seraient tenus de me tendre le visage éclairé d'un sourire emprunté – le bras levé mécaniquement comme un jouet qu'on remonte, comme ON le lui a dit – Et* Ces Yeux *eux-mêmes 1bout de ce ciel de mars sous le soleil après une grosse averse dans la lumière fraîchumide – Mais toi-même (je le voyais bien de-loin) tu étais pour ainsi dire absent le Jour-de-notre=Mariage – ce 7 mars 1960 –*

Je connaissais le fils adoptif du pasteur Brickau bien avant notre mariage Un jour, à l'une des visites de mes parents au presbytère, au milieu de cette famille nombreuse apparut soudain ce garçon – à l'écart des autres – les traits & le comportement d'1 enfant sans enfance Il semblait préférer vouloir jouer=avec=lui-même Ne se souciait de Rien ni de Personne, encore moins des visiteurs ou: même de moi, la fillette de 6 ans –

Très tôt déjà, tu portais en toi ce mélange d'anxiété restée coincée dans l'enfance é: brusque colère virant à l'esprit de contradiction poussé – Seule l'anxiété plus forte que la colère parvenait à la=dominer Ce qui te faisait passer pour être sans peur De sorte que très tôt déjà, Georg, tu avais créé autour de toi un immense territoire impénétrable No Man's Land Ceint de fils barbelés Solitude é Caractère-opiniâtre Au cœur de ce regard vif empreint de scepticisme – Ces Yeux *– plantés comme 2 panneaux en plus*
ACCÈS & ATTOUCHEMENTS STRICTEMENT INTERDITS

LES INFRACTIONS SERONT PUNIES DU MÉPRIS À VIE *Mais c'est avec le sens d'un radar sur le qui-vive que tu semblais sonder ton environnement dans une quête perpétuelle – ?De quoi – ?Peut-être d'un individu qui devrait d'abord te découvrir, sans te serrer de près é: néanmoins disposé à te fréquenter – Une intimité à portée d'appel –*

Des années=plus-tard, comme si je regardais par le petit bout de la lorgnette, dans cette vision réduite de Georg, je reconnus les traits de mon père Werner – jardinier volontaire pour Laguerre & commerçant – Oui, je ne !reconnus cette similitude que plus tard Bien que j'en aie été consciente dès le 1er instant=où je t'ai vu, Georg –

Et non seulement à cause de la ressemblance avec mon père Mais aussi à cause de cette agitation obstinée qui empêche de prendrepied, cette préférence=marquée pour jouer le Rouleur de Mécanique du Monde & se croire obligé de parcourir Lemonde ou ce qu'il nous en restait alors = à-l'Est=chez-les-Russes De l'Oder jusqu'à l'Elbe Non : quant à nous pas au-delà de la Spree & de la Havel (é: quant à toi plus rien de ton père : ni Conque d'Or ni poker & mort-dans-la-neige) Pourtant l'agitation !Elle logeait en=toi & rongeait ton cœur, Georg, comme elle avait rongé le cœur de mon père Et c'est aussi pourquoi Grand-mère Hedwig ne voulait pas que ce=son fils Werner hérite de la maison et de son terrain (sur-le-champ il aurait revendu ferme&bâtisse à de Parfaitsinconnus pour être à nouveau Libre *ou ce qu'il entendait par là é: ?où deux familles auraient-elles trouvé refuge alors que LAGUERRE & LES-RUSSES arrivaient..... par-l'Est) En revanche, Grand-mère Hedwig préféra léguer ses maison&terres à sa fille aînée Friederike, qui sentait venir La Chose & qui depuis-des-années, pour plus de sûreté, dessinait au-dessus de son héritage de grands cercles à la manière des vautours (sur toutes les photos antérieures à la mort d'Hedwig, tu la vois constammnent collée à elle) Oui, et c'est en réfléchissant sur ta personne, Georg, que j'en étais arrivée à Cèteconclusion, et que j'étais forcée d'admettre pour ainsi dire sur la table de dissection la ressemblance entre mon père é toi : !Pourquoi n'aurais-je ?!pas dû faire ensuite le nécessaire pour que cette ressemblance ne se perpétue pas jusque dans le Griscendre d'après la maudite éternelle vieille rengaine Qu'il soit mis !fin 1=bonnefois=pourtoutes à l'Éternelretour Je voulais que !cette fin commence avec !toi=Georg – C'est 1niquement pour !Cèteraison que je t'ai montré les documents de mon père Que je t'ai laissé voir !ce que Père avait été pour moi autrefois é: quelle part du père ne devait pas avoir partie avec Mon=Mari Car* LAGUERRE *Georg* LAGUERRE *est toujours=présente Même si elle se pare parfois des traits de la paix.....*

Nous étions chac-1 pour=soi comme si nous avions vécu de part & d'autre d'un mur En parallèle l'un \ de \ l'autre de l'enfance poussés dans la jeunesse Et compressés en elle quand LAGUERRE *revint jusqu'à l'Oder.....* LAGUERRE *qui n'implique pas toujours la séparation ni toujours la mort et la perte* LA PREMIÈRE GUERRE MONDIALE *avait fait se rencontrer mes deux parents* LA SECONDE *nous=deux –*

Et devant moi j'ai vu CES YEUX *un après-midi de fin d'été, le dernier jour avant ma rentrée des classes – ?quand était-ce : 1943= durantlaguerre – Le dernier jour d'août un midi sous un ciel sans soleil brunchaud suffocant dès le matin déjà le jour sur son déclin Soudain des rafales la poussière soulevée en brûlants tourbillons secs le mauvais temps était annoncé depuis le matin Mais ni pluie ni orage Le dernier jour d'août figé en une brume chaude é un été déjà presque passé Dans le papier d'aluminium les personnages en chocolat mottes informes au creux de ma main Avec leur épaisse odeur de garde-manger d'avant-guerre Maman les avait gardés spécialement pour Cejour De vieux chocolats blanchis que je fourrais en=moi en ce jour qui me répugnait & pourtant je continuais de manger les personnages l'un-après-l'autre Le cœur soulevé On peut toutefois s'arrêter de s'empiffrer de chocolat et même de mentir !Mais ?comment s'arrêter de vieillir..... L'avais senti pour la 1re fois alors – Non : flairé dans le personnage en chocolat : vieille tu es, vieille comme les pierres Mémé Hedwig son visage rond tout ridé sous le foulard bleunoir à pois blancs Vieille comme les pierres Jaunie comme ce stupide=obstiné mur de maison couleur mastic morbide ressemblant au visage d'1 idiot minuscule la petite fenêtre 4angulaire dans le long mur sans pièces derrière Toutes murées Devant la voie ferrée en exploitation avec son mince ourlet de senteurs amères de mauvaise herbe hérissée & saupoudrée de chaux par les transports de matériaux de construction & les fosses à chaux à proximité de Rauban Et le chocolat en bouche de chaux aussi & la salive à l'amerturme des mauvaises herbes à la fin d'1 vie horriblement vieille Tu le seras dès=demain Me disais-je Quand tu iras à l'école – C'était l'après-midi de ce dernier jour d'août, alors que je rendais visite avec mes parents au pasteur sur sa propriété à Königshain, et Lui, le garçon que je n'avais jamais croisé jusque-là, se tenait dans un coin du jardin Et je le regardais Et à leur tour ils me regardaient –* CES YEUX *– (et biendézannées-plus-tard j'ai appris le mot exact que j'avais ressenti Alors, mais pas su dire :)* Ces Yeux dans ton visage paradoxal *– Oui : visage paradoxal – Je te voyais en ce temps où nous ne savions rien l'1 de l'autre car pour cela insuffisamment de temps s'était écoulé sur nous Nous ne comptions que peu d'années Des années comme de petites pommes vertes pas plus grosses que nos billes de verre – Soudain je les ai vus –* Ces Yeux *– Et depuis je les ai portés inchangés en=moi au-fil-des-années à travers toutes les mascarades de notre vieillissement* Ces Yeux *Georg pleins de Contestation qui avaient vu de plus en plus é: cru de moins en moins* Ces Yeux *aussi naïfs que vieux (non: pas vieux mais inaccessibles à tout Autrequesoi) les yeux de mon père Werner – (jusqu'à ce que son image s'efface à son tour en moi, il y a 3 ans) – Et j'ai suivi* Ces yeux *quand, du coin du jardin, coupant à travers l'herbe sous les arbres lourds de fruits, tu as couru vers la maison sans même tourner 1 fois la tête (comme si* Ces Yeux *poursuivaient un but qu'il fallait absolument atteindre Ici&Maintenant) – !J'étais pourtant là Georg ?Ne m'as-tu ?pas remarquée, moi é mes regards (?ou: était-ce le !but à atteindre : fuir devant moi é mes regards) – et tu as couru en haut du grand escalier de pierre jusqu'au porche et dans les grandes ténèbres profondes de ce presbytère – Et ces ténèbres, elles ne grandissaient pas petit à petit avec la lumière déclinante du jour-au-dehors Ces ténèbres pendaient devant le porche comme un rideau noir sans plis & tu as disparu à=l'intérieur Georg à la même vitesse que si ce Noir impitoyable t'avait soudain avalé comme un gouffre – & dans les émanations d'êtres humains grands & petits vêtements piles de papier jaunies poussière souliers transpirants & relents graslisses de cuisine&gardemanger – Dans des odeurs comprimées à l'intérieur de pièces dans le clair-obscur compressées en d'étroits couloirs hauts sous plafond creusés comme des galeries dans une montagne – Dans la montagne de la bonté protestante sans victoire, sans doute, avec l'expulsion comme seule perspective – Car cet ancien manoir laissé au pasteur Brickau après Laguerre lui serait finalement enlevé & ordre donné, à lui, à sa femme & à la troupe des quatorze enfants, de quitter Königshain & de venir s'établir à Altendorf aux confins de l'Oubli – Quelquesannées plus tard* après cet été-là – Ces Yeux – je t'ai vu courir à=l'intérieur (seul puisque tu aimais la solitude par-dessus tout) – Seul dans les étroites ténèbres élevées – et je t'ai suivi – j'ai grimpé les marches jusqu'au porche – Mais l'invisible rideau noir qui ordonnait à la lumière du jour comme à une malédiction absolue d'attendre dehors – m'ordonna à moi aussi de m'arrêter sur le seuil comme si en-vérité j'étais la malédiction – Et ainsi t'ai-je vu Georg, ayant déjà bien avancé le long du couloir à l'intérieur de la maison –: Mais de !quelle manière : Tes mouvements là=dedans Si mous Si exagérement lents – comme si la pénombre de ce couloir était une eau lourde, profonde, qui résistait de toute la force d'un autre élément à l'individu pressé=déterminé à fendre l'air – Alors, pour la première fois, j'ai eu pleinement conscience du Temps..... – Là=dedans !c'est le Temps Et toutes ses invisibles secondes minutes heures jours semaines mois années – Tout l'arsenal du Temps – comme l'instrumentarium d'un médecin, Ici dans l'odeur étouffante de tant de gens absents qui se déploie sur les toutes les zones d'ombre : le Temps..... – Et je t'apercevais là-bas au bout du couloir Georg é: ne pouvais t'atteindre (car une sorte de pressentiment empêchait Alors ma bouche enfantine d'appeler) –

Des années plus tard je te revoyais sans=cesse dans le couloir crépusculaire du presbytère et Ces Yeux étaient devenus pour moi une seule&même porte que je pouvais ouvrir Sans que je pénètre jamais dans la même pièce Mais à chaque nouvelle rencontre j'étais toujours entraînée vers d'autres (plus profondes é plus sombres me semblait-il) pièces chambres salles réduits – Puisque un jour Elle avait naturellement eu lieu – notre première vraie rencontre : les premiers mots – les premiers secrets confiés avec toute l'ardeur=intérieure de désirs encore naïfs qui puisaient déjà leur flamboiement & leur inquiétude dans les régions encore reculées du temps charnel | Et puis la première dispute Remplie de colère & terriblement=ulcérée je claquai la porte dans mon dos –

Or, (pour la ?1re fois peut-être) tu n'avais pas fui devant quelqu'un mais tu l'avais suivi – !moi : La porte se rabattit en te pinçant la main J'entendis ton cri et vis tes larmes (pour la 1re é la dernière fois des larmes dans Ces Yeux) – Alors je me suis précipitée dans le jardin – ai cueilli une pomme – un fruit étincelant rouge joufflu que je t'ai offert le bras tendu – –

p. 456, Photo 74 →

11

Photo 21 *(de g. à dr.) Hedwig, Friederike, Paul, Johanna et Werner, Elfriede (devant) Peter-Paul et Henriette dans la vieille maison de Thalov, (quelques jours avant la mort d'Hedwig), fin de l'été 1941*

–L'origine de toute indifférence, Père, provient d'une proximité= &=étreinte jadis insupportables..... Avoir !tant aimé, é: pourtant, cela n'a jamais suffi à se faire aimer. Et Aujourd'hui, après tandannées, espérer un changement, qu'à-la-fin tout s'arrangera – c'est aussi triste & faux qu'un temps de printemps en novembre. –

Mais il prononce cette phrase sans dérision, ni tristesse ; la voix de mon « fils » a le ton objectif d'1 mécanicien tenu de consigner l'ensemble des dégâts sur une machine, la machine-Famille. L'album de photographies posé sur la table à côté de la réplique d'une petite lampe à huile antique en terre cuite, les regards d'Henry s'en emparent à nouveau, puis enfin ses mains – avec précaution, comme si sous leur prise les photographies collées menaçaient de tomber en poussière de particules scintillantes, faible lueur des gènes-é-rations –.– Aujourd'hui les propos de cet homme sonnent étrangement sûrs= d'eux à mes oreilles. Depuis sa lamentable apparition, après que son amoureuse l'a quitté comme lui auparavant sa femme Dorothea & qu'en mendiant, il s'était ensuite traîné à 4-pattes jusqu'à nous – Henriette é moi – jusqu'à son ancien foyer, je ne lui avais plus parlé. Lui = à l'image de tout un chac-1, poussé dans ses retranchements, se montra malin & rusé, extorqueur dans sa détresse : *Vous=Deux m'avez reconnu autrefois comme votre fils – pour des raisons que vous ne connaissez que !trop. Eh bien : me voilà = Votrefils.....* Henriette, déjà malade à Cemoment-là, avait été d'accord. – Moi j'avais cru que la médiocrité, les jérémiades de ces jours-là, étaient devenues une caractéristique chez lui vus ses autres échecs dans la vie – je ne voulais rien voir ni entendre parler pas même de mes propres négligences envers cet individu.

J'ai devant moi maintenant un homme qui semble complètement transformé. Probablement sa candidature comme maître de conférences à l'université américaine & sa rapide acceptation l'ont-elles promu diplômé de la Stabilité=intérieure. Il semble aussi avoir fait la-paix avec sa femme (Dorothea : la petite personne aux cheveux foncés, silencieuse mais avenante, s'activant entre cuisine-et-salon, apportant plats & boissons, dans le rôle de l'Hôtesse qui reçoit 1 société) – tandis qu'elle s'affaire, en bonne entente, sa main effleure 1 fois l'épaule de son ex-poux –. Ce n'est ni la passion, et encore moins l'amour, ces gaz bien trop volatiles, mais seulement l'Amitié de la femme qui constitue le fondement du couple ; ces deux-là semblent l'avoir appris pour=leur=part, après Tout ce qu'ils ont traversé. Ils ont l'air aussi de s'être accommodés du fait, que dans les cinq années à venir, durée de son séjour à Durham, Caroline du Nord, l'ex-pouse resterait ici à Francfort & durant=ce-laps-de-temps ils ne se verraient qu'aux courtes=vacances américaines quand il viendrait en visite. Tous Deux sont en-âge=de-savoir que l'éloignement entre des gens mariés peut vouloir signifier un rapprochement plus grand ; ainsi apprendraient-ils beaucoup sur leur compte. – Cet homme (mon « fils »), je l'ai déjà entendu dire aussi qu'il envisageait de prolonger son séjour à la Duke University au-delà des cinq ans prévus à l'origine – de sorte qu'à son retour de l'étranger, il aura de fortes chances de ne plus me croiser, moi (son père), vivant (Felicitas avait elle aussi exprimé quelque chose d'approchant).

[– plus de jour, juste encore quelques heures et puis Lanuit –]

C'est pourquoi Ce Dernier Soir, qui l'est pour nous=tous dans tous les sens du terme, semble placé sous le signe de la gaieté & de la décontraction ; – lui aussi a un certain nombre d'épreuves..... derrière lui. À vrai dire, pour la 1re fois Cesoir j'aime écouter cet homme (mon « fils »).

Ce faisant, j'étais forcé de reconnaître l'existence sans doute de longuedate d'un contact entre cet homme et Felicitas, sa mère, dont je ne soupçonnais rien, mais qui m'apparaît aujourd'hui comme une conséquence=logique. Par cette voie-là, il aura aussi tout appris de l'histoire de la famille Baeske, à la nature de ce qu'il sait, je reconnais sans peine les idées de ma sœur d'une-part, et je devine !qui a agi de-l'autre afin que cette relation s'installe un jour –.– Felicitas, avec cette manière toute féminine=souterraine, en sa qualité de vraie mère du garçon, avait probablement nourri le dessein de se voir ainsi restituer son enfant, aujourd'hui=enfin à l'heure de sa vieillesse, après quatre décennies de Devoirenprendresonparti. Car il y a quarante-deux ans, lorsque le pasteur Brickau, d'1 commun accord avec ma femme Henriette, avait décrété sans autre façon que le Nouveau-né (mon neveu de fils) serait le jumeau de notre fille Corinna née un mois=entier auparavant, Felicitas n'avait osé s'y opposer. – Et Cesoir, notre tout Dernier Soir, je comprends que Felicitas, après de longuesannées où elle s'est tenue coite & cachée, a enfin=&=pour-de-bon réussi à mener excellemment à bien son plan mis au point avec un âpre=raffinement. Et me voilà forcé de considérer sous un angle tout à fait différent ma venue-en-train=ici à Francfort, chez lui (mon « fils »), satisfaisant ainsi son souhait bizarre de revoir une dernière fois avant son départ pour les U-S-A, afin de lui faire ses adieux, non pas son père mais Max le chien. Derrière tout cela, et c'est clair maintenant, il y a Felicitas, ma sœur. *Qui n'avait pas laissé sa fureur & son désespoir, nés de cette seule fois il y a quarante-deux ans, se consumer entièrement dans le feu des remembrances, mais s'était laissée domestiquée pour devenir une Euménide protestante : exerçant=sa-droiture & préservant=la-famille autant que faire se peut – car Tout ce qui sera impossible de changer ou de faire disparaître de la surface de la terre devra dès=lors être maintenu avec une force de caractère-opiniâtre. Ainsi 1 femme déçue, délaissée, avait-elle fait place à une fondatrice=de-famille.*

–Est-ce que je ?t'ennuie. – La voix de mon « fils » me ramène dans Cesoir. – Nous pouvons parler d'autre-chose, si tu –

–Nonnon, tu ne m'ennuies pas. Au contraire. (Un mensonge, assez patent, me semble-t-il :) – Entre-temps, toutes ces histoires autour d'une famille, moi aussi je ne crois plus qu'elles valent – disons de fuir, comme j'en ai eu l'impression pendant de nombreuzannées. Et – (je veux tout de même l'amener à vider=son=sac, mon neveu de fils) – –je m'étonne seulement que tu en saches aussi long sur elles.

–C'est nécessaire. – Rétorque-t-il & de nouveau il a ce sourire narquois, découvrant sa vilaine dentition (rien que pour ça, je l'ai méprisé pendant-toutes-ces-années). Mais je ne mords pas à l'hameçon, ne lui demande pas pourquoi il a besoin d'en savoir aussi long sur Notrefamille ; – vitreuse, sa question frémit dans la pièce comme 1 bulle de savon –.–

Ici=cesoir dans le salon=familial de cet homme – une pièce transformée en rayonnages & garnie de blocs de livres (avec quelques trouées récentes, certainement dues aux volumes déjà emballés & expédiés à l'avance par-bateau en Amérique), dans un bain de lumière tamisée & opaque, avec le sentiment de se mouvoir à l'intérieur d'une créature empaillée – l'arôme chaud du repas & l'odeur de la bibliothèque avec la poussière des pensées qui y ont desséché, me mettent d'humeur conciliante. *Habiter au milieu de livres ressemble au sommeil de chaque nuit, certes toujours sur la même couche, – mais on s'éloigne en rêvant vers des espaces étranges jamais vus jusque-là ; des déserts s'ouvrent, changés en champs maléfiques ou magnifiques – au Mêmendroit toujours l'Autrevie, où les gens ressemblent bien moins à des automates que tous ces morts=vivants-engros&endétail du Monde-Éveillé. D'où la profonde passion-des-livres, un penchant survivant largement à tout ce qui est simplement=fixé-par-l'image. Toutefois, l'illusion produite par les livres mal écrits retombe plus vite que cela n'arrive avec les mauvais films, par exemple. Le-film est 1 produit du Monde-des-Automates, & tout automate, qu'il soit machine ou humain, s'autodétruit un jour ou est détruit par ses semblables. Aussi les livres mal écrits sont-ils pires que les images mal tournées é pis encore qu'un crime perfide. –*

Mon « fils », assis en face de moi depuis un bonmoment, semble encore s'attendre à une réplique de Mapart – il me regarde avec curiosité. À ses côtés, roulé en boule et endormi sur un fauteuil rembourré, Max le chien (1 main de l'homme plongée dans l'épaisse fourrure brillante, comme je l'ai fait durant les heures de trajet en train) – nous, réunis autour de la table, comme si c'était pour une fête en l'honneur du Dernier Soir, avons l'air de patienter dans cette forme d'attente qui s'installe chez Les-Gens n'ayant plus de projet lunpourlautre. *?Comment poursuivre maintenant Ou même comment ?commencer à ?parler : De ?moi. De ?choses é de ?chimères – de ?vivants é de ?disparus –. Et ?encore de ?choses é de ?chimères ; en une ?progression permanente. Ça ressemble au travail de fouille du-futur – !comme s'il y avait un travail – !comme s'il y avait un futur – travail*

& futur : ça veut dire être-vieux..... – Cètevoix, qui depuis hier compte à rebours, qui me parle tout bas de quelques heures & d'une nuit dans la nuit –:

[– très peu d'heures – il reste peu d'heures encore, déjà 1 main suffit à les compter –]

Rien qu'1 tinnitus, une sorte d'acouphène bavard (s'il existe), agaçant certes, mais de faible intensité, & je m'y habituerai aussi – Mais il ne faut espérer ni grâce é ni pardon.

Dorothea, l'épouse silencieuse & attentive de cet homme, elle sirote un peu de vin rouge, alors que mon « fils » a déjà vidé quelques verres comme si cétait de la bière, – mais Ça semble n'avoir aucune prise sur lui, son regard & sa voix restent fermes é distincts. Dès lors je cède moi aussi et m'adosse à mon siège dans ce laisser-aller détendu d'une probable ultime rencontre. Et supporter ces heures – s'avère léger. –

Décidé à rompre Lesilence, mon « fils » répond lui-même à sa question (ce trait-là aussi m'est nouveau chez-lui). –Il est nécessaire que je sache beaucoup de choses sur Notrefamille, Père. J'ai en effet rassemblé l'histoire de nos deux familles pour la coucher sur le papier. Le but est d'en faire Unlivre – autrement construit que cet album. – Il fortifie la suite de ce qu'il va dire avec une gorgée de vin rouge. –Évidemment, le-germaniste qui écrit ses propres livres, c'est comme le-gynécologue qui décide detempsentemps&accessoirement d'aimer une femme. – (Dorothea secoue la tête en riant) – –Une créature hybride. Mais cette occupation abstruse, écrire, m'a fait découvrir pour=ma=part une chose qui me semble précieuse.

Pause étudiée – Vin rouge –. Et parce qu'il se doute que je ne lui poserai pas de question, il poursuit dans la foulée : –Car l'endroit où je vis=aujourd'hui, a été habité *de tout temps* – le souvenir de la pièce promène ses regards à travers toutes les couches de la-Vie=&=du-Temps : ce qui a été é ce qui est – Untexte qui continue de s'écrire, encore et encore, et peu importe si dans son geste l'écrivain solit1re se voit souvent interrompu par la Mort – –

(!Qu'est ce qu'il a à radoter comme ça sur la Mort avec des frazes volées, Monsieurlefils siroteur de vin rouge : la Mort, il La connaît de ses-livres – une Mort sur le papier –; moi=médecin, je L'ai souvent tenue entre mes mains – La Mort é Lapeur de la Mort. La Mort que je connais pue & Elle est stupide comme la Vie.) –Là, je trouve que tu en fais !trop : avec ton Charrie-Galli-Matthias=de-litté-rat-teur. – Et regrette aussitôt ce ton rogue, qui m'a échappé comme une quinte de toux. *(Car il reste Ce qui a été, immuable : l'insipide=vieux ressenti face:à cet homme qui est mon « fils » ; ça tient à la fatigue, à la dissipation, tolérer que le « fils » tenu=à-distance des décennies=durant vienne !si près Ici&Maintenant, au point que le père s'entretienne de la-Mort avec le fils.)* –Toute ma vie je n'ai été qu'1 médecin généraliste – (dis-je sur un ton conciliant – !surtout bannir la Vieillequerelle en ces Dernières-Heures) –qui s'y connaît dans le-traitement des infections, gastro-entérites acides et non-acides, contusions, coupures, brûlures, bronchites, septicémies, diarrhées, constipations – mais qui n'entend rien aux textes qui continuent de s'écrire d'eux-mêmes. Et Lapeur que j'ai rencontrée dans l'exercice de mon métier, est encore différente de l'autre, celle Suprême, dont la nature est enfermée dans=Chaquêtre : La Grandepeur de venir au monde. –

Entre-temps, Dorothea s'est levée sans bruit & s'est rendue dans la cuisine. Sans doute pressent-elle sur quels rails ce bavardage va continuer de cahoter é aussi que ces wagons de fer seront remplis à ras bord de fragments de discussions !combien de fois nouvellement déterrées, parés du jaune toc de l'Im-Parfait, soumis au tempo préféré d'esprits d'humeur professe-orale. – Or, leur union qui a fait fiasco il y a 4 ans est elle aussi prisonnière de ce moule du temps. Mais, à l'époque, là encore, ce n'était qu'un épisode, que mon « fils » avait dû croquer de ses vilaines dents comme le fruit entier de sa vie, dès-le-départ ligneux & amer.....

Photo 22 *Anna, la fille d'Elfriede & de Wilhelm, bébé ; dans la maison de Grunewald, 1926*

En novembre 1960, quand Henriette accepta le nouveau-né, baptisé Henry, comme notre fils, j'étais décidé à traiter cet enfant avec-sévérité. Je pensais que la part incestueuse de l'hérédité était profondément gravée en lui ; de manière indélébile, incurable, – il fallait toutefois s'En occuper afin d'empêcher qu'Elle se développe & contamine toute forme de vie à l'instar d'une épidémie. Car impur est Cètenfant d'une nuit Jasmin..... Ma sévérité implacabilité & colère était sévérité implacabilité & colère contre moi-même, je m'étais sauvé par trop souvent é une fois par trop peu. Doublement Mafaute..... – Dans la mesure où la vie dans 1 maison le permettait, je le tins éloigné de sa sœur « jumelle » Corinna (il avait 1 chambre séparée). J'interdis la maison aux camarades de jeux qu'il ramenait chez nous, immédiatement 1bonnefois=pourtoutes. Il devait rester seul, pour que Personne n'apprenne..... ses origines. (Mais savais que dans mon dos Henriette l'autorisait quelque fois à fréquenter d'autres enfants.) Ce qui très-vite rendit Lenfant buté envers moi & rusé envers nous deux, ses parents. Il quittait rarement sa chambre de son plein gré. Pour remplacer les camarades de jeux absents, Henriette lui acheta 1 petit chien, 1 basset à poils longs – que le gamin de 8 ans, il l'avait appelé Maxou, prit en profonde affection. Désormais, il quittait sa chambre, joyeux – courait, après l'école, dans les rues & les parcs de Friedrichshain. Lui=é=Sonchien inséparables. Au début, ses camarades de classe & les enfants du voisinage se moquèrent du garçon et de son petit chien, le traitèrent d'efféminé, & Lamoquerie ne prenant pas, ILS finirent par le prendre en chasse dès qu'il se montrait dans la rue avec l'animal. 1 après-midi, ils le poursuivirent & le traquèrent – TON CLÉBARD VA Y !PASSER – !NOUS !T'AURONS. ILS chassèrent devant eux garçon=é=chien jusqu'à la Frankfurter Allee grondante de trafic. Elle était comme Unmur, d'une tôle solide filant en trombe, personne à même de la traverser. Ici LA-MEUTE l'immobilisa. Le garçon se douta qu'ILS s'en prendraient à son chien. L'idée que les vulgaires pattes larbines d'Inconnus touchent sa chère bête & la tourmentent lui était insupportable. Quand la-Meute fut proche, Toutissue condamnée, le garçon prit encore 1 fois le petit chien dans ses bras, enfouit vite son visage dans le doux pelage – et le lança surlachaussée dans le trafic qui grondait..... Le geste stoppa LA-MEUTE, et elle se dispersa car ELLE n'avait plus rien à faire. Je me souviens du retour à la maison du garçon, très tard le soir, & de lui avoir demandé de s'expliquer. À ma question, où était

Maxou, il répondit : –Écrasé sous une voiture. – Et il alla dans sa chambre sans un mot de plus. Ainsi avait-il désappris les larmes. À leur place apparut ce rictus narquois, la grimace de la souffrance. Il refusa d'avoir 1 autre chien. Mais le garçon n'alla plus jamais se promener dans les rues & les parcs. Dès ses jeunes-années déjà, il était devenu 1 casanier, 1 enfant fragile, mais un rusé menteur par contre – ainsi ses pâles doigts d'enfant découvrirent-ils très vite les-livres..... – Or moi, je voulais un garçon vigoureux, plein de courage de franchise & de joie de vivre (déjà parce qu'enfant, moi-même=j'en manquais ou n'en présentais pas toutes les qualités). Aussi mes règles-d'éducation devinrent-elles plus strictes. Chaque vendredi après-midi, à la fin des consultations dans mon cabinet médical, je faisais venir Lenfant dans la salle d'examen. Là, il devait rester debout devant mon bureau, répondre deux-heures-d'affilée aux questions que je lui posais. Et comme s'en suivaient chaque fois réprobation & reproche à cause de son entêtement, de ses mensonges, de sa mollesse & de son manque de réaction, chaque fois, sous la menace de devoirs=de=punition, je lui faisais solennellement promettre de mieux faire. *Mes yeux voyaient le-monde & son dur éclairage Autrement..... que tes yeux d'enfant. Qui voulaient te le montrer comme des vallées&montagnes ondoyantes, où le rire succède aux larmes, où la colère se change en bonté ; – je n'en ai jamais rien vu. J'ai mis=fin à ces bouillonnements de Sentimentalité voilà longtemps. J'ai voulu te montrer que le bonheur (tel que le veut Lepeuple) n'existe pas, é: le bonheur de l'être-humain encore moins. Pas de larmes, ni de rire ni de colère. Je ne t'ai pas laissé espérer ces douceurs que les-Sots=de-la-vie supposent trouver sous n'importe quel coin de terre merdique comme un trésor enfoui ; j'ai essayé de t'apprendre deux choses : l'indifférence & le savoir bien mentir. Qui ne se donne pas de mal pour mentir ne vaut rien pour la vérité. Il faut désinfantiliser les enfants de bonne-heure.* – Avec ces scènes du vendredi, cet aspect qui mettait tous les autres de bonne humeur, l'approche du week-end, tournait certainement à l'horreur pour l'enfant qu'il était. 1 jour, lors de cet interrogatoire, après que, plus pâle que jamais, il se mit à trembler, à chanceler, manqua s'évanouir, je renonçai à ce rituel. Interrogé sur la raison de sa faiblesse, il répondit de la même voix détimbrée qu'Autrefois à la mort de son petit chien : –L'air dans le cabinet-deconsultation sent mauvais. – :Ainsi le-mensonge, la force vitale la plus puissante, s'était-il d'abord emparé de son être, puis l'avait endurci. – Il continua de grandir – infiniment très à l'écart des autres gens. D'abord Il s'éloigna de nous, de ses parents é de sa sœur « jumelle » Corinna – car depuis-longtemps déjà même sa « mère » Henriette n'arrivait plus à entrer en contact avec le solitaire buté, – mais il lui « parlait » encore. – 1 midi, à la sortie de l'école, Quelqu'un l'avait attendu : Felicitas. Elle l'emmena avec=elle, – il rentra tard à la maison, un taxi le ramena. Cet-Après-Midi-là, Felicitas avait raconté au garçon de 12 ans ce qu'il n'aurait !jamais dû savoir : l'histoire de ses origines..... À compter de-là, il se montra encore plus buté envers tout & chacun, plus menteur, plein de réprobation, se renferma surluimême plus profondément. Son esprit adolescent préférait voir la-Vie répartie entre trois mondes : le Premiermonde était Lemonde-des-hommes vivant ensemble selon des règles auxquelles, bon gré mal gré, ils se pliaient néanmoins tous=en=commun car, l'un-dans-l'autre, ils semblaient convaincus de leur justesse comme de leur propre Droit-à-l'existence. Le Deuxièmemonde était Le Monde Familial où vivaient Henriette, sa sœur & moi : un Monde d'Injonctions=pour=nous é: d'Interdits=pour=lui. Lui=même enfin aimait se figurer vivre dans un Troisièmemonde, comme s'il était encore apparenté à d'Autres, à une famille éteinte depuis-longtemps – qui vivait sur une autre planète. (J'ai trouvé ses dessins d'enfant, épié ses jeux : dans ce Troisièmemonde, il était Partout=le-plus-Grand : chef de gouvernement (un mélange de tyran militaire & de père charitable), sportif, chanteur d'opéra, artiste, scientifique, cosmonaute – lui=touça=en=Unepersonne é toujours= Lepointdemire, & tout ce qu'il y a de peuple applaudissait sans fin ses triomfes incessants ; et rien ne manquait dans Cemonde-là : en hiver la neige la plus haute, en été les rayons de soleil les plus beaux – des monceaux de fruits : ananas, bananes, des hauteurs de chocolat, de la limonade par caisses – personne n'avait besoin d'argent & la paix régnait, nulle part la guerre. Au début, ce Troisièmemonde sur sa planète particulière n'était fait que d'un seul grand morceau=de-terre – c'est plus tard seulement que vint s'y adjoindre 1 Zone-du-Mal qui menaçait constamment son univers (à l'école, il avait entendu parler des-Nazis) ; mais ses triomfes n'en devenaient que plus grands, car chaque fois il dominait le Mal, comme dans Sonmonde il remportait chaque compétition sportive. Et au sein de Safamille é de Sonpays (qu'incarnaient ses poupées & animaux en peluche) régnaient l'harmonie la bonne intelligence l'entraide, pour=toujours. (Ils sont 1 bon nombre à n'être pas parvenus au cours de leur Vie à se défaire des langes emmaillotant leur tête ; – du caca d'enfant dans une Vieillecervelle, là est le foyer d'origine de la terreur.....) – Dans son Mondefantôme & sa Famillefantôme, à partir de Touslesinterdits=du-Dehors, il essaya de s'inventer une survie en usant de mensonges ruse & d'esprit-volontaire. Et plus tard, La trouva dans ses-livres. Il avait 12 ans, souffrait d'une conjonctivite, lorsqu'Henriette vint le trouver une nuit dans sa chambre, pour voir comment allait le convalescent qui ne se remettait que lentement. Elle le découvrit endormi. Par terre près du lit, 1 tube de comprimés vide, à côté duquel s'alignaient quelques pilules en une pâle rangée. Il avait pris dans l'armoire à pharmacie l'1=de-ces médicaments contre lesquels je l'avais mis en garde, et cru qu'une surdose serait mortelle. –J'ai voulu mourir. – Avoua en toute franchise le garçon de 12 ans, sans chantage= pleurnichard. –Mais je ne savais pas très bien qu'elles étaient les bonnes pilules. Et, pendant que j'y réfléchissais, je me suis endormi. – Je jetai un coup d'œil à l'étiquette sur le tube : il ne s'était pas trompé. Mais j'évitai de lui demander pourquoi il avait voulu mourir. Je redoutais sa réponse, car je la connaissais. Et il ne me dit Rien. Mais resta en-vie..... Par Safaute désormais. Pour la 1re fois depuis-des-années, depuis ma dernière fuite à l'idée d'être-père 2 x, du fait d'un autre individu, à nouveau je ressentais ce besoin-de-fuir. (Car celui qui depuis-Longtemps avait voulu mourir, c'était moi.) – Entre-temps, quant à lui, le fils avait sans doute repéré le ridicule & la-fausseté de ce qu'il considérait comme le Premiermonde, où c'était sur=tout !moi qu'il voyait : Celui qui au fils apparaissait Commeunpère aux règles dures tellement pétri de sévérité d'implacabilité & de colère – d'un autre côté, il pouvait le voir plier devant l'Autorité, les mandataires de-l'Ordre-des-Médecins, du-Parti ou l'entendre geindre sur ce ton-de-soumission craintif & fléchi *puisque d'aller-contre-est-de-toute-façon-impossible*, en-courbant-l'échine : moi, de père-fatum à père-nullum. Ce qui dans ma supposée vie était honte & humiliation à mes yeux, aidait mon fils, le Troisièmemondiste buté, à l'élévation=de=soi. Pour ce garçon, dès-Lors, ces soumissions honteuses s'étaient probablement rattachées à cette=Autre=Honte dont il était lui-même issu & doublaient donc son mépris envers=moi. La haine, cette aversion des enfants pour leurs propres parents pour cause de liens-de-parenté, constitue l'héritage fondamental. Et chacune des mesures que je comptais appliquer maintenant pour contenir dans ses limites cet insolent=½voyou de Monsieurmonfils, éclatait contre la même carapace d'indifférence, comme éclataient à-l'école les slogans des Jeunes-Pionniers & plus tard ceux de la eFDéJi[15], cet ersatz d'appartenance=commune, produit d'une propagande ceinturant tout&chacun. Un adolescent de 14 ans sait très bien faire la différence ; cette notion ne lui échappe que plus tard, – & la méfiance abêtissante devient toute-puissante ; le-Prochain est ce qu'il y a de plus suspect, chaque salut est en même temps mise à l'épreuve & mépris. ILS lui apprenaient, comme à moi des années plus tôt, que celui qui réclame des Têtes-Dressées est souvent le même à vouloir les décapiter. À l'ombre des porteurs de flambeaux & dans l'angle-mort des-slogans, – c'est le seul endroit où l'homme peut garder sa dignité. Ainsi m'avait-ON instruit en premier & des années-plus-tard venait son tour, & il devint ainsi un suiveur, car suivre répondait à son besoin intérieur de paresse ; désobéissance & malveillance, comme chacun le sait, ne sont qu'1 simple fonction dans le rouage carriériste du monde des Actifs=étrangleurs, extrêmement fatigante avec cela, & son une=nique but est d'inciter son-Prochain, candidat au même poste, à la surenchère. – Voilà beau temps que moi aussi j'étais devenu à ses yeux le tyran détrôné, privé de son ancien pouvoir. Depuis-ces-années-là, mon visage replet au regard de saint-bernard, il l'aura indéniablement transformé en figure emblématique de tyran paradoxal : le boucher mélancolique..... Un âne pantouflard, la terreur en exil, – incapable de nuire à Son-Monde depuis bien longtemps. (*Mais ma tyrannie fut ton enfance – et toute enfance s'achève à l'instant où l'enfant s'aperçoit qu'il devra mourir –, et lorsque tu ne fus Plusenfant, j'étais devenu ce que j'avais toujours été : juste=mon-propre-tyran, devant qui jamais personne ne peut s'enfuir.*) – Jusqu'à ce que sonne l'heure=de-la-1re-copine pour les jeunes gens de son âge. Le casanier restait seul-solo. Dans un certain sens, cette couvée me ressemblait. Car ce qui est destiné à être mauvais, hérite d'abord du Mauvais : insociable jusqu'à-la-moelle-des-os, il appartient de surcroît, comme moi, à ce type d'homme qui s'ennuit en-société, mais jamais seul=avec=lui-même. Un trait fatal, é plus il survient tôt dans-la-vie, plus il est grave : car Aucunefemme ne vint à passer le long du canapé sur lequel il se vautrait dans sa forte odeur de transpiration de Rouquin pubertaire & lisant Seslivres. Mais je sentais qu'ici&maintenant la sensibilité resurgie des profondeurs de l'enfance revenait en=lui sous une forme métamorphosée, sa carapace idéale se fissurait..... Aussi Henriette & moi l'envoyâmes prendre des cours de danse. Cela l'ennuyait terriblement, il était gauche, sans aucunsens du rythme & de la mélodie. Très vite il déclara qu'il préférait revenir chaque vendredi après-midi dans mon cabinet *faire sa-critique-&-son-auto-critique*, plutôt que de tuer plus longtemps « librement » son temps dans cette *Institut de Titularisation des Mouvements comiques*, comme il qualifiait l'école de danse située dans la Maison-des-Jeunes-Talents de la Klosterstrasse. J'exigeais qu'il aille à ses cours, mais il n'y alla que de rares fois. En revanche, il se présenta un soir dans mon bureau avec 1 fille. Il avait à peine toqué, que déjà il entrait. Il se planta devant ma table de travail ; la fille, 1 chose gorge-de-pigeon sans seins (son sourire gêné les rendait semblables l'1=à=l'autre), me jetait des regards de demoiselle-Méfiante, car les comptes rendus de mon « fils » me présentaient à coup sûr comme un tyran, auquel héroïquement=il osait tenir tête. Il n'avait pas d'abord conduit la fille dans sa chambre, par exemple ; – il l'avait d'abord traînée chez !moi. Je saisis le sens de sa démonstration & me moquai de lui à gorge déployée. La fille, qui s'était attendue à tout sauf à un rire homérique, é: qui n'y comprenait donc rien, dut penser que je me moquais d'elle : cramoisie, elle s'enfuit, présentement de l'appartement, et quelque temps plus tard de sa vie. *(Mon rire, fils, disait mon dégoût de toi, du bâtard, que je me représentais baisant pour la 1re fois avec maladresse cette fille, transmettant son sperme issu d'un inceste – :!Que n'as-tu trouvé cette nuit-là le vrai courage en même temps que les bonnes pilules –. Cet aller de l'avant, ta prise de pilules, avait d'Un Seul Coup fait de Lenfant un adulte, mais ton sommeil l'a repoussé vers l'enfance – et à ton réveil, il t'était devenu impossible d'oublier l'un é l'autre).* – Dès lors, il resta sans petite amie, seul avec ses boutons & ses livres dans ses odeurs de transpiration. Passa son baccalauréat – posa sa candidature pour suivre des études de langue et civilisation allemandes (car lire était la seule chose qu'il désirait) – obtint même la place (à-l'Époque, qu'il vienne d'une famille d'universitaires n'était plus nécessairement considéré comme une tare, la carapace de la terreur finissait par s'écailler elle aussi au contact de la terreur) – et il apprit à mieux-lire (comme il le supposait) &, à la fin de ses études, rencontra une femme, sa 1re femme, & épousa peu après : Dorothea de Francfortsurlemain. – D'apparence discrète, mais d'un allant=naturel, de petite taille sa silhouette menue, un visage rond par contre, entouré d'une épaisse chevelure foncée, où contrastent aujourd'hui quelques mèches de gris. Une femme qui sait découper sa personne en segments distincts, et qui la fréquente se voit attribuer cette part d'elle qui lui rend justice. De sorte qu'elle n'exige rien en trop de personne, comme elle laisse dans l'ombre nombre de ses facettes, et elle pourrait à-tout-moment aller vers n'importe quelle Autre Personne sous un jour différent, é serait pourtant toujours Elle-Même. (Ainsi, dans la conversation autour du repas du soir, avait-elle mentionné son goût pour la retransmission télévisée des tournois de lutteurs-de-sumo –.) À mon « fils », elle semblait sur=tout apporter La Sérénité, non seulement par ses yeux, mais aussi par sa bouche, ses lèvres droites, son front et les formes circonspectes de ses mains. Comme si n'importe quelle atmosphère s'enroulait avec souplesse autour de ce corps menu. La Sérénité pour lui, jusqu'à ce que – 1 jour, il y a 4 ans, il oublie ce qui lui revenait & que débute l'aventure-grotesque avec 1 étudiante. À bride abattue, ivre de son emballement-à-la-mode, le novice en la matière se précipita dans ce qu'il tenait probablement pour Une Aventure. *Les-Roux,* comme le notait un écrivain, *sont bien mal lotis : vus à hauteur d'homme, ils se rapprochent le plus des-animaux* – & pis encore quand des mèches grises viennent se mêler au cuivré. – Du côté de Dorothea retrait immédiat : fin de toute sérénité attention é 1ndulgence=consensuelle. Car après Le Silence vient La Nuit..... Brusquement – comme si la Nature montrait à l'homme son visage hostile, son vrai visage : !fini, !terminé. Elle ne lui montra pas la porte, c'eût été trop bruyant ; elle vida le compte commun & vira Lasomme sur un compte=personnel. Il avait fière allure maintenant : de l'aventure à la déconfiture. – Si cet homme, mon « fils » ne se trouvait pas à des années-lumière de moi, j'aurais pu lui dire Alors : *Accepte ce que t'offre La Femme que tu as épousée ; efforce-toi d'atteindre & de préserver ce qu'Elle te donne & exige de toi – c'est-à-dire tâche-de-garder-pied..... quand la-Vie veut te le-faire=perdre. Car jamais tu ne !La reconnaîs.* (Ici j'aurais été forcé de marquer 1 pause. Car !me seraient revenues toutes ces choses perdues, celles auprès desquelles j'étais passé à côté – é: à l'époque Henriette vivait encore –) *Bien sûr rien ne garantit le succès de ta tentative* (aurais-je poursuivi à son intention) – *mais il arrive, assez rarement, que l'entreprise aboutisse=vraiment. Ainsi l'œil s'abuse-t-il lui-même, car il est capable de voir la tentative é: l'aboutissement sous 1=même jour & peut les confondre l'1 avec l'autre. La mystification la plus agréable qui soit & celle qui dure le plus longtemps ; elle perdure 1-vie=durant, aussi longtemps que votre bêtise égalera votre propre mystification.* – Mais 1.) je ne sais pas m'adresser en ces termes à cet individu, mon « fils » (sa 1re grimace gênée me couperait la parole) et 2.) il ne me comprendrait tout=simplement pas. Mais soupçonnerait simplement de-ma-part=un-plan perfide supplémentaire, – pourquoi pas après tout, ç'avait été Toutecézannées l'1nique moyen pour nous de nous rencontrer. *Et ce n'était probablement rien sinon ce vieux roquet Lapeur, « fils », qui aboya après toi il y a 4 ans pour te renvoyer dans un foyer sans enfants. Ce n'était pas seulement la crainte de perdre la sensation d'une douce châle-leurre, c'était avant=tout cette peur sourdénoire qu'ont les parents de l'Avenir, que dans leur ressemblance à leurs géniteurs, les enfants aient aussi hérité de leurs recoins nauséabonds & de leurs parts de nuit. Et, en suivant leur pressentiment, les-enfants pourraient en définitive rendre aux parents la monnaie de leur pièce de ce qu'ils ont manqué pour leur=compte et pour celui de leurs descendants, augmenté de l'intérêt&del'intérêtsurintérêt produit par leur cruauté & leurs manquements trimballés en même temps que leurs=propres années..... Un jour, j'ai vu 1 mouton à l'abattoir. Avant de les tuer, on insensibilisait les animaux avec un pistolet à fléchettes. Mais pour cette bête-là, l'équarisseur avait bâclé son travail (routine, indifférence & travail à la chaîne sont sources de négligence), il s'était contenté de faire-tomber le mouton. Ce dernier était encore à moitié conscient – & couché sur le flanc, 1-peu avant sa mort, il faisait toujours=les-mêmes mouvements voraces de mastication comme 1 vie=durant dans les pâturages. !J'aurais dû faire comme toi : 2 x Nerienfaire. Mais ?qui sait ?pourquoi nous nous reproduisons, ?pourquoi nous ne nous En tenons pas à=nous, et terminé é plus rien après. ?Qui peut dire pourquoi LAGUERRE existe –. La seule vérité que j'ai jamais-trouvée dans tes yeux menteurs, « fils », c'est celle de la Peur. Mais Elle aussi a son prix : la VENGEANCE est Le Fondement de tout ce qui est-humain. Or, personne ne descend continûment dans sa cave personnelle. Ainsi finissent les aventures-chèrement-payées & elles abandonnent au temps=qui-l'accomplit Tout ce qui demeure non exaucé, non tenu é non résolu. – Et La Sérénité t'est revenue, mais 1 brin différente d'avant : Une Sérénité, cicatrisée.*

Mais à !quoi servirait le passé s'il n'était synonyme de Nonretour de Tout-ce-qui-a-été. Aussi cette femme a-t-elle tout à l'heure quitté la pièce avec=sagesse. Il n'eût d'ailleurs pas été nécessaire qu'elle restât ; elle est Présente-ici, quoi qu'il en soit. La sortie discrète de l'épouse exige toutefois de l'hôte & de son invité de prendre d'autres boissons & d'autres tons.

Cet homme (mon « fils ») avait donc choisi d'écrire & fait de l'écriture son métier, la conjuration permanente de la vie – à travers les-morts..... –Oui, je m'étonne que tu en saches aussi long sur Cètefamille. – Dis-je dans la pièce (avec l'impression que ça résonne) é mon regard reste rivé à l'album. –Mais puisque tu en sais Autant sur elle –

–C'est aussi la !tienne. Père. –

(*Père* : ?Quand l'ai-je entendu prononcer Cemot pour la dernière fois é: de surcroît, sur cet !ah impertinent ton-pouffiasse=de-l'enseignante -Felicitas ; – & il n'est supportable qu'en Un Dernier Soir.) –Tu as beaucoup appris sur *Cette=famillelamienneaussi*. Mais il manque toujours quelque chose, plusieurs choses, l'essentiel souvent. Tiens, là : – Et je pousse l'album ouvert sur la table sous le rai du lustre, le place comme une Casta-diva-d'opéra qu'il s'agit d'éclairer sur une scène, accusant certes déjà un bonnombredannées mais avec toujours=encore cet air intouché et intouchable :

(Il manque 2 photographies sur la page de l'album.)

–Regarde : page 11, il manque 2 photos. Il ne reste que les coins é un vilain décollement sur le papier. Comme si on les avait arrachées avec force & en toute hâte. ?Qui & ?pourquoi. ?Tu le sais, toi. Non. Car il manque toujours – !toujours – Quelque Chose dès qu'on commence à chercher. C'est ce en quoi consiste le-sens du passé.

–C'est possible. Mais il !reste 2 autres photos. Si le passé veut !tout effacer – ?pourquoi ces=deux-là sont elles toujours-?en-place. Vouloir-disparaître dans lepassé&l'oubli –: une simple coquetterie, sans plus, le sémaphore bourré d'espoir des Esseulés. En font partie les tentatives-démonstratives-du-suicide=râté des teen-agers qui renvoient en-vérité à tout-à-fait=Autrechose que la mort de soi. – *Tu aurais de quoi faire l'1-ou-l'autre commentaire sur ce gâchis-là.* Mais je me tais pour m'épargner de prêter une nouvelle fois le flanc.

Entre-temps, il a continué de parler & il se trouve maintenant dans !son élément, qu'il préserve en parlantparlant&parlant : – Tout fragment laisse derrière lui la trace de sa complétude – pour les cogitations. Ainsi ces deux photos peuvent-elles nous renseigner sur ce que taisent les manquantes, peut-être mieux que si celles-ci se trouvaient encore là. Père. – :Et il le dit sur le ton condescendant du « fils » affectueux & indulgent *Je t'emmène. Vieilhomme.*

12

Photo 23 — *Wilhelm, dans le jardin de sa maison à Berlin Grunewald, assis à table & lisant le journal, été 1939*

À défaut de remonter Aux Origines, cela pourrait quand même En être l'Origine – Nouveaucoup fatal d'un héritage familial – dans l'âme l'odeur de roussi d'une volonté-irréductible & attisée par les flammes de la vantardise –: la tare-de-la-famille, ce défaut de tissage dans l'étoffe généalogique déjà amplement suffisant à une famille, maintenant multiplié par 2 avec la rencontre de ces deux créatures : Werner, issu de la lignée des Baeske de Basse-Lusace é Wilhelm, son cadet de 2 ans, né en 1898 dans 1 village près de Gumbinnen, descendant des Schneidereit. Figure mince, sportive, cheveux lisses blond cendré é fine moustache, ce Jeunehomme est le type même de ce que l'on nomme Alors *1 beau garçon* ; ses traits lisses encore dépourvus d'1 trace de doute é son maintien=général lui donnent en outre un air de College Boy anglais de Bonnefamille. Personne pour soupçonner chez lui ses origines rurales ; la-Grandeville va à ce Jeunehomme comme un costume taillé sur mesure. – L'Autre cherche à chasser le Contadin en lui & dans son apparence par un comportement spécialement créé pour=Sapersonne ; chez bon nombre de types comme lui, le caractère-opiniâtre inconditionnel produit aussi la quête paradoxale d'Une Idole, d'Un Modèle – auxquels raccorder son esprit-volontaire comme à un générateur. Les passions personnelles, avouées é cachées, puisent alors leur nourriture dans ce courant d'énergie extérieur. Le résultat, caricature ou enrichissement du caractère personnel, demeure incertain en un premier temps. En pareille compagnie, l'aspect brut, vif & coloré se détache le plus souvent de la sensibilité & cherche ensuite les décors extérieurs adaptés : Laguerre jettera pêle-mêle=les-deux-hommes, les entraînera vers la France dans la bataille de la Somme. Car l'un trouvait les serres & les jardins qu'il avait appris à cultiver, et l'autre les horizons de son paradis de patates&trakehners [16] trop exigus – parce que les vents balayant les champs & les montagnes de nuages grisbleu se cantonnaient à n'être que ce qu'ils sont=de-toute-éternité : des mouvements d'équilibre entre des zones de pressions atmosphériques différentes, l'une & l'autre des masses d'eau condensée, vagabondant sur les plaines é sans inspiration pour des yeux de vaches romantiques, comme si une vie=durant, sans laisser de traces, inaccessible, l'horizon cousu au ciel lourd ne devait plus faire qu'un avec la-terre&les-mauvaises-herbes – dans un scintillement fade aux heures nocturnes telle une promesse répétée sans fin, jamais tenue. *!Nonhon. !Ça peut pas continuer comme ça. !Pas avec !moi* – ainsi LAGUERRE jouera-t-elle pour ces deux hommes le rôle de miroir grossissant.

Du reste, les parents de Wilhelm Schneidereit nourrissaient des plans pour leur fils, qui ne sentaient ni les arpents de terre ni les feux vifs de l'automne et leur fumée âcre ; des plans qui ne devaient pas ramollir sous le vent humide, mais non plus brûler irrémédiablement le-regard du garçon avec la faim de terre & detoujoursplusdeterrre, & ni gratifier la peau de ses mains des empreintes digitales des vers de terre : dans la chair encore semi-tendre du garçon, !cet aiguillon-parental touchait des nerfs déjà rendus sensibles à Cela depuis longtemps, les discours de ses Vieux l'avaient rendu clairvoyant sur la vie. Cette vie, qui le gratifierait de la mort de sa femme seulement Quatorzans plus tard, n'avait pas encore fait de Henry, le père, fonctionnaire à la sous-préfecture, ce détourneur de maximes confus ; il était capable de donner à son fils, qu'il comptait envoyer Danlemonde=à-Berlin au lycée moyennant quelques chiches ponctions draconiennes sur ses émoluments, des leçons trempées dans la fonte, imprimées de force dans le tempérament encore quasi enfantin du garçon : –Si tu fréquentes les-hommes – (disait le père) –tu fréquenteras des bêtes de proie. Ils n'ont qu'1 règle : donnant, donnant. Tâche d'être Le!meilleur dans !cette affaire de rien pour rien. N'espère pas la charité ; si toi=même tu n'as rien, c'en sera vite fait de toi. On te mènera la vie dure Ailleurs=Danlemonde & on te tondra comme un mouton. Alors n'écoute pas les-illuminés – (lui conseillait encore son père aux dernières heures passées à la maison) – les Sans-Avoir qui palabrent du Nouvel-Ordre-du-Monde, qui crient justice, égalité=entretous & bien-être-commun – :Ce poison est très-à-la-mode, surtout là-bas à Berlin. (Annonçait le Petitfonctionnaire de Gumbinnen.) – Mais attends un peu que vienne le tour des-palabreurs, ce s'ra 1000 x pire qu'avant : car les délivreurs du Monde doivent d'abord se délivrer d'eux-mêmes & de leur début raté dans la vie, ça les rend sans scrupules & cruels. Lemonde, mon garçon, Lemonde ne restera pas de=!lui-même ce qu'il est – !trouve ce vers quoi il se tourne, si possible !avant tous-les-autres. – Ces propos & d'autres similaires forgèrent au garçon de petites mains de fer pourvues d'ongles acérés, affûtèrent le tendre esprit naïf du jeune campagnard pour lui donner 1 jour le tranchant de l'acier ; l'époque le voulait & le jeune homme s'orienta d'après elle comme l'aiguille magnétique se tourne vers le pôle. –

Attaqué par la fonte, le gros bloc de glace sale de l'hiver 1912 s'étendait sur le pays, un vert germinatif jaillissant de la terre é dans les airs le bruitage vif des bêtes du Printemps –, elles décomptaient 1 nouvelle année à la vie – lui, Wilhelm, était entré dans sa 14ᵉ é: ne voulait plus décompter plus longtemps ses années Ici. Cejourlà, le futur lycéen était assis dans la gare du village & plus tard seul dans le compartiment en bois du train, que des années-plus-tôt jouraprèsjour il avait pareillement emprunté pour rejoindre l'école à Gumbinnen & s'en retourner l'après-midi au village. – Aujourd'hui il n'avait pas de billet retour. Habillé par ses parents de knickerbockers, grosses chaussettes & solides chaussures en cuir, une cravate de soie plaquée sur la poitrine, la veste de tweed poivre&sel par-dessus, & une bombe en tweed sur ses cheveux fraîchement coupés. Ses parents tenaient ces accoutrements pour anglais donc pour urbain ; – son aspect extérieur donnait au garçon de 14 ans l'allure d'1 enfant tout pétri de sérieux & d'airs de grande personne obligé d'enfiler de force le corset du stade adulte. (La bombe ridicule il l'oublia en route dans le compartiment dès le 1ᵉʳ changement.) – La locomotive venait de lâcher dans l'air 1 jet de vapeur strident & blanc, sous les craquements gémissements les roues ébranlèrent le dispositif en bois&acier, la loco pressa le mouvement & les roues s'emballèrent, trouvèrent vite leur voie, – & expectorés par la cheminée des nuages de fumée gris clair sentant le charbon enveloppèrent la petite gare et sur l'1nique quai la silhouette de sa mère qui, telle 1 tourelle de chapelle villageoise, dépassait de la pelote de ses frère&sœurs Joseph é les jumelles Pauline é Waltraut, tous=agitant leurs mains –

–?Où était le père.

–Eh bien, je suppose : à-son-travail à cette heure de la matinée. Car voilà beau temps qu'ils n'étaient plus des paysans, les Schneidereit. C'étaient déjà des parvenus : le père de Wilhelm, fonctionnaire au service de la topographie. On disait que l'Industrie voulait construire des usines dans Larégion, des cités pour les ouvriers, des-voies-ferrées&des-routes & certains paysans souhaitaient vendre leurs terres pour –

–Ahvouais. Car Legamindoitavoiruneviemeilleure : & pour ça, du collège au lyc –

–tous=agitant leurs mains : le garçon voyait sa mère é ses frère&sœurs sur le quai à cette heure de la matinée, la gare et les champs plats rapetisser-de-plus-en-plus et disparaître comme un rêve pâlissant –. Demeuraient pour Celui qui par la fenêtre du train coulait un regard en arrière le vent dans les cheveux é une bouche pleine de suie amère, crissant entre les dents – et plus aucun souvenir plus tard de Tout ce qui avait été. –

–Excepté ses trajets quotidiens pour aller à l'école, le garçon aura sans doute voyagé rarement voire : jamais auparavant. ?Àquoibon aussi : depuis que la terre est ronde, 1 pas qui vous éloigne de la maison vous en rapproche en même temps. Ce trajet, qui déciderait du reste de sa vie, devait être une tentation à chaque minute –: la tentation née du désir ardent de descendre du train à un endroit quelconque et de pénétrer, pour Y demeurer, dans des localités inconnues peuplant le paysage ondoyant telles des oasis –.– *Consumédecuriosité, pas une minute de sommeil durant le long voyage mugissant dans le vent –. De gare-en-gare montaient des gens toujours plus étranges : d'abord les visages rouge boskop des paysans, trimballant des légumes dans des paniers & dans de minuscules cages des poules & des lapins, muets, arrachés à leur glèbe, femme é homme étaient assis sur les banquettes du compartiment, raides de gaucherie, puis, les gestes cérémonieux & lents comme la terre, rassemblant âprement leurs richesse&biens, ils descendaient à des endroits où c'était probablement le jour du marché, & ils pilonnaient dans leurs gros souliers sous lesquels, dans leurs fermes misérables, sans façons & négligemment, ils écrasaient les années & ce que d'autres nomment le temps, les réduisant en poussière et en oubli. Le garçon les ?enviait-il –: Non, sans doute ne se sera-t-il même pas vraiment aperçu de leur présence. Car il les connaissait depuis sa tendre-enfance, é: il voulait s'en aller d'Ici. –*

Puis alors – le-voyage durait depuis quelquesheures déjà – d'autres créatures pénétraient dans le compartiment qu'il occupait. Un feutre grossier mantelait les inconnus qui ne sentaient plus le paysan, parfois leurs pieds pris dans des chaussures en cuir aux coutures éclatées, dans leurs mains nerveuses une valise ou un porte-documents –; plus tard on suspendit aux crochets des manteaux garnis de fourrure, des chaînes de montre aux reflets d'argent se balançaient à maints pardessus, des bouffées de cigarettes cigares pipes, de leurs dents tabagicoles bleuies elles mordaient les yeux la gorge les habits é les cheveux du garçon –: ça signifiait toujours : Le train entrera bientôt en gare d'une grande ville –; – et de nouveau il roulait hors de la ville, cliquetant pilonnant avec des sifflements stridents, à-travers-le-Pays –. Dans les virages s'étirant en longueur il apercevait parfois la locomotive qui traînait derrière elle le train où il avait pris place, des nuages de fumée éructés qui se dispersaient autour du serpent-de-wagons métallique & le train, ce corps de fer vert foncé, ses fenêtres telles les écailles luisantes d'un dragon, rampait le-long de sa voie ferrée en craquant & haletant à travers des solitudes de bois&champs –, et les troupes de voyageurs qui pénétraient par fournées dans le compartiment après chaque arrêt, répétaient leurs entrées individuelles, quasiment indiscernables entre elles (il le constatait avec amusement) – comme s'il s'était retrouvé dans le programme sans-interruption d'une représentation théâtrale. –

–?Quel itinéraire aura-t-il parcouru en-train Alors. : De Gumbinnen à Königsberg – de là, le long de la lagune de la Vistule vers Dantzig. Cejourlà, il a certainement vu la mer Baltique pour la 1re fois –. Avec ce que l'on pressentait déjà en lui d'été en avance, ce jour de printemps sans un souffle de vent pesait peut-être comme une charge lourde, immobile, en appui sur la surface rugueuse de la mer aux reflets métalliques –, un midi tout de chaleur fondue. – Et la poursuite du voyage en train jusqu'à Köslin – Stettin –: ?Ou de Gumbinnen par l'intérieur des terres vers Allenstein – Marienwerden[17] en Prusse occidentale – puis Bromberg et –: !Non, cela s'écartait trop du lieu de destination. Non, alors peut-être quand même le 1er itinéraire. Dans la mesure où les voies ferrées existaient pour l'emprunter. De plus, ces villes portent Aujourd'hui des noms russes é polonais – dans les langues aussi le-Temps a balayé les traces. Et : peut-être Tout était-il ?différent. – :?Tu n'aurais pas un tableau des Chemins de fer de Cètépoque. Ces innombrables changements – l'attente de la correspondance au milieu d'Inconnus dans des villes & des localités étrangères –

–Mafoivoui, on peut supposer qu'à-l'Époque les-trains étaient !à-l'heure. Après tout, c'était encore un devoir pour les Chemins de fer de convoyer des personnes, é: non pas une charge pénible comme ça l'est Ici&aujourd'hui.

–Estimé à la louche c'était Unvoyage d'un bon !millier de kilomètres & qui ne se faisait donc pas en 1 journée. Il aura certainement fait une étape en chemin : ?Où ça. Dans des ?hôtels. !Bientropchers pour un Jeune-Delacampagne. Chez des ?proches alors. :?!Qui peut bien avoir des proches vivant justement le long d'un itinéraire qu'on n'emprunte qu'1 seule fois dans sa vie. Et puis : ce garçon de 14 ans, seul à voyager..... – Il manque à ton histoire, Moncher, !plus que ce qui pourrait tenir sur 2 photographies disparues.

–!Tu ?tiens à la poursuivre, cette histoire d'1 garçon parti de chez lui pour faire carrière. Car il a fini par arriver. !Quelle importance a ici Letrajet. –

En chemin, à un moment quelconque, l'adolescent de 14 ans cessa de saluer poliment chaque inconnu qui montait, comme il en avait l'habitude chez lui. Très vite en effet les-gens lui jetèrent des regards de biais qui disaient : ?Bonjour, tu dis Blancbec : pas la peine d'me prendre pour 1 con, j'i arrive tout seul. Et les traits acerbes ils s'asseyaient dans le coin du compartiment. Alors il se taisait lui aussi, regardait par la vitre kaki –: Et quand dans les plaines, sur les champs pâturages & prairies de l'Uckermark, semblables à une semence qui prend, des maisons germaient, d'abord éparses, – puis accroupies en villages de toits rouges, que des routes interurbaines faisaient 1 entaille dans le paysage, que venus d'autres voies ferrées les champignons de fumée des locomotives boxaient les nuages, que les flèches des clochers plus tard dépassés par les cheminées piquaient la nébulosité du printemps, des usines en grès & en brique vernissée dressaient les armatures de leurs triomphes figés hors d'un empire de fonte, des montagne de charbon sorties d'une terre invisible poussaient autour, pyramides aux pentes raides, comme si ces citadelles mortuaires s'étaient déjà entièrement consumées de l'intérieur il-y-a-longtemps & les terrils grasnoirs conservaient seulement dans leur formation extérieure le souvenir d'anciens monuments funéraires (chaque morceau de coke le crâne minuscule d'un mort), tandis que ces crassiers croquaient des bouts de ciel bas comme les gueules triangulaires de malfaiteurs aux dents noires. L'atmosphère semble flamber sous une chaleur permanente, ciel&terre un seul haut fourneau, de minces cheminées en briques rouges aux extrémités noircies expectorent des montagnes de fumée, écrasent au sol la puanteur jaune putride visqueuse fatiguée de n'avoir pas dormi, pourriture & sueur se dressent en toute violence, comme si les massedemaisons n'étaient pas en pierre mais en chair. Personne ne vivait dans les pyramides, ni les morts ni ceux qui le seraient bientôt. Les morts consacraient le temps de leur vie à leur mort (se disait le futur lycéen). Dans les usines s'échinaient Lesmorts qu'ils deviendront avant même le temps de leur vie. Ils n'ont pas de vie, ils n'ont donc rien à perdre – leurs tombeaux ramenés tout près dans le voisinage des usines avec les cages à lapins 4angulaires aux fenêtres énuclées, bourrées àtouchetouche de gens & tous les horizons pétrifiés, passant leurs jours&nuits péniblement courbés dans des arrière-cours, les murs encrassés de fumée dans l'obscure poussière nocturne comme les traces de Mille Existences inconnues éreintées ici par le travail : !Quel ?crime ont commis Toutescesmasses (méditait le Jeune-Delacampagne pendant le trajet) pour qu'elles soient condamnées à vie à demeurer emmurées Là-Bas. La-Ville est comme une mèche, elle brûlera encore..... – :Mais de nouveau ses regards étaient arrachés : grilles de fer ponts métalliques armatures d'acier filtraient un vent chargé de gaz, – et pour 1-Jeune-Delacampagne aussi La Chose était claire : c'était !ELLE : LA-VILLE. Le train cliquetait trop fort dans son roulement saccadé au-dessus du ressac des rails, sinon le garçon L'aurait entendu : le cliquètement frappement martèlement métal|sur|métal, le grondement halètement pleurnichement klaxonnement gémissement sifflement – et si le compartiment dans lequel il était assis n'avait pas été âcrement enfumé de tabac & de vieille poussière, alors il l'aurait senti sur la langue : l'entêtant goût chargé de fuméecharbonhuilesoufregazessence de BERLIN, au printemps 1912, en gare de Stettiner Bahnhof. Et le nuage de charbonsuie&vapeurdeau l'expulsa du wagon sur le quai & sa verrière, comme si c'était là le même nuage craché par la cheminée de la même locomotive qui voilàdesjours l'avait enveloppé & entraîné loin de la gare familière de son village en Prusse orientale, – et maintenant dans la VILLINCONNUE=BERLIN, son souffle s'était éteint. !Enfin – –

–Vivre-dans-Lagrandeville, agitation affres=née sous des cieux embrasés pleins de puanteur sans sommeil –: pas la peine de m'en dire long là-dessus, à moi=Tasdevieuxos, qui a travaillé à Berlin é: qui y vit encore : sur l'asfalte une grosse flaque aux scintillements multicolores sous des lampes coupantes & quelques cuillérées de sucre versées dedans. Mais les lumières se sont éteintes et le sucre a fondu : reste la flaque=Vivre, de la lavasse mélangée à de la boue. C'est ça Berlin, & ça n'aura guère été différent en 1912. !Qu'est-ce que le temps : une illusion, la plus tenace..... Si le Fait de penser-en-temps n'existait pas, tous les malheurs imaginés par l'homme ne pourraient pas lui nuire, parce que lui-l'homme n'aurait tout simplement pas l'occasion d'en placer 1 –

–Comme c'est mon cas avec toi, Pasvrai-Père. Tu ne donnes de chance à personne.

–Jedispas que personne n'aura jamais hize tchènze. Mais –

–Mais !lui = Wilhelm Schneidereit, le fils d'1 fonctionnaire de Gumbinnen, & de grandsplans=pour=son=avenir, il avait eu une chance lui : d'abord élève au Kaiser=Wilhlem=Gymnasium à Berlin=Schöneberg – après le baccalauréat étudiant en économie politique –, & enfin, en 1922, examen & promotion. Dans la même année, après de très courtes fiançailles, il épousa Elfriede, sa cadette de sept ans et fille de Konrad Wernstorf, directeur des Usines Josetti à Tempelhof. Jusque-là, la vie s'est montrée bonne envers lui. Il prenait et se servait de Ce qui s'offrait à lui, avec un sens aussi rectiligne que les sillons de son pays tracés jusqu'à l'horizon –. La-Vie lui a fait cadeau de la chance sans restriction, sans même fournir de pièces justificatives pour la Perception, mais comme un bénéfice net=de=tout=impôt. Il se sentait dans l'obligation d'accepter le cadeau & d'en accuser la bonne réception avec son Que-ça-continue. – ***p. 173, Photo 26*** →

–!Stoplà : ça va !beaucouptrop!vite. Tu as sauté..... certains-épisodes.

–Bon, dans ses premiers temps à Berlin il aura loué 1 chambrette chez une logeuse aux petits soins. Les Jeunesgens venus de la Périphérie en trouvaient à la pelle à l'Époque. C'était abordable même pour 1 fils de fonctionnaire.

–Nh-non : ce n'est pas ça, quand je dis que tu as oublié quelque chose. Reviens unpeu en arrière, en 1916 et à cette période=deuzans-avant. Sinon tu as sauté par-dessus Toutuneguerre. ?Es-tu capable d'en faire le récit.–

[– Raconter fait passer le-temps. Il t'en reste peu é il se décompte sur moins de 5 doigts –]

–?Qu'as-tu dit. Ta voix, Père, elle est si – étrange. –

–?Ma voix. Je n'ai rien dit. – –C'était comme si j'entendais quelqu'un faire une promesse. – –Je n'ai rien à promettre.

(Mais nous L'avons entendue tous les deux maintenant : Cela ne survient !pas qu'en=moi é dans ma=tête –) –

Photo 24 *Wilhelm au volant de son automobile, une limousine D.K.W avec un coffre à l'arrière, immatriculée IA – 7131, devant l'entrée de garage de la propriété récemment achetée à Grunewald, été 1928*

–Tu voulais remonter unpeu dans le temps. Père : à une époque où il y avait de nouveau trop de soldats dans-le-monde : élèves professeurs paysans prolétaires – lesquels se conduisaient Commeunseulhomme comme des soldats ou: ce qu'ils prenaient pour tels. Des personnages qu'on pouvait supposer appartenir=tous à la même association nulle et stupide de Carne=Aval dont les fous au grand complet se seraient mis d'accord pour enfiler Le-Même-Costume, et qui submergeaient maintenant sous les braillements & salves d'artillerie les rueruelleplaces de Touteleurope –, des personnages, peu importe leur Parti=en-Guerre, arborant sur leurs bures-uniformes hot-couturisés façon crisdevictoirehourra&marcheaupasdeparaderepassédanslesplis les colorations de terreséventrées marais gadoue gangrène & chaux-de-fosses=communes ; des personnages tels les innombrables figurants d'une pièce à-grand-spectacle qui quitte les planches au pas cadencé avec la même détermination diabolique que le balai de *L'Apprenti sorcier*, escortée du train d'équipages hommes armes chevaux & autre tintamarre ; – trop de comparses trop de soldats trop de patrie-idiotisme=doit&avoir montreur de dents, et déjà de petits bouquets de fleur au fusil s'épanouissant vers le ciel comme autant de bouches de feu florales ; trop de pas=cadencé de cris de jubilation des femmes & de brillance du regard pour encore pouvoir les retenir, et ne parlons pas de chercher l'Anathème capable de stopper=dans-leur-progression ces créatures porteuses de feu&sang. ?Était-ce l'ennui de la vie qui faisait d'eux – vieillards enfants professeurs paysans prolétaires – des fanatiques & des rentre-dedans hystériques ; ?ou l'ennui-de-la-culture-académique qui figeait chaque brise dans un air suffocant, dénaturait chaque mot sous l'odeur fétide de mouchoirs sales ; ?l'excédent de serres chauffées & de souffle chaleureux d'une prévenance délicatement-ingénieuse ; ?était-ce l'excédent de connaissances doublé d'un surcroît de bêtise qui bouchait toutes les issues, enfermait la chair de travers & la corsetait, interdisait de traverser le pays à grandes enjambées, mais nappait cérémonieusement chaque mouvement avec la kristique gelée de remontrances à la moraline=policière –: Non é Troisfoisnon : on ne s'ennuyait pas Alors, ni dans la vie ni dans les arts : on avait sondé en profondeur les univers – l'univers des étoiles & celui des cerveaux, désormais on regardait le cosmos autrement qu'à l'aide d'une équerre & d'un compas[18] ; on avait disséqué le monde ordinaire des rêves, rien de leur contenu qui fût sans importance é rien qui pût encore tromper l'humanité sur l'origine divine de l'Âge d'or ; on avait déconstruit les maisons arbres fleuves et visages en cubes – On pouvait !voir !l'invisible – les-airs=eux-mêmes se paraient de comètes coloriées et d'effets gyroscopiques ; c'est à la vitesse-de-la-lumière-des-pensées qu'On avait traversé le macrocosme pour revenir ensuite aux nanocellules du cerveau – :?ennuyeux ?Ça –: Non. Cette fois l'ennui n'était pas la pierre à aiguiser le couteau à saigner ; c'était cette rupture, précisément=cette mobilité effrénée, qui avait fusé des cerveaux comme des idées=folles & qui avait pulvérisé fait éclater les représentations de l'ancien monde en effets gyroscopiques, cratères & accélérations. Or, qui dit augmentation de la mobilité, dit augmentation de la-bêtise, car la mobilité a pour conséquence l'expansion de l'univers des connaissances, ce qui revient en même temps à élever à une puissance supérieure le nombre des surfaces de contact avec l'ignorance.

–Et il en ?découle quoi :

–:Toujours l'euforie pour commencer & avec elle une bêtise accrue. Et !celle-ci se propage toujours à une vitesse supérieure à celle de la mobilité – elle la devance & comme le hérisson du conte elle se trouve toujours=déjà=là, & le Lièvre-Froussard Mobilité se force lui-même à la course. La bêtise se nourrit de l'intelligence, elle la dévore de=l'intérieur jusqu'à ce qu'elle soit creuse, qu'intelligence et bêtise ne puissent plus être différenciées, & ainsi l'intelligence finit-elle par être un crime. Le-Progrès accouche Des-Guerres. La Guerre n'est donc pas l'Antinomie de l'évolution de-l'homme mais sa conséquence inévitable.

–Ah vouais. D'1 sainte simplicité : Très fin Msieu. Et ?personne ne !l'aura remarqué avant toi.

–Au contraire : chacun L'aura très certainement constaté Depuis-toujours, au plus tard depuis Héraclite.

–C'est bien ce que je dis. Et en particulier ceux qui défilaient au pas en formation-de-hordes pour aller faire-la-guerre. Mais quand ils s'en aperçurent, il était déjà trop tard = parce que depuis=toujours il est trop tard pour s'En apercevoir. Car force leur était de constater dès lors que les-hommes ne valent pas grand-chose, ni pour=eux-mêmes ni pour leurs créations ; dans le fond, ils ne tiennent pas du tout à savoir ce qui pourrait les aider –: ils exigent dupain&desjeux dugâteau&desjeux, & le Tout-à-l'œil – doivent-ils pour cela soutirer leur propre sang ; le sang coûte moins cher que la bière, & le sang se renouvelle. Et ?ce qui reste : une fois encore la PEUR et rien d'autre. !À quoi bon alors tout ce théâtre=de-singeries, si PEUR = Le Dernier Mot : PEUR – une PEUR puante sanglante impitoyable dénudée comme un os..... Qui nous stimule nous pousse nous entraîne –

–?Où ça.

–Va donc savoir.

–En tout cas en ce qui me concerne vers l'Amérique dans 1 mois. –

Le jardinier qualifié & Volontaire de Guerre Werner Baeske et son cadet de 2 ans l'Engagé Volontaire Wilhelm Schneidereit se retrouvent tous les deux dans le même régiment de grenadiers quand en avril 1916 tomba l'ordre de marcher vers-le-front-de-l'Ouest : Werner comme s1mple recrue, Wilhelm, après 6 semaines de formation au titre de plus jeune aspirant du régiment, é le supérieur direct de Werner. Mais ils ne se connaissent pas encore.

Au contraire du jeune aspirant, le soldat Werner Baeske n'est pas un novice à Laguerre : on vient d'ordonner aux restes de son bataillon d'abandonner sa position sur le front-de-l'Ouest pour venir

Enrenfort=ici sur ce segment. (Plus tard cette région sera connue comme La-Bataille-de-la-Somme.)

Quand par les portes ouvertes des wagons de marchandises du train transportant les troupes les soldats se déversent en coulées massives de feutre gris cliquetant & ferraillant d'armes & de paquetages, leurs bottes par centaines grinçant traînant piétinant écrasant le sable&gravier de la gare du village, la 1re chose qui saute aux yeux du jeune aspirant est le panneau de la station presque entièrement mitraillé, si bien que sur le morceau de bois cassé portant le nom de l'endroit [19] il ne subsiste qu'1 lettre : **O** : *une bouche ouverte figée en cri muet fasciné* –. Comme si tous les tireurs ennemis avaient bizarrement réglé le tir de leur arme sur !ce panneau, même la dernière lettre noire semble trouée par les frelons d'acier des armées. – Aussitôt après il remarque sur une voie de garage devant un talus une locomotive mitraillée de la même façon & suggérant par là une œuvre d'art en filigrane de fer forgé. Mais dont la tôle, autrefois noire, corrodée de teintes vert toxique & fangeuses témoigne des attaques au chlore, lequel a probablement été déversé sur cette région & explique l'absence de toute végétation aux couleurs chamarrées de l'automne. D'une inspiration l'aspirant vérifie l'air –: senteur frais pâle, la pluie ne tardera plus –, & mêlés à elle les miasmes suavinsipides é vitreux de chair putréfiée ; mais pas de trace de chlore corrosif-irritant. Cependant s'immisce en lui le sentiment absurde que Lair est grièvement troué de part en part, comme le panneau de la station & la locomotive, ainsi le vent garde-t-il encore cent mille tirs.....qui peuvent à tout moment s'abattre comme une grêle. Blême il scrute les environs. – Mais il se=ressaisit, ordonne à ses soldats de le rejoindre, les fait se rassembler, – & en avant, !marche. Le chemin vers les tranchées en Premièreligne s'avère long&étroit, serpente en outre à travers une plaine marécageuse, les soldats sont forcés d'avancer à la queue leu leu – entre des roseaux de la taille d'un homme brûlés par le chlore é transformés en forêts de pieux noircis sous la surface de l'eau du marais aux scintillements goudronneux des rondins profondément enfoncés dans la vase s'empilent pour former une digue *(!Impossible de se mettre à couvert ici en cas d'attaque, é qui saute dans le marais s'y noiera)* – mais la marche progresse dans le calme seulement entrecoupé des éternels mêmes jurons quand la digue de rondins cède sous les soldats et que la boue vient clapoter dans leurs bottes depuis le haut. Ces-jurons sont 1 simple réflexe, indifférents les soldats continuent de patauger. *Leurs os sont comme des tubes d'airain, leurs jambes comme des cannes de fer – cachés au milieu des roseaux et dans la boue*[20] –.– Pendant qu'ils avancent, l'aspirant remarque 1 recrue qui tente avec une méticulosité mécanique après chaque pas dans la vase de nettoyer aussitôt la boue et la saleté accumulées sur ses bottes, l'ourlet de sa capote & le bas de son pantalon d'uniforme, – sans se lasser & avec adresse, même pendant la marche. Un peu comme si cet homme refusait absolument d'être contaminé par l'épidémie de Laisser-Aller & cherchait de !Toutesesforces à préserver à tout le moins autour=de=lui=sur-1-îlot..... !son Ancien Ordre. L'individu mesure peut-être 1 m 70 (comme l'aspirant), il a un visage rond é de grands yeux qu'on dirait perpétuellement étonnés, mais il semble n'accorder d'attention qu'à lui=seul & à ses agissements. Quelque chose chez cet homme & sa manie curieuse du nettoyage amusent l'aspirant é le séduisent chez ce soldat. Il décide de bavarder avec lui dès que l'occasion s'en présentera.

Pendant ce temps, le paysage s'est modifié, un ondulement de terres arables, parfois 1 petit bois, ils ont laissé le marais derrière eux. Après avoir traversé 1 village, peu détruit par-Laguerre (une population civile y vit toujours : des gens courbés aux yeux vacillant de soucis leurs visages devenus apathiques à force d'insomnie) – la plaine ondoyante s'ouvre jusqu'à l'horizon gris bleu –. Des champs à l'abandon mauvaiseherbisent une terre à perte de vue, des vestiges de villages et leurs cours explosées par les mines & noircies par les flammes se dressent tels des monuments abstraits du souvenir sur un sol aux reflets crayeux couvert de cicatrices de cratères dentelés –. La colonne s'approche lentement d'une colline ; – puis les yeux parcourent un paysage obscurci : on dirait que toute vie a disparu d'ici depuis des millions d'années comme sur une planète inconnue ; seule les contemple l'ossature dénudée d'1 crâne auquel on aurait arraché la peau et la chair du visage –. Le jeune aspirant se figure être sur les planches d'un théâtre de la Nature, où la Grande Pièce reste encore à jouer, car les techniciens de plateau & les accessoiristes n'ont visiblement pas encore fini d'aménager entièrement la-scène : ?Comment expliquer sinon tous ces objets qui gisent pêle-mêle & brisés, débris de fusils restes de paquetages lambeaux d'uniforme ; ?ces ustensiles de ménage traînés jusque-ici hors de maisons manifestement disparues, ridiculement jetés sur la scène – terrines éclatées marmites & poêles bosselées, une literie éventrée aux reflets rouge chair sème mollement au vent des plumes ressemblant à des flocons de neige, des buissons sans feuilles aux branches cassées & des arbres mis en charpie dressent leurs moignons effilochés é scintillants, puis de grisâtres outils des champs à moitié enfouis, les squelettes de deux chevaux encore attelés à la charrue ; – dans un horrible bruit de craquement, ses bottes viennent à l'instant d'écraser – l'aspirant sursaute, comme éveillé en plein cauchemar –: le visage d'1 poupée en bakélite enfoncée dans la terre meuble. De la pointe de sa botte, il écarte le jouet brisé –, en grattant la terre, sa botte dégage la mâchoire inférieure d'un être humain. L'aspirant cesse de creuser davantage, avance avec plus de précaution. *Sous le sable les morts : ils te contemplent. Unpays ouvre grand sa gueule* –. Un silence écrasant pèse sur ce paysage à l'abandon, seuls les lointains renvoient les aboiements sourds des canons, comme ouatés, parfois sur le fond gris bleu des nuages la boule incandescente d'un shrapnel, d'un blanc éclatant, et la fumée se dissipant sans bruit –. Et dans ces mêmes lointains, le champigon de fumée brusquement jailli de la terre morte, d'un noir&blanc vénéneux, – puis l'odeur de brûlé dans l'air labouré é retourné, et douceâtre le souffle d'une pourriture sans origine. Silence aussi dans les rangs des nouveaux arrivants. Chacun l'a compris sans 1 mot : le champ de bataille..... Ici tu combattras & ici tu –.– Cette pensée vient de traverser l'aspirant, quand, non loin de lui, un homme a les jambes brisées, s'affaisse sans bruit sur la terre, roule jusqu'à ses pieds, tel un soldat=maladroit désireux de montrer un exercice spécial, puis s'immobilise. D'abord, le jeune aspirant pense que l'homme a trébuché (bien que personne n'ait bougé), puis il se penche sur les yeux étrangement fixes du soldat, & aperçoit sur le front 1 petite blessure, ronde, sanguinolente. On n'a pas entendu tirer de coup de feu –. Le reste des hommes saute dans des trous de marmite & des entonnoirs pour se protéger – sauf un. Le soldat aux yeux écarquillés assis par terre non loin de l'endroit où c'est arrivé &

à l'évidence nullement impressionné. Il vient de terminer le nième nettoyage personnel de son uniforme & s'apprête à déterrer des pommes de terre pour les entasser en pyramides à côté de lui, comme des boules de canon. Avec la même tranquillité d'esprit, il ramasse les branches & les feuilles sèches des tubercules qui traînent sur le champ, il a l'intention d'allumer 1 petit feu. Ce sang-froid (?quoi d'autre sinon) impressionne le jeune aspirant & lui fait retrouver le contrôle de soi. – Mais le soldat n'aura plusletemps de faire rôtir les pommes de terre ; tel 1 câble raide 1 coup de sifflet fend en-2 le temps figé : 5e Régiment=des=Gardes=Grenadiers Aaatt !Tension : !En avant=!marche. ON ordonne à la colonne de se replier vers les tranchées creusées dans ce paysage fantomatique tantôt en cercles concentriques tantôt en zig-zags, et semblables aux sillons qu'auraient tracés des paysans fous ensemençant la terre morte avec des hommes vivants, *répliques-simiesques de Cadmos ou: la nouvelle adaptation d'une harde de Cadmos, inspirée de l'1=de-ces mises en scène théâtrales réputées modernes dans lesquelles créatures trépignements yeux roulés postillons & puissants beugleuments d'!Oh!putain traversent les-planches en tous sens, c'est à la mode dans les théâtres berlinois aujourd'hui* – (songe l'aspirant é ex-lettré-classique au sommet de la colline) – *des Cadmos et leur semence d'hommes. Faite de colèrepeurdouleur meurtrefeu&acier : !Quelles créatures..... En naîtront & ?que restera-t-il de noblesse pour apporter le bien-être.* –

1 petit tas de pommes de terre demeure en arrière, le feu, tout juste allumé, est piétiné, ratissé sous des dizaines de bottes pressées, la cendre dispersée. Et soudain, au-dessus du paysage malmené qui sombre dans la nuit automnale, 1 seul CRI s'élève, atroce..... : notre lot commun à tous est la chute à travers la dernière lettre **O**

Photo 25

Wilhelm en uniforme d'aspirant, avant sa 1re attaque sur le front, automne 1916

–Comment le-soldat é l'aspirant se rencontrèrent, comment ils devinrent amis jusque par-delà-Laguerre ; et plus tard : comment deux familles furent réunies grâce à eux – je ne te le demande pas. Père. Je t'en fais le récit. – Parce que les deux Volontaires de Guerre partagent la même croyance de l'enfant qui, les yeux cachés derrière ses mains, ne voit rien et se figure que Personne-d'Autre ne le voit, é que par conséquent Danlaguerre il fait partie des Invisibles, des Invulnérables – tous=les=deux sont pris d'une folie=compétitive à vouloir montrer toujours plus de courage & d'intrépidité. Car dans ce secteur du front de la Somme a commencé depuis un bon moment ce que plus tard on nommera partout sur le front occidental La Guerre de Positions & La Bataille de Matériel : ni vainqueurs ni vaincus, Quedesmorts de chaquecôté. Et la pire crainte du soldat-au-front, qui est aussi celle du condamné-à-mort dans sa cellule, l'Ennui..... L'Ennui du condamné entre la prononciation de la-sentence et la marche vers l'échafaud, l'Ennui du soldat entre offensive & offensive : c'est là que la PEUR étreint, comme elle peut assaillir les enfants de Toutâge dès qu'ils ne voient plus d'issue hors leur propre MORT imminente. Et il ne !faut pas qu'ils voient d'issue, les condamnés enfants soldats – aussi, telle la fièvre, l'audace..... les assaille.

–Abstiens-toi de tes affabulations & prêches, et raconte. Alors, il s'est passé ?quoi sur le front à Cemoment-là.

–Ce que j'ai entendu dire à Ce Propos, Père, je vais te le raconter sans tarder. 1 soir l'aspirant Schneidereit reçoit l'ordre de ramper avec 3 hommes de sa colonne jusqu'aux tranchées ennemies=anglaises afin de se renseigner & de déterminer si les Anglais ne sont pas en train de miner les positions allemandes. (Depuis des jours On s'attend à une Grandoffensive anglaise.) Le Soldat Baeske (dans la course=au-courage avec l'aspirant Schneidereit) s'est également porté volontaire aux côtés des 2 autres recrues pour faire partie de ce groupe d'espions. L'obscurité de l'automne s'abat sans crier gare – plonge le paysage fantomatique dans des ténèbres d'encre –, seules quelques fusées éclairantes 1solées marquent des traces éphémères de leur clarté chimique la noire atmosphère irrespirable de Cèteheure peu avant minuit. Le ciel couvert, peut-être l'annonce de la pluie. Le réseau de barbelés devant leurs positions est assez haut, franchir dans le plus grand silence ses fils enchevêtrés pose problème aux 4 hommes, – puis comme des primates=grotesques ils filent à 4 pattes à travers la terre nue mitraillée –, enfin, à seulement quelques dizaines de pas à l'avant de la 1re tranchée anglaise, ils avancent collés-lézunauzautres en rampant à plat ventre sur des monticules de terre retournée. Chaque bruit émis par leur barda résonne à leurs oreilles comme 1 timbre de sonnette vif & strident. – Attendre sans bouger, à l'affût –. Rien. On ne semble pas avoir remarqué leur approche dans la tranchée anglaise qui paraît se découper sur le ciel sombre dans une teinte encore plus foncée, comme une ligne barbouillée d'une épaisse couleur noire. Mais même à cette heure des fusées éclairantes jaillissent sporadiquement dans le ciel – et telle un linceul une lumière cinglante retombe lentement sur le sol mort. Les hommes restent étendus sans faire de bruit, immobiles, aux aguets. Un silence étrange où se perçoit même le trottinement des rats. Ils s'apprêtent à ramper plus avant, quand 2 formes comme surgies sur 1 plateau escamotable de théâtre se dressent soudain devant eux, presque à les toucher, en train de dévider un rouleau de barbelés destiné à renforcer leurs propres lignes : !Des Anglais. Puis les crépitements d'une mitrailleuse au loin, tirant à pic dans le ciel, & ses projectiles s'abattant ensuite sur les 4 hommes comme une pluie d'acier –. Par réflexe l'1 d'entre eux veut bondir & trouver 1 endroit où se protéger, un autre l'oblige à se coucher, trop de bruit, manque de discrétion : dans la tranchée anglaise on a entendu & remarqué les soldats : chuchotements rapides par là-bas, des bottes raclent le gravier, cliquetis de bardas – la plaine balayée par une fusée éclairante – blancs crayeux dans la lueur du magnésium les masques des attaquants se regardent face:à:face. Tout près des tirs déchirent l'air stagnant de l'automne, on dirait une plaque de tôle raide qui vole en éclats. !C'est pour eux : *nous zont !découverts. !Repli !Vitevite* – Maintenant chac-1 doit sauver-sa-peau=seul-solo, ne plus tenir compte de rien, à découvert –; une des bottes de l'aspirant Schneidereit reste accrochée à 1 bout de barbelés, il s'étale, tombe dans un petit entonnoir tandis que les autres filent à toute allure – très vite ils ont disparu dans l'obscurité. !Troptard pour l'aspirant pour sauter sur ses pieds & leur courir après, frôlant sa tête de grosses gerbes de tirs laissant derrière elles des traces flamboyantes pourchassent les Fuyards – *1 balle qui ricoche & je suis mort* –. Il n'a d'autre choix que de rester couché ici de tout son son long en plein no man's land, à attendre & à espérer que les Anglais ne se lancent pas aux trousses des Allemands en fuite & le découvrent dans ce trou peu profond. Outre la pluie de projectiles, des débris résiduels de magnésium enflammé retombent aussi sur lui maintenant, menacent de le griller (de la manche de son uniforme il parvient rapidement à étouffer quelques-1 des bouts embrasés), mais des étincelles brûlent ses mains nues. (Il n'a pas le droit de crier, d'ailleurs cela ne servirait à rien ; *les camarades ne m'entendent plus, ils me croient certainement déjà mort.*) – Peu à peu les tirs cessent, juste encore quelques fusées éclairantes 1solées – et le silence revient – ce silence particulier fait du souffle retenu de toute chair encorenvie dans les-tranchées..... Estimant qu'il est temps maintenant pour lui de quitter cet endroit & de rejoindre sans se faire remarquer ses propres positions, l'aspirant ressent 1 vive douleur au genou au moment de se mouvoir : il s'est sans doute pris 1 projectile ou 1 éclat, – Lecri veut sortir, il n'a pas le droit de crier. De sa bouche pleine Ducri, il mord l'étoffe de son uniforme, une sueur mêlée de saleté puis le sang sur sa langue étouffent Lecri. Mais l'homme n'arrive pas à se lever – et même s'il y parvenait : *?Où aller : ?Où sont mes-Hommes, ?où sont les-Anglais.* Pendant les minutes-d'exposition-au-danger, il a oublié comment s'orienter sur le terrain. Rien dans cette plaine désolée é comme morte qui puisse servir de point de repère – ni arbre ni fourré ni la silhouette lointaine d'1 village, Tout a été mitraillé, sans distinction possible entre terre & obscurité. Il devra attendre l'aurore, perdu, blessé avec une douleur lancinante au genou ; – l'aurore et son cadeau de trois natures possibles : mourir, être fait prisonnier ou retrouver son régiment. Le dernier, le plus beau, mais bien improbable cadeau : ses camarades le croient mort, les-Anglais ignorent qu'il est=là-dehors – lui : le mort-vivant gisant entre les lignes de front d'un paysage pour fantômes..... –

C'est le soldat Werner Baeske, indifférent aux discours de ses camarades qui ont déjà inscrit l'aspirant sur la liste des morts au combat, qui a rampé encore une fois hors de la tranchée & à travers le no man's land entre les deux positions. ?Peut-être parce qu'il se refuse à croire à la mort de son idole, son modèle & stimulant ; ce serait comme de disparaître soi-même s'il perdait l'Autre. Avec la régularité=imperturbable d'une machine mise en-branle, le soldat

Baeske avance dans l'obscurité Dans la guerre des machines, seul compte, de manière provisoire, l'homme-machine – ainsi le soldat Baeske, héros par esprit-volontaire, découvre-t-il finalement l'aspirant Schneidereit dans l'entonnoir situé entre les lignes allemandes é: anglaises. Il empoigne le blessé, le charge sanzunmot sur son dos & le corps redressé, tel une ombre centaurique difforme, il rejoint à grandes foulées pesantes ses propres positions – é il ne se passe rien : ni tir, ni obus, pas même 1 fusée éclairante. Quedusilence – & la respiration rapide & le bruit de traînement de deux bottes qui portent loin –. Comme si à Cèteheure sombre de la nuit guerrière, aux !minutes=exactes de la course d'1 soldat traînant à travers le no man's land un blessé sur son dos, le cessez-le-feu était conclu & tous les adversaires s'Y tenaient, sans qu'1 concertation ou 1 négociation eût été nécessaire. Pas s1mplement parce qu'en Ces Minutes 1 seul soldat a rassemblé son courage, mais parce qu'il l'a communiqué aux milliers d'autres terrés ça&là dans les tranchées. – Il fallut effacer d'1 coup de gomme le trait porté sur la Liste des Pertes, mais la liste non écrite de l'amitié comptait un point de plus.

–On dirait un roman de Karl May. ***p. 181, Photo 27*** →

13

Photo 26

Wilhelm dans le jardin devant sa maison de Grunewald, une dernière fois en civil : trench-coat et chapeau, automne 1939

Max, le chien, entre-temps réveillé à la place qu'il occupe près de Henry, a sauté de la chaise et trotte maintenant dans l'appartement, impatient ; c'est l'heure de sa promenade du soir.

[– bientôt bientôt, il reste peu de temps –]

Mon « fils » ne l'a pas remarqué, imperturbable il s'en tient= fermement à ses histoires qu'il a déterrées en fouillant, probablement de conserve avec Felicitas, dans les fondements de la famille.

–Celui dont la vie s'est trouvée placée un jour entre=les=mains d'un autre homme, é cet Autre Homme n'ayant pas abusé du bien en sa possession, à celui-là l'homme sauvé témoignera toute sa confiance, venue de la certitude qu'il n'aura pas à se cacher devant Cette Personne. C'est !là, Père, une zone vivifiante située entre l'amour et l'amitié – C'est moins é plus que les deux réunis.

–À moins que l'orgueil d'1 homme soit si grand, qu'il doive considérer la réalité de sa propre existrance comme un terrible outrage. Pas du côté de l'homme-sauvé, mais de celui du sauveur : car !il assume désormais la responsabilité de la vie future de celui qu'il sauva un jour de la mort. –

Pour la 1re fois, je vois l'homme, mon « fils » hésiter dans sa narration. –Tu veux dire que cet ?aspect pourrait entrer ici en ?ligne de compte.

–Oui. – Dis-je d'une voix dure, agacé par son ton bureaucratique. – Certainement que !cela entre en !ligne de compte : pour le soldat blessé Werner Baeske, – après-la-guerre. Pour le soldat blessé au taux de 33 $^1/_3$ %, en restant fidèle aux pièces du dossier.

5e Régiment=des=Gardes=Grenadiers

Pièce n° 1354 le 17 août 1918

Diplôme d'honneur

Le Grenadier Werner Baeske, 5e Régiment royal des Gardes Grenadiers a reçu pour sa blessure exceptionnelle l'Insigne des blessés militaires.

N° 11709 – Imprimerie des Armées 2. 10000

Wieland

Major é. Commandant du régiment

–Une chose encore qu'il faut que tu saches, Père : peu après cet incident survenu entre les deux lignes du Nomansland, les événements conséquents à la-Guerre ont séparé les deux hommes, Werner é Wilhelm : – la retraite de la Somme en février/mars 1917 – Desmortsenpagaille – des compagnies & des régiments mitraillés, dissous, puis reformés dans la plus grande précipitation, plusieurs offensives sur différents secteurs du front. L'aspirant Schneidereit fut promu lieutenant & s'arrangea pour rejoindre les-services de-l'arrière ; tandis que Bidasse Baeske –

–*Baeske continua de servir* –

–Bêtement-comme-il-faut, & pour finir sa blessure à Ypres, le 4.10.1917.

–?Que lui est-il réellement arrivé. –

–Un éclat d'obus dans la hanche droite – De longuesemaines à l'hôpital militaire, des douleurs pour le restant de sa vie – à la fin, R-Vé-Cé : rendu à la vie civile & expédié dans-l'Aprèsguerre.....

Silence. Dans la cuisine, nous entendons Dorothea s'adresser au chien, Max, comme à 1 enfant, elle lui donne sa pâtée.

➞ – L'Après-Guerre : quelle locution !idiote : Uneguerre inachevée & qui se poursuit par d'autres moyens. Car il y avait maintenant sur terre des Myriadesdecombattants=Santravail acculés à la vie civile : à présent Vainqueurs é: Perdants de la Guerre montraient leurs vrais visages, dans une répartition simplement différente de celle des-années=antérieures sur les champs de bataille. Le putsch de Kapp, & sa fin : c'est !ce front-là qui comptait, il déchira une bonnefois=pourtoutes le pays.

–D'aucuns prétendent que Wilhelm était franc-maçon (j'ai entendu dire qu'en-serrant-la-main de Werner pour le saluer, il avait une fois exercé cette pression singulière du pouce sur le revers de la main, é: comme Werner=qui-ne-comprenait-pas ne lui avait pas rendu la pareille, il ne répéta plus jamais ce signe de reconnaissance) ; d'autres disaient que Wilhelm devait sa réussite aux-relations qu'il s'était faites grâce à la corporation-des-étudiants « Teutonia », à laquelle il avait appartenu pendant ses études d'économie politique à Berlin. Comme à-la-guerre, il a de l'influence & l'emploie à=ses=fins. Mais il n'oublie pour Autant son Ami-de-Guerre.

–Car le commerce-d'amitié & de bien-faisance porte intérêt. –

–Tu ?connais cette histoire. Père.

–Raconte-la, !toi.

–Wilhelm n'attendit pas que Werner, après d'innombrables tentatives=humiliantes pour trouver du travail, se retrouve à la fin dans le même état de désespoir que des Millierdautres ; il lui rend visite. Car bien que séparés par Laguerre&Laprèsguerre, Wilhelm soupçonne que les choses vont mal pour son ami. Et il a une idée de l'endroit où il risque de trouver son sauveur : dans son Thalov natal, sur l'exploitation horticole de Wolff, où le capitaine e.r. é pochtron lunatique le tolère uniquement comme aide-jardinier..... Et il doit s'estimer !béni-des-dieux pour avoir 1 travail-chichement-payé – Desmilliers é desmilliers de soldats démobilisés comme lui & d'Autregens n'ont rien. *La Dernière-Armée pour livrer la-Dernière Bataille chacun:chacun – ces Gueules cassées, ces Profonds Enlisés dans le Châtiment de la vie comme dans les sables mouvants, l'étoffe de leur âme toujours plus râpée comme l'est l'1nique costume qui leur reste, dans lequel ils traînent par les villes à la recherche d'un travail de quoi manger d'un toit où s'abriter – crasseux, le dos courbé, denombreuxvisages gris brouillard & des regards égarés ; !heureux celui qui jouit encore d'un corps sain, il est aussi plus proche du retour à l'état de 4drupède que de la station debout.* Werner est jeune de ses 22 ans, invalide de guerre à 33 $^{1}/_{3}$ %, é: n'a pas le choix de décider de sa-vie, mais d'un Grandorgueil, Tropgrand pour aller mendier. Aussi se plie-t-il aux caprices du chef-jardinier Kleinpeter, 1 homme gris-fer malade de l'estomac qui ne peut pas sentir le soldat démobilisé à cause de sa manie persistante=de-M'as-tu-vu : chaque jour, Werner se présente à l'exploitation horticole en complet, dont il accroche avec un soin exagéré le veston sur un cintre pour le troquer contre sa tenue de jardinier seulement après que les clients ont disparu du magasin (beaucoup prennent le jeune homme de 22 ans pour le-Chef é: le chef-jardinier pour le vieux factotum qui mange ici par charité). À la fin de son travail, l'aide-jardinier Werner Baeske coiffe ses cheveux avec une méticulosité exagérée & glisse le mouchoir de soie dans la poche de poitrine de son complet.

Maintenant certains le prennent même pour le propriétaire. *!Pas de laisser-aller dans les 1000 & 1 petits détails – Les rituels préservent de la déchéance. Elle est aussi contagieuse que la grippe asiatique – les morts s'entassent dans-les-villes comme au temps de Lapeste au Moyen-Âge.....* Werner pressent qu'avant peu le Chèffe chicanier & jaloux le mettra à la porte ; alors, inévitablement, il tombera dans la déchéance, mis-sur-la-paille & livré aux autres hommes.....

Sa-Fierté passe !avant : & de sa=propre=initiative il démissionne de l'exploitation horticole de Thalov, le 1er septembre 1919.

Certificat

Monsieur Werner Baeske a travaillé du 1.6.18 au 1.9.19 dans la présente exploitation horticole en qualité d'aide-jardinier. Suite à sa décision de quitter son emploi de son plein gré, je suis en mesure de lui établir le même certificat de bonne conduite qu'autrefois.

Il s'est distingué dans l'art floral, la culture de chrysanthèmes, fougères, primevères et autres variétés de plantes en pots. Sa conduite morale a été exemplaire. Je peux recommander au mieux à Monsieur mon collègue cet aide-jardinier efficace et travailleur.

Thalov *H. Kleinpeter, Chef-Jardinier*
Près de Vockau s/O.

Et le chef-jardinier réussit quand même à jouer un dernier tour de cochon au Preneur=de-grands-airs, car de recommander un jardinier qualifié comme simple aide-jardinier, c'était gravement compromettre ses chances de retrouver 1 emploi. –Werner Baeske, invalide de guerre à 33 $^{1}/_{3}$ %, fier & chômeur, est désormais l'1 de Ceux-qui-sont-en-trop.....

Puis il a l'occasion de travailler dans une autre exploitation horticole située dans 1 localité voisine. Quelques semaines plus tôt, Werner a voulu se rendre à Berlin ; mais les troubles=Là-bas l'ont fait rester à-la-campagne – d'après les dires on y !tire des coups de feu. Werner se présenta à l'exploitation horticole de Radnitz. Là-bas on veut bien fournir 1 travail à l'élégant aide-jardinier plein de morgue. Le jeune homme en costume de dimanche & aux manières raffinées plut à Magnus Zobel, le propriétaire, 1 Dandy sur le tard qui aimait s'habiller comme Baudelaire, dont les traits jaunis par un vieillissement prématuré s'embrasaient du feu de désirs qu'il fallait tenir secrets (à plusieurs reprises On avait battu l'homme & menacé de le mettre-en-prison, une fois On mit même le feu à l'exploitation ; des-années=plus-tard il sera assassiné au camp de concentration de Sachsenhausen, le triangle rose cousu sur sa veste de prisonnier), é: qui portait donc en=lui l'expérience des déceptions permanentes. Il aimait bien se tenir à la porte de l'une des serres & regarder son aide-jardinier au travail – les gestes prudents é agiles des mains d'un Jeunomme enfouies dans les fleurs, – tandis qu'à Berlin les mains d'autres Jeunegens s'emparent de fusils, dressent des barricades dans les rues, les renversent, le putsch de Kapp & ses conséquences : GRÈVE GÉNÉRALE. –

–*Vous pourriez avoir une vie agréable avec moi, Werner.* – Celui à qui s'adressait ces paroles se redressa effrayé, il n'avait pas entendu son patron s'approcher. Qui lut l'effroi sur le visage de Werner et fut aussitôt abattu. D'une voix incertaine, déjà prête à s'esquiver, l'homme ajouta : *–À ma mort, l'exploitation tombera en ruine. Vous savez que je n'ai pas de famille, qu'il n'y aura pas d'héritier. La culture des chrysanthèmes, le potager – Tout cela rapporte !bien & pourrait être à !vous 1 jour. Werner : si vous restiez auprès=demoi* –.– Il se tenait tout près devant Werner, sondait le regard froid plein=de-superbe du Jeunomme, – baissa les paupières, – s'éloigna sans un mot.

MAGNUS ZOBEL
Horticulture Maraîchage Jardins d'agrément
=============== Graineterie ===============
Radinitz près Berlin ❖ Köngishainer Str. 10

Radnitz près Berlin, le *20 mars* ***19****20*

Certificat

J'ai employé Monsieur Werner Baeske comme aide-jardinier du 22 novembre 1919 au 20 mars 1920.

Automone dans son travail et discret de sa personne, il a su gagner ma confiance Mes meilleurs vœux l'accompagnent dans ses entreprises futures Il quitte son emploi de son plein gré.

Magnus Zobel
Horticulteur

Wilhelm cherchait toujours son camarade de guerre et, à son grand étonnement, il ne le trouva pas chez lui à Thalov – il se renseigna et obtint finalement une information qui le conduisit vers le village de Radnitz situé tout près. Il Y vit ce qu'il Y avait à voir –.

1 dimanche, au printemps 1921, Wilhelm Schneidereit refait une nouvelle apparition à Thalov. Il s'est dit qu'un dimanche il devrait trouver le Recherché chez lui. Ce fut le cas. Et le soir même, les deux hommes – Werner l'Encore-aide-jardinier & Wilhelm l'Économiste de Berlin – sont=réunis autour d'une table dans le 1er café=venu, tous deux portant un cache-col (le dernier qui reste à Werner), dans des attitudes qui donnent accroire à une renégociation du Traité de Versailles. Ils fument des cigares de prix, apportés par Wilhelm, & discutent de la-situation, environnés de Fuméebleue.

C'est-à-dire, Wilhelm décrit franchement à Werner la situation dans laquelle celui-ci se trouve. Ni les mots qu'emploie l'ami admiré depuis-toujours, ni les perspectives qu'il lui fait entrevoir ne mettent

Werner mal à l'aise : au contraire, il a l'impression de se trouver dans un atelier, entre les mains d'un ingénieur qui cherche de manière objective=pondérée comment délimiter le champ d'action d'un appareillage-vivant destiné à servir. Mais parmi les possibilités qu'il lui soumet les unes après les autres, Werner décèle chez son ami Autre Chose encore qu'un monologue à voix-haute=pour-trouver-la-bonne-idée : Wilhelm est un démonstrateur de possibilités, à l'image du marchand d'objets précieux qui expose ses œuvres d'art en vue de tester le client. *(:?Ce client ?mérite-t-il que je lui fasse une proposition. ?Puis-je lui faire ?confiance. Car proposer un prix, c'est aussi courir le risque d'y laisser sa-chemise..... ?À l'issue du test, pourrai-je quand même lui ?soumettre La Proposition.)* – Or, Wilhelm ne cherche pas à duper son ami, aussi l'art&lamanière avec lesquels il suggère à Werner comment gagner de l'argent laissent-ils deviner que ce serait indigne de lui é hors de question malgré la situation difficile dans laquelle Werner se trouve – *C'est pas bon de boire le bouillon pour qui est danslamerde=jusqu'aucou. Or, c'est exactement=ton-cas : t'encaisses, et en plus t'es sans le sou – malgré toutes ces occupations qui demandent beaucoupdetravail é: ne rapportent rien : faire du porte-à-porte monterdescendre les escaliers & astiquer les poignées – fourguer par ruse & arnaque des contrats d'assurance à d'autres Sanlesou, leur refiler à force de baratin des nettoyeurs de salissures brevetés, les pousser à s'abonner à des revues, faire le rabatteur pour une aléatoire phalloclientèle devant des music-halls & des bordels, jouer au serveur dans les cabarets & les boîtes de nuit à la périphérie de la ville, d'abord à verser la bière & le schnaps ensuite à nettoyer le vomi des fêtards, ou encore végéter comme gardien de pipi-rooms dans les gares & autres boulots merdiques. C'est pendant ces pitoyables parties de chasse-au-travail qu'on rencontre d'*𝔄𝔫𝔠𝔦𝔢𝔫𝔰𝔠𝔞𝔪𝔞𝔯𝔞𝔡𝔢𝔰, *qui cherchent tout aussi péniblement à survivre. Pauvres & brisés. Et le pire, c'est quand ces mutilés-du-travail en viennent même à s'estimer heureux de leur nouvelle situation, qu'ils n'ont plus que du mépris pour tout ce qui a existé un jour & qu'ils s'en prennent aux anciens camarades comme à des détritus. En sales bêtes avec un regard de fouine, & de la même effrayante drôlerie de l'1nijambiste qui essaie de se mesurer aux autres estropiés en compétition afin de les battre.* – De Toucela, Wilhelm pouvait en rendre compte, mais ne pouvait surtout !pas le dire à Quelqu'un : à son ami=Werner. Car, en ce cas, de !terribles humiliations semblaient inévitables.....

–La fin de la guerre, il n'y a que les Anges de Paix officiels pour y croire. Je n'ai pas fait des études d'économie pour rien, pour ne rien comprendre au temps présent : il se trame Quelque Chose en-politique. Versailles n'a pas été pas la porte ouvrant sur la paix, mais la chausse-trape conduisant à la prochaineguerre – et avant qu'elle n'éclate, ce sera le règne de l'horreur : des faillites considérables & une terreur encore plus grande. Tu verras. Et tu devras faire attention à ne pas te retrouver Enbas. Car qui se retrouve par terre à l'état de paillasson, invitera encore le dernier venu à taper&frotter ses pieds dessus : Kapp est en détention préventive, il ne tiendra plus longtemps[21]*. C'est ce qu'on dit. Encore 1 qui croyait à l'attentat é: qui s'est mis des bâtons dans ses propres roues. La démocrassie ne demande pas d'avoir beaucoup de courage. Bien sûr, de-loin-en-loin&de-place-en-place il y aura à nouveau des démoncrates en Allemagne, mais rarement la-Démocratie, tu verras. Quant aux-Rouges, mon Cher, je ne miserai pas un Rougeliard sur eux.* – Arrivé là, Wilhelm se sera peut-être tu, aura levé son verre, avalé une gorgée & marqué une pause. Avant de poursuivre – *Mais en cas de Guerrepermanente, Werner, ?dequoi les-Guerrierpermanents auront-ils le !plus ?besoin.* –

–Il n'a peut-être même pas prononcé Ce-Mot-Là ; il se sera tu & dans un silence éloquent, il aura scruté Werner par-dessus son verre.
– –Qui aura compris sans même que Ce-Mot-Là soit dit.

–Oui. !Que trop compris. –

Photo 27 *Wilhelm en uniforme d'aspirant, le bras droit appuyé sur un socle de pierre rectangulaire (sans buste), à la veille de sa 1re mobilisation sur le front en 1916*

–Tout é chacun empêtré=dedans : chance fatalité malheur bêtise, & pour combler les interstices entre eux, à la manière d'un mortier tenace essayant de faire tenir ensemble pour-léternité tout ce méli-mélo, l'Espoir..... Avant je croyais que l'espoir était une extrême=nécessité pour chacun d'entre nous, comme le souffle est indispensable à l'endurance – aujourd'hui je le sais, l'espoir c'est comme les puces : c'est bien la dernière chose indispensable à chacun. Qui se couche avec les puces se lèvera avec les chiens, aurait dit Pépé Henry. Et comme le syphilitique, il aura de quoi se souvenir pour le restantdesesjours. –.– Cela durera=letemps que l'âge=lui-même soit devenu une telle tragédie, qu'il n'y aura plus rien de tragique à surpasser ce dernier=âge, é plus rien qui justifie encore qu'on agisse fasse des sacrifices souffre pour un supplément & une prolongation de vie. Et la question *Ces peines ces efforts ces révoltes contre La Mort, au fond ne sont-ils pas pires que la mort* – cette question que posent les enfants é les désespérés – dans la lueur vacillante de sa justification, elle entraîne aussi derrière elle les ombres de la grisaille humaine qui passe – –

Hedwig Baeske, née Ebert à Thalov en Basse-Lusace en 1870, avait épousé en 1893 à Riedrose le menuisier Friedrich Christian Baeske, son cadet de six ans. Il fallut expédier Les-Formalités à la hâte, car avant même la célébration du mariage Hedwig était enceinte de leur 1er enfant : Friederike. Le couple déménagea ensuite de Riedrose, car le père du mari, un menuisier qui possédait un atelier & une petite ferme à Thalov, tomba malade et décéda peu après. Le couple reprit la menuiserie & le domaine agricole, et trois ans après Friederike, Hedwig mit au monde son fils Werner. Suivi quatre années plus tard, peu après la Saint-Sylvestre, à l'aube du Nouveau Siècle, de la naissance de Johannes, son dernier enfant. Puis le menuisier Friedrich Christian Baeske mourut à son tour de la tuberculose qui frappa la région en 1908. Hedwig, après qu'elle eut porté en-terre son époux, incliné ses traits subitement vieillis vers la tombe ouverte pour longuement se tenir devant elle en silence (le pasteur voyait remuer ses lèvres, mais la femme n'adressait pas de prières à la terre –). Elle resta ainsi longtemps, remuant les lèvres en silence par=devers=elle. Pour finir, l'homme à la robe noire posa sa main pleine d'inquiétude sur l'épaule de la veuve (il avait déjà vu des survivants sauter brusquement au fond du trou pour rejoindre les défunts avec lesquels ils avaient partagé d'innombrables années de leur vie) ; – après quoi la femme se détourna de la tombe – *ses traits étaient baignés d'une paix inquiète mais silencieuse, dit le pasteur* – et elle se laissa raccompagner chez elle. Le jour même, elle noua un foulard autour de sa tête, en tissu bleu foncé avec des pois blancs. Ce foulard, porté avec les vêtements foncés dont elle s'habillait depuis, la vieillissait ; elle voulait être une Vieillefemme ne tolérant plus d'homme auprès d'elle ; aucun de ces étrangers désireux de s'installer dans le nid déjà fait & qui en voulaient à Sonargent. *–Effectivement (avait remarqué Felicitas biendézannées plus tard) – à l'instar de ces individus capables de décisions irrévocables comme de s'auto-mutiler, un phénomène connu chez la secte russe des Skopes, Hedwig, trentetroisans avant de disparaître & mue par une intransigeance similaire, s'était résolue de raccourcir ses encore jeunes années & d'être=vieille désormais. Et elle s'acquitta avec une telle fidélité & perfection de son rôle de Vieillefemme, qu'on pouvait se demander si cet habitus=là n'était pas inhérent à sa nature dès-le-départ, si durant toute sa vie sa vocation n'avait pas été pas d'être La-Vieille-Femme, et que seul le couvert de l'âge autorisait à s'épanouir des dispositions elles aussi accordées dès-le-départ & qui ensuite présidèrent au reste de son temps. Beaucoup de femmes (poursuivit Felicitas d'une voix mélancolique) –se voient privées de !Cemoment d'épanouissement intérieur. Elles vivent et meurent en se ratatinant, en donnant l'impression de produire à l'intérieur d'elles-mêmes de la poussière comme les mites ; une poussière qui les assè – (elle s'arrêta de parler, car elle était tout près d'évoquer sa propre solitude prometteuse d'être sans espoir dans 1 reste de temps à vivre pauvre en embellies é sec comme une bûche, 1 temps de vie dont les années écoulées, morcelées, avaient été dictées par les règlements, rigueur, mépris & humiliation qui lui avaient tout fait connaître, sauf le bonheur – victime-des-circonstances, comme le dit la formule insipide – des renoncements aussi, de plein gré ou imposés (l'évitement des orages-à-deux : ces échanges de mots menaçants & querelleurs tombant comme la foudre entre 2 individus, feu flammes hurlements, & des passions=tourmentées ressemblant à des rocs carrés de granit s'abattant comme le tonnerre du petit-ciel privé) – & tout cela simplement du fait que 2 individus ont envie de rester=ensemble mais ne savent pas ?comment s'y prendre. !Quel prix terrible à payer, é: !quel renoncement grandiose, !quel acte héroïque de trahison de la vie ; ou: nix grandiose, nix héroïque ; juste cette forme de renoncement qui s'attrape comme 1 dose de radioactivité dès que l'on est contraint de vivre dans des régions contaminées ; le cœur un muscle* *en activité –). Or, rien, pas le moindre mot de Felicitas sur Tout Cela à-l'Époque. Elle poursuivit son récit sans se laisser déconcerter, là où elle avait presque failli en perdre le fil. Car qui tient à voler devra lâcher du lest (dit-elle) : aussi ces épanouissements restent-ils invariablement liés à une grande perte : la perte-de-plaisir ou la peur=qu'il-inspire. – – Tiens donc. Perte-de-plaisir lâcher=du-lest. Admettons. Mais, Lizi, es-tu pour ?autant capable de ?voler – (:Mais je ne prononçai pas cette phrase, gardai le silence Alors. Car sur le visage rembruni de Felicitas je lisais l'Inquiétude, cette créature femelle de la nuit des temps qui pénètre par le trou de la serrure sous toutes sortes de formes & déguisements comme le font la poussière & un rayon de soleil ou les regards des enfants avides=de-savoir.)* L'Inquiétude..... –

De fait, une Inquiétude travaillait Hedwig depuis la mort de son mari : protéger la menuiserie & le domaine agricole, quelques hectares de terres & un bois de pins, le tout exempt de dettes,..... des turbulences-des-Temps & des convoitises d'Autrui. (:Était-ce !Cela é son vœu de célibat pour le reste de sa vie qu'elle avait promis à son mari devant la tombe ouverte dans le mumure silencieux de ses lèvres à la terre, le jurant en son-honneur-é-conscience é en-regard-de-la-mort –)

La veuve donna à bail la menuiserie ; les champs, où plutôt ce qui ressemblait à un grand jardin, elle pensait les donner plus tard à ses fils Werner & Johannes, qu'elle avait placés dans une école d'horticulture. En attendant, les terres étaient entretenues par des métayers qui se partageaient le travail.

Laguerre éclata au moment où Werner, son fils aîné, terminait ses études, & Werner se porta Volontaire pour rejoindre les grenadiers. Ce qui contrecarrait pour la 1re fois les plans d'Hedwig qui, à l'image de tous planificateurs, pensait les voir se dérouler dans un temps exempt de toute temporalité.

Mais très vite le prochain coup dur vint la frapper : Wolff, sire Baston & Barnum de Boit-sans-soif, capitaine de cavalerie & propriétaire foncier, voulut empêcher par voie légale la veuve Baeske de poursuivre l'activité de son exploitation horticole : *?!Pourquoi 2 exploitations sur place, ?serions-nous peut-être ici au jardin d'Eden – Monétablissement suffit=au-Paradis & basta.* Dettes de jeu, beuveries, missententes &

biens mal gérés avaient fichu le propriétaire Wolff dans le pétrin, il avait besoin d'argent é non pas d'une con-cucurrence. À-compter=delà, é contre son gré, sans l'aide de ses fils (qui avaient fui les querelles domestiques en partant Àlaguerre), Madame veuve Hedwig Baeske se trouva dans l'obligation de déclencher sa guerre=personnelle sans drapeaux ni trompettes & sans harangues bruyantes ni bouquets agités, livrant sur plusieurs fronts=à-la-fois une bataille silencieuse & tenace assortie de lettres, dossiers, démarches, menaces & d'innombrables heures perdues devant & dans les bureaux de l'Administration – l'une=de-ces guerres totales que la vie-quotidienne avec les autres offre en cadeau aux gens comme des *armes bénies.* Dont la défaite devant l'impitoyable Bureaucratie ne se laisse pas contenir mais seulement ajourner (car en définitive la-Mort se trouve toujours du côté des-Vainqueurs donc de la-Bureaucratie) –, si bien que Toutindividu doit s'épuiser & disparaître à la fin sous des tonnes de papier dans les sacs-de-nœuds & cafouillages de §§§ entourés de barbelés sous la boue de lois ordonnances & directives, marqué de la croix-des-vaches de l'In-Justice empestant jusqu'au=ciel. Mais pas encore à ce moment-là, *présentement,* – encore 1 petite rallonge de prise de bec & de jeu du-chat-é:-la-souris. – Tout d'abord disparurent la Guerre, l'Empereur & l'Empire, mais restaient les-dossiers & les-faits – restaient – restent – resteront & traîneront Enlongueur. *L'Allemagne est une République / Et qui n'y croit pas prendra un coup sur la nuque.* 1 Reich avec des soucis d'Ordredifférent, un capitaine de cavalerie miné par la pochardise..... Puis, soudain, 1 dénouement : la décision du tribunal, *au nom du-peuple.....* Mais nulle part de triomphe d'aucun côté, – et de nouveau juste le froissement cathartique des papiers, l'odeur de l'encre, le choc magnifique du tampon valable=pourdebon & le clic douloureux des anneaux du classeur Leitz au moment de l'*archivage des faits : classé sans suite.* Le reste à l'empoussièrement –.– En regard des batailles perverses de plus en plus vaines & inefficaces livrées contre l'Administration, ?peut-être le désir-ardent de justice vengeresse, né de cette ombre que projette le sentiment primitif é sain d'individus opposés au monstre=bureaucratique omni-présent, s'épanouira-t-il en luttouverte, l'autre face du mensonge qu'est la vie.....

Pour commencer, aux premiers mois de Laguerre, quand les fleurs criardes de la victoire poussaient tout en feuilles, Hedwig se garda de faire des emprunts de guerre : de convertir terres&biens en un argent dont jamais personne ne reverrait la couleur. *À l'Empereur ce qui est à l'Empereur – mais pas !un pfennig de plus. Ma terre – c'est aussi celle de Mon Mari, é je ne le vendrai sûrement !pas.* – La ruine évitée & l'1 des fils, Werner, sauvé de Laguerre en même temps que la ferme ; l'autre fils, Johannes, perdu dans la bataille des Flandres en 1916. En recevant La Lettre du Commandement=de-la-région-militaire de Mathildenbourg, des larmes, quelques instants de silence. Le papier froissé entre 2 mains tremblantes. Puis ces mêmes mains essuyèrent les larmes, posèrent La Lettre sur la table de la cuisine à côté du pain, la défroissèrent & La rangèrent avec les documents personnels ; 1 fils mort, ça a de la valeur auprès des services-administratifs..... Après quoi, d'un geste énergique, la femme&veuve noua plus fort son foulard sous le menton.

Car Cèteguerre non seulement avait pris un fils à cette femme, mais l'avait aussi privée des métayers pour cultiver sa terre – aucun n'En revint. Werner, le fils aîné, rentra invalide, é: se montrait peu enthousiaste à travailler sur la propriété de sa mère à Thalov. Il semblait aussi que Laguerre avait accentué un trait bien présent chez lui depuis-toujours : sa manie=de-faire-le-Grand-Monsieur. La fréquentation de ce Wilhelm Schneidereit était une épine dans le pied d'Hedwig ; elle ne pressentait rien de bon pour son fils. –

Il n'y avait que la fille Friederike pour combler les espoirs de la mère. Elle était restée à la ferme, avait en 1919 épousé Paul, le compagnon menuisier, son cadet de neuf ans (celui-ci avait fait son apprentissage à la menuiserie et s'était trouvé trop jeune À-l'Époque pour aller verser son sang aux fronts). Une guerre laisse toujours derrière elle les vieillards é les hommes vigoureux : *même si c'est dans les vieux pots qu'on fait les bonnes soupes, il n'est feu que de bois vert* –.– Hedwig conseilla à Friederike de choisir le Bois Vert, & dès=lors les deux Jeunesgens l'aidèrent du mieux qu'ils le pouvaient aux-champs&à-la-maison. En-d'autretemps, ce mariage avec un homme plus jeune de neufans eût fait !scandale dans la bourgade, les-gens auraient cassé du sucre sur le dos du couple & brisé en même temps la Bonneréputation de la famille, si bien que les deux Jeunesmariés n'auraient eu Jadis d'autre alternative que de quitter le village sous les cris d'insultes&d'opprobe – (déjà, quand Hedwig avait pris pour époux un homme plus jeune de six ans, les-Langues du village de Thalov avaient fait passer le couple sous les fourches caudines) –; mais Désormais les-gens s'étant pris une bonne raclée, ils avaient faim & d'autresoucis.....

→ Hedwig continuait de s'en faire pour son fils Werner. Qui se fichait autant de la guerre=villageoise que des plans de sa mère ; – qu'à son retour de la guerre il aille justement chercher du travail dans l'exploitation horticole Wolff où il avait terminé son apprentissage, et pas dans une autre, voilà !qui faisait mal à Hedwig. Mais elle gardait pour elle ses reproches ; elle voyait bien que son fils avait besoin d'argent. Et de plusdargent, de beaucouplusdargent qu'elle n'aurait pu en réunir jamais. Elle le comprit quand il vint la trouver 1 jour : – *Maman, il faut que je te parle de quelque=chose.....*

Et devait se confirmer ce qu'Hedwig avait déjà pressenti : son fils Werner – l'Irréductible qui possédait ces yeux=particuliers, l'héritage, la tare de la famille, ou: plutôt le défaut de tissage&d'écriture dans la bénédiction familiale –, assailli par cette forme de fièvre qui apparamment ne se transmet que par contagion, était, en la personne de ce Wilhelm Schneidereit, tombé entre les mains de drôles-de-gens & parvenus & de leurs manigances obscures & affaires risquées..... –

Elle requéra son fils. Mais auparavant, d'un geste énergique, la femme noua plus fort son foulard sous le menton.

14

Photo 28 *Werner, en uniforme de grenadier, avant sa 1re mobilisation sur le front : debout devant un fauteuil en rotin dans une pose nonchalante, les jambes croisées, 1916*

À la périphérie de Greifenthin, au cœur d'un parc bruissant des floraisons du plein été – l'allée escortée de part et d'autre d'une haie de chênes majestueux, au loin des forêts de pins ourlent l'horizon, de robustes sapins aux ramures chatoyantes comme une fourrure bleutée se détachent sur le fond, é vert clair le filigrane de bouleaux solit1res – se dresse, flanquée de ses deux pignons, la résidence d'été des von Dorset. Avec ses toits pointus aux extrémités des ailes latérales à deux étages – reliées par un corps de logis où se trouve le portail d'entrée, quelques marches confortables conduisent l'Arrivant vers la véranda largement offerte aux regards – le style délibérément=sobre ainsi que la teinte discrète de la maison, laquelle semble s'accorder en toutes saisons au changement de couleurs du parc, livrent à travers la durabilité & l'affairement continuel de la demeure un riche aperçu du monde intérieur de ses propriétaires. Apportant son soutien au Restedumonde dans moultes circonstances, de telle façon que ladite demeure serait capable à Toutmoment d'absorber=en-elle ce Reste, avec discrétion mais décidant=de-la-manière, ce par quoi le statut de Son Propriétaire acquiert d'autant plus clairement confirmation & légitimation. Dans-le-salon, sous une lumière tamisée, enveloppée de l'arôme froid des cigares & d'un fin cognac, telle est l'impression produite, maintes aiguilles des cadrans de la Délirantéconomie d'Après-Guerre indiquent la direction voulue par les Magnats, lesquels, eux-mêmes noires mines de fer, étendent depuis-le-lointain les invisibles champs magnétiques de leur Pouvoir=de-manigances. –

Werner s'approche du portail en foulant sous les chênes l'allée crissante de gravier. L'aile gauche aménagée en jardin d'hiver, sa large et haute rangée de fenêtres absorbe à l'intérieur de la maison la clarté vert mat du parc ; tandis que les volets des fenêtres de l'aile droite restent fermés pour protéger de la lumière aveuglante du soleil & de la chaleur du plein été. De ses bras souples un lierre escalade les façades ; du haut des terrasses coiffant les rez-de-chaussée de chaque aile, des plantes retombantes déploient leurs onduleuses feuilles charnues – des fleurs multicolores étoilent le vert é s'écoulent par-dessus la balustrade vers le jardin en houle lente à peine perceptible. – Au cœur d'un parc à la portée d'un cri d'oiseau, cette propriété demeure comme une formule légale ancienne : simple, magistrale, droite ; une coquille pour&contre les relations=passionnelles des hommes leurs tragédies leurs intrigues. À cette heure Pazunsouffle de vent dans les arbres é les buissons. Les voix des feuillages se reposent, – le bruissement de roseau & d'éventail des herbes, le murmure des plantes – tout s'est tu. Un dimanche après-midi dans l'oisiveté, les rayons du soleil ruisselant en poussière dorée des coiffes des arbres. Seules dansotent & virevoltent des nuées de moustiques dans les taches ensoleillées sous les frondaisons, semblables à des brins de paille jetés en l'air –, tandis que le Tronc Brun des chênes garde enfermées dans son coffre la chaleur é la lumière du plein été. 1 légère fumée dorée semble baigner le parc – l'odeur de Richesse Niouvêle é: de Culturancienne. La progression de Werner le long de l'allée saupoudrée de coquillages broyés, sous les arcades que forment les cimes des chênes (éclairées par un large rai blafard pareil à un clair de lune frisonnant dans une éternelle nuit d'hiver), l'entraîne au fil de fontaines, bassins à poissons rouges, petits Amours et fait sourire le jeune homme d'un air rêveur. *Si jamais je devais redevenir jardinier un jour* (songe-t-il, à quelques pas de l'entrée de la résidence d'été, en promenant autour de lui le regard de la Pauvreté) *alors j'aimerais que ce soit !Ici.* – Au-dessus du portail taillé dans la pierre en grandioses lettres onciales dans le style de la dernière fin de siècle le nom étrange de cette maison de campagne – *Snowmoon* – en ce temps-là l'anglais était aussi au goût du jour. La porte d'entrée s'ouvre, 1 domestique en simple livrée noire, les mains glissées dans des gants immaculés, passe le seuil, – timidement Werner décline son nom & présente son carton d'invitation, puis il entre d'un pas ferme.

–Bien entendu, il se sera présenté ponctuellement=àlaminuteprès. Son ami Wilhelm l'aura certainement instruit au préalable des mœurs & coutumes de Cesgens : le *Laisser-faire* est le privilège de Monsieur. Mais Werner n'a rien d'un monsieur. Quoi d'autre encore – – –Disons que ç'aura été l'une=de=ces réunions-de-convives chez Desgenriches : arborant des mines ancillaires aimablement distantes des filles de service circulent dans le vestibule (peut-être les a-t-On affublées de prénoms artistiques à contre-emploi comme Bethsabée Judith Daphné ou Zoé, à l'1nique fin de pouvoir ensuite les tronquer & les interpeller avec un humour=abject Betzie Juju Daffi ou Zozote), vêtues de scintillantes robes moulantes noires, de serre-têtes immaculés

& de minuscules tabliers noués autour de la taille, chacune portant un plateau ; On tient son verre de champagne ou son appéritif par devant son ventre tendu de belle étoffe, pousse la jovialité jusqu'à provoquer l'hilarité, se servant des parfums & senteurs florales comme d'un bouclier accompagnant ces apparences influentes. Enfin la porte à deux battants s'ouvre doucement de-l'intérieur –

–C'est toujours *une porte-à-deux-battants* & toujours *on-l'ouvre-de-l'intérieur* – –pour guider Latroupe des Invités vers la table de la salle à manger. – –Allonbon. Mais nous nous épargnerons le menu, le défilé de mode, les sapes de cette canaille. Des photos oui, mais de !grâce, !pas de cartes postales de toute=cette bourgeoiseté=impertinente.

–Mais il y a quand même 1 détail qui m'intéresse : ces-Messieudames é: la présence de Werner, qui a dû se sentir terriblement mal à l'aise parmi Cètesociété, car –

–Détrompe-toi. Tiens : regarde les photographies montrant Werner à Cètépoque. Son maintien, l'expression de son visage : il avait l'instinct d'un genre de vie qui n'était pas le sien ; son apparition dans le-Salon était certainement guidée par ce même instinct, libéré de l'ombre de ses origines villageoises. Il aimait jouer le-rôle du dandy ennuyé, de l'un=de=ces noceurs qui posent en société comme des plantes de serre précieuses, *avoir de Grandnoms à la bouche, s'être brûlé aux étés de toutes les passions, désormais d'une humeur égale & d'un calme impassible devant les plaisirs auxquels ils avaient déjà goûtés, é ils les avaient tous goûtés, tels des lions sagement=rassasiés contemplant le bond des antilopes qu'ils n'ont plus envie de dévorer.* Voilà le rôle de Werner. Et cela à une époque où cette pose ne passait pas encore pour ridicule. – –Ça me rappelle Quelqu'un : ton père, et les histoires qu'on raconte sur lui. Père. Celui-là aussi ne faisait que jouer au Fataliste-en-trompe-l'œil ennuyé ; il n'en était rien, de ton père, du Chevalier de la Chance à sa table de jeu. La même pose. ?Et tu crois que cela le poussait à jouer avec toujours plus de frénésie & en faisant preuve d'un certain talent. Oui, peut-être. Mais chaque jeu a ses temps d'arrêt, chaque costume ses coutures, un costume n'épouse pas les formes comme une peau vivante mais reste l'accoutrement bizarrement=empesé d'1 rôle : on avise les marques du cintre, on regarde à travers les coutures comme le prêteur sur gages inspecte des ourlets difficilement retouchés – &

l'on découvre l'imitation grotesque, le jeu qui vient trop tard, qui n'est plus que puéril à l'Âgeadulte parce que, en y jouant trop bien, il sert de façade à la réalité de ce que l'on est. Tu peux raconter ce que tu veux, il allait !inévitablement au-devant de l'échec avec les-Lorgnons & Monocles enveloppés dans la fumée bleue narcotique des cigares –. – –De l'échec oui. Mais pas dans l'immédiat. Pas surlheure. Car son contraire, c'était Wilhelm : bien qu'il eût fréquenté ces=cercles pluslongtemps que Werner, Wilhelm s'était toujours montré 1 peu gauche, !trop poli. Si bien que l'apparition de Werner dans Cètesociété d'Après-Guerre devait produire sur elle l'effet du fénix qui avait d'unseulbond gravi les marches de l'ascension sociale & sauté par-dessus les ronces de ses origines ; Werner qui, sans se soucier de la condition-modeste de ses parents, entrait bien armé dans le Mondériches. Comme s'il était 1 baromètre de l'atmosphère sociale sensible aux courbes isobares du microclimat sociétal qu'induisent les situations particulières & qu'il sait convertir en attitudes appropriées. L'effet-de-surprise fut toujours de son côté.

–Mais le pire dans tout ça, n'est-ce pas le M'as-tu-vu lui-même, qui a ses entrées pour mieux être tenu-en-dehors..... –

–!Joliment dit. Il n'était qu'1 Preneur-de-grands-airs. Mais Cète-société-là est faite elle aussi de *vulve*gaires parvenus & de profiteurs de guerre, comme l'étaient les propriétaires de la résidence d'été. Quant à ceux nés avec une-cuillère-d'argent-dans-la-bouche, ils l'avaient bradée à vil prix depuis bien longtemps ou On la leur avait arrachée sans hésiter : *la propriété, c'est le vol.* De la Distinction, ils n'ont gardé que la grimace faite avec élégance, débiles é ramollis dans leurs aristocratiques bandelettes de momies du Pouvoir d'Autrefois –, é: Aujourd'hui pas une chemise à se mettre sur le cul. / Mais CEUX=de-la-Villa *Snowmoon*, ils sont d'une autre trempe. ILS existent dans les hauteurs, là où Vivre & Faire-des-affaires s'avère facile, du moins aussi longtemps qu'ILS sont de la partie & disposent du code-d'accès à ces hautes sphères. Le Flux de l'Argent connaît lui aussi la direction à prendre, il importe juste, pour qui est au courant, de ne pas se tromper, alors IL en tirera presque toujours un Bénéfice, même assis sur la lunette des vécés. Ô que dis-je : même s'IL séjourne dans un Chalet d'Aisance. – – Ne dit-on pas : faire-sa-commission. –

–Certainement : Werner était 1 Excludubeaumonde ; – mais il se figurait être Ici&Maintenant au seuil de l'Autre=Grandevie. Et Wilhelm, toujours présent en des Occasions comme celle-là, exagérait devant Werner ses relations familières avec Cètesociété, du moins je le soupçonne de l'avoir fait ; Gumbinnen, c'est de la vraie colle –. Mais fort de son flair de parvenu, il ne dépassait pas certaines limites. Ce jour-là toutefois, si l'on fait la comparaison entre les deux hommes, le contraste devait être saisissant, & Werner dut se sentir très gêné à cause de son ami. – –D'autant plus que c'était probablement lui – Werner – qu'On avait placé au-centre-d'intérêt de Lasociété, en tout cas pour 1 moment, en ce sens que le Maître=de-Céans soulignait encore une fois l'héroïsme de Werner Danlaguerre, lequel apporta à Wilhelm Schneidereit, leur jeune ami=à-tous & lieutenant décoré de la † de fer de 1re classe (ici l'orateur s'incline courtement&vite devant le Susnommé qui rougit bêtement), la Plus Belle Chose qu'un Hommencemonde puisse recevoir : sa vie, donnée par Dieu un jour, puis ensuite par les mains d'1 homme s1mple comme le soldat Werner Baeske – – –À cette accusation d'être un *homme s1mple* le dénommé Werner Baeske ?n'a-t-il toujours !rien deviné ; ?l'a-t-il même ?entendu. – –Bref, qui a vu ce cadeau de Dieu confié aux mains de l'1 de Ses s1mples créatures nommée Werner Baeske & ainsi offert une nouvelle fois & blablabla. Ensuite, on aura certainement porté 1 toast timide à Werner, é: pour Cètecompagnie=de-Messieudames, l'Affaire était !réglée au premier entrechoc des verres. –

–Mais pas pour quelqu'1 : pas pour l'homme s1mple & chômeur Werner Baeske. Qui dans l'heure qui suivit devait quand même s'étonner 1 peu qu'on lui parle à plusieurs reprises avec insistance du parc & de l'exploitation horticole avec sa culture de chrysanthèmes. Mais cela ne lui mettait toujours pas la puce à l'oreille : ce qui agace=&=tient le plus chez l'homme, ce sont ses défauts & autres espoirs.....

–Alors que les-conversations=autour-de-la-table et plus tard dans le fumoir portaient depuis longtemps sur Autrechose que l'héroïsme du soldat Baeske, par politesse ou bien aussi par pitié, quelques-1 des femmes présentes avaient une fois de plus interrogé le Jeunomme aux grands yeux naïvement-écarquillés sur cette nuit près de la

Somme (comme si elles n'arrivaient pas à se rassasier de son récit), é: tandis que Werner, reconnaissant, était autorisé à refaire surface dans Cètesociété où il se sentait perdu pour raconter une nouvelle fois son histoire, il finit sans doute par remarquer lui-même le bâillement dissimulé derrière mainte bouche soigneusement maquillée –. Si bien qu'il se tut très vite (personne, pour l'encourager à poursuivre), pour mieux prêter l'oreille aux !sujets dont Ces-Messieurs=de-l'Économie débattaient entre eux, enveloppés dans la fumée bleue de leurs cigares.

Et ?n'y avait-il pas là une=certaine femme, dame de compagnie chez les von Dorset : Johanna, la sœur aînée de Wilhelm. – –Peut-être pas ce jour-là. Il est possible aussi qu'elle ne l'ait pas remarqué ou que lui n'ait pas fait attention à elle parmi Toucesgens ; ou: que Wilhelm n'ait pas encore jugé nécessaire de les présenter l'un à l'autre, parce qu'il voulait d'abord s'assurer que son Ami&sauveur réussirait l'examen d'entrée dans Cètesociété & voir comment il s'en sortirait –. Je n'en sais rien. Felicitas ne m'a rien raconté là-dessus.

–Alors !continue.

–Un cocon bleu de cigares fumants enveloppait l'assemblée &, tel un serment prêté par des Demi-Conspirantins, liait entre elles les personnes présentes, de leurs corps ne subsitaient que les contours : des formes osseuses drapées dans des chemises de soie comme dans des drapeaux en étamine ; l'1 de ces corps, bien calé contre les coussins d'un fauteuil, les jambes grêles longuement étirées avec-nonchalance, semblait comme 1 barrière placée en travers & déterminée à vouloir priver Werner du salon ; à ses côtés quelque embonpoint replet difficilement contenu dans une étoffe de prix ; puis de la même coloration que la fumée des regards sérieux & gris clair sous des sourcils blancs broussailleux ; des cheveux couvraient maints crânes anguleux comme un amas de neige ancienne : – des guirlandes de fumée accrochées à toutes les lèvres pulpeuses ou minces ou pincées (on eût dit qu'elles enfilaient à=perpétuité des colonnes de chiffres), desquelles Werner croyait voir des phrases écrites en lettres majuscules gothiques à l'égal des paroles de Bénédiction sur les panneaux peints du Moyen Âge –

Dans le Salon, Werner prêtait une oreille attentive aux conversations. Même les lieux-communs lui semblaient une révélation. Il n'aura pas non plus eu beaucoup de mal à deviner de Quoi l'On s'entretenait Ici. Et quoique ce-seul-Mot ne fût prononcé à Aucunmoment là aussi, ce-seul-Mot également absent de la conversation avec Wilhelm, cette absence confirmait à plus forte raison ce que Werner imaginait : La-Proposition qu'On lui faisait, à-Cèteheure & parmi Cètesociété, à lui, Werner Baeske = ex-soldat invalide de guerre à 33 $^1/_3$ % & chômeur. Il !En avait désormais la certitude, & aussi qu'il lui faudrait de l'ARGENT pour en faire partie, de BEAUCOUPDARGENT, ou: comme On avait coutume de dire dans Cecercle : d'un capital personnel. – Ainsi, en ces heures pressantes au fumoir, se rappela-t-il finalement d'une certaine=propriété à Thalov. (Probablement ne remarqua-t-il pas la mine étonnée de son ami Wilhelm à l'instant où il lui chuchota qu'il finirait bien par réunir le K-pital-personnel, oui !sûrécertain, pour *en faire partie*.)

Et le mot qu'il avait en tête était : *hypothèque*.

Photo 29 — *Johannes, le frère cadet de Werner, (mort dans la bataille des Flandres en 1916), en uniforme de soldat dans un atelier de photographie, posté devant un décor de forêt de chênes, avant sa 1re é dernière mobilisation sur le front, 1916*

–!!!MAMAN

Mitrailleuses Sifflements Par vagues Tirs d'artillerie déchaînés Sans origine Sans répit par-Tout La Nuit Ouragan de feu Fantômes éclairés déchiquetés en lambeaux sanglants dans le ciel Machines de guerre folles furieuses hurlant par des gueuloirs d'acier Une terre qui s'acharne contre une terre qui s'éboule Soldats tremblant de tous leurs membres au fond des tranchées-abris Canons dressés dans la nuit rouge feu Prothèses d'une Volonté de fer de tout anéantir.

–!!!MAMAN

Arraché à son sommeil le Soldat Baeske n'est cependant pas assez réveillé pour voir La Mort La Mort vue en rêve dans la Mort entrevue la Nuit dans la Guerre *Dans un pays occupé. Une marche en longues colonnes sur une route d'asphalte rectiligne traversant une plaine. Des arbres fruitiers, certains encore épargnés par la mitraille, ourlant la chaussée de chaque côté. Pommes poires pourrissant dans l'herbe. Le fusil + la musette pèsent lourds, depuis des heures les lanières de cuir entaillent finement + profondément les épaules. Une journée pluvieuse sans soleil. La route mène à 1 bourgade située au creux d'un vallon peu profond. 1 jeune fille vient à ma rencontre, 1 étrangère de ce pays occupé. Elle a l'air aussi jeune que moi, 20 ans, une chevelure longue é lisse, foncée, ses yeux de l'éclat intense de cerises noires. La première bâtisse à l'entrée est une maison individuelle au toit plat avec seulement 1 étage + 1 loggia. Un jardin visible derrière la maison. La jeune fille + moi sortons de la colonne en marche, je jette le fusil + la musette dans le fossé, nous entrons dans la maison main-dans-la-main. Dans la pénombre du couloir, 1 femme âgée, probablement la propriétaire, s'avance vers nous. Comme je ne parle pas la langue de ce pays, la jeune fille demande à ma place (je le sais :) 1chambre pour nous=deux. En silence, La Vieillarde nous conduit dans une petite pièce basse située à la cave. Là-bas, dans l'éclat lugubre du jour qui s'1nfiltre, beaucoupdegens sont déjà rassemblés, ils sont accroupis + adossés contre les murs avec une expression crayeuse é fixe sur leurs visages. Pas un regard pas un mot à notre intention. Les étroites fenêtres près du plafond é grillagées de surcroît ne sont pas assez larges pour laisser passer l'air du Dehors. Je sens la mauvaise odeur de peur + détresse de ces gens. La porte en fer se rabat derrière nous, à l'Extérieur on tire un verrou grinçant. En même temps des tuyaux d'incendie descendent dans la cave par les petites ouvertures des fenêtres. Mais pas d'eau à sortir des bouches rondes en métal, – d'abord peu abondant puis en épaisses nuées s'écoule dans la cave du*

–!!!GAZ

Des cris, les gens se débattent se donnent des coups de pied se font tomber à terre lézuns:lézautres Des bras jambes corps se précipitent sur les rares fenêtres grillagées, la jeune fille + moi aussi, – !incroyable : les fenêtres + les grilles cèdent immédiatement – nous laissent sortir à l'air libre –. À l'instant je tenais encore la main de la jeune fille, maintenant elle a disparu. J'appelle, regarde autour de moi –:– Un paysage sous un ciel pluvieux dans-Laguerre..... Je reviendrai, je le sais, + je retrouverai la jeune fille – / – La même route le même endroit – de Nombreuzannées plus tard. Et de nouveau un jour dans la grisaille pluvieuse. La maison à l'entrée de la bourgade tient toujours debout, inhabitée depuis longtemps elle a commencé à se dégrader sérieusement. Les volets en bois, certains pendent de travers dans leurs gonds, délavés + écaillés par les intempéries. 1 escalier en bois permet d'accèder de l'extérieur à la loggia du 1er étage. Branlantes les marches + la balustrade, dans mon ascencion prudente je jette un coup d'œil en bas, quelqu'un a crié mon nom : la jeune fille d'autrefois, !oui : je la reconnais tout de suite. En ces Nombreuzannées mon corps a vieilli, le visage qui me regarde chaque matin dans la glace est défiguré par la tristesse + la sol1tude, + mes yeux sont mornes. Je ressens uniquement en=moi les désirs du Jeune=Homme, ce qui augmente encore plus ma tristesse. En revanche, la jeune fille est restée parfaitement la même ces Nombreuzannées : ses 20 ans toujours=inchangés, toujours=inchangée sa longue chevelure lisse + foncée, ses yeux à l'éclat de cerises noires se lèvent vers moi. Elle attend, je veux gravir le reste de marches, en haut il y a 1 porte. – Ne va pas !plus loin. N'entre !pas là-dedans. – Entends-je crier la jeune fille dans ma langue. Mais j'avance quand même jusqu'à la porte, elle s'ouvre difficilement, le bois a travaillé, les gonds grincent aigrement. La pièce dans le clair-obscur est jonchée de vieilleries + de poussière. Meubles fendus renversés, 1 vieux landau, sur le plancher de la vaisselle en émail cassée. Mais je sais que c'est ici que se serait trouvée il y a de Nombreuzannées la chambre pour la jeune fille + moi. Si la Vieillarde nous avait conduits jusqu'ici, Tout ?aurait-il été ?différent –.– Je fais demi-tour, sors sur la loggia. La jeune fille s'affaire dans le jardin à l'abandon. Peut-être est-elle restée ici À-l'Époque, + aujourd'hui la maison + le jardin lui appartiennent. Elle arrache les mauvaises herbes d'une plate-bande complètement envahie + à peine reconnaissable comme telle. Le jardinier-en-moi constate : ce désherbage est un travail purement symbolique ; il faudrait retirer la terre abîmée des grandes plates-bandes, répandre dessus de l'hortisol, du terreau sans impuretés. J'aimerais lui dire ce qu'il faut faire. Au lieu de quoi je m'entends crier du haut de la loggia d'une voix sévère : – ?Est-ce que tu te souviens de la !cave. – La jeune fille sursaute, se redresse vivement, quelques plantes + mottes de terre tombent de ses mains. Des morceaux de terre séchée s'écaillent aussi de son visage + laissent apparaître les traits de la Vieillarde qui nous enferma naguère dans la cave. Cette femme monte lentement l'escalier, elle me dévisage sans se laisser décontenancer. Pendant que sa peau + sa chair se détachent de son visage, avant peu, c'est un crâne qui me fixera –

–!!!MAMAN ???POURQUOI ???MOI

Horrifié je saute par-dessus la balustrade, veux m'enfuir, – des tirs sifflent à l'angle de la maison Artillerie Obus tombés à proximité Fumée d'armes à feu Des soldats (leurs uniformes pareils au mien autrefois) filent près de moi sans s'arrêter, plus d'1 est en sang, plus d'1 me regardant de son visage déformé par la peur, puis ils continuent de foncer poussés par la peur la bravade + la détresse. Un sous-officier m'aperçoit, s'empare de mon bras, me glisse fusil + musette dans la main. Ce fusil + cette musette sont les miens, c'est mon paquetage d'autrefois. : Ces Nombreuzannées que je croyais écoulées n'étaient qu'1 battement de paupière dans le rêve de la-Guerre-Éternelle. Le sous-officier me hurle des ordres dans la figure en postillonnant, dans le tumulte=général je n'arrive pas à comprendre ce qu'il dit. Une voix venue de la tranchée-abri essaie de couvrir la Fureurdesmitrailleuses en hurlant plus fort 1 faible

–!!!MAM /

Tombereaux de terre déversés dans sa bouche (des obus-tombés-à-proximité ou est-ce un autre soldat qui refuse d'entendre le cri originel de la peur MAMAN poussé par son camarade) Un dernier regard hors de la boue mitraillée Des murs de feu montant en flèche L'éclat des couleurs fondamentales puis noir le regard de cerise de la jeune-fille-du-rêve – présente : l'odeur d'amandes amères qui déjà irrite les yeux Souffle éraillé Toux

–!!!GAAAZ

Le masque sur son visage étouffe son cri Maintenant le soldat Baeske est réveillé lui aussi : !DEHORSDEHORS !VITE!VITE !ALLEZ !TOUTLEMONDE !DEHORS : quand la mine éclate à proximité de l'abri propulse les soldats le long de la tranchée avec la force d'un géant – / Amortis Assourdis les grondementhurlements Comme si ?quelqu'un avait étranglé les différents sons + abandonné derrière lui seulement les cris aigus de sonneries de trompettes *(Est-ce que ?!j'ai toujours mes oreilles)* Pris d'éblouissement dans le flamboiement chaud des ombres qui déchirent la nuit Tranchées canons silhouettes zébrés d'éclairs de salves de feu Sous le casque d'acier les masques à gaz étirent les têtes en bandes grises Les vitres arrondies + médusées renvoyant comme un miroir chaque montée en ligne Les masques des Morts LE CRI de Munch comprimé dans du caoutchouc + de la tôle Agglutinés en mottes les bataillons de choc attendent au fond des tranchées accroupis alignés tels des obus de feutre+chair Maint jet de terre lancé sur des dos courbés Comme si c'étaient des pelletées de boue jetées sur des Déjàmorts Car Le Moloch c'est La Terre Qui ose s'approcher trop près + trop longuement d'Elle La Terre s'en empare + l'attire à=elle + en=elle Mâchant-tout avec lenteur + s'étouffant avec sa ripaille de soldats sans se montrer sélective Sera dévoré ce qui doit l'être – *!V'nez donc par ici si déjà vous osez vous approcher si=près !Ahah attaquons-nous à mes Morceauxpréférés. !Hé bande=d'idiots friands de mort à la tête pleine d'idées-délirantes + de désirs d'être allégés de vos misères Bouffis de vos conneries arrogantes + de vos ambitions-exagérées=de-Grippe-sous vous vouliez vous éloigner de moi La Terre vous élever Danslesairs à des centaines de milliers de kilomètres à des années-lumière afin de vous protéger de moi La Terre qui malgré tous vos efforts vous amalgamera tous-ensemble pour ne faire qu'1 Car vous êtes faits de Ma Boue Vous ?!n'avez pas écouté le-ratichon quand il vous l'a fourré dans le crâne !Mais !non Vous avez préféré faire vos petites cochonneries sous la table Doigt d'honneur & Ticket gagnant au grattage + Ensuite !Sauvons-nous !Sauvons-nous !Hautdanslesairs + la fête continue derrière l'horizon Mais vous finissez toujours par revenir à moi La Terre + c'est plus qu'un simple retour D'Unseulcoup vous ressentez le besoin de vous enfoncer en=moi dès que vos conneries battent de l'aile + vos membres flecksibles !ahah ils ont la goutte Parce que vous n'êtes pas capables de tenir longtemps Là-Haut dans les airs de votre arrogance + moi La Terre je mélange incorpore pétris letoutensemble jusqu'à obtenir 1 délire 1 rêve 1 fantasmagorie communs à tous + qu'il soit devenu impossible de vous distinguer les 1 des autres Car c'est !Là votre plus grande crainte : être sans distinction 1=pareil=à=tous Qu'il en fut ainsi en est ainsi & le restera C'est pourquoi vous vous retrouvez maintenant Ici=danslaboue + vous avez toujours=encore des prétentions quant à vous-mêmes bande de gueules cassées appareils de digestion mal recousus qui suintent, postillonnent + regorgent de cris + de grains de folie Enterrés avec votre peur + votre colère Avalés avec peaupoilsfeutre+armes* tout à coup un sous-officier dressé dans la lueur convulsée des tirs le bras levé le pistolet pointé vers-l'avant il veut hurler !À l'attaque dans le VACARMEGÉNÉRAL trop faible sa voix Enrevanche Unhurlement poussé dans la nuit Une Explosion le shrapnel balaie bras pistolet + cri le torse déchiqueté agité de soubresauts tel un ressort baignant dans son sang roule au fond de la tranchée vers l'ombre vers les monticules acides de terre détrempés par l'orduremerdécrachats *(elle La Terre s'est tue maintenant + dévore aussi ce cadavre)* Mais on comprend Le Signal : comme au sortir d'un rêve hurlant les amas d'hommes soldats armes feutre + chair se lèvent Aussitôt attrapés arrachés dans les airs sous les mouvements convulsifs des flammes rouge noir !DEBOUT !DEBOUT aucune voix humaine n'est capable de dominer un tel tumulte : Le Signal donné pour la Grandoffensive avec des fusées éclairantes – brûlant d'une lumière vive comme des cicatrices dans le ciel embrasé : ILS ATTAQUENT –

–Maman

C'est maintenant juste 1 murmure sorti des lèvres froides bien réveillées du soldat B. 1 expiration arachnéenne échappée de lèvres sales + crevassées venant mourir dans le filtre dégoûtant du masque à gaz Les deux ouvertures pareilles aux hublots d'un vaisseau des morts sans éclat à ce mot

–Maman

quand le soldat B. s'arrache à la terre. Bondit hors de la tranchée + fuit une mort pour courir au devant de l'autre – –

Actes surhumains, douleur indescriptible & mal galopant comme si le bec crochu du-vautour Insatiable dévorait les chairs à vif du corps humain, lequel ligoté à-l'existence soudé à La Terre est forcé de rester irrémédiablement perdu allant d'un foyer de combats à l'autre d'une nuit humaine à l'autre – é: Tout=Cela : en vain, en pure perte, pour rien..... ?La paix..... La paix née du désespoir n'est pas une paix.

p. 462, Photo 76 →

–Maman. Il faut que je te parle.

15

Photo 30

Fête de Noël au jardin d'enfants, avec les éducatrices & les enfants, parmi eux Henriette, mimant le jeu de la Nativité, Mathildenbourg, 1940

–Mais sa réponse fut non. Elle refusa tout net. Pleine de colère elle lui rappela sa blessure de guerre, n'en avait-il pas ?assez des armes 1=bonnefois=pourtoutes, sa hanche mitraillée ne lui ?suffisait-elle pas, pour qu'il veuille maintenant faire le commerce des armes – – *(car devant sa mère Werner avait prononcé Ce-Mot-Là pour la 1re fois)* – –et elle qualifia d'impudente son exigence de vouloir à 1-époque-pareille mettre en gage les terres&biens..... simplement pour avoir entre les mains de l'Argent – un vague bout de !papier fluctuant – qu'il avait de plus l'intention d'investir dans des opérations scabreuses fructifiant sur la ruine & la mort de gens – – –Eût-elle écouté ses propres paroles, Hedwig se serait probablement étonnée elle-même, car elle se serait certainement cru incapable de s'exprimer de la sorte. Mais à défaut de s'écouter parler, elle avait vu Quelque Chose : cette lueur dans les yeux de son fils, cet-éclat-particulier dès lors que de Petitesgens font leurs mariolles avec les Gros Profits l'Empereur le Pouvoir Dieu la Vieéternelle, & pas seulement, mais que la pieuvre Religion jette en plus ses tentacules-de-croyance autour de leurs âmes jointoyées au mortier é de leur lucidité appauvrie de Comblés-d'Espoir pour la faire-s'enthousiasmer..... – –À la fin, la femme aurait peut-être quand même cédé à la demande pressante de son fils, si n'avait resurgi ce malencontreux différend légal avec le capitaine e.r. Wolff, portant justement sur cette propriété foncière. Comme Toutivrogne qui se respecte, l'adversaire persévérait dans sa soif-de-contestation, ne désarmait pas. Il ne se trouverait pas Unebanquaumonde pour consentir 1 hypothèque dans de telles conditions. – Et peu de temps après Werner reçut à son domicile !la lettre qui le dégriserait d'Unseulcoup : le courrier officiel de la maison von Dorset l'informant que c'est avec beaucoup de bienveillance que l'On avait examiné sa requête lors de l'entretien de ce dimanche après-midi & que suite était donnée à sa candidature au poste de jardinier & garde-chasse de la propriété des von Dorset. On l'estimait, disait-on, particulièrement qualifié, lui, Werner Baeske, pour continuer & préserver la culture des chrysanthèmes=du-domaine. : !Rien à voir avec l'Autre=Grandevie, celle de marchand de canons : Werner est jardinier, & il doit le rester. –

–Cette nouvelle a dû avoir sur lui l'effet du coup de poing assené à l'ivrogne en plein visage : personne & à aucun moment, même pas Wilhelm son ami & protecteur, n'avait jamais envisagé pour lui un autre métier que celui de jardinier, Werner était le seul à ne pas l'avoir compris, car chac-1 se suffit=à-soi-même pour ce qui est de s'enivrer & de s'abuser. ?Que devait faire le Soldat ex Invalide de Guerre à 33 $^{1}/_{3}$ % & Chômeur Werner Baeske : il accepta l'offre. Et si en ce dimanche après-midi dans le salon des von Dorset il avait senti sur sa langue la saveur âcre & froide de la fumée des cigares de Demi-Conspirantins, – Werner la perçut de nouveau : d'une amertume irritante & d'une saveur piquante..... Le désappointement é la honte brûlant son palais. Or ?que trouve-t-on sous le désappointement é la honte : le consentement. (Mais des cristaux de glace étaient venus recouvrir son amitié pour Wilhelm. À leurs 1res retrouvailles, une fois que Werner eut accepté le poste de jardinier, Wilhelm perçut sans doute la dés-illusion chez son ami ; sans doute joua-t-il la carte de l'apaisement : *pense à ta blessure de guerre, tu ne peux plus voyager aussi librement* &tc. – Et malgré les visites réciproques qu'ils se faisaient régulièrement aux fêtes&joursfériés dans les années qui suivirent, la vieille amitié chaleureuse ne revint jamais. (Werner pensait que Wilhelm l'avait dupé ; et il n'arrivait pas à !Le lui pardonner.) Même par la suite, lorsque Wilhelm fut une fois encore d'une Grande Aide indispensable à Werner & à Johanna dans l'installation & le maintien de leur commerce (:?aidait-il son ami ?ou sa sœur Johanna qu'il avait été content de caser), ces services rendus par l'Ami ne suscitaient non plus chez Werner une plus grande cordialité à son égard – l'éclat imposant de ce dernier était devenu terne, dépoli & rongé par l'acide de la dés-illusion. ?Peut-être que Werner se voyait-il avec ce genre d'aides bien davantage & plus fermement pris dans les mailles d'une Situation – –la Planification de l'Existence élaborée par sa mère Hedwig – – dont il n'avait pas voulu. Il arrive ainsi que des individus fondent le temps de leur vie sur une négation, 1 fondation de nature=à-durer comme n'importe quelle autre, pourvu que le Non tienne suffisamment=bon. – (Et je sens les regards de mon « fils » posés sur moi.)

–Mais il ne voulait pas En parler avec son ami. !En aucun cas. Officier de la Wehrmacht en Russie, Wilhelm Schneidereit a été mortellement blessé en Crimée en 1943 ; l'attitude distante de Werner à son égard, il n'en aura donc jamais su la raison. Werner acceuillit la nouvelle de la mort de son ami en silence. – Peut-être éprouvait-il même désormais, avec le refus essuyé & son renvoi vers le !poste qu'il=méritait, quelque soulagement : en son for intérieur, il avait dû rermarquer depuis longtemps combien il n'était pas à sa place dans !Cètesociété pour laquelle il avait brûlé=d'ambition ; Wilhelm maintenant mort, il se voyait libéré de son mauvais reflet déformé dans le miroir. Comme si on l'avait défait d'un costume peu seyant, façonné dans une étoffe trop voyante & de surcroît bien trop grand pour lui, d'où son air de flotter dedans : il s'était débarrassé de..... Quelque Chose.

–Mais pour l'heure Wilhelm était encore en vie. Il percevait indéniablement le Grand Désappointement de son ami. Et quand bien même il n'arrivait pas à comprendre comment Partouslesdiables Werner avait !tapé dans le mille en pensant à : *marchand de canons*, il ne voulait pas..... en Des Temps Pareils l'abandonner à la résigne-Nation générale. Il présenta donc son Ami&sauveur à sa sœur Johanna, la dame de compagnie de la maison des von Dorset. Elle avait 5 ans de plus que Werner, née en 1891 é pas encore 30 ans À-l'Époque, personne toutefois pour remarquer leur différence d'âge. À l'automne 1922, Werner Baeske & Johanna, née Schneidereit, se marièrent à Mathildenbourg. Où Werner s'était établi entre-temps, après avoir démissionné le 1er août de la même année de son emploi de jardinier & garde-chasse chez les von Dorset. À Mathildenbourg, il ouvrit 1 petit magasin d'alimentation générale situé dans la Alte Residenzstraße. La mangeaille : avec les-armes & les-bordels en-tout-temps un article de première nécessité à l'abri de la crise. –

–Haltepasivite. Tu !brûles une fois encore les étapes. Contrairement à ta phrase lâchée d'une seule traite Tout=ça n'est pas allé aussi s1mplement & comme sur des roulettes. J'en sais assez sur cette famille sans avoir fait de recherches particulières : le chemin menant au mariage fut tortueux. Il y avait là aussi l'amie de Johanna, Isolde Przemysl, également dame de compagnie chez les von Dorset, avec cela plus jeune que Johanna é, si tu veux mon avis, bien plus jolie qu'elle : une beauté pur-sang.

–Mafoi oui, Johanna n'avait rien d'une *beauté pur-sang*, comme il te plaît de le dire, Père. Je le reconnais. Le 1er coup d'œil donne à voir 1 petite femme au visage maigre, des yeux qui cherchent à masquer leurs regards, les lèvres sévères d'une grande bouche mince, les pommettes saillantes ; quelque chose d'une Paysanne-des-Faubourgs dans son aspect extérieur. Elle semble d'un naturel anguleux strict & peu avenant, bonne calculatrice ; on imagine difficilement un sourire chaleureux venir s'égarer dans ces traits. Elle demande qu'on la regarde plus longuement. Alors, comme les fleurs de givre qui sous l'haleine fondent sur 1 vitre, Autre Chose apparaît chez cette femme : clairvoyance, stoïcisme, sens de la justice. Il arrive que l'expression de ce visage se défroisse, les joues é le front s'arrondissent – les yeux semblent s'être ouverts à l'instant même, sont reconnaissants au contemplateur de son regard, car contrairement à d'autres il s'est attardé à la dévisager plus longuement –. – –En revanche, son amie, qui ne s'appelait pas seulement Przemysl, mais était aussi originaire de cette ville située au bord de la San : fille d'1 Polonaise & d'1 Allemand, la famille du côté maternel se perd dans les plaines blanches de la Russie –. L'arbre généalogique coupé en 2 comme la ville & le pays : moitié polonais, moitié russe. Et l'histoire s'inscrit dans les traits des individus, sur lesquels elle a passé sans s'arrêter. – Là, sa photo : des traits doux sous une abondante chevelure foncée – de grands yeux sombres dans un visage au charme=tragique, et la bouche sensuelle. Des seins ronds, une élégante robe boutonnée jusqu'au cou qui la comprime, un corps qui rappelle la grappe de raisin d'un vin corsé – des raisins trèsmûrs, aux grains bien fermes é gorgés de jus rouge sang, préservant en=eux leur naturel ensoleillé é dont les rondeurs font toujours rimer ensemble inclination/appréhension.

– –Mais te voilà tout feu tout flamme, Père, comme si tu avais l'intention d'écrire un livre sur Cètefemme – – –?!Tu crois que Werner n'avait pas les yeux d'un Homme. Ces deux femmes si différentes, la manière dont elles deviennent amies dans l'Empire-des-Femmes é: des bonnes femmes qui posent problème dès qu'il y a un homme entre elles. Je veux décrire la-Tentation ; le dilemme de Werner : la Maigre d'abord pour le regard plus soutenu / celle qu'il a vue en-premier : – Au lieu de continuer à parler, le pouce é l'index suggèrent les contours d'une figue tendre, juteuse é charnue.

–Oui, les raisins de Zeuxis, cette fois pris en photo – & les oiseaux les picoreront à=jamais. Isolde Przemsyl était juive, et 20 ans plus tard, elle était morte. Vraisemblement assassinée. Au camp de Terezín. – –Des hommes s'en sont pris à d'autres en toute bestialité & dans le style de leur Époque ; une bestialité qui surpasse toute-humanité, plus nombreux sont les humains..... à y participer. Dans des sociétés désorganisées un Petit Nombre disposant d'un Pouvoir immense suffit alors pour déchaîner la bestialité à l'intérieur de cette société. – –Ouioui. Tout ça est juste é: ne nous avance toujours=pas. Si Werner avait alors épousé Isolde, et non Johanna, :?aurait-il pu la ?protéger 20 ans plus tard. ?Ou aurait-il été forcé de divorcer d'avec elle, comme l'homme qu'elle épousa par la suite, quand vint l'heure où tous les autres types de sang, en comparaison du Seul-Type-Valable, devenaient certes dangereux, mais n'impliquaient pas toujours & pas toujours immédiatement que le sang soit versé, mais coûtaient, aussi longtemps qu'on ne répudiait pas toute attache, la-Carrière. Pour beaucoup une !telle perte était&reste pire que le sang versé. Les Riches magnanimes von Dorset, chez qui Isolde avait travaillé pendant de Nombreuzannées, ne la protégèrent pas. Ils se contentèrent, comme tant d'autres Grands-Bourgeois, de jeter de sous leur table en acajou des regards mauvais au « peintraillon » & à ses hordes..... Ceci dit, ils gagnèrent plutôt bien à l'ombre de la Croix Gammée. Ces=Messieudames von Dorset, comme bon nombre de leurs Semblables, s'arrangèrent avant la guerre pour mettre à=l'abri en temps=opportun d'abord leurs comptes ensuite leurs=personnes, é il n'y eut Personne pour leur barrer la route. On quittait le pays parce qu'On en avait les moyens, tout comme il n'y avait personne pour faire obstacle aux Hordes qui avaient les moyens de massacrer en masse : meurtre & affaires, deux monstres conçus dans le même sein. – Tu ?m'écoutes, !Père : Werner ?aurait-il pu ?protéger cette femme. –

–Eh bien, j'ai entendu parler d'une certaine=histoire, longtemps avant qu'il fallût se décider & !choisir. Plus exactement au moment où Werner venait de se faire embaucher chez les von Dorset, & sur la manière dont eut lieu finalement son mariage avec Johanna. Et ça s'était poursuivi plus tard. Après tout, les planètes Greifenthin et Mathildenbourg font partie du même univers – attends, que je réfléchisse : disons éloignées – d'env. 1 zéro 6 x 10 puissance moins 13 années-lumière[22] l'une de l'autre ; pas une distance infranchissable pour Certains & Certainechose –.

–C'est ça, va-z-y de tes plaisanteries, Père. Mais cette histoire dont tu parles – je ne la connais pas. Felicitas ne m'En a rien raconté. Jamais.

–!Ça je veux bien le croire. Je La tiens de Werner lui-même. – – –Raconte-là. – –Elle n'est pas longue à raconter, car personne n'avait beaucoup de temps. ***p. 214, Photo 33*** →

[–Toi non plus – Déjà Ça approche –]

–?Pourquoi tu hésites. Tu n'as pas ?envie de la raconter, cette histoire de 2-femmes-é-1-homme.

–Juste 1 instant. Unbesoinpressant. – ?Où sont les toilettes.

Photo 31 *(debout, derr.) Elfriede et Johanna, (assis devant) Werner, Henriette et Pépé Henry, à Noël, dans l'appartement de Werner & Johanna à Mathildenbourg, 1940*

Père é: « fils » – en harmonie pendant toutune soirée. Car on a vite fait d'être 1nanimes pour relever les défauts & tares des ancêtres. Mais toi é: moi, « fils », nous n'avons pas encore commencé à parler de nous. L'harmonie ne durera pas au-delà. Quand je reviendrai m'asseoir à la table parmi les livres dans l'odeur poussiéreuse de la lampe, viendra un moment où nous serons obligés de parler de nous. Mais il n'y aura pas d'entre=nous. Et lui, l'Interlocuteur (mon « fils »), poursuivra son récit encore & encore avec ce souci de l'exactitude des convenances & de la suite=logique découlant de sa perception linéaire des déroulements & des priorités dans le temps. Tout à l'heure il l'a employé, ce mot : priorités, – il y a plusieurs-années, en regardant cet album et la juxtaposition insolite des photos – priorités, avait-il dit, il veut !pour cela Tout raconter, car son objectif est de chasser a posteriori la poésie ou la sénilité ou tout s1mplement le hasard qui a présidé à cet assemblage, réalisé par Johanna il y a Dézannées. Son gymnique=sens-germaniste s'oppose à toute Non-Priorité. – Et ?moi, qu'est-ce que ?je pense de tout cela : où sont mes priorités : car, comme l'écrivait Epicondylus Ulnaris, un médécin de l'Antiquité tardive vivant à Brigantion (l'ancien nom de Bregenz) & un auteur hélas oublié de nos jours : « L'homme a 2 oreilles pour entendre : l'a-prior-ouïe & l'a-poster-ouïe. Par l'a-prior-ouïe, la Mort t'insuffle de l'air, mais par l'a-poster-ouïe, Elle insuffle la vie. » Ainsi cet Epicondylus Ulnaris rompait-il avec les vieilles traditions en plaçant la naissance d'1 homme sous le signe de la Mort, mais sa mort sous le signe zodiacal de la Naissance. (En quoi, si l'on suit son idée, et à la différence de Dürer plus tard, la Mort=en-soi n'est pas nécessairement une chose morte mais jouit au contraire d'un souffle de vie qu'Elle peut communiquer –.) – Mais je me gardai de lui En parler (à mon « fils ») ; car il finirait par diagnostiquer chez moi, ses connaissances en médecine sont suffisantes pour cela, une lésion dans mon cortex, située dans l'aire sensorielle du lobe pariétal, pour être précis. – Aussi je suis les lignes & petites cases de son récit, qu'il a alignées comme le Premier-de-la-classe rédige sa composition écrite, dans l'espoir que le jour où les cahiers sont rendus, devant le reste de la classe & pour la nième fois en public, il s'entende féliciter par le professeur d'une voix grave & en des termes brillants. Mais il faut croire qui ni même le professeur, et le Premier-Potache encore moins que lui, peut-être seulement le clowm récalcitrant de la classe é son humour de blanc-bec, soupçonne par-moment que l'encensement du professeur ou l'avidité de l'élève à recevoir des louanges n'apportent pas triomfe et liberté mais produisent seulement de la contrainte & une impuissance à agir : aujourd'hui, c'est évident, il voulait lui aussi (mon « fils ») triompher de moi, comme il pensait le faire vingt-cinq ans plus tôt en plantant en face de moi dans mon bureau sa 1re petite amie ; Aujourd'hui é Naguère avec cet ambitieux sens de-l'honneur-&-de-l'-épargne sordide qui vous gratifie

1-vie=durant de peurs, d'échecs, d'humiliations & de mépris : les bans de tout mariage=forcé frappé de la sur-taxe Exister.....

–!Père. ?Tu ne te sens ?pasbien. ?Tu as besoin ?d'aide –. *Il frappe à la porte des toilettes – Ce tapement inquiet de souci é de la crainte d'avoir à s'en faire.*

–Tout va bien. C'est bon comme ça.

Dans son récit il n'omettait aucun verbe auxiliaire, mon estudiantin de « fils » Premier-de-la-classe, il n'économisait pas non plus sur le datif, c'est tout juste si je n'entendais pas les virgules, les oublier ou les postsynchroniser eût été impardonnable pour lui. Il changeait la langue allemande en des structures saccadées, avec mesquinerie, méticuleusement & en=ergoteur, ça faisait un bruit de forge de nains de jardin & ça sentait la colle & le courant de faible intensité d'un train électrique. Et le=Tout de surcroît sur ce ton protecteur du Contentes-toi de m'écouter. Je suis ton guide. Je t'emmène. Fais-moi confiance, car je sais ce que je dis. *Ce qui dans son habitus narratif procèdait de la même arrogance que celle contenue dans cette vieille monstruosité informe é creuse* Et Dieu vit que cela était bon –: *cette autosatisfaction de bricoleur, cette arrogance d'artisan, cette lenteur d'esprit de quincaillier, –*

–!Père. ?Qu'est-ce qui ne va pas –

si bien qu'au cours de cette soirée que j'ai passée ici dans un salon parmi les livres & la poussière, lui (mon « fils) é sa façon de raconter me sont apparus comme un Cercle-d'études professionnel sur 2 jambes doté d'1 paire de fesses, et j'ai désormais l'impression de n'être=moi-même Rien qu'1 accumulation de feuilles de papier inutiles, sur lesquelles !lui (mon « fils ») mû par une inspiration vite essouflée

–Père. Mais réponds donc : ?Tu te sens ?mal.....

a consigné pendant desheures&des-heures-sup ses frazes bien ordonnées : peu importe à qui elles sont destinées & quelle pulsion délayée elles doivent satisfaire.

–Je vais sortir. –

Peut-être aurais-je dû m'occuper de tous=ces morts moi-même, & surtout plus tôt, j'aurais dû avoir plus de curiosité=pour-eux afin d'apprendre à les connaître et aussi à respecter certains d'entre eux, à les aimer=même. Mais – j'en étais là de mes réflexions au moment où mon Interlocuteur (mon « fils ») poursuivait de sa voix=de-poseur, sans s'arrêter, et maintenant je me lève, je tire la chasse pour faire croire que j'ai utilisé les toilettes pour ce qu'elles sont é: non pas pour miser-sur-le-temps – *au lieu de m'intéresser à eux, toute-ma-vie=durant je n'ai fait que me montrer indifférent : vis-à-vis d'eux tous [– de toi –] é de moi. Avant l'oubli, c'est probablement l'art suprême & ultime de se détourner d'eux=tous [– et de toi –] é de moi, avec toutefois la même détermination & la même force que si j'avais collé à eux pendant Soixante-Cinq-Ans, comme=de-la-glu, gloussant sur la terre grattée de cette existence empoussiérée de soleil é recouverte de duvet dans ce mondedebassecour –: ils furent toujours des étrangers pour moi [– comme tu l'es à toi-même –] comme je le suis à moi-même, comme entre eux ils restèrent étrangers l'un à l'autre. Pendant toutecézannées, ils furent mutuellement au courant de leur=existence, savaient qu'ils respiraient mangeaient travaillaient dormaient mouraient, é cela leur suffisait. Mais cette façon de se comporter ne découlait pas nécessairement d'un manque de cœur d'âmes endurcies ; c'était [– c'est –] é cela reste la conséquence des éternelles avanies insidieuses & des humiliations infligées par Lesguerres [– on est Toujoursenguerre –] é c'est Toujourslaguerre : Elle fait des femmes les égales des hommes, & les hommes – pères frères fils – naissent pour mourir Àlaguerre [– pour Y être tués par d'autres pères frères fils –] oui, pour y être tués par d'autres pères frères fils, si bien que les-femmes qui survivent Àlaguerre [– celles qui En réchappent –] doivent dès=lors faire le travail-des-hommes, maintenant 2blement humiliées : comme être humain, comme femme. C'est ce qui les rend, les Survivantes les Rescapées, indifférentes les-1:envers-les-autres, car ça ne vaut pas la peine de souffrir en voulant unir son cœur à celui d'autres individus, si ce lien est susceptibe à tout moment d'être déchiré déchiqueté détruit. Qu'elles se taisent ou qu'elles parlent [– que tu te taises ou que tu parles –] que je me taise ou que je parle, c'est la même chose ; à vrai dire, elles [– é toi –] é moi n'existons même pas, nous parlons en l'air, des discours désséchés ou ampoulés, Ça parle mange travaille dort, Ça sert 1niquement à s'assurer qu'ils existent [– é que tu existes –] é que j'existe, comme les oiseaux chantent dans la forêt, toujours les mêmes enchaînements de sons sans discontinuer, & même pas par peur. Même plus à cause de la peur. Ainsi continuent de vivre dans les caves désolantes de l'humiliation les humains endurcis qui veulent rester indifférents les 1 envers les autres, & qui, si ce sont des proches, se satisfont de savoir que l'autre respire mange travaille dort –*

Photo 32 *(derr., debout) Wilhelm,, (assis de g. à dr.) Hilde, Henriette, Johanna et Werner, le soir de Noël, Mathildenbourg, 1940*

Et l'Inquiétude régnant sur=Tout – elle était & elle reste l'attache entre tous ; – mais de ?l'amour : !Jamais. Ils avaient besoin l'1=de-l'autre, faisaient attention à eux & prenaient soin de la-famille comme le paysan de ses bêtes ; – mais de ?l'amour : !jamais. Il est une chose préférable à l'amour & plus durable : la Justice. *Y compris vis-à-vis des enfants ; ils faisaient partie du cheptel. Ça marchait, ça ratait – commeci commeça – car la* Justice *ne s'apprend pas. : !Non, je n'ai pas pu é ne peux toujours pas les aimer [– ni toi non plus –] ni moi non plus, et je n'ai pas envie d'apprendre à mieux les connaître, ni particulièrement de les estimer é: encore moins de les aimer car il est trop=tard pour Ces Sentiments. Trop tard dès la naissance. Toujours=trop=tard. Et ?que reste-t-il d'eux tous, quelques récits, tant que le souffle & la salive y suffiront, rapportés à l'ombre d'1=certaine chambre de vieille fille (encore plus virginale, desséchée, ossifiée & poussièreuse quant à ses appétits sexuels, bien que cette Vieille Fille eût naguère perdu sa virginité (par ma faute) : cette 1re é dernière fois où elle fut blessée dans sa chair, et la Dés-Illusion conséquente, qui la poussa à s'enfoncer, elle la Vierge perdue, encore plus profondément dans-l'abstinence) ; quelques photographies dans 1 album, déterrées de cartons à chaussures, tiroirs, sacs & valises & rassemblées en un tas de papier scintillant – & d'autres papiers entre : des documents, noircis de prescriptions-réglementaires impérieusement=hargneuses, d'abréviations de noms & d'emplois administratifs jadis occupés par des gens morts depuis longtemps, si bien que leurs parafes, ces acronymes des changements d'humeur&defonction, sont aussi incompréhensibles pour moi aujourd'hui que l'écriture cunéiforme des Babyloniens. En outre, ces choses remontent à un temps bien éloigné des vivants pour être encore audibles dans leur langue ; déjà elles s'expriment dans leur=propre langue, pour nous muette. Seul=leur-vieillissement les rend précieuses, dignes d'attention, mystérieuses – et pourtant, quand ça fait surface, c'est toujours au plus une simple facture, une relance, un prêt à un taux exorbitant & de la surenchère ou: 1simple liste de courses pour un quelconque week-end festif aux lampions éteints depuis belle lurette, é: nul héroïsme dans le vieillissement – juste un crépuscule & des coïtcidences : de la chair & du sang tournés en encre, chemins d'ombres sur papier ; – & pourtant ils avaient été un jour ces germes dont moi aussi [– é toi aussi –] é toi aussi sommes issus –* Vieux papier jauni friable tu es, vieux papier jauni friable tu seras –, *ou: même plus ça : juste encore un machin électronique, l'engramme de silicium scintillant quelques instants sur 1 écran – 1 clic : & tu n'as jamais existé – !magnifique. Sans traces ni chagrin & ni rêves chez les descendants que je n'ai pu empêcher de naître. Ne demeurent même pas ces descendants et leur progéniture ; demeurent : justedesmots=d'appartenance-personnelle, rien sur quoi bâtir des sentiments ; é Cesmots ne réagissent plus, à l'instar de vieilles substances chimiques périmées sans plus aucune propriété basique, lesquelles, bien qu'appartenant à la même famille, ne produisent plus de réaction. Le vieillissement les a décolorées, le temps les a dégradées. Cela ajouté aux autres bouleversements humains & leurs interminables – effrayantes, car c'est toujours là 1 solution de facilité – récurrences..... pleines d'erreurs sanglantes.*

–!Père : tu es !sûr que ça ?va. Tu ne ?veux pas que –

!Non : qu'on les laisse tranquilles dans leur absence, les individus & les mots. Il est trop tard – –!Non, – je veux dire : !oui. Ça va. !Encore un instant. –

La voix de Tinnitus ou Quiquecesoit que j'entends depuis hier a raison : !il !faut !que !je !sorte de !là.

Et pour un peu j'aurais rebondi contre mon « fils » devant les toilettes. Il tient toujours sa main droite levée, prêt à refrapper-à-la-porte, – il a l'air de quelqu'un qui veut m'assommer. Sur son visage blême l'interrogation *?Qu'est-ce que tu as fabriqué là=dedans aussi longtemps.* Mais il sait qu'il est inconvenant de poser à son père une telle=question. Aussi, nous nous taisons, tous les deux. Et voulons regagner le salon, quand Max, le chien, se met énergiquement en travers. –Le chien. Veut faire-sa-promenade. – Dis-je plein de reconnaissance secrète en caressant le pelage duveteux sur son crâne.

–Vous ?m'emmenez. – Entends-je dire mon « fils » avec une gaieté forcée. –Comme ça, en marchant, tu pourras nous raconter ton histoire.

–?Quelle histoire.

–Celle de 2-femmes-é-1-homme. Tu as déjà ?oublié. Viens, on y va.

[– Oui. Vas-y seulement –]

!Que la ville est calme & même ici chauds les immeubles indépendants disposés parmi les arbres, aucun ne dépassant les 5 étages. Un goût de poussière métallique plombe la langue. Francfort Ville de Plomb. En tête, à un demi-pas, l'homme *(mon « fils », monument d'ironie commémorant un détail de mon propre passé honteux ; qui quittera dans quelques semaines cette partie du monde pour réapparaître de l'Autre-Côté=de-l'Océan, sur l'autre portion située à l'Occident de cette même terre, si bien que sa disparition d'ici ne signifiera pas l'effacement la radiation définitive de ma honte, mais au contraire la propagation de ce que l'on sait de cet inceste é de son ignominie par la Toute-Puissance de la perpétuation silencieuse, & il suffira d'1étincelle de la mémoire pour que tout revienne comme les fragments après une explosion, me revienne, à moi, l'Éternel Revenant de moi-même sans rédemption possible).* Aujourd'hui il porte des chaussures couleur de sable, leurs semelles neuves en cuir résonnent dans l'aigu & trop bruyamment sur le chemin asfalté qui nous éloigne du pont « Niederräder Brücke » – le long de la berge du Main. Tournant légèrement en chemin creux – ruisselant de petits lampadaires des néons ponctuent nos pas de *staccato* sans relief, donnent à ses chaussures neuves des éclats jaunes & tranchants –, avec sa largeur d'à peine 2 m, bordé de part et d'autre par 1 grillage é sans vue qui-porte-loin, le chemin nous conduit à travers des buissons épineux et des carrés de verdure sur notre droite, & par de petits chantiers de construction navale guipés de minces haies sur notre gauche, é platement étalé derrière, le Main. Sur la berge en face, hachurées sous l'effet grillagé des arbres é arbustes, les lumières vives des installations portuaires, halls & grues squelettiques jetant leurs éclats de ce côté, puis une usine flanquée de deux cheminées imposantes et plus loin, la tour illuminée de la Foire dardant très haut le plomb du ciel. L'une des cheminées de l'usine expectore 1 jet de flammes. – 1 bateau à contre-courant et son toussotement paresseux trace sa voie dans les eaux du Main comme une découpe dans une matière en fusion à demi solidifiée, les vagues se referment aussitôt sur sa poupe – de la teinte gris nuit de l'oubli, laissant écouler les lumières des rives comme des pailles de couleur dans le métal.

[– C'est dans cette ville en Cètenuit que tu vas mourir. – Alors j'aimerais autant ne pas être enterré ici. – Je m'arrête & essuie la sueur sur mon front. – *Il n'en sera rien. Père. –]* (:?D'où vient cette voix. ?Est-ce à moi qu'il s'est ?adressé.)

Et ne perçois que ses pas jaunes vifs sur le pavé, exigeant qu'on poursuive strictement la promenade. C'est lui qui tient maintenant Max, le chien, au bout de la laisse. L'animal, que les exhalaisons chaudes ont fatigué, flaire 1 lampadaire, indécis. Souvent il me cherche du regard – en me retournant je vois l'homme (mon « fils ») promener le chien qu'il a souhaité revoir encore une fois avant de continuer de vivre sa vie sur un autre continent peut-être=pour-toujours. Entre-temps, Chien é Père mourront, l'avant-chagrin de cet homme (mon « fils ») allant au seul chien. Nous sommes restés fidèles à nous-mêmes, chacun pour=soi. – Et maintenant je marche derrière eux, à la distance d'un pas. La nuit urbaine sans ombres. – –

–Passé le pont Main-Neckar nous aurons une vue dégagée sur le fleuve. Peut-être qu'il y fera 1 peu plus frais. – Entends-je dire l'homme, sans conviction. Il suit la laisse de Max qui tire dans cette direction ; il cherche aussi une occasion pour poursuivre son histoire.

p. 218, Photo 34 →

Le bateau à moteur semble toujours fendre en deux les eaux couleur de plomb (nous n'entendons que le bruit : les bâtiments des clubs sportifs d'activités nautiques nous masquent la vue sur le fleuve), l'embarcation, peut-être restée à notre hauteur, paraît n'avoir parcouru qu'1 faible distance, comme si elle se débattait contre une eau visqueuse.

–Le !serpent. – S'écrie brusquement l'homme en s'immobilisant. – Il y a eu cette-histoire-avec-le-!serpent. – Ajoute-t-il d'un air innocent en m'interrogeant du regard : –?C'était !ça, l'histoire que Felicitas ne voulait pas me raconter. Maintenant que je suis assez grand pour l'entendre, raconte-la moi. –

–Cela se passe avant la pluie, un jour d'automne au bleu lumineux rempli d'un soleil tardif –À l'automne 1921 – –Les allées jonchées des 1res feuilles, le tribut des arbres versé à l'année. Outre 1 régisseur, Werner, le jardinier & garde-chasse de la propriété des von Dorset à Greifenthin, s'occupe tout seul des parcs & jardins, ces Messieurs-Dames ont déjà quitté pour cette année leur résidence d'été & sont rentrés à Berlin ; personne, ni les domestiques ni Johanna & ni Isolde, les deux dames de compagnie, n'est resté sur place. Fin de saison, tout s'en va –. Werner tond la pelouse du parc avant la pluie. Des ouvriers venus de Berlin parlent de Grande Famine Émeutes Barricades Couvre-Feu – ON TIRE – Beaucoupdemorts Grève générale. C'est ce que racontent les ouvriers. Werner écoute en silence. Puis les ouvriers repartent. Werner retourne dans le parc. Il tond la pelouse avant la pluie –.

–?As-tu vu le visage de Werner sur les photographies qui le montrent à cette époque : certes, toujours ces traits lisses de jeune homme avec ces yeux écarquillés, à l'image d'un enfant qui s'étonne –, mais Quelque Chose a traversé son expression, lui a ravi sa candeur, rien qui rappelle le roussi ou même le charbonneux, plutôt ce papier approché trop près Dufeu, qui ne brûle pas nécessairement, mais qui perd sa blancheur é son côté lisse, en conservant cet aspect de papier d'emballage, une fois que les flammes l'ont léché. Quelque Chose qui ressemble à une plaie, des blessures cicatrisées, é: ses lèvres autrefois charnues paraissent sévères & pincées. Ce sont là les traits d'une profonde Dés-Illusion – ?Était-ce seulement la conséquence de Nepasfairepartie du Beau Monde ; ?avait-il été atteint dans son amour-propre – quisait. Je me souviens d'1 photo en particulier, où on le voit, Werner, en uniforme de garde-chasse, en garde, tenant le fusil en travers de sa poitrine, & une expression furieuse déforme son visage qui ressemble à celui d'1 enfant quand il joue *Au Vengeur*. On lui aura au moins fourni 1 arme à cette occasion –, é: le décor se démarque à peine du panneau peint de scènes exotiques ou d'aventure qu'on trouve à la foire annuelle, dans l'ouverture duquel n'importe quel quidam a le loisir de glisser son cou pour se faire photographier, & il sera 1 x Winne-Toux[23], 1 x Na-*popaul*éon, 1 x César-à-rien –

Photo 33 *Fête de Noël au jardin d'enfants, les éducatrices & les enfants, parmi eux Henriette, peu avant la distribution des cadeaux, Mathildenbourg 1940*

–Werner fauche avant la pluie. La faux entre dans l'herbe tendre, les brins s'affaissent en douceur –, quand il sent tout à coup 2 piqûres fulgurantes au pied : *2 fines pointes en métal, j'ai sans doute marché sur des clous – :mais des clous venus se ficher dans le pied par en ?haut* –, deux piqûres, peu profondes dans la chair. La faux lui tombe des mains, en cherchant des yeux, il voit ramper dans l'herbe avec une grâce froidement parfaite le mince ruban brun aux écailles en zigzags –, le serpent disparaît de son regard sous une végétation luxuriante. *–M'a mordu.* Se dit-il avec une froide objectivité en regardant son pied droit : 2 trous dans le cuir sur son cou-de-pied, il sent de minces filets de sang couler dans sa chaussure. – La tête de Werner s'emplit de bruissement, pasdepeur – d'un bruissement comme un vent qui agiterait tout là-haut le feuillage automnal à la cime des arbres –, suivi du besoin pressant de s'étendre dans l'herbe non fauchée. Il s'allonge, – insensibles é vides ses sens glissent vers la fatigue qui le gagne – *en dormant, je me camoufle. Si je ne pars pas mais demeure ici dans la maison & son jardin si j'oublie Tout – si je reste couché ne bouge pas me fais tout petit et attends alors je serai en-sécurité. Ma mort* (il pensait à ce mot comme 1 enfant, sans profondeur) *Ma mort passera inaperçue & sera honorable ; légère – transparente – silencieuse – –*, tel était probablement ce à quoi il songeait, comme s'il se moquait de ces pensées. –

–Oui. – (Entends-je dire l'homme (mon « fils »), à mes côtés, la voix fléchie.) –Oui. J'arrive à me le représenter : ce sentiment de soulagement qui envahit=tout, comment on le ressent aussi après l'accomplissement d'une Grande Tâche qui vous a coûté. Il se répand sur soi comme Une Ombre –. Et ?peut-être en a-t-elle aussi fait partie à ce moment-là – (sa voix maintenant solennelle é bordée d'or) –quand Cette-Voix-Là, qu'un si=grandnombre redoute é espère entendre, se met à parler, parce qu'Elle dit toujours la Vérité et rien d'autre. – Maisnon. – (Il reprend son ton réaliste :) –Pas la Voix de..... Mais la Voix intérieure de la Vérité ou: la part exacte de Vérité qui revient à tout=1=chacun. – (Il n'aura pu s'empêcher de tordre sa bouche d'une grimace :) –En sachant que c'est quand ça ne tourne plus tout à fait rond, qu'on l'entend à la rigueur, Cette Voix, car Elle hante avec prédilection les Cerveaux-Fêlés & les Dé-Rangés. Ainsi Cette Voix-Là aurait pu dire à Werner : *tu n'obtiendras !jamais rien selon tes désirs – tu recevras seulement ce que tu !mérites.* – Continue ton histoire.

–Silence total dans le parc. Pas un chant d'oiseau. Pas 1 feuille à remuer dans l'heure bleue de l'automne sous les rayons tardifs avant la pluie. De l'autre côté de l'espoir Le Néant, le triste néant froid incapable de réchauffer. Le frisson en face de la Vérité. – :!C'est alors seulement qu'il s'écrie d'une voix forte : *la !vipère – m'a !mordu – !Son venin.....* Et la peur de s'abattre sur toute légèreté.....

–O-hò. – (Dégrisée=déçue la voix à mes côtés.) –Alors c'était même pas le venin qui l'aurait terrassé, mais –

–L'envie de vouloir tirer *avantage* d'une situation dés*avantageuse* : se !débarrasser pour=toujours ici&maintenant d'une Chose trop=lourde trop peu=digne, telle qu'on peut la ressentir de la même façon à 16 ou à 60 ans – cette sensation de légèreté soudaine, impalpable, de pouvoir Tout laisser derrière soi. –

–Je ne te demande pas ?Ce que c'était. –

–Tu le sais. Tout le monde le sait & pourrait le prononcer : ce mot qui commence par A. –

–?C'était ?ça. ?Ça s'était ?passé ?commeça.

–Peut-être que oui. Peut-être que non, qui ça intéresse. : Le voilà qui arrache des bandes de tissu de sa chemise, pose un garrot à sa jambe, regagne la maison à cloche-pied, en direction du téléphone. Plus tard 1 médecin. – –Et les deux femmes, Johanna & Isolde, elles En ont ?entendu parler. Et peu de temps après, profitant de leurs joursdecongé, elles ont ?fait le voyage vers Greifenthin pour rendre visite à Werner malade é alité. – –Oui. Car il ne meurt pas, il a seulement une forte fièvre. Johanna, la femme aux traits maigres é sévères, est la première à venir le trouver dans la mansarde de la résidence d'été, pour le soigner. – –?Talonnée par l'autre femme, Isolde. ?Comment disais-tu : un corps comme la grappe de raisin d'un vin corsé. – –Cette autre Femme venue peu après. Oui. À présent, elles sont deux à l'entourer.

Le trajet nous a fait nous éloigner de la berge et remonter non loin de l'artère principale. À cette heure avancée, quelques véhicules 1solés, lancés le long de la chaussée au rythme des phares – fonçant dans notre dos ils arrachent par crachements des lambeaux de bruit à Lanuit. – Sonores ses pas sur la promenade, aussi impatients que sa respiration de connaître la suite de l'épisode qu'il a peut-être imaginée depuis longtemps mais qui, contrairement à son imagerie personnelle d'une pâleur fantomatique, prend davantage de corporalité à travers la narration que lui en fait un étranger (moi). Même Max, le chien, s'arrête, me regarde, on dirait que lui aussi est impatient=avide d'écouter –.– Lanuit s'immobilise dans la chaleur é l'absence de vent.

→ –Le week-end suivant l'accident-malheureux : aucun des 3 n'avait jamais fait Unechosepareille auparavant, aucun n'avait *d'expérience*. Et d'ailleurs, ce n'était pas une question *d'expérience* : cela participait plutôt de l'1=de-ces-constellations=heureuses=mais=rares, quand le Soleil, la Lune rencontrent la Terre en 1 ligne droite – –1 syzygie. – –et ces 3-là ne souffrent pas de l'obscuration que jette le Soleil des convoitises, parce que Tout=Cela leur est inconnu – – *Lanuit qui tombe 1mansarde au grenier à trois=dans-1-lit candides é rondes des lèvres effleurent d'autres lèvres rondes souhaitant Bonnenuit – et les bras mains de trois êtres se touchent l'un=l'autre, la peau de trois êtres perçoit d'autres peaux belles chevelures*[24] *lèvres qui d'abord s'effarouchent pour ensuite se servir telles des mains débridées –. Oui : ils osent Le faire, s'y risquent ; oui : ils s'initient à une prodigieuse=merveilleuse folie – des heures durant – leurs bouches se=savouraient l'une=l'autre, leur respiration brûlante leurs regards débordant de sexualité – oui : ils s'aimèrent l'un=l'autre à=trois d'un amour passionné naturel comme Lilith Adam é Ève auraient pu s'aimer jadis. Tous trois étaient sortis de l'enfance, aussi pouvaient-ils découvrir tout ce que le désir a de naïf – é ce qu'ils découvraient était le plaisir=sans-gêne, é: pas un pour ressentir de la honte. L'automme venait à peine de commencer, le long hiver secret=merveilleux s'étendait encore devant eux – –*

–Voilà l'histoire que Felicitas ne t'a pas racontée, é: qu'elle se gardera bien de !jamais raconter à quiconque, elle préfèrera encore se faire é4teler : un-ménage-à-quatre[25]=à-partir-d'elle-même.

–Et ce serait cette ?!Johanna-là, cette femme maigre aux traits sévères qui aurait ?participé au trio : Tu !Le ?crois ?vraiment. – Excitées, les semelles de ses chaussures trépignent d'ironie=bilieuse. –Alors là, Werner t'a monté un sacré bateau.

–Johanna était sans doute de ce type de femmes qui savent contenir en elles leur ardeur ; l'aspect aride, sec, n'est ainsi qu'un habillage en fer, à l'image d'un poêle protégeant les flammes. !Pourquoi ?pas. Et qui alimente un poêle à charbon en négligeant l'énergie fossile que le combustible renferme en lui depuis des millions d'années, celui-là est 1 imbécile. Car il lui aura fallu patienter Toutcetemps sous sa forme sombre é solide, à s'endurcir, à tremper son caractère pour garder espoir, survivre, attendre – Ce Seul Moment où une coïtcidence l'approche d'1 petite flamme & l'embrase – je parle du charbon. !Ça a déjà mis le feu à des villes & à des pays. Alors !pourquoi ?pas.

Le voilà qui se tait (mon « fils »), il a l'air de réfléchir tandis que ses pas résonnent d'un clic-clac creux sur le chemin. ?Est-il en train de penser à sa femme Dorothea et à la sérénité qu'elle lui apporte, *mais ?Que se cache-t-il derrière la sérénité.*

–Wilhelm. Et Hedwig. Tous les deux avaient eu vent-de-la-Chose par des voies différentes. Bien=souvent le plaisir d'autrui passe pour !scandaleux aux yeux du reste=du=monde. Il fallait éviter le scandale ; – en des temps de crise, é la crise est permanente, il est indispensable de garder propre le parquet familial bourgeoisement astiqué – Sous le tapis-des-cachotteries/cochonneries il y a beaucoup d'espace & de la place à revendre pour l'ordure. Surtout pas de tourbillons, & par ici le !balai. Wilhelm s'en mêla : Isolde Przemysl fut renvoyée sansdélai (mais elle continua d'habiter à Greifenthin : éloigné d'environ 1 zéro 6 x 10 puissance moins 13 années-lumière, tu te ?souviens –). On *persuada* Werner de contracter=mariage avec Johanna, la sœur de Wilhelm. C'était à l'été

1922. La même année & le même mois Wilhelm épousa sa fiancée, Elfriede, la fille du directeur des usines Josetti à Tempelhof. –

–Ainsi Lilith fut-elle maudite & chassée. Et ?Werner. – Il se plia. Tous se plièrent à Tout. C'est là une loi de la Mécanique-de-l'Ordre. –

(Là-dessus mon « fils » se tait.) Plus de vue sur le Main ni sur la berge en face, des bâtiments, notamment ceux de l' « Administration des voies fluviales d'Aschaffenbourg » et ceux des « Bains de lumière et d'air » bouchent la vue. Lanuit torride é silencieuse, – les poutres lumineuses de l'éclairage posées en travers de la promenade comme les traverses d'une voie ferrée –, le souffle court, un goût de plomb irrite paroles é pensées. (?Était-il maintenant en train de repenser à sa 1re é dernière aventure-grotesque avec cette étudiante il y a 4 ans –, *& quant-à=lui le-silence-de-plomb a pour nom Dorothea, sa femme.*)

–Se plier. Oui. Néanmoins on s'abstint de célébrer un Double-mariage. (M'entends-je dire d'une voix forte dans la Nuit de plomb, car il faut que Ça continue – nous devons continuer –). –Le mariage de Wilhelm é: de Werner eut certes lieu dans la même maison, dans la résidence d'été des von Dorset à Greifenthin, mais pour ainsi dire à des étages séparés ; l'1 à la cave, l'autre au niveau chic.

–Et maintenant venons-en à Hedwig. Tu as dit qu'elle aussi avait eu vent de Lachose. ?Ça touchait donc à sa ?fin.

16

Photo 34 — *(derr. assis de g. à dr.) Elfriede, Werner (en pull-over bariolé), Johanna,(assise devant) Hilde, (assise devant un grand landau de poupée) Henriette, dans l'appartement de Werner & Johanna, Mathildenbourg, 1940*

→ *Non, rien n'est encore fini. Pour Hedwig non plus, & ça ne se termine pas plus avec l'écrasement sourd du tampon officiel sur 1 document, 1 bout de papier sous un Tasdepapiers validant la soi-disant Décision-*

Finale. C'est un éternel recommencement, les-actes & les-procédures ; papier tu es, papier tu seras : la seule=véritable résurrection s'appelle bureaucratie..... Et avec elle ressuscite la-malveillance, l'infatigable colère acerbe qui, parée du Déguise-Ment bien dans les plis des Droits&Lois, s'abat sur Hedwig, veuve & propriétaire d'un morceau de terre convoité & d'un intérêt hautement=Capital en vertu de ces mêmes Droits&Lois.

–Après que le long différend juridique avec Wolff, le propriétaire du domaine foncier, avait été réglé en faveur d'Hedwig (du reste, il n'y avait plus à craindre qu'une nouvelle dispute éclate, déclenchée, disons, par 1 saute d'humeur du propriétaire pochtron ; le-Schnaps avait eu raison de lui & de son état pour=de=bon : un dernier juron éructé & !paf), Le Grand Souci du maintien de son domaine vint assaillir Hedwig, elle n'était somme toute plus de la première jeunesse. Elle reconnaissait l'Ennemi Véritable, contre lequel ni les tribunaux ni les §§ ne peuvent rien : *le temps d'une vie.* – ?Pouvait-elle faire ?confiance à Werner tombé dans les griffes-du-mariage. Sa femme, Johanna, ?serait-elle ?l'ancre pour son fils toujours=encore avide de fendre de Grands Flots. (Ils n'avaient toujours pas d'enfants, é: rien n'indiquait que les racines-familiales se fixeraient prochainement dans ce couple.) Or terres&biens se passent de vagues fendues, d'écume chatoyante ; ils requièrent deux jambes solides gardant lespiedsurterre & des mains travailleuses.– Franchement, c'est bien dommage que Werner n'ait plus pu faire la connaissance de mon père, le Batelier=Veinard-au-Jeu=Rêveur-de-Vaste-Monde ; ces deux-là auraient joliment fait la paire & fournit quelques frasques supplémentaires à la bêtise=humaine partout=présente.

–La !bêtise=!humaine. !Ha. – S'écrie l'homme à mes côtés dans l'étouffante nuit torride. D'une voix joyeuse comme s'il venait soudain de faire une trouvaille. Mais son cri agite à peine L'Atmosphère, semble à peine presser plus fort à l'avant de sa bouche l'air plombé de Cètenuit. Puis il se tait – fait quelques pas, marmonne des phrases incompréhensibles –, Max, le chien, l'entraîne plus loin – sous les zigzags métalliques des poutrelles du viaduc ferroviaire Main-Neckar (*poutres en treillis* – comme me l'apprend aussitôt d'un ton pontifiant l'Encyclopédie-vivante à mes côtés qu'incarne mon « fils ») pour rattraper ensuite la promenade en haut de la berge qui longe le Main, peu large le talus, restreint par les arbres é les buissons le regard jeté de l'autre côté du fleuve en direction de l'usine et ses deux imposantes cheminées en briques. J'entends encore 1 fois les deux mots *maudite* et *chassée*, puis 1 juron. Il s'arrête, se retourne vers moi. Lanuit se presse contre sa bouche comme un oreiller sale é chaud, & il doit parler plus fort, sinon ses paroles s'étoufferont entre nous.

–!Protéger !son-Chez-Soi – (crie-t-il d'un ton de défi comme il avait clamé avant *la !bêtise=!humaine*) –!Protéger !son-Chez-Soi : voilà le premier é dernier rempart contre La Guerre Totale des Managers & des Technocrates.....

Puis arbres&buissons s'effacent, la vue sur le Main est dégagée : l'usine, la zone portuaire à l'ouest, de petits immeubles résidentiels, cubes de verre & béton habités, la *Westhafen Tower* en segments de verre fumé de teinte verte (le donjon de l'Argent), les tours des banques & l'énorme gratte-ciel d'un grand magasin, d'un bleu froid luminescent, son enseigne blanc agressif montrant les dents dans l'obscurité –. Les berges du Main, rectifiées & consolidées artificiellement, paraissant à peine plus hautes qu'1 bordure de trottoir, – ainsi corseté, le fleuve-lui-même offre le spectacle d'une large route d'asfalte – désencombrée des hommes, sans voitures, laissée dans l'obscurité é déserte. – À peut-être deux cents mètres de là, « Friedensbrücke », le « Pont de la Paix », s'étirant au-dessus des eaux – ses bords étincellent du même bleu froid luminescent du gratte-ciel é son enseigne montreuse de dents, comme si 1 écolier les avait dessinés tous les deux, le grand magasin & le pont, & choisi par commodité la même teinte dans sa boîte de couleurs. – Nous nous arrêtons sur le carré d'une petite plate-forme maçonnée & entourée d'un grillage en bordure du Main, regardons la ville : on dirait que des tubes de métal étincelants é couverts de fines gouttelettes de sueur soutiennent dans l'obscurité étouffante la voûte oppressante d'Unciel sans pluie sans vent. Figée é verrouillée Lanuit, une chambre de plomb. Francfort Ville de plomb.

Au loin, par-delà le fleuve, la cloche d'1 église égrène en le traînant un son flétri comme si le bronze était ramolli à son tour é à bout de course, – *cloches coups frappés –, ayant acquis au fil des siècles la certitude de sa propre vanité, et éprouvant un sentiment de dégoût à l'idée que personne n'a à vrai dire plus besoin de Ce dont on dépend le plus soi-même, parce que Cela fait partie des choses les plus précieuses qu'on puisse imaginer.* La cloche n'a pas sonné la bonne heure ; pas de coups enchaînés, le mécanisme s'est arrêté en plein milieu, 1 instant, comme 1 hoquet, pour reprendre du début, car la somme totale des sons frappés contre le bronze est supérieure à 12, – un tintement incertain, hésitant, se chevauchant à la fin, comme si la sonnerie vibrait du bruit de dizaines de fourchettes tombant par terre. Le dernier coup – disparu, *indifférencié de toutes ces choses é de tous ces gens susceptibles d'échouer dans le plomb étouffant de Cètenuit.....* Le toussotement appliqué du petit bateau – nous l'apercevons de nouveau : il rejoint le courant principal après avoir laissé derrière lui le bras du Main qu'a formé non loin de la berge la langue de terre où se dresse l'Administration des eaux fluviales.

Lui (mon « fils ») a probablement poursuivi en-pensées cette histoire vieille de plus de soixantans, avançant à reculons dans Letemps & la laisse du chien l'entraînant plus loin, plus loin avec les pas d'Hedwig. –Pas besoin d'être historien, un peu de bon sens suffit pour comprendre qu'aucune guerre n'est jamais la dernière, mais que les-Perdants, quand ils n'ont pas été réduits en poussière, ressuscitent à nouveau &, pour avoir subi une défaite, cherchent par la riposte à surenchérir sur leurs vainqueurs par une provocation plus grande. Pour cela, il ne leur faut pas s1mplement des armes, mais des armes toujours=meilleures, en tout cas supérieures à celles de leurs adversaires immédiats – ce Wilhelm avait vu parfaitement juste. – –C'est un fait. Mais pas les symboles de mort. La-Technique=elle-même en est la représentation suprême – (Mais lui (mon « fils ») ne mord pas à l'hameçon ; il est entré en verve :) –!Aveuglement – (s'écrie-t-il dans la nuit torride) –ce ne sont pas les défaites mais les-victoires qui aveuglent le plus..... Ces armes prodigieuses (d'homo simiens), comme on les a appelées en Toutemps, promettent écrasements tout-puissants & triomfes grandioses..... Et ne font pas que les promettre : elles assurent réellement – é !c'est là Le Vrai Malheur – de triomfer ; les livres d'histoire en regorgent, 1 victoire par page..... : Devant !Cesdélires de victoires&destructions on oublie ce qui en fait leur support : 4 murs, 1 toit, quelques hectares de terre, & des enfants – une progéniture destinée à la régénération des guerres&victoires..... Tanks canons fusées explosifs=perfides bourrés d'électronique & poisons – et quand le dernier projectile aura été tiré, qu'hors des murs effondrés de la terre bombardée empoisonnée irradiée surgiront des lambeaux-de-corps humains Ceux qui auront survécu à Tout=Cela : au Sang, à la Douleur é même à leur Propre Rêve – mais ils sont toujours=encore trop nombreux, en surnombre depuis des Milliers-d'Années ; – alors il faudra trouver où loger ces Sur-Vivants, leur donner 1 toit & de quoi bouffer tous les jours ; c'est ça, la descendance & la spoliation des biens, avec lesquelles ils remplissent leurs coquilles-existentielles – c'est ça, Père, qui donne cet Éternel Goût amer de ciguë à l'enivrante rinçure de vie grandiose&triomphante..... – –Et ça vient d'un type qui veut aller en !Amérique. – –Oui : ça vient d'un type qui veut Aller-en-Amérique. Car, tu me croiras ou: pas, je l'ai senti, le goût désagréable de la ciguë. Je ne suis pas du genre à battre le tambour ni à lever mon drapeau é j'ai appris qu'il y a toujours 2 poids & 2 mesures entre ce qu'1 individu désire avoir é: ce qu'il obtient.

(Et me regarde de ses yeux étincelants depuis l'obscurité couleur de plomb.)

–Comme dit – (poursuit-il en reprenant le fil de la conversation au milieu de la nuit torride :) –4 murs, 1 toit, quelques hectares de terre. Il était inutile que quelqu'un le précise à cette Hedwig, c'était pour ainsi dire inscrit dans son intelligence charnelle. À ton avis, ?!pourquoi un si grand nombre de photographies dans cet album montrent-elles une telle concentration de membres de la famille présents sur la propriété de Thalov ; à ton avis, ?!pourquoi Hedwig avait-elle depuis-des-années d'abord réuni autour d'elle un Sigrandnombre de membres de sa propre famille, en y ajoutant plus tard ceux de la famille de sa belle-fille Johanna. ?Hein. ?À ton avis, ?pourquoi. –

Je me tais. Car lui (mon « fils ») continuera de parler, même sans avoir l'album sous les yeux, même sans que je dise 1 mot. *Il peut se passer de l'album comme de moi. Car il n'est pas question de cette famille, il ne ressasse pas ces histoires éculées, il parle exclusivement de lui é de Tout ce qui lui a été refusé en terme de famille. Il ne me montrera pas du doigt en s'écriant : c'est à cause de !toi Père à cause de !toi é de personne d'autre que je n'ai jamais su ce qu'est une famille. C'est uniquement par !tafaute si je n'ai jamais connu cette manière de vivre dans une communauté & le bonheur fait de morosité&biens-de-peu-de-valeur qu'elle procure. – Non, il ne se risquera pas à me jeter à la tête une chose pareille bien que son reproche soit fondé=à-bon-droit, qu'il ait raison face à moi en pensant que je reconnaîtrai mes torts envers lui pour avoir manqué à mes devoirs de lui apporter soutien é assistance grâce à une famille car il n'a jamais su ce que c'est que d'être : père. Mais en contrepartie il aura connu les humiliations que moi = le Nonpère lui aura fait subir en punition pour la seule & 1nique raison qu'il est venu-au-monde & que je suis son géniteur Nous vivons tous les deux sur la même planète et sommes condamnés à y demeurer jusqu'au dernier râle car il n'y aura ni pardon ni délivrance nulle part. Et l'admirable dans tout cela « fils », c'est que tout le monde est logé à la même enseigne : les soi-disant saints comme les soi-disant salopards de prêtres. Aussi ne me fera-t-il aucun reproche, car ce serait 1 peu trop facile pour lui. Dans l'histoire de sa vie jusque-là, il a probablement découvert Ce qui aurait pu être 1 porte 1 sortie de secours au-delà de laquelle Tout aurait pris une tournure=différente : à l'âge où il était un enfant é avait un petit camarade, son chien Maxou – qu'il fut forcé de sacrifier pour ne pas le perdre. !Là était la porte – é: !là son issue murée ; – & aujourd'hui l'attend la porte suivante : l'Amérique. Il a compris tout cela mon fils (auquel je n'arrive pas à penser autrement qu'entre guillemets). Et pour se rendre Là-Bas, pour franchir le seuil de cette porte, il n'a eu d'autre choix que de se mêler depuis-des-années aux affaires d'un caveau familial de papier aidé par ma sœur (sa mère à sa honte é à notre honte=à-tous) Il a ainsi redécouvert le Troisièmemonde qu'il s'était inventé & qu'il a fait revivre à la manière de ces femmes sol1taires dont les années écoulées ont entre-temps épuisé & détruit tout espoir d'une-vie-normale=avec-mari-&-enfants Auxquelles la Voix-de-la-Réalité intérieure La Voix qui ne ment jamais annonçait depuis longtemps : Regarde, ça ne sera !jamais pour toi. Et ces femmes voient alors leur cœur tel un fruit enrobé se glacer de méchanceté accumulent douceurs à l'intérieur & graisse à l'extérieur Se laissent-aller Deviennent lamentablement cruelles & leurs yeux durs comme de petites pièces tombées dans des flaques & pour avoir non seulement été privées de sentiments véritables à leur égard venus d'autres personnes elles ont aussi vu s'émousser & se couvrir de callosités leur capacité personnelle à s'émouvoir & pour ressentir encore ?quelquechose elles font dans la surenchère mielleuse horriblement=méprisante – & ainsi écoutent-elles des tubes aux enchaînements onctueux de l'huile de graissage acoustique feuillètent à toute allure des magazines multicolorfondants pleins d'édulcorants & d'exhausteurs d'émotion ronron pour historiettes popartisées regardent à la télévision de supposés films d'amour arrangés tout exprès à l'intention de-Gens=comme-eux & depuis-peu ces télénovellas de carton-pâte autrefois destinées aux ghettos misérables du tiers-monde – diffusées à l'intention des Éternelles Bonnes=à-tout-faire sans salaire Et ceux qui en rient justement aujourd'hui Leurschersenfants sont souvent les 1ers à avoir depuis belle lurette succombé en secret aux aiguillons de cette mièvrerie Car sans doute est-ce du fait de leur appartenance à 1 poignée d'Argenteux sol1taires qu'ils se trouvent abusés par l'offre complète de cette larmoyance sacrément=salée sans compter que dans la vie=méconnaisable tout est=1 : télénovella & ésotérisme magie & maggi mains guérisseuses profète & profit & le tout un ragoût de vue métaphysique du monde en feng shui avec ses chamanes brimborions yum-yum – qui rendent les sens toujours=plus frustes la soif de spiritualité encore plus brûlante À l'image du naufragé dérivant sans espoir sur sa planche au milieu d'une mer déserte et qui cherche à..... éteindre les flammes de sa soif en buvant de l'eau salée contre toute évidence – !Enfin 1 2 instants de répit !sans souffrir !sans les tourments de la soif – pour ensuite ressentir d'autant plus cruellement la brûlure dans ses intestins Les-hommes se détournent des réalités de la vérité ils ne veulent rien savoir. Ils troquent les réalités contre des camouflages du réel la vérité contre le piteux cadeau de se-sentir-en-sécurité. Car l'Arrogance succède à toute Grande Peur, au Coup-Foudroyant porté à la vie. !J'y ai survécu. !Je suis toujours vivant. Une petite existence triviale lubrifiée pour glisser sur les abîmes de la vie é les peurs surgies du souvenir. – Se-souvenir : car je suis toujours auprès de lui (de mon fils entre guillemets) & des histoires qu'il me raconte, à moi ou peu importàquidautre – les ?a-t-il ?vraiment ?relatées de ?cette façon, sont-elles ?vraies au sens strict. ?Ou: tel l'aveugle tâtonnant dans un Environnement Étranger à la recherche d'un point d'appui d'un chemin d'une direction d'un endroit où se réfugier se protéger, a-t-il espéré trouver dans cette collection de photographies rassemblées sur près de cent ans Cette Chose dont il a l'intime=conviction depuis-toujours pour l'avoir devinée & qu'il cherche à rendre vivante en lui insufflant ses paroles pour enfin !enfin*

[– Dans cette ville –]

Photo 35 *(debout derr.) Elfriede et Johanna (assis de g. à dr.) Werner (en costume sombre avec cravate), Henriette, Pépé Henry, dans l'appartement de Werner & Johanna, Mathildenbourg, Noël 1940*

Rédigé dans l'habituel style impersonnel de la langue administrative propre à toutes les époques sans distinction – l'aigle aux ailes déployées paradant sur l'en-tête, la croix gammée entourée d'une couronne tenue dans ses serres – le contenu du courrier émanant de la commune de Thalov prouve que d'autres griffes cherchent à s'emparer du domaine d'Hedwig : la-Wehrmacht, le ministère de l'Armement, a également besoin de ce terrain dans la région pour augmenter sa production. Le *Heil Hitler!* pour conclure, suivi du tampon gras et de la signature en dents=de-scie du bourgmestre telle une plaie noire au pansement déchiré.

–Mais Hedwig se !défend. Non qu'elle soit contre les-Nazis, elle n'est pas pour non plus – elle est de ce grand nombre de gens que la fureur aveugle des Idéo=Logues laisse parfaitement indifférents, pour peu qu'ils échappent aux machines écrabouilleuses de cervelles que sont la presse, la radio (et plus tard la télévision). Ce n'est pas un acte réfléchi, Père ; une résistance pareille, ça vient des tripes. Et si ?quelqu'un s'avisait d'interroger cette femme *sur ses convictions politiques,* passé un certain temps de silence & de bredouillement (ce bafouillage de mots tournés en phrases jusque-là jamais prononcées par ces cordes vocales & jamais énoncées par cette bouche, de sorte qu'elles doivent d'abord trouver leurs inflexions en trébuchant avec une lenteur é une maladresse pouvant paraître=bizarres), il s'entendrait répondre à peu près ceci : *Président ou Chancelier du Reich – Lecésar reste Lecésar ; l'1 ou l'autre, qu'importe – & j'aurais beau savoir parler & ruser, les gens=comme-moi se feront toujours hacher menu. Et maintenant, siouplaît, fichez-moi la paix, le-travail se fait pas tout seul.* Le fondement de sa conviction : *à César ce qui est à César,* – mais avec ce sens-de-l'épargne propre aux-assujettis lesquels, pour s'être dès-l'enfance exercés de manière infaillible à calculer&rogner-sur-les-dépenses, savent mesurer ce qui est Entrop : l'injustice, le vol au moment de se servir, qu'ils soient commis par leurs semblables ou par Ceux-d'en-Haut..... Vie humaine é terres&biens=personnels – tout ce qui tombe 1 fois Entreleurgriffes sera perdu pour=toujours. *(Et qu'on ne soit pas du tout ici en présence d'une véritable pauvreté n'y change rien : le pauvre reste le-pauvre avec un sens obstiné des restrictions, même une fois devenu millionnaire (ce qui n'est de très loin pas le cas d'Hedwig) ; les marques de la poigne de fer des origines sont aussi indélébiles qu'une tache de naissance.)* !C'est pourquoi Hedwig se défend.

Au début On essaya de l'appâter : de Berlin, elle reçut au village des courriers officiels glissés dans des enveloppes luxueuses (le facteur qui lui remettait Ces Lettres, ôtait sa casquette & se tenait=au-garde-à-vous). On lui soumit des offres d'achat pour son terrain, des chiffres suivis de quelques zéros ; Hedwig refusa ; 1 x l'on vit arriver à bord d'une limousine sombre 1 messager officiel, 1 monsieur élégamment vêtu, à la main une mallette en cuir, dont il montra le contenu à Hedwig : des liasses de billets multicolores & de nouveau des chiffres suivis de beaucoup de zéros – la boîte de couleurs de la tentation..... Hedwig demeura inflexible : *l'argent, je peux pas le manger,* répondit-elle à l'élégant monsieur en civil, *et les billets de banque, ça m'f'ra pas un-toit.* À bout de nerfs, le Monsieur s'en alla finalement comme il était venu, bredouille. – À-compter=de-là, le ton des-Autorités se fit givre & rudesse.

Comme si je la voyais en-chair&en-os, comme si cette femme à l'air sévère é redoutable casquée de son foulard sombre à pois blancs apparaissait détachée de la touffeur de la nuit de plomb & sortie de la tombe des Temps d'1 profondeur de plus de soixante-dix ans é ce quasiment trente ans après sa mort – je la vois dans sa cuisine sobre assise à la table sous la lumière de la lampe, devant elle des classeurs documents lettres ficelés en paquets & triés dans l'âcre odeur poussiéreuse du Bon-Droit & de l'Infamie, et cette femme écrit des lettres pour sauver sa vie. Et plus longues plus fréquentes plus rudes sont ses confrontations aux Instances-Estampilles du Pouvoir, qui cherchent à l'évincer de la grande tribu des Inexistants en essayant de l'affamer & de l'écraser à force de calendes grecques –, plus Cette-Femme=Sansmari semble sortir de ce massacre administratif sans gloire sans légendes sans héros ni témoignage de respect, plus résistante, plus endurcie – *Un?mari : ?!Qu'aurait-elle fait d'Unmari : il aurait peut-être détruit la toile qu'elle avait tissée petit à petit & durant des-années, par ses gesticulations emportées, ou en faisant preuve devant l'Autorité-publique d'esprit de corpshorte (le genre masculin forme toujours une équipe=masculine) & de sentiment de l'honneur, qui peuvent vous assaillir comme la fièvre et autre foi. Par ses incursions lourdes d'avoir-raison=sur-tout, Unmari aurait réduit à néant cet hyphe souterrain*[26]*, ce mycélium à l'existence végétale invisible que sait fabriquer=en-abondance une femme à partir de ses volonté ruse obstination & persévérance. Un?mari ici : !jamais.* – Elle, Hedwig n'a de compte=à=rendre à personne, c'est là sa grandeur invisible.

–Allons nous asseoir 1 moment, là-bas. Juste nous reposer 1 peu. Ensuite, nous continuerons. – Un talus permet d'accéder de la plate-forme à la promenade qui longe le fleuve en contrebas. C'est là aussi qu'on trouve les premiers bancs.

[– Oui. Il est l'heure : dans cette ville –]

Max, le chien, se jette immédiatement sous le banc (l'asfalte y est peut-être plus frais que l'air=autour). Il s'étale tel une descente de lit, haletant les yeux clos pour voler un peu d'oxygène à la nuit poisseuse. –

–Hedwig, la combattante solitaire – (entends-je de nouveau la voix de mon « fils ») – –son visage durci en dépit des rides & de cette sévérité dépourvue de la mollesse qu'impriment l'espoir é: la souffrance ; l'air renfrogné, animée d'une insondable énergie dans les batailles paperassières qu'elle livre à mains crevassées depuis-des-décennies, forte mais toujours féminine, guidant sous le faisceau trouble de la lampe la plume à encre sur les lignes du papier, à l'instar de la journée où sous lesoleil&lapluie elle trace avec sa charrue & sa bêche les sillons dans la terre qui lui-appartient (alignant des mots assemblés en phrases dans 1 langue regorgeant de formules acérées toutes faites & d'hypocrisie en équerre, 1 outil que Le-Pouvoir fourre àchaquépoque entre les mains de ses sujets, 1 passe-partout susceptible d'ouvrir les portes blindées des sens administratifs & d'offrir toutefois aux sujets=quémandeurs la possibilité d'être entendus, & par là de pouvoir mieux aussi leur tenir la bride haute ; la langue dirige & contrôle (car le sujet persuadé de maîtriser cette langue & de trouver une oreille favorable auprès-des-Autorités-compétentes, le sujet qui s'y connait en-formulaires, qui sait user de formules stéréotypées, de tournures protocolaires=paperassières même dans la-demande-la-plus-informelle et qui va jusqu'à dominer les heures d'ouverture des services administratifs, ce sujet-là se croit largement supérieur à son semblable –) ; – langue de l'infamie, langue séculaire bénie raide comme un I de mensonge, (avec laquelle Le-Pouvoir !exige que les classes-inférieures lui mentent & l'entubent en parodiant 1-certaine=espèce d'effigies-du-Pouvoir, banquiers managers politiciens, la lie-en-costume-rayé, des crapules parfumées qui, tout en demandant pardon d'être des chiens hargneux, excitent en même temps leur chiennaille besoin dechair&desang, se laissent en certains *établissements* moyennant Beaucoupdargent ligoter fouetter battre humilier par des putains en cuir en couinant comme des cochons, bouclant ainsi la Boucle sans Fin de la Domine-nation & de la Sous-mission) –

–Il va y avoir de l'orage. Ça ne peut plus durer comme ça. – L'homme (mon « fils »), assis à l'autre bout du banc, interrompt son récit, oriente sa voix, amortie, vers le ciel nocturne é verrouillé. –Il fera peut-être un peu meilleur après. Je n'aurais rien contre si Cètechaleur étouffante s'arrête..... – Il ne me regarde pas.

–Eh bien allons-y. !Debout – Et je me lève du banc.

[– Il est l'heure –]

Max aussi se remet difficilement & bruyamment sur ses pattes, levant vers moi ses yeux de chien pleins de reproches, tel un fonctionnaire à la retraite qu'on a dérangé dans sa tranquillité – *?Est-ce vraiment indispensable, !un tel effort dans nos Vieuxjours,* –, et il nous suit sans entrain.

–Sans entrain mais avec assiduité – (mon « fils » a repris son récit) – –armée de la patience d'un cheval, Hedwig, cette femme noble de la campagne, est assise à sa table & grave sur les feuilles de papier ces tournures de la langue administrative qu'elle a apprise depuis, é imprégnée de poussière & sueur aigrelette montée des fessiers ronds-de-cuir, – écrivant soir-après-soir dans l'oubli d'elle-même sous le faisceau trouble de la lampe, ses yeux pleins de défi exprimant son attachement=à-la-terre, s'accrochant à sa propriété=de-tout-temps, sans peur sans lassitude visible dans le manège des tribunaux, enfonçant-le-clou armée de sa témérité féminine, au point que même les juges & les avocats s'étonnaient –; – jusqu'à ce qu'1 jour, elle, Hedwig, découvre la zone vulnérable dans la cuirasse du bourgmestre de Thalov trempé dans le sang-de-dragon-étatique (ce lémure envoyé en éclaireur représentant les intérêts de-l'État) : un incident..... survenu à Altendorf où précédemment il exerçait la fonction de bourgmestre & qui collait à cet homme comme son ombre – le jour de Noël 1939, sur la berge de l'Oder, 2 morts que le fleuve n'entraîna pas. Les revoilà. C'est toi-même qui me l'a raconté. –

–Ce que le pasteur Brickau m'avait raconté ilyabiendézannées & tel qu'il l'avait relaté à cette femme, Hedwig, quelques années auparavant. Oui. : *–Mon garçon, tu n'as pas encore entendu parler de Cette Histoire, en tout cas pas telle que je la connais. Elle n'est pas non plus l'Entièrevérité, mais elle en dit un peu plus long sur ce que tu ne pourras jamais apprendre du meurtre maquillé d'Altendorf & la non-assistance à personne en danger – un juge le formulerait probablement ainsi. Le Livre-des-Juges précède le Livre-des-Rois ; le Seigneur a placé le-Droit avant le-Pouvoir. L'homme qui est Sa créature doit agir de même, je l'ai cru toute ma vie. Mon garçon, tu as reçu la confirmation & désormais tu fais partie de Notre-Communauté-d'Adultes. Tu n'es plus Unenfant, accepte que ton vieux pasteur t'apprenne qu'au sein-des-hommes, qu'importe qu'ils soient nobles ou bas de cœur, humilés ou parvenus, tu rencontreras des façons d'agir le plus souvent contraires à la volonté du Seigneur : quand le-Droit lui-même n'est pas détourné en une arme au service d'un Pouvoir-répressif. (:Aujourd'hui en l'année de ta confirmation é 4 ans après Laguerre, et d'autant plus que pour la deuxième fois en ce siècle mais certainement pas la dernière des villes & des hommes ont été engloutis sous les ruines & les gravats, après la Nouvellemonnaie émise à Bonn-sur-le-Rhin, ILS ont fondé 1 Nouvelétat, é: avant peu 1 Contre-État s'érigera en Autorité-Souveraine*[27] *ici=aussi dans cette zone-d'occupation ; – mais Cela n'apportera pas la Paix-sur-terre.) Autrefois La Loi était faite contre les-brutes, aujourd'hui les-brutes font les lois..... Et ce qu'Elles ont réussi..... à discréditer en 1*er*, c'est la dernière lueur d'humanité. Rien ne doit subsister qui ne puisse être coulé dans les moules d'acier Décret, Plan, Mesure. L'abandon de liberté au pas cadencé pour tomber dans la nécessité, la misère. Les hommes manquent* *de maturité pour être-des-hommes ; le genre humain se rend coupable d'inhumanité, d'où son besoin permanent=constant de dieux monstres esprits démons extraterrestres – Dieu&lediable pour excuser de la manière la plus imbécile les actes des-hommes. – : ainsi le genre humain est-il en permanence en deça de son état.*

–Et c'est toi qui dit !ça, un past –

–Écoute-moi bien, mon garçon : si j'étais Dieu, pour venir en aide à ces âmes fracassées parmi cette foule incommensurable d'hommes sans relief devenus gris à en mourir épuisés à force d'être traqués, leurs cœurs é corps usés, remplis de haine & colère emmurés dans 1 Devoir-d'exister abandonnés au Malheur Éternel, j'inventerais Quelquechose – une machine. Oui, car c'est !la forme moderne de la Providence : une machine=Archangesaintmichel=d'airain – ?Qui-est-à-l'égal=de-Dieu – pour rétablir d'un seul coup le Droit divin par la Parole & le Glaive.

–Oui mais –

–Je sais, mon garçon, personne n'est capable d'inventer Une pareille Machine ; je dois donc concrétiser=par-moi-même la part de machine en=moi. Car ce qu'on prétend de nos jours être la loi est une véritable méduse, façonnable à souhait donc informe. La-Parole qui autrefois devint La Loi a perdu de Sa force & a dégénéré en bavardage, en 1 bien de consommation comme la lessive les chaussettes les sachets de thé ou au mieux en 1 croque-mitaine. : C'est pourquoi, mon garçon, je me !devais de venir en aide à Hedwig, à cette femme qui-vit-seule ; pourquoi il m'appartenait !d'accomplir une chose que le Seigneur autrement ne pardonne àpersonne&jamais : la dénonciation..... Et maintenant pour cela je suis puni : tous mes enfants – tes frères&sœurs – je les ai perdus..... Sauf toi. Mais tu n'es pas mon vrai fils, Le-Châtiment ne s'abattra pas sur toi. Plus tard, tu comprendras, mon garçon. Aujourd'hui, contente-toi de m'écouter.

17

Photo 36 — *Henry Schneidereit après son arrivée à Thalov, en manteau & chapeau dans le jardin de la propriété devant 1 pareterre de marguerites blanches, automne 1943*

–Je me !devais de raconter à Hedwig l'histoire de ce bourgmestre (qu'elle ne pouvait pas connaître), l'histoire des deux ombres couvertes de sang du même homme qui en voulait à sa propriété, à ses biens é à sa vie, mandaté par un État=Assassin lequel, à l'instar de Touslesétats, s'attribue la Toutepuissance en monstre Leviathan couvert d'écailles – Leviathan redivivus in aeternum..... Mais la-légende mentionne le défaut dans la cuirasse, le point vulnérable=mortel. Tels les fils d'un tissu de mensonges qui jamais ne tiennent solidement ensemble, il n'existe pas de cuirasse sans fissure, & la Lumière-de-la-Vérité filtre au travers, démasquant le menteur & l'homme cuirassé.

–Laisse-moi rire. Lalumière Lavérité.

–Personne ne !t'en a encore jamais parlé : lui, ce bourgmestre, s'était récemment fait muter d'Altendorf à Thalov. Car il y avait eu meurtre à Altendorf. En 1939, le soir de Noël sur la berge de l'Oder, 1 homme battu à mort par la-Meute. Tu vois !qui je veux dire, mon garçon. Et ça n'avait pas suffi : la même Meute avait traîné un Autre Homme, mortellement blessé, d'abord au village & puis, par crainte des enquêtes de l'Administration, de nouveau vers le lieu du crime, où cet Autre Homme lui aussi trouva la-mort. Inutile que je te raconte cette histoire une nouvelle fois, tu la connais depuis-ton-enfance. Ce bourgmestre était celui qui autrefois se trouvait à la tête de la Meute. C'était advenu dans les 1res semaines de la Guerre, Lesvictoires de la Wehrmacht détournèrent l'attention de l'affaire, les cris de joie retentissaient en=masse tels des vagues de fer les !hourras déferlaient sur le pays, ?! qui pouvait bien se tracasser de la mort de 2 Inexistences ; il n'y eut pour ainsi pas d'enquête. ON colla les meurtres sur le dos du-Polack ; – mais, comme le pus de plaies purulentes réticentes à se refermer Avecletemps, les rumeurs suintaient –. Oui, je te l'ai déjà

*raconté, tu es au courant. Mais il y a encore une chose que tu ignores : à la fin, pour apporter la paix administrative à cette pénible affaire, ce même bourgmestre démissionna de ses fonctions à Altendorf – « Je prends sur moi ce fardeau », claironna le vieil hypocrite – & à sa !propre demande il accepta d'être « muté par mesure de sanction » à Thalov. Personne ne t'en a encore jamais parlé. Ce bourgmestre aurait démenti l'image du carriériste qu'il était, s'il n'avait eu vent depuis belle lurette des plans de la direction de la Wehrmacht à Berlin, qui envisageait d'installer une usine à Thalov en vue d'augmenter sa production d'armements. Lestypes de l'engeance de ce bourgmestre flairent Largent comme les mouches à viande la charogne, & une fois qu'ils l'ont flairé, il !faut absolument qu'ils !s'abattent sur lui, qu'ils le veuillent ou non. Mais lui le voulait. Voulait donner un œuf pour avoir un bœuf. Car qui dit armement, dit Argent..... Et il voulait être l'homme-qu'il-faut=à-l'endroit-qu'il-faut au-moment-qu'il-faut. Or, cet homme n'avait pas & n'a toujours pas expié Sa Faute, et je voyais !*arriver le temps de l'expiation.

–Tiens donc –

–Soir-après-soir je suis allé trouver Hedwig chez elle & assis à la table de la cuisine avec sa fille & son mari (ils s'étaient mariés en 1919, comme s'ils pouvaient par 1 union éclair conjurer les séparations qui les menaçaient), ainsi m'étais-je joint à leur trio. Au début, c'était encore moi qui dictait les courriers qu'il appartenait à Hedwig d'envoyer au-tribunal, mais elle apprit vite : c'est comme de nager en eaux profondes, après que quelqu'un t'a jeté à la baille. La peur de sombrer – detoutemps le meilleur maître d'apprentissage. Or ce qui s'écrivait sur le papier soir-après-soir n'était ni sa langue ni la mienne, ce que je lui dictais & qu'elle dicta plus tard à sa plume n'était ni la langue du Droit ni celle de la Justice ; – c'était & cela reste la langue=étrangère poisseuse, vénale, sournoisement=finassière des avocats courre-tiers mercantis & incendiaires, qui tous sans exception forts du Droit & de la Justice traitent les gens de manière-honteuse dans le Temple du Droit ancien. C'était & cela reste, mon garçon, l'1nique moyen d'expression qui permet à des Genscommenous de se faire-entendre auprès de-l'Autorité.

(Bâillement discret du confirmant.)

–Et ainsi, grâce à mon aide, cette femme faisait revivre sous son écriture Sütterlin escarpée Le-Récit d'un Noël 1939 & ses conséquences,

par les menus détails que j'avais pu apprendre (car je n'étais pas présent à l'époque ; ce que je sais de cet événement – é j'en sais plus long que si j'avais assisté à la Scène – je le tiens des Participants, et plus ils cherchaient à me dissimuler ce qui s'était passé, plus ils m'En apprenaient –). Oui, le cœur des-hommes est !surprenant, & tout aussi !surprenante était la vitesse à laquelle cette femme apprenait à assembler & faire tenir ensemble les briques d'1 langue..... que personne ne parle : tantôt à grand renfort de formules pour décrire l'événement-accidentel dans ses détails, tantôt en assénant des phrases brèves comme des coups de poing ; d'abord avec beaucoup d'humilité, puis guettant avec impatience, & pour finir toujours humblésoumise –: « écrasée par le lourd fardeau & courbée sous la douleur de la mort prématurée de mon cher époux » « de la mort glorieuse au champ d'honneur de mon plus jeune fils en l'an de grâce 1916 » « mais debout et courageuse, comme cela sied à une femme et mère allemande » « je suis préoccupée par le maintien de ma famille et de la propriété que mon cher et honnête époux m'a laissée, à moi une femme démunie et mère de trois enfants, en me faisant promettre sur son lit de mort de toujours avoir soin » « de la nation, du Reich et de notre Führer bien-aimé » « de l'arrière » « en ces temps d'épreuves difficiles que traverse notre peuple » « j'ai réussi à offrir à ma fille, à mon fils, à ma belle-fille et à sa famille, après que celle-ci a fait le choix courageux de venir rejoindre le peuple allemand des districts de l'est du Reich, un nouveau foyer en les regroupant tous dans ma maison et sur ma propriété » (car Hedwig avait réellement fait venir chez=elle, sur sa propriété de Thalov dans la Marche de Brandebourg, des membres de sa famille, ainsi que ceux de la famille de sa bru Johanna, arrivés de Prusse orientale – parmi eux Henry, le père de Johanna, et les jumelles Pauline é Waltraut) : non, cette femme avait plutôt !intimé à sa smala l'ordre de rap –

– !Tu vois, Père : !c'est ce que je viens de dire. Regarde les photos dans l'album : la !manière dont ils sont rangés & groupés autour d'Hedwig, !la pose qu'ils prennent, comme si les clichés pouvaient témoigner de leur volonté devant Cette Seule Providence, à laquelle ils ne croyaient certes pas vraiment, mais sait-on jamais, il se pourrait que –

–pliquer, après que leurs maisons & appartements avaient été détruits là-bas=pendantlaguerre – pas par les-Polonais ou par les-Russes, !c'est

arrivé plus tard –, mais en quelque sorte par leurs-propres-compatriotes : le revers de la-Victoire..... Car les victoires d'un Pays éblouissent les mêmes masses qui les ont emportées de haute lutte, & ces triomfes sauvages mettantàsacchamps&pays détruisantvilles&maisons sont en-vérité toujours des victoires remportées sur les masses qui n'auront !jamais le dessus : du gâteau & des jeux ; – pendant qu'à l'ombre des fêtes de la Victoire, dans le clair-obscur derrière la scène, on prépare l'assortiment de fouets. Car les triomfes coûtent de l'argent, beaucoupdargent, parfois davantage que les défaites. L'argent de ceux qui paient de surcroît de leur corps & de leur santé pour la-Victoire. Les victoires incitent aussi les-masses à la désobéissance ; l'arme tenue dans leurs mains est d'une magnifique indifférence ; IL ne faut pas laisser les-masses manier les-armes trop longtemps : du gâteau & des jeux ; – le Chef-Suprême & ses Zélateurs au stade, l'espace charivari du-peuple !Hurrah & !Allez Louiah !Vivent les vagues d'enthousiasme des-masses et leurs hurlements=bestiaux !Hurrah pour la réforme des lois, des lois comme autant de mines antipersonnel contre les vers de terre ; !Vivat les-petits taxés & fiscalisés –)

–Le plus dur pour Hedwig aura été de convaincre le père de sa bru, Henry Schneidereit, de quitter la Prusse orientale & de le faire venir à Thalov. Il ne voulait partir à aucun prix : ni s'éloigner de la tombe de sa femme (Ursula était décédée en 1926) ni surtout s'éloigner de sa propre tombe qu'il avait déjà fait creuser à proximité de celle de son épouse, car il croyait chaque jour sa dernière heure arrivée. Mais les jours passaient – et Henry restait en-vie. Aussi se rendait-il presque chaquejour=sansexception au cimetière, vérifiait l'état du trou vacant, sautait lui-même au fond la pelle à la main, rectifiait les parois, retirait la terre. Il arrivait qu'après de fortes pluies la tombe se transforme en mare & des animaux noyés, taupes rats souris, parfois des lapins, restaient au fond après l'infiltration de l'eau dans la terre. Henry retirait alors patiemment les cadavres. Les fossoyeurs apparaissaient sur les bords, regardaient l'homme au fond qui creusait sa Propretombe, y allaient de leurs plaisanteries (toujours les mêmes), puis redisparaissaient. Il n'y avait qu'Henry à ne pas s'en aller. Depuis-des-années il touchait 1 pension plutôt minable de fonctionnaire, mais de cela non plus il n'en mourait pas. Entretemps, à sa façon, il était devenu son propre Fosse Soigneur. Mais dès que des enfants s'approchaient de son trou, c'en était terminé de son humour involontaire fait d'allusions idiotes & de jeux de mots inconscients. À force de creuser&pelleter chaquejour=sansexception le trou finit par être bien plus profond que les deux mètres cinquante réglementaires, sa largeur aussi n'était pas conforme : voilà un moment que les parois ne se dressaient plus à la verticale mais s'incurvaient de tous les côtés en dessinant des cavités. 1 jour d'été des enfants se faufilèrent jusqu'au trou &, tapis derrière les haies épaisses entourant la tombe, ils guettèrent – le moment où Henry fut descendu au fond, alors ils retirèrent l'échelle – & détalèrent avec un malin=plaisir en poussant des braillements. Henry-dans-le-trou, s'activant seul-solo avec sa bêche, ne pouvait plus remonter sans abîmer les parois de la tombe creusée avec soin ; l'ensemble menaçait de s'effondrer s'il tentait de tailler des-marches. Assis au fond du trou, il hurla à l'aide. Personne n'accourut. (Les gamins avaient problablement joué ce tour de connivence avec les fossoyeurs.) L'après-midi sombra, le soleil d'été saigna derrière les nuages qui s'amoncellaient. Puis vint le soir. Personne n'entendait les cris d'Henry, on avait verrouillé les portes du cimetière. Il se mit à pleuvoir –

Photo 37 *(debout de g. à dr.) Henry Schneidereit après son arrivée à Thalov, en manteau & chapeau, Johanna, Werner, Henriette devant Johanna, les yeux fixés sur un parapluie d'enfants replié de couleur sombre, dans le jardin de la propriété de Thalov, automne 1943*

– une forte pluie – aux torrents de plus en plus puissants – des eaux écumeuses remplissaient le trou – ramollissaient la terre, des mottes se détachaient des parois comme d'une falaise. Trempé jusqu'aux os, Henry menaçait de se noyer à petit feu dans laterre&laboue, Henry, le non nageur, fut saisi d'une Grandepeur : ?!Devrait-il ?!mourir noyé dans sa propre tombe comme un rat. C'est alors qu'une énorme motte se détacha de l'une des parois, la masse ramollie s'affaissa lentement dans la mare écumeuse, – et Henry ne pouvait détacher son regard d'un trou – grand ouvert comme la gueule d'un monstre : rivés sur la tombe attenante ses yeux écarquillés d'épouvante reconnurent un cercueil en décomposition. Ainsi, après Dézannées revoyait-il sa « femme » dans les dernières lueurs du crépuscule..... Et sous la pluie, – une pluie d'été battante –.– Des gens vinrent sans doute à une heure avancée de la nuit engloutie sous laboue&lestorrents, (probablement des fossoyeurs d'avis que le jeu avait assez duré), des faisceaux de lampe de poche balayèrent l'obscurité, dardèrent le fond du trou, dénichèrent la motte d'homme trempée é crottée, dressèrent 1 échelle. –

Mais aux yeux d'Henry Schneidereit, fonctionnaire à la retraite vivant à Gumbinnen, cette péripétie fut loin d'être Uneraisonsuffisante pour le faire renoncer à son occupation – bien au contraire : de ce jour, Henry Àlaffût derrière les haies de thuyas s'allongea par terre près de sa tombe ; il voulait attraper les gamins qui lui avaient joué ce tour pendable. Mais comme il s'étendait chaque jour dans sa cachette à la même place, les enfants ne trouvèrent plus marrant de le faire bisquer, et ils ne revinrent pas. Henry-à-son-poste montait la garde en vain. Ainsi, jour=après=jour était-il seulement à même de s'emporter contre les rats lapins & chiens errants, auxquels il hurlait de déguerpir de sa tombe catapultant jurons & cailloux (il avait préparé un petit tas de gravier comme un canonnier ses boulets), & il tuait ainsi le temps avec ces enfantillages. Il récrimait aussi contre son fils Wilhelm, qui faisait Le-Môssieu à Berlin é: semblait avoir oublier son pauvrevieux père. *Nous-zautres, on doit faire ceinture : car il est plus facile pour 1chameau d'entrer dans le royaume des cieux* (pesterait-il plus tard dans sa façon de détourner les expressions) *qu'à 100 Filsriches d'ouvrir leurs bourses à leurs pères dans le besoin.* Ou résigné, d'humeur noire : *Ça ne sert à rien de pleurer les pots cassés, car jamais lait renversé n'a remonté la pente vers sa source. Qui est dans le-besoin et compte sur ses-enfants bâtit des châteaux en Espagne ; et s'est fourré dans de !beaux draps.* (Plus tard encore il radoterait ce genre d'expressions détournées & de-préférence en présence de ce même fils é de son épouse, lesquels trouvaient tous=deux ces numéros extrêmement pénibles, car si Henry les savait bien présents, il se rendait à peine compte !qu'ils étaient aussi la cible de ses imprécations ; dans son cerveau perturbé, il persistait à vivre toujours=seul chez-lui=en-Prusse orientale).

Mais à l'époque dont je parle, il vivait encore physiquement Là-Bas, & refusait à !Toutprix d'obéir aux lettres de plus en plus insistantes d'Hedwig, et plus tard, après la mort d'Hedwig, à celles de sa fille Friederike, qui lui enjoignaient de quitter la région & sa Propretombe bien-aimée pour disparaître à l'ouest, sur leur propriété à Thalov. Ce n'est qu'en 1943, au moment où les troupes allemandes refluaient de l'est par vagues dechair&defer toujours plus grandes, que les-bombardements des principales villes de Prusse orientale se succédaient à des fréquences de plus en plus rapprochées, causant des destructions de plus en plus considérables, & que l'Armée-Rouge était sur le point d'envahir la région, qu'Henry décida de Tout quitter – pays natal, maison, pension &, dans la plus grande douleur, sa future tombe sur laquelle il avait veillé pendantoutecézannées – pour obéir enfin aux Appels de Thalov. Hedwig était morte depuis 2 ans ; Friederike, l'héritière du domaine, poursuivait désormais & fidèle à sa promesse l'œuvre que sa mère n'avait plus pu accomplir de son vivant : réunir le plus grand nombre possible de membres de la famille sur ses terres&domaine à Thalov.

–Enjoint de venir. Tiens donc. (Le confirmant réprime à grand-peine un bâillement.) –Rester ou: s'en aller : avec l'Armée-Rouge à deux pas, plus vraiment une décision difficile à prendre pour cet Henry-là, ?pas vrai.

–Pour lui certainement plus ; mais les-Russes

–Tu veux dire l'Arméesoviétique=victorieuse, je présume.

–n'étaient pas le problème ; le problème venait des èSèS sur-place : ils interdirent aux Allemands de fuir ces régions : qui décidait de partir maintenant était coupable de désertion & de haute trahison, Crimes passibles d'une balle dans la nuque ou de la pendaison. Plus tard, les-Rus – l'Arméesoviétique=victorieuse déjà à portée de tir, les èSèS (avant que leurs membres ne décident de « se destituer » eux-mêmes de leurs fonctions pour gagner l'ouest)

–pour se !précipiter chez les Alliésoccidentaux=impérialistes.

–interdirent aux derniers Allemands encore présents de demeurer dans ces régions –: avait-on vraiment ?!envie de ?continuer de vivre sous la

domination de ces Chiens Rouges des steppes : plutôt mort que rouge : qui refusait de partir était coupable de désertion & de haute trahison, et de nouveau une balle-dans-la-nuque ou la-pendaison.

–À la mort de Drusilla, sa sœur chérie par-dessus=Tout, Caligula édicta 2 lois : qui ne portait pas publiquement le deuil de cette femme était puni de mort, car il montrait son manque de-respect & d'amour envers la défunte. Et qui portait publiqement le deuil de cette femme était également puni de mort, car il témoignait d'une absence d'espoir & d'amour-de-la-vie que seul l'empereur est en droit de dispenser. – C'est ce que nous a raconté notre professeur d'histoire récemment.

–Un homme !courageux votre professeur : dispenser..... !Unsavoirpareil en des tempspareils.

–Continue : ?Qu'a fait Henry : ?il s'est tapi dans son trou.

–C'est ce qu'il aurait certainement préféré à toute Autre Chose. Mais ce qu'il aurait aimé par-dessus tout, c'est emporter avec lui sa tombe sur laquelle il avait si bien veillé pendant-toutecézannées – et maintenant, il n'avait d'autre choix que de l'abandonner quand même aux-Rus – à l'Arméesoviétique=victorieuse : il profita de la-confusion, disparut de Prusse orientale on ne sait vraiment quand – se débrouilla pour atteindre l'Oder (1 chose pas facile, car par=tout traînait la Feld-gens-d'armes-rie chargée d'arrêter & d'exécuter les petits groupes de prisonniers en maraude rescapés des-Camps ou des marches de la-Mort ou bien les soldats du front fuyant devant une mort=héroïque), et il finit par se présenter à Thalov chez Friederike, la fille d'Hedwig, loqueteux à moitié mort de faim é dans un grand état de confusion. Maintenant, comme ils le crurent tous dans un premier temps, ils étaient lui=&=elle=euxtous=réunis=dansle-Reich=&=ensécurité..... Mais Lefront&Laguerre se rapprochaient de plus en plus, arrivant par-l'Est, vite & deplusenplusvite –

–Mais Hedwig, de son vivant –

–Oui, les lettres d'Hedwig, qui tenaient plus d'envois en recommandé adressés à toute=la-famille-vivant-à-l'Est, voilà-Longtemps qu'elle les expédiaient : dès le début de la Guerre, pour être exact. : Cette femme avait-elle dès la fin mil neuf cent quarante le ?pressentiment de ce que la-Guerre..... produirait. Ce n'est pas certain. D'ailleurs ?savait-elle que la-Wehrmacht avait envahi l'Union soviétique en juin Quarantéun. Peut-être. ?Et que cela=signifierait=la=fin de tant de choses. Improbable.

La Guerre d'Hedwig combattait d'Autresennemis. Mais à force de se battre pour sa propriété les biens qu'elle possédait allaient diminuant, ses moyens emportés comme sable fin par le vent. Toute mon argenterie y est passée, se plaignit-elle à moi 1 jour, mes bijoux & Tout ce que m'ont donné mes parents, envolés pour les-juges..... Et !Mondroit, il est ?où. – Puis elle se tut. Mais elle refusait de baisser les bras. !Jamais, à !Aucunprix.

Et à la même époque elle entreprit d'agir encore d'une autre façon, avec une persévérance mystérieuse : elle se mit à retourner Lechamp à la force des poignets, bien plus souvent que nécessaire & en toute saison, & on la voyait labourer en profondeur les quelques arpents de terre qui lui appartenaient encore. – Le plus frappant était qu'elle ne s'y mettait qu'aux jours de brouillard ou à l'heure du crépuscule. !Un mystère. Les-gens supputèrent : l'étiolement de sa raison. Les-ombres se mirent à grandir autour d'elle, remplirent la maison de minuit & les traits d'une écriture indéchiffrable se lisaient sur son visage –. Seule dans ses yeux luisait parfois une dure lueur argentée ?Sentait-elle déjà venir sa=mort-prochaine. Jamais elle ne fournit d'explication sur son étrange activité. Et effectivement : à la fin (provisoire une fois de plus) de sa Guerre toutepersonnelle & au bout d'une longuejournée de travail au jardin Hedwig Baeske enfila dans l'après-midi sa chemise de nuit en coton & se mit au lit sans 1 mot. Elle ne devait plus se relever ; elle ne voulait plus se relever. Comme si elle incarnait la Dernière Combattante parmi ces guerriers qui s'étaient battus pour Thalov ville épiscopale aux siècles passés, & que leur cri-de-guerre de jadis **!Thalov ou la !Mort** *venait de s'accomplir Maintenant seulement par le biais cette femme. Chac-1 dispose de !son compte limité de pulsations, é: Personne ne tombera avant le dernier coup frappé.*

–Ah oui.

–C'est probablement cette gymnastique tenace=desdécenniesdurant entre sa table de cuisine sa misérable exploitation & le tribunal administratif qui maintint cette femme en vie aussi longtemps, la laissant survivre à son mari trentetroisans. Et autre chose encore : elle ne faisait pas confiance à son fils Werner ; elle ne lui laissa rien absolument rien de ce qu'elle possédait ; fit de sa fille Friederike l'héritière de ses terres&biens. Mais probablement craignait-elle que celle-ci – 10 ans plus tôt elle avait donné naissance à Peter-Paul, 1 enfant chétif é nerveux – ne se montre

trop faible é docile, trop encline à céder dans ce combat sans fin livré autour de sa propriété. Hedwig le redouta jusqu'à sa Dernièreheure. – Seigneur, donne-lui la !force. – S'écria-t-elle sur son lit de mort. Et d'un geste fulgurant, on aurait dit que ses deux bras de vieillarde cherchaient à fendre l'air, elle bénit tous ceux qui l'entouraient. Une fois encore la voix de la vieille femme s'éleva, prononçant ces mots incompréhensibles pour nous Alors : – Occupez-vous de la maison, labourez les champs & retournez la terre du jardin. Mais ne partez !jamais d'Ici pour aller vivre ailleurs. Même si vous êtes dans la misère la plus noire, creusez plus en profondeur les champs & le jardin – !creusez – !creusez – Et d'un râle crépitant elle rassembla son souffle, inspirant pour accomplir La Grande Tâche – avec la même énergie employée de son vivant pour éloigner la mort, elle écarta d'elle sa vie en mourant –, et ainsi cette femme s'éteignit-elle à la fin de l'automne 1941. Sa fille m'avait prié de venir. Je me tenais près du lit de mort, les mains de l'agonisante dans les miennes, maintenant je lui fermai les yeux. Mais : ?as-tu !entendu !ce que la femme a crié dans ses Derniersinstants ; elle ne suppliait pas Dieu de lui *donner la force ; non : mais de la lui donner* à elle, *à sa fille, le Seigneur devait donner Laforce à Friederike, l'héritière, qui en aurait grand besoin dans Cèteguerre : comme tu le sais déjà toi-même.*

–Hm. (Le confirmant réprime un bâillement.)

–Et l'exhortation de la mourante à retourner champ & jardin, et ce que cela signifiait, le fait que ces paroles ne provenaient pas de la raison vacillante de cette femme à l'agonie, nous ne devions !en comprendre le sens que biendézannées plus tard. Mais à toi non plus, je ne veux pas en parler aujourd'hui.

(Remuement joyeux chez le confirmant, il subodore la fin de la leçcon de catéchisme. Mais le pasteur poursuivit.)

–Les membres de la famille entouraient le lit de mort, en silence. La fille pleurait. Ce serait la dernière fois où je la verrais en larmes ; le Seigneur avait exaucé le vœu d'Hedwig.

(Bâillement déçu du confirmant.)

–Mais Hedwig vivait encore à l'époque dont je te parle, & elle écrivait & écrivait en lettres Sütterlin à d'invisibles Fonctionnaires de Tribunal sur lesquels elle avait Un Avantage : elle, Hedwig Baeske, n'était pas seulement dans son-droit, elle avait le droit-pour-elle. Et elle écrivait (sur

*mes instigations), évoquant sa « vie pleine de sacrifices pour maintenir les mœurs et les coutumes allemandes face aux dangers qui les menaçaient en permanence de toutes parts par l'invasion d'éléments de race étrangère » (Hedwig n'était pas une nazille ; c'est moi qui l'avait 1nstruite de cette terrible notion=d'ordre-idéologique. Peut-être ne comprenait-elle pas toujours !ce qu'elle écrivait, dans sa perception des choses, elle y voyait certainement un caractère solennel lié à l'importance que prête à ces tournures tout fidèle sujet bien intentionné qui s'efforce de parler la-même-langue=que-le-Pouvoir (de la même manière que, se rendant auprès des Autorités, de l'armoire parfumée de camphre & naphtaline l'on sort, brosse et passe avec grand soin son meilleur costume son meilleur tailleur – il n'y a qu'1 costume qu'1 tailleur, de toute manière on n'en possède pas d'autre – pour, guindé en 1 attitude solennelle, venir-à-la-barre du-Tribunal ou: s1mplement se présenter devant l'1nique pupitre d'1fonctionnaire=quelconque qui vous a convoqué, é: c'est cette solennité toute empesée & naphtalisée, cette manière recherchée de se conduire & de s'exprimer, cette soumission ainsi rembourrée qui produit exactement=le-triste effet comique qu'il plaît à ces Supérieurs de voir&entendre en pareille occasion comme preuve de leur réussite dans le dressage=de-leurs-sujets appliqué à cette créature de la nature qu'est l'homme de masse)) « moi, une femme malheureuse, rabaissée et humiliée par les attaques de (nom du bourgmestre), que je me refuse d'appeler plus longuement mon compatriote, car il a osé d'une façon odieuse (*a osé *rayé & remplacé par* ne s'est pas privé de*) s'en prendre à mes biens qui m'appartiennent en bonne et due forme » « un homme qui n'a rien d'irréprochable, un monstre complice de meurtre et d'homicide par imprudence sur la personne de deux concitoyens » (Pour ce passage de sa lettre, je citai le numéro de dossier de l'affaire enregistrée au commissariat d'Altendorf. Suivait le compte rendu exact du déroulement-des-faits en ce soir de Noël 39)*

18

Photo 38

Mur tapissé d'un motif de ramures en filigrane, Hilde postée devant en tailleur noir orné d'1 col de dentelle, debout près d'1chaise, tenant dans sa main gauche 1 mouchoir de dentelle é 1 petit bouquet, le jour de sa confirmation à Gumbinnen, 1917

« comme je pense qu'il est de mon devoir patriotique d'informer Monsieur le Président du Tribunal du Reich » (les sujets tirent parfois avantage en se trompant de grade vers-le-haut ; l'effet sur l'Autorité n'est pas seulement plaisant, mais, ses représentants se poussent davantage du col dans leur Rêve-d'Avancement-de-Fonctionnaire) « un homme qui a blessé mon sens de l'honneur et ma fierté de femme allemande et mère de trois enfants, dont l'un des fils est mort au champ d'honneur pour la gloire de l'Empire Germanique » (répéter que les sujets ont=rempli-leur-devoir&se-sont-sacrifiés n'est jamais préjudiciable), « un homme qui d'une manière infâme et honteuse a voulu s'emparer de mes biens & des biens appartenant à ma famille, un agissement qui ne peut que porter préjudice à notre Peuple et à l'exemple que celui-ci doit montrer au reste du monde en ces temps de victoires glorieuses » « un personnage sournois et criminel cherchant à s'abriter derrière la communauté – car qui est capable de commettre un meurtre est capable d'autres crimes, il ne reculera pas non plus devant la haute trahison » « avec tout le respect que je vous dois, je fais entendre à la barre de la Justice du peuple la voix plaignante d'une mère allemande. » « Heil Hitler ! » (signature, la plus tassée=soumise possible : il a fallu que j'exerce Hedwig à la tracer sur des feuilles un certain nombre de fois afin d'élaguer les traits de courage de son écriture) – c'était ce genre de phrases & autre charabia-jargonné, regorgeant de toute cette rhétorique cérémonieusement arrogante de banalités politiques stéréotypées au son du gong d'unités policières & administratives, que je dictais à la main innocente de cette femme pleine de ressentiment ; – un style emphatique fabriqué à partir de formules &

frazes faciles, 1 langue allant du mouvement doucereux de la plume tenue par un sujet de l'Empereur à la stridence métallique de la commune-hautaineté=nazionale, les cordes vocales arrimées pour ainsi dire à des tenailles, 1 langue intimidée & disant aux intimidateurs=administratifs : moi aussi je connais l'Esprit-du-Temps..... ; la pratique de la langue pompeuse de l'Administration spécialement conçue pour les perceptions fonctionnarisées, afin de déverrouiller leur tempérament de portes fermées & en franchir le seuil. Et cette femme, Hedwig, devenue mon instrument, s'employa à écrire&demander-des-entrevues tout le temps qu'il fallut & jusqu'à ce que ces fonctionnervis-du-Droit déguisés dans leurs robes..... (j'y ai toujours vu une effroyable parodie de ma fonction sacerdotale) en eussent !assez : qu'ils soient las & refusent de lire & d'entendre plus longtemps ces interminables sottises faites de lamentations menaces dénonciations & encore de lamentations s'apparentant à un épilogue sans fin – qu'ils soient !enfin !débarrassés de ces pénibles chicaneries (de toute façon le ministère avait changé ses plans : Thalov & ses environs n'entrait plus en ligne de compte pour l'industrie=de-l'armement, on privilégiait maintenant Peenemünde ; ON renvoyait la région à son agriculture & à l'exploitation du lignite, quant au-reste, il était confié à l'oubli) & les fonctionnaires du tribunal n'aspiraient qu'à retrouver=!enfin 1 chose qu'ils veulent !toujours avoir : la=paix. Le bourgmestre Petitcarriériste Quoiquilarrive avait joué&perdu : jeté son œuf dans le vide –. ON le démit de ses fonctions en foi des accusations écrites & après la fâcheuse perquisition de son bureau & ON l'envoya défendre le front *à-l'Est..... – où, de manière énigmatique, il disparut dans les flammes & massacres de la Guerre broyeuse dechair&dacier. (Maintenant ils n'étaient plus qu'une poignée d'habitants à Altendorf..... à s'être rendus coupables d'homicide un jour) : & de nouveau le bruit sourd d'un coup de tampon sur le papier, 1 affaire classée pour l'Administration (mais qui ne s'éteint pas à la faveur du temps, ainsi que tu en fais toi-même l'expérience aujourd'hui) « Au nom du Peuple allemand » –: Friederike garda ses biens & ceux de sa famille. – Mais demeurent les-dossiers, comme=toujours.....*

Pour cette raison, mon garçon, apprends toi aussi à bien écrire cette langue=étrangère : la-langue-des-Bureaux & du-Régime-en-place, mais n'oublie jamais : Elle est la Langue Morte. Laisse tes 5 doigts s'en occuper ; garde la Vraie Langue en ton cœur. Par ici, un homme doit toujours savoir parler 1 langue pour discourir é: une langue pour s'exprimer. Cette dernière est la Langue Vivante. Je t'apprendrai !quand é !où t'en servir.

(Le confirmant bâille à se D-crocher la mâchoire.) Mais il se=reprend, ne veut pas passer pour mal élevé devant le pasteur, son père adoptif depuis-des-années ; – feint donc d'être intéressé par son récit. Mais du haut de ses 14 ans il est encore inexpérimenté en hypocrisie ; il pose une question dont il ignorait qu'elle déclencherait un nouveau flot de paroles chez le pasteur.

–Et quelle fut la réaction de Werner après que sa mère l'eut !exclu de la succession. – Entends-je demander mon « fils » maintenant.

Je ne peux m'empêcher de rire. Et si le rire était une pierre, il aurait laissé à la surface du fleuve de la nuit couleur de plomb de petits ondoiements troubles, l'espace d'1 instant. – –Oui, c'est exactement=!la question que j'ai posée au pasteur Brickau il y a Cinquantroisans : *?Quelle fut la réaction de Werner. –*

La promenade asfaltée court droit dans Lanuit le long de la berge du Main. Sur la gauche adossée au fleuve 1 mince bande de gazon (les brins d'herbe desséchés au soleil crissant sous les semelles) et 1 lampadaire à intervalles rapprochés (un rai de lumière blanc sale chute dans l'obscurité plombée). Sur la droite à l'avant de l'inclinaison du mur de soutènement mesurant bien trois mètres de haut et maçonné de blocs de grès, qu'un enchevêtrement de mousses et de lichens semble colorer en vert-de-gris, quelques arbres 1solés & des buissons hirsutes, – de temps à autre des bancs de bois & au-dessus le quai Theodor-Stern é son trafic intense dans la journée. Là-haut, dans une posture ramassée, les galeries de platanes bizarrement=taillés se contorsionnent en nodosités blafardes – à l'arrière se dressent les bâtiments du centre hospitalier universitaire. À mi-chemin entre « Friedensbrücke » et « Holbeinsteg », détachées d'une construction basse aux allures de bunker & entourée d'un grillage, jaune pâle la peinture, quelques silhouettes, agglutinées à la clôture comme des mottes de poix. Le bateau, précédemment au milieu du fleuve, vire maintenant de bord en régime ralenti & se dirige vers le ponton situé à l'extrémité du terrain – avec précaution, semble-t-il, comme si le Corps de l'Embarcation jetait lui aussi quelques coups d'œil discrets par-dessus son épaule. –

[– Dans cette ville en Cètenuit –]

Comme souvent Cesoir, lui (mon « fils ») répond lui-même à une question qu'il m'a posée. –Les ennuis de Werner à cette époque – si je t'ai bien compris, Père – étaient de deux sortes : exclu du commerce des armes & finidurêve de l'infâme=Grande Marche du Monde, et désormais exclu même de la succession de sa brave=mère. Il ne pouvait pas faire partie Des-Riches, il ne voulait pas appartenir aux Moins Riches que Les-Riches. Car c'était notamment à la perspective de toucher cet héritage qu'il avait consenti à 1 mariage avec Johanna. Et maintenant !Ça : donc Tout ce qui ne manquait pas de porter de terribles coups à sa manie de vouloir faire le Grand Monsieur.

–!Manie de faire le Grand Monsieur – ça veut dire !?quoi. – (Et je perçois immédiatement ce goût crayeux de pilules accompagné du rance vieillefillesque de l'odeur du jasmin.) –Tu as pourtant !exploré cette période en profondeur : pour le reste de sa vie Werner voulait !s'affranchir de la misère & de la tutelle d'Autregens. Sans doute n'en a-t-il pas toujours eu conscience. En revanche, il savait parfaitement 1 chose : être libre exige d'avoir toujoursdelargent. Or, il n'en avait pas. ?Que faire. Vers quoi tourner son esprit-volontaire : *ce bout de bois tordu dont sont faits certains hommes*[28]. À partir de ?quand l'opiniâtreté se change-t-elle en folie. Mais la folie a elle aussi ses règles, sa stratégie – parfois meilleures & plus strictes que tout ce qui se veut *raisonnable*. Était-il, par exemple, ?raisonnable de fonder dans des greniers & des arrières-salles de bistrot des sociétés secrètes, un journal, « Stahlhelm »[29], des Armées Noires & de douteux personnages de führers tels qu'on les voit apparaître Maintenant : des créatures armées de paroles ferbeuglantées au tranchant affilé qui semblent 1niquement avoir été conçues dans le but de débiter des cervelles du reste de la populace, de la saloperie humaine apte à bêler, toujours exactement !les mots aptes à fabriquer le-malheur & faits pour le gueuloir populacier à l'image de cette saleté sucrée que les morveux n'arrêtent pas de mâchouiller ; des paroles incendaires de cadavres=obsédés-du-feu destinées à des cadavres – :?!Où se situe la ?raison dans tout cela. Faut-il peut-être considérer comme raisonnable ce qui va bien avec le gueuloir de tous&chacun –

–Çasuffit, Père. Laissetomber. – (Et après 1 moment de silence du même ton ironique passé :) –Nous=tous, Père, savons pourtant ou: le subodorons-nous, que jour=après=jour nous nous faisons avoir par de mauvais menteurs & par d'encore plus mauvaises personnes Bienintentionnées : obsédés du feu (:!quelle jolie=expression peu usitée tu viens de déterrer là :) des pyromanes arborant des vignettes imbéciles=faites-maison pour légimiter la guerre en Irak, des Anges de la Paix logés dans les Nobelhôtels déplorent Lafaim Lamisèredumonde en ingurgitant champ' & caviar, et déjà le mousseux se fait rare à cause des légions de gens Bienintentionnés qui s'enivrent parce que profondément touchés par le spectacle ; – pas la peine d'en rajouter 1 couche à ce tas de tortionnaires pour m'inciter à m'engager davantage. J'ai passé l'âge, é: je ne suis pas assez vieux pour les combats de repli des Vieuxgauchistes aux paroles fielleuses. *(Il est comme moi Autrefois il y a Cinquantroisans quand le pasteur me faisait son récit é: que je ne voulais pas écouter parce que les Vieilleshistoires=des-Vieux sont toujours les mêmes et que j'en avais jusque=là – é: que j'avais écoutées malgré tout, continué d'écouter malgré moi, parce qu'il m' était simplement impossible d'échapper à l'étreinte verbale de ce pasteur Brickau, et le-récit=d'autrefois resta ainsi gravé dans ma mémoire, sans que je le veuille, pour me permettre de mieux comprendre Ces Choses seulement biendézannées plus tard, du moins en comprendre suffisamment pour les raconter à mon tour)* ; et me faisant en même temps à=part=moi Cette Réflexion : *dans quelques semaines, « fils », tu partiras pour Unpays où le-triomfe importe encore : où Le Vainqueur est aussi Le Premier ; où force et domination sont synonymes. Mais, « Fils », l'histoire à succès de ce modèle d'Obéissance vivra aussi ses dernières heures de l'Autrecôté là-bas : pour tenir en=échec..... les-masses il faut que chaque nouveau triomphe surpasse le précédent, sans quoi les victoires sonnent comme des défaites. Or, si les-masses ne peuvent plus hurler&pousser des cris de joie, elles perçoivent très vite dans Le Silence la vacuité au cœur du-Triomphe, comparable au vide..... à l'intérieur d'un réservoir de pétrole. Alors les-masses deviennent..... folles & récalcitrantes. L'économie-de-Domination – l'Europe=moderne nous l'enseigne – est tenue d'infliger aux-masses des-souffrances & d'exiger d'elles des-sacrifices : en instaurant une pénurie des moyens & des aides des pays artificiellement créée &*

maintenue=à-un-niveau-stable par la moneypulation de la répartition. Celui d'entre les-masses qui réussit à surmonter ces souffrances & sacrifices s'imaginera dès lors avoir=triomfé à l'image du Sportif-ayant-battu=son-propre-record : !Quelle drogue héroïque – c'est sur ce bois-là que naît la moisissure appelée niouvêle identité (dorénavant plus aucune perception de récalcitrance en soi) : nous disons !oui à Nos Idées=!ho : obé-hi-san-hi-han comme des ânes à cause des privations, & partout Quedesvainqueurs : il faut maintenant que le gouvernement soit faible, aussi faible que nécessaire. Ses Re-Présentants sont rarement des cyniques, ils semblent au contraire véritablement imprégnés des 3, 4 lieux-communs&frases qu'ils ont échangés entre eux dans leurs longues=années de progression rampante à travers les appareils démonocratiques des Partis & qu'ils répandent à la première occasion, si bien qu'au=final on se fiche royalement de savoir quelle Nouille au service de quel Parti décroche le téléphone pour prendre l'appel de la Banque-Mondiale à Washington qui dicte !Ce qu'il faut faire. (Mais ce serait probablement à d'Autres Milieux de décider du tempo ; Werner était jadis parvenu à s'introduire dans l'atrium de l'1 de ces espèces Degens dont la légitimation repose sur quelques hécatombes de morts ; des morts que Cesgens ne verront jamais, de même que les morts futurs ne connaîtront jamais Cesgens.) L'avantage qu'on peut tirer de tout cela, « fils », vient du peuhple ivre d'enthousisame en-temps=de-crise, l'emballement popartisé à travers des braillements où alternent pleurs à chaudes larmes et drapeaux agités qui colle Auxpays avec un goût de volonté faisandée & encourage les-Masses..... à ne pas se-laisser-abattre & à y laisser des plumes : de chair à canon à chair à tiroir-caisse. C'est ?ça une ?attitude ?raisonnable. (Oui, !nomdedieu, ça aussi c'est raisonnable *(rétorquerais-je aujourd'hui en interrompant le pasteur, m'épargnant ainsi une bonne partie de ses litanies)* : la raison est humaine à l'image de l'homme, & par conséquent elle possède un cerveau & un cul. Devine ?lequel des 2 est le plus ?important : tu peux être-un-con=sans-réflexion toute=ta-vie, mais toute=une-vie sans-chier, je ne donne pas cher de ta peau. Alors !arrête avec ces-conneries.) *Du silence sans plus Le Silence : c'est !Lui qui est une dernière=une véritable menace.*

Photo 39 *Mur tapissé d'un motif de ramures en filigrane, Hilde postée devant en tailleur noir orné d'1 col de dentelle, assise sur 1 chaise, la jambe gauche croisée sur celle de droite, dans sa main gauche 1 mouchoir de dentelle, le jour de sa confirmation à Gumbinnen, 1917*

Pendant que je débite (à mon « fils ») tout autre chose d'une voix forte dans la nuit de plomb : –De douteux personnages de führers qu'on voit apparaître Maintenant, parce qu'il ne fallait pas que la-défaite Enpleineguerre soit perceptible ; parce que toute souffrance était vaine, le sang versé pour rien – du reste ?!comment pouvait-il en être ?autrement –; & Tout ce qu'on disait Éternel é qui devait le rester : le Seigneur Dieu devenu un bourgeois & sa créature, le spécimen bourgeois, & Les Valeurs Lois Règles entre Lui é: eux & entre-eux – qui pouvaient s1mplement être démolies brûlées gazées dans les batailles-de-matériel humain&d'acier, partaient désormais toutes en fumée en-un-Rien-de-temps –; ?était-ce ?raisonnable de chercher dans la violence vécue Hier & reproduite Demain le-remède à la souffrance des soldats de retour du front ; étaient-elles ?raisonnables les sornettes de ceux qui voyaient une-Moralité dans la-défaite & se faisaient fort d'être les colombes d'une Paix Nouvelle au plumage en devises étrangères & tenant dans leurs becs la joie anticipée du butin ; – une paix qui n'en devint pas une, une paix de mercantis qui fit s'écrouler par Volontédélibérée les cours-de-la-bourse & la-déconomie, un Valet-de-Paix au service du Bourreau, *(–car, mon garçon, après chaque guerre perdue, des créatures apparaissent toujours aux-côtés des perdants, qui se figurent avoir gagné la guerre & se conduisent comme telles)* – :?raisonnables les tas de papiers hauts comme des terrils : des billets de banque imprimés portant des chiffres complètement fous, que des enfants=immodérés n'oseraient même pas imaginer dans leurs jeux –: l'inflation : une !météorite..... Elle traversa violemment les airs, fendit la terre et les eaux, s'enfonça de toute sa force effrénée profondément et de plus=en=plus=loin, jusqu'au fond des abysses ; elle écrasa & fit exploser éclater s'éparpiller les petits é les plus minuscules coquillages ; elle n'en épargna auc-1, cette météorite du Monde déconomique. Elle s'écrasa aussi contre le roc inférieur, l'ébranla, provoqua des désagrégations & des failles impossibles à colmater, et aucun n'en réchappa. Parce qu'elle ne venait pas du cosmos mais tout droit du cœur des ténèbres terrestres, Chacun y laissa des plumes – :!C'est ça, être ?raisonnable. Mais ?que dire alors d'1 homme à l'esprit-volontaire prénommé Werner, le jardinier qui s'était chassé lui-même du Paradis & qui se voyait maintenant confronté à la manœuvre de sa mère : laquelle, par entêtement & par bêtise (car les deux comportements ne sont jamais très éloignés de l'inquiétude) conçut la Planification de l'Existence de son fils &, par mesure de précaution, celle de sa femme Johanna. Et ne fit pas que la concevoir, mais la transforma en-réalité immédiate.

–Parfaitement : le magasin de denrées coloniales à Mathildenbourg, Alte Residenz Straße 114, & Werner son commerçant. L'an 1922, 1er août, jour de l'ouverture du magasin : – ?Sommes-nous arrivés. – *Et ce ne sont plus nous deux, mon « fils » é: moi, qui nous trouvons au cœur d'une nuit couleur de graphite et de sa pâteuse obscurité chaude d'amertume dans laquelle Lachaleur des jours&semaines liquifiée en plomb surcuit l'Air tourné en une boule suffocante manquant de fraîcheur, lourdement figé devant nos bouches, enveloppe tout ce qui doit être&demeurer ici ; et même plus sur l'étroit chemin le long du Main, Unfleuve lui-même transformé en une coulée de plomb visqueuse, dont le flux semble se parer de la même invisibilité é fausseté que le clocher dans le lointain qui a mal sonné les heures si bien que Tout ce qui se nomme Temps semble devoir être fourré dans cette bouffonnerie où tout ce qui est dés-1ni ne doit faire qu'1 : le Passé avec le Présent le sang plein de vitalité é l' amour avec l'obstination frelatée é la honte attirée sur soi sans scrupules.* – Cependant, par une délicatesse-de-tact bien réfléchie ou parce que cela lui semblait pour ainsi dire naturel, Hedwig sut éviter, après lui avoir fermement refusé la part principale de sa succession en décidant des mesures à prendre – –La Planification de l'Existence – – que son fils Werner soit encore plus humilié & exclu de la-famille : elle avait su présenter la décision de son fils de devenir commerçant avec une habileté telle que Werner, lui, avait l'1mpression que l'idée venait de !lui=seul. Tandis que le reste de la-famille, surpris & plein d'admiration devant la sage décision de Werner, se montrait prêt à l'aider. Peut-être tout cela s'était-il fait avec l'accord secret de l'épouse de Werner, Johanna, laquelle (Hedwig pouvait pour le moins le soupçonner) possédait un sens plus grand des Réalités que, – allonbon, Père, je ne le répèterai pas. – –Son fils Werner & sa manie de faire le Grand-Monsieur, c'est ce que tu voulais dire. Tu n'as Rienàcraindre, je ne me fendrai pas d'un autre sermon à ce propos. Garde ton jugement ; je garde le mien. –

–Johanna Baeske, née en 1891 en Prusse orientale dans 1 village près de Gumbinnen, et 1er enfant d'Henry & Ursula Schneidereit. Dès le début, quelque chose d'étrange planait sur ce couple. – –Oui : la tare de la famille, le défaut de tissage dans l'étoffe généalogique – –On n'a pas réussi à expliquer si le sens extravagant de cet Henry (le modèle de ton prénom) pour des bizarreries était d'origine ou si c'était suite à certaines étrangetés observées dans & autour de ce couple qu'il commença à développer cette faculté, être ce caméléon qui tente de s'adapter aux conditions de-Vie avec lesquelles il s'agit d'exister. En tout cas, la 1re réaction qu'Henry Schneidereit, petit fonctionnaire à la sous-préfecture de Gumbinnen, semblait opposer aux pentes à plusieurs pour cent de l'itinéraire de sa vie, était l'énorme moustache, épaisse & rectiligne comme un pieu, arborée à sa lèvre supérieure, qui lui donnait l'air d'un homme perpétuellement irascible ou horrifié é conférait à son visage efflanqué le pointu d'1 musaraigne. Ursula & Henry, tous les deux avaient grandi en voisins dans le même village ; au vrai sens du terme, Henry connaissait la fille de ses voisins depuis l'époque maigres jambes nues de la Petite ; mais Henry de 7 ans plus âgé louchait vers cette fillette, semblant avoir pressenti très tôt en=lui quel serait l'itinéraire de sa vie. Dès son plus-jeune-âge la fillette présentait ces traits que le temps à venir n'aurait plus à modeler mais seulement à mieux faire ressortir : une personne de valeur au visage éveillant la confiance & dotée de bras ronds, un être calme é robuste. Une femme depoigne&decœur, une santé naturelle crevant les yeux empêchait aussi toute duplicité de s'installer en elle ; elle regardait Henry de ses yeux sincères de jeune fille. Elle venait d'avoir 18 ans quand ils se marièrent. À cette Époque déjà, Henry & sa manière de détourner les expressions, plein d'enthousiasme : *Trouver une femme pareille, c'est chercher dans une botte de foin muni d'1 aiguille.* –.– Leur 1er enfant : Johanna, née la 1re année de leur mariage.

Après quoi survint l'étrange & soudaine transformation d'Ursula : la créature saine & robuste devint souffreteuse, restait souvent alitée. Ils quittèrent la ferme du village pour s'installer à Gumbinnen, Henry fut embauché à la sous-préfecture. Ils occupaient avec leur fille nouvelle-née un petit logement loué dans 1 rue d'artisans sans éclairage qui descendait jusqu'à la rivière Rominte. –

–?Sais-tu d'ailleurs comment s'appelle l'autre rivière dans laquelle se jette la Rominte à Gumbinnen : Pissa. Gumbinnen sur la !Pissa :!Occasion pour Henry de faire remarquer qu'on devrait rebaptiser la rivière, et Gumbinnen se trouverait désormais sur l'Urinoko. (Il rit. Pour la 1re fois j'entends mon « fils » é: ce bruit.)

Et j'attends qu'il s'arrête. Pour continuer. –Mais l'état de santé d'Ursula s'aggrava avec le changement. L'air d'une petite ville n'a aucun effet libérateur. Petit à petit le chagrin s'immisça dans son être paisible, elle ronchonnait, la perspective des nombreuses visites du médecin troublait son regard, sa peau prenait la teinte pâle d'un drap. Déjà Henry pensait bientôt porter son deuil : Ursula rédigea son testament, – puis, du jour au lendemain, son état s'améliora. Et le fit de jour en jour, comme si elle avait été touchée par une brise soufflée du bois d'Esculape –. Wilhelm naquit, son 2e enfant – Septans après Johanna. – Et la situation se répéta : Ursula à nouveau frappée par la même maladie qui s'était déclarée après la Premièrenaissance, mais en pire cette fois. Les médecins qui l'ausculaient, préconisaient une vie sage – 1 enfant de plus et la femme en mourrait. Dirent les-médecins & aussi qu'un changement d'air lui ferait du bien. Mais ?où aller. Et ?qui pouvait ?payer Une Cure. Le traitement d'Henry n'était pas suffisant, de plus le couple avait commencé à économiser pour permettre à Wilhelm, leur 1er fils, de faire de Bonnes Études ; il devait avoir – –Unevie!meilleurequelaleur. – –Peut-être est-ce le changement catastrophique qu'il a vécu en passant de la misère au: bien-être-pour-des-raisons-inexplicables qui consitue le carburant pour toute forme d'humour-présent chez un individu. Tantôt sur le plan économique, tantôt sur celui de la santé. Ursula, qu'on avait crue à l'article de la mort pour la 2e fois, se rétablit, ressuscitant une nouvelle fois de sa couche que tous avaient déjà prise pour son lit de mort. Guérison encore plus rapide cette fois, que lors de la 1re épreuve-venue la-frapper. – –Oui, & cette fois plus rapide aussi l'enfant suivant : Joseph, né en 1900, 2 minutes après minuit : 1 enfant du Siècle Nouveau. –

–Ce qui en contrepartie lui valut en ce même siècle, 43 ans après sa naissance, comme Wilhelm, son frère plus âgé de 12 ans, d'être tué sur le front-de-l'Est durant la Deuxième Guerre mondiale. Il ne s'est pas montré très difficile, le 20e siècle : un peu comme un ogre qui de ses dents de fer dévore ses enfants à la hâte & sans qu'on puisse le stopper. Comme si Le Siècle s'était effrayé de ses propres créations.

–Heureusement qu'Ursula n'eût plus à vivre la mort violente de ses deux fils : elle décéda en 1926, avant les Fühturs-malheurs –

–Et à l'âge avancé de 38 ans, elle avait encore donné naissance aux jumelles Pauline & Waltraut. –

–Des enfants nés sur le tard ont toujours quelque-chose=de-bizarre, justement & d'autant plus que Cette Situation deviendrait à la mode denosjours&nuits (car Rien qui pue l'argent c.-à.-d. le contrôle ne doit échapper la mode) : la femme puissante maîtresse=de-sa-vie : carrièreuh professionnelle=&=vie-pris-V = zeuh !top & à 40 ans mère performante au sein d'un peuple-florissant – les invitations-à-jouer des rôles dans le soap-opéra de la vie : à ce qu'on m'a dit, Ensontemps Henry, le père tardif des jumelles, a commenté l'événement avec son humour particulier. – –Oui, parce que ses collègues du burerot l'ont taquiné à ce propos : l'1 d'eux singeait le directeur, baron de Quelquechose & d'une fidèlité-de-caniche=à-l'Empereur, son monocle de pète-sec coincé devant l'œil, il s'avança vers Henry (toute bedaine dehors, le pouce gauche glissé sous la patte boutonnée – chaque glande présidentielle = 1 Nabot-léonin) & de la voix ronflante du fonctionnaire Chef-de-service : *!Des jumelles : tire pas mal ses coups, ce vieux tromblon, pas vrai. Hahaha. Du tonne!air. !Félicitations Schnaïede Raïet. !Pas de répit.* Tape sur l'épaule d'Henry & claquement de talons. Les collègues et Henry se tenaient les côtes de rire, ils s'amusèrent à refaire Lenuméro l'1 ou l'autre fois jusqu'à ce que le vrai directeur ouvre un jour violemment la porte et –

–?Et sa ?femme. ?Réexpédiée Après sur son lit de mort & deux fois plus vite pour avoir fait coup double..... – (Fait remarquer mon « fils » d'un ton sarcastique ; il veut de cette manière, en me copiant, s'aligner avec=moi sur 1-même-rang.)

–Ursula ne tomba plus malade. On eût dit que sa vraie nature parvenait seulement maintenant à se contenir. Et elle vécut aux côtés d'Henry – ou: plutôt lui à ses côtés – pendant encore plus de dixseptans. Tout Henry ne peut pas en dire autant.

Il comprend aussitôt l'allusion. Je l'entends qui se cure les dents dans-l'obscurité. (Cela rétablit la vieille distance entre nous.) Et je peux continuer de parler, seul.

19

Photo 40	*(de g. à dr.) Hilde (assise), Henriette installée sur 1 petit tabouret (une toupie ronflante entre ses mains), Werner (assis par terre sur le tapis, jambes étendues, adossé au mur) dans l'appartement de Werner & Johanna à Mathildenbourg, 1941*

–Ursula avait encore vécu l'ascension à Berlin de son fils aîné Wilhelm, & entendu son époux se plaindre de l'ingratitude de cet enfant, lequel n'avait, semblait-il, qu'une envie : rayer de sa mémoire ses père, mère é origines. (?Peut-être en avait-il réellement honte dans ces luxueuses villas & comptoirs qu'il fréquentait depuis son élévation sociale.) *Qui nourrit ses enfants* (grognait Henry, préoccupé par La Chose) *& se trouve lui-même dans le besoin reconnaîtra ses vrais assommeurs.* Mais pour lui ces phrases pleines de nons-sens n'avaient rien de drôle, c'était sa violente exaspération qui les avait déformées, é l'envie de se moquer de lui passait à qui le dévisageait (ses traits devenus encore plus pointus & sa curieuse moustache-pieu encore plus hérissée) lorsqu' Henry les prononçait ; la situation tenait plutôt d'un comique à vous glacer le sang, comme au spectacle d'invalides de Guerre & autres infirmes aux corps mutilés, quand on les voit cheniller le long des rues, la démarche claudicante, chancelante & brinquebalante. – Ursula ne répondait jamais rien aux attaques pleines d'amertume déformée de son mari. Elle s'y était habituée comme à Tout ce qui fait une vie-de-couple. La nature d'Ursula s'accordait au sens-des-réalités : & celui-ci voyait son fils Wilhelm bien casé dans le lointain Berlin. – L'année de la mort d'Ursula 1 fille était née du mariage de Wilhelm, Anna –; il semblait s'être allié à des milieux favorisés, époux & père-de-famille avec des relations comme il faut. C'était suffisant. Brusquement, sans qu'une maladie se fût déclarée auparavant, Ursula décéda en 1926 : elle se coucha le soir & ne se réveilla plus le lendemain matin. Henry, son mari, creusa sa tombe & ensuite la sienne, la surveilla, attendit que son heure vienne, continua de vivre é: n'arrivait pas à mourir.

–La mort d'Hedwig : en!viable. De même que j'envie profondément, Père, tous les morts : !ils ont enfin réussi Le Seul Examen qui mérite d'être passé. Tandis que moi –

–Une excellente réfutation supplémentaire de la théorie du libre arbitre : tant que l'individu ne pourra pas cesser de respirer Selonsavolonté, de la même manière qu'il peut arrêter de se curer le nez lire les journaux aller-voter & autres conneries de ce genre, il ne sera !pas libre. – –?!Choisir : ??moi. Si j'avais à choisir une nouvelle fois, alors ce serait la !Mort=Volontaire. –L'homme=é=l'animal : !prisonniers=par-nature. Attends dwouare. C'est pas tous les soirs dimanche. Ou comme aurait dit Henry, ton double nominal : C'est pas la force qui fera sortir le lait des cornes d'un taureau. Je suis venu te trouver, selon ton désir & celui de Felicitas. Et me voilà qui me promène avec toi à travers Lanuit dans 1 lieu qui m'est inconnu. Tout seul, je ne saurais pas me débrouiller ici. Tu ?n'as toujours ?pas idée de !ce que tu vas faire. – *Et je m'arrête. Mon « fils » aussi. Nous restons proches l'1-face-à-l'autre. 4 yeux dans l'obscurité, sur son visage un ruissellement de sueur pâteuse.*

–Je vais marcher devant toi, à quelques pas. Cela suffira – – Silence. Toi. Surtout tais-toi. – *Un trait étrange galope sur son visage sombre luisant de sueur, comme chez les personnes dont un observateur externe a d'une manière inattendue & soudaine deviné les pensées les plus secrètes (ou: qui n'en sont pas encore, juste les avant-pensées=les plus intimes) pour les exprimer aussitôt à voix haute.* –Cela suffira Pour..... : Tu n'as ?vraiment aucune ?idée de ce qu'il faut faire – – –Au!nomduciel Père !arrête avec Ça. Mais !tais-toi donc –.

Se taire. Et je me sens dévisager maintenant l'obscurité des mêmes yeux écarquillés que mon « fils ». Oui : se taire. Oui, bonsangdebondieu-oui, à quoi bon parler, nous savons tous les deux quel mal nous pourrions nous faire avec ça, de la manière dont nous connaissons tous les deux chacune-de=ces-histoires (chacun les siennes), c'est comme si ces événements vieux de plus-de-quatrevingtsans chacun les avait ici & maintenant sous les yeux (chacun sous les siens), si bien que nous pourrions nous taire – que nous !pourrions !enfin nous !taire – sur ce qui est connu dicible, nous taire sur l'indicible le jamaisdit, passer sous silence les événements connus oubliés jamaisremisurletapis et cequinedoitjamaisêtredit, – é: chaque mot devenu superflu en cette heure nocturne chaude comme la poix sur la berge d'un fleuve lugubre d'oubli enveloppé dans l'odeur putride du temps englouti..... Laissons l'avenir au futur, occupons-nous d'abord de Ceux qui ont été : d'ailleurs, ils sont tous présents, hommes&femmes, oui, bongsangdebondieu-oui, puisqu'ils ne sont jamais partis, ils se sont simplement tapis au creux du temps comme les poules à l'approche du vautour, & une fois qu'il s'est éloigné, le vautour & l'ombre de ses ailes déployées, ils refont surface : sortent du sable de la terre grattée de la poussière de plumes qui encroûte les lèvres, qu'un crissement de dents broie à contrecœur & qui insensibilise les langues avec l'amère saveur crayeuse du grain – l'éternelle saveur du temps. Johanna : la voilà maintenant, comme si elle était présente là=en-cemoment sous-nos-yeux (?as-tu déjà oublié que nous avons commencé à parler d'elle), elle revient & s'approche :

–Johanna. Mariée en 1922 à Werner Baeske. !Jamais Johanna n'aurait osé se plaindre de vive voix pour-elle=même de son entrée-au-service des von Dorset en qualité de dame de compagnie. Après tout, elle était redevable de cet emploi à son frère Wilhelm qui, à la fin de ses études à l'École ménagère de Gumbinnen, l'1ntroduisit chez lui à Berlin dans ces cercles très distingués dont les revendications-vitales ignoraient les mots *renoncement* ou *restriction* même Aprèslaguerre – après la pluie, le beau temps & peu importe si les nuages monarchie république des conseils démocratie ou dictature essayaient maintenant de voiler Ce Soleil, tout banc de nuages a ses trouées, – & les rayons du Soleil s'y engouffrent – il suffit d'être au bon-endroit au bon-moment – leur éclat plonge champs de bataille usines ghettos & villas dans le même=perpétuel éclairage : *paix dans les chaumières & dans les palais.* Et dans ces derniers Johanna s'1nséra. *Mais* (aurait-elle dû dire é: pas simplement en avoir la sensation) *?!qu'ai-je été dans la maison des von Dorset : 1 domestique, bien habillée & bien coiffée, c'est vrai, mais, aux ennuyeuses rencontres de riches Messieudames ennuyeux, 1 simple femme de ménage, sans vie personnelle. Cette situation ?!n'allait quand même pas durer=éternellement –.– Désormais je ne porterai plus de vêtements en satin, j'épousseterai des meubles qui n'auront pas été fabriqués à partir des essences les plus nobles, mon assiette ne sera pas ornée d'incrustations d'améthyste, exit aussi les bibliothèques vitrées en bois précieux, renfermant de sombres volumes dans des reliures en cuir alignés comme les armes d'un arsenal, le morne silence de souvenirs entassés d'univers dans lesquels jamais Personne n'a vécu –.– Tout=Ça était le Bien d'Autrui ; et autour=de=moi ne flotteront plus les parfums les plus chers de Paris ni l'arôme des havanes mais les odeurs & arômes des resserres du Magasin – café cacao cannelle épices choucroute & chrysanthèmes (pas question pour Werner son mari&jardinier d'y renoncer).* Dans le nouvel environnement de Johanna, quand la langue rencontrerait le mot ARGENT, les montants afficheraient quelques zéros en moins ; mais ici on manipulerait de l'argent véritable en pièces & billets é: non de l'ARGENT de papier sous forme d'actions & d'emprunts. *À présent, en commun avec mon mari, le magasin, le petit logement & tout ce qu'ils contiennent seront à moi aussi.*

Les gens que fréquente Johanna désormais n'ont rien à voir avec de demi-obscurantins vêtus d'étoffe coûteuse ; des gens s1mples qui usent jusqu'à la corde, transforment, repassent & vont parfois même mettre en gage chez-le-juif de la Färbergasse le-seul-costume qu'ils possèdent, et là-bas, ils doivent subir l'humiliation quand le prêteur sur gages pointe du doigt, comme s'il avait découvert un péché, les endroits élimés ou les manches & cols effilochés, cherchant ainsi à diminuer le montant de son prêt. Plus d'emprunts mais des achats à crédit : Johanna, debout aux côtés de Werner dans le magasin, tient les livres comptables de leur clientèle : qui a encore du crédit chez Werner Marchand de denrées coloniales, et qui n'en a plus.

Mais Johanna n'est pas sans-cœur, elle connaît l'Exception. : Il y a là ceux que la-météorite..... Inflation a mis en pièces. Mais il y a aussi une clientèle respectable. À Berlin, où dans les quartiers ouvriers d'Aprèsguerre les flots de chômeurs traînent gris&repoussants dans les rues à la recherche d'un travail, où des gens munis de couteaux marmites saladiers assaillent les chevaux des brasseries tombés à terre & parfois pas encore morts, arrachent des morceaux de viande graisse viscères à pleines mains du corps encore fumant de l'animal, à Berlin où l'on traîne les victimes de la grippe hors de cages à lapins grisâtres é humides à l'image des-Pestiférés du Moyen-Âge – –tout le monde, Père, a vu Ces Images : elles sont depuis-des-temps=immémoriaux la racine de notre peur – –c'est vraiment une toute autre population qui vit dans ce Mathildenbourg situé à quelques kilomètres seulement de ce Berlin-là : des Privilégiés, qu'on dirait repliés dans 1 forteresse de bien-être vieil or encore inconquise, qui tentent de maintenir ce style de vie dans le souvenir douillet des temps d'Avantguerre – où ces denrées-venues-d'Ailleurs (des colonies conquises tardivement par sa Majesté l'Empereur et très vite reperdues) avaient rapidement fait partie des besoins quotidiens de ces Privilégiés. Werner & Johanna, tous deux apprentis dans leur propre commerce (ils n'avaient pas les moyens de payer 1 commis ou un fondé de pouvoir) durent commencer par apprendre un-à-un les-usages du métier de commerçant, afin de savoir agir en conséquence & garder en vie leur Affaire ; un commerce qui péricilite ou qui prospère : Tout était en=jeu ; ils apprirent très vite tous les deux.

Mais les prix se mirent à grimper plus vite encore qu'ils n'apprenaient – d'abord une montée lente, comme la fièvre au début de la maladie – puis en progression=constante en s'approchant plus près de la Crise. Or la-Crise n'est pas l'exception, elle est l'essence même de la maladie=Déconomie-de-marché.....

Werner achète les produits d'importation par l'intermédiaire d'agents – des commissionnaires – dans les grands ports allemands de Hambourg, Bremerhaven ou Lübeck, – où les marchandises destinées aux Entrepôts du Commerce en Gros sont proposées & vendues, pour ensuite être redistribuées aux détaillants dans les provinces ; vendues, le plus fréquemment avant même que les cargaisons n'arrivent aux ports.

Photo 41 *Henriette, seule, en manteau d'hiver & bonnet à pompon (agrafée au revers de son manteau une petite plaque de phosphore ronde utile en cas d'obscursissement des pièces pendant les attaques aériennes), sur 1 sentier près d'une pente à l'avant de jeunes pins, lieu : inconnu, automne 1942*

–Et une fois de plus Wilhelm se montre obligeant en mettant Werner en relation avec les agents appropriés. – –!Wilhelm & son aide. Toujours : *avec l'aide de Wilhelm.* Ne me dis pas que les locaux du magasin situé dans l'Alte Residenz Straße ont également été loués – *–avec l'aide de Wilhelm.* Parfaitement. C'est du moins ce que prétend cette vieille-rosse de légende-familiale, comme tu le sais. Wilhelm : un-Bon-Génie-du-Temps. – –Ex machina. Ah bien oui Sacrélascar&Copaindabord Camaradedeguerre&briseurdetracas. Pour ça, il aura fallu que certains maçons préparent avec soin le mortier. – –Allez donc cépanouveau : eau & argent savent par Où passer. Il leur !faut bouger-en-permanence, s'écouler, faute de quoi ils croupissent. Les 3 mots-clé de l'Occident : Travail Fripouille Casse-Pipe – la bonne vieille Panta Rhei, le perpétuel écoulement des choses[30]. De plus, c'étaient à la situation sociale de Wilhelm & à sa réputation que les membres de sa famille devaient l'état-de-bien-être dans lequel ils vivaient. (Même si Henry, le père de Wilhelm, était d'un avis contraire.)

D'ailleurs, le petit commerce de Werner rapporta inopinément de deux manières. D'abord par la constante augmentation des prix dictée par les conditions-de-l'époque qui s'acheminaient vers La Crise à cause d'une inflation galopante : faisant fi des mises en garde de commerçants chevronnés, Werner=l'apprenti-attrapeur d'affaires n'écouta pas Lesvoix des Expérimentés – !heureusement pour lui.

Il ne cessa d'acheter des denrées (surtout des conserves) à des prix encore abordables, des marchandises qu'il pouvait & voulait tenir-en-stock, & qu'il comptait revendre avec un gros bénéfice en des Tempsmeilleurs. Ensuite, il profita de la situation géographique de Mathildenbourg à proximité de Berlin la capitale du Reich – bien des livraisons n'auraient pas valu la peine d'être spécialt. acheminées vers ce seul & 1nique magasin ; il ne se serait guère trouvé 1 commissionnaire prêt à expédier ses lots de marchandises dans la petite rue de Mathildenbourg ou: alors café thé cacao épices fruits tropicaux conserves de viande (de petites boîtes lisses en fer blanc portant des étiquettes de papier multicolores & des inscriptions en langues étrangères) seraient devenus hors de prix à cause des coûts de transport élevés é difficiles à vendre. Mais, situé là où il était situé, Aux denrées coloniales de Werner Baeske se trouvait pour ainsi dire sur-le-chemin de la plupart des Agents de Commerce –. Et très vite certains produits étrangers voyageant=par-haute-mer affichèrent sur leurs emballages le lieu de destination & le nom du propriétaire – Werner Baeske, Mathildenbourg – comme si sa main tendue hors de la ville venait puiser directement au cœur du Vastemonde –.

On reconnaissait là aussi le rôle particulier de Placeforte du Bien=Être qu'avait conservé cette ville=ceinte de marais de Pauvreté. Les rues des quartiers les plus élégants de cette ancienne ville de garnison prussienne sont bordées de maisons en moellons hautes de 2 étages. Leurs façades enduites d'un crépi couleur de sable, d'aspect sobre, dépourvues de décoration, de rares ornements aux pignons, fenêtres & portes d'entrée, les lunettes des toits, efflanquées mais majestueuses – ces maisons s'alignent de part et d'autre de larges rues pavées telles des casernes & n'en sont pourtant pas moins les habitations bourgeoises des familles distinguées de Mathildenbourg. : Une ville promettant=l'enrichissement dans une conjoncture partout à la baisse é: le commerce de Werner avec le vent en poupe, & ce !vent pour le pousser encore plus loin & l'élever. Mais Cela advint plus tard. Pour l'heure, l'ancienne nostalgie d'être du Beau-Monde zébrait toujours=encore Werner de ses éclairs de chaleur : il se figurait l'enseigne à l'entrée de son magasin écrite dans les mêmes lettres onciales composant le nom de cette résidence d'été des von

Dorset à Greifenthin : *Snowmoon – Aux denrées coloniales de Werner Baeske*. Le peintre de Mathildenbourg ne connaissait pas cette police d'écriture. *–Ditedonc, z-avez fréquenté des gens très !chic pour avoir vu des !trucs pareils.* Fit remarquer l'honnête maître-imprimeur devant les protestations indignées de Werner quand celui-ci aperçut dans la vitrine son nom & celui de son magasin imprimés en belles lettres gothiques. Mais (devait-il se dire) ?sans doute !cela faisait-il aussi partie de cette atmosphère de rejet qui commençait de se répandre autour du Nouveauvenu prospère en affaires tout juste arrivé dans ce vieux=&=respectable Mathildenbourg, – & chacun Y contribue selon ses capacités en apportant sa bûche au tas-du-bûcher. Dans cette ville, Placeforte de la bourgeoisie inexpugnable à toutes les attaques depuis-des-temps-immémoriaux – le-Nouveau restait le trouble-fête.....

« Au Cerf d'or » – le café bien connu que fréquentent les commerçants prospères – attire aussi Werner les 1ers temps le soir. Ici, derrière les gros vieux murs de pierre du sous-sol dans des niches tortueuses & sur des bancs d'angle baignés de la paisible lueur dorée des lampes, sous le voile de la fumée de tabac & le bourdonnement des voix, le sujet de discussion portait depuis-toujours sur l'activité commerciale de la ville – des marchés s'y concluant ; les entreprises connaissent ici=un-essor souvent meilleur qu'à la bourse de Berlin. Ici l'on bâtit, détruit des existences – des destins avalés dans l'âcre fumée bleue du sacrifice à la Société : zéphyr divin à l'un, épaisse fumée à l'autre, afin qu'il s'auto=consume. (À peine le-Nouveau de l'Alte Residenz Straße eut-il foulé le pavé de la ville, que l'entourage de la Guilde du Commerce fut convaincu que c'était là : un !profiteur de guerre, un !imposteur flanqué de ces cercles louches comme celui de ce Wilhelm Schneidereit : une bande=de-Cupides, un déferlement de Nouveaux Riches engendrés par Laguerre, lesquels mènent à la ruine la Bonnevieille Marche des-Affaires..... avec leurs hasardeuses pratiques-de-jeunes-gens-stupides.) – Werner descend les marches de pierre conduisant vers la grande cave taillée dans d'épais murs de grès & au plafond formé par une croisée d'ogives reposant sur des piliers massifs. Des instruments de marchands – fléaux de balance, poids, chopines, boisseaux & tonnelets – décorent les bouchons en liège ronds comme dans les salles d'armes les blasons & instruments de Guerre imprimés sur ces mêmes bouchons. Une clarté paisible exempte d'ombres baigne de son chaud éclat de bougies les clients installés dans l'immense cave voûtée rayonnante de bien-aise – de la cuisine s'échappent les parfums de bonnes épices. Le 1er soir=dans-ce-café Werner tente de se joindre à l'une des tables où bourdonne une discussion animée. –

Personne ne lui rend son bonsoir joyeux, les conversations cessent, avec mauvaise humeur On garde les yeux baissés, paie sa consommation & s'en va p1ngre de mots. (Dehors on entend s'éloigner les voix de nouveau joyeusement-grasses des riches Messieurs-les-Marchands.)

Werner se retrouve seul-solo. Il essaie de tenir encore 1 peu dans le café, commande du vin, le boit, regarde autour de lui, il reste le seul client assis à une grande table. De tous côtés des regards transpercent la fumée, s'accrochent au Nouveau, le tenaillent, & demandent Sanzunmot à l'1ntrus de sortir, – retrouver le silence d'une nuit désertique au cœur d'une Placeforte de Solidebourgeois. Les pas de Werner martelant le trottoir, comme s'ils devaient en faire jaillir des étincelles. – *Quel !affront.* Il a involontairement craché ces paroles à voix haute dans la rue déserte.

[– Dans cette ville en Cètenuit, c'est là –]

Les arêtes des maisons, bordures de trottoir et lampadaires font une entaille à l'obscurité –. (Plus jamais il ne remettra les pieds dans ce café.)

Cette exclusion douloureuse qu'il venait de vivre, dont il n'était pas responsable (& qui ne pouvait par conséquent plus jamais s'effacer), elle avait failli gâcher Toutelajoie que Werner retirait de son commerce. Au début, il descendait souvent le soir dans les galeries tortueuses de la cave, là=sous-la-maison les marchandises livrées soigneusement entreposées dans des caisses, sacs & paniers d'osier, mises en balles ou en tonneaux, une minutie qui met en appétit. Et Werner prélève ça & là 1 échantillon – quelques raisins de Corinthe, des dattes, du gingembre, soupèse une grenade dans sa main – laisse sa langue fôlatrer avec volupté autour de la friandise comme s'il l'avait dérobée au Jardin d'Éden. Tel 1 Général-en-Chef le Marchand Baeske passait lentement en revue les rangées, sa main effleurait parfois avec délicatesse & pleine-d'orgueil quelques produits patientant en silence –. Au lendemain de l'exclusion douloureuse du café, dans les jours d'angoisse & de manque-de-courage devant l'immédiate=incontournable perspective de s'acquitter de Cette Tâche, être 1 commerçant ici=Surplace, le soir, au fil de ces promenades-en-ses-caves, il aimait particulièrement se souvenir des premiers jours (comme chacun aime sans=cesse se remémorer les difficultés surmontées avec bonheur & drapeaux flottant au vent). À l'époque, Werner n'aurait eu qu'une envie, celle de se mettre au-lit, comme cela se produit lors de ces maladies contre lesquelles il n'existe nul remède, mais pour lesquelles la guérison survient seulement à force de patience & de repos. (Son inquiétude : que Johanna puisse remarquer..... sa faiblesse. Il avait honte devant elle, et aussi parce qu'il voyait en elle son frère Wilhelm, son idole d'autrefois, devant Qui aujourd'hui-plus-que-jamais il devait s'abstenir de faire le douillet.) Mais il ne connaîtrait pas de moment de répit, lui qui doit faire figure de soleil=unique au centre d'un planétaire commercial, en main le Registre Principal des livraisons pour y consigner la délivrance des marchandises commandées. Des colosses pris dans des vêtements de travail grossiers traînent depuis de gros camions des tonneaux caisses balles paniers, – transportent le Tout à l'intérieur par la porte grande ouverte, dans sa faim insatiable prête à tout dévorer & en bas des marches conduisant aux entrepôts souterrains couleur de pierre sombre, la Resserre du Magasin de Werner. Werner se tient en personne près du porche & inscrit chaque lot dans son registre. Et par-devant celui qui consigne à la hâte les lots matérialisés par l'encre, toutes ces marchandises – emballées, ficelées, soudées, en barils – sont traînées & roulées comme des choses bien réelles – il arrive ainsi que les parfums les plus=subtils chatouillent son odorat : clous de girofle & cannelle flattent ses papilles, curry gingembre safran vanille, comme si les airs médiocres de la ville s'épanouissaient au parfum de fleurs suaves, – feuilles de tabac pressées en balles plates (fils ténus de souvenirs de fumoirs baignés de nuées bleues sombres fauteuils en cuir bois d'acajou & de santal : épaisses volutes de notabilités salonnières toutes en fioritures), des grains de café brun-odorant importent le repos dominical, le thé infuse des instants mordorés après la journée de travail, montées sur des échasses des saveurs de saucisson fumé épicent l'air, le saindoux fait une glissade rehaussée de graisse –, pendant que le poivre darde dans le nez son odeur piquante, pêches & abricots libèrent leurs délicats arômes veloutés jaune doré, régimes de bananes vert frais, citrons é oranges aux luisantes rondeurs juteuses, iroquoises touffes vertes d'ananas rangés àtouchetouche dans des cageots en bois, dattes et figues s'adressent à Werner dans leurs langues charnues à l'amertume pâteuse – :é chaque arôme un salut amical de terres lointaines. Et Werner, retrouvant sa perception d'enfant, a du mal à croire que Toutesceschoses sont à=lui, qu'elles font désormais partie de=lui, le marchand Werner Baeske –.–

La bonne humeur de Werner s'accroît ; et après que les débardeurs ont entassé les lots de marchandises commandées dans les entrepôts & sont repartis à bord de leurs camions brinquebalants, ces arômes épicés venus=d'ailleurs flottent encore longtemps autour du porche menant au Magasin de Werner tels les drapeaux bariolés devant l'entrée d'un hôtel Ultrachic.

20

Photo 42 — *1er magasin dans l'Alte Residenz Straße à Mathildenbourg, Werner & Johanna (debout de part et d'autre de la porte ouverte du magasin), 1922*

Werner connaît un regain de courage. Entretemps, Johanna a procédé au nettoyage impeccable de leur magasin – sols, murs carrelés avec des carreaux clairs, grande devanture – & installé les rayonnages, la voilà qui passe la porte aux côtés de Werner, son mari (elle aurait bien aimé prendre la main de Werner dans la sienne) ; mais Werner garde les mains croisées derrière le dos (tous Cesarômesétrangers qui faisaient là leur entrée en ce moment ?ravivaient-ils le souvenir de cette époque avec Johanna é Isolde dans l'intimité de la maison des von Dorset plongée au cœur de l'hiver, le souvenir de la chair de deux femmes –: !car à quoi d'autre l'homme rêve-t-il en rêvant aux

Ailleurs –). Werner, en appui contre l'un des montants de la porte d'entrée du magasin, le visage levé, fait les yeux ronds & son regard empli d'un défi fraîchement acquis glisse loin de l'instant présent –. La boutique entièrement aménagée à l'arrière, son nouveau mode de vie, un sentiment de Bonheur sans mélange semble le traverser – fierté & conscience=de-sa-valeur-personnelle sont de retour. Par conséquent, il lui est impossible de remarquer la main de sa femme.

–Werner & sa femme Johanna ainsi que leurs familles respectives appartiennent à l'église évangélique depuis-des-temps-immémoriaux. Régulièrement=le-dimanche Johanna assiste au culte (Werner plus rarement). Au retour de l'1 de-ces-sorties-à-l'église Johanna parle avec exaltation à Werner de la nouvelle Communauté néo-apostolique de Mathildenbourg, établie non loin de là où ils habitent. Là-bas, dans leur église, il y aurait même *1 garderobière*, alors que dans la « leur », on est obligé de rouler en boule ses 2, 3 affaires sur le banc – combien de fois ne tombent-elles pas par terre sur le carrelage sale. *–D'ailleurs,* ajoute Johanna avec subtilité, *–les habitants de la ville les plus=influents font partie des Néo-apostoliques.* – Werner a écouté avec attention ; après ce qu'il vient d'entendre, sa résolution est prise : lui & Johanna se convertissent à la religion néo-apostolique.

–Que disais-tu tout à l'heure, Père, à propos de Werner : un papier certes trop approché du feu, mais qui ne s'est pas consumé. – –Jaune *shame-ouah-zain* – C'est ainsi que Werner aurait probablement qualifié sa coloration intime. Il existe un papier qui ne brûle pas. Non du fait qu'il est ininflammable ; le papier pour se torcher le cul ne s'approche jamais trop près du-feu. Mais cela vint plus tard. –

Le moteur au ralenti, le bateau sur le Main aux brasillements de plomb terne se dirige tout droit vers l'endroit de la berge où quelques silhouettes-pendues-à-la-clôture s'agglutinent autour du débarcadère comme des mottes de poix, couvée-éclose de l'obscurité devenue véritable fournaise. Des canoës sont probablement stockés dans le bâtiment aux allures de bunker, car devant nous une lumière blafarde éclaire une pancarte accrochée à un restaurant où l'on peut lire « Club de canoë-kayak de Francfort, association fondée en 1913 » ; – Agitation & gesticulations gagnent les mottes de poix près de la clôture, manifestement on attend l'arrivée de ce bateau depuis-un-bon-moment.

Je sens des filets de sueur pâteux ruisseler de mes front tempes joues longer mon cou é mon dos – *si seulement on pouvait !enfin y mettre un !terme – en finir avec l'existence-ici en finir avec les discours le-bout=de-la-nuit – le Silence serait !infini* –;– mais la voix de mon « fils » retentit à nouveau. Repousse les chuchotements de Tinnitus.

–?À ton avis, Père : ?Pourquoi Wilhelm avait-il, si cela a 1 !sens, implanté !cette idée d'1 magasin dans la Planification-de-l'Existence-de-Werner conçue par Hedwig (car Cette Idée venait exclusivement de Wilhelm) ; Hedwig avait seulement envisagé de faire suivre à son Fils=Aprèslaguerre 1 apprentissage de commis dans une entreprise commerciale – suffisamment=loin de la-maison, pour que Werner ait l'illusion d'une *indépendance*, suffisamment=près d'elle, Hedwig, pour lui permettre d'intervenir aussitôt que – je le répète encore 1 fois : Monsieur=Sonfils & sa manie des grands-airs (qui croyait toujours=encore pouvoir obtenir ce qu'il voulait é: refusait d'entendre qu'il n'obtiendrait au mieux que ce qu'il !méritait), s'emballerait une fois de plus à la première occasion.....

–?Peut-être chez Wilhelm le souvenir de sa 1re rencontre avec Werner : sur le front de la Somme en 1916, quand l'aspirant remarqua 1 soldat, qui – outre son souci maniaque de la propreté – s'efforçait inlassablement de faire bouillir cuire à la vapeur ou rôtir les pommes de terre déterrées, – é: qui de temps-à-autre devait garder le ventre vide, car on avait sonné !l'alarme – !Debout !Marchemarche !Enavant !Enarrière & !Oncontinue – é: n'arrivait donc jamais à manger. Mais le soldat ne laissait pas traîner les pommes de terre à moitié pourries ; il les entassait dans un sac pour les en extraire de nouveau ailleurs & les proposer aux populations locales ou à d'autres régiments en échange d'autres produits. Celui qui, La Mort en face, se comporte comme 1 épicier, !est 1 épicier. C'est probablement cet éternel souvenir-là que Wilhelm gardait de Werner ; un souvenir dont Werner n'a assurément jamais rien su. –

–L'undansl'autre : l'idée de créer 1 commerce de denrées coloniales à Mathildenbourg dans les années après la Grande Grippe & en-des-temps de famine encore plus grande s'est révélée être particulièrement

!heureuse. – (Le ton crispé-vexé de mon « fils » ne m'a pas échappé ; 1 ton comme s'il avait 1 règle à souligner enfoncée dans la gorge.) – –Johanna tenait la !comptabilité. – (Annonce-t-il du même ton, comme s'il abattait son atout.) –Pas seulement le Livre Journal du magasin récemment ouvert ; elle tenait son propre Journal Intime : le Journal de Johanna. – (L'entends-je dire, de nouveau à quelques pas devant moi sur le chemin de rive.) –Elle l'écrivait à la manière d'une collégienne de 14 ans, un journal noué avec un ruban (mais rien à voir avec l'1=de-ces-livres de confessions tout en fioritures de larmes&grosoupirs qui sont le propre des jeunes filles à l'âge de leur sexualité bourgeonnante, incluant des fleurs séchées insérées entre les pages & de petits vers parfumés). Au contraire, Johanna inscrivait chaque jour la balance-des-comptes dans son journal que, pleine=de-mystère, elle rangeait dans le tiroir secret du comptoir. C'était sa seule ressemblance avec les jeunes-filles-en-bourgeons ; ?peut-être qu'en ces années où elle-même se trouva à l'âge eau-de-rose des albums de poésie, l'occasion ne s'était pas présentée pour elle d'écrire ces petites-cachotteries qui font partie des jeux d'avant-cour de l'amour, & ce n'est que maintenant, la trentaine franchie, baignant dans la véritable poésie mercantile des Boutiquiers, que cet empêchement s'était manifesté au grand jour, parce que Tout ce qui a trait à l'amour 1 jour ou l'autre immanquablement – (&cetera entends-je dégoiser mon vieux=blanc-bec de « fils » –) Une petite pelouse sépare en deux le chemin-devant-nous. À droite, à l'avant du mur de soutènement du quai Theodor-Stern, une portion de trajet dans le noir, seules quelques petites lampes pour éclairer le mur-même, déversant 1 faible lumière par-dessus les blocs de grès, tout ce qui s'étend à l'avant, y compris quelques bancs, plongé dans un Noirprofond. Nous nous dirigeons par là-bas, déjà pour éviter la rencontre avec les inconnus sur l'autre chemin. Sous un arbuste un petit objet scintillant dans le noir, rond & brillant : une ?pièce. L'ayant dépassé, je reviens sur mes pas, me penche –: une simple boulette de papier alu – en me redressant dans le noir la branche d'une aubépine flagelle mon front.

[– Tu n'as !pas le droit de revenir en arrière –]

Cuisante, l'éraflure sur mon visage. !Merdecékoiça. – Je rugis, en colère contre ma maladresse, et m'assois sur un des bancs. – ?Que fait Johanna.

Mon « fils », qui n'a rien remarqué de l'incident, chasse d'un raclement de gorge le dépit que lui causent cette interruption & ma nouvelle pause afin de m'asseoir. Il aurait certainement préféré continuer de marcher ; mais il n'ose pas me le demander. Aussi s'assoit-il à mes côtés & se contente de poursuive son récit.

–Johanna tient la comptabilité. Une comptabilité=minutieuse sur ce qu'elle nomme *Mon Bilan*. 1 chronique des faits qui ne regardent Personne, que Personne ne doit comprendre (qu'elle-même ne comprendra peut-être plus au bout d'une ribambelle d'années), & !enaucuncas é !jamais son propre mari. (Que les activités de sa femme n'auraient certainement pas beaucoup tracassé.) Le Bilan d'Une Vie de femme mariée – aux côtés d'1 homme, dont on pouvait pour le moins & à raison douter de la solidité de l'ancre. Johanna (à l'incitation d'Hedwig) garde Unœil sur cet homme –,– de sorte qu'elle établit le Bilan de sa Vie comme elle tient la comptabilité de leur commerce. À son insu, elle avait probablement jeté ainsi les bases de cet album de photographies.

(Maintenant !ça me revient : c'est bien ça, Autrefois, il y a Quarantroizans, quand Henriette me montra les photographies & documents de cette famille, elle m'avait aussi fait voir ce livret in-octavo –: j'avais feuilleté comme 1folioscope les pages jaunies affinées sous le frottement des doigts, à peine si j'avais jeté 1 regard à l'1 des lignes tracées dans une écriture petite&serrée, la mine plutôt renfrognée, j'en avais seulement regardé certaines d'un peu plus près, à l'Époque, à l'insistance d'Henriette. ?Ça se présentait comment déjà – ?qu'est-ce qu'on y lisait –: ah oui, je la revois, cette écriture, alignée avec cette conviction née certainement du savoir commercial, 1sorte de science qui lui avait soudain fourni, à elle Johanna, les outils d'artisan pour considérer Lerestedesavie exactement sous ce seul & 1nique aspect commercial, lequel, disons-le franchement, par sa façon d'envisager les choses d'1 point de vue exclusif produit exactement=le-même effet comique involontaire que n'importe quelle autre vue-métaphysique du-monde qui persiste à vouloir tourner son système dioptrique vers la seule=1nique philosophie possible,

& c'est ainsi qu'elles se forment, les montagnes de scories dog-matisées & théo-risées : Lemonde à l'image de Dieu, d'où le terrain d'atterrisage privilégié des As-du-Messianisme ; Lemonde à l'image d'une horloge ; Le monde comme système cybernétique –: c'est toujours drôle pour les autres – excepté pour eux qui sont les victimes de ce-genre d'imbécillité ; pas drôle non plus pour Johanna qui, imprégnée de toute cette scolastique machinale-sans-souplesse revendiquant 1-seule-philosophie=applicable-à-Tout, s'efforçait de clôturer son monde & par là de le-protéger en tenant la comptabilité de sa vie en partie double) : Les pages du livret in-octavo, marges comprises, entièrement recouvertes au crayon de petites lettres rappellant l'alphabet morse ; en style télégraphique le Bilan de la Vie d'1 femme mariée. – *Et maintenant nous disparaissons tous les deux, mon « fils » é: moi, et disparaît la nuit torride de ce mois d'août de l'année 2003, disparaît le fleuve et ses scintillements chargés de pestilences.* Et de Lanuit surgit la petite femme maigre : seule dans 1 pièce devant un pupitre, le livret in-octavo récemment acquis et ses blocs de pages à petits carreaux posé devant elle sous l'éclat jaune de la lampe de bureau, la solide main féminine ouvre le livre, – blanche & vide la 1re page, la main vient placer la pointe du crayon sur le papier en haut à gauche le plus loin possible dans l'angle – et la femme transcrit ainsi en caractères morsiphoïdes le bilan de la journée un soir il y a Quatrevingtsans – un soir d'hiver, dehors=un-froid mordant, l'air limpide é translucide.

vois W[erner], *et encore quand je le vois, seulement le matin, à la réception des marchandises. Se tient là comme sa Majesté M'as-tu-vu Ier. Fais signe aux débardeurs de venir dans l'entrepôt bondé depuis longtemps.* (L'aspirant Wilhelm Schneidereit dut prendre la même pose en 1916 pour indiquer à ses soldats, parmi eux Werner, la direction des champs de bataille le long de la digue en rondins en bordure du marécage dans la plaine de la Somme). – Page suivante : *W rentré tard de B*[erlin]. *Toujours plus de marchandises. Dispute hier. Où trouver l'argent ?? Reconnaissance de dettes, hypoth. sur les marchandises. Solde débiteur. Mais W refuse de faire des concessions. Grande inquiétude au sujet de notre C*[ommerce : magasin de denrées coloniales]. *Hier soir A*[mour : rapports conjugaux]. *Mariés depuis* [chiffres illisibles] *mois é toujours rien. (Déjà les voisins jasent.)* – Suit la liste des différents

1ncidents du jour, tous accompagnés d'une note, ce qui donne à la fin de la journée une somme exprimée ainsi : *V*[aleur]-*S*[entimentale] *du jour : -3*. [L'échelle des valeurs sentimentales indexées sur l'ambiance qui permettaient à Johanna d'inscrire la somme de son état d'esprit quotidien découlant des différents événements de la journée va de +5 = euforie exubérante (jamais atteinte) à -5 = dépression la plus noire (jamais atteinte non plus).] – *Et payer tout* au comptant ! & la petite écriture semble se tapir davantage – *Souscrire un crédit ! : demain auprès de la banque Kirsz à V*[ockau]. *Y allons ensemble. W voulait d'abord y aller seul. Puis d'accord pour qu'on soit deux. Hauteur du crédit : ? W muet.* – Suit de nouveau la liste des différents 1ncidents de la journée accompagnés de leurs notes, toujours consignés sur la moitié droite des pages (la moitié gauche, celle des débits – restait vide). Puis la somme de cette journée *V-S : -3,5*. – Et plus loin : *Lettre de Wi*[lhelm, son frère]. *Est toujours du côté de W. Bien sûr ! Hed.*[wig] *intraitable. Comment tout ça va finir ?* – et plus tard : *W encore absent ce soir. Encore une livraison de bonne heure. W dit qu'il doit aller à Berlin. Si tard encore ? é si longtemps ? A si rare. Ne crois plus ce qu'il me raconte. V-S : -4.* – Et plus loin : *suis sûre maintenant que chaque soir W est à G.*[reifenthin : c'est là que vit Isolde Przemsyl] *Trouvé le billet du bac dans sa veste. Sans commentaire de sa part. S'est encore absenté aujourd'hui qu'est-ce que je dois faire. Encore une livraison de bonne heure. Dit que c'est la dernière fois. C'est ça, on va y croire ! Demain échéance de la 1re traite. (Les économies de ma mère ? Qu'est-ce qu'elles valent encore :* [Suivent des listes de prix&cours, des chiffres avec de plus en plus de zéros.....]*)* Nouvelle page : *W absent. Hed. ? Ce n'est pas le moment que je parte é que je le laisse seul à gérer les affaires. Wi dit : plus-value de toutes les marchandises du magasin supérieure au taux d'inflation. Devons tenir bon. A beau dire, mais comment ? Le mois prochain nouvelle échéance de traite. Écrit à maman* [Ursula à Gumbinnen]. *Une fois de plus malade et alitée. Pas d'aide. N'ai personne. A la dernière fois il y a 8 semaines. Toujours rien. Dit que je dois consulter un médecin. Mais vais attendre encore un peu. Suis seule. Étrangère dans cette ville. Les voisins ne nous aiment pas. Est-ce que je dois retourner chez moi ? V-S :* [rien inscrit ce jour-là.] Et plus tard, je m'en souviens, quelques pages plus loin (lesquelles, pour avoir certainement été feuilletées si souvent, épousaient d'elles-mêmes les doigts avec souplesse) : *pas continuer comme ça. Magasin rempli mais presque plus de clients. V-S : -4,8. Mais Monsieur se donne toujours des grands airs. (Je dois me prendre par la main.)*

Sur quoi Johanna se rend jour=après=jour chez les-paysans des environs afin de se procurer des fruits légumes œufs & viande pour sa consommation=personnelle é celle de Werner & des quantités plus importantes pour le magasin. Hedwig se rallie à sa bru, avance aussi quelques sommes en argent-comptant ; les deux femmes, mêlées aux autres hordes grises é feutrées de Crève-la-faim=venus-des-villes qui errent à travers Lepays, se débrouillent pour faire livrer à Mathildenbourg des charretées de nourriture préparées par les-paysans – les-paysans spéculent sur le magasin & des Tempsmeilleurs, ainsi les deux femmes bénéficient-elles de livraisons prioritaires. Werner se moque de ce petit-commerce-de-bricoles, de ce piteux glanage ; – Lui & Sonaffaire sont appelés à connaître Bien=Mieux.

21

Photo 43	*Johanna assise sur un banc de parc, tenant au creux de son bras levé le bébé Henriette (toutes deux souriant), Mathildenbourg, été 1937*

La renommée ! Me demande s'il voit encore clair. Wi aussi juste ébloui ! Lui, il l'écoute toujours. Hier courrier du trib[unal]. *Paiement sous 2 semaines é remboursement des intérêts de 11 %, sinon* – é elle a ajouté Cela en tout petit : *saisie. Et W ? S'en moque ! De nouveau parti. Soupçon se confirme. A rarement. Et toujours rien. Ça me dit plus rien. À quoi bon tout ça ?* – À partir de là plus d'enregistrements de V-S, à coup sûr le résultat eût été trop négatif. Puis, quelques pages plus tard : *Rumeurs sur une nouvelle monnaie à l'automne ! Plus d'espoir de paiements. Annulation ? Envolée des prix. L'argent toujours plus cher, les valeurs foncières s'effondrent. Arrêt des livraisons de la campagne.*

Le fermier [nom illisible] *a hurlé, si pas d'argent, pas de produits é m'a claqué la porte au nez. (Il a raison) Mais bon sans* (:là elle a fait une faute) *qui peut encore payer ? Trônons sur des marchandises accumulées jusqu'au grenier et rien à nous mettre sous la dent. Que va-t-il arriver ??* – et : *Werner ! Werner !* – et : *lettre à ma*[man Ursula] *sans réponse. Grande inquiétude. P*[apa Henry] *ne fait que râler. Débit : – 200 % Où est la nouvelle monnaie ? Hier W en larmes. Désespéré. Lui aussi maintenant. Dit qu'il n'est jamais allé à G, prétend n'avoir jamais revu I*[solde]. *M'abstiens de commentaire. Croire ne pas croire c'est pareil. Lui pardonne. Mais y en aura pas d'autre ! Le soir A* V-S +3

–La-Grande-Misère de l'homme é: de la femme : vouloirdevoir-resterensemble. Même par-delà=Lamort. –

Et la suite du Journal de Johanna.

23 nov. : *un billet d'1 billion de marks = 1 mark or. Renten-Mark*[31]. – Puis, quelques pages plus tard, on voit s'agrandir l'écriture de Johanna : *calculons de nouveau en Reichsmarks :* 1 RM = 100 Rpf. – et :

Inventaire du magasin : env. 45 mille RM, & cette seule inscription au centre d'une pagentière :

La nouvelle monnaie est là !

Sauvés !!! (:le S est délavé : trop de ?salive au bout du crayon ; ou des ?larmes)

*Nous avons **tenu bon !***

Tout va aller bien !

Mais dans le coin de la page en bas à droite, las : *Où peut bien être Werner ? –*

V-S : +3,3.

Le nouveau Reichsmark permet d'écouler les stocks de marchandises avec un !Gainconsidérable ; d'unseulcoup l'Affaire de Werner est remise sur pied. Grâce aux plus-values il peut facilement liquider ses dettes, & même réaliser de gros bénéfices. Son euphorie désormais sans-restriction-ni-limite : il se sent entièrement&complètement confirmé dans son métier – Werner Baeske, leplusgrand&leplusmalin Mercanti Quisoit.

Le Commerce & la Réputation de Werner jouissent désormais d'une Grande Considération auprès de la bourgeoisie de Mathildenbourg. Et ceux qui, hier Importants aujourd'hui insignifiants, le bannissaient encore jusqu'à-récemment de Leurs-honorables-Cercles, cherchent maintenant à attirer sa faveur sans s'en cacher. Pazétonnant, la plupart des commerçants blanchis sous le harnais n'ont pas ou alors très mal surmonté l'inflation – poussés à-la-faillite, devenus insolvables. Aussi souhaitent-ils se constituer en commandite, Werner en bailleur de fonds ferait parfaitement=leur-affaire. On envoie à Werner une invitation officielle pour participer à l'assemblée constitutive de cette société réunissant les (anciens) commerçants respectables de Mathildenbourg, qui se tient « Au Cerf d'or » ; – toutefois tombé au rang d'1 misérable-pauvre bistrot, où à midi des journaliers viennent manger une maigre soupe. De la graisse sur le plancher, du gras sur les nappes, un âcre tabac gris sous le plafond voûté.

Le ton du carton d'invitation était servile, ces-Messieudames ayant appris que Werner, par son commerce avec les livraisons-de-fruits&légumes des paysans des environs, comptait entre-temps au nombre des fournisseurs de la garnison de Mathildenbourg.

L'arrogance d'1 telle invitation fournit à Werner l'occasion de faire une Entrée Spectaculaire dans le café ravalé au rang d'1 simple bistrot. Il s'arrête devant les 3 marches-vers-le-bas, survole la troupe du regard, – puis Engrandseigneur=Il descend l'escalier & s'approche de cette assem$^{\text{blée}}_{\text{blette}}$. Elle offre vraiment un triste spectacle : les gros-marchands autrefois bien enveloppés se sont changés en boyaux fripés, ils n'ont plus les reins assez solides. Dans un café au mobilier dérangé, tels des gentlemen-riders tombés de leur cheval, une dizaine de visages terrassés par les nuits blanches fixent l'Entrant du regard. Un désespoir inhabituel marie l'ancienne fierté bourgeoise à de grises mines. Chez plusieurs d'entre eux l'on note déjà 1 laisser-aller : ulster déboutonné, pan de chemise dépassant du pantalon, cols & chaussures malpropres, cheveux en désordre ; des Messieurs Naguère imposants paraissent aujourd'hui branlants & rongés. Dans le fond de son bistrot plongé dans l'ombre (on économise sur l'éclairage) le tenancier s'active, comme s'il y avait des clients à servir comme autrefois, – la tête ailleurs, il dérange encore plus le bric-à-brac de chaises bancs tables vides. Se faufilant par la porte ouverte de la cuisine, des miasmes rappelant les exhalaisons tièdes d'un lazaret. *!Pfff* – (commentaire fait en secret par Werner, car ces 3 marches incarnent à ses yeux la dégringolade :) *Il était une fois un café distingué et ses clients plus distingués encore, quand un jour le vautour Faillite s'abattit sur les poules trop grasses.* Et à la table, s'adressant d'une voix forte à l'assemblée : –Messieurs, qu'est-ce qui me vaut aujourd'hui l'honneur d'être accepté parmi les gens de votre condition. – (Son visage aux traits enfantins resplendissant de triomfe satisfait.) –?!M'estimez-vous ?capable d'excécuter une révérence aussi profonde. Car il faudrait, Messieurs, que je m'incline !très !trèsbas, pour vous atteindre. !Je ne consens à courber l'échine que dans mon magasin bien=rempli. !Mes bilans, Chers Messieurs des Temps Jadis, je les inscris toujours=encore sur du papier, les vôtres, aux traces de gras sur ces nappes=ci, je les devine établis dans 1 maison borgne. Mais j'ai comme l'impression que ce gras-là est le dernier moyen encore accessible à ces-Messieurs pour faire leurs choux gras. – Sur quoi il s'incline brièvement &, chaussé des bottes dorées de son triomfe, il traverse le bistrot souterrain des Ruinés, gravit les 3 marches, – et sort. Une décade d'Ennemimortels mis à dos.

Si on me refuse l'accès aux splendeurs de la Nouvelle Bonne Société des von Dorset comme jadis on refusa que je fasse partie de l'association des gros-commerçants vieil or, alors (devait se dire l'irréductible-Personnage Enséloignant, pris dans l'euphorie de son triomfe) *je fonderai à !moi=seul ma Propre Société & !je déciderai à=l'avenir qui sera autorisé à !me fréquenter. C'est ce qu'on va voir.* –

–Vouivoui : la tare de la famille du caractère-opiniâtre, le défaut d'écriture&detissage dans l'étoffe généalogique : même un réservoir à sec trouve parfois une goutte d'essence. –

–Mais rien qui soit mort au point de ne pouvoir ressusciter, même les noyés remontent toujours à la surface. Mais cela vint plus tard. Ce qui mérite encore d'être noté sur Cètepériode, c'est que le Commerce de Werner restait prospère, même le 24 octobre 1929 – *Le jeudi noir* – & il fut capable d'en surmonter Lesretombées –, de telle sorte que Werner put s'offrir sa propre maison avec des surfaces devente&destockage bien plus grandes ; une maison bourgeoise restaurée, qu'il acheta à la-ville de Mathildenbourg, au Nr. 43 de la Breite Straße. Et le 1er janvier 1930, il y ouvrit son deuxième magasin : sous la dénomination apparemment plus sobre de **Magasin d'alimentation générale Werner Baeske. Livraisons en gros & en détail**. Mais cette fois, c'est écrit en nobles caractères Bodoni.

–Alors ?tout le monde il est beau, tout le monde il est gentil & ?tout baigne –. Je me souviens de certaines observations tardives enregistrées par Johanna dans son Journal Secret. L'homme ne vit pas-seulement de son commerce. Mais ce passage-là, Père, tu ne l'auras sans doute plus lu.

–Il n'y a jamais eu de fin au Journal de Johanna. Il est resté inachevé. Les derniers enregistrements de l'année 1935 dont je me rappelle, disaient de plus en plus souvent : *A. De nouveau rien.* – et : *W absent le soir. – W pas rentré depuis 3 jours.* – Puis : *W de retour. A. – Rien. Bilan –*

–W. A. Rien : Çaveutdire !Padenfant. Entoutecézannées : !Padenfant. – S'écrie mon « fils » tout heureux de sa découverte soudaine. Car il vient enfin de trouver Uneraison de casser du sucre sur le dos de cet homme après tandannées *(:où plutôt sur l'idée qu'on se fait de cet homme, 1 fantôme né de nombreusesheures à parler encore&encore d'un mort, l'évoquant aux temps les plus différents où les raconteurs les plus disparates, ceux qui avaient de la sympathie pour lui & les autres mal intentionnés, comprenaient au petit bonheur les situations les plus diverses, ne les comprenaient pas, les omettaient, les gommaient, afin de falsifier à leur gré le manque de renseignements & ce qu'ils trouvaient à leur convenance, les redressant ou les déformant, ou: alors capitulant sans conditions & se soumettant à l'Arbitraire qui préside tout Oubli/Souvenir. Ça oublie. Ça se souvient. Ça parle –)* – –?Est-ce que tu m'écoutes toujours, Père : un mariage qui dure=depuisplusdequatorzans é: !Padenfant.

(De nouveau l'odeur chimique de pilules & de jasmin flétri, une odeur, si elle existait, exhalée du boudoir d'une protest-Tante.)

–La dernière inscription dans le Journal de Johanna dont je me souviens disait toutefois : *Ça y est. Demain je l'annonce à W. je me reproduis* – sans signe de ponctuation, ni point ni exclamation. Au bout de quatorze ans de mariage !ça : quelque chose entre la triste plaisanterie et la triste joie. *(:Oui, c'est exactement=!ce que j'ai vu sur cette photo de 1939, que tu m'as montrée, Henriette, il y a Quarantetroizans, la veille du jour où je me suis enfui devant le fait d'être-père 1x é: que je revins tenu-d'être-père 2 x..... – Oui, et sur cette photographie probablement prise au printemps 1939, je voyais Alors 1 chose, Henriette, qui concordait avec le commencement de ton histoire.*

p. 119, Photo 18 →

Mais ce serait faux de parler de commencement – tu avais débuté bien avant toi, Henriette ; toi aussi tu fus commencée, car personne ne dispose de son libre arbitre dans ce Cas, toi=le-moins en définitive. Ainsi tu fus mise en route, comme le furent tous nos ancêtres, par cette Machinerie-de-Chair qui fonctionne sans qu'on s'interroge, qui n'attire l'attention sur elle & sur son efficacité qu'en cas d'absence de résultat & que le désir d'enfant demeure à l'état d'1désir. Alors émotion-pertubatrice, tristesse, désespoir saisissent les Possesseurs de Chair. Mais ils persévèrent avec cet acharnement qui ne veut pas admettre 1 vérité. Persévérer – ?quoi ?d'autre –: Et quand leurs efforts sont !enfin suivis d'1 résultat, les Faiseurs de commencement se tiennent là : dans 1 paysage semblable à celui de cette photo, sur fond d'arbres&arbustes épuisés par l'hiver, 3 figurines du jeu de halma carapaçonnées contre le froid. 1 manche remportée, mais malheureuses quand même. Parce qu'elles devinent tout au moins : Ce n'est pas Ça –.– Oui, mais je ne pouvais pas te dire Alors, au moment où tu me montrais cette photo, ce que je pourrais te confier Aujourd'hui si tu étais là (lui, mon « fils », a raison : la tare=de-la-famille, le défaut de tissage dans l'étoffe généalogique) : les enfants nés tard dans une vie de couple font aussi partie de ces erreurs & défauts – des enfants à ton image, Henriette, née la quatorzième année du mariage, ce compte exact d'années trop tard dans cet enclos petitbourgeois=prometteur, Mathildenbourg Épicerie Maison&Jardin, truffés pour 1 enfant de niches recoins cachettes dans la pénombre, te permettant depuis cet-endroit de guetter & épier de tes yeux intrigués de petite fille déjà gâtée toutepetite, tes cheveux lisses ramenés en queue de cheval, – car il flotte sur ces couples ayant eu des enfants sur le tard un parfum d'indécence et d'actes peu avouables, comme si leur descendance provenait d'un exercice de gymnastique (la femme après avoir recueilli le sperme garde jambes

& bassin levés afin qu'y demeure & fructifie ce que le Seigneur a semé) ou tout simplement d'un accouplement-aventureux suivi d'enfant : ton visage, Henriette, imprégné depuis-toujours des mimiques d'un savoir précoce, cette physionomie sans âge des enfants nés vieux semblant avoir été toujours-ou-jamais jeunes, une sorte de dérapage du temps, et dont les fières exigences sont sans rapport avec l'âge réel – qui fait que ce savoir collecté à partir de guet&surveillance devant des portes par les trous de la serrure derrière des buissons & dans des cachettes prend l'apparence de vieux murs passés au badigeon : la peinture ne recouvre que d'infimes parties, tandis que la vieille-Coucheprimaire reste accrochée en dessous, réapparaissant à n'importe quelle occasion, s'imposant comme toutes les autres folies humaines ; des enfants nés trop tard, Henriette, é jamais les vieux contes imbéciles ne sont plus véridiques que dans ce cas-là, quand ils prétendent qu'avant leur naissance, Lesenfants, choux ou autres légumes verts, semés quelque part dans un champ, attendent qu'on les ramasse & qu'une Cigogne-de-service les livre à domicile afin qu'ils remplissent le rôle auquel leur-naissance les a pré-destinés ; toi : espionne des portes fermées, des couloirs sombres, autorisée à fouiller dans les pièces & sous les armoires – quand ce comportement gagne en ampleur, il fait le lit des tyrans. – Mais ils ont besoin qu'on les protège, ces Venus-au-monde parés des Masques-des-Vieux, é: !jamais cette protection ne leur est accordée, car ils n'ont pas l'air d'êtres=vulnérables ; se protéger avant=tout d'abord é toujours de soi-même..... Toi aussi : Henriette – –

Photo 44 — *Johanna sur l'allée d'un parc, le bébé Henriette assis dans le landau, Mathildenbourg, été 1937*

(é ne serait-ce que pour les protéger des bavardages de gens éternellement insensibles, parmi lesquels mon « fils », qui veulent avoir raison=sur-Tout, que leurs pulsions désséchées font s'émietter..... Le moment est venu, l'heure est proche :) Et j'essaie de devancer cet homme (mon « fils » présumé), me lève du banc, m'approche tout-près-de-lui à cette heure suffocante de la nuit. (Il ne s'y est pas attendu.) Il se lève à son tour, accompagnant mon mouvement. Me fait face. Je vois la sueur pâteuse

sur son visage – perçois sa respiration sifflante (?colère ou ?manque d'air) qui gratte le bloc de chaleur en quête de fraîcheur comme les doigts du prisonnier raclent le fond de la gamelle à la recherche d'un restant de nourriture, – mon regard glisse par-dessus son épaule pour se perdre dans l'obscurité trouble –: Sur la berge près du hangar à canoës les Silhouettes Mottes-de-poix – nous=Danlombre ne nous sommes pas rapprochés d'elles, mais voilà un moment déjà qu'elles ont dû remarquer notre présence : une partie d'entre=elles se tourne vers le bateau qui approche, les bras mimant des signaux, tandis que le restant de la troupe nous fixe du regard tous=les=deux & s'apprête à nous barrer le chemin si nous venions trop près. – *?Tu le vois là-bas=devant : le danger – !Calme-toi – !Arrête* – (sa respiration é: la mienne 1 entre:choquement dans la nuit torride) – *Silence – Mais tais-toi donc. Dis-moi* – (respiration é: contre-respiration) – *?Qui peut bien encore s'intéresser à tout=ça Aujourd'hui. ?Ça nous apporte quoi de nous disputer à ce propos ici&aujourd'hui. Jusqu'à ce que le sang coule* – (respiration é: contre-respiration) – *Oui : le !sang. Ça a toujours fait couler le sang. Tu le sais. Je vois ruisseler une vieille sueur sur ton visage, brillante & scintillante comme sur 1 photographie. Je sens mon visage, mon corps baignés de vieille sueur.* (respiration é: contre-respiration) *Tu as appris très tôt quel est le prix-de-ce-sang. Et il n'est jamais le même, il varie au-fil-des-ans selon la valeur-numérique Mais pas selon la valeur que lui accorde – ?dois-je ?prononcer Ce Mot. Je sais que tu m'entends, tu as toujours eu des antennes d'une sensibilité prodigieuse, puisque celui qui sait sa vie menacée, celui-là, comme tout ce qui est superflu, sait se protéger. ?Dois-je le ?prononcer Ce Mot : l'âme ; la valeur du prix de l'âme, voilà ce qu'il t'avait fallu apprendre à connaître & à payer – ton chien adoré que tu as délibérément jeté sous les roues – par crainte pour lui & par crainte de Lamasse d'où vient toujours le danger – ?Tu le vois : le danger là-bas=devant, là en ce moment – ces individus comme des mottes de poix dans la nuit chaude de plomb fondu, ils attendent – ce n'est pas nous qu'ils attendent – mais si nous venons trop près..... – ?Qui pourras-tu sacrifier cette fois à ta peur – ?De nouveau le chien, Max, qui te guide le long d'un fleuve d'une noirceur de poix – ?seras-tu capable encore une fois de l'envoyer à la mort à ta place dans le plus grand des sacrifices – ?ou tes sacrifiés ont-ils vieilli en même temps que toi-au-fil-*

du-temps – alors je n'en vois qu'1 que tu pourras livrer – (respiration é: contre-respiration) – *Cejourlà, il t'a fallu le payer une 1re fois, le prix de la peur, é: c'était déjà un prix trop élevé alors. Et ?quel sera aujourd'hui le prix trop élevé pour toi, de telle sorte que tu sois tenu de le payer – Veux-tu que je te la répète, Cette Chose sur l'âme : que l'âme est immuable, encore moins inaltérable que l'or, le dernier mètre-étalon dans le Devoirexister.* – (respiration é: contre-respiration) – *?Peut-être as-tu deviné depuis longtemps que je Le sais & tu guettes maintenant ma propre peur – ou: tu espères que je te L'interdise ou que je lève la main sur toi – que je te repousse comme je l'ai fait 1 vie=durant : que je t'écarte de moi – j'aurais préféré te repousser vers le néant en maudissant mon sperme éjaculé dans la chair infamante – Jasmin – Yās : mîn !oui 5 mn et ce parfum a jailli comme un feu de nos corps, a enflammé notre peau nue, laissé notre chair venir l'un=à=l'autre é flamboyé dans notre souffle, plus vif é plus fort que toute honte –* (Attente. Silence. Respiration é: contre-respiration) – *Mais si telle est ton intention, attendre, alors il te faudra patienter longtemps – tu rateras carrément l'avion qui doit t'emmener Trèsloin – si loin que ce serait comme si tu n'étais jamais parti –* (respiration é: contre-respiration) – *Et nous sommes tenus de rester – Ici&aujourd'hui – é: quand bien même tu rejoindrais l'Amérique mille fois, tu resteras=toujours=là – Tu es bien resté Cejourlà dans la nuit de tes pilules blafardes –* (respiration é: contre-respiration) – *Le sommeil t'a sauvé é: trahi – Voilà ce que tu es devenu – ?Comment : – –Çasuffit. Père. Tais-toi.* – (respiration é: contre-respiration) – *Oui. Silence. Mais tais-toi donc – :J'entendrais presque ses paroles. Sa respiration paraît désemparée, tout-près-devant-moi, il perçoit dans ma Sueurancienne un Vieuxmépris, un différend jamais apaisé – C'est ça. – Taisons-nous. Le mutisme – –*

(respiration é: contre-respiration)

Entre-temps, le visage brillant é moite de mon fils est travaillé par une terrible volonté, contre laquelle lui-même semble se cabrer. Le voilà qui ouvre sa bouche tordue, montrant ses vilaines dents semblables à des pieux plantés de travers (ou à des stèles dans de vieux cimetières).

[– Dans cette ville en Cètenuit, c'est là –]

–C'est bien ce que tu as voulu, Fils, é: tu n'oses même pas Le formuler en-pensée & encore moins le dire à voix haute. Tu Le désires depuis – depuis Cètenuit, et au petit matin les pilules blafardes alignées, non avalées –

–!Silence. Père. Mais tais-toi donc. !Arrête. – (Et sa bouche se tord un peu plus :) –Il n'y a qu'1 chose dont je suis certain maintenant : !pourquoi tu t'es empressé !si!vite=!sans-la-moindre-objection de répondre à mon souhait é à celui de ma m – au souhait de Felicitas. Depuis Cètenuit=Aujourd'hui je sais !Pourquoi. – Et les traits se déforment un peu plus sur le visage moite de cet homme. Il me regarde fixement, le blanc de ses yeux écarquillés scintillant sous le poids des ténèbres é de la touffeur de Cètenuit. *–Les choses les-plus-s1mples sont en même temps les plus-difficiles, mais tout l'Enjeu se situe là : limiter les pertes autant que possible ; des pertes qu'on découvre lorsqu'on atteint de nouveau La Limite : sentir ce que l'on est capable d'endurer sans en avoir eu une idée auparavant. Car rien n'est plus stupide que d'ignorer sa propre capacité à endurer. Or, Personne parmi mes connaissances n'En savait rien. Plus d'1 s'est honnêtement=donné du mal, oui, parfaitement, mais cela=ne-suffit-pas : Mère Theresa – tu as quitté-la-place avant Tonheure, après avoir été criblée de dettes & abandonnée par ton mari, 2 x père de petits + incorrigible gamin lui-même, ce qui lui a coûté sa tête brûlée, – pour nous abandonner nous tes enfants dans cette saloperie du Devoircontinuer=d'exister..... en des temps de Guerrepermanente. : Tu ne nous as pas aidés, Felicitas & moi ; tu ne nous a rien appris, Mère, sur ce que l'on doit endurer & ce que l'on est capable d'endurer.*

(respiration é :)

–En des temps où les papiers ne garantissent plus de Vivre en sécurité, car le papier ÇA se déchire d'un coup de patte de Puissance Souveraine, – sur-Vivre, é ne serait-ce qu'1 poignée d'heures, implique de disparaître dans les cloaques des ghettos des grandes villes, sous les bottes soldatesques tonitruant au pas cadencé le long des rues par des escaliers grimpés en direction des logements, les fusils déchirent des vies d'une décharge de plomb. Sous la langue des dénonciateurs les papiers se muent en listes : déportation travail forcé mort. Chaque mort 1 trait sur une liste – des millions de traits qui rayent toute-compassion & la font saigner à blanc

jusqu'à ce qu'elle ne soit plus que vague dégoût & in-crédulité quant à ces millions de traits sur le papier – la résurrection des dossiers..... :Ceux-là restent. Des humains ?pouvaient-il supporter Ça, eux qui existèrent avant moi ; à côté de moi ?savaient-ils ?où est pour chac-1 La-Limite entre Supportable *et* Insupportable *–;– et ?qu'arrivait-il quand ils ?franchissaient La-Limite ou: plutôt quand ils étaient amenés=à-la-franchir – ?qu'arrivait-il alors*

(contre-respiration)

–Mais le plus souvent ce n'est pas Cet Événement Redoutable qui terrasse l'individu ; pas toujours la Katastrofe qui fait s'éteindre momentanément la vie : ces chocs de météorites produits par les crises de dérèglement écononomique qui s'abattent régulièrement partout & s'enfoncent très profondément, – pas toujours la Guerre et ses bombardements jours&nuits ses incendies vagues de réfugiés&expulsés ses soldats qui prennent femmes & biens : or&femmes-comme-butin – l'origine de Touteslesguerres, – pas toujours les Famines qui poussent les hommes à enfoncer leurs doigts gourds de froid&saleté dans des cadavres & à fouiller à la recherche de quoi=bouffer un sol dénudé car trop gratté, jetés dans la boue avec les autres rebuts humains, chassés de leurs maisons, bombardées ou confisquées, expulsés dans des camps de réfugiés, poux dysenterie typhus, devenus des larves nomades infestant leur propre milieu-vivant..... !Non : pas toujours cette redoutablee aiguille qui décompte le-Temps, indiquant sur le cadran universel en y projetant son ombre impitoyable les heures de l'Effroi. C'était comme si ces Katastrofes n'étaient pas à l'échelle des petites-gens, que tourmentsouffrancedouleurs jouissaient d'un esprit de suite qui ne les feraient intervenir=qu'auprès-de-ceux dont ILS savent qu'ils seront à même de fonder plus tard les dynasties-de-Sacrifiés, assurant ainsi la continuation des Malheurs-des-Temps – œil-pour-œil, dent-pour-dent, main-pour-main & pied-pour-pied – dans ce sens où leurs descendants, forts des trouvailles d'anciens tourmentsouffrancedouleurs, sauront en administrateurs=zélés gérer la Compagnie des Sacrifiés Ldt.

(respiration é: contre-respiration)

–Rien à voir donc avec les souffrances produites sur le mode industriel qui viennent frapper Lexistence lors de campagnes éclair : au contraire, & par trop souvent, c'est cette persistance à peine visible de ces mille&1 choses insignifiantes identiques=inébranlables au sein de l'Exécrable Quotidien

voué à rabaisser les-hommes au-fil-du-temps qui est tenue de les broyer, armée de sa méchanceté patiente, qui les fait à peine encore s'accrocher à ce mortier grossier qu'on dit supportable de ce côté-ci du Mur-Limite afin d'affronter l'Insupportable par-delà un temps curieusement appelé le Temps-de-leur-Vie, qui les traîne tout au long, les tiraille à travers la perfidie cruellement=constante d'une poignée d'espoir, é: qui pour finir autorise malgré tout que la chair soit éventrée, égratignée & brutalisée – (respiration) *–rayant le regard ému-de-compassion comme des griffures sur des vitres couvertes de givre –* (é: contre-respiration) *– –puisque le résultat final, c'est de perdre, mais il est alors trop tard pour comprendre.....*
–Oui, nous=Autres-Superflus avons besoin d'être protégés – (respiration) *– –le plus souvent de nous-mêmes ; protégés –* (é: contre-respiration) *– –é: nous le sommes rarement.*

22

Photo 45 — *(debout derr. de g. à dr.) Paul, le beau-père de Wilhelm, un inconnu, (au centre de g. à dr.) Hilde, Joseph, Wilhelm, Werner, (devant) Pauline, Waltraut, la belle-mère de Wilhelm, Friederike, Johanna, Noël à Thalov, 1935*

Mais ?comment ?échapper à Cètenuit : ?comment échapper à cet homme, mon « fils » à mes côtés, qui pour revoir une dernière fois un chien a fait venir son père dans cette ville de plomb qui m'écrase lourdement comme ce métal toxique, qui veut m'envoûter, asphyxier mes pensées & m'étrangler. ?Comment sortir maintenant de l'impasse où je suis acculé en discutant avec cet homme, mon « fils » : ?Quoi dire & ?comment, é: surtout ?quoi s'interdire !absolument de dire en ces heures. Quelqu'un comme moi qui, en qualité de médecin é: père de deux enfants, fut forcé tout-le-temps-de-sa-vie de maîtriser àchaquinstant devant tout=le=monde ses mimique comportement & langage ; tenu de transformer en sentiment-de-sympathie & savoir-vivre sa colère son dégoût ou: sa simple indifférence –: avec-le-temps, c'était devenu mon 2nd métier – qui, l'âge venant, menaçait de glisser à vue d'œil vers l'incapacité d'exercer ou: plutôt c'est l'incapacité initiale & carrément dissimulée pendant-des-années de savoir se maîtriser & de respecter les convenances qui se révèle au grand jour maintenant, débridée=prolixe & vaniteuse dans l'égoïsme ranci, aussi pénible que le pompeux exposé d'un professeur. – C'est !Lanuit qui est une menace pour moi é: c'est la même nuit qui pourra me sauver – Cètenuit aussi possède de multiples soleils.

Brûler – roussir – consumer – la couvaison sous les cendres-du-Temps –;– *et me souviens encore comment je suis finalement aller trouver le pasteur Brickau (mon père adoptif & celui de Felicitas) de mon plein gré, déballant avec dépit tout ce qui meuble après-l'école les après-midi d'1 garçon en âge d'être confirmé ; comment je suis sorti en courant du jardin précocement tapissé du vert d'un mars nouveau, contre des rafales de vent mineures sous un ciel lisse & parfaitement bleu –. Je m'en souviens encore, & aussi comment je fonçai le long du couloir étouffant plongé dans une noirceur nocturne sourde=menaçante sans chanceler ni hésiter, mais certainement & pour la 1re fois sans-prendre-garde&sans-crainte –, jusque devant la porte du pasteur, oui je m'en souviens parfaitement, é parce que cela me revient à l'instant* – lui, mon « fils, a disparu et moi non plus je ne suis plus présent sur 1 chemin de rive le long du Main par Unenuit de plomb en cet été soudé de l'an 2003 aux abords funestes d'un orage sur le point d'éclater ; – l'épais relent d'émanations humaines chenalant le long d'un Grandcouloir à travers les pierres devenues la Maison-de-l'Effroi vient à l'instant de s'emparer de moi, de l'adolescent de 14 ans avec lequel je renoue Cinquantetroizans en arrière ; *& c'est !moi aujourd'hui, qui !veut interroger le pasteur & l'écouter : j'ouvre violemment (après un bref toquement) la porte de son bureau et comme si ma vie é celle du reste de l'humanité en dépendait, je lance à l'homme effrayé sursautant dans son fauteuil : – ?Comment donc continue cette histoire. ?Qu'est-il advenu de tous ceux dont tu as commencé à me parler pour t'arrêter ensuite, comme si Cétaitpas:de-mon=âge. À présent, j'En ai=l'âge, car c'est toi=même qui m'a donné la confirmation. Je fais désormais partie de Votre Communauté. Alors, je t'écoute. – –!?Comment.* Sans doute le pasteur s'était-il assoupi dans son fauteuil, mon entrée-spectaculaire l'a fait sursauter. Les traits de son visage n'ont pas retrouvé tout de suite leur contenance ; sa mine d'endormi vulnérable s'offre à moi avec l'expression d'1 enfant vieilli regardant une horreur Sans Nom. En d'autres temps j'aurais trouvé 1 excuse, me serais à nouveau éclipsé sur la pointe des pieds, mais, je m'en souviens, rien de cela Aujourd'hui, je reste planté devant l'homme-dans-son-fauteuil bien campé sur mes jambes obstinées comme de fer trempé.

Le pasteur s'est ressaisi entre-temps, élabore même 1 petit sourire, 1 trace fugace sur son visage carré de granit, & s'éclaircissant la voix il consent au jeu arrogant du ½hercule qui s'estime en droit d'être présomptueux pour avoir entendu cet homme=en-face chanter les louanges, dire des prières & imposer les mains. Et dans le même temps en=moi l'écho bruyant renvoyé par mon propre excès de zèle *(déjà à cette époque un esprit de contradiction trop longtemps contenu)*, si bien que je n'entends pas les premières paroles du pasteur, mais me retrouve précipité dans ses phrases, comme si elles m'avaient pris au collet & que je devais désormais leur emboîter-le-pas.

–Tu sais déjà qu'au cours d'innombrables soirées à la lueur parcimonieuse de la lampe de leur cuisine j'apprenais à Hedwig & à sa fille Friederike comment se servir de La=Langue=des=Bureaux. *Mais pas que cela, Hedwig=pour-sa-part avait pris quelques précautions en secret, dictées par cette sorte d'instinct-prémonitoire très=ancien propre aux-gens=Delacampagne quant aux malheurs futurs qui planaient déjà véritablement dans l'air Alors – !Les-bombardements..... de Berlin Mathildenbourg & Vockau – é: qui ne furent d'abord perçus ici=Àlacampagne que comme les odeurs de brûlé de feux encore invisibles –: Car !Touça finirait mal=àlalongue, se disait tout individu raisonnable, – mais voilà, !trop rares sont les individus raisonnables, é la raison vient toujours trop –* :Mais je me refuse d'écouter plus longuement cet écoulement bavard de Vénérablevieillards sorti de la bouche de ce pasteur. Autrefois cet homme savait finement se taire ; c'est sans aucun doute la solitude é le chagrin éprouvé à propos de ses enfants qui ont su parfaire cette finesse en lui ; é: je ne lui pose donc pas d'autre question sur Werner & sur la manière dont il avait bien pu réagir aux mesures d'Hedwig (sa mère) *(puisque j'étais déjà au courant, j'avais*

vu les photos de son 1er magasin fraîchement ouvert à Mathildenbourg). Je préfère maintenant l'interroger sur l'autre enfant d'Hedwig, sur Friederike : –?Qu'a ?fait Friederike à la mort de sa mère : !?Comment a-t-!elle fini par réussir là où sa mère avait échoué tout-le-temps : faire venir Toutelaparentèle – à l'exception de Werner & de sa femme Johanna qui tenaient déjà leur-commerce à Mathildenbourg – & même l'étrange Pépé Henry, un veuf propriétaire d'une future Tombepersonnelle impossible à déplacer *(Unhomme=Delacampagne & de ce fait aussi peu enclin à bouger qu'un rocher, à sa manière saugrenue, il s'était bien=souvent plaint des invitations=injonctions d'Hedwig : Quand la puce est comme un coq en pâte, elle part se noyer avec le caniche.)*, du lointain Gumbinnen & depuis belle lurette plus seulement pour les fêtes de famille, mais pour les décider enfin&complètement à emménager tous ensemble à Thalov, où pourtant Personne n'avait vraiment envie de s'occuper de la maison & de la misérable ferme ou encore de la menuiserie & Autrefamille. *(Car toutes ces photographies, dispersées dans&au-fil-des-ans, donnent toujours à voir des réunions de famille, et seulement aux fêtes solennelles que sont Noël, la confirmation ou le décès ; mais je savais depuis longtemps qu'à la mort d'Hedwig ils vinrent habiter l'1-après-l'autre de manière=définitive à Thalov (:?!Comment cela est-il devenu ?possible entre les membres d'une famille où avait régné tant d'indifférence=cordiale –.) Certes, la Guerre rapidement tournée en débâcle & l'Armée rouge déferlant par-légions=de-l'Est étaient Uneraison, d'importance. Mais pas la seule. Les petitesgens ne seraient pas ce qu'elles sont, si certaines=petites-raisons ne leur faisaient pas prendre de Grandes Décisions).* Et lui, ce pasteur adossé à son fauteuil, en sait Quelquechose aussi, & de repenser à cette histoire le fait sourire 1 nouvelle fois.

–C'était de la pure extraction d'or – Commence-t-il par dire pour marquer ensuite 1 temps d'arrêt. *–Ou: d'argent, devrais-je dire : de la pure extraction d'argent. C'était de la pure extraction d'argent, qui démarra Alors.*

Et mondieuoui, les images me reviennent, tandis que les phrases du pasteur se font l'écho-verbal de l'événement décrit au confirmant d'il y a Cinquantetroizans & s'impriment dans ma mémoire jusque dans leur fugacité comme cette lumière depuis longtemps éteinte qui a révélé toutes ces photographies & les a fixées sur du papier, presque durablement ; – presque, – jusqu'aux futurs..... incendies. *Brûler – roussir – consumer – mais couve sous les cendres-du-Temps, – – Laguerre.* Entends-je maintenant plus de cinq décennies plus tard le pasteur poursuivre son récit, le sourire figé. – *Laguerre Mère de Toutechose : et ainsi Mère & Destinée de tous les chercheurs de trésor. Car aucun des proches qui entouraient Hedwig sur son lit de mort n'avait pris au sérieux ses allusions de labourage-&-creusement ; ainsi les Dernièreparoles d'Hedwig étaient-elles vite tombées dans l'oubli. Moi aussi, je le reconnais, j'avais attribué ces propos 1niquement à l'esprit dérangé d'1 mourante ; honnêteté & terrible volonté de s'accrocher=à-la-terre jusqu'au-bout, pensais-je, mais déjà à 1 encâblure du rivage de la Vie. Je devrais comprendre plus tard le sens de ses paroles.*

Ceux qui naguère avaient pris à bail la menuiserie & les terres d'Hedwig avaient rejoint les Champsdebataille & y étaient restés, aucun=d'entre-eux ne revint de la guerre. L'atelier était vide, les champs en friche – abandonnés aux mauvaiseherbes. Car Friederike=toute-seule ne pouvait pas diriger la ferme ; Paul son mari avait lui aussi été expédié sur Le-front-russe. En outre, elle avait suffisamment=de-soucis avec leur fils 1nique, Peter-Paul, alors âgé de 12 ans mais en paraissant 8 : toujours maladif & même inapte à servir comme auxiliaire dans l'armée de l'air.

LES-BOMBARDEMENTS.....

Au début seulement à la faveur de l'obscurité : puis sur l'horizon à l'Ouest des lames de lumière liées en faisceaux blancs balayant d'un geste hystérique le ciel de mainte nuit claire, suivies de la lueur rougeâtre, comme si Uneplaie se rouvrait à-répétition, – son sang giclant sur les ténèbres du Ciel. C'est Berlin. Et décrivant de grandes boucles après s'être déchargés de LEURS bombes *(:il a dit !décharger)* les escadrons anglais & américains regagnent leurs bases en survolant Notrepays=ci. La nuit l'on entend alors un chant s'élever Danleciel, de plus en plus assourdissant, comme si le chœur des morts tombés sur Touslesfronts s'enflait en crescendo réclamant=vengeance *(:il a dit !enfler) – –* puis l'ensemble lyrique des machines sombre peu à peu dans les nuits impies..... Plus tard Dies=irae se manifesta aussi en plein jour : véritables cimetières militaires volants, les escadrilles tracent des croix de métal sur les couleurs du ciel – impassibles, régulières –: Et bien des fois certains avions ont encore des bombes-à-leur-bord. Il !faut les lâcher *(:il a dit !lâcher)*, car le carburant viendra vite à manquer à cause de cette charge, & ils ne réussiront plus à regagner leurs bases en Belgique ou de l'autre côté de la Manche –.–

Le ciel nocturne du 27 novembre Milneufcent Quarantetrois dans le rougeoiement des flammes jaillissant au-dessus de la ville de Berlin, – vu d'ici, de la plaine non loin de l'Oder, un panorama fantomatique é muet : feu sang, – é tous les bruits – appels cris hurlements de sirène, détonations murs qui explosent vitres qui volent éclats de verre amoncelés et le chant aigu des bombardiers – semblent étouffés muets brûlés. Rien ne parvient jusqu'ici du combat mortel d'une ville véritable fourmilière-d'hommes entassés àtouchetouche dans des caves&bunkers ; rien de la puanteur des incendies, rien des tympaniques flatu-lances de tout ce qui peut brûler : mobilier, greniers, bitume chair peau poilshumains&pelages –, rien ne se fraye un chemin=jusqu'à-la-campagne, hormis une escadrille de bombardiers qui dessine une fois de plus de grandes boucles au-dessus=de-nos-têtes pour s'envoler dans la nuit vers l'Ouest –; rien, hormis l'éclatement de quelques bombes à la périphérie de Thalov, larguées sans but, explosant sur 1 boqueteau de pins é dans 1 champ. Le bois d'Hedwig, le champ d'Hedwig. Mais voilà deux ans déjà qu'Hedwig est morte ; pleine d'anxiété, sa fille Friederike, seule héritière du domaine, guette dans la maison toute proche le lever du jour afin d'évaluer de ses-propres-yeux les dégâts causés par les bombardements durant la nuit. Bien que fortement ébranlée par les détonations jusque dans ses fondations, la maison d'habitation est heureusement intacte. Mais la ?menuiserie. Mais les ?bois&champs.

Un matin de novembre tisse un jour nouveau de fils de pluie gris –, pas la moindre trace lumineuse dans les nuages pour révéler la position du soleil. Le ciel, de cendres, l'air é la pluie sentent le brûlé. Le boqueteau : des troncs éclatés dans un bois en désordre, comme s'ils écrivaient un alphabet composé de la seule lettre X. La menuiserie : disparue. Touchés en plein dans le mille, les bâtiments & l'atelier, les machines le bois stocké et les charrettes ont été si soigneusement réduits en poussière que même leurs restes n'ont pas réussi à brûler.

Un profond cratère bée à l'endroit où hier encore se dressaient deux hangars en briques.

Photo 46 *(debout derr. de g. à dr.) Paul, Friederike, un sapin de Noël décoré, Werner, Wilhelm, Elfriede (assis dev. de g. à dr.) Hedwig (par terre) Hilde, (assise) Johanna, le bébé Henriette sur ses genoux, Noël, Thalov 1937*

–L'œuvre de Pépé Christian & de son père : bombardée é réduite à Rien en l'espace d'1 seconde nocturne. Laguerre : d'abord les-hommes, ensuite les-maisons & il arrive que les deux soient détruits en même temps. Spontanément la femme scrute le ciel, comme si les Croix-volantes guidées par la haine impitoyable des machines 1 fois amorcées..... revenaient. Mais là aussi (je me le figure ainsi) là aussi Friederike est sans larmes. J'ai vu pleurer cette femme pour la dernière fois près du lit de mort de sa mère. Sa mère disparue il y a plus d'un an, la menuiserie Lanuitdernière – perdues toutes les deux. Paul, son mari, est sur le Front-de-l'Est : ?reviendra-t-il de Là-Bas. ?Ou, aujourd'hui=en-ce-moment-même, la boue russe l'a-t-elle déjà..... – Le matin du 28 novembre en proie à de sinistres pressentiments, ses chaussettes rèches glissées dans des bottes de feutre & sur le dos l'épais manteau de cotonnade de sa mère, la petite femme patauge dans des chemins détrempés en direction de son champ. Désormais, elle ressemble à sa mère Hedwig : rabougrie é: efflanquée, de sa majestueuse beauté élancée rien n'a subsisté. Voilà des-années déjà que l'Âge a voilé ses traits d'ombre & de brouillard. Son cœur n'abrite plus le moindre petit recoin où viendraient nicher les rêves, les désirs de dentelle au crochet & au fuseau ; son cœur c'est la terre & la maison.

1 reflet argenté s'éparpille sur le champ –. La pluie n'est pas seule responsable de Cetéclat qui fait étinceler la terre –: il n'y a !Quelemétal pour produire ce scintillement compact. Mais on n'avait pas jeté de bandelettes d'aluminium avant les bombes de la nuit, l'attaque

n'était pas ciblée. : Au milieu du paysage de mottes de terre bizarres & de petits cratères qu'est devenu le champ retourné comme s'il avait été labouré par des taureaux que la testostérone a fait voir rouge[32], des !objets-en-argent traînent à la surface du sol humide é gras : assiettes soupières aux anses décorées vases & cruches plateaux aux poignées dorées couteaux fourchettes cuillères ornés d'or (de minuscules têtes de cheval à l'extrémité du manche) – les secousses provoquées par l'explosion de la mine aérienne dans la nuit ont arraché Toucela au royaume de la glèbe & mis à jour !Un Trésor. – Friederike n'en croit pas ses yeux. Pas à pas, comme si la lourde terre grasse était une pellicule de glace menaçant de rompre, la femme va d'une trouvaille à l'autre, – une entreprise périlleuse à chac-1 de ses foulées – (?quand viendra le moment où elle se réveillera & verra Lerêve s'envoler –). Mais Lerêve persiste. Elle ne rêve pas, elle est réveillée : elle s'éloigne du champ & court à pas de géant, d'ordinaire seule une peur mortelle fait courir ainsi, vers la maison pour chercher son fils. – ?La funeste nuit passée les aurait-elle bombardé de ?chance. –

À peine s'il l'on trouve quelque part en Cemonde 1 bande de terre exiguë encore vierge de carnage & sans trésor caché dans ses entrailles. Sang or argent & le tout recouvert de saleté – souvent les humains se ressemblent dans leurs rêves-niais d'une Vie-Meilleure. Mais : Cequi-arrive=là est !sans commune mesure, Cequi-arrive=là est !réel.

Gardant difficilement leur sang-froid, Friederike & Peter-Paul, son fils, arpentent le champ, concentrés, allant d'une-trouvaille-à-l'autre, escaladant des monticules de terre éventrée et contournant les cratères (aucun ne se risque toutefois à toucher l'un des objets – :ils pourraient disparaître, se volatiliser si la main d'1 vivant venait à toucher l'image-du-rêve –). Puis, hésitante, la main de Friederike palpe 1 petit pot à crème en argent & l'extrait de la terre noire. Les doigts tremblants, elle approche de ses yeux le récipient ventru – et Il ne disparaît !pas ; Il demeure au creux de sa main, petit & solide, paré de son éclat mat. Et ainsi des autres trésors, qui pointent hors de la toile cirée é déchirée (dans laquelle autrefois ils avaient été enveloppés) jetant des regards pétillant d'argent hors du champ crevassé. Peter-Paul âgé de 12 ans a lui aussi déterré l'un ou l'autre objet pour l'examiner & le reposer avec soin – le tout sans 1 échange de mots entre mère

& fils. C'est aussi en silence que le garçon regagne la maison pour s'en revenir avec la brouette & quelques sacs de pommes de terre vides. Ils comptent y cacher & évacuer leur Grandtrésor ; Dieu sait combien il est important que les autres villageois ne découvrent pas !Ce que LAGUERRE a offert à ces deux-là la nuit dernière. *!Toile cirée.* (Pense sans doute l'adolescent pendant ce temps.) *Dans mes livres qui parlent de chasses au trésor, les trésors sont toujours cachés au fond de coffres archivieux : ce Trésor=là n'a donc pas été planqué là il y a trèslongtemps.* Et peut-être que maintenant déjà, comme il revient avec la brouette, un sourire plein de malice illumine le visage maladif du garçon, tel le miroir reflétant la lueur argentée du champ –.

De retour à la maison, dans la salle de séjour où ont été transportés les sacs de pommes de terre remplis avec Letrésor, mère & fils placent un à un chaque objet sur la table comme une relique. Très vite la table s'avère trop petite et l'on place la dernière argenterie sur la commode. Entre eux deux le silence, seuls bruits de la maison les cliquetis de vaisselle lorsqu'1 vase une assiette ou des couverts sont saisis & extraits des sacs de pommes de terre aux fortes odeurs. Les objets se retrouvent tous=alignés sur la table & la commode, passablement débarrassés de la terre, & étincelants –.– Ce n'est qu'après avoir placé un sucrier sur la commode, où le cercle clair d'un objet qui s'y trouvait Autrefois a marqué le plaquage, et constaté que le fond du sucrier épouse parfaitement ce tracé, que Peter-Paul, 12 ans, grimace & d'un ton ironique tout en faisant clic-claquer le couvercle sur le sucrier vide : – *Dommage,* raille la voix légèrement trop aiguë qui donne au garçon de 12 ans, toujours souffreteux et néanmoins adulte avant l'âge, l'air d'1 minuscule pomme-sur-l'arbre offrant à la vue toutes les couleurs de la maturité, mais encore dure & verte à l'intérieur. – *!Dommage que Mémé Hedwig n'ait pas enterré un peu de sucre avec.* – Ses paroles retentissent à travers la pièce basse comme un cri – Lecri qui pour de bon fait disparaître l'enchantement. Restent quelques pièces du service de table, que Friederike a reconnues bien-évidemment=depuis-longtemps ; à l'inverse de son fils, elle a gardé le silence – é le reflet argenté n'a rien perdu de son éclat.

Motus sur ce que ces deux-là avaient vécu en ces heures matinales. – (dit autrefois le pasteur Brickau en poursuivant son récit.) –Rien n'a filtré de leurs lèvres pour venir aux oreilles des autres villageois (La bouche de Friedrike & celle de son fils ficelées comme les sacs de pommes de terre entassés sur la brouette) – mais déjà dans les heures succédant à Cètetrouvaille et aux jours=suivants, on vit certains paysans munis de fourches & de pelles mettre beaucoup d'empressement à creuser & retourner leurs champs hors saison. *On cherche des !bombes non éclatées.* Disait-on. *Des !bombes non éclatées, rien d'autre.* Mais eux=tous ne trouvaient que des bombes&éclats-d'obus, & des bombes effectivement encore intactes, des mines aériennes non explosées (des auxiliaires de l'armée de l'air les évacuèrent une à une avec des précautions dignes d'1 bal-héroïne capricieuse, – pour les faire exploser dans une gravière). Auc-1 coup de pelle pour faire apparaître par magie une lueur d'argent dans les champs des voisins. Les précieux biens semblaient être enterrés dans le seul champ d'Hedwig, bien-comme-il-faut & dans les-limites-de-la-parcelle entièrement, pas 1 petite cuillère à se trouver en-deça, comme si dans leurs montagnes sagaces des génies de la terre au nez rouge é bourgeonné d'un kummel 9 x distillé avaient fait en sorte que Touletrésor soit attribué en !exclusivité à cette !bande étroite.

L'argenterie de la famille – (dit autrefois le pasteur en se mouchant dans un grand mouchoir – ?dissimulait-il ainsi son ?rire) – toute-largenterie familiale n'était donc pas !fichue en-fait, n'avait !pas contrairement à ce qu'Hedwig soutenait sans démordre jusqu'à sa mort été engloutie par les frais d'avocats&detribunal dans son combat-légal pour conserver son domaine. Jusqu'au bout, poussée par la hantise de la saisie, Hedwig avait de ses propres mains mis=de-côté ce qui ne devait !jamais&augrandjamais tomber entre les sempiternelles pognes voraces du fisc odieux. !Letrésor – c'est comme ça que Friederike & Peter-Paul sa teigne de fils maintenaient la légende vivace en particulier au sein de la famille (Friederike alla même jusqu'à annoncer à son mari Paul=Sur-le-front-russe via la poste aux armées !Lanouvelle du miracle=survenu-sur-son-champ) – !Cetrésor & ?quisait-quelle !Autrefortune à dormir encore dans sa terre augmentait !considérablement la-valeur & l'attractivité de ce domaine d'ordinaire méprisé par tous les autres. Et comme il fut impossible à-la-longue de cacher à autrui l'origine véritable de

Cetrésor (on apercevait toutefois encore&de-temps-à-autre maint paysan, maint enfant bêcher la terre) : petit-à-petit les proches de Friederike vinrent de leurs régions éloignées & chargés de leurs bagages de réfugiés pour s'installer dans la maison de Thalov sans intention de repartir. – Et aujourd'hui, dans mon souvenir, je crois vraiment entendre le pasteur Brickau évoquer *l'emménagement des proches dans la maison de Thalov.* Sa voix endosse pour ainsi dire le jargon du métier, puisant dans les sonorités & modulations du vocabulaire catéchétique.

–Ainsi les proches rejoignèrent-ils la maison de Friederike, en provenance de localités situées de part & d'autre de l'Oder, comme de Vockau, la métropole régionale, qui avait déjà essuyé des bombardements visant à détruire le grand pont-sur-le-fleuve. Mais vivaient déjà sur le domaine de Thalov son fils Peter-Paul é Paul son mari, qui restait porté disparu à-la-Guerre=sur-le-Front de la lointaine Russie. Dans l'attente de son retour, Friederike lui gardait une place dans sa maison –. Lui, soldat prisonnier, rentré tard du-front&de-captivité, les tombes&tranchées l'avaient recraché pour le précipiter maintenant de Laguerre dans l'Après-Guerre. Il était devenu muet mais avait eu la vie-sauve au plus fort des Déferlements de fer&sang..... Paul blessé Àlaguerre, 1 projectile lui avait endommagé la colonne vertébrale, il n'arrivait plus depuis à se tenir droit comme à marcher droit. (Après Laguerre, il obtint 1 poste d'employé aux écritures dans 1 bureau reculé de la Poste principale de Mathildenbourg.) L'âge avait courbé Friederike ; quand ils se tenaient face à face, ils évoquaient un monument érigé à la gloire de l'Ancienne Politesse – muets & inclinés avec respect comme deux judokas avant le tournoi. Ainsi poussaient-ils vers Laterre. Cela advint plus tard.

Avant cela vint Letemps où à Stalingrad les vieilles idoles commencèrent à se fissurer puis se mirent à vaciller. Elles refusaient toutefois de tomber tant que La-Planète n'aurait pas entièrement brûlé avec tous-les-hommes sur terre. Aussi les gens s'enfuyaient par marées d'expulsés. Les autres proches de Friederike tous-morts, vinrent donc s'établir à Thalov tous ceux qui étaient entrés dans la famille du côté des Schneidereit par le mariage de Werner : Waltraut & Pauline, les sœurs jumelles de Johanna, Waltraut accompagnée de Petra & Reinhold, ses enfants nés de son 1er mariage. Hilde, la sœur d'Elfriede, vint rejoindre Friederike à Thalov,

Wilhelm, son beau-frère étant mort Àlaguerre. Friederike gardait 1 place dans sa maison pour Joseph, le fils d'Henry Schneidereit ; mais il n'en ferait jamais usage. La lettre de la poste aux armées adressée à Gumbinnen à Henry Schneidereit était datée du 3.8.1943, postée de Achtyrka, située à environ 150 km au sud-ouest de Koursk en Russie : … avons le triste devoir de vous faire part … votre fils le caporal Joseph Schneidereit… que votre peine profonde… se trouve apaisée à la fière pensée… qu'il a donné sa vie pour la Grande Allemagne et son Führer… –: *Sous l'effet des grandes ondes de choc consécutives au repli accéléré du Front russe vers l'Ouest, Henry Schneidereit fut rejeté ici à Thalov, chassé de son Gumbinnen natal & de sa place soigneusement gardée depuis dix-huit ans à côté de la tombe de sa femme. Les traits perturbés, la moustache broussailleuse & mal soigné, il se tenait devant la maison de Friederike comme une idole d'argile.* –Ce coup-là, il avait tiré le mistigri, Monsieur-l'Officier=Grande-Gueule oublieux de ses père & mère, aveuglé qu'il était par Richesse&Bien-Être. Et le voilà !mort. Monsieurmonfils. Lamaison perdue, é ma belle tombe – Tout !foutu. Tout cigogne qu'on est, on fra pas la fine bouche devant un scarabée crevé. – *Les nombreuses années passées à veiller en solit1re sur sa tombe semblaient lui avoir détraqué le cerveau encore davantage.* –Et les-Russes, déjà en Prusse orientale[33]..... Ça change quoi hein, quand un !type s'est mis en tête d'avancer, i s'arrêtra plus, pavrai. Sisi : on sait de quel côté le vent va partir. – *(Mais il devait faire drôlement=attention, car même si ses paroles étaient sans queue ni tête, certaines oreilles-attentionnées raffolaient d'y trouver un motif de..... dénonciation.) Alors Pépé Henry se tut & tourna en rond dans le jardin d'une contrée lointaine en marmonnant doucement.*

–Qui s'est trouvé plus bas que terre, sait que ç'est là que le lièvre gît. Touça, c'est plus une vie. Nonnonnonnon.

23

Photo 47 *(à g.) Werner : manteau de laine gris, chapeau gris (légèrement 1ncliné sur la tête), les bras le long du corps, (à dr.) Johanna : manteau d'hiver sombre, le visage en partie dans l'ombre des bords larges du chapeau, les bras le long du corps, les doigts de sa main droite tenant la main gauche de la Petitefille (petit manteau avec 6 gros boutons clairs), bonnet minuscule : Henriette, Riedrose, au début de 1939*

–Au total 6 réfugiés vinrent emménager chez Friederike, la maison désormais bourrée de monde, ainsi, ni bourgmestre ni chef de section locale ou autre bonze du Parti ne pouvait réquisitionner la demeure de Thalov aux fins d'y loger de-force des étrangers (personnes évacuées, chassées des-villes bombardées). Et ainsi est-il arrivé que Les-membres-de-la-famille agirent de telle façon qu'Hedwig put les traiter comme elle avait décidé de les traiter[34]. – *–En d'autres termes* (coupai-je autrefois le pasteur Brickau dans sa psalmo-litanie ; mais sans doute n'avais-je pas ?remarqué le petit sourire qui aurait pu éclairer ses traits carrés pendant qu'il me racontait l'histoire, parce que c'était là un phénomène rare à survenir sur son visage de pierre.) *–é résumé en 1 phrase : le clan des Schneidereit s'était finalement abaissé à considérer comme acceptables cette maison objet de leurs moqueries passées et les vestiges de la misérable ferme affleurant la surface de la terre : 1 toit épargné par les bombes comme étau-d'orgueil, 4m² par volatile comme surface limite de la volière copulatrice où se préparent les grandes envolées (& ?quisait peut-être encore un peu d'argent ?semé dans les champs –).*

Le pasteur attendit la fin de mon sarcasme. Puis il ajouta : – *Ils étaient arrivés mais ne pouvaient rester longtemps. En outre, la terre du champ de Friederike semblait avoir perdu toute fécondité argentifère ; le sol ne renfermait que de sottes pierres des champs, pas le moindre bout de métal ni éclat. Et comme auc-1 des nouveaux arrivants n'était paysan, que seule-solo=Friederike ne pouvait retourner le champ (Pépé Henry, trop vieux de toute façon, ne s'y entendait qu'en creusement de tombes), plus rien n'avait été semé é récolté.*

–Et ?Werner. – La voix de mon « fils » se pousse à travers la chaleur encombrée d'Unenuit, à travers la muraille du temps. Et sa question est comme une 1re bourrasque s'engouffrant dans le plomb Delanuit pour l'entraîner vers le mauvais-temps – insufflant de l'air dans les profondeurs d'un passé de plus de Cinqdécennies, – le vent – la tempête – –

–Et ?Werner. – Je me souviens avoir posé cette même question au pasteur il y a tout aussi longtemps, répétant encore une fois ce prénom, *Alors déjà piqué-d'intérêt pour cet étrange personnage à l'esprit toujours=volontaire (Mais que dis-je, c'était plus=qu'un intérêt-marqué, plus qu'une fascination, je le compris plus tard : car à l'image de tout pasticheur certainement voulais-je imiter ce Werner en adoptant la pose la plus facile dans l'art de-la-copie) ;* & aujourd'hui – *comme Werner en son temps copiait Wilhelm, oui, parfaitement : copiait avec ce que les copies offrent toujours de pâleur & de contrefaçon naïve – une tête rejetée en arrière avec-suffisance, une bouche grimaçant d'irrespect, des regards condescendants se perdant Dieusaitoù* – avec encore plus de netteté qu'avant, puisque un tel Conte de Fées avait eu lieu dans sa famille, é: lui, qu'on avait écarté de toute propriété foncière, dans un premier temps selon sa propre volonté, davantage apparentée à de la mauvaise volonté, & plus tard selon les volontés testamentaires de sa mère : ?que pouvait-il bien penser !maintenant de cette misérable ferme naguère méprisée. Et j'avais à peine formulé ma question Autrefois, que le pasteur sut là encore !y répondre très vite. *Et sa voix* (comme maintenant la mienne Cinquantroisans plus tard) *résonne comme la voix d'une grande salle vide, sans âme vivante, où n'habitent ni le pasteur, sa femme & leurs quatorze enfants, mais que hante une communauté=banale de fantômes aux grands yeux irré-ductibles obstinément tournés vers-le-passé, qui semblent guetter une fièvre, une peur sur les lieux de leur envoûtement passé & présent, é: ni le pasteur=Autrefois ni moi=Encètenuit ne voulons savoir qu'avec nos voix nous réveillons les morts. !Ô non des morts célèbres, jadis conduits à leur dernière-demeure accompagnés de marches funèbres, ni de patronymes aux résonnances d'oratorio, rien d'une médaille posée en grande pompe sur un coussin de velours & d'un cercueil inondé de fleurs*

reposant sur l'affût tiré par les rues à un rythme solennel ; ni or d'opéra ni bruissement de drapeaux ; – des morts de Petitedistinction, du même caractère ordinaire que les pavés usés du trajet quotidien, car nous=mêmes sommes comme ces pavés bossus, polis sous d'innombrables=centaines de chaussures roues bottes sabots, souillés par les chevaux les chiens & autres sommités, couverts des crachats de Nosemblables Pressés. Mais il arrive aussi que des chaînes d'acier, des chenilles de tanks éventrent les rues & arrachent les pavés. Et que des poings ramassent les pierres défaites, les brandissent & les jettent –: contre des tanks, contre des limousines noires arborant sur leurs garde-crottes les petits drapeaux du Pays, contre des casques d'acier & contre la chair : qui refuse de se le !fourrer dans le crâne, ON lui !explosera la tête –: la langue primitive, la fin de l'écriture & des livres. Et les Morts resteront toujours les-Morts ; des Morts qui justement attisent Cètefièvre en=nous qui nous brûle pour à la fin nous guérir d'elle & des-Morts, le temps d'1 instant. Peut-être –

[– Dans cette ville en Cètenuit, c'est là que tu –]

–Ouioui c'est bienbeau tout=ça. Mais ?qu'était-il ?arrivé à –

– *Werner.* – L'homme assis là aussi carré que son décalogue gravé sur les tables de pierre semble se réjouir de mon empressement inattendu & de ma curiosité à connaître l'histoire familiale jusque-là méprisée par ce confirmant de 14 ans. Peut-être cet homme lentement vieillissant croit-il vraiment à la capacité de transformation de-l'individu, au-Bien (ou à Ce qu'il lui assimile), qui, 1 jour ou l'autre, & pour ainsi dire grâce à l'effet accélérateur de sa confirmation, devra nécessairement faire éruption, *à l'image d'un volcan, d'une épidémie ou d'un groupe de prisonniers soudainement surgis de l'autre côté de la clôture barbelée & électrifiée des enclos=décisionnels de l'État. !Éruption du-Bien. (Cependant je ne m'expliquais pas ?pourquoi il devrait y avoir un lien entre le-Bien é: l'Envie-de-s'intéresser à ces histoires de famille éculées.) Ainsi le-Bien ferait-il !éruption ou: !irruption en=moi & !Enavant sur les-sentiers-de-la-vertu-luthérienne – jusqu'au noyau igné des choses é leurs soleils intérieurs –:!toute=histoire finira par s'y brûler* – (pensais-je=Alors ; et idem des histoires de cet homme sûr de sa foi extraites d'une pierre vieille de Deux-mille ans infestée des virus-endémiques Soifdequerellevengeance&sang du désert syrien) – *Ces vieilles histoires devront se consumer – s'éteindre – comme l'homme dès qu'il s'approche trop près du soleil, car c'est la !chose vraiment la plus réjouissante : jamais au-Caïn=homme ne foulera le soleil pour le coloniser* – (me disais-je/me dis-je, poussé par le fol=espoir d'en terminer, d'en finir, stop on arrête=Tout) : *Or* (je le pressentais/le pressens, poussé par l'espoir=anxieux de continuer, de poursuivre, de nejamaisfinir) *c'est justement !pourquoi elles ne s'arrêteront jamais, à tout=1=chac-1 sa petite histoire personnelle, palabres Sanfin & toujours les mêmes fous-thèses, Cela ne finira !jamais, car ?qu'y a-t-il !après Lesflammes !après Laconsumation & !après Ladésintégration (il doit bien !subsister ?Quelquechose, présume-t-on avec subtilité, puisque personne n'est capable d'imaginer Le Néant) : De ?quelle nature est la couvaison Là=Bas sous les cendres du Temps – ?comment ?quoi : personne ne le sait é: chac-1 !veut savoir.* – Maisnomdedieudenomdedieu : arrête de perdre=le-Fil & viens-en à=bout de cette histoire : ? Que s'est-il donc passé –

Et ainsi posées, mes questions pressantes ne rencontrèrent ni le vide ni le silence chez cet homme. Mais simplement d'autres strates de sa mémoire ne relevant plus des couches théo-logiques mais géo-logiques, de roches & éboulis d'une autre nature. Soudain je fus entraîné par le ton argileux de l'assurance biblique & du bavardage de Vieux Sage de ce Père Nourricier vers des champs de débris rocheux, basalte granit, déjà présents dans les souvenirs sédimentaires du pasteur.

–*Werner.* – Répète-t-il en marquant une légère pause, comme s'il devait d'abord se concentrer sur ce nom & la suite des événements s'y=rattachant. Sur quoi la mine du pasteur s'assombrit –.

–Werner. – *Oui, je me souviens de ce que tu m'as raconté Autrefois, Vielhomme, visiblement à contrecœur é peut-être parce que tu as simplement pris au sérieux mon empressement inattendu ou: parce que je me suis moi-même & mon idée fixe de Jouer-aux-Souvenirs entre-temps pris au sérieux, si bien que nous nous retrouvions tous les deux, le pasteur moi, soudain sur la même scène : au Théâtre du Souvenir, au milieu de la grande salle résonnant de vide avec ses décors toujours caméléonesques dans cette farce pour fantomatiques mimes pétaradants* – Oui je me souviens. Et moi aussi je serai tenu de danser sur cette scène jusqu'à la fin du Mort Sot. Je connais ton histoire, « fils », je te raconte la mienne.

–Tu te ?souviens de ce que je t'ai raconté à propos du café « Au Cerf d'or » à Mathildenbourg et de Werner & ses entrées=là-bas. Autrefois Café des commerçants respectables, et passées la crise déconnomique & l'inflation tous les deux – café é commerçants – tombés en ruine, devenus des épaves, à peine encore fréquentables par la canaille ordinaire. En prime pour Werner une dizaine d'Ennemimortels. Ils avaient survécu, luttant péniblement pour l'existrance & le maintien-de-leur-état. Un ramassis d'ivrognes notoires. Mais il n'est point de noyé mort au point de ne plus remonter À-la-surface. Des gilets de sauvetage bruns arborant à droite un brassard à Croix-Gammée aidèrent à la remise-sur-pied du café & de la guilde des Mercantis. Déjà avant Trentetrois « Au Cerf d'or » était devenu le café attitré de la section locale de la S.A. !Oh de loin rien à voir avec l'un de ces caveaux à bastons, de ces bunkers pullulant de prolos&vauriens dans des remugles de bière pissée, où l'ON cassait dents & reins, fracassait crâne & mâchoires de ceux cueuillis dans-les-rues qu'On traînait là..... !Ohnon : « Au Cerf d'or » était la fameuse=anciennouvelle Adresse de rencontre des-Nouveauzanciens-Messieux=en-brun, & un lieu sûr pour les snobinards Pro-Nazes – *les-professionnels-du-Nazional=Socialisme* : des descendants de Richebourgeois ne voulant rien avoir affaire dans les-rues avec les Lumpenbourgeois & Assommeurs. – Or, dans les derniermois précédant le Trente Zéro Un Milneufcent Trentetrois les-Autorités avaient interdit aux membres de la S.A. le port de l'uniforme dans l'espace public. Aussi se faufilaient-ils chaquesoir=en-civil & un à un en bas des marches du café, vers les vatères au sous-sol pour ici=seulement, tels les travestis le jour du Carne-Aval-des-Travelos passant jarretières frusques paillettes perruques & talons aiguilles, enfiler leurs chemises brunes calots & brassards à Croix-Gammée, le tout-apporté=endouce, pour l'Adieu-à-la-Chair. Depuis belle lurette ILS n'avaient plus à redouter d'incursions durant Cesheures=en-cave – le-Vieilétat était à bout, à l'article de la mort.....

–Mais Werner avait beaucoup à craindre de cette décade d'anciens=Ennemimortels datant des Jourmauvais ; ILS sont de !retour maintenant, tels des yeux gras ils flottent à-la-surface=du-bouillon étatique tout frais & ils n'ont Rien oublié. ILS ont accédé à la Nouvelle Richesse notamment en spoliant les biens d'autres commerçants déplaisants – juifs le plus souvent –, ILS avaient aussi « racheté » des banques, confisqué leurs avoirs & ainsi effacé mainte dette sans y aller par 4 chemins. Exemptdejuif = Exemptdedettes. : La politique s'avère être parfois très..... amusante. Parmi les banques ainsi arianisées figure aussi la banque Kirsz de Vockau. Pendant l'inflation Werner & Johanna ont contracté auprès d'elle un Gros Emprunt pour sauver leur commerce, mais ils ne sont pas parvenus à rembourser leur dette en dépit des Bonnezannées=suivantes. Le beau-frère de l'un des Ennemimortels de Werner dirige à présent l'établissement bancaire de Vockau, en passant-en-revue les dossiers, IL est tombé sur le contrat de prêt d'un certain Werner Baeske, de Mathildenbourg. Les vieilles blessures, non cicatricées, saignent davantage –.– Voilà-longtemps qu'ILS veulent régler son compte à Werner, à présent ILS en ont les !moyens.....

La scène se déroule le soir du 1er mai 1933, dans ce qui ne s'appelle désormais plus le *Café* mais la *Brasserie « Au Cerf d'or »*. Mais comme aux-Tempsanciens la Décade d'Ennemimortels de Werner est réunie Ici autour d'une longue table, fumant avec délectation. L'ambiance est échauffée, les défilés de la Journée-du-Travail terminés, tambours & fanfare drapeaux & uni-Formes ont grisé les-esprits ; la bière mousse en abondance dans les chopes brandies par des poings se voulant-agissants, et –

–Attends!attends. Stoplà. !D'où tu tiens tout=Ça. Ni toi ni le pasteur Brickau n'étiez présents Alors. Il n'était pas non plus un prêtre catholique qui aurait pu apprendre Touça à partir d'une confession. : ?D'où tuletiens alors –

Et une fois encore lui=aujourd'hui comme moi Autrefois : ?D'où tu tiens tout=Ça. :Moi apostrophant le pasteur=Autrefois, et ajoutant : Tu n'as quand même pas appartenu à la-S.A., ?:n'est-ce-pas. Tu n'étais même pas à Mathildenbourg Àcemoment-là. ?D'où tu tiens alors Toucequetusais – (et ici comme Autrefois, en raison de mon insistance et de notre intimité le mot Père *eût été opportun. ?L'avais-je sur le bout de la langue ; ?me suis-je jamais ?adressé à cet homme en disant* Père. *Aucun souvenir).* Et ?toi

« fils », viens-tu à l'instant de de me ?dire Cemot. Rien entendu. Il est trop tard pour ça –

Photo 48	*Werner (même élégant manteau d'hiver é chapeau) devant un grillage couvert de lierre, à sa droite Henriette pas tout à fait 3 ans (bonnet avec grand ruban clair) probablement Riedrose, 1939*

Oui, d'où le pasteur tenait-il cette histoire, pour être capable de me la raconter – afin qu'à mon tour je te la raconte, à toi « fils », en Cètenuit. D'où –: tu tiens à le ?savoir. Tu Le sais, chacun de nous Le sait. ?Ou: est-il besoin de voir le visage d'un mort pour ?parler de la-Mort. ?Te faut-il ?souffrir d'abord pour ?savoir quelque chose de la-souffrance. ?Es-tu incapable, sans avoir jamais été toi-même menteur & méprisant, de ?comprendre ce que sont le-mensonge & le-mépris. Quand ils se serrent dans leurs bras, le regard des-hommes se perd par-dessus leurs épaules – il n'est !pas indispensable de voir le regard de l'Autre pour savoir ce que veut dire un baiser-de-Judas. Ou avoue-le s1mplement : te ?faut-il d'abord t'asseoir ?vraiment ?toi-même le cul nu dans la poêle à frire pour savoir que – &tc. Mais ce genre de propos (devait se dire le pasteur autrefois), viendrait bien trop précocement à un garçon de 14 ans : il se tient devant moi, blanc-bec=morveusement-insolent, la bouche pleine de bâillements, é: ne pige que !dalle à Tout=ça –:– Et ces mêmes propos, tenus par le pasteur il y a un demi-siècle é plus, Aujourd'hui adressés à toi « fils », viendraient bien trop tardivement à un garçon de 14 ans, depuis longtemps ils enfonçaient des trappes & des portes ouvertes&défoncées –; car peu importe désormais trop tôt ou trop tard, le pasteur Autrefois moi Aujourd'hui n'avons plus qu'à prononcer 1seule&même phrase – bénédiction est donnée à l'Avoirraisonsurtout, le Basta così –Je Le sais..... voilà tout.

La scène se déroule le soir du 1er mai 1933 à la *Brasserie « Au Cerf d'or »* à Mathildenbourg. Aux heures diurnes fermentant dans les premières chaleurs du printemps, des bottes de parade, tubulaires &

brillamment astiquées, martèlent le vieux pavé de la ville de garnison, les drapeaux ornés du nouvel emblème de l'État claquant dans les bourrasques printanières tels des salves d'artillerie, tranchants les uni-Formes=Brun|Noir|Blanc des participants fendant en-rangs&au-pas l'air de mai, & de retentissants discours roulant vers la ville du haut de tribunes ourlées de tissu rougeblancnoir pareilles aux lèvres d'une plaie, entourées à-distance-de=jeunes-vierges leptosomes aux élancements de bouleau – l'ivresse discursive gagne le dessous des couvre-chefs rassemblés àtouchetouche. Un vin jeune le ciel de mai débordant de mousse –.– À présent dans le café têtes & derrières baignés de sueur assis autour de la longue table, roulant à travers la salle en pierre comme boules de billard un vulgaire rire=commun bondi hors de gorges mal=dégrossies, bruyamment grogné du fond de cavernes dentées, soutenu par des dos requinqués, dressés victorieux & raides comme un I sur de vieilles chaises & tabourets ; le corps de logis des borborygmes du transit-cérébro-intestinal fort de son droit du vulgum pecus. D'anciens banqueroutiers aussi parmi la Dizaine d'Ennemimortels de Werner, redevenus en-Brun des mercantis-influents – L'airdanslasalle épais&bleu de tabac gris. ON ne se donne pas son nom mais les grades fraîchement créés, parce qu'en=service : *Rotten- Schar- Sturmbann- Obersturmbann-* auquel on accole toujours 1 *Führer* final.

Des voix : – *d'un !ôtre style – d'un !toutôtre style –*

1er S.A. (à son voisin en plaisantant) : –?Qu'est-ce qu'vous zavez cont'e les-juhuifs. *Schar-Führer*. Moi, m'ont même fait crédit Autrefois & un rabais sur certaines marchandises.

2e S.A. (prenant un air boudeur) : –À vous oui. À moi !pas. Et à beaucoup de Mézommes pas plusse. Pas 1 pfennich de Markémoi[35].

1er S.A. : –On a toujours=été trop-teutons pour eux, ?pavrai Kamrad.

Rires.

2e S.A. (de plus en plus amer) : –Fallait se contorsionner jusqu'à terre devant eux dans leurs comptoirs crasseux, supplier & mendier servait Àrien : tu paies ou c'est l'huissier Happe-Chair. Et les ?crédits : ils les fzaient qu'à leurs frères – touça=lamêmengeance, tous aux-mêmes-commandes..... Que ch'te mette le couteau toujours plusse sur la gorge. Jusquasse que t'étouffe, jusquasse que tu soives !forcé dvendre à un prix-ridicule aux sales youdes à tire-bouchons. Pouvais plus payer le-loyer. Ma femme a fini par prendre sescliques&sesclaques. A filé avec les deux drôles pour=plujamairevenir. Et ?moi : me suis rtrouvé à la rue. À la rue cul nu. (soudain d'une voix forte :) – ?Ou aurais-tu déjà oublié ces-années, Kamrad, où nous traînions des corbeilles à linge remplies de billets qui valaient que tchi. Rien que de la crotte de bique : des coupures imprimées par des banques qui s'y entendent en tablature écrite pour l'air allemand = l'hymne Faillitaire. (saute sur ses pieds en hurlant :) Et ?qui a ?manigancé Tout-Ça Àlépoque danzune Weaullstrihite = de l'aut'e côté chez l'Amer-Ricain : celui qui s'est rempli les poches avec la ruine-de-millions de nous=zautres-Allemands. (Sa voix se fausse :) –Et ?qui s'en est mis plein les poches avec mon affaire & la tienne & celle de nous=tous ?!hein : t'as droit à 3 réponses : ?Qui nage depuis dans Largent – (retombe sur sa chaise, calmé :) –C'est la !raison, Kamrad, la !raison !pour laquelle je !hais les-juifs.

1er S.A. (finaud) : –*Schah-Führer*. Si les juifs !t'avaient fait crédit, tu ?aurais ?changé d'opinion.

2e S.A. (tranchant) : –Accorder un crédit à quelqu'un, c'est aussi pouvoir le lui retirer à tout moment. ?Que me reste-t-il alors. La-haine. (se tournant vers le 1er S.A., en camarade :) –Nonnon, Kamrad : !Fini=maint'nant d'aller mendier=chez-le-juif. !NOTRE tour est !venu. NOUS allons reprendre ce qui NOUS a appartenu et NOUS appartient et NOUS appartiendra Mille Ans durant.

Des cris traversant la salle : *–Oui!parfaitement – Qu'il ensoitainsi – Il en sra ainsi –*

3e S.A. (la langue pâteuse) : –Au fait, ce Bäske, i s'rait pas un peu youde. Passeque mon beauf-frère qu'i est à Vockau (il rote) – vous savezbien, çui qui gère maintnant tous les crédits dans zune banque, m'a conseillé d'aller un peu (;–) me renseigner. Y soupe-sonne quéque choze chèzze=type.

4e S.A. : –Bä-ske. Bäskebaeske – hem. Ça sonne pas vraiment juif, ça. Enfin, gratter un peu l'écorce de l'arbre généalogique, ça peut pas faire de mal.

6e S.A. : –Suizallé assez souvent le souare à Greifenthin – et sur !qui je tombepas sur le bac & pas qu'1 fois : notre ami M'as-tu-vu Werner Bäääske. ?Çaalors : c'est pas là qu'il habite, jme dis & jle suis. Et !dites-moi un peu où qui ?!srend le Beaumonsieur : toudroit à la Willa du Prézident Weinrich.

Sifflements éloquents à la table.

6e S.A. : –Ouihi. Mais Leplusbeau : le Prézident, ehben il est !pas !là. Chaquefois qu'le Bäske vient, il est pas-chez-lui.

7e S.A. : –I va voir ?qui alors.

8e S.A. : –?Qu'est-ce qu'i peut-ben vnir faire là, quand Monsieur le Prézident de la banque Plein-aux-As n'est pas-chez-lui –

6e S.A. : –Monsieur le Prézident de la banque n'est pas-chez-lui, mais sa Bourgeoise voui –

Sifflements malins à la table.

9e S.A. : –Vous ?croyez qu'lui & la femme du Prézident – !oh.

10e S.A. : –Je connais cette femme : Isolde, Przemysl de son nom de jeune fille, de Przemysl. S'appellait comme la ville d'où elle vient, c'est pour ça qu'ça m'a frappé. Et y a Tout!autechose encore qui m'a frappé : y a quelquetemps ON a conseillé au Prézident Weinrich de !divorcer s'il tenait à conserver sa banque. Car cette femme – d'ailleurs, asse qu'on raconte, une ancienne dame de compagnie des von Dorset où ce Bäske a également travaillé comme jardinier dan'l'temps –, tenez-vous bien : la Bourgeoise du Prézident est – !juive.....

Des voix : *–Non !cépavrai – Si on !s'attendait-à-ça – !Onlétient – Toutelabande d'un !seul=coup –*

4e S.A. : –Et ce Bäske fraye=avec une juive & s'adonne au commerce-adultère : !C'estdujoli. !Vous voyez, Kama Rades : grattez le vernis, même le meilleur, et en dessous vous verrez toujours Quedlatôle. Et parfois sacrément rouillée avec ça. Faudra l'avoir à l'œil.

2e S.A. : –C'est ça, zavez raison, *Owèrestourmebann* : faudra d'abord l'avoir à l'œil, et après le lui crever.

Rires retentissants à la table. Biture.

5e S.A. : –NOUS commencerons par leur arracher les yeux : aux capitalistes & aux bolcheviks : !Ils zont bousillé la patrie-allemande jusqu'à la réduire à zéro. (il crie :) c'est de la HAUTE TRAHISON : COUR MARTIALE. – NOUS nous acharnerons sur eux jusqu'à ce qu'il reste plusrienderien de ces salauds-de=capitalistes & de ces chiens-de=bolcheviks.

Clameurs=d'approbation à perte de salle. Braillements. Biture. Des poings s'abattent sur la longue table, sur un rythme de plus en plus endiablé –,– pour finir en onde sonore formée du vacarme grondant=longuement-tenu de la bagarre. – À l'extérieur devant le café dressés contre les chambranles les troncs élancés des bouleaux fraîchement abattus le matin – des senteurs de sève flottant dans le soleil chaud du couchant. 1 employé de banque avait été arrêté pour avoir refusé par 3 x de faire le salut-hitlérien sur la place de la manifestation. La nuit les rues & maisons sont plongées dans le noir & le silence ; – après les-défilés.....

–Comme chacun sait, il ne faut pas se révolter contre son-Destin. Déjà parce que le-Destin aplanit à l'aveuglette les difficultés de la vie pour l'un & précipite l'autre dans les abîmes avec le même aveuglement ; et même une malveillance délibérée s'avère être bien=faisante à son insu. Notamment 1 Bonnannée plus tard : le 30 juin 1934 – l'assassinat par la S.S. de Röhm & de ses partisans fut suivi d'arrestations, déportations, exécutions sur d'autres parties du territoire. Ainsi de la Décade d'Ennemimortels de Werner à Mathildenbourg ne subsista qu'1 décade de morts. – Et Werner conserva ce qui lui appartenait : le magasin d'alimentation générale situé Breite Straße 43, & ce-lieu=lui-même le label de qualité de fournisseur de la garnison. (Avec un bémol toutefois : il dut renoncer à se rendre à Greifenthin le soir), é: 1 jour c'En fut terminé pour=toujours.....

Lanuit devenue de plomb. Pâteux Lair – Un goût de fleurs pourries, lourdesuave la chair de plantes putrides. Mon « fils » s'immobilise, se tourne vers moi ; je sens son regard dans le noir. Je dois continuer de parler, je n'ai pas d'Autrechoix, – continuer de parler encore et encore, jusqu'au bout de l'histoire de Cètenuit. –

–Mais au début, même sous les drapeaux Noirblancrouge, de Vieilleshistoires se remirent à circuler dans le magasin de Werner : on parlait d'1 joueur de cartes d'Altendorf & de sa légendaire chance au poker – *du K-niveau au K-rosse – Y'en a beau-coup qu'ont vu leurs roues et leur équipage brisés – / – La-Police va !faire le !ménage, vont !mettre=le-paquet, !C'essequifaut : !!kça ceS.S.=maint'nant avec ce tinte-à-marre=frèresverslesoleilverslaliberté – zavez entièremenraison Meussieu – Yavait rien là-dessous : des fortengueule de la révolue?scions mondiale, tu parles ! : Si on les a zavait écouté pazune lichette de beurre kon aurait à s'mettre sur nos tartines même aujourd'hui, rmettez-m'en donc une dmi-livre Meussieu Baeske siouplaît – Aurions-nous ?!digéré&oublié le fameux Hiver-Sansnavets de 17 : nos zenfants crevaient comme des mouches, après ça a été la-Grippe, s'est chargée de ske la-Guerre=&=la-Famine avaient laissé – danle caniveau qu'on fouillait pour trouver ?quèquechoze à mordre dedans – des chvaux morts qu'on éventrait pour s'emplir de nouveau 1fois le ventre avec 1 chouïa de viande. Çarrivait k'les pauvres chvaux soient même pas morts & les gens s'enfonçaient jusqu'aux coudes dans les zentrailles chaudes-comme-un-duvet l'hiver quanti fzait un froid de canard – Oui parfaitment. Et ceusses avec-leur-drapeau-rouge i'zont pas non plus pu empêcher la guerre ni qu'on crève-la-faim=après – !Hé, constatez par-vous-même : aujourd'hui tous nos-compatriotes peuvent s'offrir les si-belles=choses que notre Meussieu Baeske tient à disposition dans son magasin. La crise : est au plus bas, Messieux ; la-conjonqueture : se remet à flot ; Notepays !remonte la-pente. Et chaque concitoyen de bonne volonté : lavé, rasé, propre de corps de sang & d'esprit, il aura du travail de nos jours. – / – Et BERLIN sera une ville=d'importancemondiale : le jour des zoolympiades – Avec des retombées pour nous-aussi=à-Mathildenbourg, ?!pavrai Meussieu Baeske : ça fra faire du beurre à !vote commerce – / – Ehben, espérons kle prix des citrons va pas crever lplafond maintnant ksa démarre en Nespagne – / – (?Vous connaissez la ?nouvelle : les Lilienberg de la Berliner Straße, juste en tournant à l'angle, on est vnu les CHERCHER ce=matin) – C'est !vous qui me l'apprenez – C'étaient pourtant des Levantins cette famille, même si sasse voyait pas toutesuite sur leur figure – Des Levantins : vont rcevoir un bon savon, dites-moi, zauriez pas des raisins de Corinthe Meussieu Baeske ?si : le cornet à ?quinze – ?C'étaient des Levantins : comment ça ?c'étaient – Oh jvoulais salement=dire – Et la smaine d'avant le Malikowski=en-face : CHERCHÉ – !Çaalors : lui aussi un ?israëlite – Non. Mais – schutte : affaire-polithique – C'est à se demander qui dans le voisinage est encore un honnête com-patriote – Malikowski a habité chez ?vous – Non. Je parle au sens figuré : le corps de la Nation Allemande, si vous voyez ske !jveux dire. Au fait, vos truffes : !excellentes, Meussieu Baeske, !ex-!selles-!lentes. Heil!Hitlermessieux. / / – Ehben : s'i fait pas du genre ce type-là. C'est un hors-sain. D'où j'en sais rien. Sa jactance semble venir de Nulle-part. Ça fait que des chichis, tout docteprofesseur qu'il veut paraître. / En tout cas, c'est pazun=des-nôtres. ?Un ptit cognac. Jdis pas !non, Meussieu Baeske : jdis !pas non. / – Tiens : en vlà unautre à vnir dans vote magasin : harnaché de pied en cap avec son bêle uni-Forme & la dague au côté. / Arrive du défilé : y a eu ce machin dans la ville aujourd'hui, avec Hess : des défilés jvous dit pas impressionnants dvant la tombe du vieux Fritz[36]./Absolument !fou ce défilé /Faudrait qu'y-en ait pluS.S. des commeça maintnant. Faut kji aille, le tramway. Et encore merci pour le schnaps du Franz Osen Meussieu Baeske. / Or-re-voir Msieudames – / – HEIL!HITLERMESSIEUX.*

L'Espagne : déjà Laguerre y envoyait sa rumeur en éclaireuse.

24

Photo 49 — *Louise Austerlitz, gouvernante d'Henriette, tailleur sombre, bas blancs, souliers à boucle, col de renard, paysage de fin d'hiver, Mathildenbourg, 1939*

–Volonté du Diable de Dieu ou de tout autre Entremetteur-du-Destin, qu'importe : au bout de Quatorzans de vie de couple Johanna eut bel&bien son 1er enfant : sa fille vint au monde à l'été 1936. Les Meilleuresannées pour les Baeske Alors : – toutes les dettes grevant la maison & le magasin d'alimentation remboursées, l'affaire roulait *!fwuiiff* – (: Mon père siffle entre ses lèvre minces, pouce & index miment le comptage de billets.) Dans la majorité=des-cas, cette situation semblait de toute façon profitable à Chaquecommerce, Danlepays les Affaires..... florissaient, comme si des orties répandaient un parfum de rose ; – et chez les Baeske en prime Le-1er-Enfant : *Henriette.* 1 famille=nageant-dans-le-bonheur.

Mais d'avoir prononcé le prénom *Henriette* replonge cet homme, mon père, dans la tristesse (je l'entends à sa voix qui sombre). Il s'immobilise. Semble épier en silence – le cœur de la nuit engourdie de chaleur obscure, – à l'affût des bruits sourds de la ville bordant le Main sur ses deux rives, – du grondement de l'artère principale dans notre dos dans la profondeur de Cètobscurité – é il semble attendre dans le noir. La ?réponse que n'importe=quelle Nuit Urbaine est à même de fournir à l'auditeur attentif : – rires grinçants – sifflements (aigus & d'une résonance énergique portant loin) – hurlements de rage – cris perçants jaillis dans le lointain (?homme ou ?machine) & des larmes bruyantes (qui paraissent toujours incroyablement proches), cris d'effroi de joie de plaisir appels au secours –.– Longtemps avant les zones piétonnes, c'était le bloc sonore HommeMachine qui gommait toutes les caractéristiques-urbaines & qui a nivelé les villes & les a ramenées au rang de la-Ville. – Je me racle bruyamment la gorge, – il sursaute.

–Au début, Johanna semblait avoir éprouvé une Grandejoie – pour preuve les inscriptions dans son *Bilan*, dans le *Journal de Johanna.* Resté inachevé, comme tu dis. Peut-être parce que Le But était!enfin ?atteint, que l'inscription des éternelles mentions *Toujours rien* n'était plus nécessaire maintenant, au bout de Quatorzans. ?Ou peut-être parce qu'1 phrase, déjà écrite Treizans plus tôt, aurait dû être ?répétée encore & encore sans fin, telle 1 prière=imbécile : *où Werner peut-il bien être ?* – Et Être=Mère – l'Un dans l'Autre – Johanna se l'était certainement imaginé autrement.

–C'est possible. (Dit la voix dans le noir à mes côtés.) Possible aussi que la formulation soit parfaitement inappropriée pour L'Époque ; femme = mère. Il n'existait pas d'autre finalité. Et cela n'exigeait ni *représentation* ni *idée de la maternité,* comme on se fait 1 représentation de la vie-sur-la-Lune, par exemple, ou 1 idée sur la manière-d'y-aller – –Aller ?sur-la-Lune. Tout le monde sait ça Aujourd'hui & le sait tout quidam qui lit la-manchette de n'importe quel journal ou qui entend à la télévision les balivernes des Politicards sur l'agaçante-incitation à faire-des-enfants moyennant une prime de Bélinage :

150-EUROS=par enfant désiré – imagine1peu !la nature de cette canaille prête à faire vraiment=&=sûrement des gosses..... en échange de 150 EUROS : certainement !pas la crème-de-l'humanité. Autrefois chair à canon, aujourd'hui chair à tiroir-caisse.– En parlant comme ça, Père, tu n'iras pas seulement sur cette !boule qu'est la-Lune, tu finiras par perdre la !tienne de boule : jusqu'à l'Emma-Nazion[37].– Pardonne-moi, Père, je ne voulais pas être drôle. – –Ce mot=*d'esprit* ne volerait pas plus haut que les plaisanteries qui circulent dans la salle d'attente du-médecin. – *(Oui, Père, en particulier certains=vendredis après-midi. Aurais-tu dû ajouter, jetant une goutte d'huile sur le feu. Chac-1 de mes phrases Autrefois une Auto=Accusation & elle levait toujours plus haut le plateau de la balance où reposait ma nullité à tes yeux.)* –Père : tu ?t'en rappelles. C'est aussi la volonté-d'être=père qui conditionne l'état=de-mère. Au bout de Quatorzans d'union stérile, l'enfant gagnant. : Le temps de pouponnage fut certainement un souci perpétuel pour Johanna, mère-active entre caca-cris-&-bouillie ; du travail jour&nuit : après l'heureux événement, l'espoir que ça ira mieux –; mais ?ensuite, une fois ce temps ?révolu. – – *Probablement la femme sentait-elle qu'elle allait le perdre, !non, elle a plus le sentiment qu'avec l'enfant elle n'est pas non plus parvenue à gagner cet homme : lui-même doté de grands yeux candides & d'un orgueil délicat (qui n'était qu'un entrecroisement de fils de cuir&feutre tissés à partir du stupide orgueil paysan d'1 garçon sorti de son trou à vaches sur l'Oder, qu'il avait un jour porté à Laville jusque devant la Bonne-Société.....) « Le clou qui dépasse appelle le marteau. » Par crainte des coups de marteau de la-Société, il regarda le soleil de l'esprit-volontaire..... Et ?Johanna : elle voulait qu'il la désire Aujourd'hui comme Autrefois dans la maison des von Dorset – aux jours où ils s'étaient trouvés=ensemble à-Trois, – puis elle&lui à=Deux, – é leur désir mutuel avait été fort, Autrefois il y a Quinzans. Mais Johanna la femme savait aussi – non, rien à voir avec ce savoir fait de concepts formés & transmis par le cerveau tel qu'On le conçoit habituellement, mais grâce à une perception bien plus=englobante : la connaissance transmise par le corps tout entier –, que son amie d'autrefois Isolde Przemysl était la Femme Désirée pour laquelle Werner s'est engagé dans ce ménage-à-trois (elle, Johanna, n'avait été qu'un simple=petit accessoire, une ombre de second rang & l'écho charnel comme un pis-aller dans cette chère-aventure excitante=pleine-de-charme d'un-homme=avec=une-femme). C'est seulement après que cette liaison-dangereuse, révélée au grand jour, eut tourné au scandale dans la maison des von Dorset, et après la décision prise par Werner (sous=la-pression de son frère Wilhelm) de l'épouser, elle=Johanna, que Calme&Ordre bourgeois, ces garants de la longue Paix Civile, firent leur retour. La pression ou le chantage se situe au commencement de toute longue vie de couple. Tandis qu'Isolde Przemysl était renvoyée de la maison des von Dorset pour retrouver par la suite à Greifenthin d'abord 1 emploi de dame de compagnie dans la maison du banquier Weinrich avant de devenir sa femme à la mort de l'épouse : après avoir été chassée honteusement la-chance & des-coïtscidences faisaient preuve de générosité en lui offrant une confortable-Situation bourgeoise, le chemin naturel vers la réussite. – Johanna=pour-sa-part, avec son bon sens féminin, devait penser que Werner l'avait épousée probablement aussi parce qu'il caresssait toujours le (secret) Grandespoir d'accéder malgré tout d'1 manière ou d'1 autre, par l'entremise de Wilhelm, l'ami autrefois admiré & son beau-frère désormais, à Ces-Cercles dont il ambitionnait de-faire-partie. Mais Johanna avait compris depuis longtemps : il n'y parviendrait jamais. Or ?que seraient ces rebutants=imbéciles=d'hommes=désespérés sans Leur-Rêve-de-Voler : des clounes sans drôlerie, des voitures sans roues : justincapables, justerebutants, justimbéciles. – En plus, lui, Werner Baeske, avait depuis belle lurette atteint l'endroit où était !sa place : au !sommet : dans son magasin d'alimentation générale installé au rez-de-chaussée de sa maison sise Breite Straße N° 43 à Mathildenbourg. Et ce sommet, même s'il demeurait inférieur aux cimes de la Richesse, devait effectivement s'avérer être d'une meilleure=stabilité à la différence de ces crêtes que sa faim-des-honneurs voulait lui faire escalader : au déclenchement de la guerre = dès 1939 les industriels von Dorset quittèrent le pays, prenant leurs-jambes-à-leur-cou pour sauver-leur-tête, et retournèrent dans leur patrie ; – les filiales de la société furent « reprises » par ces successeurs brandissant le bon livre du Parti..... Manifestement, il n'y avait qu'1 naïf=brûlant-d'ambition pour ignorer Tout=cela ou: décidé à n'en rien savoir. Car la faim-des-honneurs ne supporte ni vexation ni défaite ; les blessures qu'on lui inflige ne guérissent pas. – En revanche, voilà longtemps que Johanna était au courant des visites (secrètes) de son mari à cette Isolde*

Weinrich, née Przemysl, autrefois sa meilleure amie, hissée désormais au rang d'épouse du banquier Weinrich à Greifenthin. Johanna était suffisamment=intelligente pour ne rien laisser paraître à son mari de ce qu'elle savait. Car comme toute personne menacée, elle tissait en-secret l'arachnéenne Toile pour se-protéger=personnellement (qu'importe qu'elle é sa naïveté soit la risée de tout le monde). La part raisonnable de Johanna ne se faisait pas d'illusions. Sa part féminine, en revanche,– celle de sa valeur=personnelle autant que les autres vanités=de-femme réclamant de douces-caresses – lui gratifiait peur humiliation tristesse & tourment ; elle voulait non seulement ne pas perdre cet-homme, elle voulait le vaincre & le gagner pour=toujours.

–Un jour, Johanna se rendit à Berlin. Sur le Kurfürstendamm, elle entra dans des parfumeries & des magasins de mode [très]chic. Elle habilla du dernier cri son corps anguleux dans lequel on soupçonnait toujours quelques os en trop. Les vêtements au goût du jour seyaient à sa maigre silhouette : épaules renforcées é taille peu cintrée mettaient en valeur les femmes aux seins plats & hissaient le côté-mâle=soldatesque au rang d'idéal de la-Femme-Allemande : le culte du pénis étatique comme bijou à la mode.

–La continuation-d'une vie avec Lenfant maintenant s'était probablement accompagnée du retour d'un certain ralentissement, la part indigeste de tout Être ensemble, qui ankylose les corps & bloque les sens à la manière d'une nourriture engloutie trop vite & trop goûlement après une longue période de privation. ?Qu'en penses-tu, Père : n'était-ce pas là une preuve de sagesse féminine=inconsciente, ?pourquoi !sinon Johanna aurait-elle engagé 1 gouvernante pour sa fille ; 1 bonne d'enfants qui de surcroît lui ressemblait beaucoup –. !Oui, c'est cette *vie secrète*, tout ce qui se pare d'un éclat d'interdit & d'infamie qui excite Werner : d'abord leur ménage-à-trois – ensuite les *visites* rendues à Isolde, épouse Weinrich, dans la maison de son mari absent – & pour finir la nouvelle gouvernante dont la ressemblance avec sa femme lui sert de détour, à lui Werner, pour désirer à nouveau son épouse. Cet homme tombe systématiquement amoureux de l'image réfléchie de sa vraie femme – or, aimer le reflet d'une image, c'est aimer la Mort – ?Que penses-tu de cela.

Mais peut-être suis-je devenu trop littéraire au goût de cet homme, mon père ; il ne répond pas. –Ce que je ?pense de la bonne d'enfants : On l'a fait venir à=la=maison parce qu'On en avait les moyens & que cela faisait partie des attributs d'Une Famille de leur rang. Un point c'est tout. Quant à tes phrases sur le *reflet d'une image – l'amour de la Mort* – :mon!petitami : dis-toi que cette Femme Johanna est d'1=autre trempe que ces créatures-de-planches-à-dessin qui essaient de calculer Tout ce qui touche à leur personne é: qui de ce fait se trompent toujours. !Nonhon. Ce serait aussi 1 erreur de croire qu'un contact manifeste durable entre-les-parents=&=leur-enfant produirait un rapprochement intime dans=le-couple ; – c'est tout le !contraire le plus souvent. Il faut une=certaine distanciation pour que germe le désir de se rapprocher, la bonne d'enfants figurant l'étape intermédiaire idéale sur le long parcours des parents vers leur propre enfant. –

Il s'interrompt, & l'air renfrogné il s'arrête une nouvelle fois, cherchant péniblement de l'air, regarde par-dessus le fleuve à la face aplatie et s'essuie le visage avec son mouchoir. –C'est pareil pour une vie de couple. À la différence du mariage-de-raison, le Grand-Mariage d'amour contient déjà en lui la 1re raison de-divorcer. Il n'y a que l'amour, jamais la raison, qui puisse refroidir ; & parce que l'amour avoisine la volonté, il n'y a que lui qui puisse s'endurcir. S'en suivent le rejet & l'aversion ou: pire. L'amour é: le mariage s'excluent l'un:l'autre : l'amour, c'est le feu&flammes d'une volonté, & le feu brûle de dévorer – le mariage une paille, très vite consumée. Ce qui reste, les cendres & les ossements comme au creux de foyers abandonnés dans un village de cannibales. La maison-familiale. En revanche, le mariage-de-raison s'adresse d'abord au bon sens. C'est pourquoi il peut se faire & durer. –

De nouveau il semble privé d'air, de nouveau il se tait, haletant. Et de son légendaire *!Ça suffit comme ça*, il refuse de développer davantage son propos. *Cet homme, mon père : en-retrait=une-vie-durant, avec de rares explosions de colère ; – au contraire & à partir de cela l'extériorisation de refus, rejets, récusations de tout ce que des individus attendent=d'autres-individus parce que trop faibles par nature pour parcourir le Redoutable-Chemin=seul – ?Où son chemin=personnel* *l'a-t-il mené : dans Unenuit toute de chaleur étouffante, manque d'air & transpiration, sur les rives Nuitnoire d'un fleuve indolent, le ?Cocyte, fleuve des lamentations, ou un fleuve de feu figé dans des couleurs de plomb, ?Phlégéthon ?Main : Et maintenant ?comment ?continuer. Père. Veux-tu désormais garder le silence, l'ultime station de ton Chemin-de-Vie=à-t'éloigner des-hommes.....*

–Tu te ?tais. (Comme s'il venait à l'instant de s'interroger à voix haute, ses paroles viennent se presser tout près de moi :) –La raison ?a-t-elle chez ?toi, comme c'est courant de nos jours, tout aussi !mauvaise-réputation. É: mes paroles ne s'adressent-elles qu'au ?sentiment et pas à la raison..... De sorte que, avec le même entêtement qu'Autrefois, tu préfèreras le ?mutisme. – Mais il semble aussitôt regretter sa rosserie car il ajoute d'un ton conciliant : –Bien, !je vais donc continuer de te raconter ce qu'on m'a rapporté jadis de cette histoire. Et !abstiens-toi de me demander une nouvelle fois d'où je tiens Tout=cela. Crois s1mplement ce que je te dis. *(Nonhon, Meussieumon=Père, sois Sans Souci. Des questions je ne t'en poserai !jamaisplus. Ce s'rait ô si malin que d'interroger les témoins de Gé-?ho-va=sur-Dieu : te lâchent pas l'colbac tant qu'i zont pas décliné&conjugué&déclamé la-Biblentière, le-tout-bien-rabâché t'es rendu Hache=Ès –.– Et croire, Père, ?te croire : Croire, je l'ai déjà assimilé à 1 verbe anglais contenant en lui le mensonge : be***lie***ve.) – Que Cètenuit=Cètenuitorride (violence et crime Y germent tels des spores vénéneux) que Cètelonguenuit s'efface comme nous nous effacerons à nos sens – –*

Photo 50 *Henriette vêtue d'une petite robe claire, assise devant une tapisserie (décor oriental) tenant un grand ours en peluche (fourrure sombre, de la même taille que l'enfant), salle de séjour à Mathildenbourg, 1940*

–Il n'est pas de vie secrète tenue secrète au point qu'il soit impossible d'en deviner la structure mécanique : l'aventure-extra-conjugale connaît elle aussi ses calendrier & routine. – –Mais par quel

!?mystère les femmes, & bienmieux que si elles En étaient informées verbalement, sont-elles capables de !détecter La-Femme-Étrangère au seul Comporte-Ment du mari=volage. Dis-moi, Père : de quel radar-sensoriel sont-*elles* pourvues & à la surveillance duquel l'homme ne peut échapper ; de ?quels champs morfo=logiques est-*il* environné, qui trahissent ce qu'*il* croyait ne !jamais montrer de lui. – –En fait, « fils », l'homme se dénonce toujours de !lui-même, en ce sens que la-femme évalue avec sa seule perception infaillible du Vrai é: du Faux le Comporte-Ment du-mari : il tient à lui jouer le numéro de la normalité, é: quand il s'y met, il est mauvais comédien. Dans ce rôle, Touthomme est un misérable hypocrite, & plus pitoyable encore quand sa fourbery est trop!bien échafaudée. Et naturellement=*elle* s'en aperçoit !immédiatement ; il suffit à la femme d'attendre que le-mari se trahisse par son propre Comporte-Ment..... – –On pourrait le comparer à la marche normale : inconsciemment tu privilégies la station debout, tu te fous par terre seulement à partir du moment où tu te concentres sur chacun de tes mouvements & que tu cherches à les contrôler.

–!Se foutre-par-terre : Ah-!oui. –

(:!Ô ce vieux putois retors=sournois : voilà qu'il m'a encore coincé comme un rat. Car les phrases qu'il m'a laissé prononcer=avec-fièvre, correspondent mot-pour-mot à ma vieille dispute avec Dorothea, qui à l'époque m'a fait=partir de chez moi pour revenir=habiter sous Son-Toit ; – il ne me !Le pardonnera !jamais, comme jamais je ne me Le pardonnerai. Comme les ammonites cette honte résiste au-Temps –.) Entretemps, sans s'attarder plus longuement, l'homme=dans-le-Noir, mon père, est retourné à son histoire de Johanna é: Werner. Comme !s'il voulait mener Lanuit..... à son terme – –

–C'était probablement arrivé lors de l'un=de=ces-jours de fête personnelle, indépendantes des fêtes du calendrier & celles fixées de manière officielle, qu'on ren*contre* chez Toutindividu, é: à plus forte raison chez-les-femmes : des jours qui n'auront lieu qu'1 fois, qui se reproduiront rarement ou: jamais é: dont On ignore pourquoi ils tombent justement=Aujourd'hui ; des jours comme des batailles qui préparent le Par=Achèvement. / Une lueur de bougie à la cire jaune fondante répandue dans la salle de séjour, métamorphosant les meubles sombres é le blanc de la nappe damassée & sa vaisselle en porcelaine en clarté agréable – jaillie de deux fines coupes de champagne que Johanna=en-toute-solennité vient à l'instant de poser sur la table. Elle porte l'élégante robe chasuble é le chemisier de soie, achetés à Berlin sur le Koudamm[38], tous deux champagne ; elle a fardé ses lèvres d'un rose saumon, a le matin été chez le coiffeur. Jaune le champagne dans la coupe ciselée, minuscules les rangées de perles pétillant de désirs enfilés –. Les flammes des bougies 2 petits points de braise enfermés dans ses prunelles, elle=attend Werner, qu'il veuille bien venir=à-elle –.– Aujourd'hui=étant-l'un-de-ces-soirs où Werner se rend d'ordinaire à Greifenthin « pour affaires », dans une Certaine=Willa &, dans Cètintention, cherchant toujours à soigner particulièrement bien sa personne, il met plus de temps qu'à l'accoutumée pour venir comme=chaquesoir dans le séjour. : Sa main reste collée à l'interrupteur, – stupéfait, incapable de se mouvoir, il fixe du regard les vacillements festifs des bougies, voit sa femme = complètement-métamorphosée, 2 coupes de champagne à la main, s'avancer vers lui d'un pas ferme. La femme, face à lui é presque à le toucher, décrit sans se presser un demi-cercle autour de l'homme, pour s'arrêter entre lui et la porte. Provocante, un petit sourire rose saumon aux lèvres, elle lève la tête & le dévisage –, ne dit Pazunmot, lui tend 1 coupe, lui, aussi sans 1 mot, s'en saisit comme dans un rêve. Léger cliquetis de verres : – !–! – –

–!Hann-nie.

C'est seulement après un laps de temps, passé l'effet de surprise, que ses mains enveloppent son visage, avec précaution, comme s'il était un récipient en verre fin. *–Hanni=chérie : ?!Que se passe-t-il donc –.–* Toujours sous le coup de l'émerveillement à la vue de Cette Femme – Cette Métamorphosée – il perçoit le feu de ses joues sur ses paumes. *–Tu : es merveilleusement Belle. Tout simple ment. Belle. Hann-Nie : tu es !Râ Dyeuse. Turesplendis. Ondirait. Monétoile.* – Pendant ce temps La Femme regarde attentivement le visage de l'homme au babil enfantin, comme si elle essayait d'y relire une fois encore motpourmot les paroles-prononcées-à-l'instant=à-son-intention. Après quoi, s'imagine-t-elle sans doute en Vainqueur ayant touché-droit-au-but. Un scintillement bleu clair traverse le gris-fer de ses yeux, et un lever-de-soleil-hors-série illumine ses traits d'ordinaire sévères é en exclusivité pour=elle le temps=d'unregard : il n'en faut pas davantage pour que cette femme soit complètement métamorphosée.

– – Silence. Et Nuit. Chaudement étouffés dans l'Inspirexpire demilliers&demilliers d'humains. Il semble guetter ma réponse. Raclement discret des semelles sur le chemin de rive le long du Main. Puis il continue de parler, l'homme-dans-le-Noir=mon père. – –

–Werner=desoncôté jette un coup d'œil discret à l'heure, puis repose la coupe vide sur la table, décidé (les flammes des bougies tressaillent) *–Faut !qu'j'yaille.* – Sa voix Uncoup porté à la lumière jaune cire. *–Les-Affaires. Je – !nous ne pouvons pas nous permettre un quelconque relâchement Denosjours. Le banquierbondieu, tu sais bien : les crédits et / –!Allume.* – Ordonne la femme, & elle se dirige, plus rapide que son mari, vers l'interrupteur (*!Évite de mentir dans le noir,* voulait-elle peut-être encore ajouter) Lalumière la devança : blanc cru & un bruit comme du verre prêt d'éclater. *–T'attends !quoi : !vas-y.* La voix gris-fer apostrophe l'homme, qui demeure dans la pièce, indécis. Et la porte qui se referme sur sa silhouette disperse les fines torsades de fumée des bougies éteintes. / Et ?que s'est-il produit d'autre encore dans les parages ce soir-là : 1 rafale de vent dans les arbres, des cimes bruissent – quelque part dans un beau quartier de la ville une famille joue de la musique – tandis qu'ailleurs quelqu'un souffre d'une rage de dents. ?Quels autres bruits encore audibles cesoir-là=encètendroit : les jours sont Encoresereins..... – Alors : ?n'ai-je pas inventé là une ?belle histoire.

– – Se taire. Garder le silence. – –

–Je ne te demande pas qui t'a suggéré Cesscènes, Père. Vraies ou fausses : qui s'en tracasse. Mais moi aussi, j'ai appris Lune-ou-Lautrechose ; parexemple&pourcommencer sur Werner & ses déplacements « pour affaires » à Greifenthin. Je vais te dire de qui je les tiens : des récits faits par cette voix qui m'a=Tout appris : de Felicitas, ta sœur. –Parlepassé, on disputait=des-concours-d'histoires devant un auditoire – aujourd'hui il n'y a plus d'auditeurs pour ça, si ce n'est nous=mêmes. Mais le Meilleur Théâtre se joue devant des rangées vides é Le-Monologue est le frère de-l'Oubli. Laisse-nous jouer les Monologues dans les Dernièresheures de Cètenuit.

[– Dans cette ville en Cètenuit, c'est là que tu –]

?Peut-être Cesoirlà fut-il pour Werner le-Dernier=là-bas. Et Il ne ressemblerait à aucun autre. / Comme toujours Werner pénètre sur la propriété entourant La Villa par 1 petite porte secondaire, – se faufile comme un voleur (il est 1 voleur) entre les arbustes à feuillage persistant, à travers la pelouse, – dressé devant lui le Gris roide de la maison ceinte d'Opulence & plongée dans un silence de Gensriches (le possesseur de la villa & de la femme, Monsieurlebanquier&prézident Weinrich est, comme à l'accoutumée ce jour de semaine, absent de-la-maison –). – 1 porte latérale dans l'ombre du bâtiment (elle sert d'entrée=de-service pour le jardinier & les domestiques ; 1 x Parsemaine Werner est l'homme=depeine), il abaisse la clenche – entre dans la pénombre & l'air de pierre froide caractéristique qui stagne au pied des marches. Un escalier en colimaçon le conduit en haut, tout droit à Isolde, l'épouse en-titre du banquier&prézident, devant ses appartements. –

–Elle s'est certainement préparée pour cette Visite : *Recipe penis normalis dosim repetatur 1 x pro hebdomatibus :* depuis-des-années Elle a lieu à la même heure. Le train-train gagne aussi le Va&vient=des-escapades.....

–Mais Cesoir Tout sera différent. – L'oreille plaquée contre le bois de la porte, elle guette ses pas empressés=gravissant-les-marches. Elle ouvre doucement, laisse l'homme pénétrer dans la pièce. Pour l'heure Tout est=habituel : aujourd'hui comme autrefois dans la maison des von Dorset les Deuxcorps se serrent l'un contre l'autre, sans un mot, seul le bruit haletant des respirations & le froissement d'une étoffe glissant par terre, des bras nus se cramponnent aux corps dénudés, attirent=tiraillent=empoignent de leurs mains décidées, entourent nuque front et cheveux, font s'entremêler les halètements –. Et puis non : elle a quelque chose de différent=aujourd'hui, de changé, de triste : sa bouche, ses lèvres, minces, sèches, d'une froideur de porcelaine, comme si son visage venait à l'instant d'être exposé à un vent cinglant. La femme avait-elle ?bu. Pas plus que d'ordinaire ; c'est Autrechose qui semble la=tenailler : l'air grave, égaré é titubant d'une personne enivrée, son opulente chevelure défaite, la bouche amère (avait-elle ?vomi) ; – maintenant agrippée à sa peau nue, elle pleure en silence, les larmes glissent le long de l'épaule de Werner. Il écarte de lui son visage, le tient entre ses mains (Cesoirlà, il a déjà tenu un visage entre ses mains de la même façon : le visage de sa femme il y a quelques-heures) : du souvenir, il veut se débarrasser –.– Puis ses mains perçoivent sur les seins nus une chose enflant par vagues dans le corps de cette femme, affluant avec force –, explosant au dehors : les grosses larmes des plaintes, espacées é faibles semblables aux larmes aux plaintes de gens ivres malheureux, qu'on pourrait prendre en même temps pour un rire, le méchant clic-clac irritant d'1 voix discordante –.– Pas plus que cela ne s'est parfois déjà produit, si ce n'est que cette femme a l'air tenaillée saisie étranglée par Autre=Chose : ?!Qu'est-ce qui peut bien la ?travailler ainsi –. Elle se jette à ses pieds, refuse de se donner à lui, complètement nue, rebondit au sol comme un ressort –. (Werner ne comprend pas.) Ne subodore pas que le mari & banquier a une autre raison Cesoirlà d'être absent Desondomicile é loin de sa femme : cet homme (poussé unebonnefois=pourtoutes dans ses retranchements par les Tenants du Sang & de la Mort) a préféré le-banquier au mari ; les armes=de-l'État braquées sur lui depuis-longtemps ont par=achevé leur œuvre : il a demandé le divorce, cematin, – le-divorce d'avec la femme au facteur sanguin interdit ; – il a rompu la communauté avec elle, retiré sa protection conjugale. Bientôt elle devra quitter la maison..... – Elle a une terrible envie de tout raconter à présent – Mais ?comment exprimer l'indicible..... qui sera son lot, elle est au courant. Des éclats de glace d'une eau congelée tournant lentement en bouillie, c'est le son de sa voix, de ses mots avec lesquels pleine d'embarras & d'angoisse de vivre elle tient à tout raconter – *–et dire que je n'ai jamais mangé autre chose que des !légumes à toutes les réceptions auxquelles nous étions invités – !Tous pouvaient le constater, je les ai mangés !au-vu&au-su de tout le monde : regardez-moi : je suis végète-arienne : tout comme !Lui – j'ai fait Lesalut & !avant quand certains d'entre Eux* – des phrases que, Percluse=depeur, elle balbutie comme les enfants-en-détresse pressés de : dire àlafois=d'abord l'essentiel –: à ?qui. À lui, son amant secret depuis-des-années. Qui ne comprend rien. Qui désemparé la tient dans=ses=bras, elle la Tremblante Éplorée Hurlante, comme une chatte déchaînée&hors-d'elle-même. Qu'il ne pourra pas sauver.

Mais elle n'arrive pas à la garder pour=elle, la peur qui cherche des mots, une planche de salut – *–Il !doit bien y avoir un moyen de s'en-sortir – C'est !impossible que ça soit fini.* L'homme Werner ne comprend rien ; se tient, comme si la folie faisait rage autour, sans bouger sans vêtements nu au milieu de la pièce, bégayant – *Allezleschosesnevontpas simal=tourner* & d'autres sottises du même tonneau. Elle, par contre : gémisourit, bondit à son cou. Empoigne l'homme. Le secoue comme s'il était endormi : *!Espècede. !Espècede. Tu sais !rien de Notrevie. Tusaisrien de !Ce qui se passe Ici. Grand=Môme : tu t'es toujours contenté de regarder, t'es Viril que=d'en-bas –.–* Elle s'empare de sa verge le rire mauvais. – *Maivoui. Oui. Tu me fais du bien. Tu me fais du bien c'est ça. Approche=mon-appelé. Je ne t'ai pas appelé. !Non. !Jamais. Mais tu es là en dépit-de-tout & tu me fais du bien.* Elle attire le corps nu de l'homme vers le tapis, sous elle. *–Fais-le Unedernièrefois. !Fais-le.* –

25

Photo 51 *(deb. de g. à dr.) Louise Austerlitz, la gouvernante d'Henriette, (ass.) Friederike, (deb.) Pépé Henry, (dev. assis dans un fauteuil en osier, 1 petit ours en peluche sur les genoux) 1 garçon du voisinage, Henriette (ass., 1 petit chat en peluche sur les genoux), dans le jardin de Thalov, été 1940*

Voluptueuse sa bouche caressant sa peau d'homme – des mains saisissent des hanches pleines, doigts en éventail dans l'opulente chevelure, tremblantes les voix, rauques, bouches visages yeux épanouis rayonnant de regards charnels, joues enflammées, des mains doigts se cramponnent aux nuques épaules, jeux de bascule, dents éclatantes langues rouge chair vont à la rencontre l'une de l'autre, – des fils de salive comme de miel – chaque pore de la peau Uneseulebouche – grassehumide é bruyante – – rugissante – éclatante : Deuxcris. Et les têtes s'affaissent sur les nuques sur les épaules les seins. –.– Et la femme broie 3 mots entre ses lèvres retournées à leur froideur de verre : *–Va t'en maintenant.*

Hurlement en=lui : !Rébellion. Quelque chose grince, 1 verrou : !tiré. !Non : il ne veut !pas s'en aller. Il veut rester. Ne comprend pas. Comprend qu'Ici aussi il n'a pas sa place aux côtés de cette servante capricante. Ni auprès d'elle ni dans Ce Grand Monde=de-Décision..... *Je ne devrais déjà plus !être là* – :!Désir de gamine. Simagrées de petite fille (sa bouche pleine de froid mépris). Drôle de bougresse ; faudra=faire son éducation : *–!Viens par là.* Et l'attrape par les cheveux, les tirent, lui tord le cou –, son !visage : ses !yeux –. Elle cligne les paupières, gémit, gargoulades remontant de sa gorge, – de plus en plus haut –, son corps nu pris en tenailles sous lui, tordu, les lettres de la douleur, – –; il se fait=violence, enferme sa colère, s'avoue vaincu. Et s'affaisse – la tension retombe –, le bras qui l'entoure, – flasque –: Puis il s'agenouille près d'elle, plongé dans une profonde consternation. *–Mais que se ?passe-t-il donc –.*

Car il ne comprend toujours pas. Reste. Ne veut pas. Reste. N'y crois pas. Ne crois pas non plus aux bavardages qu'il entend dans son magasin à longueur de journée. Il reste. Contemple d'un air étonné la peau aux scintillements moites étalée devant lui sur le tapis – un poisson lunaire –. *–Va t'en à la fin.* Comme si sa propre voix pleurait en=elle : *–Éloigne-toi de moi. Je n'existe déjà plus.* Il se saisit d'elle, sans comprendre désemparé (ne perçoit qu'Une Terrifiante=Ondesinistre s'échapper de Cette Femme –), et la secouant : *–?!Où ?es-tu passée.* Et ce n'est pas sa voix à elle qui parle : *–Je ne suis plus-vivante. –*

Il se relève en chancelant, rassemble pieds nus ses vêtements. Elle reste allongée, le regarde – son opulente chevelure, défaite –. Ses mains cherchent un appui – é: ne trouvent rien. Elle se lève à son tour, avance jusqu'à la grande fenêtre, tire le lourd rideau couleur lie de vin –: dehors=devant-la-vitre il fait déjà nuit. Il la rejoint. Regarde avec=elle au dehors. La grande vitre demeure noire & vide. *–Je ne suis plus-vivante –*

La nuit chaude s'imprègne d'un parfum caractéristique, à peine perceptible par les sens é: c'est comme si une forte odeur légèrement douceâtre de fumée montait de l'herbe desséchée de la poussière é du fleuve noirimmobile. Mon « fils » s'est allumé 1 cigarette. Il fume.

Sommes déjà sacré!ment près des fumeurs-de-Mariejeanne=là-bas-devant. Vaudrait mieux faire demi-tour. Mieux vaut ne pas chercher d'histoires à Ceux-là..... Et croiser=Ces-types, c'est avoir des histoires. – Mais celui qui est supposé être mon « fils » s'obstine. Parce qu'il peut se dissimuler derrière ce masque *Werner* ; peut écouter & parler de lui. Rien que de lui. Tire des bouffées rapides de sa cigarette. F^{emme}_{umer} *nuit gravement à votre santé.*

Entre 2 bouffées mon « fils », l'air amerfébrile : –Werner aura sans doute compris alors que c'était devenu=sérieux : l'aura compris au plus tard la semaine après son coup de bite d'adieu, quand il s'est rendu Là-Bas comme Chaquesemaine jusque-là é: qu'il a constaté qu'elle – Isolde son immense=amour-secret – n'était plus là.

–Oui. Et non. Car tout=Ça n'est pas allé aussi..... vite. Au début, après le divorce fatal d'avec le banquier, elle retourna vivre chez ses parents, du côté polonais, à Przemysl (suffisamment pourvue en argent donné par son ex-mari le banquier Weinrich lequel chercha à effacer le plus rapidement possible la tache d'avoir convolé avec une Juive en prenant 1 Arienne=pour-nouvelle-épouse). C'est seulement après Trenteneuf, après l'invasion & l'occupation de la Pologne par la-Wehrmacht –, qu'Isolde était tombée aux mains des Chasseurs-de-juifs qui suivaient partout les traces de sang laissées par l'armée..... Peu après l'entrée des Troupes-Allemandes, arrivant par-l'Est l'Armée rouge avait aussi occupé Przemysl ; la ville désormais coupée en 2 : les-Allemands à l'ouest de la San / les-Russes à l'est (la Pologne n'existait plus). Isolde parvenait aussi à voir depuis la maison de ses parents située en bordure du fleuve sur le côté supposé en sécurité les longues files de réfugiés=de-l'Est affluant sur les ponts de la San é: de l'Autre les groupes de gens rassemblés comme des bêtes & CONVOYÉS par les-Russes –;– les Polonais é: les Juifs du secteur ouest de la ville se croyaient en=sécurité, c'est alors que débutèrent ici aussi les Rassemblements..... ON déporta Isolde é ses parents, avec desmilliers&desmilliers d'autres=ils *disparurent*..... dans les-camps.

–Et ?Werner. !Père : je t'ai déjà posé cette question une fois ce soir : ?Qu'a ?fait ?Werner après ça.

–Et ?Werner. – Encore une fois cette question posée par moi au pasteur qui ne se lasse pas de raconter, Autrefois il y a plus de Cinquantans. Et

la réponse de ce pasteur Autrefois qui est aussi la mienne aujourd'hui : –Werner, quand il ne rencontra plus son amante secrète, qu'il comprit Tout ce qu'elle avait essayé de lui dire é: qu'il n'avait pas saisi, quand il apprit qu'Isolde l'avait quitté pour=toujours, et plus tard encore à l'annonce de sa déportation, qui équivalait à l'annonce de son décès – sombra certainement (d'abord en cachette é tout=seul) dans le chagrin é la tristesse. Mais au bout d'Uncertaintemps, il se produisit un grand changement chez l'épicier Werner Baeske : comme si les jours étaient redevenus plus légers, on le trouvait de nouveau souriant derrière son comptoir, presque enjoué & même à dire des plaisanteries=drôles au client qui passait. Il s'occupait avec beaucoup d'entrain de l'approvisionnement & de la vente de ses marchandises – débordait d'idées pour faire de la réclame autour de son magasin. Il parcourait lui-même les rues, offrait des bonbons aux enfants, qu'il tirait de petits cornets en papier avec son nom & adresse du magasin imprimés, il se promenait avec un saint-bernard tenu d'1 main, 1 tonnelet de cognac suspendu au cou du chien, et dans l'autre main l'affiche placardée d'un film avec Louis Trenker –, ainsi faisait-il sa distribution-gratuite dans la ville, donnant à-Tous&à-chacun. Johanna, sa femme, regardant la chose d'un œil affolé & soupçonne eux. –

?Incompréhensible. Non : car, certes, il buvait en=cachette, seule vie secrète à lui demeurer, mais pas au point de sortir carrément de son rôle. Cette gaieté inattendue qu'il donnait-en-spectacle (pour noyer son chagrin & sa tristesse) s'accompagna toutefois chez lui d'une autre transformation visible : à la même époque les traits de son visage se dépouillèrent de leurs rondeurs de garçonnet, ses grands yeux é son regard irréductible perdirent leur étonnement – sans doute Leprix à payer de la Bonnehumeur. Et après s'être ainsi acquitté de cette taxation, il semblait sérieusement avoir l'air dé-rangé : il donnait chez lui des réceptions, y invitait des personnalités connues de sa clientèle, se soûlait gaiement, commettait des écarts, à savoir qu'au-vudetoulemonde sans faire de chichis il cavalait après Louise Austerlitz, la gouvernante engagée récemment par Johanna. Dans la journée il quittait à toutinstant le magasin & montait la rejoindre dans la chambre d'enfant (jamais la petite Henriette ne vit son père autant qu'à ce moment-là) ; – il ne laissait pas la bonne tranquille, lui donnait de l'argent (fourrait de ses doigts fouillehâtifs les billets dans la petite poche du tablier orné de dentelle), tout en prenant la Jeunefemme par la taille & en cherchant à l'embrasser *–A-mévoyonvoyons Meussieubäse-Keuh : si Madame s'en apercevait* – ?!Pourquoi tu ris.

–Parce que tu viens à l'instant, Père, de me conforter=dans-ce-que-je-soupçonnais précédemment. Le froid-calcul de Johanna s'avérait exact !à présent : non seulement Madame Johanna avait remarqué la conduite de son mari, mais c'était elle qui, armée de cet instinct=féminin incalculable, avait introduit chez eux cette femme-là=précisément parce que cette bonne d'enfants – lui !ressemblait. Je nedispas, Père, qu'elle Y a réfléchi, penchée sur une table à dessein : les femmes se passent de sexe-tants pour mesurer leur=univers (à qui le dis-je). Johanna, elle, connaissait son=Werner & savait qu'il résisterait aussi peu à la-tentation qu'il n'avait résisté Autrefois à celle de vouloir être des-Grands&des-Riches, et Ça jusqu'à Cejour ; & – le calcul de Johanna était d'une très grande subtilité – à supposer que son mari se laissât tenter par une femme qui lui ressemblerait (à elle Johanna), il n'y aurait qu'Une Seule Échappatoire à la tentation : Son Amour pour elle=Johanna. Aussi le laissa-t-elle fricoter avec cette bonne d'enfants : elle l'entendait rire (avec=elle), exploser de gaieté sensuelle (avec=elle) – et plus cette sotte bécasse essayait d'échapper à Werner & à ses approches par crainte d'être renvoyée, plus Werner redoublait d'assiduité, fidèle=à=la=manigance (de sa propre femme). Il prenait la chose au sérieux, s'habillait avec goût & se pomponnait pour cette bonne d'enfants (pour Johanna) ; il se comportait comme s'il avait vraiment=le-béguin pour elle (alors qu'en-réalité il tombait amoureux du Double de sa femme), ronronnait comme un 1 jouvensot & faisait les yeux doux – de quoi !pleurer, cette façon dont il se laissait aller (de quoi !rire uniquement pour Johanna, que personne ne comprenait parce qu'elle observait cette-conduite avec une si grande décontraction – et patientait.).– Puis – !enfin : la facture fut soldée et tomba juste comme la note – il se mit soudain à roucouler avec sa propre femme, Johanna, se comporta en hanneton énamouré tout bourdonnant, les oreilles enfiévrées comme un lycéen – elle savait !ce qu'il en était ; et malgré tout son propre mari l'amusait – lequel dans ces virées à travers ses folies-déplacées personnelles retrouvait son visage-d'Antan : ses joues é ses yeux ronds, sa mine étonnée –; mais l'1 ou l'autre fois, de manière totalement imprévisible, il sombrait dans la tristesse, le chagrin le clouait, et il plaquait brusquement ses mains sur son visage. Pour les en écarter aussitôt après, & il avait de nouveau l'air radieux & empreint de cette gaieté de mai, comme si le nuage s'était dissipé, – même si son rire présentait parfois quelques arêtes vives é que les marques laissées par ses mains sur la chair molle de son visage ne s'effaçaient que lentement. –

En-réalité, il avait perdu son équilibre, la perte d'Isolde & le destin qui l'attendait, sur quoi il n'avait que de rares informations=murmurées mais de plus en plus fréquentes, l'avaient privé d'un appui ; désormais il titubait & clopinait avec de petites béquilles en caoutchouc comme s'il était ivre é 1nijambiste –. Lesgens, qui ne comprenaient Rien à Tout=cela & de ce fait les plus aptes à jaser, se mirent à cancaner –. Les ragots prirent vite de l'ampleur, des yeux=écarquillés de nouveauté&curiosité, d'une joie maligne éclairés, se pressaient dans le magasin, voulaient constater le !degré de déchéance de cet homme. Voilà-longtemps qu'il s'était rendu ridicule devant Cesgens ; – un Ridicule !menacé : son abattement provenait-il de cette ?Juive=disparue..... – Il n'y avait que sa femme, Johanna, pour se taire, ne Rien dire – de Tout-ça. Et elle patientait. Il lui arrivait de venir se placer près de lui. Parce qu'elle ne pouvait pas le laisser plus longtemps seul=avec-lui-même. Devait s'approcher toutprès/delui. Sanzunmot. Et sans le regarder. Mais ses yeux tournés dans la même direction, dans l'expectative –: Unevie.

–?Quelle était l'intention réelle de Werner en se comportant=delasorte – cet ?égarement-des-sens, cet ?enragement à faire-des-idioties : Isolde disparue, pour la deuxième fois dans sa vie, cet homme venait de se débarrasser de..... Quelque Chose. De Wilhelm autrefois, d'Isolde aujourd'hui – il n'avait plus besoin de se=jouer plus longuement la comédie. –

Ce fut en particulier au lendemain de Cesoir, dont elle aurait voulu qu'il soit un jour de Fête Personnelle é: où Werner l'avait profondément=humiliée en se rendant (pour la Dernière Fois, mais il ne le savait pas encore) à Greifenthin rejoindre Isolde dans une certaine=Willa, que Johanna reçut la Leçon Décisive & apporta par conséquent un changement déterminant à son attitude envers son mari. Déterminant au point que tout ce qui adviendrait à&avec Werner serait désormais de !son fait, d'elle Johanna. (Et lui, Werner, ne le remarqua pas –.)

L'issue de ce soir-là, Werner est absent de la maison depuis-des-heures. Johanna de nouveau dans ses vêtements Detoulesjours a pris place entre-temps, à la table entièrement débarrassée, sous la clarté=neutre de la lampe. Étalé devant elle le nouveau chemisier en soie ; elle a saisi à l'instant la robe chasuble couleur champagne toute neuve, dans sa main droite la grande paire de ciseaux. Les lames entaillent la robe comme si elles essayaient de découper un vêtement dans une bande de tissu non façonnée. Sans colère ni hâte, mais avec un grand soin, la femme taille l'étoffe coûteuse, semblant suivre un patron, – 1 bande-de-tissu-après-l'autre tombe à ses pieds. Elle saisit ensuite le chemisier. Il est découpé à son tour, avec lenteur, recueillement, – en bandelettes brillantes qui glissent par terre dans un scintillement & léger craquement –. La femme procède avec une grande maîtrise d'elle-même, Souveraine de sa-colère. – *Rayures.* Murmure sa voix qui accompagne le geste. – *Des rayures !tu porteras. Chère=Isolde.* – Peu avant qu'elle ait fini son travail, la porte du séjour s'ouvre et apparaît le visage ensommeillé d'Henriette sa fillette de 3 ans. Étonnée, les yeux encore aveugles de sommeil, le pas hésitant l'enfant veut entrer dans la pièce mais reste plantée dans l'embrasure & le bras levé elle se tient péniblement debout, agrippée à la poignée. Elle n'ose pas entrer dans cette pièce où sa mère est assise à la table, comme si l'enfant percevait des ondes mauvaises, terrifiantes qui se dégagent de l'endroit.

– *Mamm Man.* –

La Femme-à-la-Table, les ciseaux toujours à la main, tourne les yeux vers son enfant. Mère Fille : leurs regards acérés n'en font-qu'un.

p. 451, Photo 72 →

Photo 52 *(derr. de g. à dr. ass. autour d'une table de jardin dressée) Friederike, Johanna, Elfriede, (dev. de g. à dr. assis le dos tourné à la table) Werner, Henriette, (ext. à dr.) Wilhelm, (à g. du groupe un grand landau, un arrosoir devant) dans le jardin de Thalov, été 1941*

Les yeux du vieux grand chien Max levés vers lui, vers l'homme qui est mon père – un regard de chien scintillant mornement dans l'obscurité, interrogeant sans détour comme Auc-1 homme ne sait le faire. Cette-Créature, certainement pour avoir constaté combien pitoyable est la Condition-Humaine, a choisi pour=elle voilà des-années le pelage d'un chien. Une bête !intelligente, é depuis=toujours l'être que je chérissais le plus. – Entre-temps, mon père a repris place sur un banc ; toussoteux, le regard tourné vers le chien sa lourde tête inclinée de côté, les ombres massives de deux corps, homme é chien, indistinctes dans Lanuit.

–Faisons demi-tour à la !fin & remettons ce balai dans son placard. Dans Cètenuit il n'y a de place que pour 1 seul hypocrite. Or, Lanuit s'achèvera bientôt, et Max é moi, deux vieux chiens, sommes rompus. Arrêtons. –

Mais mon « fils » ne veut manifestement rien savoir. Son souffle demeure énergique &, elevée sa voix, comme s'il ne m'avait pas entendu. –Tous=nous nous sommes fait beaucoup de mal avec des mots. Père : mort souffrance mensonge bas-mépris. Une vie durant, courte ou longue, é toujours pleine de rejet, d'aversion & d'avilissement..... Une vie construite sur la haine.

De l'autre côté du Main les lumières colorées de la ville clouées au ciel de plomb, étoilé de points scintillants, dont des aiguilles de néons à la fluoresence froide éclairant faiblement sous le plomb du ciel – tendues vers les très vieux plaisirs & réjouissances de la ville –, venu du pont Main-Neckar l'écho de coups frappés métal|sur|métal – puis un train, un autre, I-C-E[39], se croisant en sens inverse derrière les zigzags métalliques du viaduc ferroviaire, un rêve-serpent qui déroule ses anneaux éclairés de lumière & au dessin régulier –.

–Maintenant Père – (et ses lèvres s'amincissent) – –maintenant nous allons parler d'amour.

–L'effet du vin rouge se dissipe, je le sens chez moi aussi. *Si le vin est nourriture de conversation, alors, donnez m'en en !excès*[40] – on trouve une citation approchante chez Shakespoire. Il faut donc que nous parlions jusqu'à être ivres : Parler d'amour – m'est avis que nous ne faisons rien=d'autre de toutelasoirée.

–Mais Lahaine. Il y en avait tellement dans cette conversation.

–Amour haine : aucune différence. – (Silence) – –Vois-tu, si je t'avais dit cela en dehors de notre conversation, réjoui du paradoxe, tu aurais été d'accord avec moi. Mais dès que l'on est soi-même=touché par cette paradoxie, c'est là qu'apparaît le Mal Principal de l'Humanitéentière : l'absence d'humour. Et Personne n'en connaît !le prix. Ainsi, seule demeure la souffrance, le critère de Vérité. Et ?tu veux parler ?d'amour. Que tu puisses encore !t'échauffer Àtonâge sur un sujet allant de soi –

➞ – !Père : as-tu jamais – ?aimé. – Il murmure presque ce mot, sa voix si pleine de retenue si éloignée du temps é: de nouveau comme la Première Fois. Se taire. Garder le silence. Lanuit – l'ombre de jours que personne n'a vus.

[– Dans cette ville en Cètenuit, aujourd'hui tu vas –]

➞ –Je l'aime encore Aujourd'hui, encore maintenant=en-Cètinstant : la femme qui fut ta mère. (Repose en paix).

–Ma !fausse mère, tu veux dire & tu le sais – (sa voix amère) – Henriette : elle était la mère de Corinna, qui est ma sœur é: ne l'est pas, é: jumelle encore moins. Nous aussi, Corinna | moi sommes restés des étrangers l'un|pour|l'autre pendant-toutecézannées où nous avons grandi sous ton toit, Père ; elle ne savait que faire de moi ni moi d'elle. ?As-tu, Père, au moins eu de ?l'estime pour Corinna. – (Mais lui, mon « fils » ne veut pas entendre de réponse, il poursuit aussitôt en ajoutant avec clairvoyance :) –C'est parce qu'Henriette a été ma Faussemère, qu'il !t'est possible de l'aimer même par-delà sa mort.

Puis il change de ton : –Ce qu'il y a de beau dans la parole & dans l'écriture : l'une et l'autre peuvent dire La Vérité, l'une et l'autre signifient vaincre Letemps=&=Lamort. Tant que tu parles ou écris – ta Bien-Aimée *n'est* pas une morte, mais *elle est* près=detoi. La Vérité. Toutefois seulement le temps que durent les mots. Et parce que la peur des hommes est immense, ils passent leurs plus belles heures à converser & à dépeupler avec leur plume les forêts les plus denses – car le mutisme é le silence signifient la Mort. La Mort – Plus d'1 la souhaite pour=autrui ou pour=lui-même, mais personne ne sait quoi que ce soit de la Mort. Et les propos s'envolent dans les airs comme les rumeurs, la passion d'écrire suffit jusqu'au bout de la phrase tracée –, puis alors passion & écriture se dessèchent en maculature, sombrent dans un silence noir et de plus en plus noir, comme une encre répandue – lentement absorbée par la feuille de papier, – jusqu'à ce que toute écriture s'éteigne dans le noir d'encre.

–Tu parles d'après ta spécialité, la connaissance de la langue allemande. Moi je vois les choses d'après mon domaine, c(l)yniquement parlant : mort = mort. En ce qui me concerne, j'exige, une fois que c'en sera fini de moi, qu'il ne reste rien, !Absolumenrien : pas le moindre pet d'1 atome. Une situation autre me serait !insupportable. Et si parler & écrire, comme tu dis, signifient vaincre Letemps-&-Lamort, les chirurgiens-du-Futur feraient bien de raccorder les cordes vocales & la main écrivante !directement à l'intelligence de-l'individu : !Quel silence magnifique règnerait sur Cemonde, & les arbres des forêts resteraient de bois sans devenir papier. !Ah & la-reproduction : !Quel !Espacénorme on trouverait dans le monde si l'intelligence humaine déterminait en même temps la capacité à se reproduire ; – surpopulation & guerres uniquement au royaume des morts. Lemonde serait libéré des excédents de naissances qui encombrent la terre. Car tout ce qui vivote comme humain n'a pas la même valeur sur le plan humain. Et mon propre verdict devait-il me condamner moi=même : je me rendrais le plus grand des services.

Mutisme. (À ces paroles je vois mon « fils » énervé se curer ses vilaines dents avec l'extrémité de la langue.) – *Exactement comme Autrefois, il y a de nombreuzannées, quand je le convoquais dans mon cabinet le vendredi après-midi & faisais à son esprit borné des sermons sur l'ordre, pensant de la sorte exercer sa capacité à inventer de bons mensonges, je vois pareillement dans ses yeux aujourd'hui en Cètenuit ce feu couvant du Temps=d'Unevie de Tourmenté ; des flammèches bleuâtres qui s'alimentent en permanence avec les mêmes vieilles bûches de l'humiliation & des hasards stupides. Chacun cherche son Amérique : plus l'individu s'affuble du dernier cri, et plus sa nudité est grande.*

Mon « fils » accomplit 1 geste de la main comme s'il pouvait écarter dans=l'instant Toucequiaété. Il s'immobilise, ferme & déterminé, si bien qu'il m'est impossible à moi aussi de poursuivre mon chemin. De nouveau il me fait face, de nouveau il me parle, mais un autre trait s'inscrit dans son expression.

–Père, je vais maintenant te raconter l'histoire d'un homme que j'ai rencontré il y a des-années. Tu ne sais pas qui il est, son vrai nom non plus, sont sans importance le lieu & l'époque où il a vécu – disons qu'il vivait non-Loin de la capitale d'une prowouince=allemande. Vivait, c'est ce que je dis, mais pas qu'il soit mort. Je vais te raconter l'histoire de cet homme é s'il te plaît, Père, ne m'interromps pas.

L'homme=quant-à-lui a besoin de peu, juste de souffle & de cris quand ça fait mal. Tout=Lereste, é c'est l'Essentiel, il lui faut l'apprendre. Mais ?où apprendre ce qu'il est !tenu d'apprendre ; ?qui est son maître en l'absence de professeurs. La-Vie une fracture de la jambe. Toute fracture se consolide ; de travers quand soins&attention font défaut. Les parents de l'homme dont je raconte l'histoire, & parce que chac-1 a besoin d'un nom, le prénommèrent Robert, c'étaient de petitesgens, le père garde-barrière aux Chemins de fer, la mère au foyer. Leur fils, leur seul enfant, devait envisager de faire le même métier que son père. Les proches s'étaient éparpillés un peu partout, Laguerre & Letemps=Ensuite avaient déchiré Lafamille, on vivait sous les grandes étendues des ciels au Nord du pays, on essayait le plus possible de vivre mutuellement Enpaix. Une adolescence sans exubérance, rares les joies ressenties dans le coin à jeux de l'étroite maison parentale, mais pas non plus de tristesse. L'enfance de Robert se déroula dans le climat tiède d'un milieu modeste. Son-existence reçut de la part de ses-parents les soins nécessaires & un traitement correct tels qu'on les prodigue à 1 animal domestique ; il n'était battu que rarement. Car l'être humain n'est qu'Unanimal, & dans le meilleur des cas il se voit traiter comme tel par ses Semblables ou Dissemblables.

Or, Vivre c'est Devoirexister dans un Grandespace – ce que l'individu s'Y voit proposer le comble rarement, & comme l'existence du jeune garçon débuta dans une période à ½ pacifique, les horreurs de la Paix restent insuffisantes pour combler ce Grandespace. C'est pourquoi, tout comme les spores de la moisissure Le Désir aussi imprévisible qu'imprévu aspire à quitter le cadavre de la Réalité Quotidienne : tout-petit déjà Robert se sentit attiré par la musique. Car ce qu'on ne peut dire avec des mots peut s'exprimer par des notes. – Disons-le tout de suite : Robert grandit comme un Électron-Libre. Ce qui !l'obligea à inventer pour lui la-musique ; la musique – le manifeste universel des Solitaires qui extériorisent leur solitude. Par ce biais, Tout=dans-leur-monde devient musique, & Tout revient à eux sous forme de musique. – Ainsi, dès ses premières années d'école, Robert entreprit de chercher !sa musique, celle qui correspondait à !son désir –. Et ne la trouvant pour ainsi dire jamais, il n'eut d'autre choix que de composer=lui-même la !sienne. Mais cela vint plus tard, et n'eut rien à voir avec ces chants korals effervescents ni ces partitions couvertes d'accros-batiks ou subtiles chinoiseries ; ses suites de notes conservaient leurs doigts à la main de l'exécutant. Ce qu'il cherchait et rencontrait dans l'environnement où il grandissait, venait du monde du travail de son père : des notes ressemblant aux 1res gouttes de pluie sur le sable, à du gravier sombre dans l'enceinte ratissée d'1 maison de garde-barrière près de la gare, aux gouttes d'huile scintillantes tombées de grosses locomotives sur les traverses luisantes de graisse de la voie ferrée –: voilà ce qui lui donnait la note, lui-même n'ayant que peu d'1nspiration (il ne comprenait rien à la théorie musicale).

Laplupartdeshommes viennent au-monde & sont déjà ce qu'ils deviendront, comme les rhinocéros : seule la croissance de leur corps peut encore modifier leur aspect extérieur. Quant à tout=lereste, les-hommes se libèrent des griffes de l'innocence & deviennent des créatures utilitaires qui par leurs caractéristiques-singulières tendent à correspondre à un mode d'utilisation communément=utile & s'y 1ntègrent. Ils paraissent sûrs=d'eux, délayés dans les conventions. Robert voulait lui aussi s'y dissoudre, mais Lasubstance dont il était=fait était d'une nature différente du reste des hommes. Ce qui ne tenait ni à lui ni à son milieu ; la-Nature l'avait ainsi façonné.

Aussi n'existait-il pour lui ni règles établies ni de tour-de-main à apprendre ; en musique comme dans la vie il dut inventer pour=lui-même les Siens. Alors il se retrouva alors confronté en son for intérieur à des Voix Puissantes, Orages & Éruptions volcaniques ; des katastrofes dont, excepté lui-même, Personne ne soupçonnait rien. Dans sa famille éparpillée, comme déjà dit, il ne trouvait aucun Point d'Appui, il ne comprenait pas ses parents, des étrangers dont la s1mple amabilité discrète faisait=1 avec l'indifférence. D'un autre côté, avec sa vie marginale le fils passait pour ennuyeux & sournois aux yeux des parents ; jamais ils n'en tireraient quelque chose de correct. Ses camarades de classe, après avoir cessé de le battre, se moquaient de lui, le traitaient de pédale..... Cela aussi était venu aux oreilles des parents. C'est pourquoi il fallait que ce garçon bizarre apprenne au moins 1 métier correct qui le maintiendrait sur les rails. Le père y veilla. Là où son père décida de le conduire pour gagner sa vie, Robert le suivit & apprit un métier aux-chemins-de-fer, devint surveillant dans l'une des gares de la ville, avec casquette rouge, disque-signal & sifflet à roulette – son quotidien de=bonne-heure.

Mais à ?qui se confier aux moments où les idées noires font rage –

Aussi finit-il par cacher son désarroi dont Nul n'a jamais rien su. À-l'extérieur, il adopta la posture la plus ramassée possible, se glissant dans l'uniformité=guindée-de-sa-fonction de surveillant de gare. Certes, elle le protégeait de la mise à l'écart de ses collègues = les-gens-normaux, – mais pour autant il ne trouva pas la paix.

26

Photo 53 *Pauline, sœur de Johanna (profil gauche, épaisse chevelure foncée tressée sur la nuque, grand collier de perles, robe à pois clairs), 1932*

–Il se risqua à faire une exception : il se maria. (C'était comme d'arracher un vieux pansement qui lui aurait poussé=sous-la-peau – :?Que verrait-on en dessous : ?guérison ou ?plaie nouvelle.)

?Mais comment était-il possible qu'1=homme à l'apparence-extérieure aussi floue é effacée, fermentant en=dedans, fasse la ?connaissance d'une femme, devienne ?intime avec=elle, se ?marie avec elle. La plupart des femmes étant sensibles aux *histoires*, elles les flairent comme on subodore à l'entrée d'une caverne ultra sombre son étendue dans l'obscurité : *Il !doit bien y avoir Quelque Chose nichée dans les profondeurs-de-son-âme pour mettre en lumière ce Discret – Elle l'aide à trouver les tonalités* – car il fut impossible de dissimuler très-longtemps son activité secrète, la composition musicale –; un léger souffle de mystère, !c'est ce que veulent ressentir les-femmes=pour-elles-mêmes, é si ces femmes sont encore jeunes, la plupart du temps, il leur reste mainte chose à ajouter sous forme de jeu à leurs désirs –.– Mais !Que lui était-il donc arrivé, lorsqu'1 jour il s'adressa à cette petite femme, 1 collègue, la raccompagna, soir-après-soir (ou selon que leurs horaires en équipe le permettaient), lui donna rendez-vous –; avivées les bougies du ravissement – désir é attrait –; ce fut !elle qui l'entoura-de-son-bras & l'attira à=elle, dans son lit. Mais ?qu'était-il donc !arrivé au paisible Employé-Subalterne & Compositeur secret : ?Avait-il découvert l'Amour.

–Oui, c'est ça : ça fait un moment que je l'attends : ?Où se cache-t-il donc dans ton histoire : l'Amour.

–Nous y sommes en=plein, même si j'ai évité d'employer Le Mot jusque-là. Au théâtrecinémahitparade livresaprèslivres dans lesconversationsenveuxtu&envoilà le mot Amour pousse comme les champignons à l'automne & tombe aux pieds des-gens avec les feuilles colorées des arbres. Le spectacle peut être agréable à regarder & donner chaud au cœur avec ses tonalités échappées de la conserve Havresûr. Or, les ramasseurs de champignons arrachent les pieds avec avidité & les chaussures écrasent les feuilles sans précaution. Là où l'on trouve le mot, l'Amour est absent. *« Plus tu tends vers Lui, et plus il se dérobe à toi. »* C'est ce que disait Silesius à propos de Dieu, et c'est d'autant plus vrai de l'Amour. Au fait, je te rappelle que tu as promis de ne pas m'interrompre.

–Je ne t'ai rien promis du tout. !Jamais. – Mais continue, la nuit sera peut-être plus longue que ton récit é, je l'espère, plus courte que l'Amour.

–Or le-mariage érode Letemps des Jeux ; ce qui Jusquàmaintenant constituait la vie=intime, la=vie=personnelle du jeune homme de 25 ans, passé l'attrait de la singularité, demeurait une loufoquerie aux yeux de la femme réaliste. Très vite ce qui par le passé lui avait paru être un mystère=plein=d'ombre chez cet homme discret devait ne rester qu'Obscur. Manque-d'ambition, dépourvu de sens pour progresser dans la Vie-Quotidienne. Nombreuses sont les cavernes sans mystères, & si quelqu'un pousse un cri à l'intérieur, l'écho répétera à l'identique la voix du cri. Il ne pouvait pas communiquer:partager avec sa femme ce qui l'accablait; monotonie & ennui au-Quotidien se mirent à germer – talonnés par l'absence de désir & l'aversion ; – 1 soir sa femme avec Unautromme, – le-divorce pour finir. À présent, il se retrouvait seul, dans l'alternance 1 temps à la gare vêtu de son uniforme, 1 temps devant ses feuillets couverts des notes tracées de sa main, répondant à la pulsion-mécanique qu'activaient les sombres orages intérieurs, comme Autrefois. Mais le Grandespace dans lequel il propulsait son désir s'était agrandi après la séparation avec sa 1re femme. –

Maintenant=et-comme-avant, les tonalités qu'il composait en notes noires sur le papier s'assemblaient en des harmonies s1mples, sereines. Maintenant=et-comme-avant, pas de chants korals effervescents ni de partitions saccadées aux sonorités de cris mélancoliques – ces sons se produisaient avec s1mplicité, modestes paisibles é quasi inaperçus ; c'étaient les tonalités d'un tempérament placide, elles aspiraient à se taire plutôt qu'à résonner. Tel était son Désir de Vie qu'il affichait à-l'Extérieur. – Et puis, Unenuit à la fin de l'hiver, cloué chez-lui avec un refroidissement, alors qu'il était une fois de plus penché sur l'un des beaux blocs de papier blanc é ses lignes tracées formant 5 menues portées, 1 goutte de sang tomba de son nez sur le papier. 1 petit point rouge sur une portée où il avait dessiné avant la clé de sol : la marque de sang indiquait la note D. – Mais À-Cemoment-là il n'était pas encore en=état..... de comprendre. C'était arrivé au temps de ma 1re rencontre avec cet homme.

?Comment 1 universitaire fait-il la ?connaissance d'1 employé des chemins de fer : de la manière la plus fréquente dont les gens des-villes apprennent à se connaître l'1=l'autre : lors d'un accident.

Survenu dans cette même gare, comme ce surveillant exerçait sa fonction é: comme mon pied touchait le quai à la descente du train. Quelques portes plus loin, 1 femme encore jeune vêtue d'un trench-coat s'apprêtait à en faire de même ; son pied se tordit, elle dégringola du wagon, s'étala sur le quai & roula entre la bordure et les roues. Les gens-autour se mirent à crier, accoururent, voulurent aider – le surveillant de gare & moi-même sommes intervenus en même temps, avons saisi la femme, hissé la Commotionnée des rails sur le quai. Bien que tout danger de mort immédiat fût écarté, le train se trouvait à l'arrêt, il était impossible qu'il écrase la femme, le seul fait d'avoir chuté devant les roues acérées, mortelles, suscita une frayeur si !grande qu'on eût cru qu'1 être humain était tombé devant une panthère endormie. La femme regardait autour d'elle d'un air égaré, s'efforçant de dire quelque chose, de=retrouver=ses=esprits, – elle tremblait beaucoup. Comme si elle s'était réveillée après un Cauchemar. – Je remarquai que le surveillant de gare observait le trench-coat de la femme avec un intérêt particulier : avec précaution il approcha à la hauteur de ses yeux les traînées & les taches de graisse noire qui salissaient l'étoffe claire, les contemplait dans l'oubli de lui-même, telles les lignes d'un livre crypté –, puis, contre son gré (obéissant probablement à 1 impulsion-menaçante intérieure) il s'arracha à ce spectacle & se tourna de nouveau vers l'Accidentée. Nous, le surveillant & moi, accompagnâmes à pas prudents la femme vers le bureau de surveillance où l'on attendit l'infirmier. En nous rendant là-bas, je guidais la main droite froide comme le verre de l'Inconnue, où brillait un mince anneau d'or.

Le surveillant de gare était tout de soins empressés pour cette femme – de sa voix terne, absente, il recueillit son numéro de téléphone (elle habitait sur place) afin de prévenir son mari. Celui-ci se montra à un moment quelconque, un Finquadragénaire acariâtre en jogging, il empoigna la femme, pour un peu il l'aurait presque chargée sur son dos comme un vulgaire sac, & fila sans un mot. – Entre-temps, je jetai un coup d'œil au petit bureau qui dès le 1er regard parut étrange. En lieu & place des formulaires & notes de service qu'on s'attendait à voir traîner partout : des !partitions, annotées, vierges, même sur les murs, coincées derrière les informations sur les manœuvres, les horaires et l'état des lignes, des feuilles pointaient, couvertes de notations musicales. Ainsi en fut-il notre première rencontre entre cet étrange employé des chemins de fer (que j'appelle Robert) é: moi, et en même temps sa première rencontre avec la jeune femme. (J'apprendrai plus tard que tous=deux se voyaient, en cachette, deux fois par semaine.)

À présent, les Créatures obscures qui l'habitaient voyaient la lumière – des flux clairs fonçaient à travers sa perception – é tous=allaient dans Une Seule Direction : la svelte femme mariée. Mais la passion se !fiche bien d'1 bague au doigt, d'1 bout de papier établissant le lien avec un Jogging lâcheur de jurons. Au compositeur solitaire les heures parfumées de sureau de vin é un ciel lilas, l'écume de vagues grisantes déferlant en ondes transparentes sur les rives d'Undurvécu, le lointain bleu acéré flamboyant au zénith-de-midi – Unciel tenait fort à lui comme lui à cette Femme=Inconnue encore jeune. Son obscur été tout chamboulé mainteant pleinement épanoui, sans la moindre couverture nuageuse noire, – un étincellement sans frimas é une saveur de chair, un sel abricoté. (Mais pendant Cetemps aussi ses notes allaient tranquillement leur chemin –)

Puis 1 soir la femme lui annonça être enceinte. En=soi&pour=soi cela ne menaçait pas leur liaison secrète ; après tout elle était mariée, le-mari pouvait très bien passer pour être le-père-de-l'enfant. Sauf que ces deux-là ne couchaient plus ensemble depuis-longtemps, é: l'homme-marié allait voir Ailleurs de son côté –, seul-1-fil tissé de Quotidien raisonné & de Confortabilité maintenait leur couple.

Maintenant&surlechamp l'heure de la dé-scission.

Non, à l'inverse d'un Grandnombredegens, il n'était paresseux ni pour vivre ni pour aimer ; au contraire, il s'appliquait avec zèle comme autrefois=à-l'école. Mais les choses qu'on ne lui avait pas apprises, il ne pouvait savoir qu'elles lui manquaient. Ainsi ne lui avait-on pas enseigné la Matièresupérieure de la Vie – en revanche, toutes sortes d'apprentissages épars formant Un Grand Vide. Sans préparation il était tenu de passer Maintenant son diplôme de Maturité Supérieure.

La décision à prendre lui paraissait d'autant plus difficile qu'il ne s'était jamais trouvé dans pareille impasse jusque-là. (Son 1er mariage, infécond, s'était éteint comme 1 feu qu'on oublie d'alimenter.) Mais pour l'heure la flamme était encore vivace. ?Que faire. ?Comme s'y prendre. ?Avait-il jamais été heureux, ?exalté pour ensuite ?dégriser. Jamais auparavant dans sa vie réelle extérieure il n'était tombé jusqu'à Toucherterre – ses désarrois et ses morts il les faisait périr jusque-là qu'en son seul=for=intérieur, là où Nul ne pouvait le voir le retenir le sauver é où il n'était tenu de voir de retenir de sauver Quiconque. Certes, il parvenait ainsi à toujours se relever –, mais Personne d'autre que lui-même ne pouvait participer à ce combat, si bien qu'à ses yeux Tout Cela – chute é: ascension – s'amalgamait en 1 seule é même chose pareillement insignifiante. Dès son âge le plus tendre, quand c'était possible, il évitait toute situation difficile dans la vie extérieure ; aussi n'avait-il jamais rien à entreprendre pour se sortir d'une vie pénible. Exister revenait pour=lui à vivre des cadeaux faits par Autrui, la joie qu'ils procuraient ne risquait pas de produire de grandes flammes, au mieux c'était une braise sous les cendres. Rendu malin tout-petit par le-foyer-du-garde-barrière-vieillissant ; malin é: néanmoins pitoyable. *La terrible inquiétude de mon père, le garde-barrière, & celle de ma mère, la femme de la maison* (me confia-t-il un jour), *c'était de me voir sortir des rails qu'ils avaient posés à mon intention – d'être obligés de venir chercher leur fils au-poste-de-police-&-le-ramener-chez-eux : pour ma-mère une effroyable !perte de l'honneur & un !malheur sans nom. Très tôt déjà* (ajouta-t-il) *mon âme avait été taillée pour faire de moi un fonctionnaire. On ne rencontre guère d'exubérance é de reconnaissance dans cet état, mais l'Inflexible Devoir à Touslescoinderues.* Il faisait la navette à travers sa vie avec 1 régularité=de=métronome. Et Une Fois il avait vécu avec é pour cette femme mariée à un Autre, Une Fois il avait volé ce qu'il avait envie de posséder ; – or ?qu'était-il ?arrivé : le Plein Midi, noyé dans des ombres étirées, – les flux clairs, taris dans le sable de la Banalité. Tous les deux n'avaient pas désiré Grandchose, mais ce Peu était déjà Detrop, Lerêve s'achevait.

?Devait-il ?convaincre la femme de divorcer. ?Serait-il=aussi-stupide que cette foultitude d'individus qui, munis de leurs miroirs de poche, s'éblouissent eux-mêmes & autrui : *Viens près=de=!moi* – flash flash – *avec=!moi Tout=ira!mieux tu verras* – flash flash flashant – *nous !changerons Notrevie* – flash flash – *& !repartirons=de-zéro* – :L'idiotie, ça s'apprend aussi, et il n'y a que la vie pour rendre Idiot, car elle est faite par&pour des Idiots, la vie est donc une idiotie &

n'encourage que Sa=Pareille. Mais, comme dit, l'être-humain=pour-sa-part sait très peu de choses, Tout=Lereste, é l'idiotie en fait partie, il doit l'apprendre. Et ?l'Amour : lui ?aussi rien qu'1 ?attaque à l'intérieur de l'idiotie perpétuelle.

?Pouvait-il être de cette !trempe : certainement. Mais ?devait-il en plus : fonder 1 ?nouvelle famille – trifouiller dans les fondements familiaux à la recherche du bonheur & garder près=de-soi 1 enfant – 1 petit supposé être le sien : ?Que lui importait tout ça. ?Que pouvait-il en ?faire. Depuis-toujours Cequiallait Leplusévidemment-Desoi chez la plupart des Autres était pour lui 1 monnaie sans valeur, périmée depuis des lustres, en échange de laquelle il ne pouvait Rien s'offrir. D'ailleurs, ?qu'aurait-il voulu s'offrir. Que ?voulait-il. Son désir n'était pas tourné vers-l'Extérieur ; les Grands Espaces Sombres en=lui, ils se remplissaient avec des Moitiédêtres..... Incompréhensibles pour chacun, sauf lui. Ni délayé é: ni pris dedans.

Photo 54 — *Waltraut, sœur de Johanna (profil gauche, épaisse chevelure sombre tressée sur la nuque, grand collier de perles, robe à pois clairs), 1932*

–De la décision à la scission : lui é: la femme svelte encore jeune portant leur=Enfantàtouslesdeux qui à=jamais les avait séparés.

Séparation après laquelle il parvint de nouveau à aimer cette femme puisque maintenant elle était partie. Mais à aimer seulement ce qui ne peut se retenir – « Un deuxième amour », un amour d'automne. Et chaque perte créait en Sonmonde un Espacencoreplugrand, plus vaste é sombre, toujours plus densément peuplé de Moitiédêtres des Ténèbres & Désirs. Ceux-ci inspireraient la crainte aux Autregens, si ces derniers venaient à découvrir cette population, son entourage ; ils créaient l'amour à lui=seul destiné – cette forme d'amour qui n'existe qu'en l'absence de tout objet aimé.

Quoique en même temps inapte à la fréquentation des hommes en dehors de son travail à la gare (j'étais le seul avec lequel il aimait se=risquer à avoir 1 conversation, parce que je lui apparaissais comme le médium par-delà la présence duquel il pouvait s'adresser à=lui=même avec toutes les contradictions qu'il pensait être les=siennes), il se sentait blessé désormais : pire que s'il lui manquait un bras ou une jambe ou qu'ils aient été broyés, il distinguait en=lui le Produit-Avorté, l'Infirme de cœur & d'humanité. Depuis toujours il n'avait éprouvé que du dégoût é un profond mépris envers les-infirmes.

Les infirmes n'ont aucune raison de se réjouir & d'aimer la vie – le temps qui leur reste à vivre injustement, le Pazunevie, est un tortueux dépérissement indigne, nourri des miettes durcies de pain acide chargées de compassion Étrange-Hère. Sans soleil, dans la réserve naturelle des ombres é de l'horreur remplie de souffrance – leur descente aux Enfers – :eux=seuls peuvent rivaliser avec les-Éclopés, prisonniers avec leurs prothèses de l'écœurant cocon puant talc caoutchouc & sueur refroidie. Ces ½morts-vivants : ?Pourquoi ne se chargent-ils pas de disparaître complètement de la terre.

Ainsi voyait-il dans les infirmes l'expression la plus nette de la lâcheté=humaine (la sienne) & l'insolence de l'Existence=humaine (la sienne également) : trop lâches pour se suicider, trop stupides&prétentieux pour reconnaître leur propre médiocrité & cherchant ainsi à taper le monde-entier d'un peu d'aide & d'assistance, les-Éclopés ont pollué tout espace de vie. Désormais, il se comptait lui-même au nombre des Méprisés : cruellement sévère & inflexible comme seul 1 fanatique peut l'être, il se priva de tout plaisir, de toute joie – d'Amour avant=Tout –, *car il est le seul à appartenir au Mondesain* ; qui désormais lui appartenait, à=lui=l'infirme, encore moins par les Annéespassées. Autrefois 1 homme guidé d'une poigne de fer par les rails de la Vie –, aujourd'hui un type sorti des sentiers battus & rejeté.

Pas-1 jour il n'avait fait partie de-l'humanité, aussi Nul ne pouvait-il déplorer sa perte. Avec son vide d'espérance intérieur il était 1 exemplaire sans défaut, pur & parfait dans la simulation de sa fausse existence humaine, sa discrétion était 1 chef-d'œuvre. ?Comment une chose pareille avait-elle pu voir le jour é: sans que ?mort s'en suive aussitôt. ?Pourquoi la Mort l'épargnait-elle. Se ?trouverait-il même quelqu'un pour La lui offrir. Il préférait ne pas compter là-dessus. Dans la journée casquette rouge, uniforme des chemins de fer &

sifflet à roulette d'1 monotonie aux stridences affilées de la même arrogance que sa vie=active dans le Crève-Cœur ; la nuit la partition noire. Son Moi intérieur en proie aux luttes & crispations se tordait continuellement, ?était-ce la clef de sa ?portée personnelle. ?Pouvait-on l'utiliser comme l'armature donnant la tonalité. Esprit-volontaire & Obstination, l'étalon-personnel, le seul à même de le mesurer, s'il le fallait – il ne disposait de rien d'autre. Pour savoir se contenter de peu, il était 1 produit de l'art, rien d'autre que ce que l'art cherchait à produire. Il dissimulait là-dessous sa grande ignorance, ses manques de connaissance générale du-Monde. Car si déjà en sa qualité d'être dechair&desang il réduisait la surface Dumonde en occupant 1 parcelle, pour combler cette place, il devait commencer par se-trouver=lui-même.

– De là, sa seconde dé-scission fut clairement arrêtée.

Seule la com*position* musicale lui était restée ; il !s'y adonnait encore plus avant, ayant en parallèle é depuis longtemps reconnu dans cette pratique l'incarnation d'une maladie. Au malade l'état-maladif, é: rien de plus. Quant à ce qu'il lui restait de joie de bonheur é d'amour, à présent il le faisait voler en éclats. –

Mais les-femmes sont les 1res à se détourner de qui s'emporte contre soi-même avec autant de passion-violente. Le charme=plein-de-mystère de cet homme qui pouvait Autrefois Les attirer – ce rayonnement venu de la Grande Caverne Obscure –, pour ne rien produire d'honorable chez lui, collait désormais à son être comme une réelle excroissance : une saillie-de-l'âme lui donnait l'air effrayant commun à tous les bossus de se traîner sans cesse lui=même à califourchon sur son propre dos. Aucune parmi les femmes qu'il connaissait d'Avant n'aurait su dire maintenant pourquoi elle l'évitait – les femmes cependant détectent ces choses étranges&inquiétantes chez un homme, de lui elles ont peur, frisonnent à sa proximité, ne comprennent pas non plus !ce qu'Il veut, – alors elles se sauvent.

Il n'eut dès lors plus jamais de femme, il était soulagé é: s'exécrait lui-même. Car le dernier ami la dernière amie en allés, ce qui reste, c'est toujours la souffrance. Et aurait-il eu des larmes, il n'en avait pas, elles auraient été Le Signe de la Grande Déchirure, é: la Plaie ne se referma jamais, jamais il ne se rétablit.– Dans ses minutes d'inactivité, il était assis dans le petit bureau de surveillance du quai, seul-solo, mains jointes sur ses genoux, les extrémités de ses pieds tournées l'1versl'autre (il avait déjà presque quelque chose de féminin). Son tumulte intérieur, l'être tourmenté, se révoltait ; à=l'avenir il lui faudrait composer la partition à partir=de-lui-même.

C'était cette même forme de colère ressentie autrefois près du lit de mort de sa mère. Quelque chose l'accompagnait d'un cri si perçant, comme si glace é: feu s'entrechoquaient. En plein cœur de lui=même. Une révolte s'emportant contre Tout ce qui dévore irrémédiablement la Chair de l'Amour. Maintenant, il était devenu lui=même cette Chair et cette Morsure, son moi se rebellait contre le dépérissement à-l'œuvre=enlui. –Peut-être s'était-il ?souvenu maintenant de cet incident passé, la petite goutte de sang sur le papier à musique ; il commença alors à se blesser intentionellement. Des entailles faites dans sa peau dans sa chair avec couteaux & lames de rasoir, des gouttes de sang sur du papier vierge. Mais il manquait à ses orages intérieurs le mouvement furieux extérieur ; – ce geste n'était rien sinon un égouttement bien sage. Quand il retranscrivait dans son système & jouait sur son piano les notes ainsi trouvées à partir de ce domptage paré de provocation illusoire, les frases avaient presque une consonance humoristique. Or, rien ne le dégoûtait plus que la musique doublée d'humour : comme si en baisant il décidait de raconter des histoires drôles. –

Ainsi unenuit recouvrit-il le sol de sa chambre de papier à musique, comme d'autres le font de tapis. Il poussa la table jusqu'au milieu de la pièce, y plaça 1 tabouret sur lequel il grimpa, une corde à la main. Non, il n'avait pas l'intention de se pendre, il voulait juste être suspendu : tête en bas, chevilles entravées par la corde solidement fixée à l'autre bout à un crochet au plafond. Il pendait tête la première, balancier de chair&sang. Il s'entailla profondément avec la lame, – le sang échappé du corps qui balançait dans un mouvement de va&vient plut à verse sur le papier à musique : des rivières de sang, les gouttes se mélangeaient – chœurs muets d'une souffrance animale, lentement absorbés par des feuilles de papier. Maintenant son Métronome de

Vie laissait derrière lui des traces & des signes ; maintenant le Temps de sa vie ne s'écoulait pas entièrement en suintant dans les courants-aspirateurs de la médiocrité commune.

Il répéta le geste maintes nuits, é: qui voyait le pâle surveillant de gare discret venir à son travail le matin & quitter la gare le soir d'1 pas routinier, le porte-documents crevassé d'où pointait 1 bouteille thermo coincé sous le bras, – !jamais n'aurait soupçonné chez 1 être de sa fadeur Cesnuits passionnelles & destructrices : les nuits de son amour sanglant. –

Pour éviter qu'on remarque les cicatrices laissées par les entailles, il portait depuis=lors été comme hiver des vêtements à manches longues boutonnés jusqu'en haut, son apparence devenant ainsi encore plus blafarde, plus discrète. L'ombre neigeuse d'1 homme (é: la chaleur d'un feu sous la glace). En réalité son entourage prenait note de sa présence au mieux de manière superficielle, pour ainsi dire d'après des considérations d'ordre physique – 1 corps ne peut pas en cacher un 2nd. Qui l'apercevait dans la vie=quotienne, laissait aussitôt son regard glisser sur lui, é: sans plus auc-1 souvenir de lui par la suite. Et s'interrogeait-il parfois sur=lui-même – il ne trouvait Personne qui ne lui soit plus étranger –, il suffisait d'1 regard à ses cicatrices pour savoir qui il était. Lui=même s'était totalement abandonné à cette forme d'amour qui ne peut exister qu'en l'absence de tout objet aimé. Et chaque abandon procurait à Sonmonde Unespaceplugrand, plus vaste é sombre, peuplé d'innombrables Moitiédêtres de Tenèbres & d'Avidité, qui inspireraient la crainte aux Autresgens (pourraient-ils les voir) ; à ses yeux ils recréaient sans cesse à nouveau : l'Amour –

–Tu appelles ?!ça l'amour ; un amour sans soleil : moi j'appelle ça la nuit.

–« La nuit est aussi un soleil[41]. » «Père. – Nous nous sommes rencontrés chaque semaine chez lui. Y nichait l'odeur du Marginal, l'air malsain de vieux tabac é de sueur acide. Une fois, il joua pour moi ses dernières compositions, je n'apprendrais que plus tard comment elles avaient vu le jour. Cependant, de la même manière qu'on ne distinguait chez son modeste Être-diurne rien de sa fureur nocturne intime, on ne percevait rien de l'origine sanglante de ces compositions. Il se dégageait des morceaux pour piano une douceur, une sérénité, sans mort ni devenir, comme ces instants fin d'été où tout repose achevé, – ainsi s'écoulaient les harmonies –. Il me disait rechercher dans=le=son l'idée du silence. Les tonalités de moins en moins fortes, comme si elles se fermaient à la mécanique du jeu. Comme si de placer les doigts sur les touches é les frapper s'avèrait déjà trop bruyant. À peine ai-je entendu la fin du morceau – –

–Se taire. Garder le silence.

–C'est pourquoi au début je ne fus pas étonné qu'il ne joue plus rien à nos rencontres suivantes. En revanche, il ne cessait d'évoquer Autre Chose : dans sa bibliothèque, il avait retrouvé un vieil atlas de Mars. Il me le montra. À côté des vues des deux hémisphères de la planète imprimées en couleurs rougeâtres apparaissaient sur les bords de la carte différentes reproductions agrandies des détails de la surface, tels que la station Viking-2 les avait photographiés. Une image en particulier l'avait frappé : celle d'une pierre (pour avoir une idée de sa taille 1 échelle figurait sous chaque reproduction) d'une longueur d'env. 60 cm et d'une hauteur d'env. 30 cm dans sa partie la plus élevée, ressemblant à un chien endormi. Le texte qui accompagnait cette prise de vue de près situait le lieu de découverte de cette pierre dans la grande plaine basse du nord, appelée Utopia Planitia, photographiée par l'atterrisseur Viking-2. !Cette photo exerçait sur l'homme une fascination bien supérieure à celle des autres reproductions, il prétendait que sur son trajet quotidien pour aller au travail c'était !exactement= !unepierresemblable qui gisait sur le sol d'1 terrain en friche : le même aspect extérieur, les mêmes dimensions, si ce n'est que sa coloration n'était pas rougeâtre mais grise. Pour des raisons inexplicables 1 !telle-similitude le laissait Sanrépit. Il parlait sans cesse de Mars, notamment de cette pierre é son image croisée sur son trajet.– Entre nous, ces conversations, en fait les monologues de cet homme, m'ennuyèrent très vite, j'allais le voir moins souvent. Le Lieulointain et la pierre qu'il ne pourrait jamais atteindre – son pendant terrestre qu'il voyait chaque-jour –; je comprenais progressivement de ses conversations qu'il s'était pris dans la mécanique-de-l'amour, pour ainsi dire dans la fabrique de la convoitise : c'est seulement par la multiplication, é à la vue de ces Doubles, que le Sentiment Amoureux s'accroît face à l'Amour originel, lequel doit toutefois demeurer inaccessible. Et comme rien d'humain ne lui était resté pour répondre à sa convoitise, son désir-en-esprit fonctionnait à vide, à l'image d'une machine sans pièce-à-façonner. En outre, il avait lu quelque part que l'atmosphère de Mars était à ce point hostile à toute forme de vie organique que celle-ci, à un contact sans protection avec la surface de la planète rouge, serait détruite=immédiatement par une sorte d'explosion. Je ne saurais dire si tout cela est pertinent ou pas. Cette idée le fascinait : *!Extraordinaire.* S'écria-t-il. *L'Inaccessible enfin atteint, l'ultime-profond accomplissement de l'Amour = La Mort.* – :!C'est elle, Père, le très vieux pendant de l'amour, pas la haine.

27

Photo 55

Confirmation de Pauline (atelier de photographie) : en tailleur sombre, deb. près d'une petite table avec un bouquet, bras g. en appui, 1livre à la main droite, titre : ***Heimatbruder*** *(?), Gumbinnen, 1924*

–L'1 des dernières fois où je l'ai vu & lui ai parlé, il évoqua de nouveau *sa pierre* et me dit aussi que le lieu en friche sur lequel elle gisait était devenu un terrain constructible : on y bâtirait une maison, le terrain était clôturé, l'excavation déjà faite. Jamais il ne reverrait *sa pierre.* Mais bizarrement il n'y avait pas de tristesse dans sa voix, au contraire : de la joie, une réjouissance paisible é radieuse, comme à la réalisation d'un désir longuement nourri.– Puis la construction fut probablement achevée ; 1 soir je le trouvai en plein préparatifs de déménagement. Il disait avoir loué 1 appartement dans ce nouvel immeuble, il Y emménagerait dès le surlendemain (& me communiqua l'adresse). Mais en voulant lui rendre visite Là-Bas, je ne le trouvai pas. Son nom figurait bien sur la porte d'entrée, mais le timbre de la sonnette une vibration sonore dans les pièces, comme le simple écho d'1 appartement vide. J'interrogeai les voisins, décrivit l'homme. Certains locataires se rappelaient l'avoir aperçu lors de son emménagement 2 semaines plus tôt dans 1 appartement du rez-de-chaussée. Mais eux-mêmes étaient tous de nouveaux locataires, ce qui expliquait pourquoi ils ne se connaissaient pas. Toutefois, après son emménagement, cet homme semblait tenir à faire rapidement la connaissance de tous ses voisins=ici ; soir-après-soir, on s'en souvenait, il allait se présenter chez ses-voisins. Mais, une fois cette démarche accomplie, m'a-t-on encore dit, l'homme aurait refermé la porte de son appartement derrière lui et depuis on ne l'avait plus jamais aperçu. À son travail aussi on ignorait tout du lieu de séjour de cet homme. Et ce fut Tout.

À partir de ses nombreux monologues datant Dutemps=d'avant, j'avais une idée exacte de l'emplacement probable de cette pierre sur le lieu en friche. De retour dans la rue, je mesurai du regard la maison –. À vrai dire, je ne fus pas surpris de constater que l'appartement du rez-de-chaussée dans lequel il avait emménagé se situait exactement à l'aplomb de l'emplacement où gisait probablement sa pierre Autrefois.

–Bellehistoire. Et bientordue, donc parfaitement=adaptée pour servir d'intercalaire entre 2 cartons.

–Tu ne ?crois donc pas à la véracité de mon histoire. – (Père a peut-être remarqué mon sourire grimaçant dans l'obscurité.)

–Où sont passées toutes ses compositions musicales. Elles devaient former une belle liasse.

–On ne sait pas. Comme lui=même : *introuvables*. Peut-être a-t-il profité du déménagement pour les brûler. C'est ce qui devrait arriver à n'importe quel texte : Lefeu. Comme dit, ce fut Tout.

–Quand le Malheur atteint ce niveau où Il comble entièrement le Grandespace-de-la-Peur, alors les hommes découvrent le chant&-l'écrit ; soit des sifflements en sous-sol soit un gribouillis sur papier. Tu me l'as expliqué toi-même un jour : tout art trouve son origine non pas dans l'adoration de la beauté mais dans la conjuration de l'horreur. Mais Aujourd'hui=l'horreur est produite à la pelle & change à chaque C-song. Qui ne connaît pas notre famille – é !qui peut bien la connaître : elle-même ignore qui elle est –, ne comprendra pas tes sous-entendus. En passant, merci de ne !pas m'avoir fait endosser le rôle du garde-barrière dans ton récit. Car je ne peux pasêtrelepère dans ton histoire ; tu t'es toi=même mis à ma place. La bonne blague que tu me sers là avec ce cocktail familial. À la tienne & mercibien.– Les-Autres ne pourront pas te remercier : du sort réservé à ta sœur Corinna pour l'avoir fait grandir dans cette indifférence familiale, cette fadeur de sentiments & d'âmes en clair-obscur –

–?Du remords, ??chez toi : Père. La Vieillepierre désormais ?attendrie –.

–Avec l'âge l'échine se courbe jusqu'à terre & vers la compréhension. Je voyais Corinna pousser comme 1 champignon dans la forêt. C'est pourquoi il était nécessaire que s'extériorise très tôt chez elle ce qu'elle avait reçu en héritage, & un grand nombre de ses actes Au-fil-des-Années me semblent obscurcis par l'ombre projetée par cette famille. Autrefois, dans son enfance – j'ai oublié l'âge qu'elle pouvait avoir, mais c'était avant qu'elle aille à l'école –, le jour où elle s'était cachée dans la souillarde pour éviter des gens venus nous voir, é: ni les cris menaces supplications de sa mère ou les miennes ne réussirent à la faire sortir : !Àcètépoque déjà s'était accomplie=la-maturation de sa nature intérieure. Car quand je la dégottais enfin dans sa cachette déjà plongée dans l'obscurité du soir, vêtue de sa petite robe claire amidonnée, 1 seul regard me fit voir l'héritage familial dressé devant moi : ses yeux, grands é écarquillés é irréductibles – vides d'espoir. Riendétonnant que son tempérament manquât de douceur enfantine ; elle vivait dans 1 sorte de consentement avec le demi-jour.

–Et son mariage avec cet ingénieur, Dieter : le collectionneur de pierres débonnaire, n'aura pas échappé à ce qui échoie toujours aux gens partageant la vie d'êtres crépusculaires : même pas un échec, ni soleil ni givre non plus, juste un clair-obscur. En-société, cet ingénieur en génie thermique est capable de bayer aux corneilles ou de pontifier des heures=durant sur 1 sujet 1nique : sa collection de pierres. Sur leurs lieux de trouvaille la cristallisation la pseudomorphose – & ce qui rend ses exposés parfaitement rebutants : il glisse rapidement du minéral au moral : de la pierre à l'existence humaine. Oui, il ne fait de-mal à Personne & se montre si peu entreprenant dans les Choses de la Vie que sa-femme doit se trouver-des-amants. Récemment un musicien de studio & composite-heure. Ses tunes, il se les fait au studio, il écrit à côté pour-lui. J'ai entendu un de ses trucs à-la-radio une fois : un désespoir qu'il tire de lui pour le mettre en sons, mais il lui manque le courage d'être désespéré, ainsi se trahit-il en permanence lui-même & s'installe confortablement dans le-système –: des miaulements – si tu veux mon avis de néophyte.

–Tu es bieninformé de la vie de couple de Corinna. Mais entre !jumeaux c'est normal. Bien évidemment, je n'ai pas à m'en mêler.

–Bien évidemment=non. Père.

–À quoi bon d'ailleurs, puisque je dispose de l'information préalable : suspension du processus de vieillissement, – jusqu'à ce que Cela cesse, comme cessera un jour le champignon dans la forêt.– Mais nous n'en sommes pas encore là, é: Tout le Reste n'arrivera certainement jamais (moi aussi je la connais 1 peu) : un divorce, trop théâtral & bien !trop prometteur. Car ?qu'adviendrait-il ensuite : la vie-commune avec l'1 de ses-amants, mettons ce musicastre râté devenu dans ton histoire un surveillant de gare compositeur. !Ridicule. Rien ne serait plus éloigné d'elle. Champignon 1 jour = champignon toujours, & la forêt est présente partout.– Un bon point pour toi d'avoir fait disparaître ce musicot dans ton récit.

–Alors ?que reste-t-il.

–Continuer. Continuer comme jusque-là : 1 + 1 = 1 dans la matte-thème-à-tic biscornue de l'Existence : 1 mari dans la-paix de sa collection de pierres + 1 amant-de-passade = 1 viequicontinue dans son métier de mère & d'ophtalmologue. J'ai probablement exercé 1 influence souterraine sur ce dernier choix : un père en blanc, une fille en blanc.

–D'après ce que je constate, l'enfant de Corinna est l'agrafe qui fait tenir le mariage-de-raison : Laura, née en 1985, surnommée « la Crêpe ».

–J'ai toujours voulu te le demander : ?d'où vient ce surnom.

Il rit : –Pour commencer Corinna a fait partie de ces femmes qui, enceintes, ne veulent pour !Rienaumonde (malgré l'exception qui confirme la règle, malgré la nausée) reconnaître leur état : je-ne-suis-pas-enceinte ; – jusqu'à ce qu'il soit trop tard pour avorter :

Ce n'est qu'au 5e mois, quand il était devenu impossible de dissimuler l'arrondi du ventre, qu'elle se L'avoua=à-elle-même et aux autres. Ne supportant soi-disant pas la-pilule ou selon la-mode de l'Époque qui dictait : *!Pasdechimie dans mon corps.....* – elle avait privilégié la méthode Ogino ; – Corinna n'a jamais été une pointure en calcul : de-ce-moment=là, elle se mit à porter des vêtements amples – c'était à l'été 1985, des journées torrides aussi fumantes que des juments en nage –, & elle portait en bandoulière une grande gibecière en forme d'arche de Noé dont elle se servait pour camoufler sa grossesse aux-regards-des-gens.

–Au fait, ?Qui lui a fait Lenfant : le marteau-piqueur du ?collectionneur ou la viole d'amour[42] du ?musicastre. Vasavoir.

–Oui : Vasavoir, é mieux vaut ignorer le nombre d'œufs de coucou à éclore dans maint nid de gens mariés. Enfant = Enfant, é: de toute façon il n'appartient à Personne. « Le-Destin vous fait mari, la-Nature cocu ».

Coït qu'il en soit, c'était début octobre, Corinna approchait de son Terme. Auparavant, elle devait se présenter à 1 médecin de l'hôpital, afin de déterminer la date précise de l'accouchement. À l'annonce de la date, Corinna s'emporta : *–Ce !jourlà c'est !pas possible pour moi,* explosa-t-elle : *–!l'ouvrier vient réparer la machine à laver.* – :Un gosse peut se présenter Nimportequeljour après tout, mais pas Un-!Réparateur≠à-l'Est. De plus, expliqua Corinna au médecin, avec 1 nourrisson il y aura beaucoup Delinge à laver & pour cela, il faut que la machine fonctionne. – Elle me raconta par la suite avoir vu le visage du médecin se violacer, sa tête s'allonger en œuf & son cou enfler deplusenplus ; pour finir le médecin apostropha la femme enceinte, n'était-elle pas en train de perdre-les-pédales. Là, l'irréductible-Réfractaire préféra alors faire profil bas & se plier.

L'enfant vint d'ailleurs au monde par césarienne, et jusqu'à Aujourd'hui, quand on interroge Corinna sur la naissance de sa fille, elle répond avec une conviction-inébranlable : *–J'y ai !pas assisté.*

–?D'où vient alors le surnom *La Crêpe* donné à la petite.

–Eh bien : 1 soir, c'était le jour de son anniversaire, j'avais été invité chez elle. Le nourrisson d'à peine quelques mois devait s'endormir, mais il réclamait & criait. Il était tard & Àlépoque, à la fin des émissions de la chaîne-de-télévision A-eR-Dé, on jouait la version courte de l'hymne-national. *Aïe-Nichkaït-ouhnd-Rächt-ouhnd-Fra-hi-haït führ dasse doïtsche Fa-Tä-här-Lahnd* – Corinna sortit de son lit le bébé qui criait, ayant pris soin au préalable d'étaler un bavoir sur son épaule gauche, & debout devant la télévision dans la lueur-de-l'écran gris mat, la tête de l'enfant appuyée contre son épaule gauche, grands yeux irréductibles é nez allongé, elle chanta à voix haute l'hymne jusqu'à la fin. Les cris cessèrent, la petite vomit, puis s'endormit. Et Corinna s'étant laissé dire par-Onnesaitqui que de-temps-à-autre il est nécessaire de changer la position des nourrissons=couchés-dans-leur-lit, elle s'y attelait jour&nuit, un œil rivé sur l'heure, ajoutant ce commentaire : – *Je vais faire sauter la crêpe.* – Un soir, pendant les courses, quand Laura devenue une petite fille, tirée à travers les rues contre son gré dans la hâte & en silence par la main de sa mère, voulut s'adresser à la pleine lune comme à sa seule é Uniqueconfidente, remorquée par Corinna dans un magasin, Lenfant aux pas trébuchants s'écria brusquement en direction du disque froid suspendu dans l'obscurité du Ciel, ses yeux de fillette débordant de ferveur : – *!Lu- !hune : sois pas !tris-!te, ce ne sera pas !très !long.* Oui, c'étaient déjà les grands yeux irréductibles, la tare=familiale, le défaut de tissage. – Ces histoires sont vraies, tu vas rire.

–Je ne ris pas. Mais sur ce sujet sérieux que sont l'Amour é la Mort – en supposant que ce soit là 1 thème sérieux et pas phallacieux – j'ai 1 histoire drôle à te raconter, avant que Lanuit s'achève – tiens, voilà que le clocher sonne de nouveau 13 coups : ding ding deng dong – !Écoute comme les cloches bégaient ; – à Francfort, l'église suit les cours-de-la-Bourse par ses écarts&fausseroute.

Donc : mon histoire de l'Amour sera plus courte é: n'a rien d'une fiction. Un pur exercice d'observation : la parade d'amour des bousiers. Je les ai observés sur un chemin sablonneux.

Et se met à raconter pour la nième fois son Histoire d'amour Préférée. –Madame Bousier trottant en tête, Monsieur à coller derrière, & leurs courtes petites pattes trottinent & s'empressent comme jamais. Parfois Monsieur tentait de grimper sur Madame, – Madame ne Le tolèrait pas. Dérobade & Embrassade c'est !elle qui dispose ; il n'y a que les Imbéciles=Qualifiés pour se figurer que ce sont !eux qui entortillent les-femmes. – Que faire alors : dérobade, refus chez=elle ; hésitation, attente, traîner en queue, découragement, Monsieur=prêt à renoncer. Mais !Elle ne le tolère pas : s'il traîne trop longtemps & trop loin derrière elle, elle attend. Fait même demi-tour parfois pour le retrouver – pour l'encourager – & ça continue : elle devant, lui derrière trottinant piano – comme toujours. Et Ça continue – présentement à travers l'herbe dense, cahin-caha par-dessus de petits bouts d'écorce & des gravillons, tous les deux doivent maintenant s'efforcer ensemble de traverser Dense&Clairsemé. Le travail, c'est l'espoir & une promesse d'Amour : oui, – mais en dehors de l'espoir, ça continue toujours comme avant : elle devant, lui à coller derrière é: impossible impossible de l'approcher. –

–Dis-moi, pourquoi tu me racontes cette minable-histoire de bousiers pour la nième fois. ?Serait-ce une allusion à quelque chose peut-être. ?Suis-je visé. –

Photo 56	*Les parents de Johanna, Ursula & Henry, le jour de la confirmation des jumelles Pauline & Waltraut, Gumbinnen, 1924*

Mais il se sent de nouveau en-verve & il a en plus décidé de me gâcher unefois=pourtoutes l'occasion d'en placer Une, & c'est pourquoi il poursuit sans se laisser perturber son histoire d'amour-de-bousiers : –Tous les deux se retrouvent finalement sur une allée réservée aux cavaliers. !Effectivement : il ne se passe guère de temps & un cheval noir arrive au trot. Les sabots de Thanatos creusent des cratères dans le sable –, les bousiers manquent de peu d'être écrasés. Mais seulement de peu. Le cheval s'est éloigné, les bousiers empotés ont survécu, corps bombés ils roulent au fond des cratères sableux, chacun dans le sien. Immobilité, essoufflement, attente. Enfin gigotant&creusant ils se hissent à nouveau hors du trou, chacun pour=soi. Mais ils se sont perdus de vue. Nostalgie. Désir. Tristesse. Il faut continuer malgré tout – remonter la pente du cratère – inlassablement. La vie continue. Les voilà tous les deux sortis du trou, sur le bord –: ils se revoient l'un l'autre ; !joie : lui se précipitant vers elle – et ça continue. Comme toujours : elle devant, lui à coller derrière, trottinant balin-balan sur le sable. Ils ne traversent pas l'allée des cavaliers mais la longent – toujours au fil du chemin crevassé, persévérants, de cratère en cratère, – et s'il se trouve trop longtemps loin d'elle, elle attend, fait parfois demi-tour pour venir le retrouver. Et ça continue – toujours&encore de la même façon –.– C'est alors que je suis parti. Dans une autre direction que ces bousiers remplis d'amour. Eux aussi s'en iront –, jusqu'à ce qu'un jour les sabots assènent le coup final. Le mieux serait qu'ils soient touchés en même temps. Finito Rastelli[43]. Personne à demeurer é Personne à pleurer. Mêlé aux odeurs de transpiration de chevaux évanouis, le parfum de l'amour flotte encore pendant 1 long moment en cette heure d'une fin d'été. Et l'avenir le drame du satyre-puant[44] : dressé par congestion. –

Rire pâteux & sinistre, le court lambeau de voix est taillé dans le Cielplombé de Cètenuit.

–Le passé est aussi l'avenir. – (Entends-je dire la voix de cet homme, mon « fils », tout près, ayant retrouvé la-confiance=en-soi & se figurant dans son Vieux-Droit.)

–À propopotin avenir. Puisque tu pars pour l'Amérique : ce qui de notre passé est le présent Là-Bas sera bientôt notre avenir Ici. L'esclavage en tête. Il ne disparaîtra !jamais, il se contente de changerdeforme=enpermanence é: ressemble souvent à s'y méprendre à la Liberté. La peur d'un grand nombre de Contemporains devant le Temps-Présent culmine déjà à un tel sommet, qu'ils ne désirent qu'1 chose, le drame satyrique : 1 déversement de rires, rien de plus, & terminé. Aussi l'avenir appartiendra-t-il à ceux qui sauront mourir-de-rire. –

Soudain un coup de vent balayant le fleuve couleur de plomb, – par-delà toutechaleur & touffeur les extrémités des doigts perçoivent subitement dans ce courant d'air venu de Lanuit la fraîcheur si longtemps attendue, comme un étranger qui nous fait sursauter. La tempête mugissant en vagues dures de l'océan nocturne, un puissant rugissement caverneux dans l'air jusque-là soudé à la chaleur tenace. Vacillant au cœur du bloc céleste 1 première réverbération brillante, des éclairs colorent de brun les nuées plombées. Au-dessus du fleuve les rafales soufflent, leur front ceint d'acier –

Mais le déroulement de la conversation tout au long de cette soirée est décevant, elle a du mal à avancer. Dans la mesure où tu-es-venu=me-voir à !ma demande (jamais je n'aurais pensé la voir exaucée) sans que cela réponde à l'une de tes dérobades=fugitives, mais découle de ton désir inconscient de te ré-concilier=avec=moi –, fuite ou réconciliation, tu n'auras réussi ni dans l'une ni dans l'autre. Même avec mon histoire d'amour, je ne suis pas parvenu à te piéger ; je dois me risquer à aller plus loin, plus près du Précipice = du grand Centre obscur où tombent tous les masques.

–Père. Je vais te confier un secret maintenant ; je vais rompre une promesse faite à ta bien-aimée Henriette. Aujourd'hui, elle ne pourra ni m'en tenir rigueur ni me le pardonner, les morts n'ont rien à dire. Il y a 4 ans, quand j'étais retourné=chez-vous, gémissant & suppliant après avoir quitté de façon « dé-libérée » ma femme & mon-foyer, Henriette était déjà malade. Incurable, elle le savait. 1 soir (à cette époque tu t'absentais souvent, probablement en raison de ma présence-importune) elle m'appela dans sa chambre. Avec des phrases simples, raisonnables elle me parla de sa mort prochaine – et évoqua aussi sa Grandepeur de Souffrir..... Cette souffrance précèderait longuement sa mort, se répéterait, de plus en plus fréquente & douloureuse, é !Cètesouffrance, dit-elle d'une voix neutre, elle ne La supporterait pas. Bref, elle m'indiqua le nom du médicament, un produit destiné à faire baisser la tension, & aussi l'endroit où je Le trouverais dans ton armoire à pharmacie. Elle me tendit la clé, & dans l'heure même, je lui apportais le médicament désiré. –

Caverneuse & mugissante Latempête chamboule le bloc d'air chaud – arrache des vagues au fleuve, leurs sombres corps nus venant éclabousser les murs de la berge & sonnant creux contre le plat-bord du bateau à moteur – \ avec fracas des dents de feu, de vives coupures de rasoir, entaillent l'abîme céleste nocturneprofond – comme haut projeté par la peur humaine, le groupement des grandes tours des buildings dans le jaune vif des flammes rien qu'un vacillement une oscillation un tremblement semblables aux aiguilles sur les cadrans du Malheur et de leurs nébuleux poings serrés noirs les coups de tonnerre viennent frapper la ville. \ –

–J'ai toujours considéré qu'aider quelqu'un à mourir est la forme supérieure de secours qu'un individu puisse apporter à un autre individu, dès lors que celui-ci supplie celui-là de traduire en acte l'aide proposée. Henriette m'exprima sa requête avec des mots empreints d'une longue & mûre réflexion ; on n'y percevait ni désespoir ni panique, rien d'une naïveté gémissante, – voilà un-moment déjà qu'elle semblait avoir fait le point avec elle=même. Il ne restait plus qu'un dernier pas à franchir. – – Mugissements Danlair – Tumulte – Poussière & chaleur tempétueuses jetées sur le fleuve – \ brunes Lesnuées à la lueur de l'orage. Au cœur de Lanuit un bourdonnement enflant&désenflant, mauvais les sens vont s'égarer comme un courant à haute tension dans une lourde obscurité brûlante – –

–Henriette cacha les pilules ; elle s'accorda un long moment avant d'absorber le médicament, elle n'était Plus Pressée maintenant, elle avait déjà triomphé de..... La Souffrance. Désormais elle pouvait être tranquille.– J'avais quitté votre maison depuis longtemps, ma tempête conjugale s'était calmée, comme tu sais. C'est à ce moment-là qu'Henriette avala son médicament en Surdose. Elle savait que, atteinte d'une maladie du cœur, une mort par arrêt cardiaque n'aurait rien de surprenant chez elle. Il serait difficile aussi d'établir le lien de causalité avec Le Médicament, tout comme passeraient inaperçues quelques boîtes manquantes de cette Préparation Très-Ordinaire. – Ce fut, Père, la deuxième = Nuit la plus longue des pilules blafardes. !Cètefois je fus mieux conseillé qu'il y a Trentans ; je réussis toujours mieux avec les autres qu'avec moi-même. \

\ Éclairs \ – Tonnerre, le mélange noir de la haine qui fermente sous l'action conjuguée d'échauffement humain & de passion-destructrice – ?!àquoibon Unciel, imaginé par les hommes, s'il ne servait pas de réservoir collecteur de la folie=humaine – maintenant venant s'abattre de la Nuit Céleste sur la Nuit Terrestre sous la forme d'une macération grondante lâchée par un ciel débordant d'histoires des Ténèbres –

–!!Qu'est-ce que – tu – as !!??fait. –

Rafales de vent – Tonnerre – \ Lueurs d'éclairs : quelques secondes durant la silhouette de Francfort et ses stalag-mites=d'édifices-bancaires clouée contre les nuages \ – Levent mugissant –, feuilles&poussière soufflent sur le chemin de rive –

–C'est vrai que je n'ai pas souvent été là ces soirs-là. Pas à cause de toi. – Sa voix hurlant contre moi, contre Latempête. –Mais parce que j'allais voir un collègue médecin. Un spécialiste en cardiologie. Dans le but de m'informer s'il existait ?peut-être un espoir & un moyen d'aider Henriette. Ce collègue voulait lui trouver 1 place dans une clinique spécialisée en Bavière. !Cesoirlà – ce !devait être exactement=!Cesoirlà – il me remit les formulaires nécessaires. Je comprends maintenant pourquoi Henriette a hésité si longtemps à les signer. Et je sais maintenant !pourquoi depuis sa mort j'ai le sentiment que ce n'est pas elle, mais !moi qui l'aie abandonnée..... \ Éclairs \ – Tonnerre, rafales de vent lambeaux de feuilles poussière –, – !?Qu'est-ce que tu as fait. – mélange noir –

Et prend le fils au collet (père é: fils se touchent pour la 1re fois), qui s'arrache des poings paternels, & s'éloigne en courant – le long de la berge du Main, poursuivi par le père, vers le groupe des Inconnus. Voilà un bon moment qu'Ils ont un œil sur ces deux hommes. Mais les Inconnus ne redoutent vraisemblablement que la douane & la brigade des stupéfiants, la police de l'immigration ou des bandes rivales ; ces deux hommes haletant fonçant sur leur groupe un vieux chien bondissant désespérement au milieu d'eux & ses jappements qui semblent implorer la paix é le silence, ils les trouvent juste comiques. Auc-1 de leurs ennemis ne se comporte ainsi. Auc-1 adversaire ne ressemble à ça. Mais la Vie Quotidienne de ces Inconnus ignore le comique & l'humour : les silhouettes forment une barrière en travers du chemin, \ éclairs \ des visages surgissent de l'obscurité, auc-1 ne paraît avoir plus de 30 ans – \ les éclairs \ découpent avec une précision métallique leur vision sous la lueur instantanée : cheveux sombres, coupés courts, fichés sur le crâne comme un béret de parachutiste \ peau méditerranéenne, rangées de dents blanches, blanc le scintillement des globes oculaires, \ un des hommes tient 1 batte de base-ball dressée lumineuse comme 1 point d'exclamation –

\ Ténèbres. Le bateau décrit 1 demi-tour serré & déguerpit vers le milieu du fleuve, moteur vrombissant & grande vague de proue, – hurlements de colère jaillis du groupe, gesticulations de bras \ éclairs \ tonitruements gonflés de syllabes acrimonieusement acerbes & écrasées comme un couvercle de conserve dans un bruit torturé de ferraille sur le pavé – \ éclairs éclairs de touslescôtés à la fois \ en craquant le tonnerre cogne contre le mélange noir du ciel. \ – Par une large fente dans la nuée tel un bras enflammé le feu de l'orage vient frapper, comme si derrière la nébulosité compacte bistrée brûlait l'édifice céleste tout entier –, ça va péter, et Lefeu s'abattra sur la terre oscillante. Cètenuit est peut-être la fin d'Unelonguepériode qui semble concentrer en une forme sombre roulée sur elle-même Tout ce qu'en elle on a nié, brûlant de l'intérieur, é « le fils » est redevable à ce feu de sa lucidité vivante, de son esprit-volontaire qu'il brandit, qui s'égare justement Ici&Maintenant, à l'instant où Lefeu, au stade de sa violence suprême, se tait à nouveau, s'éteint, – donne dans son éclairage résiduel Un Nom au noir nocturne. \\

Et, dans les quelques instants qui précédent, l'Ombre glaciale:àsebrûler de la Peur projette en éclaireuse sa silhouette grotesquement=déformée – \ Éclairs : 1 seconde de lueur vive fait voir 1 endroit rouillé dans le grillage clôturant le chantier naval, une toile d'araignée déchirée \ Pas piétinements piaffements bouts de phrases d'Inconnus passionnées & chauffées à blanc pareilles aux aboiements de molosses à la gueule trop pleine de bave, cela ne s'adresse pas à lui, au vieil homme qui, bondissant tel 1 ressort après l'homme plus jeune, tente de l'empoigner, – Pazunregard jeté à l'endroit où sa colère le précipite : devant la barrière des Inconnus, visage & corps ressentent l'onde de choc, l'atmosphère remplie de haine en un bloc compactée, qui vient cogner contre visage&corps avant même que l'œil n'enregistre la lumière vive, la batte de base-ball, le point d'exclamation ! – que le chien é ses aboiements suppliants cherche à sauter entre les combattants, rate son bond, se prenne le coup porté par la batte retombante, qui à l'animal n'était pas destiné, un tourbillon vibrant dans l'air faisant voler en éclats le bloc de chaleur –,

Uncri :

– !!!MAAAKS –

et le jappement d'un chien dont on fracasse la vie, plus humain que le Dernierson humain – é condamné à mourir comme s'il était en Cètenuit devenu créature humaine. Puis le père, en essayant d'empoigner à nouveau le fils, tombe contre la barrière physique des Inconnus, un autre tourbillon vibrant dans l'air – Sifflement – ! : Éclatement violent & puissant dans le crâne de la rage ressentie, Unvisage venu de Trèsloin semblable à un immense pendule oscillant de plus en plus près – Unegueule, grande ouverte par un cri, des dents plantées de travers telles des stèles de vieux cimetières, on dirait une Énormebête du Déluge venant à l'instant d'engloutir un cimetièrentier, des restes de sépultures entres ses dents épouvantables – Unvisage avec des mèches de cheveux gris-roux collées autour

– Je sais qui tu es « fils » : c'est toi –

Bloqué par la Barrière-des-Corps le fils fait volte-face, empoigne le père qui fonce, et le balance contre la colère furieuse des Inconnus \ ! : Le battement d'1 seconde, Lefracas comme un déchirement de tôles, é Tout ce qui fut 1 vie, détruit, explosé en milléclats.....

Soit enfin la fin d'un Longété, fondu comme un métal en fusion ; il ne Le voit pas, ce qui se mélange avec la terre au sang de sa tête éclatée, il ne La sent pas – Lapluie. Dans cette ville en Cètenuit, le vieux Georg Adam gît là, assommé. Le vieux *(repose en paix)* mais pas l'entier.

Sur le chemin de rive 1 moineau, mort, son petit bec grand ouvert. Peut-être étouffé par la Grossechaleur des Jours&nuits. Vent & averses ébouriffent le plumage de l'Oiseaumort. Les rafales soufflent plus fort sur le fleuve –, déchirant le carillon d'une nuit en son déclin, – si bien qu'Aucunhomme n'aurait pu dire le nombre de coups frappés.

Les murs gris des averses cernent la ville. Grande est Lapluie – – –

28

Photo 57

(photographie arrachée, partie centrale conservée : devant 1 bois de pins un groupe de soldats allemands avec des femmes & des enfants, debout & accroupis ; au centre de la photo : Pépé Henry en uniforme ; lieu : inconnu ; époque : Première Guerre mondiale)

Inapte à la vie
Inapte à l'amour
Inapte à la réflexion
Inapte au travail
Inapte à la joie
Inapte au plaisir
Inapte à la fréquentation des hommes
Inapte à être soi-même un homme
Vivre – une blessure
Des plaies, aucune jamais refermée
Et chaque plaie rend infirme.....
Tu devrais être mort
Tu voulais mourir é: tu es
Inapte à la mort
Tu dois perdurer encore
Perdurer tu dois
Autrement

Deuxième Livre

LE RIVAGE DES CIMMÉRIENS

Photo 58 *En plein champ : inauguration d'un monument aux combattants ; des hommes en uniforme, des civils, tous le dos tourné au photographe, rassemblés autour de l'orateur : un vieil officier portant une moustache en croc (le seul face au photographe), des soldats coiffés de casques à pointe devant la pierre blanche dressée, de la forme d'un lingam & décorée de couronnes de lierre : ciselée ¾ du sommet et pareillement ceinte de lierre, La Croix de Fer, lieu : inconnu, époque : probablement avant 1916*

Plus bas. Toujours plus bas. Encore plus profondément. Battu. Assommé. Fracassé. Unenuit de PluieTerreSang –

Gris cendre le visage de l'homme assommé ; dans l'obscurité & sous la pluie battante un visage comme 1 créature en soi, claire é frissonnant doucement sans sa peau, on aurait dit une chose nouvelle-née scintillante é pâle dans le clignotement bleu du véhicule de secours, voilà Ce que remarqua le secouriste : –!Dieuduciel il !respirencore. – Et se penche vers le corps allongé par terre. –!Respirez !Respirez – ?Vous m'entendez. ?Vous me comprenez. !Regardez-moi : Là : !Suivez des yeux le rayon lumineux – ?Vous entendez – !Suivez des yeux le ray –

–Arrête de jouer Audocteur. Surlebrancard & !ouste. – :Dixit le Secouriste-en-Chef à son collègue. Ils sanglent le corps sur un brancard qu'ils introduisent dans le véhicule de secours comme dans un four, – direction le centre hospitalier universitaire, quai Theodor-Stern, admission en urgence au service de traumatologie, – il se situe à quelque cents mètres seulement du Lieu-de-l'Infraction. –C'est pas souvent qu'on a la viande livrée direct sur le pas dla porte. –

Il pourrait Y survivre, l'homme battu, assommé, l'homme fracassé. Il aurait une chance de continuer à vivre, ça ne se présente pas si-mal. Mais a-t-il ?envie de : ?continuer, de ?vivre. –

Père é: fils – 2 hommes dont les-policiers qui depuis-des-heures Cètenuit-là observaient le groupe de trafiquants de drogue sur la berge du Main remarquèrent la présence & crurent dans un premier temps qu'ils appartenaient à la-clique, que ces deux-là étaient des *contacts,* – pour déduire très vite que cette rencontre était une pure coïncidence ; – mais ce tumulte ensuite – ?chute du Vieux ou poussé ?intentionnellement dans le groupe des trafiquants remontés (:point à éclaircir, on finira par savoir, !padpanique –) : !Horrible ce coup de batte surgi de la mêlée – On a prévenu les-secours par la voiture radio. –

À leur arrivée & à première vue, les yeux de l'homme étaient encore grands ouverts é conscients – s'y précipitait encore Tout ce que Lanuit avait généré d'images accumulées, enflées de violence é de colère aux contours vifs tranchants, et des créatures quadrangulaires qui tressaillaient dans la lumière bleu-blanc se penchaient sur lui, lui parlaient. Leurs voix lacérées bruissantes sous la pluie – impossible de comprendre. Puis des coups & des à-coups & hisse & boum & hoplà!cépartimonkiki : tulutute tulutute : en position couchée dans le tunnel bétonné direction le CHU – portes ouvertes, brancard empoigné, petites roulettes à fond de train sur béton&carrelage, la porte : une gueule carrée distordue vitrée, largement béante – défilé de néons, portes d'ascenseur ouvertes|refermées, plus loin, plus bas, descente au sous-sol, faut faire vite=trèsvite !Dégagez !Vitevite !Admissionenurgence !Médecin de garde !urgence !vitevite ! !çaUrge – plus bas toujours plus bas plus profondément – !Expédié : vers Lalonguenuit, disparus les yeux des projecteurs, la morsure de la lumière, les images vivantes peu à peu éteintes en fondu rouge, morsures menaces coups – tous poings toutes dents tous regards – évanouis. – Fin du tunnel, puits de descente vers les fondations.

Plus bas. Toujours plus bas. Plus profondément. Battu. Assommé. Fracassé. PluieTerreSang. À présent l'on aborde au Rivage de la Nuit, –

au seuil d'un étrange Pays des Cimmériens : très loin sous les bâtiments à plusieurs étages de l'hôpital aussi lourd qu'un rocher, des couloirs s'étirent vers le labyrinthe des sous-sols. Conduites & gaines épousent les plafonds bas, accompagnent les étroits passages chauffés éclairés en permanence par les néons d'un Lointain de jours blafards = de nuits blafardes au milieu des émanations suffocantes de la désinfection. Parfois d'étranges borborygmes de tuyauteries : frappements coups métal:contre:métal, on dirait 1 supplique de prisonniers en α-bet-morse, puis des grésillements ressemblant à des complaintes, comme si des voix humaines s'égouttaient des nombreux étages de misère & de souffrance dans un intarissable ruissellement à travers les différents niveaux jusqu'aux fondations de l'activité effrénée, où personne ne les entend : empilé étage sur étage le combat éprouvé de la Chair contre les chairs blessées & la Mort. Passé présent avenir. Lieux où s'éteignent les noms de Chacun. Les courants y affluent extraordinairement – –

➞ – – Qui a survécu à la-Dernière-Guerre n'est plus dans-la-vie Aujourd'hui[45].

Alors que rien ne fut moins secret, plus manifeste que les préparatifs de cette Dernière-Guerre, mais c'est exactement=là que se situait le problème : rien n'est mieux caché que ce que l'on montre quotidienne=ment à tout le monde de manière claire – via les radio télévision presse internet –, ainsi le donné-à-voir paré de ses couleurs ultra criardes & de son vacarme-assourdissant rend-il aveugle, sourd, privé-de-conscience. Toutes les ½ heures le cours de la Bourse valant communiqué du front, suivi de la météo (:d'un grand intérêt=général) & d'un temps pour-le-répit : de vieux films : assortis de tonnes d'hécatombes à voir à entendre : Unmonde=en-armes, gouverneurs-de-vies, massacreurs galonnés aux manches retournées le pistolet plaqué contre la tempe du prisonnier – 1 coup tiré : 1 geyser de sang / image suivante / l'immensité d'un matin, clémente é scintillant sans malice sur la douce pente courant vers les prés, étoilée de rosée comme dans les chants antiques quand Pan foulait la terre, à la rencontre du Plein Midi – / des wagons de marchandises quadrillent le paysage, caisses noires bourrées de gens, réfugiés blessés déportés, bêtes=humaines destinées à la mort & à la destruction, ils tendent leurs bras nus à travers des ouvertures armées de fils barbelés

– ils se lamentent ils !crient – ?Quoidonc : personne ne les comprend car tout le monde connaît ces appels, – trop souvent entendus ces images trop souvent vues, *on est chez-soi où trône la-télé* – les yeux les sens aveuglés par son *chez-soi* & sans cesse absorbés rendus muets par l'écran, comme la terre absorbe le sang des Tués é emporte la chair déchiquetée des Exécutés – *Regarde si yapas ôte-chose* – histoire de dégager quelques cm^2 sur l'écran pour faire place à la publicité & à la *comedy.* De vieux films, des histoires éculées : chauffage radiant & assurance privée réchauffant le cœur dans une maison tt conf. ; de détention-agréable : ils y purgent leurs-années ; disent qu'ils aiment leurs-enfants leur-chien & ont le sentiment-du-beau. Alors par ici la télécommande – *remote control* – baguette magique & dernier visa pour l'évasion-finale ; il n'y a plus que le téléviseur au service de la profonde déhontification collective pour faire écran entre soi & la reconnaissance lucide é consciente de sa propre connerie, l'ignorance=informée environnante, le goût perverti, la perception arasée dans le marc des télénovellas, cet édulcorant des ghettos des ⅓ & 1ers mondes..... Les sens anesthésiés, toute honte de soi chassée (car qui éprouve de la honte a encore une faible idée de sa propre insuffisance) & de l'écran passé sous la presse à emboutir C'est-toi=&=C'est-bien-comme-ça, ne ressentant plus que du dégoût pour son Moi d'avant, lequel, c'est à peine si on s'en rappelle, savait desserrer les lèvres en sarcasmes moqueurs face aux jolis rêves du Vouloir-Tout-Niveler – Aujourd'hui transposé dans ce territoire incertain entre fanatisme & affliction et abandonné là : Barbarus novus, le Héros Nouveau en surpoids & au cholestérol élevé : Ce Phénomène n'est apparu ni dans les déserts reculés ni dans les jungles ni sur des îles lointaines ; sa Solution Mère a nagé dans les cuves chauffées par le chauffage central des bâtiments-urbains à-l'échelle=mondiale, elle a profité dans les-bureaux & les-administrations : c'est là qu'il est né, Barbarus novus – regorgeant d'éclats de langues étrangères & néanmoins limité dans son expression, plat de sentiment, dépourvu de réflexion –, chournaux-peep-pôles & sondeurs-d'opinion l'ont retapé, nourri de chiffres grandioses, 1-immense=consentement de plusieurs mille ions, animés d'une même volonté = d'une même joie, occupant le-monde 1 x par an pendant 3 semaines au titre de populace touristique bêtificiant d'une réduction *& !toujours=tout-con-pris.* – Ils avaient besoin d'anges gardiens de la dignité, or ils n'en ont pas, ni d'anges ni de dignité : les stratèges de publicité & les sorciers guérisseurs inoculent les-réflexes, les jours de Fêtes Nationales & aux Cérémonies Selectauxlarmes les politiciens partent à la pêche aux Voix comptabilisables Enfoule=Enmasse pour prendre un bain de sottise..... –

Et soudain LA GUERRE.

Dont bien sûr personne ne savait qu'elle serait La-Dernière ; – à en croire les faits & les formules elle éclata dans le monde-ouvrier, se fit passer au-début pour conforme-à-l'époque=proche-du-Pouvoir avec ses fanfaronnades mélangeant économie=crise=armée=protectiondela biosphère=publicité : La-Dernière-Guerre sortit des-écrans & défonça portes é cloisons, !brusquement l'horreur tambourinait sur les-villes par-tout=danlemonde en même temps : sur Shanghai Moscou San Fransisco New York Pékin Le Cap Berlin – des feux inextinguibles..... des crues impossibles à endiguer..... Déjà le premier million de morts : ils étaient *!vraiment=par-Tout.* Dans le déploiement de combattants pour former le défilé mortel du carne-avale mondial : tough α-guys aux mentons en casse-noisette & American spoken comme empreinte linguistique globalisée, affalés sur des garnis-tours-en-cuir noirs dans des apart-ments éclairés de lumière douce, entre leurs dentitions blanches des plans=de-mesures-nominatives martialement broyés dans les microfones ; momuments-d'Ego dressés haut dans leciel=carriériste tels des cathérales de soi=même, pactes, traités, contrats, – déchirés en un tournemain, – les accords, balayés des tables comme on essuie des flaques de bière renversée, le Surplus en gardiennage & Garde nationale poussé devant les portes des usines & tenu en=échec danslesrues par des fusils tenus-en-joue (petites roues superflues dans le mécanisme-des-Bourses habituellement bien-huilé : *capital humain improductif* : copié par de Para-Humains élèves=de=Maque=Kinsey) ; à l'opposé les comptes-de-holdings affichant des sommes vertigineuses de chaînes à chiffres astronomiques, la structure-génétique de l'Argent, prélevées sur les instabilités financières & transférées vers des banques virtuelles=sûres : *Share Holder Value* comme *Throat Wobbler Mangrove,* les rêves des anarchistes vont manifester : le-capitaliste devenu à présent le plus grand destructeur-de-capital, son meilleur cloune réalisant des profits gigantesques (en toute confusion=virtuelle, en toute transparence=légale.....) ; pendant que des marmotteurs au verbe enchristé apparaissent sur les chaînes de télévision, grimpent l'échelle céleste vers la macsimisation du profit & essaiment des lutins-valeurs agitant des lanternes sourdes destinées à la capture morale des mites (l'arrière-garde chargée de rassembler & ramener aux vertus occidentales les Dispersés qui depuis les échauffourées & pogroms du début du 21e siècle divaguent en No-made de-secte-en-secte entre krétienté é: islam), tandis que les Gardiens du Graal de la rigueur des mœurs, tels de fastueux ténors décatis, & des cardinaux baignés de l'odeur de leurs boules à mites observent de derrière leurs vitres-opaques, les mines graves, & mettent en garde d'une voix fulminante contre la menace toujours grandissante de voir disparaître-les-valeurs –

MAIS ?!D'OÙ SURGISSENT SOUDAIN TOUSCESMORTS DES CADAVRES DES CADAVRES CES MORTS HORRIBLEMENT MUTILÉS

!Incroyable. !Incompréhensible. Comme si d'archaïques ciels avaient soudain fait pleuvoir des malédictions faites de Chair, une pluie rouge sang tombée de contrées sauvages d'un silence inquiétant d'une puissance incommensurable, de dimensions totalement inconnues. Jamais Aucun des-Nouveaux-Héros=devant-les-écrans n'aurait cru que quelqu'un puisse *!réellement* en vouloir à la-vie – *la !vie la !vie : oui ?c'est quoi au juste,* ils clignaient les paupières en sirotant une nouvelle gorgée de cocktail sucré – ils n'y avaient pas cru, désormais ils étaient forcés d'y croire. Brusquement & subitement : la vie – terminée, perdue. Et ensuite : du Mort entassé sur du Mort, un abattage soumis aux pires débordements jamais vus jusque-là, LA GUERRE mugissant à travers les-villes=Dumonde Unhiver étranglant entre les mâchoires de son étau de fer le Printemps de la Paix –. Une désillusion d'un froid galactique : ce qui a été revient, Rien n'est jamais surmonté, & ce qui naît n'a pour avenir que la Mort. Les Écharpés, les Gémissants, les Mutilés dans leurs mares de sang. Des bras Naguère décharnés par la faim levés avec colère pour tracer sur les murs brûlés le bouleversant Sinistre-Présage *Plus jamais la guerre !* –

L'écriture n'a pas tenu longtemps sur le soubassement friable. Éffritée, émiettée à peine la peinture sèche, & avant même que par une volonté insolente l'Oubli ait le temps d'effacer toute mémoire avec ses pattes blafardes. – Rêves d'après-guerre, leurres de Paix..... Telle fut la-Fin – tel est le-Commencement : beaucoup crevèrent comme des chiens, beaucoup sont appelés à suivre le même chemin.

p. 397, Photo 64 →

29

Photo 59 *Horticulture Zobel, dans la serre, devant une multitude de plantes en pots fleuries, des palmiers d'intérieur aux larges éventails é des fougères, Radnitz, probablement 1919/1920*

ILS le tiennent. Sont venus à bout de son mutisme.

Immédiatement après son admission dans cet hôpital le Patient Georg Adam fut transféré au bloc, en neurochirurgie, – nous avons failli le perdre. Uncoup porté par un lourd objet contondant (batte de baseball) a fracturé l'os pariétal gauche du patient, provoquant 1 fissure de la dure-mère. La partie endommagée adhère difficilement aux autres os du crâne. Lecoup porté avec la batte avait provoqué un Traumatisme Crânien Grave, les soupçons d'un important épanchement de sang intra crânien se confirmèrent. Pendant l'opération, Il fallut procéder à la trépanation complète d'une partie importante de la boîte crânienne (os pariétal gauche), celle fracassée par le choc, afin de limiter les risques d'hypertension=élevée du cerveau. La partie trépanée de l'os pariétal a été conservée par congélation (Avant, en vue de leur conservation, les parties à réimplanter étaient cousues dans l'abdomen du-Patient) ; comme cela se pratique couramment, la partie trépanée devant être réimplantée une fois passée la phase critique. Intervention qui eut lieu 3 mois après le 1er traitement. – Dans les jours&semaines-précédents,

l'état général du Patient resta instable, il ne pouvait quitter les soins intensifs que pour 1 très courte durée. L'opérer durant cette phase aurait comporté trop de risques. (Nous observions ces changements d'état avec inquiétude.....)

L'état général du Patient finit toutefois par se stabiliser, l'Intervention devint possible, 1 semaine plus tard, le Patient quittait les soins intensifs. Depuis, il est hospitalisé en neurochirurgie, service 95, chambre 16, une chambre-de-2-lits réservée aux assurés du régime de base. De gros hématomes autour des yeux sur les joues sur le cou, les paupières enflées, presque closes – des traumatismes-courants visibles après ce genre de blessure. Le Patient est allongé, muet (à l'exception d'un faible gémissement et de ronflements quand il dort, je n'ai entendu Aucunson sortir de sa bouche jusque-là). Mais il semble que l'homme ne cesse de se livrer intérieurement à un travail des plus épuisants : ses globes oculaires convulsent comme dans les cauchemars, ses bras & ses mains tremblent se raidissent, comme s'ils devaient déplacer des rochers – à l'évidence, le Patient se bat contre Une Chose qui n'est pas près de lâcher prise. Fièvre élevée. Il vomit aussitôt toute nourriture – perfusions, goutte-à-goutte – il maigrit à vue d'œil, dépérit – sous peu, ce sera le collapsus cardio-vasculaire –. ?Sont-ce là les ?suites inattendues de l'Opération. Cette fois encore nous observons son état avec beaucoup d'inquiétude.

Tout aussi inexplicable est son incapacité de parler. ?Refuse-t-il=délibérement de se servir de sa voix. ?A-t-il décidé en=conscience de rester=muet – mais ?pourquoi. Alors que le Patient donne l'impression de vouloir parler absolument. Les globes convulsent violemment sous les paupières –.– Ce cas ?relève-t-il de=nous, les-médecins, ?ou de la-Police.

Durant mes études de médecine, j'avais lu les travaux d'un neurologue américain – un !éminent professeur dans=cedomaine, lauréat de grands prix, participant à la direction de brillants projets-de-recherche, pendant=quelques-années il fut 1 candidat pressenti pour le Prix-Nobel –.– Apparemment, & d'une manière aussi soudaine qu'imprévisible, ce chercheur s'était détourné de la médecine conventionnelle & avait suivi d'Autres Voies dans sa spécialité. Au début, Lemonde=des-spécialistes se montra en désaccord avec ses travaux ultérieurs, puis très vite les rejeta violemment. Danslemilieu, il passa rapidement pour un Renégat et un Faiseur-d'esbroufe obscur=subversif qui, friand de médias, aspirait à se faire une solide clientèle solvable, pour ensuite – toutes les supputations s'étant avérées fausses – n'être plus taxé que de loufoque complètement déjanté ; c'en était fait de sa renommée. – Ce professeur autrefois célèbre poursuivit Malgré Tout ses recherches & continua d'écrire. Et l'un de ses travaux abordait Un Sujet semblant correspondre exactement au cas présent : la perte – !apparemment – totale de la capacité de parler chez des patients victimes d'un traumatisme crânien grave. Après une série d'observations-auscultations pratiquées sur des patients de toutes origines & tranches d'âge confondues souffrant de ce traumatisme, notamment en mesurant l'électricité dans leur cerveau, ce professeur en concluait qu'on ne se trouvait nullement en présence d'une perte de la parole ; au contraire, ces patients semblaient parler de manière presque ininterrompue : chez eux l'aire du langage, il l'exprimait ainsi, s'apparentait à un chantier exploité en permanence, dire & contredire déferlaient en vagues montantes&descendantes – sauf que Cegenre de Patients n'étaient compris de personne=Ici-bas, car ils communiquaient – *quelquepart-Ailleurs (somewhere-else)*. – Suivaient des explications plus développées, tantôt d'ordre médical tantôt d'ordre philosophique – partant de la constatation selon laquelle la perception que l'on a de n'importe quel présent ne forme en aucun cas un Ici 1niforme, mais n'est que l'exacte concomitance reproduite par les couches-du-Temps les plus diverses, les plus finement découpées en lamelles – passées é futures. Ainsi les Patients souffrant de ce type de traumatisme seraient certes physiquement présents dans l'*Ici* visible, mais dans leur présent de communication réflexe, ils se trouveraient sur l'1 de ces lamelles-du-Temps, un peu comme 1 porteur de charge passe à un niveau énergétique différent en cas de variations du champ électrique. C'est sur ce phénomène connu depuis Plusdecentans que s'appuie finalement aussi l'électronique en utilisant les semi-conducteurs.

Le professeur évitait de mentionner la localisation exacte de cet *Ailleurs*, au début probablement pour ne pas être catalogué parmi les Obscurantistes de l'*Intelligent-Design*, ces implorateurs de Dieu et leur soif=dequerelle tenace de profètes catéchiseurs prêts à-combattre tels des Don=Kichote les moulins à vent des Temps Modernes, car le présent des individus est si infesté d'incertitudes de doutes de peurs, que la plus méprisable des psalmodieusités est accueillie avec joie, pourvu qu'elle brille de l'éclat du salut-prophétisé. Car si l'homme voit déjà son existence dans ce Présent traitée comme une masse sans valeur é en faillite, ce même humain tient au moins à tirer une-consolation de son *origine divine*, & se fiche bien de savoir si la cuiller à pot qui l'a créé est en or ou: en tôle émailée cabossée. – Mais c'est surtout pour 1 raison que l'auteur omettait de localiser avec précision cet *Ailleurs*, parce que cette couche-du-Temps, comparable au lieu de séjour d'1 électron, ne peut se décrire qu'à l'aide du calcul des probabilités.–

À l'époque, j'avais lu avec un vif intérêt la suite de ses travaux, qui paraissaient toutefois dans des journaux scientifiques de plus en plus confidentiels (car le Monde=des-Spécialistes veillait à ce que ses articles soient bannis des soi-disant publications sérieuses). Avec une grande curiosité, je m'en souviens encore aujourd'hui, j'attendais de lire le prochain article dans lequel le professeur promettait, à l'appui de règles d'expérimentation particulières, d'établir pour la !1re fois le contact avec ces couches-du-Temps grâce à un patient présentant le profil requis et dont les activités mimétiques pouvaient laisser supposer une communication intense *Ailleurs*. En admettant qu'un contact s'établisse réellement=dans-les-faits avec l'1=de-ces couches-du-Temps discrètes (dont le professeur était totalement persuadé de l'existence, et désormais moi aussi, après la lecture de ses travaux), la communication ne se ferait pas avec le-passé ou le-futur, mais on entreverrait à partir de cet Ici&Maintenant les conséquences ayant fait que ce qui est est advenu et qu'adviendra ce qui devra advenir –: Avant même la matérialisation de ce que ces expériences donneraient à voir : une découverte !incroyable. Sans qu'on ne parvienne toutefois à expliquer comment un individu atteint d'un traumatisme crânien puisse accéder à !ce stade de connaissance. (Le futur, né des traumatismes du passé, ?n'est-il possible qu'à travers des traumatismes collectifs.) –Description détaillée de l'expérimentation et discussion des résultats : l'auteur promettait Tout=cela dans son prochain article.

Mais d'article il n'y eut pas. La revue dans laquelle ce professeur avait dernièrement publié ses travaux avait cessé brusquement de paraître, Pluzaucun mot de sa part. Du-jour-au-lendemain son nom fut effacé du réel, comme s'il n'avait jamais vécu.

Cette réalité & plus particulièrement les théories du professeur disparu m'occupèrent encore bien au-delà de mes études. Cependant, le désir que je ressentais parfois de poursuivre les travaux dans l'esprit=de-ce-professeur & de Leur trouver des défenseurs allait vite s'éteindre devant l'armée de mes collègues=ici. Des médecins doués, remarquablement intelligents, au-sommet de leur métier artisanal ; rangés à gauche é à droite de l'étroite épine dorsale de leur spécialité – une ignorance d'acier trempé : *pas le temps pour ces conneries* – était l'1nique réponse que j'obtenais à la seule évocation du nom du professeur. J'avais en face de moi des ferblantiers sans humour du Chair&os, des actionneurs de treuils pris dans l'engrenage de l'Idiotie-spécialisée dotés d'un flair indéfectible pour le déviationiste – pour !lui les éclats de rire-des-spécialistes jetés à la tête du toqué, – ça remet chacun sur les rails=officiels, jarret-d'acier=droit-devant & regard fixé sur son droit à la pension. Quelle déception !énorme. (C'est pourquoi je reste seul=avec Mondésir.)

À peine sorti des soins intensifs & hospitalisé dans cette chambre, ILS se sont présentés & ne lâchent plus prise désormais : Nous=les-médecins & les-Autres=les-policiers. Avons attendu guetté armés d'une patience=toute-professionnelle que le-Patient ouvre les yeux, – tremblant s'y refusant, hésitant, absorbant en=lui la lumière inconnue, la lumière crue sans contraste : Lesquestions sorties de bouches flottant au-dessus de sa tête comme des trous noirs dans le jour ricochent en=lui.

ILS souhaitent obtenir divers renseignements : nous=les-médecins voulons connaître & contrôler son état. Eux=les-policiers le déroulement des faits dans la nuit du 29 au 30 août 2003. – Mais lui, le patient Georg Adam, reste muet. Cligne seulement les yeux, signe qu'il comprend Lesquestions. Lecoup porté ne l'a donc pas rendu débile. Mais il ne parle pas. Ne répond pas. Regarde fixement les bouches, les trous dans le jour, au-dessus. Attend que les trous se referment. Et se tait. – ?A-t-ON ?fait voler en éclats sa capacité de parler. Va-t-il la ?récupérer. Et ?quand. ?Ou sera-t-il forcé de vivre dans la ?stupeur le reste de sa vie. Dans une logopathie ?irréversible. – C'est ce que les-policiers veulent savoir de nous=les-médecins.

Nous nous donnons du mal. Tentons tout ce qui peut l'être. Demandons au patient s'il nous entend. Il cligne plus fort. Ce signe, nous l'avons compris entre-temps, est un oui. Nous l'avons soumis à des tests neurologiques ; R. A. S. En tout cas rien qui montre une lésion organique de l'aire du langage dans le cerveau. Nous laissons entrevoir 1 espoir. Sur quoi les-policiers renouvellent leurs visites, leurs questions. Peut-être croient-ILS à une simulation du patient. Il fait seulement semblant. Aurait ?Quelquechose à cacher. Car Tout dans le rapport du déroulement des-Faits, selon l'appellation des-Policiers de l'événement survenu dans la nuit du 29 au 30 août, ne paraît pas plausible : Quelque Chose, une zone obscure de l'événement, tracasse les-Enquêteurs ; Ils vont&viennent. Interrogent&interrogent.

Mais le patient Georg Adam se tait. Fourrage dans ses oreillers. Répond d'un clignement aux questions auxquelles il souhaite dire oui. Reste immobile si c'est non, les yeux bien clos. Ces signes prouvent qu'il comprend Lesquestions que lui=posent médecins & policiers. Comprend & se tait. Pour l'1nstant, ILS le laissent tranquille. MAIS ILS reviendront. Plus tard. L'espoir. Après tout il ne peut pas LEUR échapper. Ça prendra encore Unpetitmoment avant qu'il soit transportable & puisse quitter l'hôpital. ?Retour à Berlin. On verra. Ce serait mieux s'il restait ici sur=place. ?N'a-t-il pas 1 ?fils à Francfort, 1 ?belle-fille. Ils pourraient le prendre chez=eux. Reste à éclaircir. Sa sœur de Berlin est déjà venue elle aussi. A fait, comme elle l'a expliqué, tout=le-nécessaire. Pour après.

Un album de photographies.

C'est ce que la maigre femme âgée lui a apporté, au patient Adam. !Étrange petite attention pour un malade dont les yeux restent clos la plupart du temps. L'album est posé sur la petite table près de son lit, à côté d'un gros bouquet d'œillets rouge foncé au parfum épicé. Il pourrait l'atteindre sans difficulté. S'il le voulait. Jusque-là il semble ne pas y avoir touché.

Photo 60 — *Horticulture Zobel : dans une serre : une rangée de gros concombres accrochés à de minces fils de fer au-dessus d'une petite plate-bande, Radnitz, probablement 1919/1920*

Il y a quelques-jours, comme je lui demandais si je pouvais jeter un regard à l'album, il a aussitôt=ouvert les yeux et, les levant vers moi, m'a dévisagé de ses traits amaigris é rétrécis sous la grosse coiffe ovoïde du pansement : écarquillé au creux de cavités bleu hématome le regard fané d'une déception à-jamais-lasse. Comme celui que l'on dédie aux alcooliques retombés=en=alcool après une longue période d'effort. Mais son regard ne m'interdisait pas de prendre l'album. Pleines d'hésitation, mes mains saisirent le cuir écaillé en minuscules îlots, – j'avais la sensation de toucher du velours –. J'allais feuilleter les vieilles pages avec précaution, – quand le-bipeur dans la poche de ma blouse me rappela le prochain rendez-vous en-salle-d'Op. / Les prochaines Douzeheures de salle-d'op-en-salle-d'op, & partout le même spectacle d'une clarté électrifiée dispensant une lumière crue sans contraste, assistants infirmières regroupés autour des tables d'opération, chirurgiens aux mains prolongées de minces instruments le dos penché tournés vers des corps dissimulés sous des draps – le-centre-d'intérêt la plaie apparente –, éternelle-répétition heures=après=heures dans toutes les salles d'opération (jusqu'à ce que la Routine vienne aussi raboter mon regard, le mien, celui-du-Nouveau), une légère odeur douceâtre de sang & de produits désinfectants filtrant à travers les mailles fines du masque de protection respiratoire, à peine 5 minutes de pause, la bouche vite rincée du goût de désinfection d'une lampée de café brûlant servi par l'automate, une cigarette, – le-bipeur. Douzeheures&plus = une journée de Travail Ordinaire.

Souvent, pendant ma visite à la chambre 16 dans la journée, je vois ces deux personnes debout devant son lit : 1 petite femme à l'énergie=discrète, peut-être au début de la 40taine, aux cheveux lisses tombant sur les épaules (ça&là 1 mèche grise) ; se tenant le plus souvent derrière elle 1 homme aux cheveux gris-roux à l'habitus d'éternel étudiant. Farouches ses regards traversent l'espace, s'arrêtent sur l'autre patient silencieux allongé dans cette pièce (comme pour s'assurer que cet étranger n'entend pas les paroles qu'il murmure), – et reviennent toujours vers l'homme étendu devant lui, son père, comme je devais vite l'apprendre. – À plusieurs reprises ce fils m'a posé la même question d'un chuchotement rauque : ?s'il a (il hoche brièvement la tête en direction de son père) dit quelque chose, ?s'il va garder des séquelles, ?quand est-ce qu'il pourra quitter l'hôpital, ?s'il aura besoin de-soins-permanents par la suite. Et chaque fois je suis obligé de répondre que je ne suis pas le médecin responsable du malade é: qu'il m'est impossible de lui fournir le moindre renseignement. Après quoi l'homme hoche toujours la tête, comme si c'était exactament ce à Quoi il s'attendait ; – mais à la visite suivante de nouveau les mêmes questions. (Le type commence à me taper sur les nerfs.) Il semble particulièrement intéressé de savoir si le patient (il ne dit jamais mon père) a parlé, & si oui : de ?quoi. – C'est aussi ce qui intéresse les-policiers qui, avec la même ténacité de politiciens dans 1 chasse à l'électeur, sont de retour & tentent de temps=à=autre d'interroger le patient, sans se laisser impressionner par son mutisme. Puis enfin, convaincus entre-temps de la volonté inflexible de l'Interrogé de-garder=le-silence en dépit de ses facultés à-entendre&comprendre, les deux policiers changent de méthode : ILS (ce sont toujours les deux mêmes flics-en-civil d'un âge mal défini & aux voix poncées par le-travail=de-routine) racontent à l'Interrogé le déroulement-des-faits, comme ILS disent, & n'exigent de lui qu'une confirmation muette. Pour cela la s1mple gestique-du-crâne suffit.

–Dans Lanuit du 29 au 30 août de Cèteannée, vous-même et votre fils avez entrepris de faire une promenade nocturne le long du Main, sur la berge côté Niederrad. – Bref regard jeté à l'Interrogé : ses yeux, impassibles comme des vitres aux reflets sombres, son visage amaigri, prisonnier du mutisme, une rigidité=cireuse sur ses traits, – la réponse 1 hochement de tête.

–?Qu'est-ce qui vous a conduit à Cèteheure à Cètendroit. – Il scrute le visage de l'Interrogé comme le fond d'un abîme, l'abîme lui renvoie un regard pareillement scrutateur. – Mouais. – Réfléchit l'interrogateur. – –Votre présence Là-Bas était de nature purement-hum ?privée. : – 1 hochement de tête. –

–Hem. C'est à proximité du Club de canoë-kayak de Francfort, association fondée en 1913, que vous avez croisé vers 4 heures du matin un groupe de jeunesgensissusdelimmigrascion. – Le fonctionnaire de police se tait brièvement, car il perçoit 1 léger mouvement dans l'expression habituellement paisible de l'Interrogé, comme s'il avait senti 1 piqûre. – Mais cette manifestation disparaît aussitôt du vieux visage, – et l'autre policier poursuit l'interrogatoire, pendant que son collègue consigne en silence avec son stylo à bille les questions/réponses dans son calepin, comme pour 1 procès-verbal.

–S'en sont suivies des altercations entre vous=deux é: les personnes en question –: petit arrêt avec regard à l'Interrogé, – hochement de tête. On continue : –Parce que ces personnes s'étaient senties ?agressées. C'est ?exact. – Hochement de tête en guise de réponse. – –Donc *senties agressées*. Paarfait.

–Et votre ?fils : ?qu'a-t-il ?fait au juste, !lui. – L'autre policier se mêle de nouveau à l'interrogatoire. –Je veux dire : d'après sa déposition – un toupetit tinstant siouplaît – (& fait craquer les feuilles de son calepin comme un ange bureaucrate ses ailes de papier) – –ces étrangers le connaissaient aussi peu que vous. ?Pourquoi votre fils ne s'est pas fait casser la gueu – hem je veux dire : ?pourquoi ils ne l'ont pas assommé ?lui aussi ; il devait Leur paraître aussi suspect que vous. Mais lui n'a subi aucune blessure. Pas la moindre égratignure. ?Comment ça se fait. Ya Quèque Chose qui cloche dans Toutecètehistoire. –

L'autre policier murmure à l'oreille de son collègue. Qui enchaîne : –Ehbiensoit. – En poursuivant aussitôt : –Je vais formuler ma question différemment : ?Est-ce que votre-fils-est-venu-à-votre-?aide. Vous ?a-t-il- ?secouru. –

Les deux policiers balaient de leurs regards-projecteurs le visage vieilli de l'homme allongé sur le grand lit blanc. Qui ne lève pas vers eux ses yeux tapis au creux des cavités bleu hématome, les laisse glisser sur les deux hommes – ils cherchent à s'éloigner, dirait-on –, sur le plafond, pour s'enfoncer dans un Espace-Vide. Je lis la peur dans ce regard ; la peur de l'élève le jour de l'examen devant La Question que plein-d'appréhension=il a attendue & dont la réponse conditionnera Tout=lereste, mais à laquelle il lui sera !toujours impossible (l'élève le sait) de répondre *correctement*. Maintenant Cette Question vient d'être posée, la voix de l'interrogateur résonnant dans la pièce, maintenant l'élève est tenu de répondre. Tranquille sa tête repose enfouie dans le gros oreiller. Le temps passe. Le policier est sur le point de répéter sa question, – quand la tête du malade bouge, lentement, l'oreiller craque sous le crâne démesurément agrandi par les bandages. – Les policiers prennent le mouvement de la tête pour un acquiescement.

–Donc venu-à-l'aide. Ouais-ouais-ouais. Mais si (persiste l'interrogateur) – –votre fils est venu-à-votre-aide, je ne m'explique vraiment pas pourquoi lui aussi ne s'est pas-pris-Descoups. –

–Tu oublies la patrouille-d'intervention. – S'empresse d'expliquer son collègue. –Elle était sur-place bien avant, observait la-bande depuis-des-heures & elle a donc pu –

–Ehbiensoit. – L'interrogateur referme son calepin d'un air résolu, il semble satisfait, pour l'1nstant. – On a mis=le=grappin sur cette bande de dileurs connue de nos-services depuis-longtemps & le procureur examine en ce moment s'il peut les inculper d'homicide volontaire en réunion avec non-assistance à personne en danger. Malheureusement nous n'avons pas trouvé sur eux de Substances-Illicites lors de leur=arrestation. On aurait eu !enfin Quelquechose=Desolide en-main contre Eux. Mais là. Enfin : l'affaire passera peut-être au tribunal. On aura alors à nouveau besoin de vous & de votre fils. Vous pourrez également déposer-en-justice comme partie-civile. Je-heu- (& me jetant un coup d'œil rapide auquel je réponds non tout aussi rapidement) – –m'est avis que : votre !fils sera amener à témoigner-en-justice. Il devra donc se tenir-à-disposition. !Vous aussi – (le policier allonge son cou vers le patient comme un coq attrapant 1 ver de terre) – –serez probablement obligé de rester ici=à-Francfort. En attendant, nous ont dit les-médecins. Pour les-soins post-opératoires&touça. !Ah – vous ne le ?saviez pas. – Le policier me fait des yeux ronds en voyant la réaction du patient : qui me dévisage de ses yeux boursouflés au creux des cavités violet foncé, comme s'il avait reçu une décharge électrique.

–J'avais l'intention d'En informer le patient !endouceur. Messieurs. – Et n'arrive pas à réprimer le ton furieux : – Mais votre Sangsue-Bilité vient de me couper magnifiquement l'herbe sous le pied.

Le policier ne rétorque pas mais se tourne encore une fois vers le Patient : –Ahvouijipense : votre fils nous a dit avoir sollicité une chaire de maître de conférences dans une université-U-èS dès=l'automne. Nous z'En a pas mal rebattu les-oreilles, à cause de sa=carrière=professionnelle son=avancement=dans=le=métier eccetera eccetera. Mais de vous, qui êtes somme toute son=père, & qui avez assurément besoin de votre fils aujourd'hui plus que jamais, Pazunmot. Comme s'il ne vous-z-était Rienarrivé é: qu'on cherchait seulement à ruiner la carrière professionnelle d'un Nautre. : Les propres enfants, j'arrêtepadlerépéter, le jour où on a !vraiment besoin d'eux, i battent tous les records pour se débiner. Mouaisbon, çame rgarde pas. Quoi qu'il en soit, nous avons prévenu votre fils que nous aurons besoin de lui !Ici=parlasuite comme témoin. De plus, nous devons attendre Les Dépositions des-Coupables. Ils se taisent, bien sûr. Se taisent, é: n'ont !matêtàcouper !rien=de !fêl \ – !Pour l'instant, c'est tout de Notecôté. – (L'autre policier interrompt à nouveau son collègue, l'attrape par la manche & l'entraîne avec=lui.) –Mon collègue voulait dire : si vous devez rester Unmoment ici=à-Francfort pour des raisons médicales é: votre fils aussi, vraisemblablement pour les besoins de l'enquête, c'est encore chez lui & sa femme que vous trouverez le !meilleur hébergement durant Cètepériode. Pasvrai. Alors : Aurevoir&bonrétablissement.

Puis les deux hommes sont sortis de la chambre. Délaissée dans la pièce l'odeur échauffée de transpiration dégagée par les vestes des policiers.

Mais leurs dernières remarques dites=sournoisement-en-passant n'ont pas manqué de produire leur effet sur le vieil homme. La lumière du jour le recouvre comme un tas de chaux, d'un éblouissement cru la blancheur du lit é des murs. Il me regarde. *[– Je devrai ?resterici, ?ici=à-Francfort. – Oui. – Je n'ai qu'1 seule possibilité de trouver un hébergement dans cette ville : ainsi que l'ont dit les deux policiers. ?Est-ce que cela sera ?nécessaire. – Oui. – ?Combiendetemps devrai-je ?rester=ici. – Cela dépendra de la cicatrisation de la blessure. Nous devrons surveiller comment la partie osseuse, qui mesure tout de même près de !vingt centimètres de long, va se resouder à la boîte crânienne. – Ce sera ?long. – Quelquesemaines. Oui. Avant de vous déclarer transportable, nous devons être absolument=certains que la cicatrisation s'est faite entièrement. – Alors je serai obligé de rester=ici. – Oui. – Rester=Ici, comme l'ont dit les policiers : chez-mon-fils. Dans !son appartement. –]* Je vois son visage se transformer brusquement : comme si le Malheur=Entier de Maintesannées, la somme des luttes & crispations s'étaient abattus d'1-seulcoup=de-temps effondré sur cet homme en ces quelques secondes, ses joues flasques se sont creusées davantage, accentuant l'arête du nez, ses lèvres sont pâles, leurs commissures creusées de ridules, é la peau du visage prend une teinte gris jaunâtre, lui donnant cette mauvaise mine que marque une longue maladie. Jamais jusque-là je n'ai vu le visage d'un homme sombrer=dans-l'inexorable-vieillesse avec autant de précipitation. ***p. 424, Photo 68*** →

(Afin de masquer au mieux mon trouble, je reprends l'album de photographies, dans l'espoir que cette fois le-bipeur au fond de ma poche ne reste !pas silencieux. Mais il ne se manifeste pas.)

Avec précaution, comme si l'album menaçait de tomber en poussière, il ne me reste plus qu'à le tenir entre-mes-mains, interrogeant du regard le Vieillard=devant-moi : ? –.– Il n'a Aucunclignement pour me l'interdire – il semble même avoir tout oublié, moi, l'album, la chambre d'hôpital é sa présence ici, – ses paupières violacées se ferment doucement. Il m'appartient maintenant d'ouvrir l'album.

30

Photo 61 — *Résidence d'été des von Dorset, Greifenthin, été 1922*

Parfois à-l'Est=de l'autre-côté-de-l'Oder quand Lesheures hissent le plat pays vers Le Soir Lanuit dresse alors Unemuraille Bleunoir de Peur&menace au-dessus de la plaine –. Tressaillement de Rouge dans les nuits d'hiver, violente Réverbération Dufeu fusant dans les heures sombres –: *ce qui arrive par-!là-bas n'a !rien d'un orage d'hiver.....* L'inquiétude, la peur s'emparent des gens habitant le long du fleuve, ils veulent s'en aller, Tout laisser, s'enfuir à l'Ouest. Aussi vifs que des couteaux les Uniformes eS-eS noirargentés entaillent Lapeur des Gens & la réduisent en misérables lambeaux muets. Voilà longtemps que le-propre-peuple est=l'Ennemi, l'Ultimadversaire qu'ON puisse encore abattre. Bien des gens qui refusent de rester de se taire sont pendus. (Mais les hommes n'ont pas encore vécu Labataille sur les Hauteurs de Seelow, au nord-ouest de Thalov : du 16 au 18 avril trois jours de Massacres-Humains sur les collines dans les prés au fond des forêts.) Et avec le vent d'est, de grosses décharges sourdes franchissent le fleuve à intervalles de plus en plus rapprochés – :Comme si dans le lointain d'énormes poings d'acier s'approchant deplusenplus près s'abattaient sur la terre – *woum-broum roum-boum* – & les feux roussissent en même temps le ciel en Rouge&Noir : !Rien d'un orage : GUERRE VENGEANCE MORT. Bat Bat Letambour Terre Villages Villes Bêtes Humains. Fracassés piétinés brûlés. Encore une vague de réfugiés & encore une à affluer au village depuis=l'Est, de nouveau ces lambeaux de conversations autour de la violence la mort les femmesenfantsvieillards ventres ouverts gorges tranchées, – plus aucun souffle ne suffit pour raconter, plus aucune oreille pour écouter : !FINI !!TERMINÉ !!!SAUVEQUIPEUT. – Ç'eût été elle, Lavague qui aurait rompu le-cordon-eS-eS-autour-du-village, balayé les couteaux noirargentés –, si les eS-eS ne s'étaient pas eux-mêmes sauvés&tirés (comme=des=voleurs) en cette nuit de février 1945. – La nuit précédente, ILS ont encore fait sauter les clochers de nombreux villages ; ils auraient servi d'orientation aux Assaillants Russes. À présent Feu&Fumée dans les villages. *!Le feu attire..... !le feu – !Debout & !filons* : la plupart des habitants de Thalov jettent quelques-babioles sur des charrettes charretons landaus traîneaux & plient bagage, vers l'Ouest, vers Mathildenbourg pour commencer. C'est l'endroit que veulent aussi rejoindre les membres de la famille de Friederike. On se jette dans un fleuve de corps emmitouflés, aux regards graves fatigués contrits égarés, des Sans-abri Expulsés à l'intérieur de leur propre pays..... Ça dégage de la vapeur avec les bêtes à travers les nuits de clair de lune neigeuse (on se risque dans la campagne découverte seulement la nuit, à cause du vol en rase-mottes des avions qui tirent sur Tout&chacun–. D'où la lente progression.). 1 chien errant passe sous la roue d'une charrette, – à l'instant où le bois écrase le corps de l'animal, Uncri, comme poussé par un être humain. – Toujours le Grondement de la Guerre de-l'autre-côté=de-l'Oder, & venant toujours plus près, talonnant les fuyards comme des ombres. Il ne leur laisse Aucunmoment de Répit. Lesnuits transies de froid noir. Sans rêve. Les gens rampent dans d'étiques forêts ravagées, vers des granges abandonnées, des maisons villageoises vidées de leur mobilier, on voit se consumer au loin mainte habitation incendiée par les bombes américaines anglaises, sur-Ordre par les soldats allemands pendant leur retraite ou par les propriétaires eux-mêmes Avant-la-Fuite. C'est là, enveloppés dans la fumée âcre, agglutinés autour de flammes vacillantes à l'air libre, que les réfugiés réchauffent leurs corps engourdis de froid. Il arrive que les flammes, en jaillissant, atteignent autre chose que le mobilier : dans une maison détruite par les bombes gisent éparpillés corps & entrailles, humain & animal indifférenciés, les flammes mijotent & mâchent bruyamment les tripes. Une fumée bleujaune chargée de graisse s'élevant à la verticale dans le soir sans vent *(comme si la fumée = prédisait l'avenir)*. Et au milieu de chiffons qui fument 2 petits bras pâles d'enfant archicuits, le reste a disparu. Dans-la-Fuite seuls sont demeurés sur place ces deux petits bras nus. Manquaient peut-être de vigueur pour tenir ce train d'enfer, alors on les a s1mplement abandonnés. Tête Tronc Jambes – reposent peut-être enfin Enpaix=Danlenouveaumonde=chez-les-Américains. Cet enfant était avide-de-connaître une Vie-Nouvelle=après-Laguerre – !quel dommage pour lui d'avoir dû crever avant Lapaix. – Puis Lanuit. Lesnuits. Claquant des dents les réfugiés se recroquevillent pressés les 1 contre les autres, pris de frissons. Chaque matin nouveau connaît ses morts de froid nouveaux. (Plus-d'1 à ne plus remuer.) Les paupières, la respiration, figées sous le gel. Ils n'avancent que lentement trèslentement à travers la plaine chargée de fumées é assourdie de givre –. *Vers l'!Ouest Vers l'!Ouest* –

1 matin, on vient de se mettre en route, un soleil laiteux s'écoule à travers l'épais brouillard glacé. Et telle une apparition surgie de derrière le voile délicat du froid, tel 1 mirage qui ferait tenir ensemble une forme faite de chair squelette & membres humains, 1 femme croise le chemin des-Réfugiés. Plus très jeune, seule-solo, elle cherche à rejoindre le-Convoi. C'est-à-dire que les Réfugiés le déduisent du

comportement de cette femme dont ils n'apprennent l'histoire de sa bouche que plus tard : sa famille n'a pas voulu s'enfuir de leur village en Prusse orientale, l'Armée-Rouge a envahi le village. Ses père mère frères&sœurs ont refusé de quitter la ferme : fusillés ; la femme a été violée à plusieurs reprises. (:C'est ce qu'entendent les-Réfugiés aux moments de lucidité de l'Inconnue.) Cette femme titubetrébuche maintenant hors du voile d'air glacé vers la troupe de Réfugiés, ses maigres jambes nues bleuies par le froid, ses pieds pris dans de gros souliers martèlent la neige durcie à chaque titubement. Un des soldats qui l'a violée a accroché à son cou 1 trompette d'enfant, parfois la femme en tire une bouillie de sons aigus. Comme elle ne réagit pas quand on lui dit d'arrêter ça, On finit par lui arracher la trompette (le-Convoi ne doit éveiller l'attention de Personne, les Réfugiés formant toujours un butin de choix), la femme crie piaille veut récupérer son instrument, du pied On écrase la mince tôle. La femme s'écroule sur ses genoux nus, sanglotante elle enterre le minuscule cadavre de la trompette morte dans la neige. Geint, bêle sourdement, bave en quantité. Ses yeux sont exorbités, – parfois elle retrouve ses=esprits. Alors d'une voix lasse elle raconte toujours l'Éternellemêmevieillehistoire : la mort des-Siens=chez-eux. Dès qu'elle en arrive aux-viols, elle se pétrifie. Jambes écartées, face au front des Réfugiés, elle remonte violemment ses guenilles, se déshabille. Son rire sonne creux et elle fourre des mottes de neige dans son entrejambe comme pour se savonner sans arrêt. Puis elle perd connaissance, s'étale de tout-son-long dans la neige comme 1 planche. On la relève, l'emporte avec soi. Revenant à elle, elle se cramponne au-Réfugié=à-l'Inconnu, balbutiante elle se tord dans son étreinte, ne se calme pas, pointe ses doigts crasseux&raidesdesang vers l'Est en poussant des cris stridents –;– des pattes glacialement osseuses s'abattent alors sur la femme, On la repousse, On ne tolère plus longtemps sa=présence. Les-mères s'indignent surtout, redoutent que cette traînée ne corrompe-les-mœurs inculquées à leurs enfants. On lui assène des coups. La femme crache par terre, & court de nouveau vers la harde fumante emmitouflée dans du feutre en soulevant de temps à autre ses jupes. Les coups pleuvent plus fort. Elle se modère, baisse la tête, le regard torve. Bouge lentement de là. – Venus de villages abandonnés des animaux dispersés sans propriétaire – chevaux vaches chats chiens –, pas encore capturés & abattus, croisent leur chemin, – trottant flairant furetant puis déguerpissant sauvagement sur la neige, – la femme rejoint les bêtes. Cramponne ses doigts à la crinière d'1 petit cheval. Qui s'immobilise, secoue la tête son corps affamé –, mais ne l'attaque pas. Clopin-clopant traînant les pieds, les jambemassettes nues bleuies de froid dans leurs gros souliers, la femme blottie contre le flanc chaud du cheval, – & en route – à travers le voile d'air froid ensoleillé – à travers les jours&nuits tempête rafales grêle couteaux aiguisés gel –, perdus dans le plat pays sous la glace le brouillard la neige –. Qui chasse de l'avant les-Réfugiés plus loin & toujours plus loin, *Vers l'!Ouest Vers l'!Ouest – (:?Où peuvent bien être les-Américains maintenant –) –*

Pas à Mathildenbourg.

À Mathildenbourg, Werner & Johanna tiennent le **Magasin d'alimentation générale Werner Baeske. Livraisons en gros & en détail** (jusque-là épargné par les bombes&-incendies). Voilà beau temps qu'ils n'ont presque plus ?rien à vendre, les entrepôts sont vides : beaucoupdeplace pour les Réfugiés, les Bombardés dans cette maison, Breite Straße 43. Un grand nombre d'arrivants à Mathildenbourg poursuivent leur route avec le-Convoi, vers l'Ouest ; certains ne veulent pas ne peuvent pas continuer. Friederike & le troupeau familial dévie du fleuve des Réfugiés, Werner & Johanna les recueillent chez=eux. – *Nous avons dû partir & !Tout laisser.* – Se plaint Friederike, la sœur de Werner, parlant d'elle-même, des membres de la famille chargés de petits ballots ficelés à la hâte. – *?Tout.* – A demandé Werner d'un air étonné : – *?Vraiment : même le ?champ où pousse l'argent.* – Friederike baisse la tête, humiliée, elle doit Ici se taire. Elle pense certainement aussi à Paul, son mari. *(?!Quelle sera sa réaction quand il ?rentrera Delaguerre é: qu'il n'y aura Personne à-la-maison. ?Est-ce qu'il ?rentrera. ?A-t-il été fait-prisonnier par les-Russes..... ?Est-il encore vivant. ?Est-ce que Lamaison est toujours debout. ?Ou ?bombardée, ?dynamitée. Tout en ?cendres&ruines. ?Ou des Étrangers s'y sont peut-être même installés : des Russes des réfugiés une bande de canailles.)* Friederike pousse un gros soupir, des larmes. Mais cela passe inaperçu en Destempspareils. – Ils emménagent en silence dans les entrepôts&caves du **Magasin d'alimentation**

générale Werner Baeske. Livraisons en gros & en détail : Pépé Henry (80), Friederike la sœur de Werner (52), Peter-Paul son fils (14), Elfriede la belle-sœur de Johanna (40) ainsi que les sœurs jumelles Pauline (35) & Waltraut accompagnée de ses enfants Petra (10) et Reinhold (8). On s'installe, chac-1 dans 1 coin des entrepôts. Des cristaux de glace sur les parois formés par les émanations humaines, du givre scintillant sous les voûtes impossibles à chauffer. Vie de Familles, Guerre&détresse font se regrouper, scellent les gens dans les fondations. Ils sont Apatrides désormais et chercheront leur vie durant dans l'Ailleurs après l'Ancienne-Vie=Familière, é: ils trouveront des fragments de semblance connue – 1 parcelle de prés&forêt, le coin d'une rue, une façade, un alignement de maisons, 1 lumière du soir, une cloche sonnant l'heure, le sifflement d'une locomotive, les aboiements d'1 chien dans le lointain, le vent apportant une odeur familière *(:Jasmin – Yãs mîn oui –)*–. Un passé révolu. Le reste est souvenir. La remémoration de Ce qui n'a jamais existé. Le ballottement avant de sombrer, – la longue Mort qui suit le-Trépassé. Dehors ils fuient : la Wehrmacht & les eS-eS *(:?Où peuvent bien être les-Américains maintenant –).*

Puis ils sont partis.

Et le silence tombe sur la ville de Mathildenbourg, un silence plus pesant que si l'air était de fer. Un silence écrasant les poumons, le souffle s'amincit, les muscles bandés comme avant Un Grand Bond. Voilà trèslongtemps que l'Endroit n'a pas connu un silence pareil. Un-Silence-Particulier s'étend sur=Lepays. Mais les-pendules ne s'arrêtent pas. Elles poursuivent le décompte des heures, l'1 après l'autre, comme avant – & il n'y a pas d'Heure Zéro.

Vers le soir, des vrombissements des grondements, qui s'amplifient –: !LES voilà : des chars arborant l'étoile rouge sur leur blindage vert sale attaquent les rues jonchées de décombres, lentement par à-coups, progressant à l'arrière du canon comme 1 index pointé, quelques coups de feu des tirs d'obus – une façade s'effondre, nuages de mortier é poussière, des soldats étrangers bondissent de véhicules blindés, armés de mitraillettes, envahissent les rues maisons caves en aboyant un staccato de sons étrangers –

Entre villes & villages, paysages battus brûlés effondrés, ravagés par Laguerre jetés pêle-mêle au sol, le long des Morts Porteurs de Blessures Mutilés passent se poussent se hâtent d'autres humains – les Sur-Vivants. Le ciel s'étend sur eux comme d'ordinaire – des nuages voguent – fleuves é mers s'étirent –, le soleil darde selon son habitude, jours&nuits sombrent pour renaître.

Or, semble-t-il, des forces obscures poussent ces-gens à-avancer vers-ici vers-là-bas –, les Affamés les Abandonnés sans maison sans terre les Égarés, dans leurs actes le Temps=Guerrier œuvre toujours=encore en eux. Comme s'ils étaient tenus d'arborer des peintures, des masques – façades & visages tiennent ainsi debout, en gris mortier, les regards glacialement muets. –

Très vite les trains circulent à nouveau. Mais tous les horaires étant périmés, les départs des trains se propagent dans les gares comme des rumeurs s'avérant parfois exactes. – Lent le trajet qui cahote, jamais long le parcours sur des voies ferrées déchiquetées, nombreux les arrêts. Descente correspondance attente, réduit à 1 voie *parce que les-Russes ont fait..... !chut.* Friederike se rend de Mathildenbourg à Thalov avec l'1 des 1ers trains. Elle veut voir ?ce qu'il est advenu de sa maison, de sa terre natale. Avant, le trajet ne durait même pas 2 heures, aujourd'hui il faut une demi-journée. Par un chaud mois d'avril peu après midi, perdue au milieu d'une horde de citadins (qui font leur tournée-de-ravitaillement à-la-campagne & semblant de ne pas se connaître les 1 les autres, comme si chac-1 ne savait pas pourquoi l'autre est ici), Friederike arrive enfin à la gare du village de Thalov. Le tortillard s'arrête à la hauteur d'1 poteau avec 1 planche écrite à la main clouée contre. L'ancien bâtiment en briques de la gare, détruit é brûlé par les bombes, apparaît à Friederike comme un mauvais présage.

–Mais le spectacle qui s'offrit à elle, fut certainement plus destructeur que si elle était vraiment tombée sur les décombres de sa maison. – D'un geste pensif, le pasteur Brickau feuillette l'album, comme s'il cherchait dans les petites photos la suite de son récit. Mais celles-ci montrent régulièrement Autre Chose é remontent à des époques, différentes de celle dont il veut faire le compte rendu. Le-Temps & ses germes –: même passés trois mille ans les graines de céréales prélevées dans les tombes des pharaons verdissent, il suffit simplement de leur en donner La-Chance ; Vivre est une maladie contagieuse, et il n'y nul remède.

–Friederike court à perdre haleine le long de la rue principale ravinée, contourne le gros lilas qui répand le lourd parfum de sa floraison précoce à cause de la chaleur d'avril é barre la vue sur l'alignement des maisons restantes – :Là-bas la maison :!Épargnée par les bombes, intacte. Le cœur de la femme s'allège d'Un Grand Poids, il pèse si lourd qu'elle doit s'arrêter sous l'arbuste, comme enveloppée dans un nuage lilas, appuyée contre la clôture. Le mur d'enceinte de la ferme est certes éventré en un endroit, heurté par quelqu'Acier Militaire, mais au 1er regard la maison semble ne pas avoir subi de dommages. Au deuxième, Friederike voit le reste. Après quoi ses jambes se dérobent sous elle.

Photo 62 *Werner, en costume de loden devant un grand sapin dans le parc, jardinier & garde-chasse sur la propriété des von Dorset : le fusil de chasse à deux canons tenu en joue, un berger allemand à ses pieds, Greifenthin, printemps 1922*

–Des soldats russes dans leurs uniformes pois verts occupent la maison, épient par les trous des fenêtres (cadres & vitres éclatés), font la fête s'enivrent chantent hurlent, courent partout, – la femme reconnaît la grande table en acajou du séjour & le piano, on les a traînés de tout leur poids dans la cour sur le sable boueux, un accordéon gémit & des soldats sautent sur la table comme des pantins possédés, frappent la cadence de leurs bottes, déchirent en dansant les jupes&corsages de femmes du village, piaillements & chahut. Friederike entend le son aigu des clous sous les bottes qui râpent le bois, le placage craque, éclate –, la place à table qu'occupait toujours par-le-passé sa mère Hedwig est couverte de vives griffures, comme si des ongles de métal s'étaient acharnés sur elle ; des chaises du séjour gisent piétinées, avec leurs coussins éventrés elles ont l'air éviscérées, probablement a-t-On fouillé à l'intérieur en quête d'objets de valeur ; un bidon, posé sur le piano, se renverse –, des rigoles d'essence gargouillent, adhérant au bois comme des crêpes noirs effilochés, dégoulinant du clavier, corrodant vernis & placage. – Friederike n'avance pas plus loin. Reste à l'ombre du lilas. Puis elle revient lentement sur ses pas, espérant ne croiser personne du-voisinage. Les chansons-à-boire & les couienements de l'accordéon la font s'en aller, on aurait dit des abatteurs sentimentaux braillant à la fin de leur journée de bouchers. Le-larmoyant=des-chansons-de-soldats. Le spectacle de sa maison démolie & les événements-s'y-déroulant ont dû faire à la femme l'effet d'1 retrouvaille avec un ancien amant, que les années passées auprès d'une Autre ont dégradé : visage comme âprement taillé au burin, joues creuses de la même teinte de papier jauni que le reste de la peau, lèvres pâlement desséchées à force de fausses paroles, yeux égarés & enfoncés dans leurs orbites jetant derrière eux un regard insensible é pitoyable. Ce qui fut passion un jour n'est plus que supplice aujourd'hui.

Bien avant l'annonce du départ du train, Friederike retourne près du poteau é sa planche avec *Chalon* écrit dessus. Il lui faut patienter encore pendant des heures. Puis elle s'en va par le train, pour=toujours. –

J'ai connu cette famille quelques années & constaté : nombre de ses membres ont traversé Cet Événement d'une-vie capable de modifier la physionomie non pas lentement comme c'est le cas chez les autres personnes, mais de façon visible d'1-heure-l'autre. Regarde cette photo, elle date probablement de 1914 : les deux frères, Johannes, Werner & Friederike au centre. Autrefois les doux traits replets de la jeune Friederike, ses yeux ronds comme écarquillés d'étonnement – –Ouioui je sais : la tare=de-la-famille, le défaut de tissage – –é la mollesse de ses joues offraient l'image de la Belle à-portée-de-main=difficilement-accessible ; La Volonté & La Fierté déjà inscrites dès son Jeunâge sur ses pommettes & dans le tracé de ses sourcils. !Regarde son bras gauche élégamment ramené dans son dos ; le col de dentelle clair & la longue robe sombre qui épouse sans pli son corps droit, vraiment l'attitude-d'1-comtesse ; – soudain devenue maigre, d'une sévérité endurcie, physionomie quasi autoritaire. Sa démarche d'une fermeté virile depuis lors. Bien sûr, Chac-1 des membres de cette famille a vécu Ces-Moments différemment, pour

Friederike ils se rapportent aux heures-du-Martyre près du poteau devant la voie ferrée, au Temps-révolu&aux-Adieux à elle-même é ses-années-passées=à-Thalov. Elle n'avait plus d'endroit où demeurer. Perdu, celui où elle se sentait chez elle. C'est seulement bien plus tard & sans autre forme de procès que Les-Nouvelles-Autorités l'avaient mise devant le fait : !expropriée. Maintenant, en attendant, elle était !obligée de demeurer sous le toit de son frère à Mathildenbourg.

–Et ?Werner.

–Qui est tombé à terre veut se relever, qui est enselevi sous les gravats veut se dégager, qui est désespéré commence à entreprendre Quelque Chose : ainsi Werner a-t-il repris son commerce entre-temps. Mais en se limitant exclusivement aux denrées de première nécessité, pain, farine, graisse, sucre, lait de ferme, exit les produits exotiques ; un commerce placé sous l'Autorisation & la-Curatelle du Commandement soviétique de Mathildenbourg. Après quoi, tels des fantômes échappés de tombes anciennes, surgissent promptement les Envieux-d'Autrefois – quelques-1 ont utilisé Laguerre & le socialisme national comme tremplin de salut vers le socialisme tout court. Et les voilà..... qui dénoncent maintenant Werner auprès des Autorités soviétiques pour ses livraisons faites à la-Wehrmacht. Des Nazis balancent des Nonnazis pour soutien aux-Nazis : le Tout 1 question d'Époque. Après quoi Les-Nouvelles-Autorités retirent à Werner la licence de son magasin d'alimentation. Mais il est autorisé à continuer la vente – un socialisme sans victuailles n'a rien de socialiste. Désormais les Autorités Soviétiques décident seules de l'offre en marchandises & de la clientèle. Des livraisons de denrées de qualité médiocre sont acheminées & stockées dans les entrepôts sous le regard indifférent de Werner. (Entre-temps, en sous-main, il a pris contact avec quelques anciens fournisseurs, à présent établis dans les zones alliées à l'Ouest : certaine nuit, sur de vieux camions à gazogène, bien dissimulée sous les bâches, une Épicerie Fine se laisse approvisionner pour Le-Gratin de l'Ère-Nouvelle.) (Car chaque comptoir dispose de deux niveaux : en-secret=sous-la-table Werner fait le commerce de produits de meilleure qualité avec les officiers russes ; Un Vainqueur qui reçoit la même mangeaille que les-Vaincus n'a rien d'un vainqueur.) C'est pourquoi Les-Nouvelles-Autorités gardent leurs mains administratives sur le commerce à l'enseigne aux nobles caractères défraîchis **Magasin d'alimentation générale Werner Baeske. Livraisons en gros & en détail** (les Envieux-d'autrefois & Dénonciateurs-d'aujourd'hui sont contraints de se taire, pour la dernière fois, car Envieux&Dénonciateurs ne durent pas non plus éternellement.) En attendant. Le temps que Les-Temps-Nouveaux changent en des Temps-Plus-Nouveaux : les apprentis-sorciers ont fini leur apprentissage : les Affaires du-Gouvernement..... passent des Soviets aux mains d'Allemands-Nouveaux : ces Bons=Allemands-Nouveaux qui prétendent avoir gagné Laguerre aux côtés des Vainqueurs. Et bourrins & têtes d'âne commencent leur=course.....

–Non !haltelà. Stop. Ces mêmes Nouvelles-Autorités ont exproprié Friederike : confisqué la maison & le domaine. Une fois de plus. J'ai l'impression de très bien connaître tout ça. D'ailleurs, c'est presque devenu normal. Ça colle à cette maison comme Unemalédiction. Il y a de nombreuzannées, tu m'as conseillé d'apprendre la-Langue-des-Bureaux, celle que Personne ne parle. Mais que je devais m'en méfier, car elle est la Langue Morte. ?Tu t'en souviens.

–Oui.

–Eh bien, je l'ai apprise. Cette-Langue. Après tout, j'ai été ton confirmant. Mais tu aurais mieux fait de l'enseigner à d'Autres, à ceux qui, excepté leur vie, ont Quelque Chose à perdre. Si tu avais appris à Friederike comment –

–Je n'avais rien à lui apprendre. Elle était toujours présente, Autemps où je dictais à sa mère Hedwig les-lettres destinées aux-Autorités. Et Friederike était une bonne élève. En fuyant de Thalov, elle avait également emporté avec elle dans un porte-documents les copies des lettres de sa mère envoyées aux-Autorités=d'Alors. Peut-être par pure sentimentalité. Aujourd'hui son geste payait. Et elle possédait autre chose aussi, qui ne s'enseigne pas : l'instinct. –

Ici, le pasteur Brickau s'interrompit. Il posa l'album de côté, comme s'il le trouvait soudain trop lourd. Demeura longtemps assis dans son fauteuil sans rien dire. Entre-temps, le soir était arrivé. Le balancier de la pendule semblait décompter de sa tonalité vieil or le temps au ralenti, la pièce aux meubles massifs disparaissait dans le crépuscule –.

–Ce qu'il advint de la maison, l'héritage de Friederike à Thalov, le récit en sera aussi rapide que le déroulement des événements. – Dit le pasteur d'un ton lapidaire, j'entendais sa voix surgir de l'obscurité d'encre. Il évita cette fois de faire sa remarque habituelle, que le-Verrou-du-Temps a également sauté sous les bombes & les obus de Laguerre, et qu'en-conséquence Letemps se précipitait sur les Hommes&vies comme sur un butin, empoignant Tout & les plongeant dans un tourbillon infernal, les jetant dans de nouvelles centrifugeuses où les-êtres=précaires seraient déchirés déchiquetés expulsés, jusqu'à ce que les humains ne soient plus qu'une espèce bâtarde devenue bêtes devenues à leur tour une espèce bâtarde &ccetera &ccetera. Rien de cela dans son propos cette fois. Et il se fait tard, il souhaite abréger, faire inhabituellement court. Comme s'il savait que son souffle ne suffirait déjà plus pour l'Histoire Entière. Il hésite. Ne veut pas encore commencer. De la même façon qu'il avait hésité à l'époque devant Friederike quand, remplie d'horreur, elle lui avait raconté ce qu'il en était de la maison & de la propriété à Thalov. Il entrevoyait que Cètefois Les-Nouvelles-Autorités avaient pris leur décision sur cette-Affaire, !fin-de=non-recevoir, avant même que Friederike en soit informée. Impossible de déposer plainte pour expropriation quand la propriété passe pour être du vol. Mort, c'est mort. Mais, probablement, ne voulait-il pas décourager la femme ; elle aussi devait suivre son Chemin-de-croix Administratif, l'action est un cathartique contre le désespoir.....

–Friederike. Elle avait donc gardé les lettres de sa mère adressées aux-Autorités. Et ç'est certainement son instinct qui lui faisait écrire – non : *reformuler* ces requêtes, sollicitations, réclamations, lettres aux Tribunaux & aux Défenseurs du Droit. Il me suffisait simplement de vérifier qu'elle avait réussi la-Transformation, que des fautes traîtresses ne s'étaient pas glissées dans ses nouvelles copies. Ainsi, très fréquemment, à la place de socialisme, elle écrivait : saucialisme.

Mais ce n'était pas Tout loin s'en faut. Car, en une sorte d'Action-Parallèle, Les-Nouvelles-Autorités essayaient désormais d'exproprier également Werner à Mathildenbourg. Les jumelles Pauline & Waltraut furent les premières à quitter cette ville (située dans la S.B.Z.[46]) & à dire adieu au Nouvel Est Allemand en disparaissant dans les zones-occidentales : Waltraut (dont le mari Karl fait prisonnier par les Russes était porté=disparu) & ses enfants Petra é Reinhold rejoignit Bad Bentheim (elle y épousa par la suite Gustave, 1 installateur réparateur d'électro-ménager), Pauline déménagea à Lübeck.– Mais Friederike, obligée de rester près de Werner et de sa femme Johanna, car tous deux, Werner & Friederike, devaient désormais défendre leurs biens respectifs ; 1ntenter des actions contre l'expropriation ; la pape=harasserie pour faire respecter Le Droit, qui au final ne rapporte Rien, mais renoncer à la remplir s'avèrerait tout aussi absurde. Car Le Droit – (ici le pasteur aurait presque ajouté *mon garçon*, comme biendézannées auparavant) – Le Droit se situe toujours ailleurs, de sorte qu'Il ne pourra faire droit à l'homme-droit que par un Mal-Entendu dans le meilleur des cas, – & lui prouvera ainsi que dans le Monde où l'on s'en remet à l'en-Droit, celui-ci est bel&bien mal placé à l'envers. Et Affranchi-des-temps, comme si l'on était en présence d'1 équation mathématique réduite de tous les facteurs convertibles, inconstants & imprévisibles, soit la Variable Temps, et que le produit restant se charge désormais de ce qui peut se convertir ; comme sur la Lune, parce qu'elle n'a ni atmosphère ni conditions météorologiques, où l'empreinte d'1 grain de poussière si petite soit-elle est conservée de=toute=éternité. Pour ces requêtes, sollicitations, réclamations que Friederike, son fils Peter-Paul, Werner & Johanna, & pour finir moi=même & Henriette aurions encore à écrire, la formulation est de même nature que ces empreintes-de-poussière-lunaire : *L'infâme-Langue-des-Humblesujets adressée à l'infâme-Bureaucratie.*

	Catégorie I	Catégorie II	Catégorie III
Titre	Cher Compatriote [Nom] !	Cher Camarade [Nom] !	Chère Madame, ou Cher Monsieur [suivi évent. du titre universitaire],
Introduction	Formulation de la requête en terminant par la formule : Confiant, je me tourne vers vous/votre Service… afin de bien vouloir intercéder :en ma faveur:	Formulation de la requête en terminant par la formule : Confiant, je me tourne vers vous/votre Service… afin de bien vouloir intercéder :en ma faveur:	Formulation de la requête en terminant par la formule : Confiant, je me tourne vers vous/votre Service… afin de bien vouloir intercéder :en ma faveur:
Développement Grand I	Énumération des services personnels rendus au Führer & à la Patrie* ; faire part de sa volonté de sacrifice ; évoquer l'importance de maintenir la nation allemande et d'assurer la victoire finale, sans oublier	Énumération des services personnels déployés pour le maintien de la paix mondiale et l'avènement d'une société socialiste éclairée* ; évoquer la menace qui plane sur eux si la volonté personnelle d'œuvrer pour le Bien de tous	Agissant pour le maintien des emplois en Allemagne dans le cadre du marché du travail mondialisé en qualité de dirigeant d'une petite ou moyenne entreprise* ; protection de la qualité de vie individuelle dans le respect

	la menace qui plane sur celle-ci si… (objet de la requête)	est menacée par… (objet de la requête)	de la solidarité toutefois menacée par… (objet de la requête)
Développement Grand II	Se plaindre de personne(s)/ Service(s) dont la responsabilité est impliquée dans la problématique (objet de la requête)	Se plaindre de personne(s)/ Service(s) dont la responsabilité est impliquée dans la problématique (objet de la requête)	Se plaindre de personne(s)/ Service(s) dont la responsabilité est impliquée dans la problématique (objet de la requête)
Développement Grand III	Formulation du souhait (motivation objective du courrier adressé) en insistant à nouveau sur l'importance pour la nation allemande et la victoire finale.	Formulation du souhait (motivation objective du courrier adressé) en insistant à nouveau sur l'importance pour l'économie populaire socialiste, le développement d'une société socialiste à visage humain et l'édification du communisme.	Formulation du souhait (motivation objective du courrier adressé) en insistant à nouveau sur l'importance pour la réduction du nombre des chômeurs et pour le développement économique de l'Allemagne.
Conclusion 1	Insister encore une fois sur la confiance	Insister encore une fois sur la confiance	Insister encore une fois sur la confiance

	inconditionnelle en Vous/votre Service Se tenir à la disposition pour le règlement du problème évoqué. Dans l'espoir d'une réponse favorable,	inconditionnelle en Vous/votre Service Se tenir à la disposition pour le règlement du problème évoqué. Dans l'espoir d'une réponse favorable,	inconditionnelle en Vous/votre Service Se tenir à la disposition pour le règlement du problème évoqué. Dans l'espoir d'une réponse favorable,
Conclusion 2	Heil Hitler!	Avec mes salutations socialistes !	Veuillez agréer, …, l'expression de mes salutations distinguées.

* en soulignant en même temps leur importance dans ce processus.

Oui, il voulait faire court à l'époque, le pasteur Brickau, voulait en-finir avec Toutecètehistoire, avant que soit décidé le terme de sa vie. Car à la fin, les grains du sablier du Temps s'écoulent plus vite par le goulot d'étranglement. Il devait effectivement mourir sans être parvenu Au Bout ; ce Bout visible depuis-longtemps déjà. Et lui, petit Térésias carré aux traits de grès délavé, mourut d'une certaine façon avant la fin de la phrase. Sans que ce soit !fini pour autant. Car dans cette course à obstacles qu'est la l'histoire d'une vie, il pouvait compter sur sa fidèle élève, ma sœur Felicitas, qui avait pour ainsi dire recueilli en=elle le souffle du pasteur mort & qui sait depuis faire se poursuivre cette partie de l'histoire que le pasteur s'est vu dénier le droit de raconter.

Photo 63

Devant le portail secondaire de la villa des von Dorset : de g. à dr. debout sur la véranda une dame de compagnie, un pinscher dans ses bras, Isolde Przemysl, Werner (un berger allemand à ses pieds), Johanna, Greifenthin, hiver 1922

Pendant que les-Autorités veulent aussi faire main=basse sur la propriété de Thalov, parce qu'elle gêne les projets d'extension de l'exploitation à ciel ouvert du lignite, opérant d'une certaine façon de leurs lentes griffes administratives en broyant sans pitié tout sur leur passage à l'image des immenses chenilles des bulldozers qui dévorent le paysage mètre-après-mètre & jours&nuits, les tentatives d'exproprier Werner de sa maison à Mathildenbourg prennent au même moment des tournures dramatiques : ON ne convoite pas que=samaison ; Werner pourra certes garder son commerce, mais 1ntégré à la H.O. – la nouvelle organisation du commerce de détail de l'État (Werner devenant gérant de succursale). Cette fois, plus n'est besoin à Johanna de persuader son mari ; les prétentions=des-Autorités ont blessé la fierté de Werner au plus profond. Il ne veut pas En entendre parler. Veut rester ce qu'il a été & l'est encore : l'unique propriétaire=détenteur du **Magasin d'alimentation générale Werner Baeske. Livraisons en gros & en détail** à Mathildenbourg, Breite Straße 43. Un point, c'est tout.

Sur quoi, ON serre un peu plus la vis : de la rangée de maisons situées de l'autre côté de la rue de puissants projecteurs éclairent la nuit la maison de Werner é ses fenêtres, il faut empêcher le couple de trouver le sommeil, l'amener à se fragiliser, à commettre des fautes (sans y aller par 4 chemins ON a décroché les volets de leurs gonds pour les emporter – Lalumière se déverse crûment dans toutes les pièces) ; dans la journée, des annonces par haut-parleurs sonorisent maison&voisinage. (:ON espère que les-voisins feront pression sur Werner car haut-parleurs & projecteurs ne disparaîtront qu'à l'instant où il cèdera Aux-Exigences-Administratives.) Des troupes de Jeunes Pionniers placées sous le commandement du Chef-de-Section=locale, 1 Porteur-de-raie-stricte dans les 20 ans, défilent aussi l'après-midi après l'école devant le Magasin de Werner, bloquent l'accès & font fuir la clientèle par leur présence massive ; effarouchés les clients ne reviennent pas. ON guette le moment où l'ON pourra fermer le magasin au motif qu'il est économiquement non viable. (Cela devait rappeler des souvenirs à 1 bon nombre – & tous se taisaient comme ils avaient appris à le faire.) Les troupes de Jeunes Pionniers s'avancent, nombreuses & massives. De leurs voix peepiantes-piaulantes ces écoliers scandent les slogans du Nouveau-Système-Économique. Dans leurs chemises blanches ceintes au cou de foulards 3angulaires bleus ces chœurs-d'orphéons ont l'air obstiné de Chanteurs à l'étoile se trompant de chansons. – Et Werner se met à rédiger des requêtes ; des réclamations déposées auprès de la municipalité, de la Chambre de commerce, du Service local du Logement ; formulées selon la catégorie en caractères romains=II. –

Pendant ce temps, les pelles d'acier des bulldozers, chacune presque aussi grande que la maison de Friederike, ont continué d'engloutir avec voracité le paysage –. Quand le vent souffle du sud, on entend à Thalov le bourdonnement sourd é obstiné des gros moteurs, & la nuit, sur l'horizon, ressemblant parfois à un éclair d'orage, les fulgurations des projecteurs jaillies des déblais. Champs prés forêts & villages s'enlisent lentement dans le sable clair éventré, les-bulldozers abandonnent derrière eux une terre en friche ravinée – un paysage aux allures de fosse commune fraîchement creusée. Entre-temps, ON a rendu publique la décision de faire disparaître l'agglomération de Thalov au profit de l'exploitation-à-ciel-ouvert-du-lignite, l'endroit sera évacué, reconstruit Ailleurs & en mieux, d'après les plans d'1 peuplement socialiste. ON parle d'émigration ; même les morts du cimetière local iront s'établir ailleurs avec les Vivants. Friederike n'est pas la seule, de nombreux autres habitants de Thalov s'opposent à la décision du Gouvernement de Berlin ; ils décident de créer une délégation de citoyens, création que les-Pouvoirs-Publics interdisent !immédiatement sous peine de lourds emprisonnements (pour attroupement). D'où Unflot d'indignation-sur-papier, – des demandes par écrit qu'Aucunfonctionnaire n'aurait jamais pu traiter de manière=appropriée, si le rejet des doléances des Indignés de Thalov n'avait pas été une affaire déjà décidée-d'avance.

–Dans 1 pays comme la ErDéA, il n'existe !Auc-1 opposition possible à Cegenre de Décisions ministérielles : décidé = décidé & !basta. – Dit Felicitas (mais le pasteur Brickau aurait pu en dire autant). – –Les habitants de Thalov ?se laissèrent-ils ?décourager après ça. – –Non : ils envoyèrent la prochaine vague d'indignation-sur-papier – catégorie caractères romains=II, en insistant davantage dans le développement grand 2 sur le rôle des services subalternes – l'adressèrent aux instances hiérarchiques immédiatement supérieures : au district, au Conseil des ministres, à la Chambre du peuple à Berlin, au Président de la République Pieck=Enpersonne, afin de donner plus de force au coup de tampon-du-Toujoursplushautplacé asséné aux petits Subalternes. Or, cette façon de s'indigner avec une obstination=irréductible met aussi des-œillères, é: le feu rouge du butoir n'est jamais loin : !Terminus, fin Duciel&delaterre. Mais Friederike continue de se battre, les habitants de Thalov continuent eux aussi, – continuent encore&encore, ?que faire d'autre sinon. Et de la même manière qu'Hedwig a entraîné sa fille dans-le-combat, Friederike (alors âgée de 63 ans en 1956) forme maintenant à son tour son fils, Peter-Paul, à la..... Vraievie : elle dicte, il écrit. Des rafales peuvent soulever des vagues écumeuses même à la surface d'1 mare stagnante&étale, 1 impression faussement vraie de Grand Mouvement. – Dit Felicitas (mais le pasteur Brickau aurait pu en dire autant). –

1956 : chars & coups de feu en Hongrie, de nombreux morts, il se pourrait que le souvenir du 17 juin 1953 ait traversé les cervelles des Personnalités=du-S.E.D. ; ON veut garnir de feutre les serre-joints du-Pouvoir étatique ; – à Mathildenbourg, ON est !très proche de la capitale Berlin, aux-portes, comme on disait Jadis, un voisinage !nuisible (c'est aussi le sentiment qu'ON partage au conseil-municipal de Mathildenbourg, division du Service communal du Logement). Werner reçoit d'icelui un courrier rédigé avec une politesse surprenante pour une Administration, qui l'invite à une entrevue, à 1 date-restant-à-convenir. – Voici, d'après le récit qu'il en avait fait par la suite, ce qui est sans doute arrivé à Werner quand il se présenta Là-Bas.

En réponse aux coups qu'il frappa, la porte s'ouvrit, presque avec familiarité, comme pour une vieille connaissance, entrouverte par un homme dont l'obligeance extrême s'échappant par l'embrasure engageante débordait à l'encontre de l'Entrant en une masse chaleureuse. La 1re fois et toutes les fois suivantes, Werner tomba sur ce=même fonctionnaire : petit, gros, chauve, avec toutefois un visage poupin. Il portait l'éternel même pull-over sans manches sur des pantalons trop courts lustrés aux fesses, ce qui donnait à son apparence une mollesse désagréable, comme si sa masse corporelle se coulait Chaquematin dans les vêtements. Il était veuf (comme il le confia dès les 1res minutes de bavardage), expulsé de Silésie à la fin de Laguerre. – *À moi !auchii ILS chont Tout pris.* (Fit-il remarquer à la dérobée.) – *La maichon, le bôô vercher, ma patrie. Tout. Mon chien, un chétère, Boudgi qu'i chapp'lait, ILS l'ont déchendu chous mes chyeux. Ch'entends encore auchourd'hui le bang. Ma femme a pas churvécu au chagrin qu'cha lui a donné. Cheu!mauditbitler qu'a commenché la guerre.* – S'empressa d'ajouter l'homme.

La façon qu'avait cet homme d'édulcorer les consonnes sonores déplut immédiatement à Werner. Ses propos cordialourdauds rappelaient le son d'une toupie ronflante, comme si obligation était faite de patauger dans de la pâte chaude – une manière bonne à vous faire !enrager. Le fonctionnaire le remarquait sans doute lui aussi, oui, il semblait s'attendre à ne rencontrer rien sinon de l'antipathie chez autrui. Il voyait la chose à la façon de l'âne-de-manège qui interprète & considère les fouettements du charretier comme des coups symboliques plutôt qu'une véritable punition. L'homme répéta une nouvelle fois qu'à lui aussi, ILS lui avaient Tout pris, en insistant sur le « aussi ». – *Et les voichins, des Polonais, avec qui nous=chautres Challemands avons véchu chenpaix sur pluchieurs générachions, ehben i chi chont mis chont tirés la-matraque-du-chac. !Ahmondieuquellépoque.* – Et encore une louche de *Cheu!mauditbitler* &ccetera.

Werner ne répondit rien à tout cela.

–Commémigrant, choui reconnaichant d'avoir robtenu !Chètemploi-dans-l'Administration=ichi. – Poursuivit le Gros sur le ton du bavardage en faisant de ses mains papillonnantes signe à Werner de prendre place sur la vieille chaise en cuir face à son bureau. Maintenant le Gros parlait de la nourriture, à l'évidence son Sujet Préféré, qui lui permettait de reprendre de plus belle ses jérémiades pâteuses-boursouflées. Il évoquait avec délectation *boulettes saucisse fumée é choucroute,* pour

aussitôt se plaindre : *–Au décheuner chustencore 1 chamomille, des pommes de terre en robe é du fromache blanc – ch'upporte pu ren d'autre, depuis qu'ILS m'ont foutu dehors de-chez-moi. J'ai de la !dychpepchie. Et le-!Chereviche, cher Meussieu Bächke, le-!Cherviche, cha vous bouffe littéralement.* – Il en arriva ainsi à parler du Magasin de Werner & il se mit à rêver aux produits exotiques que Werner (naguère) vendait avec indication de leurs pays d'origine, *– pour nous=chautres aujourd'hui comme chitués chur 1 nautre planète –* &ccetera &ccetera.

À cela aussi Werner ne répondit rien ou: alors il répétait d'1 ton monocorde l'observation du fonctionnaire (qui n'avait aucunement abordé le vrai problème, l'expropriation de Werner). !Même aux yeux d'1 enfant ce type-là était un « Jaune », le bon=vieux bélier-appât qui à l'abattoir trottine en tête du troupeau pour guider avec ordre & obéissance tous les moutons vers l'égorgeur (en échange, « le Jaune » est autorisé à survivre). Disparus les projecteurs de la nuit & les slogans braillés des Jeunes Pionniers ; – c'étaient maintenant ces émanations confiantes&rassurantes de chaleureux fonds de culotte baignées d'un vif-sentiment-manipulable=de-compréhension qui devaient entraîner Werner à dire des choses sans réfléchir, ce que « le Jaune » rapporterait à qui de droit, afin que l'ON ait Une-Raison-Politique de confisquer maison & magasin. – Werner gardait le silence, avant=Tout parce qu'il se sentait humilié par son vis-à-vis : On lui faisait !l'affront de planter en face de !lui, Baeske, négociant en denrées coloniales, 1 espèce de sujet subalterne, 1 piègeur de cul-terreux, qui par son *baratin* foireux réussirait peut-être à embobiner un manœuvre & sot du village ; c'était donc qu'ON le considérait lui aussi comme l'1=de-la-horde des ouvriers&paysans..... – La fierté de Werner s'empourprait de colère.

À la dernière entrevue, un papier gras contenant les restes d'une tartine de saindoux était posé sur le bureau du Gros, aussi ostentatoire qu'un objet d'exposition. Werner, remonté : *–'Le-!Cherviche, cha vous bouffe littéralement', !hein. Mais je n'en vois qu'un qui bouffe ici : vous, – & Quedalle pour ce qui me concerne.* – Pas de réponse. Puis, Werner, à double entente : *–D'ailleurs, toutes mes félicitations pour votre « dychepepchie » qui a guéri !si vite.* – Le Gros, en pleine mastication, retira le papier gras de la table & le fourra avec soin dans l'un des tiroirs. Il avait été démasqué, comme c'était le plan de Werner. Désormais, sa conversation de toupie ronflante ne tournait plus autour de *la patrie, Boudgi, cha brave femme, le fromache blanc & les pommes de terre en robe ;* maintenant Werner entendait parler d'*avanchement du dochier laichant entrevoir une ichue favorable, pouvez chentièrement chompter jur moi, & vous cheré chinformé par écrit de la déchichion.* – Même le bavardage le plus long s'arrête 1 jour, Werner se vit congédié étonnamment vite.

Et, avec la même diligence, le courrier officiel du Service communal lui parvint ensuite, dans lequel figurait « après examen approfondi de votre requête » (certainement d'après l'appréciation du rapport rédigé par « le Jaune ») & quelque temps plus tard, ON lui offrit la compensation suivante : Werner perd ses titres de propriété de la maison & des locaux commerciaux, en contrepartie il pourra habiter à titre gratuit avec sa femme au premier étage de la maison à Mathildenbourg le restant de ses jours. Il pourra, si tel est son souhait, devenir gérant de la surccursale de la H.O. dans son ancien magasin. Le document est disponible & prêt pour signature auprès-du-Service compétent. – Werner refusa l'offre de gérance, il accepta les autres conditions, comme il le fit savoir oralement aux Services-Administratifs ; – il viendrait se présenter aux heures d'ouverture des bureaux en vue d'apposer sa signature.

–Werner entreprit cependant de faire traîner l'affaire, chaque-fois il repoussait le moment de signer. – Raconta Felicitas (mais le pasteur Brickau aurait pu le raconter tout autant). –Werner avait entre-temps, franchi le cap de la Soixantaine ; sa blessure reçue à la Première Guerre se ravivait justement=!maintenant, aussi oubliait-il à répétion les horaires d'ouverture des bureaux –du reste, ne ?changeaient-ils pas ?fréquemment. 1 fois, s'étant présenté au-Service peu avant l'heure de fermeture, il constate soudain avoir oublié ses lunettes à la maison, é: sans lunettes, il lui est malheureusement !impossible d'écrire même son nom. Il sera trop tard pour se représenter le jour même, car il n'arrivera pas à faire l'aller-retour, il n'aplusvingtans après tout & marche difficilement. – Bref, – dit Felicitas (mais le pasteur Brickau aurait pu en dire autant) – il n'y eut !jamais de signature. L'Administration finit elle aussi par oublier un jour ses relances, &

ainsi le titre authentique de transfert de propriété de la maison & du magasin resta-t-il sans la signature de Werner. Mais ON faisait comme s'il l'avait signé : lui & Johanna habitèrent à titre gratuit au premier étage, la H.O. reprit le magasin situé au rez-de-chaussée à partir du 1er février 1960. –

–En l'an 1964, peu avant son 71e anniversaire, Friederike meurt à Thalov. Elle avait finalement été autorisée à habiter dans sa maison en-tant-que-locataire. Mais l'on ne sait toujours pas qui sont les propriétaires du domaine, de l'héritage familial. – Ainsi Felicitas poursuivit son récit (le pasteur Brickau aurait pu poursuivre tout autant). –Paul, le mari de Friederike, prisonnier des Russses, était rentré de captivité auparavant, mais ON avait brisé sa santé & son énergie au-camp=en-Sibérie : mains é jambes gelées, abattu, faible, sans courage é pris d'une Peurperpétuelle, il n'était d'aucune aide pour Friederike dans sa bataille juridique contre les-Autorités catégorie lettres-romaines=II. Un homme qui fond comme neige au soleil –, dit Felicitas (mais le pasteur Brickau aurait pu en dire autant), –pour finir, 1 peu de sable & de poussière, et il avait disparu. Paul Karge décéda en 1958, quelques années après son retour de guerre tardif, qui n'eut rien d'un retour chez lui, pour ainsi dire en-exil à Mathildenbourg. À la mort de Friederike, l'entière responsabilité du domaine reposait dès lors sur les épaules de son fils, Peter-Paul.

–Le ?Thersite-de-la-famille – !C'est le comble.

–Comme tu dis. Oui, un garçon bizarre. !Et quand je pense à sa fin –.– Felicitas se tut le temps-d'1-instant (comme l'aurait fait le pasteur Brickau). –Bien qu'âgé de 34 ans à la mort de sa mère, il avait néanmoins tout d'un grand gamin=immature. D'un côté, il continuait la bataille juridique autour du domaine en écrivant des lettres acharnées ; de l'autre, é la sol1tude y était pour beaucoup (car il ne trouvait pas Defemme), il ne méprisait Rien ni Personne autant que le-monde=des-Actifs. La façon parfaitement humoristique qu'il avait de raisonner, qui ne trouvait cependant pas le profilé adéquat pour – pour – –se modeler – –Bon, si tu veux : avec-qui-se-mettre-à-la-colle, devait tourner au mépris amer envers Tous&chacun. – –?N'-a-t-il pas une fois demandé ta main, Lizi. – –Laissetomber. Tu le sais, je *[n'ai qu'Unamour, mon amour pour toi, Georg, é je m'y sais assurément païenne, embaumée & enfouie en=moi. C'est là qu'il repose, immortel comme un défunt pharaon ; plus durable que l'amour de Mausole pour Artémise]* t'ai dit tout dit Àcepropos depuis longtemps, é: tu n'as jamais voulu l'entendre. ?Pourquoi te ?répéter Ici&Maintenant=en-présence de tous ces Morts ce que tu as entendu-à-mourir. – –Tu as raison, Felicitas. Il serait trop tard. Poursuivons ton histoire. ?Tu m'entends, Lizi. ?Pourquoi fait-il soudain si sombre autour-de-moi. ?Pourquoi tant de ?nuit dès que tu te tais. Le Silence..... – –Il fait nuit é silence..... quand tu cesses de te souvenir. Or le souvenir est le sang qu'il faut sacrifier Ici. C'est par le sang qu'on apprend. Alors écoute la suite. – ***p. 434, Photo 70*** →

31

Photo 64 *Hôpital militaire : des patients (deb. & assis.) 1 infirmière & un médecin militaire, sur le front ouest, 1917*

→ La survenue concomitante d'attaques & katastrofes provoqua la perte de conscience.

À elles seules les suites de la Première Katastrofe auraient suffi cela dit à causer des ravages d'une dis-proportion inconnue de mémoire-d'homme : effondrement des flux transcontinentaux. Attaque ?terroriste ou défaillance ?technique. Une masse gigantesque de données, toutes stockées dans les-réseaux au même moment, fut responsable du crash des-ordinateurs du monde entier. Ces effondrements simultanés rendaient certes plausible l'hypothèse d'une attaque-terroriste – mais désormais l'origine était Sansimportance ; en l'espace de quelques secondes, il était devenu à=tout-jamais inutile de faire appel ici à ces images=éculées que sont les communiqués des instigateurs du désastre & les demandes de réparation pour le préjudice subi. Car la défaillance des-ordinateurs eut pour première conséquence la rupture d'approvisionnement en électricité presque partout=danlemonde, & elle fut suivie de l'arrêt de fonctionnement des gigantesques jets d'eau lesquels, pilotés par ordinateur & stabilisés par champs magnétiques, à l'image d'un système de tuyauteries autoportées – sans murs cependant pour les soutenir mais formant des faisceaux de plusieurs mètres de diamètre & kilomètres de long sous la seule action des champs magnétiques regroupés en tubes – jaillissaient à très haute altitude au-dessus des pays é continents jusqu'à la stratosfère, pour déverser ensuite de manière ciblée leurs millions de mètres cubes d'eau sur les zones terrestres qui les requéraient.

L'homme n'ayant recours à ce qui lui est le-plus=personnel, à savoir sa capacité d'agir=avec-raison au plus tôt, qu'à l'instant où son insanité le pousse vers l'abîme Delamort, les-projets fulgurants & très=ambitieux d'Unpetitnombre contrecarrèrent l'Ultime Peur Delamort, projets dont On avait laissé entendre qu'ils apporteraient enfin le Bien-Être & la Paix-Éternelle à l'humanité=entière. Il était en effet apparu récemment que le Pirennemi de l'homme ne provenait pas du genre-humain.

Là où règne la sécheresse, une terre craquelée é brûlée par Lesoleil, un ciel sans nuages, flambant de chaleur, arbres dépouillés, forêts désséchées & roussies, pins épicéas sapins – leurs aiguilles tombant comme des clous rouillés aux-pieds d'une forêt millénaire, cèdres centenaires é oliviers réduits en cendres, prairies&pâturages consumés en une poussière sèche à l'odeur de brûlé, –: 1 étincelle, é le pays entier s'enflammerait en un Immensebrasier comme après une explosion. Et son sauvetage se situerait à des centaines de kilomètres de là : dans d'immenses trombes d'eau s'abattant de nuages de la taille de montagnes, le souffle pestilentiel de la chaleur se dissipant sous les brises fraîches –;– é: là où les averses=continuelles entraînent la terre, la noient, là où meurent des villages des villes densément peuplés de bêtes&gens – les continents du globe semblent se réduire en inondations & boue, les eaux limoneuses charriant famine épidémies mort. Il n'y a pas plus de crues & d'incendies qu'Autrefois, mais leur force a décuplé ; comme si flots&flammes recherchaient sans merci l'Ultime=par=Achèvement, la noyade, la consumation de Toutevie –:– Oui, Chac-1 pourrait être sauvé é Rien de perdu pour Quiconque. Il pouvait en être ainsi. Et il En serait ainsi. : Prélever sur ces régions aux crues désastreuses que sont les deltas du Gange, du Yang-tsê Kiang, les masses d'eau dévastatrices & les faire se déverser en pluie sur les Zonarides que sont devenues depuis-des-décennies l'Italie, le sud-ouest de la France, l'Espagne, le Portugal, ou s'en servir pour éteindre les énormes incendies en Amérique du Nord & en Australie. Au-dessus de chacune des zones déterminées des champs magnétiques tourbillonnants veillaient à ce que les colonnes d'eau compactes se répandent en fines gouttelettes sur la Terre. – Des projets très=ambitieux, envisagés depuis-des-siècles – comme l'irrigation des grands déserts du globe : Sahara Gobi Kalahari, & leur reconversion en terres fertiles – champs cultivables & forêts denses – des paysages tels qu'ils avaient existé dans la plus haute-antiquité & qui avaient déjà Àlépoque subi guerres & pillages ; Aujourd'hui=enfin ils renaissaient grâce à l'effort commun d'économies nationales à haute technologie.

Une lumière de paix comme une aurore boréale paraissait éclairer le-Monde : et les habitants des grandes villes, occupant Jadis usines bureaux immeubles, isolés dans leur travail, entraient pour la première fois en contact les=uns=avec=les=autres, s'acheminaient vers la campagne dans Lesforêts, animés de sentiments enivrants – comme si chaque pas humain s'accompagnait d'un lent é profond carillon de bronze recouvrant villes&paysages tels des Airs de Liberté emplissant les cieux –. Spectacle !fascinant que d'observer dans de vastes zones inondables sous le puissant point focal des champs éléctromagnétiques – pilotés par des satellites équipés de générateurs & émetteurs Dirac d'une précision=exacte de 10-mm – de fines aiguilles de pluie jaillir d'eaux troubles ne faisant soudain plus qu'1 – s'allonger en trompes de la taille de grands arbres – pour, écumantes gargouillantes sifflantes rebondir contre le ciel en longs rayons tubulaires. Tandis que la Terrreferme, comme si elle s'éveillait, émerge lentement des eaux descendantes.– Et quand les hommes tendaient l'oreille, ils entendaient effectivement la Terre Nouvelle. Chaque planète a sa résonance particulière, disaient les astrophysiciens, perceptible à-l'Extérieur par les radiotélescopes. Depuis les différentes stations spatiales en orbite autour de la Terre, des sondes-radars exploraient chaque mètre de la planète pour cause de Science&Espionnage, en parvenaient des rapports indiquant que désormais Quelquechose=Deneuf s'était joint au son ordinaire de la planète bleue : un ronflement harmonieux, d'intensité durable, comme sorti de lointains orgues cachés dans les entrailles de la Terre –. Une résonance qui sourdait de ces mêmes lignes d'eau qui traversaient le ciel, tels les serpents vitreux du Midgard. À peine le soleil touchait-il ces tubes de verre tendus par-dessus les continents, que des myriades de gouttelettes dispersaient la lumière en de merveilleux arcs-en-ciel – le cielnocture&diurne était éclairé par de scintillants ponts aux couleurs spectrales – –

Partout On crut lire La-Fin des guerres acharnées entre Pauvres:Riches dans & hors les monstrueux conglomérats Pays-&-Nations de la taille de continents – Europe Unie, Union Panaméricaine, Unité Asiatique, Confédération Arabe, Indépendance Africaine – comme les chamanes Naguère cherchaient à lire l'avenir dans les entrailles d'animaux morts ; lutte acharnée pour les marchés & les ressources naturelles encore disponibles, menée sous le masque des Combattants de la Foi, ou attaques-partisanes de troupes de guérilleros agissant à l'échelle mondiale, en rupture d'idéologie, une jactance manichéenne écumant de rage, dotés d'armes à eau lourde de destruction massive & de paroles-explosives par Ceux-là mêmes qui prétendaient les combattre. Les modes de vie de multitudes de population informelles vivant dans les Pays=Continents devenus entre-temps ennemis se ressemblaient lézuns:lézautres à s'y méprendre ; la disparation de la différence entre cultures était Le Danger Suprême mutuellement:partagé ; EUX=TOUS étaient lézuns:lézautres trop= semblables dans LEUR pratique du Pouvoir..... Fatalement il en résulta une prise en considération moindre des risques quant au potentiel de danger de-l'adversaire.

Très vite, il n'y eut véritablement plus à redouter les maudites interventions sur le cours des événements mondiaux d'1 Amérique du Nord=isolée, dernière Grandepuissance à avoir survécu auFer&Feu du 20e siècle : pieuvre des abysses, poussée par les-Temps é échouée sur le sable de l'Insolvabilité du pays (un nombre excessif & sur=tout d'excessives interventions coûteuses de l'armée=partout-dans-le-monde et des échecs militaires désastreux – pas de défaites mais pire : Pasdevictoires..... d'où ces guerres rampantes & leurs formes atténuées – Guerre & Paix alors indifférenciables, impossibilité de conclure la Paix), ses monstrueux tentacules se desséchèrent en gelée & peau grumeuleuses au gré du désastre économique auto-engendré. De profondes divergences-d'opinions au-cœur des ex États-Unis firent tout voler en éclats : guerres raciales, sécessions : à l'instar de celles du 19e siècle, mais là=au-22e, les conflits étaient nés en Amérique du Sud & Centrale, grandes marches des-chômeurs sur la capitale, massacres de la population pauvre & des hordes d'immigrants clandestins perpétrés par l'Armée & la Garde Nationale – De quoi réduire la Grande Image de ce qui était autrefois la dernière grande Puissance à l'insignifiance d'1 île reculée. Lemonde, jadis son butin, glissait de ses griffes impuissantes, les ventouses du-Capital se desséchant comme lèvres de vieillard sur le rivage du Feu-Consumant –. 1 satellite devenu incontrôlable dans les turbulences atmosphériques le-Restedumonde n'attendait plus que sa propre chute, dans la seule préoccupation des ultimes ravages encore susceptibles de se produire à l'intérieur de la zone d'impact.

Et qu'importe où cela adviendrait, les situations seraient identiques. Partout sur les-Continents=Pays ne subsistaient plus que des semblants de Parlements – 1 misérable petite bougie comme souvenir politique sentimental ; et comme ces locomotives qu'on laisse parfois tchoutchouter les dimanches pour mettre du baume au cœur des éternelles âmes d'enfant, de petites troupes fardées de politique paradaient fièrement sur le parquet & s'enthousiasmaient dans des conférences pompeuses en de touchantes harangues adressées à la populace. Tandis que le pouvoir véritable était dans les mains de groupements d'Opérateurs=Anonymes, pratique remise en selle d'abord en Russie, qui se défiaient mutu:hainement depuis les sièges de leurs banques&consortiums par espionnage économique interposé, manipulations de bourses&devises, attentats contre Certains de leurs concurrents devenus trop=dangereux. Dans leur souci de matérialiser ce qui ne peut l'être, les Vainqueurs placèrent dans les niches politiques des bâtiments officiels de toutes les provinces des symboles-médiatisés=pour-le-Peuple, qui incarnaient leurs Plaisirs-de-Gouverneurs, – frottoirs pour allumer attentats révoltes putschs rébellions, & pour rétablir la paix, l'Armée marchant contre les masses grises en colère avides=desang&vengeance, les réduisant en cendres par hécatombes en recourant aux toutes dernières armes lasers. Ainsi haine=enflammée & masses=furieuses se déversaient-elles toujours du mauvais côté, somme toute du bon quant au maintien=autonome des-Continents=Pays dirigés par un régime césarien. –

Sur ces Fondations-Guerrières les cartels d'entreprises à la pointe de la technologie conçurent ce gigantesque projet transcontinental d'approvisionnement en eau. Et tous les Dangers dont les-hommes avaient depuis-des-siècles craint qu'ils signifient La-Fin-de-l'Humanité – grâce à Ce Projet semblaient écartés, vaincus 1=bonnefois=pourtoutes. Alors, invisible insoupçonné au commencement, apparut l'Ennemi Originel de l'homme : la Nature.

Comme un astre à l'intérieur de la planète Terre, tel un soleil, elle tourne imperceptiblement sur-elle-même et, stimulée par l'action-ou-l'incurie de l'homme, montre ainsi à-l'humanité sa face de Fer-é-Feu sombre, redoutable, destructrice, détournée de-l'humain. Des-siècles-durant on avait abordé la Nature avec insolence, comme on accoste une prostituée, voulant la réduire=à-l'obéissance, la faire=se-reproduire, la punir, pour ensuite la bannir, d'elle on avait usé&abusé –, succès éphémères passant pour Triomphes Éternels, des Cyber-Profètes expliquant même La-Fin-de-la-Matérialité ; grâce à la création de mondes dématérialisés l'humanité triompherait des pulsions pesanteur volupté douleur mort, à=jamais –;– la-Nature entra donc en réaction. Elle fit valser les cubes multicolores de l'Arrogance comme les jeux de construction d'enfants=bêtes-é-insolents : tremblements de terre, éruptions volcaniques, ici crues rappelant les fortes marées d'équinoxe, là sécheresse réduisant tout en poussière d'os, augmentation inquiétante des tornades même dans des régions au climat tempéré jusqu'alors –: Après que les derniers Commissaires-au-Calme mandatés pour rassurer Le Peuple, émissaires des Épidémicitaires du-Maintien=continu=de-la-Croâssance & chargés d'inoculer au-public via les canaux-concentrateurs-de-communication la potion sédative en usant asticieusement d'un ton toujours alarmiste, furent à leur tour strictement interdits-d'expression, parce qu'Unetornade d'une force inconnue jusque-là avait tout s1mplement soulevé dans-les-airs le plus grand studio d'informations télévisées & l'avait mis en pièces dans sa toile tourbillonnante, à la suite donc de tous ces événements, des équipes internazionales de Technocrates décidèrent d'agir : à l'aide de crédits énormes débloqués par l'I-W-F, Ils s'attaquèrent d'abord à la Tornade=elle-même. À partir de son processus de formation connu de longue date, Ils parvinrent à reproduire en laboratoire un phénomène analogue à celui de la production d'antimatière, démontrant qu'il était possible de produire des gradients barométriques & des accélérations centrifuges – de même rapport mais avec des signes précurseurs exactement inverses – fonctionnant comme des anti-trombes stables. En appliquant les résultats obtenus en laboratoire, Ils construisirent de soi-disant générateurs-d'anti-trombes utilisables partout=danlemonde en raison de leur grande maniabilité, lesquels commencèrent par fabriquer au moyen de buses aspiratrices une tornade menaçante naturelle pour la laisser ensuite s'effondrer=sur-elle-même sous l'influence de ses propres=rapports=internes de pression. Beau succès pour l'entreprise exploitant le brevet. !Bénéfices énormes. Le nombre des tornades=mondiales était en constante progression, de sorte qu'il fut très vite question de créer de toutes pièces un marché-des-tornades, puisque le profit-énorme de ces entreprises s'accroâtrait du fait de l'utilisation quasi ininterrompue de générateurs-d'anti-trombes.....

Désormais on pensait Lanature=Souscontrôle. Car grâce à l'utilisation d'équipements cybernétiques ultra-modernes – Internet-public=à-échelle-mondiale ou réseaux spéciaux é hermétiques (présentant toutefois d'inévitables failles=sur-l'extérieur), preuve était faite de la capacité-humaine-à-maîtriser les catastrophes=naturelles. Provisoir1ment. – Et, porté par les ailes de l'Euforie Technocratique, l'On s'attaqua aussitôt au Grandprojet suivant : l'application élargie de ce système transcontinal d'échange d'eau à celui de rayons de feu transcontinentaux, via des faisceaux regroupés qui traverseraient le ciel et faciliteraient la fonte de la calotte glaciaire & le défrichage de territoires situés autour des pôles jusque-là recouverts par les glaces – –

Et les hommes à nouveau levèrent leurs yeux vers le ciel & Y virent des veines coruscantes d'eau & de feu illuminer l'obscurité & la lumière du jour luire en un maillage liquide & ardent – les-hommes eurent alors le sentiment d'une *destinée*. Pour la 1re fois depuis Les Vieilles Légendes ils voyaient Le Ciel revenu sur La Terre. Certains pleuraient de-joie. Les yeux d'un grand nombre brillaient. Et si maintenant Ciel é Terre n'était plus qu'Un – l'homme é: la femme ne ?pourraient-ils pas comme eux ne ?faire qu'1 à nouveau. Air Ciel Eau – é Terre prirent Ces jours-là la forme ronde d'un globe oculaire, la même transparence de verre de l'œil humain – globe terrestre é globes oculaires se dévisageaient (qui le voulait, parvenait à voir sans rêve les Morts.)

Or, un Vainqueur donne naissance à une armée de Perdants & Concurrents, et là où Paix-&-Fraternité aimeraient s'étendre, se dressent aussi Hostilité & Discorde. L'arsenal pour Cefaire existait : bombes-atomiques & missiles-nucléaires enfouis profondément sous terre & au fond des océans, datant encore des guerres continentales des siècles passés, & escadrilles fin prêtes – dans l'attente depuis-de-Nombreuzannées de l'ordre de mise à feu électronique.....

Photo 65 *Hôpital militaire, salle commune : au premier plan, 3 lits poussés côte à côte, Werner au milieu, front ouest, 1917*

Car les états-majors des civilisations hautement technicisées, financés par les milliards astronomiques des banques&gouvernements, avaient naguère installé à la surface des réseaux de communication & d'échanges commerciaux mais en un déploiement souterrain & dans la lithosfère une ceinture-palissade de fusées à têtes nucléaires, spéculant sur les failles&soudures de la planète créées-par=la-Nature. Les Hémisfères de la Légalité & leur vue en coupe : en surface mise en réseau & échanges commerciaux (Vivra = Tout ce qui peut me payer) / en profondeur séparation rigoureuse & hostilité absolue (Mourra = Tout ce qui est différent de moi). Ainsi débuta naguère l'Ère-plutonienne.....

Mais les charges explosives mises en place s'avéraient être particulièrement dangereuses, celles des seuils nord-Atlantique, sud-Atlantique & médio-indien, autant que celles installées dans l'Océan Pacifique, sur les dorsales Pacifique oriental & Pacifique sud occidental ainsi que le long de la ceinture orogénique entre l'Europe et l'Afrique –; là, dans les fosses les plus profondes et près des volcans sous-marins les plus actifs avaient été envoyées au fond des mers au milieu du 21e siècle ces Aggluti-Nations de Peur&Dissuasion – en des temps où les conflits entre Asie é: Europe d'un côté, Asie, Europe, Afrique é: Amérique du Nord de l'autre et leurs alternances d'alliances, anti-alliances, anti-anti-alliances respectives, s'envenimaient à l'infini. Armes & contre-armes, missiles bombes mines : l'épine dorsale de la planète entière comme piquée par des milliers d'aiguilles d'acupuncture plantées à l'endroit de ses aires sous-marines volcaniques géophysiques, ses zones de subduction de la lithosfère. Et toujours plus d'arsenaux & enfouis toujours plus profondément.– Grâce à ce Potentiel-de-Dissuasion universellement connu – puisque la mort à grande échelle reste invariablement le meilleur atout dans le Domination's Poker pour La-Suprématie – les anciennes=Puissances-Combattantes au grand complet avaient escompté d'hénaurmes effets=redoutables destinés à repousser le seuil d'égalité léviathanique & donc espéré en=tirer d'énormes=avantages dans la Nouvelle=Bataille-Internazionale-de-Partage du Monde=des-Affaires. *?Et les-hommes : ?Étaient-ils capables de ?!supporter Cesavoir. ?Étaient-ils vraiment au ?courant. ?Où est pour=eux La Limite entre supportable é: insupportable –;– et ?qu'arrive-t-il si La Limite est franchie ou: plutôt si eux=les-hommes sont !amenés=à-La-franchir : suportable, Celareprésente?quoipourchac-1=en-particulier–.*–Maintenant cet Arsenal était prêt, les réseaux électroniques existaient, les mécanismes d'allumage attendaient l'Ordre-Codé..... dans le *stand bye-bye* du Ka-Os.

Les démons de-l'Internet : jadis de jeunes boutonneux aux extrémités dactyles poisseuses & aux faces ichtyoïdes de casaniers puant des pieds & de la toison. Qui se regroupèrent pour la 1re fois à l'échelle mondiale au début du 21e siècle sous le nom-de-guerre internautique de *Telematic Raiders* & déclenchèrent depuis leurs cervelles de potaches des attaques contre les terminaux des succursales prowouinciales de petites banques & les ordinateurs utilisés par les ménages. Effraction électronique, tromperie, recel, espionnage pubertaire de rapports-sexuels privés : le temps de leurs-man-œuvres. Par la suite, dispersés à Touvent, – certa1ns parvenus aux Étages-Supérieurs des trusts, banques ou centres-militaires des services d'espionnage & de surveillance – portant coiffure punk é: costume rayé, mais la langue amincie & affutée pour le médial=compatible –, ces cerveaux, vêtus d'étoffe coûteuse & d'après leur âge matures depuis belle lurette, mentalité=potache pourtant toujours=prisonnière d'une absence d'esprit critique, disposaient désormais des moyens légaux & licences officielles pour user de la force avec une ampleur inconnue jusqu'alors. Dès=le-début, ces Frustrés-de-leurs-pulsions avaient rêvé de rapports de Pouvoir de cette nature ; désormais ces Para-Humains parfaitement conscients de leur impunité – anciens ½Cracks ou Privi-Légistes modernes, qu'importe – osaient offrir leurs=services à Qui pouvait & voulait les-acheter & les-payer & user de leurs pouvoirs (ce qui reste d'esprit critique balayé d'un reniflement de cocaïne) en comptant sur leur=parfait cynisme..... de gamins attardés.

Immédiatement après le brusque arrêt total de tous les gros ordinateurs, les systèmes intercontinentaux de transfert d'eau-&-de-feu s'effondrèrent à leur tour. Comme si les cieux explosaient, déchaînés&débridés des millions de mètres cubes d'eau é des fleuves de feu en ébullition se fracassèrent & s'emboutirent – des sifflements piaillements mugissements déversés du ciel – s'abattirent d'Unseulcoup avec une force brutale sur terres mers villes, tombèrent ici sur de la lave, firent jaillir une pluie de feu de la terre, en ruines les maisons, ravinés brûlés ébouillantés les champs&forêts hommes bêtes, par une marée phénoménale la terre arrachée é ensevelie sous des mers de lave en effervescence. Les générateurs-d'anti-trombes tombèrent en panne au=même=moment. Des tornades, les réelles & celles déjà fabriquées=pour=la=vente, prirent très vite dans leurs tourbillons tout ce qui se trouvait sur leur passage, soufflèrent en rafales rauques à travers pays & agglomérations –, déchaînées piaffantes. Sur de vastes étendues la Terre obscurcie par des masses de poussière comme autant de gigantesques parapluies ouverts. Quelques secondes après le déchaînement des tornades, la plupart des charges explosives, bombes, mines autrefois placées dans les zones de subduction de la lithosfère, furent mises à feu ; les programmes de déclenchement étaient conçus de telle sorte que, s'il survenait une Panne=Générale des réseaux d'approvisionnement, les générateurs de secours puissent prendre immédiatement le relais & activer en simultané le count-down irréversible des programmes de mise à feu. (Conçu Autrefois comme une mesure de sécurité contre des intentions inconsidérées de presser le bouton – Personne n'avait anticipé un arrêt total de l'approvisionnement en électricité exactement=aumêmemoment –, impossible dès lors de procéder à des corrections, trop=tard, le tout une faute suicidaire.) Certains champs magnétiques survoltés, qui continuaient d'émettre des rayonnements produits par des générateurs hors de contrôle, détruisirent ainsi les derniers ordinateurs & l'électronique encore en état de fonctionner dont toute vie civilisée était devenue dépendante. Des murs d'eau jaillirent des océans du globe, des tsunamis terribles galopèrent en direction des rivages continentaux, des plaques rocheuses à l'échelle de millions de villes brisées par des détonations montées des fonds marins, propulsées-en-l'air=à-des-centaines-de-mètres, d'abord l'eau & les pierres, puis la lave le magma. Leshommes s'enfuyaient, se répandaient en crues paniquées sur Lesvilles-Lespays tels d'écumeux flots gris, ils se précipitaient se piétinaient s'écrasaient lézuns:lézautres contre la terre ; comme aux temps préhistoriques, ils grimpaient au sommet des montagnes – mais les montagnes s'effondraient. Ou s'enfouissaient dans la terre, mais la terre se soulevait pour former de nouvelles montagnes – des cratères volcaniques regardaient fixement le ciel de leurs yeux enflammés : lançaient aux nuées des regards de feu, des regards roussis – immenses hurlements tumulte venus du ciel nocturne – !là : dans les airs comme engendrés par eux volaient les vers de terre, les piétineurs de terre, qui se cramponnent si vite à l'euforie & au désespoir, & qui ne reçoivent de liberté qu'en quantité suffisante pour qu'elle leur fasse..... des difficultés. – Laterre bouleversée ; comme si les blocs de terre ferme s'étaient liquéfiés, des vagues roulaient sous les continents ; Laterre chancelante ; des plaines s'élevaient puis s'affaissaient ; Laterre explosait, se déchirait. Et se brisait en grandes plaques crevassées le long de l'Équateur, elle faisait apparaître de nouveaux continents, les anciens sombraient, au nord é au sud de l'Équateur jusqu'aux anciennes zones de climat tempéré, partout sur le globe les plaques continentales se brisaient é se soulevaient. Quelques mois suffisaient désormais pour anéantir Laforme acquise par la planète sur des milliards d'années : – Et néanmoins, comme si L'Événement était lié à deux ères qui se superposaient pour en former une *Troisième*, des explosions volcaniques jaillissaient à la vitesse de l'éclair é les plaques accomplissaient leurs déplacements avec l'aisance de géants surgis de rêves martiaux – soulèvement cabrage fractionnement déplacement comme on procède avec les fragments osseux d'un crâne éclaté – é la caverne des mondes jusque dans ses moindres recoins était ébranlée par les hurlements déferlements crépitements halètements piaffements piallements vacarmes – comme jamais perçus par nulle ouïe jusque-là. Les plus fines couches de l'atmosfère elles aussi traversées par la résonance du tumulte, tapissées comme des plaques de métal fondu soudées entre elles. Le Sahara submergé sous les eaux déversait ses boues&flots dans la faille sud-américaine qui s'était à nouveau rapprochée – de l'ancien Soudan aux pieds des Andes et dans sa traversée des vallées du Pacifique Nord autrefois détaché, l'Amazone primitif se vautrait à nouveau – comme jadis, avant que ces deux continents se séparent des millions d'années auparavant. Ils faisaient 1 à nouveau. D'autres plaques continentales explosaient à leur tour, océans enflammés&enfumés. Le ciel se déchirait – libérait dans le même temps : neige grêle pluie cendres volcaniques sables avalanches de pierres telles des nuées de météorites (scories é roches détachées des blocs de terre ferme sous l'explosion) des vents brûlants soufflant des nouveaux déserts autour des anciens pôles magnétiques de la Terre – le tout amalgamé En=Uneseule=Masse, battue é rassemblée par les orages, agglutinée sous des éclairs comme des nerfs enfiévrés zébrant de colère la boue grise du ciel sans lumière – s'abattant maintenant avec toute la puissance céleste depuis les nuages morcelés. Et de Lachaleur du ciel é sous Lagrêle des pierres de la terre les oiseaux périssaient, raides morts ils tombaient en même temps que les averses minérales. Disparue – la différence jour/nuit été/printemps/automne/hiver : les jours obscurcis par la boue déversée du ciel les nuits éclairées par les feux flamboyants des volcans ; étéhiver é toutesaisons=intermédiaires étouffés sous la couvaison de gaz putrides échauffés de poussière. Air miasmatique. Amoniaque, soufre, sécheresse. Aplatis sous les rouleaux compresseurs de cendres chaudes pesant des tonnes, recouverts, enterrés. Corps é formes de la Vieilleterre éventrés irradiés brisés. La maçonnerie gris-brun du ciel formait une voûte, couverte de nuages comme autrefois, dessinant d'effrayantes=images faites de poussière cendre fumée. Des hommes (des sur-Vivants) tombaient à genoux devant ces spectacles, descendaient au tréfonds de toute croyance : à en perdre-la-foi. Car ils reconnaissaient dans ces manifestations de la Nature les visages profils chimères de la Misengarde=Tardive – menaces infernales exilées dans Leciel, ELLES ne tarderaient plus à en descendre..... pour éteindre ce qui pouvait l'être encore. Flottant captifs de l'épaisse fumée, des éclats de pierre pointus, aussi minces qu'1 aiguille pas plus grands qu'1 grain de poussière, par myriades & incandescents. Égratignaient la peau des sur-Vivants, la brûlant, corrodant leurs voies respiratoires, perforant leurs poumons, du sang échappé de leurs yeux de leurs bouches. Touchés par le bloc de poussière&fumée de quelques milliers de kilomètres cubes, un grand nombre de sur-Vivants parmi les hommes animaux devinrent aveugles. Ceux encore capables de voir, virent : à l'1 des moments les plus assombris (ce devait être le soir) !deux soleils sur l'horizon à l'ouest. Tous deux frisonnant d'un orange enflammé, jumeaux des dégâts & ravages, chacun auréolé de rayons irisés. Un soleil miroir de l'autre dans l'épaisse-fuméedairmalsainensuspension. Le vent les échanges d'air, – disparus avec la cessation d'activité. HommesBêtes ouvraient leurs gueules – essayaient d'arracher des lambeaux d'air frais à la purée suffocante ; – entre leurs dents sur leurs langues une suie amère de soufre. Déferlements sifflements mugissements grondements explosions, le silence jamais –

Les sommets des montages recouverts de neiges éternelles depuis les temps préhistoriques fondaient, après les pôles déjà libérés de leurs glaces&champsdeneige – une nouvelle succesion de vents forts blizzards grêle marées. Ce que la Nature destructrice avait épargné au commencementt, des hordes de Révoltés le piétinaient : Apatrides (voilà longtemps que les pays n'existaient plus) Chômeurs (plus de travail nulle part) Sans-Patrie Mercenaires, menés par d'anciens Généraux Chefs de tribu Satrapes Princes de sang – des Femmes aussi – des Führers fous en uniformes de fantaisie assoifés de sang & insatiablement avides=de=Pouvoir&butin : masses libérées de leurs entraves, poussées par une colère mortelle, qui renversaient sur les continents autrefois habités par des sociétés civilisées les dernières barrières restantes – enrichissement & vengeance – insolence=&=licence *!Notre tour est venu* : et à nouveau rébellions putschs pogroms, les Faibles les Vulnérables les Étrangers en premier : tabassés-piétinés-massacrés-exécutés. Et comme il n'y avait très vite plus que Massacres & Mort, mais d'ennemi plus, Tout était l'Ennemi=devenu. Meurtres=suicides, expulsions sauvages de populations, pillages *Mieux vaut sombrer !riche que se noyer pauvre* – razzias viols esclavage. Et la Nature dans la nature humaine se révèle avec toute sa froide cruauté plutonienne aussi longtemps=souvent que l'humanité est capable de se-répéter. Le politique avait bouilli dans le tellurisme vulcanien ; la-Nature s'emparait de-l'histoire, soumettait les-hommes, les crachait loin d'elle, qui=seuls-solos n'arrivaient plus à survivre de leurs propres forces depuis les temps préhistoriques. – Des contrées&villes jadis influentes riches é estimables dotées d'une histoire & d'un patrimoine artistique, – évaporées brûlées dépeuplées éteintes. Disparues. Comme si Jamais é Rien n'avait existé=ici. –

Un implacable rayonnement radioactif échappé de réacteurs nucléaires détruits – il crépitait à l'air comme une pluie invisible sur Laterre, la pénétrant – l'air rare & empoisonné sentait avec force le plomb. Les dents crissaient, jaunissaient, chairs dents os se désagrégeaient, les squelettes tombaient en poudre. Et sans fin inlassablement : raz-de-marée tornades explosions éruptions volcaniques tremblements de terre inondations feu radioactif – et pour finir cette pluie rouge sang venue des déserts libérés, les cieux rendaient à la terre ses morts. Une planète, détournée du cours-de-sa-vie, de La Katastrofe à La Métamorfose : parmi les-univers=cosmiques de la galaxie la Terre était quoi qu'il en soit la dernière planète sur laquelle existaient encore ces formes de vie organiques=fossiles, 1 retardataire, 1 traîne-savates de l'évolution-sophistiquée. Toutes=les-Autres-Planètes, Mars Saturne Mercure Vénus, sont passées par là des-millions-d'années auparavant..... Et en-paix=hostile-à-la-vie-organique suivent depuis leur orbite –. Cette sorte de nature ou une autre, régression ou régénerescence : qu'importe=l'époque la Nature engendrera toujours la Nature. Et si ce n'est pas l'habituelle, eh bien ce sera l'inhabituelle..... Et les Sur-Vivants levant les yeux vers le ciel ne virent plus Là-Haut ni veines d'eau & feu éclairer les ténèbres ni lumière des jours briller dans un réseau feu & eau : ils virent ciel é terre en feu boue putréfaction. Qui le voulait ou pas était obligé de voir sans rêve les morts, et alors les-hommes eurent le sentiment d'une *destinée*..... – Beaucoup crevèrent comme des chiens, beaucoup sont appelés à suivre le même chemin.

Éteinte aussi depuis longtemps la résonance de la Planète qu'autrefoisdu-Dehors l'on voyait bleue – à-compter=de-ce-jour les orgues se turent ; – raclements, crépitements, crissements furent les-ultimes-sons capturés par les télescopes des satellites=en-orbite (avant qu'ils ne s'éteignent à leur tour), éclats glacés, bourdonnements, sifflements ; – les astronomes ont pour cela 1 expression : *les cris de la planète*. À la mesure du temps astronomique, rien ne dure jamais longtemps, pas même 1 instant. Vient le temps de faire silence. *!Silence !Silence Tous les mots touchent à leur fin –*

p. 418, Photo 67 →

32

Photo 66 — *de g. à dr. les frères é sœur, Werner (assis), Friederike (debout, le bras gauche posé avec élégance é fermeté sur le dossier, dans une longue robe sombre ornée d'un col de dentelle tombant lisse sur sa silhouette droite), Johannes (assis), dans la maison de Thalov, probablement en 1914*

–Il pleuvait des cordes en cette fin de septembre, ce jour-là un lundi autour de midi, où je vins chercher pour la 1re fois le père d'Henry à l'hôpital. Mais L'Air encore chaud des journées précédentes se mélangeait à l'humidité pluvieuse é faisait perler une sueur visqueuse sur le front é sur les joues.

Henry, mon mari, ne m'avait pas accompagnée. Dès le matin il s'était dispersé dans de multiples infimes & minuscules occupations, avait passé des coups de fil, transporté des papiers & des livres d'ici-à-là-&-inversement – son-départ pour l'Amérique, La Date approchait (é: tous les deux nous n'abordions plus Le Sujet, avions banni de nos-conversations les mots *cinq ans, Caroline du Nord, Durham, Duke*, – car tous les deux avions conscience que son départ d'ici était un adieu pour=toujours. Mais parce que ces mots revêtaient pour l'heure une importance capitale, il n'en restait guère d'autres pour se parler ; nous nous adressions de moins en moins la parole). Mais ce matin-là cette gestuelle=de-piètre-importance-feinte tournait au ridicule, je lui en fis part.

–!Doro!thea. – Suppliante sa voix ; il prononçait mon prénom comme une conjuration. –Vas-y toute=seule. Toi é lui, vous avez toujours été en bons rapports. Après Tout=ce qui est arrivé, ça – ça vaut mieux qu'il te voie !toi en 1er. – Il s'arrêta de parler, fit 1 mouvement impuissant du bras, se tut, se détourna de moi & retourna à ses activités. Il exhibait ce que depuis belle lurette il avait mis à exécution par-devers=soi : déguerpir d'ici, me fuir. (Et confirmait ainsi la part d'héritage de son père.)

Aussi suis-je restée silencieuse moi aussi. Déçue. Car il était sur le point d'aborder !enfin cet aspect que nous connaissions tous deux (lui certainement mieux que moi), mais que jusque=là il avait refusé d'évoquer, même avec moi, sa femme. (Au moment de son *aventure-grotesque* avec cette étud.-Dinde, cette pâle écoloconnasse de fleur de pissenlit tout juste bonne à planter en bordures autour des tombes – :Qu'est-ce qu'il a bien pu ?lui trouver, – mais probablement n'a-t-il rien voulu trouver du-tout ; il était seulement en quête de Quelque Chose : d'un remède contre l'Ennui-Mortel..... À l'époque donc, à la fin sans ritournelle&sonnaille de son *aventure-grotesque,* quand il était revenu chez=moi dans sa complète nudité en chialant, il m'avait !juré qu'il n'y aurait plus !jamais de non-dits entre nous.) Mais ce genre de promesses font partie des perversions : plus on cherche à les tenir, plus on travaille à y faillir. Et c'était reparti de plus-belle, le Silence, qui ressemble à s'y méprendre au-Mensonge ; Aujourd'hui, parce que son père, éloigné de la mort, devait venir le retrouver. Quant à savoir !Ce qui était réellement arrivé Cètenuit-là du 30 août : pour Cela il aurait fallu commencer par interroger Laplaie=elle-même (mais ?qui s'y entend déjà à ?déchiffrer une plaie –). – J'attendis encore Unmoment, je voulais lui offrir l'occasion de continuer de me parler. (J'évitais même de relever la contradiction, que son père é moi aurions eu *de-bons-rapports* : il ne m'était pas antipathique, son père. Probablement parce qu'il était resté à mon égard un étranger bienveillant & lointain durant-toutes-ces-années –.) Puis Lemoment passa. Je gardai moi aussi le silence, & cet après-midi-là, je vins seule en voiture à l'hôpital.

L'homme autrefois corpulent semblait délabré, presque fragile – ses joues creusées, les ombres des hématomes couvraient encore la peau de son visage de boueuses colorations maladives, soulignaient de manière plus criante la fragilité de son être. Le pansement immaculé entourant sa tête, de la taille d'un turban, laissait paraître le reste de son corps étrangement petit é maigre. La-Douleur est comme un parasite ; elle dévore autant l'intérieur que l'extérieur du corps d'un individu. Bien-des-choses se perdent ainsi, plus importantes que la parure de plumes. Aussi je savais qu'il se tairait lui aussi, lors de nos visites les semaines=passées, les-médecins nous avaient préparés à son refus (ainsi le nommaient-ils) de parler. – Je l'aidai à emballer ses affaires. Les mêmes avec lesquelles il avait été admis ici à l'hôpital, pleines de croûtes de sang&saleté, dégageant des relents suffocants de terre. Les grandes taches brun-rouge séchées dans le tissu paraissant étrangement irréelles, comme une imitation médiocre du sang pour illustrer un prétendu crime. Je me procurai aussi auprès du médecin-du-service les autorisations de sortie indispensables, – dans un premier temps : il devra revenir Ici 2 x par-semaine pour un examen-de-contrôle, & cela pendant six mois ; je pris les rendez-vous nécessaires. Le patient devait lui aussi signer les autorisations de sortie de l'hôpital. Je les lui présentai, – & ne jetai qu'un simple coup d'œil à sa signature. Mais ce que je vis, me surprit : il n'avait pas signé *Georg Adam*, mais d'une manière claire & précise, tracé de son écriture on lisait : *Georg Ferdinand Adam*. – Je le dévisageai : – ? : Le mutisme prolongé avait rendu sa mine plus expressive. *[– ?D'où vient ce 2e prénom. – C'est exact ainsi. Mais t'expliquer pourquoi je l'ai écrit en entier, ce serait trop m'en demander maintenant. Sois patiente, quand nous aurons appris à mieux communiquer sans voix, tu comprendras Tout. Allons-y, partons, Il=est=Temps. –]* Ainsi, prudemment=à-pas-lents, comme si nous devions compter chac-1 d'eux, nous quittâmes le service-de-l'hôpital. – Cette expression que je place dans le regard du vieil homme, c'est probablement un ajout ultérieur de ma part, aujourd'hui où, contrairement à Autrefois, beaucoup de choses me sont bien mieux connues, & après tous les changements survenus. Mais dès-Cemoment-là, j'avais dû saisir quelque chose de tout=Cequiadviendrait, car après sa signature je considérais désormais cet homme *différemment* d'avant.

Sous la haute toiture de l'entrée soutenue par de minces poteaux en métal, les portes automatiques allaient se refermer derrière nous, il s'immobilisa. Tourna lentement son regard, égaré é craintif, me semblait-il, vers le jour-pluvieux gris clair, en direction du Main tout proche qui s'écoulait platement. – Il écarta les bras de côté, comme s'il voulait s'appuyer contre:desmurs – mais il n'y avait pas d'appui possible, les murs s'étaient effondrés, avaient disparu. Seuls lui restaient les minces poteaux en métal gris comme le jour, soutenant la toiture d'accès à l'hôpital. Il se cramponna au dernier poteau. Je le pris par le bras. *[– Viens=avance. Ne résiste pas davantage, on ne peut plus Rien changer. Plie-toi. –]* Puis il baissa les yeux comme sous le poids d'une grande culpabilité ; Uneculpabilité que seul l'homme profondément blessé est à même de ressentir à propos de sa blessure.

Il se tenait là, seul-solo.

Échappé de sa bouche, 1 son faible, détimbré, des sanglots. Il avait aperçu la ligne en dents de scie des immeubles d'une Villétrangère, entendait son vacarme, voyait une Lumière Inconnue & inhalait les premières bouffées d'air frais venu du Main tout proche dans une journée d'automne sous la pluie – :De toutes parts cela s'abattait maintenant avec=force sur=lui. – Il serra fort les yeux. Chancela. Je saisis vite son bras (qui semblait léger é mince, comme de verre) et guidai lentement l'homme vers la voiture garée sur le parking. La pluie crépitait sur le toit-parapluie au-dessus de nos têtes.

Et, peu-de-temps=plus-tard, en pénétrant dans notre appartement avec cet homme-à-mon-bras, j'eus aussitôt la sensation que cet être-étranger-aujour du vieil homme m'avait assaillie telle une fièvre froide : je regardai les pièces avec les yeux d'une étrangère entrant ici pour la 1re fois comme dans une chambre d'hôtel, respirai – en étrangère cet air d'odeurs familières de personnes papier poussière ; et me vis me diriger par l'étroit couloir jusqu'au portemanteau, déposant sa valise, puis vers la salle de bains pour placer le parapluie mouillé dans la baignoire – & je remarquai l'homme qui allait&venait dans les autres pièces – *(!mon !mari)* – 1 Inconnu –, dont je ne savais rien excepté son nom – é: ce nom lui-même, eussé-je dû le prononcer maintenant, je l'avais grossièrement sur le bout de la langue *(?!Que s'était-il ?passé)* : Je n'avais pas soupçonné que mon-voyage=seule-solo Cejour-là pour aller chercher le père d'Henry à l'hôpital, était aussi mon adieu sans=retour à cet ex-poux prénommé Henry. – Et moi=et-mes-Quarantans je n'avais pas encore compris Alors que *dire*-adieu ne correspondait à rien sinon à la dernière parcelle d'Une Chose à laquelle j'avais renoncé depuis bienlongtemps=avant.

– Quoique les enquêtes policières ne fussent toujours pas closes, Henry continuait ses préparatifs de voyage sans se laisser impressionner – il !voulait quoi qu'il arrive prendre début octobre ses fonctions de maître de conférences au German Department de la Duke University en Caroline du Nord. Entre-temps, il semblait aussi avoir gagné en assurance quant aux enquêtes successives de la police visant à reconstituer le déroulement des faits de cette nuit du 30 août ; les états d'anxiété du début, qu'il n'avait pas réussis à dissimuler, semblaient surmontés. Chaque jour, j'entendais ses longues conversations téléphoniques avec cette Université=outre-Atlantique – sa voix ferme & assurée, il avait retrouvé son ironie, & les mots anglais bourdonnaient à travers l'appartement comme les mouches un soir d'été. –

Des appels entre & 1 fois même la visite des deux policiers chargés de l'enquête. Mais l'assurance retrouvée d'Henry faisait passer pour naïves les questions toujours les mêmes posées par les enquêteurs – moi aussi, manifestement piquée par les mouches-anglophones, j'avais en secret transformé l'importance=grandiloquente de l'expression consacrée *déroulement des faits* en *roulement des faits*, – je me trouvais dans la cuisine, penchée au-dessus de l'évier, me figurais 1 bande de vieillards décatis é criminels, avec pour-chef le père d'Henry, – l'éclat de rire strident que je poussai, fut l'1nique émission vocale dans cet appartement, les deux policiers étaient repartis. (Immédiatement j'eus honte de mon rire – il ressemblait à Uncri –, é correspondait à la nature aigue-tremblottante de certaines femmes qui, comme moi, « écrivaient en 'free'=lance pour des journaux : autour-Dela-quarantaine, élevant-seule-solo le rejeton tardif par choix-professionnel – la-Femmemère=Sansmari.)

Le refus-de-parler de son père était pour le fils l'occasion de ne pas s'adresser à lui. Il lui arrivait, et cette situation se répétait de plus en plus souvent, de ne pas me parler non plus. Ainsi l'appartement devenait-il sans cesse plus silencieux, – seul demeurait le bruit des gestes de trois individus. Quant à Henry, il avait acquis encore plus d'aplomb. Ses flancs, ses bras, son profil – quand il se penchait sur les cartons & valises, il semblait s'étirer se détendre à la manière d'une tortue dont tête&cou sortent de la carapace avec lenteur mais persévérance. Je l'avais vu dans cette même posture il-y-a-quelques semaines, en train de creuser dans la forêt le trou pour y jeter au fond Max, le cocker spaniel, tué dans l'agression ; la créature qu'Henry chérissait par-dessus tout & qu'il voulait revoir encore une fois avant son départ, et pour ça il avait fait venir son père ici=spécialement. J'avais été horrifiée de l'insensibilité avec laquelle il traînait l'animal mort en le tirant derrière-lui par les pattes avant & comment il l'avait jeté dans le trou simplement comme ça, de la terre par-dessus, et adieu je t'ai vu. Cet homme avait depuis l'air si étrangement=appliqué, si satisfait=delui & en-accord=avec-lui-même ; – il n'était déjà plus l'homme que je connaissais depuis-Dézannées – : *C'est 1 inconnu qui fait les valises de ton mari.* Et chez cet homme toute cette part inconnue de-tout-temps apparaissait maintenant à la vue de son profil.

Il remarqua que je l'observais, – se redressa, vint à moi en souriant. Il voulut me prendre dans ses bras, son visage s'approchant de plus en plus près *comme s'il venait à moi en catimini.* En emballant ses affaires, il s'était retrouvé en-nage, l'odeur aigrelette du rouquin (elle lui était restée, ses cheveux autrefois brun-roux avaient grisonné), sa bouche –, je le repoussai. –Laissemoi. – Soupirai-je d'une voix lasse en me détournant. –Ton père –.– Aussitôt il s'immobilisa. Les mains ballantes é les jambes tordues d'embarrassement. (La même façon qu'il avait eue de se tenir Autrefois=il-y-a-4-ans devant la porte, quand il revint vivre avec moi après son *aventure-grotesque*.) Et 1 nuit, depuis-des-années nous restions étendus immobiles l'1 à côté de l'autre, l'excitation de son voyage-départ imminent le privait probablement de son sommeil, il énonça soudain d'une voix bien éveillée dans la pénombre de la pièce : –Depuis qu'il se tait, ses yeux ont pris la parole. – (C'était donc cet homme, son père = présent dans notre appartement, dans la chambre à côté, qui l'empêchait de dormir, é: impossible pour lui de s'en détacher. Il continua de parler dans-le-noir :) –Jamais je n'ai pu lire aussi clairement l'expression sur ce visage, jamais je n'ai eu à le regarder avec autant d'intensité. Ce-Regard, si éloquent soit-il, est é demeure le père du mutisme. Le !meilleur père qu'on puisse souhaiter. – En disant cela, il avait Tout dit. Il faisait alors encore bonne contenance.

Mais la dernière fois qu'Henry avait conduit son père à l'hôpital pour un examen (ce matin-là j'avais dû me rendre à-la-rédaction), il rentra plusieursheures après, le visage blême, l'air découragé. – Rien=à-faire, il doit retourner à l'hôpital. La greffe de l'os qu'il lui ont réimplanté n'a !pas pris. Au contraire, son corps la rejette. Les-médecins disent : C'EST GRAVE. Il faut qu'ils l'opèrent à nouveau. – La voix d'Henry, résonnant de désespoir dans l'appartement, froide & sonore comme à l'intérieur d'une caverne. Mais peut-être mon ouïe avait-elle seulement perdu l'habitude d'entendre cette voix. Aussi remarquai-je seulement plus tard le profond désarroi d'Henry. Il se tenait dans 1 coin de la pièce, près des longues tiges des herbes des marais (qui semblaient hachurer son corps de rayures vertes) devant un rayonnage de livres presque vide, la trace des ouvrages qui y avaient été rangés un jour encore visible sur les planches, touches de piano muettes couvertes de poussière. Comme=toujours en pareilles situations, ses bras pendaient le long du corps, il gardait les yeux baissés. Maintenant il craignait !sérieusement pour son voyage planifié, car il sentait soudain Le-Devoir-du-Fils=envers-son-Père s'emparer de lui. ; – avec une force d'autant plus=puissante que sa sollicitude=feinte était grande.

– Ne t'inquiète pas. – M'entendis-je dire d'une voix forte & ferme dans le silence chaleureux de la pièce. –!Je m'occuperai de ton père. – (Car la dernière chose dont j'avais vraiment besoin, c'était bien d'1 hypocrite au bord du désespoir.) Je ne savais pas Alors !quelles répercussions cette-seule-phrase auraient sur moi. –

?Quels sont les sens qui permettent aux hommes de ?lire l'avenir dans 1 temps présent – –

Photo 67 *Johannes (debout) é Werner (assis), tous les deux en uniforme, avant leur première attaque sur le front, dans la maison de Thalov, 1916*

➞ – – La survenue=concomittante d'attaques & de katastrofes : en janvier de la Milneufcentquarantecinquième Année, la marée *sarmate* de fer&feu en repli déferla elle aussi sur la petite localité de W. près de Vockau, à l'est de l'Oder, après s'être détachée 6 ans=plus-tôt de la marée de fer&feu *Deutsche Wehrmacht* pendant son invasion=de-l'Est. Au début, les années-de-guerre furent des temps paisibles pour cette région en bordure de l'Oder ; la-Wehrmacht volait de victoire-en-victoire..... Maintenant La Fin de Laguerre approchait & et Delaguerre sourdait l'amorce de la-Paix : le ressac de feu&fer frappait de-l'Est. Beaucoup crevèrent comme des chiens, beaucoup sont appelés à suivre le même chemin.

Ici, dans cette région près de l'Oder, avant encore les-soldats, déferla en janvier Milneufcentquarantecinq la vague-de-réfugiés venue des fins fonds-de-l'Est..... Des centaines, des milliers, une arrivée hirsute=échevelée de malades vieillards enfants -de-20-ans femmes, chariots (humains chevaux vaches attelés au joug), brouettes, petits landaus chargés de montagnes de paquets contenant biens&babioles baluchons valises caisses matelas détrempés raides de crasse, les roues brinquebalant, crissant sur neige&glace, parfois tout ça se renverse, s'effondre, des gens s'échinent à le ramasser pour le rempiler en reniflant geignant fumant dans le froid glacial – jurons=prières – & en route. Les Tombés de faiblesse Rongés par la faim Figés par le froid restent étendus – les Déversés sur-les-pays, eux aussi faibles de corps pris de fièvre les muscles raidis é les traits déformés, passent mornement le long. La croisade des Va-nu-pieds. Sans promesse de Jérusalem. Faut qu'ça avance. Lessivés, hargneux, aux aguets, un goût amer de chaux, la peur de la mort pue la colère pue la faim pue les maladies puent = les hommes puent. – Et avec les-réfugiés arrivent les-histoires telles que les-réfugiés les racontent toujours. Parce que ces-histoires pourraient s'avérer vraies=après-tout. Les-Russes..... é: les-femmes : les-conversations tournent autour de celles qu'ont a terrorisées, de celles prises de force, des Russes Kirghizes Tadjiks se ruent en hordes sur lesfemmes sur lesfilles ; ensuite les têtes des violées éclatées à coups de crosse éviscérées à coups de baïonnette brûlées vivantes clouées aux portes des granges (les crucifiées encore une fois violées). Le bruit court, que les-Russes auraient reçu !l'Ordre de leur chef Staline de souiller les femmes allemandes. Qui n'obéira pas aux-Ordres sera fusillé par le peloton d'exécution de sa-propre-compagnie. *Violer pour !briser la-fierté de La-Femme-Allemande,* tuer les Allemands sans distinction : *Pas un jour sans que meure 1 Allemand,* aurait écrit l'écrivain Ilya Ehrenbourg avec un malin=plaisir : *Vous verrez comme c'est !amusant de tuer des Allemands.* Des centaines de réfugiés venus de-l'Est traînent ces Rumeurs comme des épaves par le pays, Elles s'accumulent comme les histoires de forêts déracinées de villes détruites par des flots qui arrachent tout, charriées jusqu'à la digue, contre les fortifications, poussant comprimant déplaçant, hommes & histoires s'accumulant en quantités énormes, – eux=tous veulent fuir à toute vitesse vers=l'Ouest ; les en empêchent les eaux noires de l'Oder ou les eSeS. – *Les !Russes arrivent* – c'est Le Cri poussé quand de l'Est grondent les jours&nuits sous le vacarme guerrier qui enfle, tonnerre d'artillerie ; des hordes de soldats allemands blessés fuyant en troupes dispersées sont arrêtées, cour martiale, ils pendent au bout d'arbres dévorés par l'hiver, leurs corps troués de salves attachés aux lampadaires & aux poteaux télégraphiques, des cordes & des pancartes accrochées autour du cou : *Je suis un lâche et un traître à la solde des Russes.* – Et parce qu'il est impossible aux hommes sur terre de fuir plus loin vers=l'Est à travers la neige, l'Oder certes gelé entre-temps : la glace pourrait supporter le passage des hommes&chariots ; mais les-eSeS interdisent à quiconque de fuir, en hurlant On montre aux villageois les soldats exécutés : eux=tous devront rester, tenir bon, se battre & défendre comme Autrefois Les-Colons-Allemands Decepays=au-delà de l'Oder, En avant pour la Dernière-Bataille La-Victoire=Finale est proche. *Vous voulez la ?paix..... Mais une paix née du désespoir n'en est pas une* – vocifèrent noirement des gueules, casques d'acier ornés de runes zigzagantes, éclairs fous de folie pure – *Vous savez ce que Nous-vous avons apporté : !Laguerre. Nous savons ce qu'Ils vous apporteront : !Lagalère.....*

➞ Alors Leshommes=pris=de=désespoir fuient vers l'ultime direction qui demeure : leur propre mort.

La paysanne Barbara Ludwig du village de W. est la 1re à faire s'embraser par ses cris ces rumeurs venues-de-l'Est qui couvent depuis-Longtemps. Elle sort de sa maison en courant, traverse à toute vitesse le village, un faisceau de flammes semblant s'échapper de sa bouche : *!Les-Russes arrivent* – comme le feu gagne la paille, son cri sème la panique chez les-villageois (essentiellement des femmes âgées & des petits enfants) & les hordes de réfugiés (les hommes=de-la-eSeS ont pris la poudre d'escampette durant la-nuit=en-catimini). Pour les villageois Plusletemps de fuir, Maintenant il est trop tard pour éviter ce qui leur a été épargné pendant Silongtemps : à présent, il n'est plus question de vivre, à présent, il faut organiser Lamort. Les mères, au nombre de quinze, prennent leurs enfants & Lacorde, visitent caves, greniers, buanderies. Elles passent la corde autour du cou de leurs enfants. – *Maman Maman, mais !qu'est-ce que tu ?fais.* Et la mère en réponse à sa fillette de 7 ans : – *!Tais-toi petite. !Mets-toi à genoux. Il le !faut. Je te rejoins. !Allez vas-y. !Mais tu vas te !mettre à genoux.* L'enfant à genoux, la corde autour du cou. Les pieds pesants de la mère appuient sur les épaules menues, les écrasent, les piétinent, ainsi la mère veut-elle étrangler dans la buanderie (la pièce est trop basse pour une pendaison) son enfant-avec-la-corde. La tentative échoue. La femme renonce à tuer l'enfant, court à travers le village en hurlant de rage&folie, s'enfuit dans les bois –. Beaucoup de tentatives de suicide échouent : les cordes se déchirent, les clous ou crochets où l'on a fixé les cordes à la hâte cassent. Ce qui a voulu tuer crie. Ce qui aurait dû mourir crie. Plusieurs femmes veulent se pendre ensemble dans le grenier d'une maison paysanne. Elles manquent d'entraînement dans cette affaire, les cordes ont certainement été mal passées, dans une lutte mortelle de balancements, tressaillements, les pieds des femmes qui n'arrivent pas à mourir frappent raclent font tomber chaux&mortier des murs –.– Le 1er février Milneufcentquarantecinq des unités de combat de l'Armée-rouge entrent dans W.

Des groupes éclatés de soldats allemands reviennent dans la région, encerclent le village, quelques villageoises courent à leur rencontre, coups de feu obus tirés sur les positions russes, coups de feu obus tirés en représailles, plus nombreux & plus soutenus. La riposte des-Allemands ne fait pas long feu. L'Armée-rouge prend fermement=possession de l'endroit & de la région. La forêt le village les rues & le parvis de l'église jonchés de nombreux cadavres, soldats femmes enfants. Quand les soldats étrangers inspectent les maisons vides, ils découvrent un grand nombre de femmes et d'enfants pendus. Ils traînent les cadavres dans la cour de la ferme, empilent les morts en tas. Beaucoup de chair claire de femme –. Des soldats russes regardent les femmes mortes : jambes largement écartées, jupes relevées, déchirées, elles reposent obscènement nues é silencieuses, elles ne bougent plus, elles ne fuient ni ne se défendent plus. Quelques-uns parmi les soldats russes se ruent sur les Femmesallemandes mortes. – Mais toutes les maisons du village ne sont pas désertes ; des Encorevivants se cachent dans les caves & greniers. Ils ont eu peur de se tuer, ont voulu tenir bon, ils doivent maintenant reconnaître qu'il y a du vrai dans ces-rumeurs sur les-Russes que les-réfugiés venus de-l'Est colportaient & que les-eSeS laissaient se répandre à dessein –:– 1 mère (dans la poche de son tablier le grand couteau à découper) empoigne ses deux filles, court avec elles vers une gravière située en bordure du village, leur tranche la gorge. Une Vieillarde essaie de trancher les veines de ses petites-filles, la gorge d'un nourrisson, la mère des enfants, fille de la Vieillarde, survient, empêche le massacre, se blesse elle-même, s'éloigne en courant, veut chercher de l'aide chez les-Russes, la Vieillarde poursuit sa fille avec une hache, la rattrape à la sortie du village, fait tournoyer l'arme déjà ensanglantée, tue sa propre fille en pleine rue. 1 Russe aperçoit la Vieillarde prise de folie meurtrière, il l'abat. –

Quatre-vingt personnes environ, soit presque le ¼ de la population de W. se suicide ou tue ses propres enfants entre janvier et début février Milneufcentquarantecinq.

Dans d'autres localités de la région le-suicide chez les habitants allemands sévit d'une manière encore plus spectaculaire : à D., une bourgade plus grande, pendant la nuit, comme autrefois pour se rendre à l'église la nuit de Noël ou pour descendre dans les abris lors des attaques aériennes dans les Nuits de Guerre, des centaines d'habitants se rassemblent dans l'usine à gaz ; ils y ouvrent les-vannes. À R., des mères noient leurs enfants dans l'Oder ; tels des poissons morts les petits cadavres clairs flottent dans le fleuve-en-direction de la mer –.– La ville de W. relève aussi de l'autorité du Colonel von Untel, commandant de la place-forte de F. Mis au courant de l'épidémie de suicides qui frappe les Allemands dans son secteur, il essaie à son tour de se donner la mort. Dans son bureau, il porte le pistolet Walther 7.65 contre sa tempe & appuie sur la gâchette. Le projectile part à-la-verticale=vers-le-haut, effleurant l'os du crâne sans endommager le cerveau. Le colonel chancelle, rendu sourd par le bruit de détonation de son arme, et tombe à la renverse dans son fauteuil club. À l'ordonnance qui se précipite dans la pièce, il demande d'une voix blanche s'il est ?mort. Il n'entend pas la réponse de l'ordonnance blême. Il porte de nouveau son arme contre sa tempe, au même endroit, & appuie sur la gâchette. Le projectile suit exactement=lamême trajectoire que la 1re fois : une fois encore le cerveau du colonel est intact. Dans son désarroi il se relève péniblement, titube jusqu'à l'étage le plus élevé de la maison. Parvenu là, il ouvre 1 fenêtre, afin de mettre 1 terme à sa vie ensautant=dans-le-vide. Saute – et atterrit sur le toit bâché d'un camion garé sous la fenêtre. La bâche se déchire, des membrures cèdent, 2 des soldats assis dans le camion pour être transportés vers la Dernière-Bataille meurent sous la puissance du choc. Le colonel, hormis quelques côtes cassées, s'en sort avec des égratignures. – Par la suite, arrêté par un commando d'Arméerougistes, à cause d'1 con-fusion de noms il est pris par erreur pour un criminel de guerre recherché & collé Au-Mur sans qu'On fasse ni 1 ni 2. Le colonel von Untel peut-il !Enfin mourir.

Il y eut au total quelque dix mille suicides réussis dans cette région en bordure de l'Oder, barrière pour tant de réfugiés venus de-l'Est, é tombe quand la glace cédait sous les roues des chariots & les chevaux. Beaucoup crevèrent comme des chiens, beaucoup sont appelés à suivre le même chemin.

Dans le village de W., Les-Russes font traîner dans la cour de la ferme par les derniers habitants qui restent les derniers cadavres, empilés sur le tas déjà existant. Ceux qui gisent là depuis longtemps sont congelés é raides ; encombrants, ils ne se laissent pas coucher dans les cercueils ou: les caisses. Au début, On taille à coups de bêche les membres gênants des morts, – très vite les hommes désignés pour les enterrer se refusent à perpétrer ces mutilations. Le commandant fait fusiller quelques-1 des mutins, mais ses propres hommes grognent & protestent. Car de nombreux soldats étrangers sont eux-mêmes des paysans, – ils possèdent encore l'instinct-de-l'homme-rural qui veut que bêtes&hommes soient traités correctement. Mais il faut enfouir Les-morts dans la terre, les épidémies menacent. Le commandant soviétique finit par ordonner aux Allemands survivants d'enterrer les cadavres dans deux fosses communes. Nous sommes fin janvier, le sol durement gelé. Les morts sont jetés dans les trous en deux couches.– Et à la mi-février Milneufcentquarantecinq, le reste des villageois allemands est expulsé de W..... Expulsés parmi les nombreux Expulsés de Cèteguerre.....

Ordre est donné à la population civile polonaise de venir s'installer dans les agglomérations désertes. Elle arrive le plus souvent à contrecœur, évacuée de force elle aussi d'autres parties de la Pologne aux fins de prévenir le dépeuplement qui menace ces régions-ci. Le village de W. à l'est de l'Oder porte depuis 1 nom polonais.

33

Photo 68 *Horticulture Zobel : dans la serre de culture des chrysanthèmes, Radnitz, probablement 1919/1920*

→ L'état général du patient Adam s'aggravait à vue d'œil. Nouvelles complications apparues : le corps a résorbé d'importantes parties de l'os=original réimplanté, l'assimilant à un corps étranger, les nouvelles formations de tissu osseux (que la résorption aurait pu générer) sont restées quasiment inexistantes. À plusieurs reprises sont apparues des zones endommagées étendues présentant des proliférations tissulaires intercrâniennes avec un prolapsus lié à la position du corps. Depuis, On a imputé à ces complications l'incapacité totale de parler. Afin de protéger le cerveau et pour des raisons esthétiques (lésions importantes à cause de la déformation asymétrique de la tête) une nouvelle intervention s'avérait nécessaire dans les plus brefs délais, afin de résoudre unefois=pourtoutes ce problème. – Mes collègues plus âgés du service de neurochirurgie ne semblaient nullement tracassés par cette évolution, au contraire, ils se montraient !ravis de l'Occasion Offerte : car depuis-peu existe pour soigner ces=cas présentant des zones endommagées étendues du crâne Un Procédé Nouveau : *les implants crâniens en titane conçus & fabriqués en CFAO et spécialement adaptés à la morphologie individuelle.* En ce cas particulier (On eût toutefois souhaité disposer pour l'Expérience d'1 patient plus jeune) On voulait pour la !première fois ici dans cet hôpital mettre en application Cette-Technique-Nouvelle. – Moi aussi, à l'idée de participer à une Telle Intervention au tout début de ma carrière de neurologiste, je me réjouissais à-la-perspective d'assister à Cette-Opération, à savoir le progrès le plus récent accompli dans notre domaine.

Mais il y eut tout de suite quelques retards d'ordre technique=organisationnel ; la Date de l'Intervention ne pourra être programmée qu'en septembre de l'année prochaine, en 2004. Jusque-là, le patient devra rester sous contrôle médical=permanent ; se présenter=ici parfois plusieurs fois par semaine : 1nterventions occasionnelles destinées à stabiliser la résorption des fragments de l'os pariétal, hospitalisation indispensable de plusieurs jours pour le traitement. Chaque médecin du service avait conscience de Ses Responsabilités, car Il ne fallait pas laisser s'échapper une Occasion Pareille d'opérer –.

1 après-midi de cette période où le patient était hospitalisé dans le service après son 1er traitement, comme j'entrais dans la chambre 16, la sœur du patient lui faisait à nouveau une visite. Probablement était-elle là depuis un bon moment, pleine de sollicitude, à dispenser de petits soins qui incombent normalement au personnel-soignant ; mais je ne voulus pas l'interrompre dans son activité. De plus, les gestes de cette femme m'apparaissaient seulement comme un prétexte trouvé, qui l'autorisait à s'approcher trèsprès de son frère. Et elle usait de cette proximité pour lui parler d'1 ton pénétrant, un ton que je n'avais jamais entendu Personne employer jusqu'à maintenant. Son énergie se transmettait par chaque pression de sa main. Il ne semblait pas non plus qu'elle ait remarqué ma présence ou: si oui, je ne la dérangeais en rien.

Cela devait faire un-bon-moment déjà qu'elle lui parlait ; je m'immisçai dans son flot de paroles, demeurant pour ma part debout à la porte (avec l'espoir que mon-Bipeur dans la poche de ma blouse ne m'appelle pas ailleurs avant que cette vieille femme étrange soit partie).

–*Le gros sexe béant d'une jument morte.* ?Tu t'en souviens. – Viens-je d'entendre dire la femme à l'instant. Elle arrache l'oreiller sous la tête de l'Homme Allongé, – le secoue, le tape, le secoue encore pour le reposer sous la tête pesante enveloppée de gros bandages du patient, – avec douceur maintenant & précaution, telle 1 poupée fragile, comme si désormais cette action énergique l'avait rendue plus conciliante.

–Mais Ce n'était absolument pas La Raison. – Dit-elle, marquant une courte pause, plongeant son regard dans les yeux las de l'Homme Allongé. –Ce n'était qu'1 parmi les nombreuses occasions offertes en ce temps-là pour que tu deviennes Ce que tu es, mais que tu n'étais pas tenu de devenir. Seuls les poissons morts flottent dans le fleuve. Et moi, ta sœur, je m'interroge : si j'avais été, Georg, non pas ta cadette mais ton aînée de 4 ans, aurait-il alors été en mon pouvoir de faire que

Tout soit mieux : nous deux é notre passé, notre famille é ta femme Henriette, et toi=en-particulier. –

Maintenant ses doigts maigres lissent délicatement le drap du lit –, son regard se lève comme s'il contemplait un Autretemps à travers le mur peint en blanc –.

–Plus nous grandissions toi é moi l'1 près de l'autre dans la maison & famille du pasteur, plus je relevais distinctement dans ta façon d'être ces détails que j'ai gardés en mémoire, car enfant, je ne pouvais naturellement pas comprendre ce qu'il m'aurait fallu voir. Peur é jalousie – :aujourd'hui je sais qu'elles forment les deux fondements de ton être. Tu ne les as jamais explorées au-delà de la distance que tu pouvais parcourir en fuyant.

Brusque la femme se détourne , vers la petite table, dessus le plateau avec des verres & 1 bouteille d'eau non entamée.

–*Les exigences de la-vie* (m'as-tu avoué autrefois en ces moments où nous nous parlions encore sans rancune avec tout le sérieux de notre jeunesse) *sont pour moi des enceintes d'usines, implantées d'obscurs halls de fabrication, bourrées de bizarrerie-machinique où, au milieu de bruits sifflants sont manu-facturés d'étranges produits d'une convoitise communément=répandue – mais dont je ne désire Rien é: qui loin de m'attirer ne font que m'horripiler comme me fait horreur leur production, de sorte que je préfère autant ne !pas avoir à pénétrer dans ce genre d'usines, mais à les traverser à toute allure. Je ne Les méprise pas forcément* – t'es-tu empressé d'ajouter – *mais confronté à Cela je privilégie la résignation silencieuse.* –

Elle prend la bouteille d'eau, dévisse le bouchon avec précaution, – p-pchht, enflement brumeux de gaz carbonique, – et la voix continue de murmurer à l'Homme Allongé immobile *(:?combien de fois avait-il été forcé ?d'entendre ces paroles prononcées par elle en des-temps où il pouvait encore la contredire).*

–Toi, Georg, tu redoutes toute forme labyrinthique dans la-vie (mais vie é labyrinthe ont bien plus en commun que le simple dédale) é: c'est de là justement que vient ton irrésistible attirance vers les deux (car sans quoi, tu aurais été forcé de te supprimer depuis longtemps, Georg). – Elle verse avec précaution l'eau pétillante dans 1 verre.

–Tu n'as probablement jamais remarqué comment je t'observais quand, âgé de moins de 10 ans, tu te précipitais jour-après-jour à l'intérieur du long couloir du presbytère vers l'obscurité (parce que Obscuritépermanente = Soirpermanent rimaient dans ce couloir à l'odeur de renfermé). – La vieille femme si énergique s'approche à nouveau du lit de son frère, lui tend le verre presque plein – son geste ressemble à une tentative de réconciliation. Dans le verre, de minuscules bulles perlent jusqu'à la surface, où elles disparaissent. L'Homme Allongé ne réagissant toujours=pas, la femme continue de parler. Sa voix maintenant, comme si elle la faisait glisser une nouvelle fois sur le drap en dessous duquel elle sait se trouver le corps sans défense de son frère. –C'est en culottes courtes & chaussettes enroulées que tu avançais à pas lents é réfléchis jusqu'au bout de cette Obscurité, comme si le sol enjambant une gorge profonde était friable & qu'on pouvait craindre à tout instant de tomber au fond. Au bout du couloir le placard à balais : c'est là-dedans que tu disparaissais, chaque fois, & dans les remugles de serpillières & balais-brosses je t'entendais te cogner la tête contre le mur –,– comme si ton cœur battait à découvert é ta voix accompagnant chaque coup contre le mur d'un *–je-suis-mauvais –, je-suis-mauvais* –,– expulsé é poussé contre la pierre dans un terrifiant murmure rauque & rempli du sérieux fanatique inconditionnel dont ne font preuve Quelesenfants ou les Profondémentcroyants. –

Il n'a pas accepté la boisson, a doucement tourné la tête de côté. La femme repose le verre, chauffé par sa main, d'un geste neutre é indifférent sur le plateau é la table. Puis elle parcourt la faible distance à travers la chambre vers l'armoire ouverte, les vêtements de son frère rangés dedans. Avec le même détachement, elle décroche les affaires des cintres & les fourre dans un sac de voyage. Sans cesser de parler, mue par ce sens tenace qu'ont les femmes du souci pratique=quotidien des détails même au beau milieu des tempêtes é katastrofes, car peut-être ces propos ressemblent-ils pour elle à de vieux vêtements qu'on emballe. –

–Tes visions effrayantes, Georg, ne venaient pas de la religon du pasteur ; avec les principes de cet homme, aussi neutres que des pavés de granit, tu as, Georg, pour les avoir vivement rejetés loin de toi, fabriqué toi-même à partir de ton-existence les étincelles de l'effroi – & des principes neutres servent toujours à casser. Principes & coups de bâton, coups de bâton & principes : tu avais déjà suffisamment écopé de=Tout du-temps=de-l'orphelinat. – La femme cesse de s'activer, car l'Homme=là-bas sous les draps blancs s'est tourné vers elle avec une légère vivacité. Elle semble d'ailleurs n'avoir pas voulu provoquer autre chose par son bavardage. Car elle jette maintenant un regard narquois-triomphant à l'Homme Allongé : –Suis-je ?toujours=?encore pour toi 1 vieille-Chipie avide de disputes qui sent la craie de bûcheuse & le cathéchisme à œillères..... Je suis seulement devenue vieille, Georg, mais pas aveugle. – Dit-elle à nouveau d'un claquement sec de la voix. –Ainsi je peux voir Ce dont toi=enfant tu a été le témoin forcé : combien !précieuse a été pour=toi la 1re aptitude acquise – fuir. !Celle-ci, tu ne l'as pas rejetée, tu l'as conservée par-delà feux&flammes de tes terreurs. Mais il est Une Chose que tu n'as pas apprise : la capacité d'apprendre Toutes=les-choses existant en dehors de la-fuite.

p. 445, Photo 71 →

Le sac de voyage tenu par les deux mains, le visage tourné vers son frère, la femme maigre s'immobilise. – ?S'attend-elle maintenant à ce que son frère sorte de son mutisme et pour la 1re fois depuis ?combiendetemps lui ?adresse à nouveau la parole. Pas de réponse. Il reste muet. Son profil pâle regarde fixement le plafond. Il lorgne seulement d'1 coin de l'œil (me semble-t-il) 1 instant sa sœur. Elle aussi a dû remarquer ce clignement. Dans un mouvement de triomphe, comme si elle venait de vaincre cet-homme=là-bas-couché-sur-son-lit-d'hôpital au bout d'une discussion longue=é=soutenue, elle pivote sur ses talons en direction de la porte. Pazunmot de plus à son frère ; à moi 1 petit hochement de la tête en guise d'au revoir, puis elle est sortie.

L'autre patient, à peine moins jeune que ce Georg Adam, couché sur le côté profondément enfoncé dans ses coussins, me fixe tout ce temps de ses grands yeux. Depuis la venue ici du patient Adam, il a lui aussi cessé de parler – le mutisme est contagieux. Comme moi, il n'aura sans doute rien compris à tout ce que nous avons entendu ; cette Histoire-Familiale nous est inconnue à tous les deux. Une peur culmine cependant dans les pupilles de l'Autre Patient : la peur d'1 créature entrevoyant Quelque Chose de l'Inéluctabilité de la Mort. *(Et ?qui a vu mon regard –)*

Georg Adam, il est de retour Parminous, seul=avecluimême. Patientant dans son silence. Ne serait-ce qu'en attendant le Lejour de-l'Opération.

Photo 69 *Horticulture Zobel : vue depuis l'atelier sur la serre aux chrysanthèmes, Radnitz, probablement 1919/1920*

Nous=les-médecins avons établi notre anamnèse dans le cas du patient Georg Adam. Les-policiers ont rédigé le rapport de clôture de l'enquête. Il a été impossible d'inculper les jeunes dealers d'homicide volontaire en réunion avec non-assistance à personne en danger ; il n'a pas non plus été possible d'établir dans Cecas la preuve d'une activité criminelle illégale imputable aux trafiquants de drogue bien connus des services de la-Police ; les-accusations contre eux ont été levées, l'enquête stoppée. De même, aucune charge n'a pu être retenue contre le fils du Blessé, Henry Adam. L'Incident a été classé en Accident par les services d'investigation.

Septembre 2004. Une légère brume au-dessus de la ville colore le matin ensoleillé d'1 lumière crayeuse. Le moment est venu : l'Opération.

Mais moi, le-Nouveau, j'étais déçu : pas d'assistant lors de Cette Intervention, On m'avait confié d'autrestâches à l'hôpital. Je ne peux donc rapporter les faits qu'à partir du-Protocole & des discussions avec mes collègues médecins présents à Cette Opération.

La société homologuée, qui a recours aux techniques CFAO dans le domaine industriel & qui a développé depuis quelques années des procédés spéciaux pour la fabrication de ce type d'implants crâniens en titane pur, a conçu & mis à disposition l'implant souhaité, lequel a été placé dans le corps du patient au cours de l'intervention qui a duré une heure environ. – Je me suis intéressé aux étapes successives : la préparation méticuleuse de la partie endommagée du crâne a monopolisé la plus grande partie du temps de l'opération, il fallait tenir compte des mo1ndres cicatrisations survenues depuis presque plus d'un an autour de la zone endommagée & du péricrâne afin de procéder à l'adaptation exacte & au positionnement de l'implant. Une tâche !difficile. La fixation=même s'est faite avec au total 6 microvis en titane ; en raison de l'étendue de la blessure, il a fallu procéder au percement de quelques orifices où ont été 1mplantés des drains pendant 3 jours, ainsi qu'à l'extraction d'1 dent de la mâchoire supérieure pour assurer le drainage. – L'Opération remonte maintenant à deux semaines. *L'hospitalisation du patient Adam reste nécessaire pour des raisons de mise en observation, pas d'anomalies post-opératoires pour le moment.* Dit en conclusion la présente note du rapport.

J'entendais mes collègues qui avaient été autorisés à assister à l'Opération parler avec enthousiasme, parce que l'intervention avait réussi, des potentialités-futures de nouvelles formes d'implants : le développement portera sur des implants crâniens spécialement adaptés à des patients jeunes qui (contrairement à ce patient-là) peuvent espérer vivre encore de nombreuses années, afin de pouvoir tenir à jour les statistiques adéquates. Il sera possible de remplacer l'implant=lui-même par les os du patient pendant la phase de rejet, de façon à obtenir une véritable *Restitutio ad integrum* –. –Pourlemoment – (fait remarquer un collègue en jetant 1 regard au patient Adam & à moi comme à 1 béotien) –pourlemoment & vu son âge, il gardera néanmoins l'implant pour le-Restant-de-ses-jours. Et quand i sra mort & incinéré – (ajoute le collègue, déjà en train de filer Àlahâte, agitant les CT-scans) –il subsistera toujours Quelque Chose de lui. – Blouse flottante le collègue se dépêche le long-du-couloir – les négatifs de grand format claquent dans ses mains comme les ailes d'un étrange oiseau en celluloïd. Lui & moi sommes absorbés par l'agitation effrénée de cette maison-de-Malades –

– Venus du bout du couloir, le secteur des malades hospistalisés en chambres individuelles, injures & vacarme – *J'veux !!chier* – une ruine de femme vieillissante, les orbites couvertes d'hématomes comme des pâtés d'encre, la lèvre supérieure mangée par les croûtes é boursouflée comme une chenille, ne cessant de hurler par le plus vulgaire orifice impudique – *!!Chier, vous m'entendez.* Les deux jambes dans=le=plâtre jusqu'à l'aine ainsi qu'une bonne partie du dos, sans doute depuis un bon moment, la femme gesticule des bras sur une chaise roulante percée, aboyant Pleinedecolère après 1 jeune soignante. Dans=l'oubli-de-soi, se fichant de ce que lui dit l'infirmière, la femme-sur-la-chaise (placée depuis belle lurette au-dessus de la cuvette) se tue à hurler le long=du=couloir par la porte des toilettes grande ouverte son *Je-veux-!!chier* comme un cri de guerre –

– Dans la chambre contiguë à celle de Georg Adam, l'Alcoolique=en-sevrage se débat comme un forcené depuis-des-heures (traumatisme-crânien-grave ; admis après une bagarre dans un bistrot) : un type spongieux d'un âge difficile à estimer, aux cheveux gris blancs ébouriffés en crinière léonine, à son admission, il s'est immédiatement assis à côté du lit & depuis il tempête contre ses démons : – *Nous v'la rendus à !l'hosto, bande de !salauds fichez-moi la !paix !Fumiers Hou-houh à !l'hosto bande de !fumiers !Fumiers vous m'aurez pas !Ouste !!Dégagez Hou Houh Hou-Houh* – &ainsidesuite des-heures=durant. Ça flanque des objets Contrelesmurs, puis ça hurle & ça se bagarre avec l'air, pisse sous-soi. Grogne. (Nous avons dû faire évacuer la chambre-à-3-lits.) Il n'a laissé Personne s'approcher de lui pendant un paquet d'heures, a engueulé les médecins soignants, nous a tapé dessus. Nous devons attendre que sa fureur soit retombée –. Viendra 1 moment d'épuisement ; – le sédatif, vite=injecté, devra bientôt faire effet –

– Dans 1 autre chambre-à-3-lits dont l'un des patients se vide Chaquenuit dans son lit, devant le refus d'ouvrir la fenêtre accompagné des cris & protestations des deux autres patients *(–!Courants-!d'air : ?!Vous voulez qu'j'attrape 1 pneumonie –)* eux=comme la-Plupartdesgens confondent puanteur et chaleur, la porte de la chambre donnant-sur-le-couloir reste donc ouverte ; d'excrémentiels remugles=humains chenalent à travers le service –

– Jours&nuits=vingtquatreheuresdaffilée 2 policiers montent la garde devant 1 porte du service adjacent : ils sont tenus de surveiller le Prisonnier=dans-la-Chambre-d'hôpital, peut-être 1 repenti, afin d'empêcher que ses anciens comparses viennent du-Dehors & l'exécutent –

– 1 patient errant dans le couloir, le bras droit tourné en dedans pris jusqu'à l'épaule dans un emplâtre fait avec de la résine (il a fini par arriver ici depuis le service de chirurgie : un parcours à travers plusieurs blocs & étages) à la recherche d'un médecin. À-cette-heure, ils sont tous=au-bloc-ope. L'homme, de taille moyenne, semble vieillir à chaque pas qu'il fait dans ma direction. Ses cheveux lisses plaqués sur son crâne paraissaient d'abord blonds, maintenant blond cimetière. Il ne cesse de supplier d'une voix geignante quiconque ressemblant à un médecin ou à un soignant de desserrer son emplâtre trop étroit. – *V'la deux heures qu'j'me promène dans toute la maison. Sans trouver un docteur pour m'aider. J'ai là une sensation dans les doigts, comme s'i z'avaient plus dvie,* & montre : main é doigt gonflés comme des coussins, les doigts bleus jusqu'à leur extrémité – j'appelle 1 infirmière ; dans-le-couloir, au milieu des flots affairés du service, munie d'une paire de ciseaux à plâtre, elle découpe le pansement dans-sa-longueur, fixe les deux parties avec du sparadrap & file. –Ça va vite dégonfler é changer de couleur. – Dis-je encore à l'homme en-passant=devant-lui. Le patient, hochant la tête d'un air résigné, s'éloigne sans un mot –

D'après la décision de la Ministre fédérale de la Santé les heures de garde des médecins & personnel soignant des hôpitaux seront à considérer comme des heures ordinaires et celles effectuées en travail supplémentaire n'ouvriront droit à aucune compensation supplémentaire, en outre, les médecins-débutants (comme moi) verront leur salaire ma1ntenu au ni-vaut du personnel sans qualification. (De toute façon, il n'est pas rare de voir des médecins, et de préférence des Nouveaux=comme-moi, faire le travail du personnel soignant, car les postes nécessaires ont été supprimés suite à 1 réduction massive des effectifs décidée par le Gouvernement.) Il ne sera pas possible de réduire le temps-de-travail en équipe généralisé=partout, le plus souvent de douze heures voire: plus, du fait que l'embauche des médecins & infirmiers supplémentaires=nécessaires n'a pas été prévue au budget ni dans le plan de l'Emploi. Au contraire : le=respect de l'application de la Réforme de la santé entraînera 1 réduction supplémentaire de postes.

J'ai 28 ans et je suis le plus jeune des médecins-assistants en neurologie dans ce service de l'hôpital universitaire. Le matin du

30 août 2003, en entrant dans l'hôpital pour prendre mon 1er service du matin, le patient Georg Adam arrivait aux urgences. Nous avons donc débuté ensemble Ici.

Seulement encore des bricoles confiées par le médecin-chef – jusqu'à maintenant des collègues guère complices avec moi=le-Nouveau, à peine 1 mot échangé en dehors des besoins du service, toujours tenu au 2nd rang pendant les opérations : *–Se former est un !rude métier.* Un collègue qui avait remarqué mon dépit, m'avait ainsi fait des remontrances ; le deuxième médecin le plus jeune Ici, il vient de terminer son temps d'assistant des hôpitaux, la joue gauche traversée d'1 balafre. / Entre-temps, j'ai commencé à rédiger des notes sur les patients, rien d'ordre médical, du domaine privé – la plupart relatives au patient Georg Adam, arrivé Ici Lemêmejour, Àlamêmeheure que moi. Un homme âgé qui refuse de parler depuis sa Chute-Accidentelle. On n'a trouvé aucune cause organique ou neurologique à l'origine de son-mutisme. L'implant en titane sur le pariétal gauche couvre exactement la partie endommagée. La cicatrisation a pu se faire grâce aux drains posés pendant 3 jours. !Surprenant chez un patient de !cet âge : & il n'y a eu aucune complication post-opératoire. – Voilà pour le rapport neurochirurgical.

En revanche, un trouble manifeste de la parole persiste chez le patient Adam. Les zones du langage de son cerveau ne montrent aucune lésion. Les collègues doivent capituler devant l'énigme. (En=secret, je consigne avec un certain triomfe cet échec de la médecine orientée=vers-des-méthodes-artisanales, 1 sentiment, j'en suis conscient, très déplacé pour Un Médecin.) Dans ma jeunesse, je voulais être médecin-&-écrivain, je disposais de quelques modèles-formateurs. Le-médecin n'a pas encore vu le jour, l'écrivain semble avoir disparu. Le patient Georg Adam quittera l'hôpital la semaine prochaine – *transportable* (dit le bulletin de santé). Les-collègues de Berlin prendront en charge le traitement post-opératoire. Ce-Cas & la réussite de l'intervention grâce à l'utilisation de procédés & matériaux nouveaux ont suscité un grand intérêt dans les cercles spécialisés – que ce soit lors de conférences nationales & internationales ou dans la littérature-spécialisée, des louanges arrivent de-Partout pour les médecins participants. Les deux professeurs ont depuis rejoint une équipe-médicale internationale qui travaille sur le développement futur de ce processus opératoire. L'intérêt européen & mondial porte surtout sur une coopération plus efficace avec l'industrie utilisant la CFAO / Il me reste ces notes écrites dans 1 cahier que je garde au fond de mon vestiaire dans le local où viennent se changer les médecins ; des notes pour Personne, indignes d'1 médecin. (!Si seulement on me donnait une fois La-Chance de montrer de !Quoi je suis capable. !Une fois seulement & peu importe l'endroit : Ici ou: à l'Étranger.) Ce qu'il adviendra de moi, je n'en sais rien.

34

Photo 70	*Isolde Przemysl, dame de compagnie chez les von Dorset (ass. dans un fauteuil en osier, avec en toile de fond un parc é une vue sur un lac), résidence d'été des von Dorset, Greifenthin, automne 1921*

➞ –Coriace/conciliant, fiable/instable, téméraire/lâche, humeur=grondeuse/douceur=arrangeante, plus sentimental que sensible – : la nature intérieure de Peter-Paul, scindée en/2, fut elle aussi amenée à-s'extéroriser. Il reprit l'offensive contre les Services-Administratifs, écrivit des demandes de réclamation dans son-combat pour la propriété de Thalov, s'efforça de poursuivre ce que sa mère Friederike avait entrepris de poursuivre à la suite de sa mère Hedwig. –

–1 série-de-requêtes répondant à la catégorie en caractères romains=I, puis à celle en caractères romains=II, et enfin à celle en caractères romains=III. Lizi : en cent mille ans l'homme n'a pas connu de transformations fisiologiques importantes ; sa morale non plus : La Vengeance demeure=toujours la base de l'Établissement du Droit ; !?pourquoi l'homme devrait-il se transformer, et !pour-le-comble, au-contact de La Bureaucratie..... –

–Peter-Paul alla jusqu'à s'adresser Entrèshautlieu=à-Ulbricht=en-personne ; – mais son instabilité & ses emportements-intempestifs firent capoter bien des choses. En 1 mot, il perdit le procès, la maison de Thalov devint propriété-de-la-commune, ON lui laissa simplement 1 chambre mansardée avec cuis. & wc sur le palier au titre de locataire payant. Tandis que les autres pièces abritèrent au début le cabinet médical du médecin de la commune. Mais celui-ci décédé en 1971, le cabinet fut fermé par décision du conseil municipal, ON prévoyait un autre usage pour les locaux vacants. – – ?Autre. –Ça veut dire : hébergement de locataires insolvables expulsés de force ailleurs, chômeurs – des gens de la catégorie Zéro : qui ne devaient même pas se rencontrer en Er-Dé-A, & par conséquent dans cette-commune, mais qui néanmoins existaient. Plus tard vinrent s'y ajouter des prisonniers-libérés auxquels la-Loi garantissait un toit à soi. Et, en 1973, les importations de Berlin : à l'occasion des Jeux-Olympiques un certain nombre d'*éléments hostiles-&-négatifs*, parmi eux d'anciens-fuyards-de-la-République qui ne disposaient plus que d'1 ersatz de passeport, étaient évacués de force de Berlin : en vertu du Para-Graphe 48[47] ; aux fessetivités=nationales de ces Zoolymplumards, ON désirait être & rester seuls=entre-fessetoyeurs. Petitvoyous é: politiquements marqués (comme on disait dans le jargong-familier) & comme le voulait la pratique dans la prison-de-la-Stasi=tous-dans-1-cellule idem dans cette maison=tous-sous-1-même-toit : d'abord des discutes-tailleries poly-tics, suivies de soûlographie & braillements, – pas la peine d'avoir 3 Justes à=se=prendre=par=les=cheveux sous 1 même toit : à eux-seuls=3 Chevelus suffisent à déclencher la Plus Belle de Bagarres[48] ; dans la maison, vitres, portes, cloisons volaient en-éclats ; la bâtisse se délabrait. À plusieurs reprises, la mansarde de Peter-Paul fut cambriolée par les « colocataires » ; – Peter-Paul était devenu indifférent à Tout=Cela. Désormais, il ne montrait plus Aucunintérêt à ce bien. Et comme Werner à Mathildenbourg se désintéressait lui aussi de cette propriété comme=par=le=passé, Peter-Paul signait dès lors Tout ce qu'ON lui soumettait. Car la-commune réclamait aussi les pièces mansardées, le nombre de prisonniers de droit commun libérés en-ErDéA avait augmenté entre-temps, il fallait les reloger. Peter-Paul n'étant pas un prisonnier libéré, ON confisquait son logement. ON lui soumit la déclaration de renonciation, qu'il signa sans l'avoir lue. Comme s'il avait voulu se mortifier. –

–On raconte qu'il écrivait de la poézie. Ça rend asthmatique & nerveux. – –Oui, il écrivait des poèmes. Mais tous sonnaient comme des vers de Hermann Hesse : « *Il te faut de chaque être / Te sentir le frère ou la sœur / En toi sentir battre leur cœur / En toi confondus l'un et l'autre.* » De ce poème, qu'il vénérait=beaucoup, ainsi que de quelques autres de sa composition, Peter-Paul fit la lecture à son travail lors d'1 des fêtes de Noël : comme le père naguère, le fils travaillait lui aussi à la-Poste. Les cris de joie de ses collègues, d'après ce qu'on dit, dépassèrent de loin la gaieté accompagnant le déballage des inoffensifs cadeaux de Noël licencieux. Le mot « confondus » en particulier déclencha l'Hilaritégénérale : un clapot de vagues railleuses vint chahuter unisono le célibataire, des stridulations montées des gorges des femmes, les hommes gagarisèrent quelques méchancetés vaseuses. Peter-Paul ne déclama plus jamais le mo1ndre vers. Peut-être avait-il même cessé d'écrire. – –C'est toujours=Lameilleuredeschoses. – –Et peu de temps après que sa mansarde a été une nouvelle fois cambriolée, Peter-Paul ficha le camp. Aussi loin qu'il était possible-de-prendre-le-large dans ce pays nommé ErDéA. – –1 pays exactement de la même superficie que la Mare Crisium sur la lune. ?Tu ne trouves pas ça – –Oui. Trèsétrange. Il abandonna&laissa derrière lui ce qu'il possédait encore & devint contrôleur des wagons postaux à la Reichsbahn. Des-gens=comme-lui, célibataire sans attaches – l'idéal pour ce boulot de merde ; On collait à l'homme-seul-solo beaucoup d'heures supplémentaires & des jours de travail exceptionnels, surtout les jours-fériés, quand les Autres se retrouvaient en famille. Il n'avait Aucuneraison valable de s'y opposer ; il ne s'y est certainement jamais opposé. Le caractère instable de sa nature prit le-dessus. Pendant un certain temps. –

–?Et la maison à Thalov.

–Totalement délabrée : il manquait des tuiles sur le toit, la charpente semblait un squelette décharné, les vitres les portes cassées, le crépi mis à mal en plusieurs endroits, la maçonnerie nue aux lueurs rouges comme des plaies ouvertes, à l'intérieur, le plâtre s'effritait des murs & des plafonds, la moisissure dévorait les poutres. On était arrivé en 1983 alors, le nombre des prisonniers libérés diminuait ; commençaient à se former les Premières=Grandes-Vagues-de-Départ=à-l'Ouest, les

Rachats par milliers de Fers-de-lance de-l'humainsanité (car ON avait oublié de fabriquer le bois de ces lances). Donc nettement moins de « locataires » dans la maison à Thalov, en revanche, des poules & des chats errants en-veux-tu en-voilà, qui se glissaient par des fentes dans portes et murs, construisaient leurs nids au milieu des vestiges de l'ancienne salle de séjour, y faisaient naître leurs petits. Après les-hommes s'y bagarraient désormais les poules é: les chats. – Au cours de ses voyages à bord du wagon postal, dans 1 trou à vaches quelconque, Peter-Paul fit pour la 1re fois la connaissance d'une femme, cuisinière dans l'une des cantines de la Reichsbahn. Et pour comble, c'est à moi, qui l'avais évincé autrefois, qu'il adressa par la suite une longue lettre regorgeant=de=triomphe. Désormais, m'écrivait-il, il voulait de nouveau se=fixer, car son intention était d'épouser cette femme. Conséquemment, il montra soudain un intérêt accru pour la propriété de Thalov. Avec l'assurance d'un homme qui a le vent de son Premier Grand Amour en poupe, il engagea un nouveau procès pour récupérer son bien. Oui, il vivrait sur le domaine avec sa femme, aurait des enfants, de préférence des filles (comme il l'écrivait) ; il voulait qu'elles aient *une vie culturelle bien remplie* – elles devraient apprendre les langues étrangères & savoir jouer du piano. L'été, elles gambaderaient dans leurs petites robes claires à travers les prés en fleurs & le soir, elles lui rapporteraient des bouquets d'adonis qui fleurissent autour de Thalov. Bien sûr, avec ses cinquante printemps passés, il avait conscience de n'être plus un Jeunomme, faisait-il remarquer en vainqueur, affligé en outre d'un estomac bien altéré (de quel euphémisme il usait là), mais il avait encore assez de force dans les reins pour qu'une femme de seulement six ans sa cadette –&ainsidesuite. Il n'avait pu s'empêcher de faire cette remarque désobligeante à mon égard ; elle était au cœur de Toutecettelettre assûrément. Lui & sa future épouse, ils vivraient=ici des produits de leurs terres comme de simples paysans. Il apprendrait l'Agriculture sans tarder, !c'était son Grand Objectif. Et le soir, le labeur accompli, dans l'éclat chaleureux dispensé par la lampe du séjour, il lirait ses poèmes aux petites é à sa femme. !Ah les moments heureux qu'ils connaîtraient tous=réunis dans la maison joliment réarrangée. Et plus tard (écrivait-il encore) plus tard ses filles étudieraient à Berlin, les langues la musique –

elles deviendraient des personnalités de renom, voyageraient, même à-l'Étranger à- !l'Ouest. Elles seraient gratifiées d'une belle vie & d'un foyer sûr=chez-lui é sa femme sur sa propriété à Thalov. – Et puis, à un moment quelconque, comme les bavardages, cette lettre s'acheva elle aussi. Et son Premier Grandamour probablement aussi, avant même que cette lettre me soit parvenue. La cuisinière l'avait envoyé paître. Alors le Grandgosse de 53 ans continua d'être bringuebalé à travers le pays dans le réduit étouffant du wagon postal, symbole d'une vie en marge & de chagrin, d'1 mauvais repas avalé à la hâte à l'autre, l'Homme-seul-solo continuait à se farcir heures supplémentaires travail de nuit journées exceptionnelles non payées (car à cause des-départs=Àlouest la main d'œuvre était encore moins nombreuse qu'Avant), chaque coup de butoir le métronome du vieillissement é de la sol1tude imposée. ?!Que lui restait-il de ses rêvasseries autour de son Premiergrandamour.

–J'ai entendu dire : une sacrée chaude-pisse. – À Thersite les Adonis – : le rêve de tous les Impotents, mais auquel ils peuvent lâcher bride é pas seulement qu'en=rêve. Car où l'Amour à Cinquanteprintemps Passés prend feu, même la cendre s'enflamme à nouveau.

–Tu connais Lafin-de-la-chanson.

–Oui, Lizi. 1 chanson triste avec une vilaine fin au début de l'été Milneufcent Quatrevingtneuf. –

Le-conseil-municipal de Thalov transféra tout bonnement à Peter-Paul Karge la maison pour laquelle on s'était chaudement battu autrefois ; – elle était tellement délabrée que la-commune aurait dû réunir des sommastronomiques pour la rénover, en outre on manquait d'artisans & de matériaux pour ne pas dire : qu'on n'en trouvait pas. La fin de la ErDéA est proche, alors ON lâche du lest, & le lest, c'est presque Tout ce qui reste lors du vol final du Ballong National, et celui lâché par Krenz[49] diminue rapidement. Aussi la-commune de Thalov raya-t-elle avec plaisir ce facteur-de-coûts=embêtant. – Oui, et Peter-Paul se retrouvait maintenant seul-solo sur sa propriété ruinée reconquise de fraîche lutte & il se jeta à corps perdu dans l'apprentissage de-l'Agriculture. Unhomme doit savoir prendre une !décision. (Devait se dire pour s'encourager le futur-paysan au physique déjà bien miné.) Mais Lamaison ne serait pas Lamaison, si ne s'en revenait illico La-vieille-Malédiction : les plans récents de Berlin en vue d'agrandir la mine d'exploitation à ciel ouvert du lignite..... ON ne lâche ni la région ni Thalov. Peter-Paul doit de nouveau rendre maison-&-domaine ; de nouveau ON brandit des plans d'évacuation : jour & heure, bientôt si proches..... La majorité des habitants de Thalov, broyés aux dernières heures de la ErDéA, leur désormais paresseuse volonté, rentrent dans le rang ; ils débarrassent maisons & terrains, empochent l'indemnité & déménagent (la plupart à-l'Ouest) ; ils sont une poignée à résister & vouloir rester, dont Peter-Paul. Nous sommes au printemps 19-89 : dès qu'une Autorité se retrouve dans la-merde jusqu'au-cou, elle frappe=à-la-ronde sans ménagements. L'heure n'est plus aux batailles-paperassières avec caquetages-juridiques, maintenant le temps est venu de passer à-l'Action : ON fait se dép*loy*er : des centaines-de-troupes de Police du Peuple armées de matraques armes chiens ; des bulldozers, camions à benne, plusieurs véhicules militaires aux bâches strictement rabattues, 1 commando de dynamitage de l'Armée populaire.

ATTENTION ATTENTION MESSAGE DE LA POLICE DU PEUPLE NOUS VOUS DEMANDONS DE QUITTER VOS MAISONS & TERRAINS !SANS DÉLAI VOUS AVEZ 1 HEURE EN CAS DE RÉSISTANCE IL SERA PROCÉDÉ À L'ÉVACUATION DE FORCE ATTENTION ATTENTION MESSAGE DE LA POLICE DU PEUPLE

Implacable, le véhicule équipé de hauts-parleurs sillonne les rues de Thalov, traîne son annonce par la ville comme 1 lame dénudée luisante. – 1 heure : pour Peter-Paul c'est bien plus qu'il ne faut.

Et 1 fois passée cette heure, aussi implacables que les annonces auparavant, les Troupes-en-uniformes se remettent lentement en branle, s'arrêtent devant chaque maison encore habitée. Comme avant une exécution, un officier s'avance d'un pas vers l'habitation, crie fortement le nom du Récalcitrant & somme de nouveau les occupants de quitter im-mé-dia-te-ment les lieux. ON a le sens de l'achèvement théâtral jusqu'au dernier barreau qui mène au gibet. Quelques négligeables venues aux mains avec les Expulsés de force de leurs maisons, & de temps-à-autre la nécessité d'enfoncer 1 porte, parfois un grand cri de colère un juron, – l'Action se déroule sans indicent dans la routine..... de machines de fer. Mais comme si ON avait pressenti que la véritable intensité dramatique culminerait avec la maison de Peter-Paul, le commando-d'expulsion vint chez lui en dernier.

Peter-Paul a vu les troupes s'approcher, son timide visage pâle a regardé plusieurs x par la fenêtre, pour disparaître aussitôt et observer d'ailleurs à nouveau Ce-Qui-Se-Passe, – tel le comédien qui épie le public-dans-la-salle par l'entrebâillement du rideau, afin de ne pas rater !Le-Moment de sa spectaculaire entrée. –

Ça y est. La Troupe-en-uniformes s'arrête devant sa porte, le chef crie son nom d'une voix forte, suivi de la sommation de quitter im-mé-dia-te-ment la maison (la voix du chef s'est légèrement émoussée sous la routine) – : C'est alors que résonne des entrailles de la maison la voix forte de Peter-Paul, criant à-l'Extérieur !j'arrive, juste encore 1 instant – ; ON patiente. Puis, comme rien ne se passe, l'officier crie une nouvelle fois, somme im-mé-dia-te-ment – –Ouioui. !Oui. J'ai dit : !j'arrive. – – !CITOYEN PETER-PAUL KARGE – (tonitrue à nouveau la voix de l'Officier retrouvant le ton de Service=au-pas-de-parade :) Sortez de la maison sur-le-champ (–un *!j'arrive !j'arrive* s'y mêle de-l'intérieur ; l'officier imperturbable :) –Sinonhon – faudra vous – !zévacuerdeforce. À l'intérieur de la maison quelques bruits de chaises tables déplacées portes claquées ; Dehors encore 1 moment d'attente, puis l'officier lève le bras pour ordonner à ses hommes !en-avant-!marche, – quand la porte d'entrée s'ouvre lentement : Peter-Paul, dressé dans l'encadrement tel le bonhomme-du-chalet-baromètre, un grand bidon d'essence dans sa main droite, le bras gauche tendu tenant 1 briquet.

La marche en avant s'arrête. Pazunmot. Silence.

L'officier retrouve en 1er sa voix, suppliant : –Bondieu-!Karge. Arrêtez avec ces !conneries. –

Mais Peter-Paul, l'air absent, soulève lentement le bidon ouvert au-dessus de sa tête, le liquide jaune poisseux gargouillant le long de sa frêle silhouette – maintenant, de l'intérieur de la maison, parvient également une forte odeur d'essence – le briquet – effrayée, Lameute recule à la vue de la folie-pure – ; la flammèche ; – et dans un bruit énorme comme si homme&maison expulsaient d'Unseulcoup leur colère contre les Agresseurs, l'essence répandue s'enflamme en une explosion de langues de feu jaunes é rouges. Durant 1 instant, la longue silhouette frêle de l'homme apparaît dans la porte semblable à 1 sombre point d'exclamation sur le fond illuminé par les grandes flammes embrasant la maison. Puis la silhouette dans l'encadrement s'effondre comme un bout de bois cassé. Lescris de l'Homme-Se-Consumant transpercent les fumées aux odeurs de brûlé qui flottent âcrement au-dessus de la ville, plus graves plus aigus et pour finir stridents é étirés – –

Notre concitoyen P.-P. K. est décédé hier matin dans sa maison suite à un accident tragique. Malgré le courage de notre équipe de pompiers, la maison sise Deichstraße 32 a entièrement brûlé. C'est par ce petit entrefilet inséré dans les pages locales que la presse annonça le lendemain l'immolation par le feu de Pweter-Paul Karge. Les vestiges de cette maison sentaient encore la fumée quand sous la bruine de Novembre Milneufcentquatrevintneuf le Mur tombait à Berlin. À Thalov se dressaient les restes d'1 maison en ruine, noircis.

IMMORTELLES DE FER

35

Photo 71 *Petra é Reinhold à Bad Bentheim, été 1947*

→ Ton visage, Georg, ne me regardait pas. Comme si dès=le-début tu avais deviné en=moi (ta sœur) une Certaine=Chose – une Chose dont tu ne voulais rien savoir, et que tu ne voudras !jamais tenir pour=vraie quand tu la connaîtrais sex-années plus tard. Et ce jusqu'à Aujourd'hui, où tous deux sommes devenus vieux. Mais autrefois, c'était un après-midi à la fin de l'été sous les arbres fruitiers dans le long jardin ombragé devant le presbytère à Königshain. De l'herbe montaient les parfums de fruits trop mûrs – l'arôme frais de pommes d'automne se mêlait à l'odeur jaunâtre de poires blettes. Les enfants les plus jeunes du pasteur jouaient là à la marchande avec les fruits tombés à terre. Nous deux, trop vieux pour ce jeu, étions assis sur les marches de l'escalier conduisant à la maison é nous regardions les petits, qui se sentaient comme des zadultes, venir se ranger dans la file devant le comptoir du magasin avec le panier à provisions & le porte-monnaie tenus dans leurs mains enfantines, patients & de méchante attente rentrée, car le petit frère de 8 ans qui faisait le marchand, manipulait la balance avec dévotion & de grands-airs (il attrapait sous le comptoir en petit-épicier=plein-de-mystère des marchandises emballées dans du papier journal destinées au Meilleur=Bon-Client) ; mais ne servait les autres que sur présentation de bons. – Depuis-toujours les paroissiens allaient vendre sur les marchés hebdomadaires de Königshain les fruits récoltés dans le verger presbytéral (cela générait quelques rentrées d'argent complémentaires pour la paroisse) ; – jusqu'à ce que l'Organisation du Commerce de détail de l'État l'interdise. Dès lors, le pasteur Brickau fit cadeau des fruits à ses paroissiens & aux autres habitants de la bourgade ; – tandis que la Déconomie relationnelle accrochait ses vrilles feutrées. Cris & disputes –: les enfants=ici mimaient ce qu'ils savaient du quotidien. Pendant que nous les regardions jouer, nous nous taisions. Jusqu'au moment où tu bondis soudain & te tins au garde-à-vous sur la plus haute marche, comme si un Feldwebel avait hurlé un commandement. – *!Dieu* –, crias-tu, – *!Ça s'passe comme Ça chez-le-bon-Dieu é: pas autrement.* Après quoi, Pluzunmot sorti de ta bouche, tu tournas les talons & courus à l'intérieur du presbytère avec un rire sardonique, dans l'obscur couloir suffocant. Ni Cejour, l'un des derniers jours dorés de la fin de l'été, ni plus tard tu ne revins dans le jardin.

À l'époque, je n'avais évidemment pas compris !ce que tu voulus insinuer par là ; j'avais pris *chez-le-bon-Dieu* pour la simple corroboration de ce que tu venais de dire à propos du Jeu-des-Enfants, je ne comprenais pas la joie maligne que tu déversais comme un chargement de fruits pourris à l'intérieur du presbytère. C'est seulement biendézannées plus tard (quand tu m'as avoué ton incapacité à croire en Dieu et même aux hommes) que je crus comprendre !ce cri=d'autrefois : parce que tu avais la certitude de n'être pas seul sur-terre avec tes désirs, tes demandes & tes peurs, mais que déjà avant cela il t'avait fallu voir & entendre à travers la troupe de nos demi-frères&sœurs que d'autres ressentaient les mêmes désirs, demandes & peurs que toi é: ne savaient jamais s'en sortir autrement qu'en s'1ncorporant dans les éternelles=intemporelles files d'attente des Quémandeurs devant la boutique du Seigñeur, leurs bras semblables à de petites pattes d'insecte écartés des corps lourds é levés en tremblant pour LE supplier sans=cesse&toujours, qu'IL veuille bien écouter, venir en aide & prêter assistance à=soi=seul – il t'était, Georg, tout s1mplement impossible de comprendre pourquoi IL devrait sacrifier ne serait-ce qu'1 seconde de Son attention & de Son temps pour fréquenter quelqu'un comme toi, dont 1 naïf Fanfaron Joueur Banqueroutier & 1 Suicidée avaient fait 1 orphelin. Tout=petit-déjà, tu étais jaloux de Dieu (comme tu serais jaloux de l'amour plus tard), car tu voulais avoir Dieu=é=l'amour pour=toi=seul é: chaque jour, tu étais forcé d'entendre notre père adoptif, le pasteur, répéter : *Il n'y a qu'Un Dieu Il est notre Seigneur à=tous.* Et cela, me disais-tu alors, ressemble à une mare d'eau tiède où entrent de-temps-à-autre & sans cesse les corps de Ceux-qui-sont-en-trop pour y rincer avec délectation leurs désirs cochons –.– Il y a des années, en t'en reparlant 1 fois : – *?Tu te souviens de nos frères & sœurs en train de jouer* *à la marchande dans le jardin du presbytère* – (j'étais sérieuse, mais voilà longtemps que je n'arrivais plus à t'atteindre), amusé, tu fis ce commentaire sur ta remarque d'alors : *–Imagine un peu Dieu confontré à Ses Quémandeurs* – (é: parce que je me détournais, j'entendais tes paroles franchir tes lèvres comme déformées par un ricanement) – *Dieu en Son propre fonctionnaire, assis derrière le guichet & à Ses Heures d'ouverture de bureau, forcé d'écouter les prières protestations & allez-louis-yah !parmilliards de cette engeance friande=desalut, qu'IL a fait naître 1 x de la boue : je LE vois en fonctionnaire à manches de lustrine administrant Sa Bonté Personnelle, son maigre faciès mise-en-trope profondément marqué par les cicatrices du chagrin=bureaucratique. Dieu = 1 estomac en pantoufles se languissant de la fin de Sa journée de travail, sachant que même Son arme nec plus ultra dans l'holo caustum contre la race=humaine élevée par Ses soins – le déluge – avait été défaillante. Ainsi Lui faudrait-il se traîner Entoutéternité au service de Créatures qui voilà longtemps LUI soulèvent le cœur de Très Saint Dégoût.* – À l'époque, j'avais honte de toi, Georg, & de tes propos dont tu avais passé l'âge, propos d'1 potache qui cherche avec la 1re malice venue de sa logique matricée à mettre dans l'embarras son professeur de religion en posant des questions-moqueuses comme : *Si Dieu peut Tout, est-Il alors ?capable de fabriquer une pierre tellement lourde qu'Il ne puisse !pas la ?soulever.* Ou des questions similaires posées au professeur de la Religion-Rouge=Marxiste-Léniniste : *Si l'être détermine la conscience, ?comment la conscience peut-elle ?connaître quelque chose de son être.* J'attendais que tu te taises avec tes sottises, auxquelles tu ajoutais encore l'Ainsi-soit-il : *–Du moment où, arrivé devant Dieu & passé par le hachoir, on se fout complètement du hachis, on se contrefout de savoir, Felicitas, quel boyau nous libérera de la dépendance – celle de la-bouteille ou celle de la-religion : l'essentiel est que le sevrage !réussisse.* – À ces mots, je levai mon regard vers toi. : Je m'étais attendue à toutes sortes d'expressions, mais !pas à celle-là : l'expression d'1 individu forcé de constater de nouveau & pour la nième fois sa faillitte personnelle & conscient que ce qui subsistait encore de meilleur en lui, sa capacité à s'enfuir, n'avait plus cours depuis longtemps, parce qu'il s'était lui-même enfui devant la nécessité de fuir.

En ce seul 1nstant ton visage accusait déjà les traits de tes années futures, – comme si tu t'étais subodoré à l'avance. Mais déjà en ce temps-là tu étais trop enferré dans ta récalcitrance, si bien que ce que j'avais à dire sur le sujet alors et jusqu'à Aujourd'hui-passé ne pouvait plus t'atteindre : *Autrefois le christianisme était la croyance des esclaves, et le Christ a chassé à coups de fouet les banquiers é les marchands du Temple : aujourd'hui le christianisme est devenu la religion des rappe-tout é mercantis dans le but de s'octroyer réciproquement postes & prébendes & tenir en=échec les autres. Autrefois le Christ avait changé l'eau en vin ; aujourd'hui il la changerait en purin & en abreuverait vos gueules avides. Qui a la foi comme moi est obligé de tenir le Christ enfoui en=soi derrière la pierre de son âme. Et qu'on ne s'avise !jamais de raser Lapierre. Car ceux qui aujourd'hui=de-nouveau prononcent Son Nom à-gorge-déployée n'arrivent pas à se gorger suffisamment de Pouvoir=d'Influence & Flux=Monétaire..... : !Ces-krétiens-là dans la fosse aux !lions.* – !Ça ?t'étonnes hein, parce que tu crois que la professeur desséchée par sa religion aurait perdu Lafoi. La seule chose que j'ai véritablement perdue, c'est toi : Georg. – Et ce que tu avais perdu (et que tu avais probablement voulu perdre, malgré que tu aies eu à souffrir de cette perte toute ta vie) : l'Autorité. Tu fais partie de ces Malchanceux qui, en permanence & toujours, peu importe le rang élevé auquel ils ont accédé & l'importance de la robe dans laquelle leur autorité est taillée, ne parviendront !jamais à se faire entendre & respecter. C'est pourquoi, Monchergeorg, tant que tu vivras, tu auras besoin d'une femme que tu pourras aimer. Mais dès qu'une femme te dit qu'elle t'aime – tu te sauves illico=presto. – –

C'était ?quand déjà Je m'En souviens Mais j'ai tout oublié des temps&dates Temps&dates n'ont plus rien d'effrayant pour moi – Cher Georg, tu n'aurais pas dû te montrer réservé envers moi aussi longtemps Encetempslà Voilà longtemps que j'étais sous ton=charme Tu m'étais proche même en gardant tes distances Tu m'as pertubée comme tu disais car Moi=La-Célèbre=Médecin & mes rêves autour – je voulais décrocher le prix !Nobel !Moi=petite-Henriette Baeske de Mathildenbourg – !Pfff tout ça n'était rien que de la vantardise pour t'impressionner Que tu aies pu le !croire Que c'était !exactement=!ça qui te faisait te tenir à distance de moi ?!Comment pouvais-je Le ?deviner Des gens comme toi en jettent avec leurs biscoteaux moi c'est avec mes mots Il n'y avait manifestement que toi à ne pas le savoir J'ai choisi mon métier pour l'1nique raison que le seul établissement de formation était situé non pas à Mathildenbourg mais à Königshain é Königshain c'était là où !tu te trouvais tu y habitais déjà Autemps de l'E.O.S.[50] Je voulais être près de toi Rien d'autre (car en vérité je ne savais vraiment pas à ce moment-là quel métier je voulais apprendre) C'était mon imagination exaltée d'être une femme-Médecin-Célèbre-&-Lauréate-du-prix-Nobel qui m'en avait donné l'idée : Formation médicale Assistante technique École professionnelle à Königshain !Rienqueça : certes pas vraiment le bon parcours pour décrocher le Nobel ?n'est-ce-pas Mais Lechemin qui devait me conduire à !toi comme je le croyais – Mais ?!que faire pour pouvoir=t'approcher Entre-temps avais-tu une ?autre copine – !Nonhon tu n'étais pas de bois é de-la-jaquette non plus. !Qu'est-ce qui se ?passait avec toi ?Pourquoi justement=!toi tu ne m'as pas ?remarquée comme si j'étais une vilaine punaise de sacristie ou une mijaurée gâtée et rien dans le crâne – ?Qu'est-ce que tu avais contre !moi après qui Touslesautres couraient – avais-tu ?peur : de moi – !Oui c'était Ça Tu avais !peur de moi ou de toi ou de ce que tu croyais que je voulais de toi Ou: même pas de ce que je voulais mais de Ce que LES-AUTRES exigeaient de toi CEUX qui font & surveillent DES RÈGLES qui n'ont strictement rien à voir avec nous=les-femmes mais seulement avec vous les hommes Cette façon qu'il VOUS faut prendre-la-pose devant VOSSEMBLABLES pour être par VOUS reconnus comme l'un DESVÔTRES Voilà !pourquoi vous ne comprendrez jamais&augrandjamais rien à-nous=les-femmes é: à cause de cela nous=les-femmes nous ne pouvons pas nous adresser à vous pour nous faire comprendre de vous Autant parler en javanais à un bœuf – Mais pour bien te le mettre-dans-la-courbure j'ai eu l'idée du paquet Me suis pour ainsi dire même transposée dans votre langage La boîte de pralinés – Mais c'était plus tard & c'était déjà la 2e leçon. Il y eut d'abord la 1re = la leçon classique ?!D'où m'était venue une !telle 1nspiration ?Qui me l'avait instillée : l'Autre=la-Créature-nouvelle surgie en moi avec la venue du sang & qui allumait le Désir dans les yeux des hommes=jeunes&vieux é: la Haine dans ceux des Autrefemmes Pas seulement parce que j'étais plus jolie que la majorité d'entre elles Mais *parce que les-hommes (Messieux=les-Camarades de l'école professionnelle & Touslesautres du coin) me regardaient – moi qui non par mon âge mais par mon corps figurait=de-loin autre chose qu'1 élève – suscitant d'autres appréciations que le reste des filles – des regards débordant de Chair & de Convoitise – et de ces regards de Chair&haine étaient nées dans Königshain comme une prolifère-ration de plantes au fond d'une mare les-histoires sur mon compte : La pute-du-service La Polissonne des gardes de nuit (j'étais toujours une fille-vierge Mais ?qui s'en tracassait) Ce n'était pas ma petite personne mais Ma=Réputation que ces mensonges haineux avaient démolie Alors je m'étais dit si déjà j'ai perdu tout mon crédit autant me conformer à ces mensonges & vilains ragots..... j'en tirerais p'têtre un ?profit & j'avais si rondement mené La Chose que j'ai failli me faire expulser de l'école pour manque de Morale Socialiste &touça Ce qui n'a pas empêché Messieux=les-Camarades de venir de-temps-à-autre me faire une petite visite (comme ils disaient) pour en-appeler-avec-insistance-à-ma-conscience Enfin ils avaient beau insister ça n'a rien donné & et ce qu'ils me débitaient c'étaient au mieux toujours les mêmes salades (ces-Messieux n'étaient plus les plus jeunes é souffraient parfois de certaines=défaillances masculines, & pour y remédier ce discours servait en quelque sorte d'orthèse-à-leur-virilité) & comme il n'était pas=exclu que je rougisse (non ma conscience mais mes joues) ça excitait d'autant plus cette Compagnie-Masculine (mais Lavoix=intérieure criait Elle criait et criait d'une voix enfantine é: sans qu'on puisse la faire taire – é: elle me devenait insupportable je ne voulais plus l'entendre Lavoix de l'Henriette d'autrefois) Alors j'ai arrêté Ça Du jour au lendemain !Terminé – Et failli me faire virer de l'école une nouvelle fois après ça Mais cette fois La Morale Socialiste n'avait pas bronché un peu comme 1 flamme réduite pendant la cuisson & chacun des Messieux=les-Camarades la surveillait d'un œil de lynx afin que la casserole (c'était moi) ne déborde pas..... En clair : que je la boucle é ne colporte Rien des Propos servis par Messieux=les-Camarades-mariés pour en appeler-à-ma-conscience pendant les nuits-dans-la-chaufferie du foyer des infirmières au fond du réduit attenant à la réserve de charbon entre minuit é 2 heures (parce que les chauffeurs ne s'y trouvaient pas) Du travail de nuit sous la lumière jaune fade des ampoules coiffées d'abat-jour en tôle la poussière de charbon crissait entre mes dents dans l'air refroidi la salive du camarade dans ma bouche son râle près de mon oreille & Là=dessous-en-moi le rude poussoir à viande – !ha : la viande persillée, salée, poivrée, assaisonnée de thym d'oignons hachés & d'un jaune d'œuf (un de tes plats préférés plus tard mais qu'on trouvait rarement à la coopérative) – :!?Colporter ces ?histoires ??Moi Pas !folle la guêpe Après tout j'voulais qu'ces heures à turlu-piner la nuit ça=me=rapporte 1 peu à moi aussi Alors j'ai tenu ma langue é continué l'école & obtenu plus tard mon diplôme d'assistante technique médicale avec mention –*

36

Photo 72 *Des enfants du voisinage à l'anniversaire d'Henriette qui fête ses 6 ans dans le jardin de Thalov, été 1942*

Même si j'avais espéré des 10zaines de x que Cette Voix Enfantine se taise é cesse enfin ses cris je m'étais lourdement trompée Elle continuait de crier toujours aussi fort sans=s'arrêter Ce n'était donc pas contre Ce-qui-se-passait-avec-les-camarades=dans-la-chaufferie qu'Elle vitupérait : !C'était contre !toi C'était !Toi que réclamait Lavoix de l'Henriette d'autrefois Car je n'étais maintenant plus Mémé Hedwig plus rien du foulard-à-pois-blanc & d'être vieille comme les pierres En revanche j'entendais Lavoix qui disait Veille à devenir Une Femme sinon tu resteras l'éternelle-=jeune-Fille-Vierge même passé un Nombrincalculable d'hommes –

→ *Et arriva la 1re leçon : l'Autre la-Voixnouvelle=en-moi (elle avait jadis pénétré en=moi avec le sang) & Cette-Voixnouvelle=aujourd'hui Cellepasmoi me poussa avec détermination après les cours à aller vers 1 seul garçon du lycée – !ce garçon : le physique & le visage d'1 gamin d'élève qui semblait avoir atterri par erreur dans la classe de 12e année – dans !ta classe Georg – On racontait que ce garçon avait un ?truc au cœur était dispensé de sport é sa peau ne supportait pas le soleil c'est pourquoi même au plus fort de l'été il restait boutonné jusqu'au cou Son visage était couvert de boutons & ses joues s'enflammaient dès qu'1 fille ou une femme s'adressait à lui – 1 fifils à sa maman qui portait des pulls sans manches tricotés avec des motifs de petites voitures & la raie toujours bien dessinée dans ses cheveux blonds très clairs On racontait que sa mère embrassait le matin avant son départ pour l'école cette raie proprement coiffée de ½môme qui sur le trajet commun (lui vers le lycée / moi vers l'école professionnelle des assistants techniques médicaux) m'attendait toujours discrètement Il faisait comme si c'était=toujours un pur hasard de-Loin il osait me dévorer des yeux Mais dès que nos regards se croisaient le rouge enflammait le teint de lait de ses joues boutonneuses & il tournait honteusement son visage enfantin vers ses pieds bien trop grands (Plus tard j'ai deviné combien il avait été horrible pour ce garçon de devoir vivre dans sa peau – Ses années de Vie avaient débuté dans l'horreur) c'était !lui é !luiseul que Cette-Autre=Nouvellecréature-née-du-sang avait élu pour Cet Après-midi-là & elle lui avait donné rendez-vous devant le glacier dans la rue la plus animée de Königshain : – C'est là que tu me trouveras : Aujourd'hui Cet Après-midi à 5h. Sois !exact. –Il y aurait en effet beaucoup de monde dans les rues à cette heure=aprèsladébauchée & tous (!toi aussi Georg) pourraient nous voir : moi=la-Plusjoliedelaclasse é: lui le Moutard et après ILS en feraient des gorges chaudes car ILS s'étaient attendus à tout Mais pas à moi é: ce ½môme (en=moi un rire méprisant comme un poison bienfaisant) Aussi me pomponnai-je avant dans les règles torsadai en Boucles d'Ange mes longs cheveux foncés qui m'arrivaient aux épaules enfilai Ma-plus-belle-Robe en soie couleur pêche Waltraut la sœur de Maman l'avait expédiée depuis l'Autre-Côté l'étole blanche les peumpses vernis à talons hauts des bas de soie (« empruntés » à Maman) le parfum bruissant comme des ailes lourdes é sombres & luisant le rouge à lèvres cerise Un chapeau de paille rond à bords larges avec un ruban rouge é des raisins de verre vint coiffer les Cheveux d'Ange (En me voyant Danlemiroir le rire méprisant Sansvoix devant l'Hélène-de-Mathildenbourg : bien campé & très=féminin – m'était venu à-moi=la-Pimbêche comme si la-Voix-étrangère=en-moi dévisageait Une Femme-étrangère dont je devais me-méfier) De=ce-moment-là la plaisanterie était devenue une affaire sérieuse – Mais je tenais à rajouter encore un peu Au-Tout en attrapant la vieille bicyclette rouillée (voilà une éternité qu'elle se trouvait dans la chaufferie – c'est au cours de Cesnuits que je l'avais découverte au sous=sol) Une lourde bicyclette en acier datant des Années-Vingt équipée de pneus en caoutchouc plein de poignées en bois d'une lampe à acétylène sur le guidon courbe & d'un filet protégeant des deux côtés les rayons de la roue arrière (avait probablement appartenu à la femme d'1 obscur concierge disparu depuis belle lurette) Je me suis élancée sur ce vieux biclou dans mes noblesnippesdebal & !taratata que je te vole en robe de soie étole cheveux d'ange au vent 1 main tenant le chapeau de paille à toutes jambes tricotées à travers la ville vers le point de rencontre devant le glacier La-Voixnouvelle m'imposait un retard de 20 minutes = Letemps-exact durant lequel le ½môme patienterait sur-place tiraillé entre désespoir é: espoir réfrigéré – (une-présence faite de Jeunesse Souffrance é de Confiance encore inébranlée) : je me pointai à ce moment-là il m'avait certainement déjà repérée de-loin son visage enfantin s'enflamma de joie é: déjà son corps de haricot-à-rames se desséchait se tordait Pleindegêne (Lavoix=Celle-Nouvelle=en-moi gloussant entre moquerie & malin plaisir) !Quelles phrases le ½môme avait-il bien pu préparer durant ces Dernièresheures en vue de !Me faire la conversation à Cemoment-là cherchait sans doute des poses pour s'entre-tenir-avec-?quelqu'un Il voulait se faire passer pour Unhommedumonde avec orchidée (imaginaire) au revers (fantasmé) de son smoking –:– il se tenait devant Moi vêtu de l'1 de ses pull-overs sans manches tricotés par sa mère en bégayant il désignait le glacier en face voulait certainement formuler son invitation à aller manger une glace Je me suis sentie secouer ma tête bouclée – !Non (décida d'un ton rogue La-Voix=Celle-Nouvelle=en-moi) – !Jefaisceque !Jeveux & !Je veux me promener à bicyclette é: tu peux m'accompagner. !Ah tu n'as pas de vélo, comme c'est !dommage. Aloronyva : ?Qu'esse t'attends. !Viens. – Déjà mes pieds appuyaient fortement sur les pédales si bien qu'il était obligé de courir & le ½môme courait&courait à mes côtés en-haut-de-la-rue en-bas-de-la-rue obéissant comme 1 chien il voulait dire ?quelque chose Mais seule une respiration hors d'haleine é crépitante filtrait de ses lèvres Déjà il était à la traîne – !Tu viens. – Je me suis vue me retourner avec colère & appuyer plus fortement sur les pédales Et de nouveau il fut près de moi à ma hauteur le visage empourpré luisant de sueur sa respiration râlant par sa bouche é il me dévorait des yeux (!Arrête avec !ça – criait Lavoix-d'autrefois – !Arrête Ça !suffit)*

Photo 73 *Le couple Johanna & Werner é des membres de la famille chez le frère de Johanna à Gumbinnen, Noël 1935*

Mais mes lèvres cerise écrasaient Lavieillevoix La-Voix-Nouvelle=en-moi m'ordonnait de !continuer de pédaler En poussant des cris de joie en-haut-de-la-rue en-bas-de-la-rue En agitant avec jubilation mon chapeau de paille – Hourrah !cocotte (:?comment j'en étais arrivée à ces conneries – ?!qu'est-ce qui se passait en=moi) longeant le Front-des-Regards de Touslesgens qui faisaient avec mauvaise humeur é patience imposée la queue devant les magasins et la coopérative pour les victuailles certains allaient au cinéma à la Séance de l'Après-Midi à la fin de leur-boulot beaucoup au bistrot (pour leur éviter la confrontation directe avec les décharges=domestiques é leurs décombres de morositérouspétance&cris) – Je devinais ce que le ½môme qui voulait jouer à l'Hommàpartentière ne tarderait pas à Me dire & faisais en sorte qu'il ne puisse pas M'inviter à aller au cinéma (il haletait à mes côtés à bout de souffle é: n'arrivait pas à prononcer la moindre syllable) Des gens se traînaient tous le visage grognon renfrogné & ce cri lancé de gueules acérées – La !pute de médecyne s'attaque maintenant aux gosses. Si c'était la mienne. Je te la dresserais – Mais tous M'évitaient Se poussaient sur Mon Passage comme à une vizite officielle Moi Kween Henriette 1 enfourchant sa calèche royale montée sur des pneus pleins & son petit chien courant près d'elle (Et il y eut encore une fois Ce Cri poussé en=moi : !Arrête avec !ça Mais arrête donc) Et je lorgnais vers le Moutard le ½môme-jouant-à-être-un-homme à mes côtés é avisais son visage rouge échauffé é heureux..... (– !arrête enfin) Et de retour devant le glacier Je stoppai Ma robe retomba comme un nuage de soie é: lui à mes côtés s'effondra en toussant sa respiration sèche comme une ficelle entaillait ses lèvres crevassées – C'était !chouette cet après-midi avec toi. (Persiflante l'Autre=La-Voix-Nouvelle) – Mais !ce que tu manques d'inspiration, tu fais que courir à mes côtés en me dévorant des yeux (Et de nouveau Lavoix-d'autrefois : !Arrête s'il te plaît –) – en haletant comme un Vieuxchien poussif : heufheufheuf. !?Tu crois qu'j'ai envie d'discuter avec un ?chien (– !S'il te plaît !!arrête) – Tu ne m'as pas invitée à aller au cinéma. Même pas offert un minable pot de glace. Je te trouve carrément plat. On ne se reverra !pas une autre fois toi é !Moi. Nous n'avons !Rien à nous dire – M'écriai-je d'une voix sonore Rejetant la tête bouclée en arrière l'étole autour du cou d'un geste de triomfe le laissant planté là au milieu des feux croisés de regards alimentés de joie=maligne & je m'éloignai d'un coup de pédale altier La dernière chose que j'aperçus fut le visage moite empourpré par la quinte de toux du ½môme haletant cherchant sa respiration (ce qui l'avait gardé d'entendre mes Dernièrephrases) Car après son accès de toux ses regards vers moi toujours=pareillement rouges échauffés é heureux..... comme l'Espoir ignorant qu'il est déjà devenu vain – (Plus tard la rumeur courut qu'il a été malade pendant deux semaines Lecœur Il dut même se faire hospitaliser et suivre une cure après. Mais bien sûr il ne mourut pas Comme personne ne meurt d'humiliation ou d'espoir perdu. Par la suite c'est !moi qui suis tombée malade du-cœur et j'en suis morte.) – Mais dis-moi Georg : ?Où étais-tu cet après-midi là – ?M'as-tu observée à l'Instant de mon triomfe de ce pauvre ½môme que je laissais courir près de moi échauffé é heureux parce qu'il s'imaginait qu'étant autorisé à se montrer avec Moi=la-beauté-de-la-petite-ville dans la rue la plus animée cela ferait de lui un Hommàpartentière Mon triomfe dans la rue de Königshain (mon triomfe de toi Georg comme moi=la-connasse je le croyais) n'était rien sinon que de Me-précipiter dans le gouffre=profond de la !honte Ô et !quelle !honte..... Combien j'espère aujourd'hui n'avoir pas été vue de toi à ce Moment-là – Mais ça t'était certainement venu aux !oreilles Et tu m'as rejetée é méprisée encore davantage par après !Mais qu'est-ce que j'ai fait..... !Ô – é la chaîne a abîmé ma belle robe de fête é les bas de soie de Maman ont filé !Ô – !roulée sur Toutelaligne..... – Et La Vieillevoix=intérieure-d'autrefois parce qu'elle ne parvenait plus à atteindre ma bouche insistait maintenant pour sortir à-bouhouh-prix par les yeux – des larmes – silencieuses é secrètes ce soir-là parce que le soir fait fondre 1 à 1 les images de la journée en immenses ombres d'encre je refusais de les voir !Par-ici=la-couverture=&=la-tête-dessous le visage enfoui-dans-l'oreiller Dieumerci seule-solo dans la chambre le foyer comme balayé les autres greluches toutes en ville au cinéma au café là-bas elles feront des gorges chaudes de moi de Mafaute de tout – é personne ne se doute de ma présence en Cèteheure où s'en revient aussi en=moi Lavoix-d'autrefois é une fois de plus je me sens archivieille Mémé Hedwig le foulard à pois blancs ses doigts noueux tremblant comme s'ils semaient des grains de poussière qui ne savent plus Rien tenir ON m'a fait redevenir vieille vieille à mourir vieille à se glacer J'ai froid – Froid – –

Un soleil vibrant d'impertinence à travers la fenêtre venu frapper au son tictaquant de balles de pongiste d'une épaisseur de coquille d'œuf contre les paupières closes – ping-pong ping-pong – !Debout-!Debout-!Debout *– des yeux rongés par le sommeil écarquillés sur la bouille ronde du réveil fleurie d'une couronne d'acnéiques chiffres phosphorescents 2 aiguilles au gymnique geste menaçant étirées à la verticale* – Sex!heures – *(:au réveil je suis toujoursexcitée ma copine Franziska qui sait Tout sur la Question dit qu'en fait c'est typique-des-hommes et qu'c'est drôle que le matin je mouille Et elle dit que chez les hommes c'est lié à la colonne vertébrale nonhon à l'épine dorsale !Épine J'en ai une au pied ?Combien qu'il me reste sur mon livret de caisse d'épargne Ta Réserve Pour-plus-tard comme dit Maman – Ses bas de soie déchirés !çavacoûter & je dois être :)* – !Debout Henriette : !allez!allez-!Active sinontus'ras encorenr'tard – mais : !tu t'es vue : !Couchéetoutehabillée Me dis pas qu'c'est fringuée comme ça qu't'iras aux cours Rayonnix-Krause voit Tout même les bas de soie & ta robe de bal *(:Oui, & surtout ce qu'il y a en dessous, ce vieux bouc lubrique) – Le matin de bonne heure dans les couloirs du foyer au milieu du vacarme des filles des chaussures par dizaines martèlent le Nouveaujour en cognant rudement le plancher – – et le vieux souvenir d'hier : honte par-ci honte par-là Peuh Je voulais !te montrer de quoi je suis capable Voulais que tu sois surexcité mort=d'envie pour qu'enfin tu*

Photo 74 — *Henriette sur la propriété d'Hedwig à Thalov (quelques semaines avant la mort d'Hedwig), été 1941*

t'aperçoives de !ma présence=réelle Mais moi=Sombridiote je faisais fausse route Je m'étais vraiment trompée sur=Tout Toute cette mise en scène hier après-midi c'était pour des !prunes Car je devais apprendre plus tard que tu n'habitais même plus à Köngishain à Cemoment-là !Voilà pourquoi je te voyais si rarement Et Cet-après-midi-là tu n'étais pas non plus en ville Les-Autorités avaient confisqué à la famille du pasteur (chez qui toi & ta sœur Felicitas habitiez toujours) leur Grandemaison (LEMUR À-BERLIN, *é: il était devenu tout simplement impossible à son église d'être protégée par l'Église-de-L'Autrecôté) & ainsi tu fus expédié avec la famille du pasteur ou ce qu'il en restait alors à Altendorf Chaquejour tôt le matin tu devais prendre là-bas le 1er bus pour venir ici & repartir à 2 h ½ à la fin des cours avec le dernier bus de la journée – Mais la rumeur de mon numéro hier=après-midi – tu l'avais !su bien=évidemment – La salope d'infirmière du foyer s'est encore..... Elle ne recule devant rien. Une sacrée dévergondée. C'est en forgeant qu'on, enfin vous savez bien. !Si c'était la !mienne. Je te la dresserais – (?Qu'as-tu pensé en l'apprenant) Le ½môme=Cegarçon, il me faisait maintenant autant de peine que tout ce sur quoi ilestimpossiblederevenir Et pendant tout le temps où La-Voix-Celle-Nouvelle=en-moi se taisait je regrettais ce que je lui avais fait Son visage rouge échauffé é heureux..... m'apparaissait dans bien des rêves Ce furent peut-être là ses minutes de bonheur et elles ne reviendraient plus jamais Mais vois-tu Georg le bonheur a toujours quelque chose d'effrayant – –*

– – La réalité telle qu'elle fut et telle qu'elle resta : oui je me souviens : La porte se rabattit en te pinçant la main J'entendis ton cri et vis tes larmes (pour la 1re é la dernière fois des larmes dans Ces Yeux*) – Alors je me précipitai dans le jardin – cueillis une pomme – un fruit étincelant rouge joufflu que je t'offrais maintenant le bras tendu – –*

p. 462, Photo 76 →

→ *Et ce fut terminé Je n'eus plus honte ?Pourquoi avoir honte d'1acte devenu un fait-établi é auquel on ne peut plus rien changer Ce que j'aurais aimé changer, c'était ta fuite réelle devant moi Ton aversion À laquelle je ne trouvais pas d'explication L'autre fait à savoir que toi & ce qu'il restait du clan familial du pasteur vous ne vous trouviez plus à Königshain je devais l'apprendre de la manière la plus !pénible à l'issue de ma 2e plaisanterie La 2e leçon (dont j'ignorais encore que je me la dispenserais moi-même) : mon idée d'envoyer 1 colis postal La-Boîte-de-Pralinés & son-fourrage-particulier La boîte en carton datait d'Avant-la-Guerre sa forme rappelait celle d'une cithare à l'un de mes retours à la maison je l'avais prise dans la boîte de couture de Maman (on y conservait depuis-toujours quantité de boutons multicolores & épingles de sûreté) J'aimais bien la reproduction bariolée sur le couvercle 1 Dame habillée à la mode Jugendstil se promenant dans un paysage de prairies en été le manche de son ombrelle gracieusement appuyé contre son épaule gauche dénudée tandis que de sous un large chapeau ourlé de ruches de soie verte le visage finissant en menton pointu jette des regards espiègles au contemplateur Les vêtements légers épousant la svelte silhouette de la jeune-femme confèrent à son corps élancé cette grâce faite de charme & séduction Dans sa main droite elle tient avec élégance 1 petit mouchoir de dentelle qu'elle semble sur le point de laisser choir lascivement dans l'herbe. (:?Qui peut bien le ramasser & le tendre avec galanterie à la demoiselle : ?ce Monsieur visible en arrière-plan habillé d'une façon soignée dans le modern style du Beau Cave-à-Lear – Dans mes années jeunefille j'en avais rêvé secrètement excitée) – L'image & le charme s'étaient certes un peu estompés avec-le-temps mais aujourd'hui encore la boîte me plaisait & ainsi déposai-je à l'intérieur à ton intention deux cadeaux précieux À-l'Époque je les avais trouvés être à la fois pratiques et très-parlants Des outils pour t'encourager car je croyais que tu manquais Seulemendecourage – Je me procurai vite & sans difficulté le premier cadeau : chez le fleuriste je chipai deux cyclamens dans des pots cassai en catimini leurs solides tiges fines les cachai dans ma main & me glissai sans bruit hors du magasin – Quant au 2e cadeau (Le Très Parlant) nature-de-la-Chose oblige il me fallut me rendrailleurs car je n'osais pas Le demander devant-Toulemonde à la droguerie coopérative J'avais bien sûr guetté l'occasion louvoyé dans la boutique je paraissais certainement suspecte aux yeux des vendeuses qui devaient penser que j'étais venue chaparder Mais le magasin était constamment rempli de femmes hommes enfants Ils se s'raient !encore bien marrés Ceux-là & m'auraient collé leurs ragots salaces sur le dos Tout en traînant devant les rayons de la coopérative & en lorgnant du côté de la caisse je remarquai quelques femmes qui présentaient sans rien dire 1 petit bout de carton à la vendeuse & celle-ci plongeait ensuite sa main dans un tiroir & remettait à la cliente dans le même silence éloquent La Chose Désirée (mais moi je n'avais pas de carton) Alors Bredouille j'ai décampé – vers la gare dans les toilettes pour hommes : !Hou!lala!beurk=cagedefauve&fosseàsalpêtre comme si Herr Cule avait dévié pour le faire passer exactement=ici l'Urinoko tout entier Et dans toutescesémanations prise rebondie&replète dans un tablier comme dans un nuage blanc sale une femme extraordinairement grasse était assise dans un petit réduit derrière une sorte de comptoir Elle me dédia un méchant regard écarquillé de ses petits Yeux de Cochon gris comme les piècettes dans son assiette devant elle (elle s'apprêtait probablement à m'apostropher de-Haut parce que je m'étais trompée de toilettes mais même pour m'engueuler elle semblait trop paresseuse) Ce fut donc moi qui m'adressai à elle maintenant Lui dis ce que je voulais Lenuage ne bougeait pas é Rien dans le visage gras ne laissait voir qu'elle m'avait même entendue Peut-être ?mal-entendante : je remis ça – de nouveau rien – je jetai un regard désespéré autour de moi Personne heureusement excepté un poivrot qui tanguait devant le pissoir Alors je rassemblai=Mavoix gueulai si fort qu'ça résonna dans toute la case-mate – :!Çaalors : le sale nuage gras se mit à remuer Bougea glaiseusement Finit par se lever de son coussin gras écrasé & flageolant comme l'ambroisie des dieux sur des guibolles caséeuses la femme traîna la patte à l'intérieur de son cagibi – D'où elle ressortit finalement (ça m'avait paru des heures) Elle me jeta des regards dégoûtés de câpre depuis son visage surnageant comme une boulette de Königsberg dans sa sauce blanche Sans 1 mot la main bourrelée me tendit Le Machin S.-Hennig-depuis-1899 qui formait lui aussi un bourre-let dans son papier d'aluminium soudé (dans son emballage plastique aux scintillements carmin ça ressemblait à un bonbon (à l'une de ces sucreries dont je me servais toujours en 1er dans la boîte de pralinés) Je payai & me sauvai à toute vitesse (Pourvu que mes vêtements é mes-cheveux n'aient pas absorbé cette puanteurdecagedesingesauzoo.....)*

Photo 75 — *Henriette é Georg après leur mariage à Mathildenbourg, 1960*

De retour au foyer des infirmières (personne dans la chambre !Unechance) je rangeai cyclamens & S.-Hennig-depuis-1899 dans la boîte de pralinés l'emballai & la ficelai écrivis dessus l'adresse : Georg Adam C/o famille Brickau – Presbytère – Königshain Berliner Straße 5 – & Direction-la-Poste Et à peine rentrée je l'entendis à nouveau : La-Vieillevoix=en-moi l'Henriette-d'autrefois Elle m'apostrophait Ne me laissait pas Derépit M'enquiquinait Me retournait sur=le-gril Et j'avais honte terriblement honte maintenant qu'il était une fois de plus trop tard pour faire machine arrière je courus du foyer vers la ville dans l'intention de m'enterrer entre les pavés Loinloin sous le sable me vautrer ordure=avec=ordure dans le caniveau afin que plus Personne ne me voit car je n'étais même pas venue aumonde n'avais jamais été là – !Ô Seigneur-!Jésus !qu'est-ce que j'ai encore fait !Quelle honte..... Ô quelle honte effroyable.....

Les jours passaient sans réponse Il ne se produisait rien – Une semaine deux semaines – Rien&toujoursrien – Puis mon paquet me fut retourné « Destinataire inconnu » « Fausse adresse » ou ce qu'Ils tamponnent dessus dans ces cas-là – !Soulagement !Libération !Sauvée véritablement !sauvée une fois encore – Mais force était pour moi de constater : le petit paquet avait été ouvert le papier d'emballage déchiré la ficelle effilochée le tout sommairement=rafistolé Et j'apprenais enfin !Ce qui était arrivé : la grande maison avec jardin où jusqu'à-récemment avaient habité le pasteur é ce qui lui restait de famille avec toi & ta sœur, Cet Endroit était devenu le siège de la direction locale du eSEuhDéh de Königshain Une chose dont certes Tout-le-Monde-sur-Place était au courant (mais personne n'osait débattre ouvertement de l'expropriation du pasteur) Les phrases d'abord les individus ensuite étaient écrasés contre LEMUR Aussi n'ai-je appris l'émigration forcée du pasteur Brickau à Altendorf qu'avec le retour de mon paquet=et=dedans=Mahonte –

Et avant qu'On ne me le retourne il avait passé entre des dizaines de mains à la Centrale du Parti D'1 table de fonctionnaire à l'autre Les Abrutis du Parti auront pissé sous eux de rire devant une telle !découverte : oser envoyer !Ça à l'un des membres de la famille du pasteur é ses 12-enfants-bénis : la mise en garde d'Onan survenue trop tard devant les conséquences de la reproduction Et comme je défaisais le papier d'emballage malmené apparaissait sous les lambeaux l'image de la Dame Jugendstil (1 trait ?ironique ne venait-il pas corrompre maintenant ses lèvres souriantes –) Car en regardant à l'intérieur de la boîte où les cyclamens s'étaient depuis longtemps desséchés il !manquait S.-Hennig-depuis-1899 il n'était pas revenu Et touletempsqueçadura il fut probablement l'1nique présent sincère venu des contrées de l'Amour que Ceux-du-Parti reçurent jamais de la population Que cela leur fût offert de façon involontaire devait Leur être égal ils avaient fait leur métier de l'Involontaire Ainsi pouvaient-ils se passer de fleurs-des-Alpes mais jamais&augrandjamais de capote – –

– – Comment c'était arrivé : je m'en souviens : avec 1 simplicité=toutordinaire Comme même les Souhaits les plus Chers parviennent encore à germer hors du-Quotidien Dans les files-d'attente devant 1quelconque magasin offrant viande fruits lait pain fringues Édieusaitquoi Il y avait journellement & partout une raison pour faire la queue – C'était comme dans Unbeaurêve : dans mon dos 1 voix m'appelait par !mon nom (timide le son) Je me retournai Et c'est Toi=Georg que j'aperçus Tu te tenais 2 personnes plus loin derrière moi dans la même file é tu me contemplais-testais é je te regardais au milieu de Gensgris feutrés – !Toi : pas cette image trompeuse que les Gensordinaires traquent sans fin à travers des rêves=abîmés & qu'ils compriment dans le moule de l'1niformité afin que rien ne subsiste des Désirs rien du scintillement discret é de l'étincellement de la pluie sur le feuillage charnu des forêts de Souhaits toujours vertes s'étalant à perte de vue lesquelles sont en taille & volume sans commune mesure avec les lettres blanches crénelées qui imprimées sur du tissu rouge=sang é bien séparées les-1-des-autres hurlent de futur & claquent au vent sur la tête des gens pour bafouer l'humanité – Pas une illusion des sens : !Toi=!Ici – Et il m'était impossible de te laisser là plus longuement seul=avec=toi-même Je n'ai pas pu m'empêcher de venir me placer tout près/de toi Sanzunmot Sans te regarder Mes yeux seulement tournés dans la même direction que les tiens Et comme tu me dévisageais pour la Premièrefois=sans-détour Nos Regards se rencontrèrent sur Unemêmeimage !Ton image m'envahit – heureuse souffrance dans ma chair te voilà arrivée=dedans=moi N'ai plus attendu plus longuement près/de toi que tu veuilles te mouvoir Je laissai tomber mon sac à provisions m'élançai hors de la rangée vers=toi jette mes bras autour de Ton Cou é: ne desserre plus mon étreinte Ni cet après-midi-là Ni ce soir-là Ni cette nuit-là é Ni plusaucune autre nuit – Jamais

Photo 76 | *Le couple Johanna & Werner avec leur fille Henriette, sur la propriété d'Hedwig (quelques semaines avant la mort d'Hedwig), l'été à Thalov, 1941*

➞ *– – Levisage encore mouillé de larmes mais déjà éclairé d'un petit sourire gêné Comme tu me voyais tendre vers toi mon bras é la pomme tenue à la main Tu t'en emparas et l'emportas avec toi sans rien dire comme un bénéfice longtemps escompté Jamais je ne t'avais vu t'éloigner si plein d'hésitation – –*

Et c'en fut terminé aussi de ces vacances d'été Les Dernières Vacances où nous avons été des enfants (Mais ni toi ni moi ne Le savions Alors) Car à mon retour à Königshain l'année suivante il nous était arrivé Quelque Chose : Une Autre Créature avait pénétré ma chair Imperturbable & grave comme un gros chat au soleil Ce Quelque Chose s'insinuait jusque dans les moindres ramifications nerveuses avec brutalité é douleur mais aussi avec le soyeux d'une fourrure é de ravissants picotements et s'étirait en=moi à son aise & plein d'exigence Je sentais de minuscules griffes se ficher jusque sous la peau à l'extrémité de mes doigts Et Ce Quelque Chose=en=moi se tendait – se tendait en bourdonnant & en crépitant comme un fil de soie qu'on étire – et qui continuait de s'étirer – toujours crépitant é foufroutant – et – 1 cassure : avec mes règles j'étais devenue Autre=Chose Et c'est pourquoi je regardais avec d'autres yeux Cevisage & ce qu'il montrait d'Inaccesible J'avais découvert que l'aversion & le manque d'attention à mon égard ne provenaient ni de l'orgueil ni du désintérêt (bien souvent mes Autres Yeux voyaient maintenant des choses qui m'avaient échappées avant : ta façon de-me=guigner dès que tu croyais ne pas être vu (car tu savais moins que rien de moi é des-Yeux-intérieurs-à-l'Intérieur-des-Yeux-d'une-femme) Mais tu te considérais=personnellement comme un élément-perturbateur é ne voulais être un-obstacle pour Rien & Personne Aumonde À aucun prix !Voilà pourquoi tu t'enfuyais toujours Même de nombreuzannées=plustard & peu de temps encore après notre mariage à l'annonce que j'attendais 1 enfant – !Un!enfant : hop&jemesauve Parce que Toi=Lepère m'a perturbé moi La-femme avec..... !Un !Enfant À toi Lafaute ou plutôt à ton sperme pour avoir entravé ma-carrière-de-femme-médecin-célèbre l'avoir détruite peut-être 1=fois=pour=toutes –

→ Ce devait être là ton ressenti Parce que la femme du pasteur (qui par la suite s'est essayée à être Une-Mère pour toi) t'avait probablement inculqué tout-petit=déjà que la Chose-Sexuelle est Le But=pour les hommes tandis qu'elle signifie Le-Commencement=pour-les-femmes Et tu n'avais pas eu d'autre choix Georg que de la croire Car quand je fus en âge de comprendre ces choses je me suis aperçue qu'il existe des femmes Multimère bien avant leur 1^er^mari Comme il existe des hommes toujours=célibataires après plusieurs mariages & divorces & remariages Et ce parfum de singularité les enveloppe comme une odeur corporelle De la même banale saveur sandwichée des hommes mariés allant voir ailleurs Et parce que tu faisais partie Georg (comme je devais également le comprendre Plus Tard) de ces marginaux qui allaient au devant d'un destin spécialement taillé pour !eux en ce sens que leur mode-de-comportement est à lui seul un véritable défi pour ce même destin (parce qu'un destin n'est jamais parfait non plus il lui faut d'abord collecter dans ce qui lui est destiné la part par=lui utilisable) j'avais décidé Alors de mettre un peu en-forme cette=tienne destinée Car il m'était impossible de te laisser là seul=avec=toi-même Alors je suis venue me placer à côté/ de toi Sans dire un mot Sans te regarder mes yeux seulement tournés dans la même direction que les tiens Je me tenais comme ça là à patienter près de/toi jusqu'à ce qu'il te faille bouger Et fût-ce seulement parce qu'1 être=si-près de toi se trouvait toujours.....trop-près –

Si tu étais resté celui que tu avais été Toucetemps-auparavant : à Me repousser décidé-à=ne!pas Me voir comme si j'étais de l'air (Et tôt ou tard j'aurais naturellement fini Moi aussi par renoncer Personne n'a envie de mâchouiller éternellement&troisjoursderang le même chewing-gum en se figurant peut-être savourer une dinde de Noël : car jamais lait renversé n'a remonté la pente vers sa source Qui s'y attend bâtit des châteaux en Espagne –: c'est ce qu'aurait dit le grand-père Henry ou quelque chose d'approchant dans sa façon curieuse de détourner les proverbes) Mais le pire chez des personnes comme toi Georg c'est leur changement soudain S'immobiliser et rendre Leregard Pour la 1re fois Ç'était arrivé comme ça : soudain il me regardait Cet été-là Autrefois dans le presbytère de Königshain Le dernier été qu'il passerait là-bas é le dernier où j'irais en visite avec mes parents Se tenait sur la pelouse près de l'un des pommiers du verger 1 jouvenceau gauche ténu comme 1 araignée grandie d'1-seul-

coup & bien trop vite Ne savait que faire de lui de sa voix de fausset & de ses jambes déguingandées sur lesquelles il se balançait tel un ours funambule en venant à ma rencontre avec un bref salut La volonté de fuir encore arrimée à ses pieds & à son corps approchant par saccades Mais ses regards déjà consumés de Désir que je sentais posés sur mes seins et sur le triangle que dessinaient mes shorts de sport moulants (Allez !viens ?Pourquoi tu ne t'approches pas de=moi) – – Mais je restais muette moi aussi discernais sur ses joues les ombres de sa barbe naissante les poils sur son menton dont il ne savait pas non plus que faire Et je me penchais pour ramasser une pomme dans l'herbe Un fruit étincelant rouge joufflu que je lui offrais comme Autrefois le bras tendu – Cette fois aussi il prit la pomme de ma main Observa le fruit L'ébauche d'un rire échappé de sa bouche ça sonnait comme du gravier sur du carton goudronné : –Il est véreux – Mais il le croqua malgré tout Et tourna les talons pour se diriger vers la maison les escaliers franchir le porche et s'enfoncer dans l'obscurité comme tendue d'un invisible rideau noir De la même façon qu'Autrefois ilyasilongtemps quand j'aperçus ton visage pour la 1re fois (un visage dont je percevais déjà le paradoxe sans connaître alors ce mot –) Mais cette fois-là je ne stoppai pas sur le seuil de la grande bâtisse en pierre du presbytère Je le suivis Suivis dans l'obscurité Or ce que je trouvai là=dedans dans l'épais clair-obscur renfermé du long couloir Ce n'était plus Lui C'était 1 petit garçon d'à peine 6 ans qui avançait à-tâtons avec une lenteur interminable ses bras minces écartés de chaque côté comme 1 aveugle essayant de reconnaître les dimensions de sa nuit & les murs souples peu sûrs comme s'ils n'étaient eux aussi qu'ombre&poussière prêts à trahir Tout&chacun là=dedans Et le corps d'1 petit garçon tanguait ainsi tantôt contre le mur de gauche tantôt contre celui de droite avec la même lenteur interminable avec laquelle il avançait à-tâtons Sans que ce soit le désespoir ou la peur qui le pousse sans qu'il s'agisse d'un jeu mais d'une manière dépassionnée mû par cette régularité=impitoyable d'1 mécanisme d'horloge tout de chair menue & d'os ténus (é: cependant hors du temps Car le Temps semblait être resté dehors dans l'été lumineux sous l'ombrage des arbres fruitiers dans cette heure jaune abricot de l'après-midi comme si vacances é dimanche après-midi étaient des phénomènes climatiques) Et je finis cependant par manquer de courage pour suivre ce corps dans le noir Dans ces vieilles ténèbres lourdes de siècles & figées

M'immobilisai un court instant au seuil de la séparation tranchée entre lumière du jour é: noir Brusquement pleine de peur je criai ton nom dans le couloir comme si je voulais empêcher qu'1 somnanbule en proie à la détermination de son sommeil marche jusqu'à l'extrémité du faîtage vers l'abîme Et je criai encore : –!Georg –C'est ?toi ?Où tu vas –!Reviens – Comme si je jetais mon cri dans les profondeurs du cosmos Un cosmos de protes-Tante=ferveur grippe-sou saturé d'odeurs de tonnes d'habits souliers usés bon marché papier poussière & graisses échappées d'une cuisine déserte j'avais l'impression que ma voix mettait des siècles à parvenir jusqu'au petit corps qui chancelait toujours plus loin dans l'obscurité – et des siècles encore avant qu'Il ne s'arrête Cesse de tanguer contre les murs Immobilisé dans ce tout dernier sommeil funeste – Alors – avec lenteur unelenteurdedécennies – il tourna la tête vers moi sans changer la position de son corps comme une poupée à laquelle une main invisible fait pivoter la tête – Et (j'en eus soudain la certitude :) si Levisage s'était entièrement tourné vers moi me regardait de face Alors je verrais la Vérité La belle horrible indéniable Vérité é Rien que la Véri –

Mais déjà Le Rêve m'avait quittée Couverte de sueur j'étais allongée dans la chambre provinciale obscure du foyer des infirmières à Königshain Le carillon du clocher faisait entendre à cette heure nocturne 4 coups étouffés suivis de 12 coups sonores métal-sur-métal : minuit Mais c'en était fini du sommeil Une anxiété des nerfs vint se joindre à la peur & l'inquiétude sous les pignons bas dans le bruissement des heures nocturnes Solit1res les lumières des lampadaires fondaient en sphères mates argentées Flottaient au-dessus des pavés d'étroites rues désertes Des trois autres lits montait la respiration poussive des filles qui partageaient avec moi la chambre du foyer (empressées=zélées jusques&même dans leur sommeil) 0 heure = L'Heure-des-nuits-dans-la-cave..... autrefois le goût amer du charbon sur les lèvres des Hommesennage qui halètent & une chair râpée – –

37

Photo 77 *Les invités au mariage de Petra & Rudolf, Bad Bentheim, 1958*

–Car tous Ces Milieux dans lesquels nous avons été contraints de vivre un jour – Dieu & les Régimes Brun&Rouge, tous ces milieux, Georg, nous les avons vus minés=par-Letemps.

Aussi t'était-il facile Plus Tard de te moquer des enfants rénégats du pasteur : du fils à 1000% qui avait renié son propre père pour le-Parti & qui finit en briseur de grève après sa chute mystérieuse d'un échafaudage le 17 juin 1953. Ou de l'1 de ses filles, devenue voleuse & putain de bonne heure, à la fin du compte minée par l'alcool ; de l'autre fille, l'aînée, frappée de folie, & de la fois où elle arracha ses vêtements en pleine rue, en hurlant d'Unetellevoix qu'on eût cru qu'elle hélait l'écho au fond d'une gorge –, elle fut internée à *La Maboulerie*, selon la dénomination des gens de l'Hôpital Psychiatrique de Greifenthin ; puis encore de ce fils vaniteux=invétéré fornicateur-&-goinfre, auquel l'un des maris trompés défonça un jour le crâne ; les autres acceptèrent de s'enliser dans le marais d'une Vie=Normale en pays de ErDéA –: Comme si, pour comble, les Sept péchés capitaux énumérés à notre intention dans les sermons du pasteur avaient trouvé parmi sa douzaine d'enfants les élèves les plus dociles & le terrain le plus fertile. La nature carrée minérale de ce pasteur, que tu évoquais si souvent, Georg, é avec tant de mépris, l'avait amené, il faut croire, à devenir son propre Dernier=Bastion de la-Foi, l'Esprit en ces murailles enfermé sur=lui-même. Ainsi ce pasteur était-il son propre maître ultime n'ayant plus Rien à apprendre à Personne ; 1 Sentinelle Perdue sur les champs de bataille de la-religion : – *!Un Hommebon dressé dans un monde de dragons* (T'entends-je t'écrier, Georg, avec dérision :) – *Combattre les dragons une vie durant finit par faire de soi un dragon.* – Ce vécu é nos origines, Georg, ont fait de toi l'esclave fugitif de toi=même, qui se voit pourtant dans l'obligation de traîner avec=lui l'Entiertemps de sa Vulnérabilité antérieure. Parce que tu avais fui, Georg, à 1 moment où ta raison manquait encore de discernement pour te permettre de te détacher progressivement de nos origines. Construit sur du sable – tel l'individu abusé trop tôt par l'amitié et l'amour qui, déplorant son mauvais choix, rejette ensuite pareillement toute amitié et tout amour. Même La-Vérité, Georg, Le-Mensonge te la faisait tenir en suspicion, parce que tu les as appréhendés tous deux, Le-Mensonge é: La Vérité, avec les mêmes yeux & décrits avec les mêmes propos. !Cela t'a procuré un sentiment-de-triomfe & ôté le doute sur la température élevée du chalumeau Bonheur ; é tu avais besoin des deux pour vaincre la Pesanteur de Fer de Ce qui t'opprimait – sans que noblesse é authenticité en soient exclues pour autant. Mais, pour libérer ta raison de l'étroitesse de ce cercle invariablement=limité de morosité chagrin & doute où tu venais récemment d'être 1nclus é pour l'affranchir de cette-société qui dès ton jeune âge avait fait de toi 1 marginal & un hurluberlu ridicule incapable de maîtriser les choses les plus s1mples dans son rapport à autrui – tel 1 fou=d'armes, parti à la découverte de munitions sur des champs de bataille envahis par les mauvaises herbes, fouille le sable mort infertile puant poison & putréfaction, tu te mis à chercher dans des livres extravagants & leur compagnie fadacide tenacement=enclose-dans-ses-niches une arme sémantique pour ton esprit-volontaire, laquelle, une fois que tu en avais fait usage, t'assurait – plus les Autres s'évertuaient à te rejeter à cause d'elle – des triomfes d'autant plus grands, – mais uniquement à !tes propres yeux, Georg. En 1 mot, ton désir absolu d'une vie sérieuse avait fait de toi un rêveur..... radical – prisonnier de labyrinthes nouveaux, d'où tu ne parvenais plus à t'échapper parce qu'à force d'égarement tu ne voyais plus le dédale que tu t'étais toi-même bricolé. La Seule Chose à se détacher des acceptations de l'ailleurs, celle qui, Chergeorg, persistait depuis ta tendre enfance et qui était peut-être désormais la Dernière Chose Véritablement=Authentique à t'être restée. Et sans doute avais-tu raison sur ce point, que l'éducation reçue dans la famille du pasteur & l'enseignement de la contemplation au=milieu de la troupe d'enfants du foyer favoriseraient ce penchant, comme ils favoriseraient aussi le deuxième signe particulier de ta nature : la jalousie.....

Car, Chergeorg, ne crois surtout pas que je suis aveugle au point de ne pas m'apercevoir comment les rudes principes éducatifs du pasteur ont formé chez ses propres enfants dès leur plus jeune âge deux types d'individus, caractéristiques eux aussi du genre humain dans le Reste du Monde : des Rejetons-Rêveurs & des Tartuffes. ?À quoi bon alors ces détours par amourfoiespérance, humiliation auto-censure & rancune, étais-tu forcé de t'interroger, si l'1 comme l'autre engendre toujours la même descendance –.

– – *Oui je me souviens du 7 mars 1960* – :!*Enfin un repère dans le temps :* – *Je m'en souviens Ce n'est pas du passé Tout revient Le matin de notre mariage dans la lumière humide étincelant de clarté printanière Nous étions venus en-taxi & cet événement était à lui seul déjà une fête Comme de la-Belle-Robe-sortie-de-l'armoire & du-coiffeur la veille Trois voitures chargées de membres de la famille les conduisirent devant l'Hôtel de Ville de Königshain Et le soleil étincelait sur les gouttes de pluie et estompait les contours solides des maisons rues individus laissait Toute Chose fredonner un air léger chantonné comme une mélodie d'été en mars (que j'étais=la-seule à connaître) Puis notre taxi stoppa nous sommes descendus Avons pénétré dans le clair-obscur trouble d'encaustique & chargé d'huile du long couloir et marché jusqu'à la porte à l'écriteau État civil Un long couloir un long trajet rectiligne aussi long que le temps passé=ensemble Georg et parfois entrecoupé d'1 éclat de Lumière Vivante – Puis le Moment-Rituel d'1 mariage : la bague qu'il devait me passer au doigt tomba par terre et roula entre les pieds de la famille impatiente assise en rangées – dans le silence assourdi nous entendions le bruit métallique de son roulement résonner sur le plancher loinplusloin en direction de la sortie de la salle Comme si la pièce était un navire donnant de la bande ou persistant seulement à garder le cap à Cemoment-là encore le naïf pouvoir magique de la fuite que tu avais appris 1 vie durant=jusqu'à-cet-instant Georg é: que l'élève=le-marié-à-mes-côtés venait de perdre en !ce jour ensoleillé de mars Jusqu'à ce que quelqu'un plaque la bague sous son pied la ramasse nous la rapporte & tende l'anneau au visage échauffé du marié – On aurait dit dans le même temps une machine perfide ayant enfin retrouvé ses esprits au signal de la femme officier-d'état-civil tout à fait indifférente quelques strofes d'une musique ressassée trompetèrent de la bande magnétique – & fin de la cérémonie Sortie Midi&Soir = Manger&Boire avec toute une parentèle gazouillante Voix Tabac Ode de Cologneux glissant en yeux de bouillon gras par-dessus l'odeur des mets ponctués de jovialité moustachue & de glapissements de femmes aussi criards que le scintillement de leurs broches & colliers – Puis Lanuit Notrenuit La fatigue é: une soif=de-connaître nouvelle laissèrent nos corps susurrer l'un=à=l'autre des mots chuchotés de voix insolites – é: ne lâchèrent plus prise Ni cet après-midi-là Ni ce soir-là Ni cette nuit-là é Ni plusaucune autre nuit – Plus jamais – Jusqu'à ce qu'il m'ait fallu cesser.*

[–Henriette. Ce qui de toi m'est resté, toi comme personne-entière dans 1 seule é même habitude : manger des abricots. Dans le Verger du Pasteur à Königshain. 1 des arbres de ce bout de jardin le plus ensoleillé portait ce fruit, quand dardait la dure chaleur du plein été é surgissait chaque année au milieu du doux parfum mûr cet invité venu du Sud. Comme tu ne souhaitais pas sentir dans ta bouche la peau veloutée du fruit, tu commençais par casser l'abricot en deux en suivant la rainure, introduisait l'une des moitiés par son côté charnu de sorte qu'elle se trouve coincée entre les dents par les lèvres. D'une pression délicate de l'index tu enfonçais lentement la moitié qui pliait sous ton palais – la moitié d'abricot faisait ressembler ta bouche à un étui de velours orangé se refermant sur lui-même. Dès que tu sentais la moitié du fruit sur ta langue, tu fermais les yeux de=délectation. Tu étais comme ça, Henriette. Et tu n'étais pas la seule. Une fois j'ai observé chez notre fille Corinna cette même habitude de manger ces fruits (perdu dans mes pensées je la regardais reproduire ces gestes que je te connaissais). C'est l'image que j'ai gardée de toi. Mon amour pour toi toujours a été plus vieux que moi. Et j'ai rôdé en=lui avec les pas lourds de l'ombre d'un vieil homme. Rien qu'1 longue – longue ombre –. Car je t'ai aimée, parce que l'idée ne m'a pas effleuré que tu pouvais mourir un jour. –]

?Ça s'est passé quand Georg je ne me souviens pas Le passé l'avenir C'est si difficile de s'en souvenir. De plus en plus difficile De plus en plus lointain –

[–Reste avec moi. Henriette. J'ai besoin de toi. Est-ce que tu peux me ?voir, maintenant que je suis couché sur un lit d'hôpital é que personne ne peut me reconnaître. –]

Cesse de souffrir Je te reconnais Georg Ces Yeux Ton visage m'est resté proche Si proche Le soleil qui décline é le soir qui montent rehaussent maisons é arbres dans l'obscurité – !regarde pas un nuage pour noyer

Leciel masquer la clarté des 1res étoiles Elles scintillent vives é effilées Georg ton visage si jeune à la fin du jour – –

–Leciel noyé dans le soir, la clarté des 1res étoiles, elles scintillent vives é effilées un demi-siècle plus tard aussi – !regarde ce sont les mêmes étoiles. Georg. Ton visage si vieux à la fin du jour. Ta vie, – presque achevée. Beaucoup s'en sont déjà allés, nous durons un peu plus longtemps. Et toute vie-présente quasiment réduite en poussière au contact du Temps. (À méditer, la poussière survit.....). Tonrêve=Cerêve est fini. Une sensation de muscles tiraillés après le sommeil : il te faut vivrencore=devoirvivrencore, toi, 1 homme âgé. Qui a franchi les 50 ans é ne souffre pas est un homme mort. Tu en auras bientôt 70, é: tu n'es pasmort. Ta femme Henriette, que tu as aimée de la manière dont tu comprends l'Amour – partie, pour toi = pour=toujours *car Après c'est le Néant.* L'incrédulité est ta foi, Georg. Et tous les soirs tu remerciais Dieu, qu'Il ait laissé passer encore 1 jour qui ne t'a pas fait croire en Lui. Ni Dieu Ni Diable : ni haut ni bas – la vie nue. Qui peut vivre !Ça –. Toi, é moi ta sœur, qu'il t'est impossible d'aimer, nous durons – ?combiendetempsencore. Avec le grand nombre de Disparus nous avons nous aussi beaucoup perdu. Que reste-t-il d'1 vie. De Monamour pour toi le parfum d'un jasmin le temps d'une Grande Pluie et celui des fruits dans un verger à la fin de l'été – la chair rouge joufflue d'une pomme é l'arôme jaune de poires trop mûres. C'était pendant nos jeunes années au presbytère à Königshain. Il y fut mis fin avec violence, tu le sais, l'État & Son-Parti prirent notre foyer & le jardin..... Ensuite nous sommes, é: chacun pour=soi, partis de nous-mêmes. Toi chez une femme. (Henriette : tu m'as pris mon Fils=Notrenfant. Pour ça il n'est Aucunpardon Aucunoubli.) Moi, qui déjà ai enduré tant de choses, je continue pourtant encore de cheminer & maintenant je dois m'en aller. Tu ne me croiseras plus là où j'ai été.

[–Reste avec moi. Felicitas. J'ai besoin de toi. Maintenant que je suis sur un lit d'hôpital é que nul ne peut m'entendre. Pourquoi ne restes-tu pas. Je n'ai plus la force de continuer. Pourquoi n'ai-je pas la force de mourir. –]

–!Mourir : trouve-toi autre chose de plus facile. Parfois j'entends des cloches. La Toussaint – la nuit des Morts. Où les-Vivants jouent avec les mots comme les enfants avec Lefeu. Tu es arrivé loin, Georg, et plus loin que tes jambes étaient capables de te porter. J'ai voulu que tu me suives. Tu ne l'as pas fait. Tu as suivi !Tespropreschemins. Alors ne reste pas couché là. !Lève-toi & !marche. Afin que Rien ne vienne te faire souffrir : !continue d'avancer. Fraye-toi un chemin entre les Vivants é les Morts – – –

Troisième Livre

UNE DEUXIÈME VIE
ET
PAS D'ÉPILOGUE

37 (suite)

Photo 78 *(de g. à dr.) Corinna (assise à la table de la salle de séjour, mangeant 1 orange) avec Johanna (bras dr. entourant les épaules de sa petite-fille), (dev. à dr. une main, offrant 1 autre quartier d'orange), dans l'appartement de Berlin, Greifswalder Straße, Noël 1971*

–Bien sûr j'aurais pu deviner Tout ce qui adviendrait ; 4 ans=plus-tard c'est facile à dire. J'aurais dû !le savoir au plus tard le jour où le père d'Henry gravement blessé vint habiter chez nous à Francfort. – Je vous avais déjà raconté la scène, celle où je l'ai vu, Henry (mon ex-mari), enterrer son chien avec cette étrange rudesse, Max, son cocker spaniel qu'il chérissait par-dessus=Tout (et la raison pour laquelle il avait insisté pour faire venir à=lui son père, comme accompagnateur de l'animal en quelque sorte, afin de *revoir encore une fois Lechien avant mon départ pour l'Amérique* comme il s'était exprimé). Et c'est dans une pose semblable à celle d'une tortue qui lentement=patiemment allonge ses tête&cou hors de sa carapace, qu'il avait alors aussi emballé ses affaires en vue du Grand Départ –. Tout ce qu'il avait aimé redouté désiré autrefois avec naïveté, une fois son père alité dans notre logement : vulnérable, silencieux, de très rares regards expressifs dans son Visagevieilli, – cet homme (qui était encore mon=mari é: personne ne parlait de séparation, d'adieu=définitif & d'abandon – bien que tous deux, é certainement son père aussi qui nous observait en silence, savions que l'issue serait Celle-ci é nullautre : séparation, adieu, d'Amérique jamaisderetour) – cet homme donc s'était aussi défait de l'enfant=en=lui. Non : pas défait : il s'était !opéré lui=même. Et cette opération, en comparaison de celle que son père avait eu à surmonter, était de loin probablement l'intervention la plus lourde :

S.A. = Sans Assistance. *Et comme je le regardais faire & l'observais (depuis=longtemps à la dérobée), j'essayais de me souvenir ?comment j'avais fait ilyaplusieursannées sa connaissance du temps-de-mes-études – et ?comment j'en étais finalement arrivée à le=fréquenter. ?Quand m'étais-je mise à l'?aimer –, é: ?quand (je suis en droit de me poser la question) ?cesserai-je de l'aimer.–*

Il n'avait vraiment rien d'un type à jeter=le-trouble chez une fille de 18 ans, offrant à ses sens Ces=Certaines=Nuits blanches et qui, quand arrive enfin Le Moment du 1er baiser, éveille en elle la sensation agréable d'être plongée dans un fleuve chaud, baignée de vaguelettes picotantes, une algue qui ondule avec souplesse en ne faisant qu'Un avec le courant –;– !nonbon, nix rêveries romantiques au Hornymoon. Et son contraire pas davantage. Rien pour aider à me le=rappeler. J'allai jusqu'à rechercher des photos de Cètépoque (camouflais mon geste derrière toutes les choses dispersées de la maison mise sens dessous dessous par son prochain départ), en trouvai quelques-unes (même proprement=collées dans 1 album), mais !c'est bien là l'erreur commise dans tous les albums : jamais ils ne montrent La-Scène-!Décisive ; comme si les reproductions 4angulaires figées par leur procédé chimique n'étaient que des phrases commencées, jamais formulées jusqu'au bout, et toute l'histoire=la véritable histoire, jamais à voir, il faudra la !raconter –. Et 1 gaieté plate, froide, s'était désormais emparé des candides amour crainte désir d'autrefois, bien visible dans 1 rictus figé, in=humain – et qui, même dans l'effort qu'il faisait pour conserver un tracé rectiligne à ses lèvres & du sérieux à son expression, paraissait déformer ses traits en 1 douceur métallique distante façonnée au poinçon..... C'est en tout cas la Dernièrimage que je conserve de cette personne.

Et parce que j'aurais pu deviner Tout=Ce qui adviendrait comme Cela advint réellement par après et pour l'avoir aussi, évidemment, envisagé=ainsi une fois, sans faire ni une ni deux je rendis les clés de l'appartement de Francfort après le départ d'Henry ; en accord avec sa sœur Felicitas, je fis également vider l'ancien appartement de son père à Berlin. Georg ne pouvait plus emménager chez sa sœur : elle s'était retirée du-monde, elle vivait depuis un certain temps dans une congrégation-de-femmes près de Mathildenbourg. – Mais il y avait bien !un=endroit où mon beau-père et moi-même pouvions habiter :

sa maison sur la propriété de Thalov. C'est vers là que j'organisai notre déménagement.

Mais je ne vous l'ai pas encore raconté. Car si j'avais prévu la fin=définitive de la relation entre Henry é: moi, j'étais restée=Pauvrenouille complètement sourde&aveugle à un tout autre aspect : la !malédiction pesant sur ces terres&biens de Thalov. Oui, ça prête à sourire. Et j'en aurais fait autant alors, si quelqu'un m'avait sorti ce truc à vous donner la chair de poule, cette sorte de méli-mélo d'Ancien Testament & de nappages dilués de filmicules d'horreur américains : Terre & Maison de Thalov, la malédiction. Encore que La Malédiction n'avait Elle=rien à voir avec une vieille faute ineffaçable qui a viré à la paranoïa. Ni avec les origines d'Henry – !Ahmondieu, comme si tout=ça avait ?valu qu'on fasse tant de bruit autour. J'ai écrit un reportage là-dessus un jour : j'avais visité les arrière-cours & grimpé aux zétages des blocs d'immeubles dans les grandes villes ; jeté un coup d'œil aux alignements de maisons joliment=ratissées dans les villages, & c'était venu très vite à la lumière du jour : les petits frères & les petites sœurs, le papa & sa fille, la maman & son petit garçon selon le prince-hip de rota-sillons du pince-cul par étages&garages aux surprise-parties Aprèsgrill[51] – : des histoires de !tous les jours, resservies, et malgré toutes les Bibleux Babel Sodome & Gonorrhée réunies : paslapeinedenparler. – Non. Je parle ici d'une malédiction !bien=!particulière. Une malédiction venue s'abattre de tous les États & Assoiffés-de-Gouvernement – enduits de laque Noire Rouge ou d'une autre teinte, peu importe – de-tout-temps ils grattent avec leurs sales pognes de fonctionnaires après la vie & le bien d'autrui. Oui, ne craignez pas de faire lire ça à vos lecteurs. Je soutiens ce que j'avance & peux le !prouver. Unemalédiction é !pire que ce qu'on montre dans ces vieux filmicules d'horreur à la télé : car toute Malédiction née d'une Fautepassée trouve un jour quelqu'un pour la-racheter, et Àjamais fini du spectre ; – or, l'État & ses lois ne connaissent ni la clémence ni l'expiation, seulement le rouage-bien-engrené des para-graphes, & ses roues crantées broient&broient-sans-discontinuer, jusqu'à ce que Quelque Un les brise. *Un seul remède contre les bureaucrates, la soldatesque qui contre-attaque.* Mais en attendant leur malédiction demeure : séculaire=&=éternelle.....

C'était le cas de ce domaine depuis cent ans, et sans changement pour les cent-ans=à=venir. J'aurais dû le savoir en me laissant entraîner !là-dedans. Je n'y croyais pas, mais j'y suis !forcée maintenant : car à bien réfléchir je ne suis pas Ici de mon plein gré.....

Mais il y avait toujours cette histoire qui circulait à Thalov peu avant la-chute-du-Mur=en-Milneufcent-Quatrevingtneuf : le cordon des VoPos qui avance, l'essence, un homme hurlant au milieu Desflammes, – 1 ruine ensuite, noire dans les volutes puantes du brasier, se dressant dans l'Èrenouvelle –

38

Photo 79 — *(de g. à dr.) Grand-père Werner, sa petite-fille Corinna, assis à la table de la salle de séjour dans l'appartement de Greifswalder Straße, Noël 1971*

–C'était comme si nous devions nous acclimater au Pays d'un Ennemi inconnu. Un Pays qui apparaissait d'autant plus étranger, plus hostile, que ses traits étaient familiers. Comme si le Non Vivant rendu=maître de Cepays du ciel à la terre commençait à vivre maintenant sa vie morte, é: qu'était diabolisé Tout ce qui donne un mouvement à la vie. C'est pourquoi je suis Ici..... Mais je ne souffre pas. – Mais rien de tout cela maintenant. Je veux vous raconter un autre commencement ; – un Temps Passé où les 1res lettres s'assemblèrent en quelque sorte en mots et les mots en phrases pour raconter la suite d'une histoire, é: où j'étais la seule, mais je m'en suis aperçue trop tard, à vouloir déchiffrer ce texte en l'épelant. (Oui, vous avez raison de bâiller, inutile de me le cacher : on a tendance à être long & bavard Encètendroit..... où vos visites sont pour moi les seules occasions pour 1 être humain de s'exprimer de manière humaine.) !Pardonnez-moi, je vais faire court.

Les-soldats restèrent cantonnés dans leurs casernes, les-chars ne foncèrent pas dans la foule comme à Pékin au printemps Milneufcent Quatrevingtneuf ; six mois après Pékin des gens s'écoulaient de leur vie retenue, sectionnée, en larges fleuves étrangement silencieux Vers le Mur à Berlin une nuit bruineuse de novembre. Aucuntir – quand sous le crachin & l'éclairage vif de puissantes lampes à arc les barrages de chars étaient s1mplement écartés de côté & les barrières-mobiles levées, quand les pinces d'acier des grues arrachaient l'1 après l'autre les segments du mur en béton, *arrachaient les dents branlantes de la mâchoire d'un dictateur décati allongé sur son lit de mort, l'État devenu son propre dentiste ;* ?!à quoi bon tirer aussi : 1 État s'en va, 1 autre arrive. Silence dans les cours des casernes. – Silence dans les mines à ciel ouvert autour de Thalov. Inactives aussi les chenilles é les griffes d'acier des excavateurs, éteinte, la lumière crue déversée par les projecteurs autour des trous creusés. Dans les environs de Thalov, provisoirement : pas d'évacuation ni de démolition projetées pour la ville é son cimetière ; leurs occupants étaient momentanément autorisés à rester là où ils se trouvaient, chac=1 dans sa demeure, les-Vivants & les-Morts. À Thalov, le bout de terre en friche et sa ruine calcinée dessus pouvait lui aussi rester. *Tel 1 trofée du passé posté là à destination du présent, affirmant jalousement son Ç'est-arrivé personnel.*

Les excavatrices de la mine d'exploitation à ciel ouvert du lignite, *créatures d'acier aux contours multianguleux venus heurter de toute force le ciel broyant dévorant sable&lande sous-elles,* – désormais laissées à l'abandon à la fin du Dernier Travail Posté, une éruption de rouille s'attaquant déjà aux poutrelles, le vent sifflant à travers les ossatures d'acier –.– De délicates langues vertes flûtaient *protection de l'environnement,* car le lignite extrait à l'Est renfermait trop de soufre & autres substances nocives. Une bonne raison pour renoncer à l'exploitation & à l'utilisation de cette énergie fossile – :En vérité, l'industrie houillère de l'Allemagne de-l'Ouest avait tout bonnement à sa solde de meilleurs lobbyistes=siégeant=même=au-Parlement, & ces derniers cherchaient à évincer le concurrent=encombrant à-l'Est. – L'activité stoppée dans les coopératives agricoles, les étables vides, le matériel abandonné sur les champs au milieu des mauvaises herbes de belle taille & de la semence sauvagement germée, comme sombrant au fond d'une mer aux brasillements vert frais. *Quand l'Histoire s'essouffle, la Nature s'empresse !étonnamment vite de récupérer pour elle ce que l'Histoire=Humaine lui a ravi longtemps avant.* Depuis=toujours ces entreprises produisaient sans rentabilité : des travailleurs en surnombre, un écoulement de la production, même de mauvaise qualité, garanti par l'État – à présent la non-viabilité économique terrassait cette déconnomie. Les-garanties, dénoncées ; les produits en-excédent=de-trop-mauvaise-qualité ne trouvaient guère preneur dans l'Économie-de-Marché ; la majorité des travailleurs agricoles, licenciés. Vides, les appartements, maisons, lotissements de la région, les gens ont déménagé – à-l'Ouest *(comme=autrefois quand on fuyait chez-les-Américains)* comme si une Nouvelle Guerre faisait déferler ses vagues de Peur & Menace Surcepays. Les piles de dossiers s'accumulaient dans les bureaux des avocats & devant les-tribunaux : plaintes déposées pour restitution des titres de propriété de terres&biens, *restitution-avant-dédommagement :* des vagues de dossiers enflent avec l'indignation, des sourates Esteux/Ouesteux aboyées par des chaînes de radio&télévision é par certains journaux aux gros titres qui en mettent plein la vue : les vrais prédicateurs exhortant à la haine sont des Allemands d'Allemagne, à exciter des Allemands contre d'autres Allemands.....

1991 : à Strausberg près de Berlin devant un terrain avec mais. indiv. où vit une famille, père, fils é bru, se présente 1 matin l'ancien propriétaire. Autoritaire il exige du père l'accès immédiat à la propriété & à la maison, en jurant il martèle aussitôt le portail & y fiche des coups de pied. Le père refuse de laisser entrer l'inconnu. Qui disparaît & revient : au volant d'un bulldozer il détruit clôture plates-bandes arbres fruitiers la petite serre. Le Vieil Homme veut s'interposer, l'Inconnu l'écarte violemment, le cœur du Vieil Homme est trop faible pour ce genre de combat. La bru, prise de peur elle s'est réfugiée dans la maison, joint son mari au téléphone – lui explique ce qui se passe sur leur propriété é que Père a une crise cardiaque. Le fils, quittant en hâte son lieu de travail, prévient la-Police. Au Poste on ne croit pas à la description qu'il fait (les policiers craignent peut-être pour les plis de leur uniforme) – ils refusent de suivre l'homme. Quand celui-ci se présente finalement seul-solo chez lui, l'ancien propriétaire & son bulldozer ont disparu ; écrasées à terre clôtures plates-bandes serre, le père n'a pas survécu à son attaque. – : – Éclaboussures d'écume haine jalousie malveillance dans la soudaine tempête déclenchée Partout par la Population en Colère–. Mais au profit de ?qui.

Ils étaient nombreux à quitter l'Est de l'Allemagne pour venir s'établir en Allemagne de l'Ouest, c'est comme ça que j'ai fait la connaissance à Francfortsurlemain de cet homme de Berlin-Est : Henry, germaniste diplômé, qui avait quitté l'université de Berlin-Est, dégoûté. Nous nous sommes rencontrés plusieurs soirs. ?Était-ce de ?l'amour. Oui, mais seulement un Coup-de-Foudre-Plus-Tard. Un humour é un mépris partagés nous liaient au début : lui contre ces Personnages-de-l'Est, certains professeurs d'université, qui essayaient maintenant de maquiller leurs sales copinages avec le-Vieilétat ou s'adonnaient, dans le respect de leur apologétique personnelle, à de gymniques détournements de justification de positions occupées & d'actes commis par le passé, tous pénibles & embarrassants, afin d'être toujours du nombre dans cette funambulesque danse académimique sur la corde raide tendue très haut au-dessus de la Place-du-Marché=des-Événements présente. – *!Mentir jusqu'au dernier barreau qui mène au gibet* – & ils aspiraient maintenant à faire basculer leur vieil opportunisme des décennies=durant dans le foyer contestataire –.– Moi contre certains Personnages-de-l'Ouest : pas mal de rédacteurs du-Journal, pendant=des-décennies Post-68 prisonniers volontaires de leurs idées filocommunistes d'élevage en batterie, c'est à elles qu'ils doivent leur carrièreuh ou: ce qu'ils croient être la leur, – à présent ne tarissant plus de fervente Theodicée sentimentale – des Groupes Cocos au « Calice consacré » – con=vertis, de Ho-Ho-Hochi-Mine à Ho-Ho-Hosi=Anna. Espionnage du Peuple & l'État=de-mèche avec les Services=Secrets Occidentaux dans sa Soif-de-gouverner, la relation anale de la Domine=nation, la-Devise a cours=jusqu'à-aujourd'hui, ça a !été, !c'est, ça !reste Le Problème de-l'Est. Le mythe tenace de l'Ouest=Immaculé : le Mur = le Rempart Antidéfloraison. –

Photo 80 *Table de la salle de séjour dressée pour le déjeuner : (de g. à dr.) une personne non identifiable, cachant presque entièrement Henriette, Werner, 1 main à dr. (Corinna ?) posée sur la table, dans l'appartement de la Greifswalder Straße, Noël 1971*

–C'est ce genre de plaisanteries de mauvais goût & d'autres que tous=deux – lui, l'homme aux mains timorées & lèvres pusillanimes venu de Berlin-Est, moi née à Francfortsurlemain, journaliste salariée – nous assemblions=l'une-à-l'autre à partir de notre dégoût partagé. Cette race de rédacteurs faisait preuve d'une trop grande lâcheté permanente pour afficher une attitude personnelle allant à contre-courant : ils n'ont pas osé vivre à fond leur conservatisme dans les serres climatisées du libéralisme go-chaud, é: aujourd'hui, encouragés par l'Esprit-du-Temps, animés du même zèle des chevilles ouvrières, ils sont prêts à jeter le bébé de ce même libéralisme go-chaud auquel ils se sont abandonnés un jour, avec l'eau du bain dans laquelle eux=mêmes ont pété des décennies durant. Tout le monde ose flanquer des coups de pieds à l'homme couché à terre. À l'ombre du-dénonciateur rampe le-converti.

Le résultat fut que je refusai de ployer plus longtemps sous le joug de la rédaction d'un journal – je suis devenue (comme on dit de manière plaisante :) une journaliste free=lance ; lui, l'homme-venu-de-Berlin-Est trouva un poste à l'Institut germaniste de l'université locale *(:–La quantité pro porc scionnelle d'hypocrisie,* comme il disait, *l'Esteux-contingenté rejoignant l'infirme-contingenté & la femme-contingentée, dont On pensait à tort même encore aujourd'hui, qu'il n'avait pas, comme nombre de ses ?semblables, tourné le-dos Au-Socialisme avant-89. Le regard rivé au pain quotidien aide à mieux se taire,* ajoutait-il. –*Dans les Années-ErDéA je n'ai certes pas tourné le dos à Cet-État, mais pour=ma=part, j'ai tout envoyé promener, État & dos compris. Démission Intérieure. Mais c'est seulement aujourd'hui,* dit-il, et – jamais je ne l'oublierai – pour la 1re fois, il me regardait avec fermeté sans le moindre vacillement dans les yeux : *–c'est seulement aujourd'hui que je suis parvenu à combler la place vide en moi avec une Chose Nouvelle.)*

– Nous nous sommes mariés en janvier 1992. Et désormais mon Parcours de Vie fucktif continuait de s'écrire : *Après son 1er mariage elle vécut longtemps à Wixhausen, dit Labranlade, puis elle rencontra un autre homme et déménagea con-jointement à Rödelheim, dit Trimerdur.* –Nous sommes effectivement venus habiter de=conserve à Niederrad. Mais même partie à la casse, je me souviendrai toujours de la plaque minet-ralle-logique de ma voiture : F–ES. –

Dommage que cette histoire qui parle de lui-é-moi vous l'appreniez par sa-fin ; et vous ne pourrez probablement pas comprendre ce qui nous avait réunis un jour : car tout laissait à penser que nous=nous connaissions depuis-bien-avant, que nous avions tous=deux réellement des liens de parenté. La comédie, nous l'avons eue dès le début, nous restait encore la tragédie pour ce qui subsistait.

Forts=de=nos=rêves nous causions en tête=à=tête, comme si nous commentions la page d'un livre écrit il y a longtemps é pour= nous=seuls. Mais en Cetemps-là je ne savais pas grand-chose des-histoires=de-famille, qui étaient les siennes é: en même temps pas les siennes, & qu'il traînait derrière lui comme une toile d'araignée solidement=accrochée. – Petite fille – vous voudrez bien ?pardonner 1 x encore le bavardage d'1 prisonnière – j'observais une araignée en train de tisser sa toile : d'une manière mystérieuse, ce corps de la taille d'un petit pois déroulait un mince fil prévelé sur un stock apparamment inépuisable, comme tiré par une main invisible. Assise par terre, partagée entre fascination é: dégoût, j'observais l'activité de l'araignée que rien ne venait troubler – quand une ombre comme une nuit soudainement tombée vint s'abattre sur moi é la toile inachevée : sursautant de frayeur je dévisageai mon père. Voilà un Bonmoment qu'il devait se tenir dans mon dos é observer lui aussi la scène : moi é l'activité de l'araignée. – *!Tu seras comme elle.* L'ai-je entendu s'adresser à moi d'une voix que je ne lui connaissais pas jusque-là, et dont je ne comprendrais que plus tard toute la rudesse – la colère exprimée devant des situations que l'On devient incapable d'influencer –, après que ma mère avait demandé le divorce. *–Comme cette araignée=là,* rugit-il, *–car toutes les femmes sont comme elle* – :Sa grosse main fila le long de ma joue sans que je m'y attende & envoya valser toile commencée é araignée avec la même fureur que s'il eût voulu assommer Un-Adversaire-Invisible. Dans le passage éclair de son poing, j'eus encore le temps d'apercevoir quelques tristes lambeaux de toile restés collés –.– Je me souviens encore que le spectacle des fragments de cette œuvre d'art tissée flottant en perdition au bout du poing de mon père me fit pleurer. Mais pas de tristesse, de colère : et ce jour-là, inondée=delarmes je m'étais fermement=juré : lui, mon père, n'aura !pas raison : !jamais je ne ressemblerai à une araignée – je ne serai !jamais une femme. Cette toile, d'une certaine façon ma=toile, fut déchirée le jour où fut prononcé le divorce entre mon père é: ma mère, lesquels s'étaient longtemps battus l'un:contre:l'autre ; – cette toile dont les fils retenaient Henry, s'offrait à lui déchirée dès=l'origine, ce n'étaient que des terminaisons de fil. Combien !vieilles ces toiles – que de !fois déchirées – que de !fois retissées – fil-à-fil – pour avec ce scrupule féminin nouer l'esprit de famille –.– Et à l'époque dont je vous parle ces fils étaient à nouveau fortement tiraillés. La plupart des choses que je sais proviennent des récits d'Henry ; lui é sa mère Felicitas s'étaient embarqués depuis-biendézannées dans les histoires de ces deux familles, les Baeske & les Schneidereit, embarqués avec la ferveur de Ceux qui n'en font pas partie.

Maintenant après la-fin du Communisme de Guerre ces gens croyaient le temps venu 1.) d'un ordre=légitime, 2.) d'un droit=garanti, en conclusion de quoi était venu le temps 3.) de la Justice, y compris à-l'Est de l'Allemagne. Car l'avènement de la Justice est la promesse qu'il sera mis fin à La Peur.....

Ils étaient nombreux à croire à ce Syllogisme dans cet-Est de l'Allemagne, qu'on appelle aujourd'hui *Les nouveaux Länder* ; Henrietteà Berlin y croyait aussi. Et parce que les-États vont & viennent, mais que les-dossiers demeurent, elle poussa son mari Georg à déposer une plainte afin que leur soit restituée la maison à Mathildenbourg ; une maison que ses parents, son père Werner seul-solo depuis la mort de Johanna en 1974, furent autorisés à habiter comme simples locataires plus de Trois Décennies durant, bien que Werner n'eût !jamais signé le titre de transfert de propriété à la municipalité de cette bâtisse & des locaux commerciaux situés au rez-de-chaussée. Le Syllogisme !triomphe. –

Dans le même temps, Henriette, ballottée des décennies=durant au gré des retenue & maintien à bas niveau de la *Justice*, intenta encore un autre procès : la-restitution de la propriété de Thalov. – *Terres&biens ont retrouvé leur !valeur de nos jours,* disait-elle=avec-ferveur à Georg, lequel aurait, semble-t-il, eu seulement un geste las de la main à l'évocation de ce bout de terrain, ajoutant que Peter-Paul, à l'époque, avait signé tous les documents possibles=&=imaginables de transfert de propriété de cette misérable ferme ; la dernière demande de reconsidération de sa plainte était devenue caduque=avec la Chute-du-Mur. – *Déterminer à qui appartient cette propriété tournerait clairement en notre défaveur.* Par ce moyen détourné ou un autre, Georg s'efforçait-il certainement de mettre un frein à l'empressement de sa femme. *–Un pur gaspillage de !temps&argent. Car le temps dont nous disposons encore tous=les=deux, nous ferions vraiment=!mieux de l'utiliser à autre chose qu'à le passer dans les zoofficines des avocats&tribunaux.* Et constatant que toutes ses objections rebondissaient contre la forte détermination d'Henriette, il faut croire qu'il essaya, comme toujours en pareille situation, d'en appeler là aussi chez sa femme à la Raison-objective=propre-à-son-sexe afin que le charme soit rompu. *–Et même en admettant que nous récupérions cette ferme misérable : ?!Bonsang qu'est-ce qu'on fera d'une ruine calcinée. !Ton idée c'est de la ?reconstruire peut-être. ?Où est-ce qu'on trouvera l'argent. Taka aller dans une banque & demander Un Crédit : à !notre âge On se contentera de te demander si tu es capable de trouver la sortie toute seule ou s'il faut qu'On appelle la Police pour ça.* Et ne voyant toujours=pas de réaction chez sa femme (elle savait qu'il lui suffirait juste encore d'1 peu de patience, le temps qu'il se fatigue, et l'Affaire serait mûre.) – *Et même, en admettant qu'on nous rende cette-masure : ?qui de nous ira vivre là-bas, au fin fond de Nullepart. ?Et mon-cabinet. Il me reste encore presque dix ans à travailler – ?qui je soignerai là-bas : des ?renards & des ?lapins au fin fond des bois. Celui qui a la jeunesse pour lui & qui peut se le permettre, il !déménage du coin. D'ici peu les agglomérations là-bas ressembleront aux villes minières après la Ruée-vers-l'Or – sauf qu'on n'y a jamais trouvé d'or é qu'on n'en trouvera jamais (pas plus que d'argent dans un certain=champ), au mieux quelques Sans-Travail=pintés. !Bonsang reviens=sur=!terre. !Henriette.*

–*Terres&biens ont retrouvé leur !valeur de nos jours.* Telle que je la connais, c'est certainement ce qu'aura rétorqué Henriette sans rien ajouter d'autre : une fois établie, elle tenait à sa conviction comme une religieuse à son dieu, dans ses yeux l'éclat messie-anique de l'argent. –*Qu'il me soit encore donné de !vivre !Ça.* L'ai-je entendu s'écrier ce-jour-là, où nous nous trouvions réunis à une fête de famille & que Cette Question était abordée au sein du cercle-familial.

Photo 81 *(à g.) Corinna, robe courte avec des pois clairs, assise les jambes croisées dans un fauteuil à motif floral (vue de profil), la robe courte laisse voir ses cuisses (curieuse=fascinée la fillette a le regard tourné vers le côté droit de la photo, un téléviseur en arrière-plan, à côté à dr. un canapé, au premier plan une table des bouteilles de bière posées dessus, salle de séjour, Greifswalder Straße, 1975*

Ses joues s'enflammaient de joie, elle tapait dans ses mains. –Parfois ça vaut quand même la peine de vieillir. – S'écria en riant la femme de 55 ans, et elle donna une tape amicale sur l'épaule de son mari perplexe assis près d'elle, affaissé dans son fauteuil. –

Et, c'est vrai, elle ne laissait Rien ni Personne contrarier Savolonté, elle se sentait avancer d'un pas ferme & sûr sur les rails d'acier du-Droit. Georg, incapable de résister plus longuement à l'impétueuse pression de sa femme, finit par se plier à=Tout : tous deux déposèrent une plainte en justice portant sur la restitution de la maison de Mathildenbourg & celle de Thalov avec son terrain.

Pour la défense de leurs intérêts, ils confièrent Ces-deux-Cas à 1 Avocat-Conseil lequel, comme bon nombre de ses confrères, avait quitté une région de l'Ouest de l'Allemagne & s'était établi depuis-peu ici=à=Berlin-Est. Cet avocat avait ouvert un fastueux cabinet sur les bords de la Spree dans la Wallstraße. Le triomphe du Syllogisme aidant, à la vue de !ces bureaux, Henriette se figurait sans doute naïvement que Rien ne viendrait entraver le bon déroulement de leurs affaires grâce à cet homme familiarisé avec les Lois=Fédérales. –

Les courriers officiels furent aussitôt rédigés.

À leur lecture, Henriette, é en secret probablement Georg aussi désormais, se sentirent ∞ !libérés de la contrainte des frazes ampoulées&insipides telles que le Devoir imposait de les formuler par-le-passé dans les courriers rédigés selon la catégorie en caractères romains II : d'ailleurs, pour que les-Services daignent prendre-en-compte la requête, cette enflure de frazes & formules débitées journellement=par-le-Parti était indispensable, 1 langue tracée au pas=cadencé d'une Trèsgrandamabilité accompagnée d'une soumission simultanée au Commandement=de-la-vulgaire-Communauté..... de renier jusque=dans-ses-fondements le Pronom=Personnel-Je et toutes ses revendications sensuelles. En revanche, les formulations=actuelles telles que l'avocat de la Wallstraße les leur soumettait à tous deux dans ses courriers, leur paraissaient *bourgeoisement* recherchées, étoffées de ce Vieux Savoir des rang & valeur quant à la personnalité et la propriété individuelle. – L'avocat, 1 homme très jeune originaire de Westphalie, étroit d'épaules é une raie sévère séparant ses cheveux noirs plaqués lisses sur sa tête peu large (*Menton bleu mais fuyant,* observait Henriette d'un œil critique, laissant ses regards poursuivre leur évaluation :) toujours habillé d'1 costume 3-pièces de couleur sombre, 1 cravate de soie nouée autour de son cou maigre & portée sur une chemise boutonnée jusqu'en=haut, des chaussures plus qu'impeccables, l'avocat se mouvait à petits pas ambitieux, conduisait personnellement ses clients de la porte de son cabinet à son vaste bureau & prenait toujours congé d'eux à cette même porte tout aussi personnellement – ainsi – c'était l'avis d'Henriette sastifaite à la fin de sa digression de l'apparence superficielle de cet homme – incarnait-il, en dépit de sa jeunesse, le-Devoir-&-le-Sérieux. Pas le moindre sourire spontané, si mince fût-il, à s'inscrire sur son pâle visage émacié. Il parlait d'une voix basse pénétrante, mais lâchait rarement 1 mot personnel. Il se dégageait de son apparence (Georg l'avait probablement ressenti de la même façon) 1 parfum juvénile de Sérieux=Tenace mêlé à l'arôme frais de sa lotion après-rasage.

Quisait, ?peut-être ce bureau=ci dans la Wallstraße à l'est de Berlin était-il son ?tout-1er cabinet d'avocat.

Les deux procès débutèrent, les deux procès rapidement s'enlisèrent. Henriette & Georg, en Cetemps de Syllogisme triomphant, n'étaient pas les seuls loin s'en faut à avoir déposé une plainte afin que leur soient restitués leurs biens. – Le temps passe –, les-dossiers reposent –.– Tandis que des chefs-d'entreprise-&-d'établissements-bancaires des politiciens aux=bras=longs instillent le courage-par-le-Haut de faire de Berlin la Capitale Fédérale, au moment même où la Décision du Gouverne-aimant exerce une attraction=réelle.

–Pendant ce temps, à Francfort Henry é moi célèbrions notre mariage. Mais notre voyage-de-noce ne nous conduisit ni en France ni en Italie en Espagne ou en Grèce ni à New York, mais à : !Thalov. C'était mon idée. – Henry crut d'abord à 1 plaisanterie, que c'était ironique, comme Lejour=de-notre-mariage où, à notre âge, Voile Blanc & la Virginité de la Mariée, n'oublions pas que j'en étais à mon deuxième coup d'essai de vie de couple – mais !promis je ne vous dirai !rien de mon 1er mariage – avaient plus tenu de l'ironie que de la solennité.– !Non : avec ce voyage à Thalov j'étais !sérieuse. Une fois qu'Henry eut compris, je lui avais expliqué Pourquoi, il me regarda avec des yeux émerveillés encore plus écarquillés. *–Encore une chose que je ne comprendrai !jamais chez-les-femmes : l'importance que revêt pour elles le !passé de leur-mari ; un passé par-delà les femmes défuntes ; !celles-ci ressemblent à leurs yeux à des disparues inoffensives. Mais le passé de sa Propre-Vie..... Mais, je n'ai pas du tout grandi en cet endroit. Et même y aurais-je passé mon enfance : ?qu'ai-je=aujourd'hui à faire d'un tel endroit. Le village la région les gens me sont aussi étrangers qu'ils le sont pour toi, Dorothea, é il n'y a vraiment pas le moindre argent enterré dans le champ de cette propriété, cette maison calcinée et son histoire de suicide d'un certain Peter-Paul Karge sur le pas de sa porte m'apparaissent comme une quelconque forteresse en ruine remontant aux Staufen, et chacune a son mur ou son sol tâché=de-sang. J'ai aussi peu à voir avec tout ça que ces –*

Mais il s'arrêta de parler, j'avais attendu en silence qu'il termine, & ainsi mon calme inébranlable l'amena-t-il à se taire. D'un faible sourire, il s'était finalement plié à Mavolonté. – (Aux proches, curieux de savoir où nous conduirait notre-voyage-de-noces, nous répondions : *à Timbouktou.* Personne ne s'en étonnait. Eussions-nous dit la vérité, nous aurions été mûrs à leurs-yeux pour le-psychiatre.)

Nous nous étions unis en janvier 1992, fin janvier, Henry é moi = les Nouveaux Mariés, faisions le voyage de Francfort à Vockau en passant par Berlin, & pour finir à bord d'un car jusqu'à Thalov. Ça paraît tellement s1mple, mais au-bout-du-compte l'organisation de ce déplacement s'avéra dans les faits plus compliquée qu'un voyage à Timbouktou. Il n'y avait alors à Thalov ni hôtel ni pension ni appartement de villégiature pas même 1 chambre meublée. ?!Qui avait envie, on se le demande, é qui plus est à !cette période de l'année, de venir ?s'égarer dans cette région à l'orée de l'Oubli. J'étais bien forcée de le reconnaître maintenant. Mais !hors de question de renoncer : nous louâmes une chambre d'hôtel à Vockau, & chaque matin nous nous rendions à Thalov à bord d'1 autocar interrégional partant du parvis de la gare & revenions le soir à Vockau (l'unique liaison ferroviaire ne fonctionnait déjà plus du temps de la ErDéA). –

Nous découvrions le petit jour sous le gel luisant de janvier, aucune neige, le givre faisait scintiller de mille soleils l'heure matinale. Le car progressivement occupé par une population clairsemée de gens assis-mutiques partant-travailler nous conduisait le long de la route départementale ourlée d'arbres nus, leurs couronnes dépouillées se rejoignant au-dessus de nos têtes telles des échafaudages dressés par l'hiver – la route courait sur la dorsale sinueuse d'une digue naturelle, à droite le paysage hivernal étincelant tombait vers des forêts défeuillées, l'Oder derrière, pour le moment encore soustraite aux regards. Agglomération après agglomération, peu d'arrêts obligatoires, les gens descendaient rarement, montaient encore plus rarement, – le tracé de la route courant de colline en dépression, et le paysage toujours plus dégagé, toujours plus loin au fil d'une terre hérissée de givre sur des champs pentus déserts. –

Thalov. L'arrêt à un carrefour abandonné exposé au vent rogue, – nous, les derniers passagers, descendîmes, jetâmes des regards hésitants alentour. Telle 1 colonne vertébrale, la route interrégionale scindait la localité en 2 : à gauche, vers-l'Ouest, s'éparpillaient maisons petits ateliers exploitations agricoles (un grand nombre étaient à l'abandon) sur la plaine s'étalant loin –. *–Là-bas,* Henry pointait son doigt dans la brume étincelante de givre, *–à la sortie du village se trouve le domaine é sa ruine, dont Personne-d'entre-nous ne veut. – – ?Personne.* Me risquai-je à demander avec prudence. – *–!Viens. Longeons d'abord ce-côté-ci.* – Henry ne tint pas compte de ma question, accéléra le pas. Je m'immobilisai un court instant, jetai encore 1 fois un regard dans cette direction.

Au loin sur l'horizon qu'il m'avait désigné, baignées d'une brume légère, immobiles, telles de fantomatiques-augures, les exacavatrices laissées sur place après l'arrêt de l'exploitation à ciel ouvert du lignite, – toujours=pareilles à des cauchemars tenaces, dressées haut dans le ciel.

Nous suivîmes sur la droite une rue sinueuse en pente – elle nous conduirait entre les collines par des ruelles étroites le long de maisons & fermes silencieuses proches de la terre vers l'Oder, vers le fleuve. –

Photo 82 *Henry (en veste de tweed avec des pattes d'épaule à la mode) assis à la table de la salle de séjour, les yeux baissés, dans l'appartement de la Greifswalder Straße, 1975*

Un froid éblouissant de solitude – nette é silencieuse l'immensité du ciel scindée en bleu é blanc. Du givre scintillant sur l'herbe é aux gerbes de roseaux élancés, la douce fourrure de l'hiver. Des îlots de glace dans le fleuve indolent sans rumeur, ses rives bordées de gris givré, des mouettes & des canards sauvages tapis dans une attente nostalgique, miroitant au soleil des saules pleureurs rabougris et leurs rameaux de la minceur d'un fil de pêche plongés dans la glace. La rive en face, creusée d'anses, couverte de palissades de roseaux foisonnantes é drue de broussailles roulées en boules blanc glacé, – cette rive a pour nom la Pologne. Ce pays lance par ici ses regards limpides d'hiver, le vent se fraye un passage bruissant à travers la roselière figée par le gel, le bleu altier du givre comme un écho renvoyé par le silence.

Je me tenais là, regardais.

De cette 1re rencontre avec un paysage inconnu à mes yeux, exactement comme autrefois=dans-ma-jeunesse aux premiers sons de cithare, je percevais au cœur de toute cette étrangeté la note fondamentale d'une Chose très=familière, comme si c'était là un lointain, le plus profond des souvenirs –.– Probablement Henry m'avait-il appelée à plusieurs reprises, il voulait continuer d'avancer. Ni lui ni mon prénom je ne les avais entendus crier. *J'entendais seulement monter au-dessus du vaste paysage profondément pris dans le gel radieux le murmure du Lointain – –*

Nous poursuivîmes notre chemin, le long d'une voie déserte dessinée par le froid au fil d'une muraille naturelle de terre érigée en une falaise abprute, vers l'amont de l'Oder, vers la sortie du village. Henry, qui marchait à mes côtés, s'arrêta court. *–De l'autre côté de cette colline, ?tu la vois, – jusqu'à la lisière de la forêt=là-bas et ensuite au-delà de la forêt et sur une longue distance en bordure de l'Oder – les adonis fleurissent chaque printemps – une marée de floraisons jaunes, comme si des millions de soleils minuscules débordaient de rives lumineuses et répandaient leur éclat sur le paysage.* – Son bras tendu montrait les directions comme celui d'un Chef=d'état-major désireux de conquérir cette région. *–Et elles ne cessent de refleurir, ces marées de floraisons jaune soleil – chaque année –.–* Poursuivit-il d'une voix étrangement=rêveuse. *–Et elles ont été – oui, ?dois-je le dire : là depuis=?toujours –. C'étaient ces mêmes marées couvrant les collines derrière la forêt, que les Orphelins apercevaient à travers les lucarnes 4angulaires é grillagées du foyer, mais c'était* !INTERDIT. *Elles étaient là et fleurissaient, quand 1 vieil employé de la Poste de Cinquantanpassés=bien-mal-en-point rêvait les yeux ouverts que ses filles imaginaires lui rapportaient des brassées de ces fleurs à la maison – une maison qu'il ne possédait plus. Ces fleurs étaient là le jour où l'homme s'immola par le feu sur le pas de sa porte face aux VoPo=gardiens-de-l'Ordre – les mêmes fleurs de ce jaune Soleil=lui-même immuable é éternel.* – Il se tut 1 moment, avant de poursuivre : *–Le manoir délabré du capitaine de cavalerie Wolff, qui abrita l'orphelinat plus tard, On l'avait démoli Aprèslaguerre, au temps de la réforme agraire des maisons pour les nouveaux paysans ont été construites à partir de ses briques. Disparu aussi le corps de Peter-Paul, le Thersite* *de la famille, que son rêve d'enfant du Grantamour avait fait sortir de son rôle – le seul qu'il savait vraiment tenir : être Thersite ; comme ont disparu les VoPos d'1uniforme à 1 autre uniforme. Seules les fleurs seront de retour au printemps prochain, elles seront=là, comme elles l'ont toujours=été –.* Mais ici sa voix s'interrompit, brusquement, comme si le futur d'un printemps prochain s'était éloigné de lui à des années-lumière de toute représentation possible. – Nous demeurâmes encore Unmoment sans rien dire en laissant nos regards plâner sur le paysage de collines étincelant sous le givre bleuté. *–Allons voir la-maison –*, murmurai-je en le prenant par le bras. Il me suivit sans 1 mot.

Le soleil bas sur le ciel quand nous fîmes demi-tour en cet-endroit, une fine lamelle de Rouge au-dessus de l'horizon & sa lueur transperçant faiblement des brouillards denses=givrants. Ils flottaient épais comme un rempart blanc au-dessus de la vallée é dessinaient ainsi le cours de l'Oder – des colonnes de brouillard bleu-blanc s'élevaient, faites de prés é de champs plongés dans le silence hivernal, il y avait dans l'air vespéral la saveur fade de la neige. Nous parlions peu ; quand nous nous trouvâmes enfin devant les ruines bizarres de la maison qui émergeait des mauvaises herbes figées par le gel, silence total. Les restes des murs de l'ancienne clôture à nos pieds, nous nous frayâmes un passage dans l'herbe crissant de gel à travers le champ en friche & le jardin à l'abandon – jusqu'à ce qu'il n'y ait plus rien à voir. Tard, avec le dernier car circulant ce jour-là, ensilence=nous rentrâmes à Vockau. Je sentais sa présence près de moi sur la banquette étroite (nous étions les seuls passagers à cette heure avancée du soir, mais ce n'était pas le froid qui faisait nous serrer l'1contrel'autre), é j'avais le sentiment que s'il parlait maintenant, il emploierait les mêmes mots que moi pour décrire les Choses Vues Cejour-là. Peut-être est-ce pendant Cesheures-là que nous avons été, Henry moi, le plus=proche l'un=de=l'autre. Je l'aimais, j'aimais Cepaysage – C'est le souvenir que j'en ai gardé.

Le lendemain, mais déjà Laneige s'était mise à tomber, nous nous rendîmes à Altendorf. Je voulais voir la maison du pasteur Brickau, cette diaspora où l'État l'avait relégué naguère, & où Henry avait passé ses dernières années de jeunesse avec sa sœur.

C'était encore plus pénible que le voyage à Thalov, de nombreux changements de-car-en-car, de longues attentes entre. Depuis la nuit les flocons tombaient délicatement sur la terre gelée dans les rues & sur les chemins verglacés, s'accrochaient aux branches é ramures – dans un bruit étouffé des voitures motos gros camions traçaient leur voie dans la couverture blanche déjà refermée, les pneus & chaussures ne découvraient plus l'asfalte gris gelé – un grand calme hivernal s'étendait sur-lescontrées&agglomérations –. Pendant le trajet en car (nous=deux étions de nouveau les seuls passagers), je voulais admirer le paysage, – mais la neige tombait densédrue, *Destourbillons comme si le ciel é la terre avaient explosé en flocons blancs qui par leurs tournoiements changeaient proximitié é lointain hauteur é profondeur en un=seul=élément. Lepaysage s'étalait en blanc à perte de vue, refermé en 1 bloc de neige scintillant. Un voyage au Pays du Sommeil blanc, nous avons roulé longtemps –.* – – L'arrivée à Altendorf tard dans l'après-midi, nous descendîmes du car. Nulle part le soleil, pas la moindre tache lumineuse dans le ciel, nous pénétrions à l'intérieur d'une clarté gris clair assourdie, envahie de flocons tourbillonnants. Au bout de quelques pas le long de la rue du village, une douce rigole de neige encore intacte, *tel le silence né de Vieilleshistoires* nos corps furent eux aussi très vite recouverts de Ceblanc. –

Henry fouillait les environs de regards enfiévrés : ici la rue du village formait une boucle, là les arbres & les arbustes, chargés de leur Fardeaublanc mais toujours reconnaissables à leur taille, l'alignement d'une clôture émergeant de voûtes neigeuses mais son vieux lattage familier de longue date –, Destourbillons, les flocons tombés à verse s'entrechoquaient sauvagement délicate leur chute, mais déjà après quelques pas Une Barrière tout près ; Henry s'enlevait la neige des yeux, – il ne trouvait pas la maison du pasteur.

À son emplacement, ou plutôt à l'endroit où aurait dû se trouver la maison d'après ses souvenirs : un bungalow neuf, de délicats bras de neige s'élançant le-long de murs silencieux vers le toit –.

–Le beungalo=là, il n'existait pas Autrefois. – Lança Henri dans les flocons tourbillonnants, d'une voix étrangement basse. *–Nous sommes arrivés trop tard, la maison n'existe plus. Quisait ?qui a mis depuis le*

grappin sur le terrain=ici. Et la dernière trace du pasteur aura disparu. – Ses paroles sombrèrent lourdement dans l'air neigeux.

39

Photo 83 *Corinna à sa confirmation (robe courte, d'1seule couleur), dans les mains un bouquet de fleurs, devant un mur en moellons ; dans le jeu d'ombre é de lumière des branches, souriante, printemps 1974*

Nous redescendîmes la rue du village d'un pas lourd, comme les loups marchant dans leurs traces, – au centre du village, l'auberge « Au Pichet ». Elle était ouverte, nous pénétrâmes dans le vestibule, fîmes tomber la neige de nos vêtements & cheveux et entrâmes dans le débit de boissons. Et sans doute avions-nous tous=les=deux la même pensée Aumêmemoment : *Ça c'est passé !ici : l'histoire que le pasteur Brickau a raconté un jour à Georg, le père d'Henry, qui me la raconta, et que je vous raconte à mon tour : les Événements un soir-de=Noël Milneufcent Trenteneuf – voici la grande table foncée avec au centre sur un napperon de dentelle le panonceau en fonte* Table d'habitués *dressé sur le plateau astiqué durant des dizaines d'années par d'innombrables bras&mains, où jadis fut étendu l'aubergiste blessé à-mort, le-meneur du-lynchage=par-la-populace d'Auguste Adam, le père de Georg, batelier Vantard Joueur & Banqueroutier, et qui fut ensuite blessé dans son combat contre le batelier, que ses comparses transportèrent d'abord ici avant de vouloir se débarrasser du mourant en le ramenant encatimini&nivuniconnu sur la berge de l'Oder où s'était déroulé le combat entre les deux hommes & où ils jetèrent dans la neige à côté du mort celui qui le serait bientôt.* – Je vous l'ai déjà raconté. *!Oui* (pensions-nous certainement tous=deux dans cette salle d'auberge chauffée assombrie par la neige) *Ça c'est passé !Ici. Et là-bas, derrière le comptoir, peut-être le neveu ou le petit-fils de l'aubergiste.* Notre bonjour fut accueilli par 1 murmure de plusieurs voix montant de la clarté crépusculaire de la pièce. Quelques hommes installés autour de la grande table, des ouvriers en salopette gris bleu, leurs casques rayés suspendus à la patère fixée au mur, devant eux de la bière & des assiettes vidées. – Et au mutisme éloquent qui sans doute régnait dans la salle avant, vint s'adjoindre le silence à notre entrée : tous les yeux braqués sur nous. *Ce genre de silence qui avant même Lesparoles fait savoir à travers son aura qu'Ici&Maintenant un cercle se referme. ?Que va-t-il arriver.* –

Il n'arrivera rien. Tranquillement les ouvriers se tournèrent de nouveau vers leur bière, l'aubergiste vers ses verres dans l'évier, nous prîmes place à 1 table. Le patron de l'auberge, un petit homme trapu, peut-être dans les quarantans, délaissa son comptoir, s'approcha de nous assis à la table d'angle, la carte du menu tenue à la main comme son bréviaire. –*Y a plus dviande.* – Dit-il en dépliant la carte pour me la tendre, & il ajouta pour plus de précision : –*Les camions de livraison ont pas réussi à passer avec !Cetteneige. Sont coincés quéque part.* Et il attendit. Nous commandâmes des boissons. Quand il les servit, Henry le questionna à propos du vieux presbytère. L'expression du tenancier se plissa de vagues rides contrariées. –*Le pasteur est mort depuislongtemps. Ses descendants se sont pas manifestés jusqu'à présent. La maison est bâtie sur un terrain qu'un Étranger=de-l'Autecôté a acheté il y a 2 ans. Il a fait construire une maison neuve mais a conservé le vieux presbytère, derrière la nouvelle construction. On le voit plus de-la-rue maintenant. ?Vous ?êtes peut-être des descendants du pasteur.* – Henry laissa flotter cette Question Sanréponse dans la pièce. – *?Vous l'avez ?connu, le pasteur.* – S'efforça-t-il de demander d'1 voix la plus indifférente possible, comme si sa question lui était venue spontanément. – –*Pastrèsbien.* – Répondit le tenancier avare de mots. –*C'était 1 original. Il a eu pas mal de malheurs dans sa vie. Lesgens=d'ici ne l'aimaient pas beaucoup.* – Laissa-t-il encore échapper. –*Et ?pourquoi. ?Pourquoi Lesgens=d'ici ne l'aimaient pas.* – Voulus-je réagir aussitôt à cet aveu du patron. – –*Le pasteur est mort.* – Fut la réponse du tenancier Talonsdéjàtournés. Il débarrassa au passage les cendriers pleins de la grande table ; pour lui le-sujet était clos. Il retourna derrière son zinc, avec une intense satisfaction, me semblait-il, comme si par cette dernière phrase il avait Désormais enfoncé=à=jamais dans l'oubli le pasteur & la rumeur que celui-ci avait un jour propagée sur le meurtre d'Auguste Adam & la non-assistance à leur complice en danger il y a Cinquantedeuzans de cela, cette bataille personnelle de l'homme de Dieu livrée contre la collectiv-IT. Les deux tombes recouvertes de terre & cailloux, reposez en paix & Basta. Et que Rien ni Personne ne puisse..... ressusciter.

– *!Voilà pourquoi nous n'avons pas trouvé le presbytère.* – Me chuchota Henry. –*Cet affreux=moderne bunkerlo nous a bouché la vue. ?Tu veux qu'on y retourne* –. Avant même que je puisse répondre, le patron de l'auberge nous lança derrière son évier depuis le comptoir : –*J'vous ai vus arriver par le car. : Eh – par le premier = dernier.* Son jeu de mots le ravissait. –*Aujourd'hui en tout cas plud'car pour aller oùkseusoit.* Et de sa main humide de mousse il pointait l'extérieur de la fenêtre presque entièrement enneigée. –*Viennent de l'annoncer à-la-radio.* Il continua de rincer ses verres, les ouvriers-autour-de-la-grande-table remuèrent mollement, avec un grognement d'approbation. Nous demandâmes au patron s'il avait 1 chambre pour la nuit.

–*Chez=moi ici à l'auberge, non.* Il hésitait. –*Mais le-Nouveau, l'Étranger=de-l'Autecôté, il loue des chambres. Le=plus=souvent à des monteurs-en-déplacement* –, & il désignait les gens assis à la table d'habitués. –*Parce qu'Ici aussi l'exploitation du lignite a repris depuis-peu.* – Expliquait un ouvrier. –*Maislà =aveclegel c'est arrêté.* – Faisait savoir un autre, comme pour excuser son désœuvrement. – –*Ch'peux les zappeler, pour vot'e chambre cette nuit. Si ça vous va. Les chambres sont pas extras, mais pour 1 nuit ça fait l'affaire.* – Patron & ouvriers nous lancèrent des regards intrigués. –*Et ce sra l'occasion pour vous de jeter un œil au vieux presbytère. Céskeu vous vouliez faire de toute façon.* – Les regards interrogateurs se posèrent sur nous.

Peu après, têtes enfoncées dans nos cols humides de neige, nos corps bravant Les Éléments, vent&neige se dressaient aussi résistants que les murs d'une forteresse, pris dans les tourbillons incessants, avec peine nous nous frayâmes de nouveau un chemin en sens inverse le long de la rue du village, jusque devant le presbytère é son bungalow récent. *La-toile-d'araignée (j'en ai la parfaite sensation), autrefois déchirée et abandonnée, moi au=centre maintenant & de nouveau occupée à la-tisser : et* (je le sentais monter Desregards qui nous suivaient dans la salle d'auberge), *déjà bien avant notre arrivée=ici, nous étions, Henry é moi, plongés=dans le recommencement d'Histoiresvieilles d'un demi-siècle.....*

Le propriétaire, *l'Étranger=de-l'Autecôté* comme le désignait le patron de l'auberge & certainement tout le village (& jamais il ne s'appellera autrement), un véritable moulin à paroles de Cologne, nous accueillit dès le portail de son terrain. Encore sous les tourbillons de neige & puis dans l'entrée de son bungalow, il parlait de l'exploitation à ciel ouvert du lignite, qu'On avait décidé de reprendre dans cette région depuis-peu. –*Mais commejedis,* & ses gros bras courtauds dessinaient un cercle, *–y a !plusse à tirer d'ici, !Beaucouplusse : le Tout-Risme, M'ssieudame, j'vous fiche mon billet qu'ici=ça sra un jour une région !tour-hystérique de 1*[er] *choix : parcnaturel&deloizirs, wellnesscèneters & tout le bataclan. Ça vole coup d'ête Surplace avant. – Mafoua,* – il nous dévisagea soudain avec l'air du taulier d'1 hôtel de passe. *–Comme dit, l'exploitation à ciel ouvert. Et avec ces ouvriers maintenant tous cloués=ici à cause dugel&delaneige : vous le croirez ou pas, mais toutes les chambres sont prises. Plus rien de libre. Et ça à !Cettesaison. !Incroyable.– Allez, faites pas cette tête catastrophée, ma P'titedame.* – D'un geste amical il posa sa main potelée sur mon épaule, ses petits yeux gras de cochon tournés vers moi clignaient pleins=de-compréhension. *–Mais, qu'homme de bien entendu, j'ai toujours Quéque-Chôze = en-réserve pour mes Chairclients. Suivez-moi. Vous voyez là-bas : ma p'tite Willa hors catégorie.* Debout à la porte du bungalow donnant sur le jardin, il nous montrait – le presbytère. Sous des arbres ployant sous la neige, comme si un gros poing blanc se refermait sur elle, la petite maisonnette en bois, on eût dit 1 jouet, pointait vers la lumière grisâtre. Avec vaillance l'homme progressa difficilement sur le chemin auparavant dégagé de la neige, Moïse traversant la mer Blanche, vers l'autre côté, & nous laissa le suivre en nous expliquant qu'il n'avait malheureusement de disponible qu'1 chambre-sous-le-toit. Dans-l'ascension l'étroit escalier raide craquait sous nos pieds, comme si les vieilles planches endormies depuis des décennies étaient tirées de leur sommeil. – La mansarde : une douce chaleur rougeoyante rayonnait déjà du poêle en faïence de taille modeste –. L'homme avait en plus disposé dans la pièce mansardée selon un vieux procédé des récipients remplis de carbonate de potassium (cendres de pot), afin qu'ils absorbent froid é humidité.

– *!Cette mansarde – : – Oui !c'est certain. !Toutàfaitcertain : C'était !ici=dans-!cette-pièce –*.– Aurions-nous pu dire. – *Tu ne le sentiras plus : le Protes-Tantisme aux relents chimiques de pilules pisse-froid. Quant au jasmin, c'est pas la bonne saison. –*

Henry me regarda comme si je lui avais vraiment parlé à voix haute, demeura silencieux. Muet, il mesura en quelques pas la pièce dans laquelle sa mère Felicitas avait passé de Nombreuzannées. Puis il se laissa tomber à la renverse sur le lit. Fit bouger le matelas. –Bien sûr, ce n'est pas le !même lit, on l'a changé depuis longtemps. – Et il m'attira vers=lui en riant.

Tard dans la nuit, étendus côte à côte sous de lourdes couettes, la lumière éteinte dans la mansarde, où seul un rai filtré par la fente du poêle allongeait au sol 1 poutrelle chaude rouge profond, nous cherchions le sommeil sans le trouver. Entendions les rafales de vent souffler autour de la maison, les poutres du toit craquaient comme un navire-pris-dans-la-tempête, é des flocons sussuraient sans fin devant les carreaux de la petite fenêtre. –C'était !ici. – Chuchota-t-il à mes côtés. –Oui. – Moi aussi chuchotante. –C'est mon premier voyage de noces. On n'en a pas fait à mon 1er mariage, ça nous faisait rigoler, nous trouvions Ça ringard. – Avouai-je dans la pénombre. Puis le silence. Dans le poêle 1 bûche crépitait. Le tournoiement de la neige contre la fenêtre. À mes côtés l'homme remua, et soudain dressé de toute sa stature dans le noir, il se rua sur moi. Coït, sauvage é long. Comme s'il assommait mon corps avec le sien saturé de peur é de haine. (Mais sa peur é sa haine sa fureur é son avidité – elles ne m'étaient pas destinées.)

Tard é après Lesommeil, un rêve. *Je suis la patiente assise sur une chaise de dentiste. La lampe à halogène é sa lumière crue au-dessus de moi, à droite apparaît brièvement la tête du praticien – dépourvue de visage, ronde + blanc calcaire comme la lune. 1 miroir est placé à l'intérieur de ma joue gauche, le côté réfléchissant tourné vers la dent : la petite image ronde fait voir la 1re molaire en bas à gauche. Celle qu'on va m'extraire. Dans le petit miroir bucal je vois comment on positionne le luxateur + anesthésie la gencive, elle apparaît pâle au fond à cause de la grande pression mécanique. !Étonnant de ne rien sentir : ahoui, on m'a fait 1 piqûre avant. Maintenant c'est au tour de la pince, reflet argenté, d'être positionnée – ; 1 légère secousse, un truc mécanique, insignifiant. La dent est extraite, déposée à côté sur la tablette de la chaise. Petite chose gris ivoire 1 mince fil sanglant rappelant 1 minuscule cordon ombilical la dent repose en travers sur la tablette argentée. Avec force + indignation je m'écrie dans le cabinet désert : –Était-ce ?!nécessaire.* – Le son de ma voix me réveille. C'est le matin, 1 dent un peu douloureuse à gauche é un goût piquant-prononcé sur la langue –. Les vestiges d'un rêve.

Le froid semblait avoir vite reculé pendant la nuit, les tourbillons de neige cédaient maintenant la place à des flots de pluie déversés depuis des amoncellements de nuages gris-bleu, – (disparu, le doux murmure de la neige qui tombe –) j'entendais s'abattre de grosse gouttes & la pluie paic-citronnait le long des vitres en filets cristallins é crevassés. Comme le montrait aussi la vue par la fenêtre : des amas de neige blanc humide, inondés de ruisseaux tisonnants, é des terres arables & chemins s'élevait Noir le regard fixe de la terre – un souffle d'air tiède pluvieux tiède s'engouffrait du-Dehors à l'intérieur. – Mais plus tard, en nous rendant à l'arrêt de bus (le loueur s'était montré serviable & nous avait informés que les cars circulaient à nouveau) le sol restait profondément gelé après ces jours de grand froid ; la pluie verglaçait les couches en surface, – avec prudence, pas-après-pas, nous avançions sur les pavés luisants de la rue. Nous devions aussi éviter des mottes de neige complètement détrempées, – l'eau de la fonte s'échappait des tas gris bleu et s'accumulait en grandes flaques sur le sol gelé, – averses & vent ridant les minces couches liquides. Avec difficulté nous progressions en frissonnant sous nos manteaux détrempés. Les arbres, hier encore courbés sous la neige, étincelaient de voiles gris transparents drapant jusqu'au plus petit filigrane de leurs ramures, des brouillards opaques pesaient comme un couvercle sur le paysage, arbres é mâts de télégraphe, encore couverts de givre é de neige quelques heures auparavant, se trouvaient maintenant comme juchés sur des échasses au milieu de la grisaille, sans le moindre souffle de vent pour les agiter. Des glaçons pendaient même aux branches é aux rameaux les plus fins comme des bijoux cristallins – dans l'Air flottait parfois le tintement clair, musique des sfères, dès qu'1 brise traversait les verreries de glace. Ce tintinabulement&tintement courait aussi le long des troncs – de l'un à l'autre – s'accordait avec le vent dans les cimes givrées – 1 concert féérique de sonorités délicates. De grosses mottes de glace empâtaient les fourches solides des branches, les lattes des clôtures, & donnaient aux plantes é objets de grotesques boursouflures. Mais le tintement cristallin murmuré des arbres accompagnait notre traversée du village. Seuls les bruits de la circulation sur la route départementale proche venaient en recouvrir la douce musique glacée.

Nous rentrâmes en car à Vockau. Nos manteaux, bien trop épais maintenant pour la tiédeur de l'air, alourdis é imbibés de pluie é de sueur, fumaient. Le trajet fut plus long que d'ordinaire, la pluie verglaçante ayant transformé touteslesroutes en miroir – chemin faisant, nous avons vu bien des accidents. – Deux voitures se dressaient à l'oblique hors du fossé, – un motocycliste avait fait une chute & s'efforçait de récupérer sa moto tordue (le pantalon en cuir de l'homme déchiré le long de la jambe gauche, découvrant une peau claire qui saignait), mais seule sa moto semblait le tracasser, – une fois un camion s'était mis en travers de la route (le car dut suivre une déviation), – puis il y eut un carambolage entre plusieurs véhicules de tourisme : policiers, dépanneuses & accidentés, des filets de sang rouge mouillé leur coulant sur le front é le-long-du-cou ; yeux amorphes figés par=l'horreur, visages pâles é effarouchés, les personnages ébranlés se tenaient debout près de la tôle froissée, sur le toit du véhicule de police la lumière clignotante silencieuse creusait ses faisceaux bleus dans le miroir de la route pendant qu'une pluie fine tombait en voiles épais. Un tas de gros sable s'écoulait en une indolente crue jaunâtre, – sans bruit, semblait-il, & au ralenti, nous glissions à bord du car au fil des lieux des accidents –, les vitres couvertes de buée, je les dégageai d'une main pour voir, – un mouvement passant sans doute aux yeux des gens à l'extérieur pour un geste d'adieu. Le brusque hurlement de la sirène de l'ambulance devant nous, & elle s'éloigna – le car dans lequel nous étions assis, la suivit – direction Vockau.

Quelquesemaines plus tard, rentrés à Francfort depuis un moment, je n'eus pas mes règles, j'étais enceinte.

Henry (je le savais) n'aimait pas les enfants, les siens encore moins ; ma grossesse un coup dur. J'essayais sottement de la lui cacher. Il m'était bien sûr impossible de la dissimuler longtemps.

Trèstard lorsque je lui avouai être enceinte, si tard que toute dénégation devenait impossible, il se tut. Immobile é d'une manière étrangement vide, comme si son corps avait été dépecé pour en extraire la Vieintérieure comme on le fait de la chair d'un fruit qu'on épluche, et dont seule l'enveloppe subsiste, – ainsi se tenait-il assis à table. Il ne me regardait pas, alors il se leva sans un mot & sortit de la pièce. – Henry, que les-sujets grossesse & famille rebutaient tout à fait, avait dit un jour : *?Pourquoi me ?dupliquer..... !J'existe, c'est 1 x plus que suffisant.*

Le vieux ressentiment obscur contre sa propre enfance & sa famille se transforma dès lors en une colère ravivée contre moi, capable d'avoir des enfants, é contre lui, capable d'en faire.

Photo 84 — *Corinna à sa confirmation (robe courte, d'1seule couleur), tenant un bouquet de fleurs, devant un mur en moellons ; dans le jeu d'ombre é de lumière des branches, l'air grave, printemps 1974*

–Une-Famille + des-Enfants = la-Normalité, mais la-Normalité prête elle=même le flanc aux État=Église=Banques=Employeurs pour qu'ils la fassent chanter. L'Individu-Normal veut rester coûtequecoûte ce qu'il est : normal. Pour !Cela, quoi qu'il puisse lui en-coûter, il doit tenir=compte des cadeaux qu'ON lui fait –

Et comme je ne répondais rien, il se lança dans l'une=de=ses envolées sarcastiques : – *On les trouve !Par-Tout ces niouveaux pères.* – S'écria-t-il, désireux dans sa chevauchée de les-écraser&les-réduire-à-rien sur son parcours hargneux : *–Les niouveaux pères sapés dans leurs niouvèles fringues-de-mark & leurs babillages-dodo-l'enfando à propos de leurs re-jetons qu'ils trimballent par-Tout & qu'ils se sentent obligés de montrer comme les exit-bite-sillonnistes leur zizi – Toute l'Allemagneuneuneu est transformée en chambre d'enfants piaillante : un acte !génie-anal sur la* *scène-de-l'Ego, un rôle par-fait=pourallerdelavant : du Yappie au Papi.* – Il dut reprendre son souffle, je voulais m'en aller, quand sa voix me retint fermement : *–Même pour conduire-une-moto il te faut 1 permis, mais faire&avoir des enfants, c'est permis à n'importe quel connard – & il les !fait & il les !a. Freud, le médecin des patients aisés, a prescrit aux-femmes l'envie du pénis – moi, c'est l'envie d'utérus que je prescris aux niouveaux pères. – Mais ça ne les rend pas plus doux que leurs pères, au contraire : plus égo=tiques & absolument sans scrupules dans leur envie-de-punir féminine. De gros durs cuits mollets. C'est à vous dégoûter, cet inter-minable-barbotage impudique=en-public dans les maman lait & caca=d'enfants de cette race dégénérée jusqu'à=la-moelle-des-os.* Puis, et comme souvent sur des sujets semblables, il se rétablit sur la barre du sérieux après son saut caustique : *–Parfaitement : à vous !dégoûter ; – si On ne savait rien du caractère éphémère de Toute=Mode. Seulement voilà, jusqu'à=maintenant ces niouvèles machines à ensemencer&catapulter ont obstrué encore plus le monde avec leur abo-minable portée. Les-Animaux sont !plus raisonnables : ils renoncent à se-reproduire Danlamisère – & Lamisère existe en permanence ; avec une évidence telle qu'Elle est l'arbre qui cache la forêt. La Raison préfère en effet l'extinction à la Prolifération-de-la-Misère. Or la race-humaine & sa raison se sont : gâtées. Multiplication est donc synonyme d'augmentation de Lamisère & d'accroissement du Risque de Guerres, car l'Amour est un fruit de la Guerre. – J'ai 2 propositions à faire, la 1re aux-technologues-des-gènes : les individus mâles naîtront avec des tabliers, ainsi pourront-ils se cacher derrière eux-mêmes toute leur vie. La 2e au-Gouvernement : changer l'emblème national allemand en remplaçant l'aigle par la tétine. Ce cucul=effD : ce qu'il fallait démontrer.*

Henry est raisonnable. Mais être raisonnable, c'est aussi se camoufler,sa colère le trahit. J'en sais Troplong sur son-histoire pour ne pas savoir !pourquoi ses propres enfants surtout lui répugnent tant : comme s'il souffrait d'un mal=hériditaire incurable qu'il se refuse à transmettre. Sa colère est celle que l'infirme ressent pour le reste de sa vie, endurant la maladie sans guérison possible. Mais il est lui=même le premier responsable de la gravité extrême de son mal devenu incurable.....

Pendant les semainesetmois de ma grossesse, il me seconda comme un paysan s'occupe de sa jument pleine : correctement, consciencieusement, – mais Sansamour.

L'enfant avait dépassé le terme, l'accouchement se présentait mal, le bébé n'arrivait pas à sortir. Les médecins se donnaient de la peine. Césarienne. Trop tard. – Les infirmières & médecins qui m'entouraient, moi, allongée sur la table d'opération, voulurent m'empêcher de voir cette chose morte sortir de moi – mais je la vis quand même, 1 court-instant : 1 ressemblance humaine couverte de sang, peau blafarde fripée accrochée à un corps de poupée=minuscule, les yeux solidement clos, la petite tête & le tronc densément couverts d'un duvet très roux. Dans son effort à vouloir le dissimuler, le médecin tint le bébé mort-né de telle façon que je pouvais voir en direct le visage inanimé. La petite bouche aux lèvres minces plissait délicatement, é – chose étrange – une bonté é une sagesse paisible empreinte d'une profonde=intelligence couvraient les traits cireux, comme les personnes très âgées les animaux ou les morts seuls savent les exprimer dans ce type d'abandon de soi. – Le Spectacle me faisait oublier la douleur physique : – !quelle expression de supériorité supra-vivante chez 1 créature qui n'a jamais vu Lejour. Et dans les mains du médecin le gentil visage aux yeux clos se tourna vers moi –:– une Chose Morte 1 Chose Vivante se dévisageaient. – Puis, d'un geste vif, médecin & infirmière écartèrent la Chose Morte, la couvrirent de linges & l'évacuèrent à la hâte sur un chariot loin de la salle de travail. – Plus tard j'ai réfléchi à tout ça, – et j'étais sûre d'une chose : rien d'organique ne s'était opposé à ce que cet enfant vive – une créature, douée d'une intelligence é d'une bonté telles qu'elles étaient déjà inscrites dans les traits originels, ne peut pas supporter de vivre Parmileshommes la vie qui l'attend. Beaucoupdesouffrance Beaucoupdepeine humiliations hypocrisies trahison douleur honte & affront, et peut-être, comme son père, dès ses jeunes années obligée de songer à sa=propre=mort, à l'extinction de la souffrance de Devoirêtre ce que l'on est, pour ensuite s'en aller de cette vie de son Plein Gré sans moyens de la quitter sansdouleur sanshumiliation, é: s'éviter ainsi d'avoir à traîner derrière soi une survie jour-après-jour dans le manque de liberté – Cette créature s'est vu épargner tout cela. – Plus tard je me suis rappelé l'histoire de l'araignée de mon enfance & de sa toile déchirée par mon père, et la promesse secrète que je m'étais faite, en-pleurantdecolère, de ne !jamais devenir Unefemme, – Maintenant mon vœu s'était : ?réalisé. ?Qui de moi ou: de Cepressentiment jadis enfoui en=moi, et qui attendait que Sonheure vienne, avait ?voulu exprimer !Cela : mon 1er mariage soldé par 1 fausse couche, mon 2e par 1 mort-né ; moi incapable de mettre-au-monde Desenfants à même de vivre dans Cemonde.....

Henry vint me chercher à l'hôpital. Il était blême é silencieux, avait manifestement passé de longues=nuits blanches, aussi franchit-il la porte de l'hôpital, totalement absent et, sous la haute toiture soutenue par de minces poteaux métalliques, sur les dalles gris blanc, il marcha vers le parking, à mes côtés. Sans me regarder. Sans dire 1 mot.

Aux coups d'œil que je lui jetais (– je m'attendais à lire sur son visage un léger soulagement) – je voyais le rouge de la colère..... les veines enflées sur ses tempes é la peau rougie sur son front, la main qui portait mon sac, serrée en poing. Il tremblait. –Était-ce !?nécessaire. – L'entendis-je dire soudain. Je sursautai, consciente d'avoir déjà entendu !cette=même phrase – ?quand ça – : à la fin de mon rêve à Thalov, la vision de la dent sanglante. Cette phrase & ma voix qui parlait fort dans Monsommeil m'avaient réveillée alors. – *(Et j'avais l'impression maintenant d'être Sanspeau, conduite & exposée au-pilori sur une place de marché, – & chacun me montrait du doigt, criait avec un rire méprisant la médiocrité de ma chair : elle est incapable de mettre-au-monde !Desenfants capables de vivre dans Cemonde.)* –

La colère. La Sienne, – elle finit par nous séparer. Lui d'abord en s'entraînant dans cette affaire-grotesque avec 1 étudiante. Il n'Y résista pas longtemps & revint à la maison pénétré=de-repentir. À moi dès lors les-restes-de-ses-Lendemains-Galants : ses cheveux gris roux teints de petites mèches, alors que son corps était entièrement rasé, de sorte qu'en se déshabillant, sa peau de bébé cadum mais légèrement poussièreuse dans les plis & les ridules lui donnait un air de Porky Pig vieilli : tout le ridicule de la-jeunesse en badigeon sur un corps délabré. – !Tu veux que je te dise à quoi tu ?ressembles : tu=es à !mourir de rire. *(!Ça au moins..... tu l'as derrière=toi maintenant.)* Qu'est-ce qui ?m'empêchait de le laisser revenir Dansmavie. Mais je refusai désormais qu'il me touche ; cela s1mplifia é: compliqua notre relation. – La vie continue, autrement.

Et la Créature Tribunal, le Varan aux mille pattes, a bougé entre-temps. Indolent mais décidé Il a posé Ses Griffes sur l'année 1991 ; – chaque coup donné un acte juridique, chaque croc planté un verdict. Le Varan ne tue pas en mordant ; ses défenses septiques empoisonnent la proie, le Varan trottine nonchalamment derrière elle, jusqu'à ce que le poison l'ait rendue inoffensive. Le Varan a tout son temps..... – Marchant en tête de Son Escorte une Vieillecolère ; la Colère des-Petitesgens née de l'injustice subie une vie=durant – Lacolère s'est superbement bien camouflée +, drapée de §§§§§§§ comme le mercenaire dans la jungle de végétaux+broussailles, personne ne doit reconnaître sous !Cetarmement la molle mielleuse..... bassesse humaine. – La Haine-des-Hommes aux amers traits durcis suit les traces de la Vieillecolère. Avec pré=dilection elle châtie de bagarres poursuites emprisonnements déportations accidents saisies exécutions-de-toutesortes é enterrements ; se trouve sur-place + frotte ses mains âpres en faisant claquer sa langue assoiffée de joie maligne. – Drapées dans des nippes puant=lasaleté elles sont trois Autres à traînasser derrière les jambes bien écartées d'éléfantiastique importance : Bêtise Avidité Insolence – leurs épaules ont Deuxmètresdenvergure, leurs coudes sont en acier + pointus, avec impudence elles servent en 1er l'organe essentiel du Citoyen-parlant : Lagueule. Leurs sales pattes grattent après tout ce qui leur paraît convoitable dans l'immédiat. Mais un Autre ouvre la marche : un Vieillard dont on a poudré le visage + fardé de rouge les lèvres flétries pour faire accroire une fraîcheur + une vigueur qui n'ont jamais existé. Sur sa tête 1 hennin, sa chair fatiguée est cachée sous de longs vêtements féminins brodés de pierres précieuses multicolores aux scintillements de perles de verre. Le Vieillard qui conduit la procès-scion porte dans ses mains en le tenant très haut au-dessus Destêtes un instrument de torture peint en or, La Croix. Y est suspendu, tenu par des crochets + des cordes, le bas du corps sanglant d'un homme fraîchement abattu, dépouillé + sa chair rouge parcourue de veines de graisse comme un jambon. Graisse veut dire Grande Richesse = qui se fonde toujours sur de Grands Crimes, la Chair signifie le Péché, l'instrument de torture La Honte + lui=même, le Vieillard, se nomme Culpabilité. Un mot du genre féminin dans notre langue, d'où les vêtements de femme portés par le vieil homme. La procession s'accompagne d'un grand vacarme : trompettes crécelles sifflets à roulette beaucoupdecuivres cris + carillons de bronze échappés de clochers – d'épaisses volutes d'encens dévorent la lourde puanteur de chair sanguinolente dégagée par la-Croix. Au milieu Dutumulte telles les pattes d'une araignée les lèvres fardées rose pâle du Vieillard tissent des prières. Mais la voix du Vieil Homme se noierait dans Toucevacarme, si 1 serviteur ne lui tendait 1 mégaphone au bout d'une longue perche. Et la voix amplifiée retentit + siffle comme 1 annonce faite par la Police, le ton tremblant qui s'efforce à l'émotion + à la solennité rappelle la fête foraine + le train fantôme. Les prières sorties de ces lèvres flétries, qui jamais n'eurent la permission d'embrasser une femme, ont l'air de calembours, si barbants qu'ils coupent l'envie de rire même au vieil homme. Sans gêne bredouillante bruyante bousculante chicanière – ainsi la procèscion du Droit Civil parcourt-elle en ordre Lepays. – – Tirée de mon rêve&sommeil, il me dans la bouche ce goût de patine de vieilles cuillères sales.

Au dernier rendez-vous d'Henriette & de Georg dans le cabinet de la Wallstraße, le jeune avocat fut soudain pris d'une envie pressante de se confesser : il dit avoir chanté pendant Quelquezannées dans la chorale des jeunes gens chrétiens de Hamm, sa ville natale ; qu'il a embrassé la carrière d'avocat du Droit civil pour empêcher que le-Matérialisme soit l'Unique=Concept à s'imposer Danlemonde (& sa voix était empreinte de tristesse à Cette Évocation), sinon ce maudit Mammon trouverait encore&toujours=sansfin du soutien pour triompher. Là aussi, & ses doigts tapotaient sur le dessus d'une pile le classeur contenant les pièces du procès d'Henriette & de Georg, là aussi il voyait triompher !hélas trois fois !hélas ce-Diable=de-Capitalisme ; de plus Forts que lui, se plaignait le Jeunavocat, de Bienplusforts avaient réussi à faire tourner La-Situation-à-l'Est à=!leur-profit. (Pour la 1re fois 1 odeur de sueur aigrelette vint se mêler à l'arôme frais de la lotion après-rasage.) Mais lui=en-sa-qualité d'avocat du Droit Civil ne perdait pas Espoir. !Jamais. (Et il redressa ses épaules étroites.) Mais en attendant, fit-il savoir, il fermerait son cabinet Ici=à=Berlin & retournerait dans sa ville natale de Hamm. Ainsi les deux procès engagés par Henriette & Georg touchèrent-ils eux aussi à leur-fin ; tous deux déclinèrent en remerciant l'offre de poursuivre les actions en justice par l'intermédiaire de l'1 de ses collègues que l'avocat recommandait, son successeur=ici au cabinet.

Poursuivre la procédure reviendrait maintenant à un pur gaspillage de temps&argent, é: n'améliorerait pas leur situation, – Henriette était bien tenue de se l'avouer à présent. ?Et le triomphe du Syllogisme – à l'instar de l'ancien slogan du Triomphe-du-Socialisme partout=dans=le=monde inscrit sur les banderoles rouges déployées é claquant au vent partout-danslesrues&lepays – une fois opérée sa transformation, désormais un crépitement sur une Tôle Citoyenne polie lisse&aplatie : nous voyons le Syllogisme !triompher – car sa conclusion *Cours de la Justice* a ses parties secrètes grandement peu déflorées prêtes à coïter avec un Capital Bienraide. – Ainsi la maison de Werner à Mathildenbourg resta-t-elle dans des mains-étrangères ; en revanche, au début de l'année 1991, par décision de justice, la propriété de Thalov détestée par tous revint à Georg & Henriette Adam.

–Les choses demeurent ce qu'elles ont toujours été. – Fit remarquer Henriette, profondément déçue. –Le-Passé ne lâche pas prise : On rend justice à qui peut faire=valoir son droit & obtient ce qui n'est pas de droit. – –Maintenant nous !devons réagir. – Dit Georg en coupant court aux lamentations de sa femme. –Il faut reconstruire la maison de Thalov. Nous n'avons plus d'Autrechoix.

–!Et Comment. ?!Et avec quoi. – S'écria Henriette, irritée de l'1ngérence inattendue de Georg. – ?!Tu crois qu'avec notre retraite nous pourrons construire !Toutunemaison. Les Quelques-Sous investis ne suffiront même pas pour la cave, avec-bien=du-mal pour nos obsèques. Car, dis-moi 1 peu ?Quellebanque nous accordera encore un ?crédit=à-notre-âge : pour !Eux, toi & moi sommes morts&enterrés depuis longtemps – tu l'as dit toi-même. Et d'ici à ce que nos retraites-de-l'Est soient ajustées au ni-vaut de-l'Ouest, les poules auront des dents é nous deux serons morts pour de bon. !?Aurais-tu la faiblesse de croire qu'il existe quelque part Danscemonde une !Justice. – S'emporta la femme. Mais elle se calma tout de suite l'instant d'après, & tous les deux s'efforcèrent de réfléchir au moyen de se sortir de cette impasse, ce cadeau des Danaïdes reçu par décision de justice civile. –

Des plus Forts que lui (avait déclaré alors le Jeunavocat dans son cabinet pour conclure), *de Bienplusforts avaient réussi à faire tourner La-Situation-à-l'Est à=!leur-profit.* : À cela (s'étaient dit Georg & Henriette), il n'y avait qu'une explication possible, ces avocats Plus Puissants étaient au-service de grandes sociétés immobilières aux reins phynanciés=plus-solides, lesquelles s'étaient !très bien entendues pour se réserver=à=titre=personnel des objets lucratifs – & la maison de Werner dans la Breite Straße de cette vieille&bonnebourgeoise région de Mathildenbourg était certainement du nombre, en dépit des Années de Délabrement ErDéA, un bâtiment encore très bien conservé dans cette ville située à une proximité particulièrement=!favorable de la future capitale fédérale Berlin. En revanche, la maison (en-ruine) & le terrain de Thalov ne présentaient manifestement aucun intérêt pour les agents immobiliers. Ainsi les documents signés autrefois par Peter-Paul Karge faisant=(mauvaise)foi du transfert de cette propriété à la commune de Thalov n'étaient-ils toujours pas valables. Le petit avocat avait réussi à s'imposer sur ce point – sans rencontrer cependant 1 grande résistance.

Bien des hommes, bien des villes ont l'air d'avoir ressuscité d'entre-les-morts à Cètépoque=au-début-des-années-quatrevingtdix. Des gens séparés depuis longtemps se retrouvent comme si Quarantannées de Séparation par Unefrontière=tracée-à-la-verticale avaient été Riendutout, & maintenant que cette séparation mortelle n'existe plus, effondrée noyée disparue – oui, les revoilà : ils écrivent, donnent des nouvelles, font le voyage ; ils germent droit sans façons, à l'instar de ces graines de céréales millénaires qu'on retrouve dans les tombes très anciennes, & qui arrivent à maturité Silongtemps après, suffit-il pour cela de leur donner un peu d'eau, du soleil & une poignée de terre –: elles verdissent !aussitôt, ces graines ; et voilà que les membres de la famille se présentent soudain à la porte de l'appartement de Georg & Henriette à Berlin, Greifswalder Straße, pressent le bouton de la sonnette : *Ding Dong* : Petra & Rudolph son second mari, géologue

& géomètre chef d'une petite entreprise, de Bad Bentheim. Et ils sont venus avec leur fils Ralf, un solide gaillard, début de la 30taine, mains travailleuses visage dodu légèrement rouge é des cheveux blond cendré. Célibataire, sans relation stable & vivant=encore-chez-les-parents, il travaille à l'agence de son père comme ingénieur en informatique. D'un naturel persévérant & déterminé=dans-ses-objectifs, l'expression de son visage révèle en outre cette sorte de bonne foi constante=intacte, cette bonhomie é affabilité tenace que rien ne peut ébranler, des qualités si rares qu'elles surprennent souvent ceux qui font sa connaissance. Ainsi le fils est-il Un Soutien pour son père surtout en-Cestemps. – Leur visite ce jour-là à Henriette & Georg n'a rien d'un hasard ; voilà un moment qu'ils échangent des lettres, Rudolph & son fils nourrissent des plans professionnels précis qui portent autant sur les « Nouveaux Territoires à-l'Est » que sur la propriété de Thalov en particulier.

Après une longuesuite de semaines pluvieuses é fraîches la journée s'annonce à nouveau agréable en cet été déjà sur le déclin, – d'un ciel bleu sans nuages le soleil éclaire Laville d'une couleur pêche – aussi décide-t-on de se rendre tous ensemble en voiture au jardin de Weißensee. Les pièces de l'appartement d'Henriette & Georg ne sont de toute façon pas habitables en ce moment, les meubles poussés lézuns contre lézautres, les tapis roulés, le tout recouvert de film plastique & journaux en prévison des travaux de peinture, – l'odeur fade é tenace de vieille poussière soulevée flottant partout. – On est déjà rassemblés à la porte, prêts à partir quand 1 x encore le carillon – : *Ding Dong* : – fait entrer Corinna é: son mari Dieter.

Les grands yeux clairs de Corinna – les cinq personnes s'aperçoivent immédiatement de sa présence dans la petite entrée peu éclairée ; le regard de Corinna vient à eux comme une main tendue en quête d'une autre main qui la remarque, masculine de préférence – : et croise le visage de Ralf. Leurs deux yeux se cramponnent l'un=à=l'autre en Unseulregard, immobiles comme si Unenvoûtement les avait subjugués tous=les=deux, chacun sentant ses joues s'empourprer. –

Et Ce qui vient de se produire à l'instant, ce courant haute tension à effet=magnétique, se propage aussitôt aux autres – Henriette, Georg, Rudolph, Petra, comme s'ils avaient été témoins d'1 coup de foudre, laissent passer quelques moments=de-perplexité, guettant en silence – ?ce qui pouvait encore arriver. –

Visage pointu marqué de traces chagrines, le 1er à bouger derrière Corinna, est Dieter, son mari, l'homme fouille hâtivement dans la poche de sa veste après 1 cigarette. Farfouille après le briquet ; – la cigarette coincée entre ses lèvres pâles ; l'ennui mortel jette un regard gris cendre par ses yeux. Seuls des étrangers qui ne connaissent pas le couple-marié peuvent penser que l'homme efflanqué se détourne de Lascène pour allumer sa cigarette. – Pendant ce temps la journée entre dans ses heures les plus fringuantes, rayonnant le ciel aguichant, un bleu d'été chauffé à blanc.

40

Photo 85 *(de g. à dr.) assises sur des chaises longues, Corinna, Dora (une amie d'Henriette, portant des lunettes noires), Werner (en arrière-plan), Roland (le mari de Dora, lisant un livre), 1 chaise longue inoccupée, au premier plan un parterre de fleurs bien fourni, jardin de Weißensee, été 1966*

– !Oh putain : Papa allait de plus en plus mal ces Dernièrezannées. Maman é moi pensions déjà qu'il allait tout envoyer promener : l'agence & la bonne situation qu'il s'était faite dans les-Années-Fastes=avant, depuis qu'il s'était installé à son compte comme géomètre. Tous les employés, nos anciens collègues, P'a les avait repris comme collaborateurs dans son=affaire. C'était au-début des AnnéesQuatrevingts. Nous étions 7 dans l'entreprise – les 7 nains et leur Grand-Étalon, ha, c'est comme ça qu'on s'appelait entre nous. !Oh putain, ça rapportait joliment=bien : des contrats, & plus que nous pouvions en traiter. C'était le bon temps, les-communes croulaient encore sous l'argent, tellement qu'elles auraient pu faire tapisser de feuilles d'or les rues & les trottoirs. Après, au milieu des

Années Quatre-vingts, terminé. Finis les contrats rentables. Car les grandes entreprises du bâtiment disposaient maintenant elles aussi de leurs propres géomètres, elles pouvaient se passer de nous autres=gagne-petit. Juste encore des contrats au compte-gouttes, et pour finir plus rien du tout. Comme si nous devions mourir asphyxiés. Alors Papa m'a dit : *–Ralf,* m'a-t-il dit d'une voix oppressée, *–nous n'y arrivons plus. Je ne sais plus Quoifaire : nous devons licencier notre personnel.* : 1 pour commencer, puis 2, &cetera. Àlafin, il ne restait plus que lui & moi. L'esprit=chagrin Papa allait à pas feutrés, se délitait, il jetait les courriers de Labanque sans les avoir ouverts. *–Ch'sais !c'qu'ils contiennent.* – Silence é tristesse. Maman non plus ne voyait pas d'issue. C'est ce qui a probablement donné l'idée à Papa de s'auto-licencier, en quelque sorte. !Oh putain, c'était pas beau à voir. Bon, je le reconnais : on=a=chacun un moment où ça va=mal. Mais Papa : il devenait un danger pour lui-même. Tard 1 soir (il restait parfois assis à son bureau jusqu'en-pleine-nuit, des piles de papiers impayés courriers restés sans réponse entassées devant lui, le regard perdu dans le noir), – je suis allé le trouver car il !fallait en !finir. Mais il semble qu'il ait eu lui aussi l'idée d'en !terminer ce soir-là. Bon, je le reconnais : on=a=chacun des idées bizarres qui nous passent=par la tête, mais c'est de loin pas uneraison de..... Ce soir-là donc, je suis tout juste arrivé=à=temps dans son bureau, j'ai allumé la lumière –: !Oh putain : il était étendu là –,– je lui ai vite fait un garrot, mis un bandage, Lesaignement a cessé. Il était aussi blanc qu'un linceul, sa voix à peine encore un murmure : *–S'il te plaît, mon garçon, pas chez le médecin. Pas de médecin s'il te plaît. Quelle !honte Mondieu Quelle !honte.* Et il s'est évanoui. Je l'ai pris sur mon dos & direction la voiture, et à la maison. Maman a poussé des cris en nous voyant. !Et merde, je me suis dit, ça va encore me faire Un problème de plus. Mais Maman s'est resaissie très vite, c'est une Femmecourageuse – nous avons transporté Papa pour le coucher dans son-lit. Il y est resté étendu des-jours&-des-nuits, le regard scotché au plafond, sans dire 1 mot. J'étais tout-seul au bureau à cette époque. Une présence pro forma, sans plus, une araignée aurait pu tout autant s'asseoir là, car il n'y avait plus rien à faire, excepté de calmer & repousser les-Requins de Labanque & du Fisc-Odieux. Évidemment : Ça aussi ça devenait difficile-&-

de-plus-en-plus-difficile. Maman é moi ne savions plus ?que faire nous non plus. En tout-cas Ça ne pouvait !pas continuer comme ça. C'était la seule chose évidente. Mais ?comment continuer & sur-Tout avec ?quoi. C'était à l'automne Milneufcent Quatrevingtneuf. Puis en novembre Lemur est tombé à Berlin : les barbelés bande de la mort mines anti=personnel – le Tout comme emporté par le vent d'1-heure-à-l'autre. !Oh putain, !fallait voir ça. C'était comme si notre planète était entrée en collision avec une autre, l'Estentier s'étalait devant nous – !Qu'est-ce qu'y aurait comme=!boulot : des !contrats en-veux-tu&en-revoilà. !Oh putain, !fallait voir ça. Mais faut reconnaître qu'il était plusque !temps pour nous. La-merde, on en avait jusque-là & même au-delà. Maintenant nous savions !comment continuer. De l'argent, nous n'en avions certes pas non plus à ce moment-là, mais Papa au moins avait repris courage. Et, ma chère Dorothea, tu pourras raconter ce que tu veux, mais : Lediable ou autre Hacker, ça flaire les hommes : s'Il sent la peur, Il t'assomme d'Uncoup sur la tête, que tu t'en relèves pas – ; s'il sent le courage, il t'offre d'amener encore plus d'eau à la rivière. C'est pas garanti, mais possible, & ?quoi de plus ?!réjouissant qu'une éventualité possible. – Les !lettres. Les lettres d'Henriette, la cousine de Maman, é de son mari Georg de Berlin-Est. Ce qui avait été caché des décennies=durant derrière le Rideau de fer apparaissait maintenant que Le-Rideau était déchiré. Je n'avais jamais vu ces deux personnes avant, et je crois savoir qu'elles n'ont pas non plus manqué à Maman é à Papa pendant-Toutescesannées ; – nous vivions Ici / eux=de-l'Autre-Côté. C'était comme ça. Mais maintenant leurs lettres avec l'Invitation & l'Offre venue de l'Est – à notre=intention ; La Chose arrivait à point nommé & m'était destinée=!personnellement.

Un samedi matin d'août 1991 aux premières heures Papa Maman moi sommes partis de Bad Bentheim à bord de notre vieux minibus – direction Berlin. Papa avait chargé tout le matériel de géomètre, comme si l'on partait au-boulot. La force-de-l'habitude. C'est seulement en cours de trajet qu'il réalisa qu'une arrivée=aussi-spectaculaire risquait de paraître exagérée –. Mais il n'a pas voulu faire demi-tour, il pensait que c'était un Bonsigne pour l'avenir.

Quand nous avons pris la route, une lumière bleu frais s'écoulait dans le petit matin. Papa a mis un point d'honneur à conduire !lui-même : tout le trajet jusqu'à Berlin. Il ne voulait passer le volant ni à Maman ni à moi. Il en faisait vraiment=toute-une-affaire. Maman aussi, assise sur la banquette arrière, elle voulait dormir en fait, mais l'Excitation la tenait éveillée, on aurait dit que nous nous trouvions déjà en-Pays-Inconnu. Intriguée, elle suivait les routes entre nous deux assis à l'avant, attentive & concentrée, comme si c'était elle la conductrice. Elle nous faisait la lecture de chaque panneau d'agglomération que les phares arrachaient à l'obscurité l'espace de quelques secondes, d'une voix forte & empreinte de gravité elle prononçait jusqu'au nom du dernier trou à vaches, comme si c'était une formule magique. –Pourvu que ça l'aide. –A-t-elle murmuré 1 fois pour=elle. J'ai fait comme si je n'avais rien entendu (car je savais Ce qu'elle voulait dire). – –

Passé Schüttorf, nous sommes montés sur l'A 30, avons traversé Rheine et nous sommes rapprochés d'Osnabrück. Des voitures, assimilables à des projectiles foncés, nous dépassaient à toute allure en hurlant, d'autres, plus lourdes, leurs feux arrières s'estompant, faisaient laborieusement tourner leurs moteurs dans la même direction que nous – leurs gaz d'échappement tourbillonnant dans la lueur rougeâtre. – L'éclat bleu clair s'éclaircissait – le jour perçait lentement. – Osnabrück : les dernières lueurs clairsemées des lampadaires dans les rues, une clarté très vive jaillissait des vitrines des magasins pour rebondir contre l'obscurité déserte, personne n'avait envie d'admirer les devantures. Les surfaces lumineuses retombaient au sol & se recevaient sur l'asfalte miroitant. Il avait dû pleuvoir peu avant, les plans éclairés se brisaient en éclats, sol1taires, cheminées clochers pignons dentelaient le clair matin humide bleuissant.

Photo 86 *(de g. à dr.) assis sur des chaises longues, Dora (portant des lunettes noires), Werner (en arrière-plan), Georg, Roland (feuilletant un livre), 1 chaise longue inoccupée, au premier plan le début d'un parterre de fleurs bien fourni, jardin de Weißensee, été 1966*

–J'ai demandé qu'on baisse 1 peu la vitre – frais était l'air qui pénétrait dans la voiture, fraîches les rafales matinales venues heurter dans les rues des formes 1solées posées contre le vent comme des points d'interrogation. – À Bad Oeynhausen nous avons obliqué vers l'A2 en direction de Hanovre. Sur notre gauche tel un cône noir s'éleva très vite le massif couvert de forêts de la Porta Westfalica, – dressée sur l'horizon contre le ciel bleu la région des chaînons de la Weser, cloches noires dentelées en fonte de ténèbres, ponctuées de lumières éparses, comme si Lalumière couvait derrière un fer poreux –.

Sous le bleu renforcé du matin dans 1 banlieue près de Hanovre : la façade éclairée d'une maison adossée à l'autoroute, sur laquelle étaient peints deux yeux immenses abrités derrière des lunettes cerclées, & couronnés des gros caractères :

Nous vous avons à l'œil !

Les yeux dessinés de telle manière qu'ils semblaient suivre partout à travers leurs verres imaginaires qui les regardait. Papa, le regard rivé au dessin, leva le pied de l'accélérateur, fasciné, comme s'il était en son pouvoir de contraindre même notre voiture à se tourner vers la façade et ses coups-d'œil-jetés de plusieurs mètres de haut. Je sentais que Quelque Chose le=travaillait (Quand il s'était trouvé Aucreuxdelavague, ne sachant plus :où mettre le cap, mon père s'était accusé : *–J'ai plus rien dans le ventre, mon garçon. Avant je passais pour un fin renard dans les-affaires. Aujourd'hui je suis plus qu'une poule mouillée.*) – Et voilà que devant la poule mouillée se dressait *Nous vous avons à l'œil* (une simple publicité pour un magasin d'optique) ; mais Lachose lui avait soudainement tapé dans l'œil, lui apparaissant comme une sommation de se montrer fort&courageux.

Nous avons contourné Hanovre par le nord – idem pour Brunswick, nous avançions vite&bien. – ?Tu es ?fatigué. ?Tu veux que ?je –.– Mais Papa refusait fermement. Je le comprenais, n'insistais pas davantage. (Sur la banquette arrière Maman avait fini par piquer 1 somme.) – Enfin, sur l'A2, nous nous sommes rapprochés de Marienborn, le poste-frontière, avant.

Les baraques-des-douanes s'y trouvaient toujours. Nous nous sommes arrêtés. Papa a même coupé le moteur. Il n'était plus venu ici depuis l'ouverture des frontières. – !Regarde ça. – Se contenta-t-il de dire pour sombrer aussitôt dans le silence. : Les baraques en P. V. C. ondulé, dans l'attente é vides, beaucoup de vitres fracassées, les mâts où l'on hissait les drapeaux frisonnaient dans l'air, sol1taires. La stèle en béton haute de 20 mètres toujours dressée sur la bande frontalière – à son faîte, à l'emplacement de l'emblème de la ErDéA, un trou au regard vide comme après une énucléation. C'était resté = Ça avait été : 1 pré-Enfer pourrissant et son sale sexe-à-pile de para=Dies-au-pas-cadencé. *?D'où peut bien provenir cette puanteur suffocante de pisse, comme si toutes les molécules d'air étaient de la pisse : pisse l'asfalte éventré pisse les toits arrondis fendillés couvrant l'alignement parallèle des baraques stations à carburant pour bureaucratie & mégalomanie pisse les spectres boutonneux aux gueules d'empeigne puanteur de pisse échappée des cols d'uniforme amidonnés pisse les ordres fantomatiques clac paf vlan ouste pisse l'air qu'on respire.* Les mauvaises herbes arroche chardon séneçon ortie attaquaient par-le-bas – proliferaient – jaillissaient – et le sifflement du vent à travers les bockses vides des fonctionnaires –. À défaut de courses, pas non plus de résultat.

Mais le silence régnait. Le silence.

!Oh putain : ?Ysse passait ?quoi là : disparus tous les bruits, comme si nous avions sombré Sousleau, muettes les voitures filaient à toute allure près de nous dans le Monde-des-Poissons. Rouler – Rouler – plus loin vers l'Est dans un Silencetotal.

–!Qu'est-ce qu'i zont pu nous emmerder aux-contrôles pendant Toutescesannées. – C'était la voix de Papa que j'entendais, elle tombait soudain comme une poignée de cailloux jetée dans la profondeur de ce silence oppressant. Puis il n'a fait que hocher la tête sans rien dire, a mis le moteur en marche, et nous sommes repartis. – Durant le trajet, il raconta quelques péripéties, comme elles ont certainement dû se produire en-Cestemps-là à tous les postes-frontières entre l'Ouest é: l'Est. Mais cette fois, Papa évitait de camper-le-héros qui avait passé au-travers de Touça avec ruse & humour en faisant la nique aux VoPos. Sa voix, comme une poussière irritante brûlant à l'intérieur de sa bouche.

Plus tard avec le jour un soleil chaleureux a resplendi, quelques nuages blancs élevés, dont les ombres flottaient au-dessus des routes et des champs. Enfin, sur le point de prendre congé, la saison avait tourné à l'été ; mûri en catimini celui-ci sortait d'un avant-goût d'automne humide pour venir au jour. –

Dans 1 village situé derrière l'ancienne frontière, nous nous sommes arrêtés devant 1 café-restaurant. Le spectacle était triste à voir. Sans conviction on avait astreint la vieille maison à colombage rabougrie à s'orienter vers=l'Ouest ou: ce que l'on prenait pour tel : *Chez Nono*. Ambiance forcée d'intimité, des panneaux publicitaires flambant=multicolores accrochés sur la façade principale. La façade badigeonnée à la hâte de peintures criardes, en dessous la vieille maçonnerie friable. Si bien que cette maison semblait dédoublée, dédoublée par sa propre image fantomatique. – Nous sommes entrés.

–C'est par-là-derrière – à peu près hmm=ici-là ? – ! : où la forêt s'arrête – oui : derrièrelecoupe-feu-là ; !nonhon – ch'crois ?par-là-bas : oui – Ouplutônon – un chouilla plussàdroite – ! : là – !!: ch'crois bien qu'la frontière s'trouvait là. – Marmotta en guise de réponse à notre question le patron du café, un gaillard replet aux joues rouges, pasvieux mais déjà dans un corps-de-vieux, une réplique des derniers habitants du village dont 2 d'entre eux étaient installés à la table d'habitués. Dans la voix du patron Une Fierté lourdement perceptible, comme si lui-même=en-personne avait porté le Coup Décisif contre Lafrontière pour la faire tomber.

–Mais : elle passait ?où=!exactement. – Insistait Papa, le-géomètre voulait savoir. Le patron s'efforça de réfléchir, lança un regard interrogateur à ses deux clients assis à la table d'habitués (leurs regards rances rivés à leur bière, ils se contentaient de secouer leurs mains rustaudes en signe de refus de répondre). Alors nous avons compris : ils avaient carrément oublié où passait Lafrontière.

Et notre trajet s'est poursuivi – sur l'ancienne autoroute de transit qui contourne Magdebourg par le nord (Papa était pressé, sans doute calculait-il toujours=encore de manière inconsciente avec le Grosembouteillage au poste-frontière de Drewitz), – à la sortie Mathildenbourg-Sud nous sommes entrés dans la ville. –Je l'ai pas revue Depuis=46. – Fit savoir Maman pendant que nous nous enfilions dans les rues étroites de Mathildenbourg. Attentive elle guettait la Nouvelle Königstraße et la Breite Straße, pour voir si Lamaison de Werner & Johanna et son magasin au rez-de-chaussée était toujours là –;– mais notre parcours nous entraînait le long d'autres rues – à travers la ville (sur la pente vert foncé d'une colline le Belvédère resplendissait). Comme attirés par un aimant nous avons roulé sur la E51 en direction de Berlin, notre minibus rouge carmin 1 simple éclat coloré au milieu des nombreuses carrosseries de ce fleuve de tôle –; Drewitz, deuxième poste-frontière, avant. Mais une fois de plus, seul notre minibus s'écarta du flot régulier des véhicules entrant=dans-Berlin, pour s'arrêter. – !Regardez-moi !ça. – Ai-je entendu dire Papa là aussi. Fasciné son regard était rivé à travers le pare-brise sur la succession de baraques abandonnées du service des expéditions, des façades toujours=debout – mais des façades de ?quoi. *!Combien de Vies Fracassées.* (Je ne pouvais m'empêcher d'avoir cette pensée à ce spectacle, car à l'époque le sujet n'avait pas encore été rebattu par la prêtraille médiatique.) *!Combien de Vies Déchiquetées non par les tirs les mines les postes de tir automatique, mais pour n'avoir !pas osé franchir=la-frontière en demeurant là où elles ont été jetées dès-leur-naissance. Et comme si elles étaient prises dans les anneaux d'un boa constrictor Lafrontière les étreignait dans 1 enclos, plein=à-craquer, à l'intérieur duquel les petits=citoyens pouvaient laisser éclater..... leur Haineféroce : Calligulas ratatinés forts en gueule & lèche-dialectique. Seizemillions, & chac-1 otage de l'autre. Et dedans cet enclos 1 autre : Berlin-Ouest, une daubière, ses murs maçonnés en béton de l'Est. Dans leur soif-de-Pouvoir=les gouvernements-de-l'Est nourrissaient certains plans visant à écraser cette Cocotte-de-l'Ouest sous les chars & les obus.*

Encore un million ½ d'otages, des otages de 1er choix qu'on croyait tenir pour l'éternité. Et puis, en novembre il y a deux ans : cette portion d'éternité sapée effondrée charriée au loin. – C'était comme si Papa, qui regardait toujours fixement par le pare-brise les bâtiments déserts du service des expéditions, avait deviné mes pensées, comme si nous avions parlé à voix haute, et qu'il pouvait maintenant reprendre à son compte et exprimer ce qui m'était venu à l'esprit à Marienborn. Les phrases se détachaient de lui comme de la poussière – une poussière vieille de plusieurs décennies ayant pris la forme des objets qu'elle dissimule en les recouvrant. !Oh putain. Mais ces propos étaient de la même nature que la-Chose visée : *–Juste de sales petites baraques pisseuses, construites & abandonnées aujourd'hui par de sales petits pisseux.* – Rien de plus, é sans plus. Et par sa phrase P'a avait réglé son compte à la-Chose pour=toujours.

Photo 87 *(de g. à dr.) 1 chaise longue inoccupée, Dora assise devant (portant des lunettes noires), Corinna debout derrière, Werner assis, Georg devant, un verger fourni en arrière-plan, jardin de Weißensee, été 1966*

–Car La Véritable Frontière c'est de savoir ce que l'on est capable de supporter é: où commence l'Insupportable. Chac-1le ressent différemment, é: ils sont nombreux à n'en rien savoir toute leur vie. Ce sont peut-être eux les Gens Heureux. – (Papa tenait son poignet gauche comme si la cicatrice lui faisait mal.) *–Mais si des individus sont poussés=à-franchir Cette Limite : ?qu'arrivera-t-il –*

Et dans le silence qui suivit, j'entendais la voix de Maman dire tout bas : *–Henriette & Georg. Ah-!Mondieu il y a si longtemps que je ne les ai pas revus : la dernière fois c'était à Noël 84, au décès de l'oncle Werner. C'était terrible. D'ailleurs Vous=deux vous ne connaissez Personne de la famille. Seule Johanna est venue chez=nous 1 x fois, pour ta confirmation, tu t'en ?souviens Ralf. De toute la famille elle a été & reste la seule personne à avoir obtenu l'autorisation de venir=chez-nous-à-l'Ouest, à 83 ans, six mois avant sa mort, la pauvre. Tellement* *abusée par la vie et par sa mort privée de voir l'Allemagne ré1nifiée.* – La voix de Maman semblait inquiète, ses phrases funambulant pleines d'appréhension : – *?Comment vont-ils nous ?accueillir !maintenant.* –

–*Ben !commetoujours.* – Fit savoir Papa, la mine hardie. –*Comme des proches=naturellement. Des proches qui nous ont invités chez=eux.* – Le moteur démarra au premier tour, – nous reprîmes notre place dans le flot ininterrompu des véhicules – en direction de la grande ville. –

Et le trajet qui avant prenait presque Unejournée, – dès-midi nous étions arrivés à destination. Au-dessus=de-nos-têtes, dans les airs bleu océan, le flottement indolent des avions, minces poissons célestes d'un blanc étincelant –.

J'ai ouvert la portière, suis descendu de la voiture ; é une avalanche de bruits en mille morceaux a dévalé sur moi é m'a enseveli, les fragments de vacarme agglomérés à un bourdonnement fixe, sans origine apparente, *crescendo decrescendo*, on aurait dit des hordes de gosses mal élevés envoyant valser avec cris & bouderie les cubes d'un jeu de construction avec lequel ils ne voulaient plus s'amuser. Et aussitôt je le sentis sur ma langue : le goût chargé de fuméecharbonhuilesoufregazessence, l'entêtant goût racorni de Berlin sous le soleil éclatant d'une journée chaude à la fin de l'été 1991.

La conduite ralentit seulement dans les rues de Berlin : déviations, chantiers, les-Excavations – le sol éventré, partout du sable clair comme si venue de centaines de gueules la terre de la Marche poussait des hurlements jusqu'au ciel, l'azur éraillé par les cris des machines, – ; – chacun peut voir que ?*Quelque Chose* est ici en train de naître, mais personne, semble-t-il, ne sait dire *!Quoi* au juste. Berlin – une ville construit ses habitants.

Greifswalder Straße. Papa en tête, moi, Maman en queue, dans cet ordre-là nous avons grimpé les marches de l'escalier. Silencieux un jour rêveur tirant sur le brun s'attardait à l'intérieur de la vieille maison bourgeoise abritant l'appartement des Adam sis au 3e étage. (Les marches en bois résonnaient lugubrement.) / Oui, et après que tous deux, Henriette é Georg, nous eurent ouvert leur porte, une fois passés les salamalecs des salutations debout sur le palier, – ils nous guidèrent vers un autre chantier : tout l'appartement avait été déménagé en vue des travaux de peinture, les meubles regroupés & recouverts. *–Berlin est contagieux.* – A fait remarquer Papa. Rires. – *Mais poursse qui est des-artisans, rien n'a changé.* – A expliqué Georg pour excuser le désordre. *–Faut s'estimer heureux quand ils viennent. C'est prévu lundi. C'est !eux qui ont fixé le-jour, dieusait que c'est pas nous qui l'avons choisi. Nous savions que vous veniez. Mais,* – il leva les bras d'un geste résigné, *–essayez donc de convenir d'1=autre délai : Messieux=les-Artisans sont comme la comète de Halley : on les revoit seulement au bout de soixante-dizans.* – Rires, chaises déplacées, fesses posées.

–Les enfants, je veux dire Corinna & son mari, vont nous donner un p'tit coup-de-main, quand tout s'ra chamboulé&sensdessusdessous ici. – Lança Henriette depuis la cuisine. Odeurs de thé&café torsadées telles des guirlandes à travers les pièces. Tandis que Georg improvisait dans un coin un petit endroit tranquille où s'asseoir. –Bref, tout augurait bien. Nous étions installés autour-de-la-table, cafetière & théière, assiettes, parts de gâteau, couverts, alignés comme les pièces d'un jeu d'échecs. Mais nous ne disputions pas la partie en:adversaires, nous=tous-ici jouions ensemble & contre Labanque..... Et échangions des propos comme le font de vieilles connaissances à une partie de pêche, elles ont ferré un gros poisson, le tout consiste maintenant à le sortir conjointement de l'eau. Cette=vague agitation-là venait à l'instant de traverser le petit monde assis autour de la table : assez bavardé, venons-en à-l'essentiel –, quand Henriette lança d'un ton allègre à-l'assemblée : *–Il fait tellement !beau. On ne va pas rester assis là comme dans un garde-meuble ; !venez, on prend la voiture direction-le-jardin. Au=vert nous serons bien mieux pour discuter.* – Et on se leva tous=ensemble de table, on était déjà rendus dans l'entrée, près des vestes-é-sacs & sur le point de partir quand : – *Ding Dong* – : *–?Qui ça peut bien être ?aujourd'hui un samedi après-midi.*

Georg alla ouvrir – : dehors 1 homme 1 femme dans des vêtements bizarres qui évoquaient des artisans du dimanche, la femme portant même un chapeau gris rigide avec des pâtés de couleurs sur le feutre.

–!Corinna. !Dieter. – Henriette, surprise. *–Mais : nous devions nous voir !demain-après-midi=dimanche. Pas aujourd'hui.* – La jeune femme, appelée Corinna, fit 1 pas hors de l'ombre et

–: ! ! :–

!Oh putain, la planète avec laquelle la nôtre était entrée en collision, elle vient d'avoir des yeux maintenant, de grands yeux gris clair – Sonregard, il s'enfonce en=moi. Et ça m'est destiné !personnellement une nouvelle fois. Lisses é foncés ses cheveux coupés courts épousaient son visage rond, le contraste avec sa peau claire lui donnait un teint de porcelaine. (Majolique – je lui donnais ce nom en secret.) Mais, et je l'apprendrais vite, Cettefemme était Tout=Sauf une figurine de porcelaine. – Enuninstant, tout le monde se trouva sous=le=charme, immobile. – Bref, la virée au-jardin tomba à l'eau cet après-midi-là.

Déjà colorées de crépuscule, les heures passées dans la pièce, une lumière électrique tombait crue d'ampoules nues, s'égarait en compagnie d'ombres obliques au milieu d'un étrange échafaudage de meubles – nous étions assis autour de la table, la femme aux yeux gris clair en face de moi (impossible détacher d'elle mon regard *(son-mari ?ne ?remarquait-il rien, ?ou se ?fichait-il royalement de sa femme)*), é d'Unseulcoup j'eus l'impression d'être à nouveau le petit garçon qui épie Lesconversations des-adultes. On venait d'aborder le Grandsujet : le terrain à Thalov. La maison serait reconstruite & l'agence de Papa s'y installerait. !Crédits. !Lesbanques. !Subvention-&-reconstruction=de-l'Est. Une-Occasion !particulièrement favorable : l'État & les banques offrent eux-mêmes leurs services *(Sonregard s'enfonce en=moi)* Les programmes des subventions, nous nous en sommes occupés, voilà les dépliants. Sauf que nous=deux : sommes tropvieux pour les crédits, – mais l'argent ça cherche à s'écouler, à circuler – c'est le moment de se !servir, y a !pas à hésiter longtemps *(De grands yeux gris clair)*, il s'agit de porter l'évangile à Toutunpays, comme aux Indiens-Sauvages aux siècles passés, autrefois en répandant la religion krétienne aujourd'hui l'argent, ?où est la différence *(et une planète entière vient d'avoir des yeux, de grands yeux gris clair)*, qu'On regarde un peu Cepays : ruiné, délabré, beaucoup de friche – mais fertile ; il suffit qu'On y sème de l'argent & très vite il portera ses fruits ; il En a toujours=été ainsi, !pourquoi ?pas Cètefois ; On dira aux-gens=d'ici d'avoir confiance : en l'argent en la prospérité, & ils auront confiance ; et là, mon garçon, ?!tu m'écoutes, là ce serait carrément un crime d'hésiter plus longtemps / Mais moi *(comme si j'étais bourré)* voilà longtemps que j'avais dit OUI OUI *(cette fanfare au son rouge prometteur, avec ses grands yeux gris d'enfer é son pantalon moulant quand elle fait un-pas, le triangle tendu et sa légère protubérance)* OUI : je serai l'Emprunteur officiel auprès de Labanque, je signerai les-contrats, les-actes, OUI, puisqu'à Ses Yeux je suis *(à !ses yeux : jusqu'à maintenant jamais une femme ne m'a regardé avec des yeux pareils –)* OUI je mettrai Lachose sur-les-rails, sous mon nom & avec ma signature, dès lundi, OUI *(son visage et ses joues qui rougissent maintenant, tourné=vers-!moi : vers=!moi !seul –)* OUI OUI

41

Photo 88 — *Debout devant une façade claire avec de grands volets ouverts (de g. à dr.) : Gustave, 1 inconnue, Rudolph, Ralf, Johanna, Reinhold é Petra, confirmation de Ralf, Bad Bentheim, printemps 1974*

–Oui oui : il m'a fallu à moi-même du temps pour voir clair dans les propos de Ralf et comprendre !quel événement particulier parmi tous les autres il tenait à me raconter. Même des années-plus-tard Cètehistoire semblait le toucher de près, au point qu'il=s'enflammait dès qu'il en parlait. C'est là la volubilité des Gens Heureux-un-jour le-temps-d'un-instant, leur bonheur tient de l'étincelle – et peut couver plus longtemps que n'Importequellebraise sous les cendres du quotidien –.– Probablement avait-il bien interprété mes regards sceptiques d'alors, car il ajouta aussitôt : *–Dorothea, j'ai l'impression d'être comme l'un=de-ces-millionnaires qui considèrent leur fortune comme allant de soi au point qu'ils perdent toute notion de la valeur de l'argent.* – Ralf, à l'époque déjà, au début de la 30taine, était certainement un homme d'une espèce-particulière. Mais je n'ai fait sa connaissance que Biendézannées-plus-tard. Nous nous sommes rencontrés la première fois le jour où j'emménageai avec le père d'Henry dans la maison de Thalov. C'est là qu'il me raconta toute l'histoire.

Et parce que l'été déversait ses blancs rayons limpides sur l'automne, Georg, Henriette, Ralf accompagné de Petra & Rudolph décidèrent de profiter du Beautemps pour fixer sur place : la visite du terrain de Thalov. Ils avaient rendez-vous là-bas avec différents représentants d'entreprises de construction ; décision devait être prise d'une part sur l'acceptation du devis & le choix de l'entreprise en vue de la reconstruction de la maison & d'autre part sur la hauteur du-crédit que Labanque devrait consentir. Les 5 se déplacèrent ensemble à Thalov en voiture.

Nullelumière d'un Quelconquété aurait pu embellir le spectacle d'1 manière engageante. En l'espace de 2 ans, Lesmauvaisesherbes avaient pris possession de la maison en ruine, en pointaient les vestiges des poutres é murs noircis. Dans la brume légère, un des engins de déblaiement de la mine à ciel ouvert culminait au-dessus du lointain, l'horizon rectiligne..... Le panorama était tendu entre 2 vestiges de poutres calcinées qui piquaient l'air : Lamachine une toile d'araignée de fer..... L'ironie d'1 grillage mangé par la rouille déchiré en beaucoup d'endroits et piétiné au sol n'avait interdit l'entrée à Rien ni Personne, au contraire, invité Toutunchacun à venir déverser ses ordures&saletés sur ce terrain supposé sans propriétaire : réfrigérateurs hors d'usage pneus lacérés batteries rouillées vieux mobilier cassé bouts de bicyclette & des tas d'ordures ménagères é montant des broussailles l'odeur pestilentielle de chair putréfiée – un ensemble d'insolence=humaine. Les bâtisseurs de maisonnettes avaient au début cassé les restes des murs pour en tirer & transporter chez eux les briques récupérables, ne subsistaient que des gravois sans intérêt. Les contemplateurs restaient sans voix. – Mais aussi imperturbables que les dieux les représentants des entreprises de construction alignaient sans pitié dans leurs calepins des colonnes de postes de travaux – *chaque poste génère des coûts* ; Leschiffres grimpaient avec l'agilité des distributeurs d'essence. Chacun en convenait : !Tout doit disparaître, il n'y a !Rien à récupérer ; il faut reconstruire=depuis-les-fondations. Mais avant, il faudra évacuer les ordures & les débris de la maison & sécuriser le terrain : créer la Liberté-de-Bâtir – & desCoûtsdesCoûtsdesCoûts..... – Personne ne prononça 1 mot lors du trajet retour vers Berlin le soir.

Lesbanques n'acceptant qu'un seul emprunteur pour l'implantation du nouveau cabinet de géomètre sur la propriété de Thalov, à savoir Ralf (le 30tenaire) – Personne n'accorde de crédit aux quasi-retraités & autres morts – ; et Ralf se voyant également tenu de prendre-à-sa-charge les-crédits de la reconstruction de la maison, lui, Georg & Henriette avaient tous 3 passé un contrat comportant une clause prévoyant pour Georg & Henriette l'usufruit de la maison selon les §§ 1030 sqq du BéGéBé[52]. Tous-Deux ayant la garantie de pouvoir demeurer dans la maison reconstruite jusqu'à leur mort conformément à leur-droit-de-jouissance. Certes, tous deux refusèrent – *?!pourquoi aller s'enterrer dans 1 trou à vaches alors qu'Ici=à-Berlin nous avons notre bel appartement, encore plus beau depuis sa-rénovation* –, mais Ralf tenait à cette disposition légale. Ainsi fut fait. Pour mener cependant Tout Cela – crédit bancaire, création d'entreprise – à bien&correctement, il fallut escalader encore mainte échelle de poulailler vers les-Paradis=de-la-Bureaucratie. Et les-délais fixés aux Emprunteurs l'étaient de manière si rapprochée, qu'ils donnaient l'impression que, dans-le-fond, On visait à rendre impossible la réalisation desdits projets qu'On prétendait subventionner. – Situation qui obligea Ralf à rester à Berlin, Petra & Rudolph rentrèrent à Bad Bentheim, car Ralf avait les pleins-pouvoirs.

Il pouvait habiter dans l'appartement fraîchement rénové de Georg & Henriette ; on lui attribua La-petite-Chambre qu'avait occupée Corinna au temps de son enfance & adolescence. (L'odeur de peinture fraîche de la pièce ôta à Ralf l'illusion de pouvoir sentir toujours=encore le parfum de cette femme flotter dans l'air.) Or, 1 après-midi, Corinna (seule, sans son mari) vint trouver ses parents pour leur confier cet après-midi-là la garde de sa fille Laura. La fillette de presque 6 ans (« la Crêpe », elle entrerait à-l'école l'an prochain) avait l'air timide é repliée-sur-elle-même. À cause de ses cheveux lisses é foncés, retenus à la raie par un bandeau rose, son visage pâle paraissait encore plus blême. Elle portait 1 petite robe claire amidonnée évasée à la taille comme 1 tutu. L'enfant poussait 1 landau de poupée & vint s'asseoir en silence à-la-table de ses grands-parents. Aux questions qu'on lui posait, elle répondait d'1 voix monosyllabique, sans participation visible. Elle semblait toutefois suivre avec une attention discrète é intriguée ce qui se passait autour d'elle – les conversations, les gestes des-adultes ; la petite faisait l'effet d'un sismografe, d'1 indicateur de nervosité. Georg & Henriette, habitués au comportement de leur petite-fille, n'y prêtaient pas attention. La portion de glace aux fruits sortie du réfrigérateur qu'on lui présenta, la fillette la mangea en silence & en 2 coups de cuiller sérieuse. – –Mais qui va accompagner Ralf à-la-banque si Laura est ici=avec-nous. Nous devrions sans plus!tarder –.– Et avant même qu'Henriette eût terminé sa phrase, Corinna répondit d'un ton déterminé : –!Moi. C'est moi qui irai. – Henriette rétorqua qu'elle avait amenée la-Petite chez eux comme=Chaquevendredi parce que – ; à nouveau elle ne put terminer sa phrase, Corinna s'opposant d'un geste résolu : –J'ai !changé d'avis. J'accompagne Ralf.

Vendredi midi peu avant 12 heures dans la filiale de la banque sur Alexanderplatz. Le rendez-vous concernait l'attribution du crédit le plus important destiné à la création du cabinet de géomètre à Thalov. L'angoisse terrible de Ralf, que les banques aient obtenu entre-temps des renseignements sur la faillite de l'entreprise paternelle à-l'Ouest. Mais les inscriptions figurant au fichier national des interdits de gestion ne concernaient que le père de Ralf, répertorié comme l'1nique propriétaire de la société mise en liquidation à Bad Bentheim. ?Fallait-il remercier l'ancienne-prévoyance de Rudolph ou était-ce un ?hasard s'il n'avait pas pris son fils comme associé ou autre intéressé à l'affaire au moment de la création de son entreprise. C'était un avantage pour le-projet=en-cours : nulle part Ralf n'apparaissait comme débiteur, On pouvait donc lui *faire=crédit.* N'empêche, l'angoisse planait comme un nuage d'orage sur le déroulement prévu aujourd'hui. Corinna trottait d'un grand pas ferme à côté de Ralf ; elle aussi avait l'air tendue (mais pour des raisons probablement bien différentes de celles de l'homme=à-ses-côtés), c'est à peine s'ils échangèrent 1 mot en chemin.

Au 3e étage de Labanque. Ralf, Corinna assis d'un côté du bureau, 1 jeune employé de l'autre. Des certificats, formulaires de demande, dépliants sortis de classeurs béants par-dessus, semblables à des avalanches de papier glacé. L'employé de banque, le teint pâle, les épaules étroites d'1 jeune vendeur de confection pour hommes, mais d'un sérieux inflexible en affaires & d'une fidélité servile à Labanque jusque dans ses fausses semelles, feuilleta de ses doigts fins & potaches pour contrôler point-après-point les formulaires remplis, vérifia les signatures, compulsa, rédigea à son usage de petites fiches – ; ensemble on se pencha par-dessus le bureau. Les regards de Ralf é Corinna prirent un peu d'avance, lorgnant vers le tas de papiers empilés les 1 sur les autres – : de sous tous les formulaires 1 seul à dépasser de la moitié inférieure, é tous-deux=en-même-temps le constataient : la signature de l'employé du cadastre à Vockau, chargé de la commune de Thalov, cette signature !manquait. Un oubli, une omission, une négligence, quisait. Vide la ligne où devait figurer le nom.

Et aujourd'hui était Lejour où bien sûr prenait fin le délai fixé à court terme pour faire la demande de prêt ; obtenir depuis Vockau la signature manquante prendrait des !jours, é: impossible de différer la date. S'il manquait ne serait-ce qu'1 signature dans cet amas de formulaires, ou s'il y avait la mo1ndre erreur de forme, toutes les demandes seraient à renouveler. Ici&maintenant : chaque document saisi par l'employé de banque 1 geste de plus vers Lafin des haricots = adieu Grands Projets. Machinalement la main terrifiée de Ralf vint trouver celle de Corinna, la solide petite main féminine reposait sur la table, 1 mince bout de fer. Impassibles comme le-Destin=en-personne les mains de l'employé s'affairaient à étudier le tas empilé devant lui, de longues phalanges pâles comme montées sur des échasses parcouraient les épaisseurs de formulaires *(?Qui excepté ces-papiers ces doigts cireux de potache pouvaient-ils bien toucher – sur ?quelle peau cette main blafarde venir se poser – ?existait-il Quelqu'un qui désirât cette proximité –)* – il n'allait pas tarder à découvrir la signature manquante – déjà il prenait la feuille dans ses mains –: ! -, ! - : !téléphone. Sous l'Amasdepapier la sonnerie retentissait, une musique des sfères. Le-Destin retira ses doigts pâles des formulaires ; on l'appelait hors de la pièce ; la feuille de papier à la signature manquante retomba délicatement sur le bureau ; il se leva, boutonna sa veste, grommelant un *je reviens*, – & se dépêcha de sortir, les mains papillonnantes.

Photo 89 *(de g. à dr.) debout devant deux volets ouverts : Reinhold, Johanna, Petra, Bad Bentheim, printemps 1974*

–Là, sur le dessus, une feuille de papier avec 1 signature manquante. Et là, Ralf é Corinna assis. Sans 1 mot Corinna bondit de sa chaise, s'empara du stylo à bille de l'employé, fit prestement le tour du bureau & aposa à l'emplacement prévu 1 signature griffonnée que personne ne pouvait déchiffrer, mais qui, semble-t-il, s'avérait indispensable pour tout=1=chacun. Ralf laissa échapper des sons de peur étouffés, un afflux de sang cogna à son visage, il transpirait – Corinna (son corps drapé dans une fragance douce-amère) regagna sa place, impassible, & quelques secondes plus tard, l'employé de retour dans la pièce.

Celui-ci vérifia jusqu'au dernier formulaire : – & un sourire (qui ressemblait à une profonde inspiration de soulagement pour des raisons inconnues), puis debout sur ses pieds, poignées de main *(la pâle main potache de l'employé de banque aussi sèche & froide que les écailles d'1 reptile)*, encore l'1 ou l'autre remarque sur la suite de la procédure, politesses. Par ici la sortie.

Vendredi après-midi, les joues de Corinna rouges de joie, un vent tourbillonnant de=triomfe sur l'Alexanderplatz, les airs épicés de poussière réchauffée d'asfalte.

–Simple-question=de-correction. – Fut le commentaire de Corinna quant à ce qu'elle avait fait. Le soleil brûlait de cette lumière de fin d'été tardif à faire luire les dalles de pierre é ressortir les contours comme s'ils étaient dessinés à la pointe d'argent. Mais le harpon était venu se planter en Eux-Deux, é Tous-Deux ne parvenaient plus à l'arracher. Le Beautemps persistait.

–À présent, tous les contrats & toutes leurs pages étaient ratifiés, signés & valides ; de bonne foi é sans pièges, chaque article, de la même clarté é transparence que les heures d'une journée printanière, figurait dans les termes=de=l'accord passé entre Henriette & Georg d'une part, Ralf d'autre part. Et Chac=1 pouvait regarder l'Autre franchement dans les yeux. *Insensibles à tous les obstacles extérieurs, indifférents aux frontières d'hostilité dressées telles un Nouveaumur entre Ouest é: Est & contre lequel vient s'écraser une nouvelle fois le Sentiment de Liberté, et où les actes des individus, enveloppés dans l'odeur de roussi de-l'Ancien & mangés par la rouille, sont contrecarrés par le-calcul de ceux qui savent mettre en valeur leurs talents avec le poison-de-la-discorde.* Sans qu'1 longue discussion fût nécessaire, ces cinq individus avaient agi entre eux avec Justice. À qui les auraient interrogés, la réponse fournie eût probablement été *que toute autre forme de conduite serait non seulement injuste, mais si leur aspiration avait servi l'enrichissement-personnel & et la-tromperie, ils auraient ainsi renoncé à leur=liberté. Car la liberté* (pourraient encore ajouter ces cinq personnes) *se fonde sur la connaissance de la part circonscrite revenant en toute équité à tout=un=chacun au-cours=de-sa-vie. Ainsi la liberté est-elle fonction de la connaissance é des limites, ces dernières étant la condition préalable pour accéder à cette connaissance ; des frontières bien évidemment sans fils barbelés ni mines ni armes. C'est ce qui lie la liberté et l'équité entre elles, d'où la rareté de l'une et de l'autre.* (Parvenus à ce point, à ces cinq individus d'en tirer La Conséquence :) *Il n'existe pas de liberté en dehors de cette=Liberté-là=dans-l'équité. Tout le reste, et c'est une pratique courante, consiste à abaisser la liberté au rang d'une domination ; or, dominer autrui sans se-dominer=soi-même, c'est vivre-odieusement.* Possible qu'après cette explication, ils ne soient qu'1 petit nombre à les comprendre. *Car quand Toulemonde sombre dans la frénésie, courant se précipitant écumant à travers des Nonlieux=partout&nullepart effacés, des Nonlieux de vie n'appartenant à Personne, toutes les lois, toutes les règles sont abrogées, révoquées, rejetées. Le Refusdeparticiper, l'inertie même, à l'égal des vieux péchés mortels, passe Aujourd'hui pour le crime suprême universellement=exécrable.* – Pourraient-ils répliquer, ces Cinq-là.

Mais gageons qu'ils se seraient contentés de répondre : *Nous faisons partie d'une=famille. Nous ne sommes pas des animaux obligés de rafler & d'engloutir tout ce qui se présente à eux.* Sur quoi, ON les aurait encore moins bien compris, ces gens-à-part, qui refusent de participer à la Grande Bouffe où la chair des proies abattues comme une charogne toute fraîche gît éparse Parlepays, dans toutes les étables de cet Éden germano-allemand d'équarissage.....

J'en avais parlé à Henry alors, qui de Francfort observait d'un sourire narquois cette évolution chez son père. Quand j'en eus terminé avec mes suppositions, lui jetant un regard, je vis son visage complètement altéré. Il n'avait rien voulu savoir de mes réflexions, qu'il tournait en dérision, autant vouloir démonter pièce par pièce, muni d'1 pincette d'horloger, la Cuirasse-du-Monde pour la mettre au-rebut, disait-il. Se lisait maintenant sur sa mine l'air sérieux de l'adversaire qui essaie de défendre son ennemi véritable contre les querelles imbéciles que lui cherchent ceux qui ignorent tout de l'importance que revêt un Ennemi du Moi. D'une voix énergique é sombre il me coupa la parole : –Ces Cinq-là, é parmi eux mon père, étaient somme toute ce que l'on appelle parfois aujourd'hui encore des Gens-ayant-du-savoir-vivre. – En se servant ainsi de ce que je venais de dire, il mettait fin par là même à cette conversation. –Mais pour procéder !delasorte é: sans faire preuve de sentimentalisme=fade ni de coups-bas ou de brutalité – (ajouta-t-il, décidé à mettre le point final) – l'*intuition seule* ne suffit pas. L'essentiel, c'est d'en avoir la certitude, il n'est pas nécessaire de tout dire. Si seulement ON avait laissé faire des gens=comme=!eux.

Je n'ai pas répondu. Lui aussi souhaitait se taire. Car il savait où mènerait ce genre de discussion : *au droit de mentir, au droit des petitesgens de se faire abuser, des petitesgens auxquelles les Autorités réclament toujours honnêteté & sincérité, ordre & fidélité, alors qu'Elles-mêmes sont malhonnêtes menteuses infidèles hypocrites. Si l'on croyait vraiment à la Création voulue par Dieu, quant aux-Autorités, on pourrait être d'avis avec Loyola que Dieu a crée certaines espèces inférieures à seule fin de reprocher aux hommes en les menaçant leur tendance=au-péché & à-la-méchanceté.* Ainsi (é son discours m'était suffisamment bien connu) par la Force des Choses finirions-nous par atteindre la cuisine de la Jeunesse, & ses casseroles pleines d'excitations mitonnantes, au fer blanc desquelles se brûlaient il y a des-décennies déjà les doigts de ceux qui voulaient toucher & déplacer ces gamelles de Suprasérieux, *mais* (aurait-il poursuivi) *qui n'avaient à bouffer que la bave amère d'un échec dégradant é lamentable. Ulcères & estomac détraqué – la quittance reçue pour des idées fer-blanc rougies-au-feu. !Non : !pas de seconde jeunesse ; Toutefièvre exsudée, finies les-discussions. Car naufragés sont tous les navires de la Croyance, rouille&parjure les chants des sirènes cornant Dieu Mécréants Raison Révolution & de nouveau Dieu en ce moment, même le canot de sauvetage* Argent *prend l'eau : !Sauvequipeut. On ne devrait pas s'attarder à l'endroit de la montée des Eaux muni de cartes-du-Tendre* (avec en finale :) *ce sont les cartes marines de l'Infamie qu'il convient d'étudier.* – Et il y irait de sa logorrhée, de son brame de didgeridoo tiré du bréviaire personnel de St Henry jusqu'à ce qu'il en ait soupé de s'entendre parler. Car la sueur des rêves ne produit Aucunapaisement, juste Unsilence. Un silence perceptible comme la goutte d'eau qui tombe au fond d'un puits noir – é chaque goutte 1 mot décompté du Livre des Vanités.

Mais à cette époque chacun pouvait lire dans l'expression de Georg Autre Chose encore : *Cette propriété qui nous a été attribuée, le-terrain-&-la-maison-de-Thalov, incarne pour moi exactement=la-richesse dont je jouis tant que je n'ai pas à m'en servir. À l'image du visiteur entré dans 1 chambre d'agonie, é le Moribond, c'est toujours l'autre.* Georg, il lui était possible de quitter terrain-&-maison-de-Thalov à tout moment ; cette !richesse-là=lui-suffisait.

Oui, et puis l'autre histoire : Corinna é Ralf.

–C'était comme si j'avais dormi lesannées-avant. – (Entendais-je dire l'homme jeune.) –Comme si pendant=30 ans j'avais marché à tâtons dans-le-monde tel un fantôme, voilà dans quel état !ce Moment-Fulgurant me tira-du-sommeil Alors : j'ai ouvert les yeux é vu : les grands yeux clairs d'une femme se détacher de la pénombre du palier, son regard ferme tourné vers moi. Ces yeux criaient : !baise-!moi ; les sourcils rectilignes disaient : c'est !moi qui décide !quand et où ; pommettes légèrement rondes et joues murmuraient : *nous sommes tout charme é tout flamme* ; les grandes lèvres joliment dessinées se taisaient, mais à chaque commissure 1 **.** – qui disait se soumettre **:** à tous les jeux de langues-et-babines en pleine lumière et dans le demi-jour. Tandis que sur ses cheveux châtains mi-longs reposait ce chapeau bizarre et ses pâtés de couleurs, lesquels, superposés aux motifs floraux de la vieille tapisserie-sur-les-murs-derrière-elle, semblaient folâtrer comme des papillons dans la cage d'escalier à chaque mouvement de tête. –

–L'évocation de ce=souvenir – (il jeta un bref regard par la fenêtre) – me donne aujourd'hui le cafard comme un soleil de novembre. ?Est-ce vraiment à *?moi* que !Cela est arrivé. Ai-je été ce *?moi-là.* Et suis-je ?aujourd'hui le même que j'ai été ?en-Ce-Temps-là. !Non. – Résolu il cesse de faire ses valises comme si ce geste lui permettait de voiler ses propos. *(:Encore un homme qui boucle ses valises en ma présence en l'espace d'1 année. Moi aussi je devrais partir en voyage, car les hommes sont en=voyage.)*

–Je suis Quelqu'1 qui sait parler d'un autre Quelqu'Un qui fut heureux une fois. – Il émerge avec les bras des profondeurs de la valise comme d'un grand bassin. Sa voix a perdu toute insouciance juvénile. Plus de *!Oh putain* dans ses phrases, plus rien du joufflu risque-tout=naïf. Il parle sans doute dans la crainte obscure de voir même ce souvenir, vieux de Dizans, disparaître dans l'informel brouillard de novembre. En l'espace de quelques jours, le grand édifice de l'été longuement-étiré-dans-l'année s'est effondré, à présent, sans transition automnale, accompagnés de Brouillard & Lumièretriste, les arbres aux couleurs changeantes sombrent dans le début de l'hiver.

–La reconstruction de la maison ici=à-Thalov avait commencé, les travaux avançaient vite & bien. Au début, j'ai continué d'habiter chez Georg & Henriette à Berlin, Greifswalder Straßer, dans *la petite chambre* qui était celle de Corinna autrefois. Elle venait dès lors dans l'appartement de ses parents aussi souvent qu'une femme mariée pouvait se le permettre & si possible sans éveiller de soupçons chez autrui – probablement redoutait-elle d'avoir à avouer certaines choses qui, déraisonnables de toute manière, devenaient de surcroît superflues quand il n'y avait rien à avouer. – Son mari, l'ingénieur en génie climatique, partait-en-déplacement plusieurs fois par semaine à cette époque.

Photo 90 *devant une façade claire avec de grands volets ouverts debout (de g. à dr.) : Gustave, Waltraut, 2 femmes (inconnues), Ralf, Johanna, Reinhold é Petra, Bad Bentheim, printemps 1974*

–Et même le week-end il ne restait jamais longtemps avec sa-femme-&-sa-fille, il se plongeait dans son passe-temps, collectionner les pierres, & préférait pour cela la compagnie d'autres collectionneurs. Équipés de piolets pelles passeoires & bêches, ils se rendaient en voiture dans les régions montagneuses, échangeaient ensuite leurs trouvailles, les inscrivaient consciencieusement dans un registre & avaient de longues discussions de spécialistes ; ils avaient voué leur vie entièrement à la vie des pierres. De retour, le mari de Corinna ne s'attardait pas non plus longuement dans l'appartement conjugal. – Il disparaissait dans 1 café, ne rentrait pas avant tard le soir. *–Il ne donnait pas l'impression d'aller retrouver une-autre-femme en-réalité.* C'était l'avis de Corinna dotée de ce Sens-Féminin à même de détecter aussitôt dans le comportement-du-mari Lemensonge & Latromperie, & d'autant « mieux » que l'homme essaie de feindre le contraire. *–Je l'ai vu au café une fois par hasard : assis seul à 1petite table, il feuilletait des journaux, 1 plaisanterie échangée de temps-en-temps avec la serveuse qui avait l'air de le connaître comme un habitué de longue date. Sinon il restait silencieux au milieu des autres, comme à la maison avec moi é: la petite.* Cet Homme-Marié était devenu un parent des pierres. – Corinna attendait toujours que l'enfant soit endormie, – pour s'en aller elle aussi dans le monde = me rejoindre.

Je me souviens d'heures passées le soir dans la toile de lumière jaune-noire – nous étions assis dans *la petite chambre* (Georg & Henriette, occupant les autres parties de l'appartement spacieux plongé dans le silence) n'avaient pas l'air de se tracasser des visites que leur fille me rendait. Peut-être seraient-ils seulement intervenus au moment où quelque chose de supposé *sérieux* entre elle é moi aurait *paru-à-l'extérieur*, qui aurait, comme on dit, *menacé* Le-Couple. Or, comme si nous en étions convenus=ensemble, nous évitions de toute manière ces comportements démons-stratifs de couples amoureux :

défilé maindanslamain, étreintes-délirantes, baisers-&-tripotage en-public. Nous aussi nous sortions parfois le soir, mais pas dans les endroits que préférait le mari de Corinna. Et plus nous, Corinna moi, nous nous voyions, plus nous semblions être=intimes, une intimité que seule une fréquentation prolongée porte à cette intensité. Au contraire des autres gens, chez qui les sens (une fois envolé le 1er saupoudrage sucré du ravissement) prennent leurs distances au-fil-du-temps, s'émoussent & que le sentiment éprouvé pour l'autre tourne à l'eau croupie, plus=proches encore nous devenions. Comme si nous nous étions attendus=mutuellement durant des années.

J'ai d'abord mis cela sur le compte de la 1re exaltation – La Nouvelle Femme –, la chose s'atténuerait avec-le-temps. Car jamais ne se fixeraient ces racines folles=insensées, cette fièvre ressentie à la vue de l'autre s'éteindrait bien un jour. Mais chaque mot, chaque sourire, chaque silence réveillait nos appétits. Et, d'être=ensemble avec Cette Femme, je respirais sentais goûtais véritablement la chaleur sèche de flammes rougeoyantes –.– Et le merveilleux dans tout cela, nul n'en touchait 1 mot à l'Autre, nul n'éprouvait le !besoin d'en toucher 1 mot à l'Autre. Comme si nous=nous connaissions depuis Dessiècles. – Et elle repartie, rentrée chez-elle-en-son-foyer, – chaque fois Unedouleur me transperçait le corps, et j'avais le sentiment d'une séparation=pour=toujours comme après une amputation..... é: jamais je ne pourrais lui=appartenir à nouveau. Les jours&heures sans elle je courais de tous côtés, m'occupais de la reconstruction de la maison à Thalov & des commandes à passer pour le cabinet de géomètre, que je devais équiper une fois la construction achevée ; – je courais de tous côtés é parvenais dans mon agitation à sentir sa-présence-charnelle comme si elle marchait près de moi. Sans doute l'air=autour préservait-il son apparence à la manière d'une housse, comme cela se produit, paraît-il, dans l'atmosphère glaciale de Sibérie. Et dès qu'elle venait me retrouver, le plus souvent le soir, à la revoir, j'avais l'impression que La Bien-Aimée revenait d'entre les-Morts.

Maintenant, c'est au tour du narrateur de se taire un moment, il s'assoit avec lenteur à la table, perdu dans ses pensées, il picore les miettes de pain avec son index. Et s'adresse à ces miettes durcies éparpillées sur le dessus.

–Mais nous ne nous sommes !jamais touchés. Pas une fois de chair-dans-la-chair, ni sécrétions peaux salives sueurs mêlées. Jamais. Pas 1 seule fois. – Et lève son regard vers moi, ?étais-je prête à le ?croire.

–Je ne me reconnaissais pas. *T'es pourtant un !homme.* Me disais-je à moi=même et *Tout !fonctionne-bien chez toi.* Or, plus je m'encourageais à faire ce que tous auraient fait, moins je ressentais Ledésir de m'envoyer cette femme. On aurait dit que je redoutais la banale mélancolie=d'après, cette tristesse des corps au bout de leur plaisir, é la crainte de sombrer ensuite dans ce vide de poix=noire, – sans elle. Car ces ténèbres-là seraient infinies, é jamais *!elle* n'en ressortirait. – Ainsi mon renoncement, mon abnégation m'épargnaient-ils la peine. Seule Ladouleur, chaque fois qu'elle repartait tard le soir, demeurait en moi, incurable dès la Toutepremièrefois.

Il se tait à nouveau, s'imagine peut-être que je vais intervenir, mais je ne dis rien, sens qu'il n'a pas encore fini son histoire.

–Un été, nous sommes allés en voiture passer une semaine au bord de la mer Baltique, à Rügen. Le mari de Corinna avait dû se rendre en déplacement à l'étranger à ce moment-là, la société qui l'employait cherchait à se développer. C'était pendant les vacances scolaires ; Laura, la fille de Corinna, après sa 1re année d'école, était restée chez ses grands-parents cette semaine-là. Voilà-longtemps que ces deux-là ne questionnaient plus leur fille sur ses faits&gestes. Sans doute craignaient-ils de mauvais mensonges, plus vexants à entendre que la vérité. / Une=Semaine elle é moi ensemble=jouretnuit sans avoir à nous séparer le soir. !Enfin. En chemin nous sommes tombés en panne, un problème avec le moteur, ma vieille caisse avait rendu l'âme. Et ça en plein Mecklenbourg sur la nationale entre Village – Champs – Forêt –. Nous avons marché le long de la route, à la recherche de la prochaine agglomération ou au moins d'1 station essence. Devant une maison paysanne aussi plastronnante qu'un chalet 1 voiture abandonnée. Fiente d'oiseaux & insectes morts collés sur la carrosserie, inutilisée certainement depuisunbonmoment. L'amour rend audacieux. J'ai fracturé la portière, – nous voilà partis avec la voiture, é: personne à nos trousses. Le propriétaire avait vraisemblablement estimé sa vieille caisse bonne pour la ferraille, & je venais de lui épargner de l'amener à la casse. Voiture qui nous conduisit à destination. Sous le puissant soleil d'août, nous courions nus sur la plage, je voyais son corps féminin et ses cuisses solides, ses petits seins fermes, sa toison peu fournie ne cachait pas au regard les lèvres de son sexe. Et dès que nos peaux se touchaient l'une=l'autre, je me retirais vivement comme au contact de gouttes d'eau en ébullition. Le ciel s'étirait en clarté salée –.– Puis le dernier soir dans la chambre du logement de vacances. Les heures précédentes nous avions bu de la vodka – murmures bourdonnements vibrations dans la lumière jaune-ombré de la pièce – les invisibles champs magnétiques du désir féminin, qu'elle diffusait soudain autour-de-moi sans gêne – nous nous tenions debout tout près l'un de l'autre (pour la 1re fois je remarquais les entailles de l'épaisseur d'un cheveu autour de ses commissures, 2 rides, comme les parenthèses d'une phrase, qui ramènent tous ses mots uniquement à-elle=même) : et ses yeux hurlaient BAISE-MOI ; ses sourcils exigeaient MAINTENANT MAINTENANT ; les grandes lèvres articulaient *Je crie si C'est bon.* – Bourdonnements murmures vibrations –; je restais les bras ballants, sans prendre=part, dans cet ensoleillement chaud comme un duvet d'abeille. Silencieux, immobile, tel 1 statue, sans émotion résistant à toutes les tempêtes. Et ce fut à peu près Tout. (Nous avons abandonné la voiture volée au bord d'un champ, rejoint en car la prochaine agglomération-avec-une-gare.) Oui, ce fut tout. Majolique.

En prononçant ce mot, il s'est tourné vers sa valise avec une telle détermination, que je me suis abstenue de poursuivre la conversation. « *Seul ce qui ne cesse de nous faire souffrir reste dans la mémoire*[53]. » Il est possible aussi qu'il veuille renoncer à la description ; la description de l'inévitable attiédissement, qui montrerait l'ardeur & l'aveuglement de l'exaltation éteintes, que de retour chez-elle la-Raison enchaînerait de nouveau la Femme Adultère à sa cage-conjuguale – si bien que tous=deux transposeront ce temps de passion dans leur propre=imaginaire, où il pourra demeurer à l'abri de l'usure des contingences quotidiennes & d'une sensualité asséchée, sans donner prise à l'agonie d'un enthousiasme passé venu mourir dans la morne-platitude, car même le *délit d'adultère* est rabaissé au rang poussiéreux d'1 banalité. De même qu'à *l'Amour volé* – autrefois double-chair sublime, sel & poivre, saveur méridionale de figue, – a succédé cette lutte pour la-femme contre l'époux légitime en tirant-à-soi-la-corde : divorce, disputes, larmes & tapage autour du Patrimoiâne & de Lenfant ; – & puis le début qu'on croit *nouveau* et ses vieilles charges antérieures ; – corrompu en chair veule entre les mains de l'habitude, à la fin devenu insipide pour avoir mariné dans la suspicion. Tout cela 1 représentation, sans plus, Touteslesplaces au Théâtre-de-la-Chair sont occupées depuis belle lurette, é: les issues de secours murées. – Alors ?!àquoibon le raconter ; ?!àquoibon se raconter à soi-même pour la nième fois cette histoire qui niche désormais comme un champignon entre les planches de la Scène du Quotidien. – Possible qu'il l'ait su. Car, comme déjà dit, cet homme était certainement d'une espèce-particulière. Et toute histoire s'achève où commence le-travail.

42

Photo 91 *(de g. à dr.) Susi, Elfriede, son père Konrad, Hilde, appartement de Berlin-Tempelhof, 1955*

–Le départ d'Henry pour la Caroline du Nord remontait à plusieurs semaines, depuis j'étais sans nouvelles de sa part. (Et n'escomptais pas en avoir ; il a obliqué vers la voie qui s'est imposée à lui.)

Je reçus, en revanche, 1 jour par la Poste, à la mi-décembre 2004, une enveloppe couleur ocre expédiée par la Duke University de Durham, N.C., & peu après une autre de dimension encore plus grande de l'I.N.S. de Washington D.C. L'en-tête des deux courriers ornée de lettres 1ntimidantes entrelacées avec ostentation, celle de Washington arborant en plus l'emblème des U.S.A. – À l'intérieur de la première enveloppe un courrier, rédigé avec le froid souci administratif, l'autre courrier, plus bref, sur le ton bureaucratique américain tout de morgue & menace. Et pour finir une note du Consulat d'Allemagne aux États-Unis me priant !instamment de prendre contact avec le bureau des Expatriés à Berlin à propos d'une certaine=affaire. *Une=certaine=affaire,* liant entre elles les 3 lettres, concernait l'annonce de la disparition d'Henry quelques semaines après son arrivée sur le Territoire Souverain des États-Unis d'Amérique.

Cette nouvelle – elle me parvint à l'époque où je me préparais à quitter Francfort avec le père d'Henry pour emménager dans la maison de Thalov – me fit l'effet d'une douche froide. *Impossible de m'en défaire. Impossible de m'en aller.* Je répondis au plus vite à la demande expresse de me mettre en rapport avec le bureau des Expatriés à Berlin, & j'appris là-bas de manière lapidaire ce qui était arrivé.

Après avoir obtenu 1 logement sur le campus de Durham & participé en temps voulu aux colloques du German Department organisés en octobre au début du semestre universitaire, Henry ne se montra soudain plus à l'université à la fin de l'automne. On crut d'abord qu'il était malade, car au cours des derniers jours, d'après le souvenir de collègues, il avait eu un comportement d'homme que la fièvre travaille. 1 collègue s'étant rendu à son appartement trouva toutefois porte close, l'appartement vide. Puis il découvrit 1 lettre fixée au chambranle de la porte à l'aide de pinces à dessin. Elle était accrochée là comme la **Notice for eviction** & contenait la nouvelle incompréhensible qui suscitait l'inquiétude chez l'ensemble des collègues du Department. Le fonctionnaire du bureau des Expatriés me tendit une copie de cette lettre. Je lus le courrier écrit à la hâte, adressé par Henry au recteur de l'université : *Vous pouvez me rayer du tableau des effectifs. Je démissionne et ne reviendrai plus !* Dessous sa signature. Un point c'est tout. À la suite de quoi On avait ouvert une-enquête sur cette disparition. –

Je tenais cette feuille devant moi, stupéfaite, relus plusieurs fois son texte bref. : ?Henry !?en était-il l'auteur, ?Cemême=Henry que je croyais connaître –. L'écriture était sans conteste la sienne. De cet homme !jamais je n'aurais cru une Chose-Pareille. ?Qu'était-il !arrivé..... – Je n'étais il va sans dire pas la seule que cette question & le lieu-de-séjour de cet homme préoccupaient ; les Autorités les plus diverses, chargées entre-temps d'enquêter sur Cette-Affaire des deux côtés de l'Atlantique, s'intéressaient désormais à toute la vie=passée d'Henry.

– ?Était-il en contact avec des milieux terroristes. ?Était-il islamiste. ?Communiste. ?Anarchiste. Un ?criminel ou un ?espion. ?Détenait-il des secrets d'État des U.S.A. Et si oui, ?lesquels. ?Quelqu'un ?l'avait-il ?kidnappé. Le message écrit sur le papier était-il ?simulé. ?Ou ?arraché sous la ?contrainte. ?Projetait-il ?d'assassiner le Président des États-Unis. –

Sous l'avalanche des questions posées par les Services-Concernés, & ils étaient légion, qu'ON déversait sur moi – on eût dit qu'entre-temps c'était !moi la-suspecte – cet homme m'apparaissait petit-à-petit sous un Autrejour. Ses gestes & propos avant son départ pour les U.S.A. amenaient soudain à d'autres conclusions, é: chacune prise séparément semblait appartenir à une Personne Étrangère. Son passé, je le voyais maintenant, à l'image d'une galerie creusée profondément dans Unemontagne –, et tout appel était voué à se perdre au loin, tout regard y=pénétrant s'épuisait dans une noirceur nocturne insondable –.– Jusqu'alors j'avais cru que dans Cepays les U.S.A. il n'y avait rien de plus facile pour 1 individu que de disparaître dans ses confins, forêts montagnes villes & autres déserts. Toulemonde semblait à présent être à la recherche d'1 homme, & je devais apprendre !combien les Pouvoirs-Publics d'un pays quel qu'il soit redoutent les faits & gestes d'1 1ndividu isolé. J'étais fascinée par mainte hypothèse imaginaire que formulaient les-Autorités sur le passé de cet homme & aussi les raisons de sa disparition ; j'étais déjà prête à admettre=inpetto l'une ou l'autre supposition. Et cet homme se parait à mes yeux d'une particularité qui flattait ma vanité. Car !quelles que soient les fantaisies criminelles que chaque service en proie à la Tremblote-Administrative voulait mettre sur le compte de la Personne Recherchée, tous=en-chœur furent 1nanimes par la suite pour s'accorder sur la provocante=maestria de Ce Grand Crime inconcevable perpétré par 1 Clandestin à la silongue existence d'ombre humaine répondant au nom d'Henry Adam. : *Et !moi,* jubilait ma vanité (tout aussi-inpetto), *je suis !mariée à Cètepersonne depuis-de-si-nombreuses-années.* Une stupéfaction probablement comparable à celle ressentie par un individu qui apprend 1 matin au réveil qu'il est un meurtrier en série.

Or, il demeurait quelqu'1, le véritable Henry Adam, à être é à rester porté *disparu* aux confins de l'Amérique –

Toutes ces attaques administratives retardaient le départ prévu pour Thalov. L'année 2004 toucha à sa fin – Noël, en allé (& d'Henry, mon mari, toujours pas de nouvelles) – l'hiver finit par tourner à la neige fondue, – un soleil fort é puissant déjà bien installé se frayait un chemin à travers la brume des derniers froids, en nuées bruyantes les oiseaux migrateurs étaient de retour dans le ciel, et sur les collines environnantes de Thalov les adonis fleurissaient. – Et Georg moi, nous aussi avons fini par rejoindre la maison à la périphérie sud de Thalov.

Le *Cabinet d'ingéniérie géodésique* de Ralf, installé au rez-de-chaussée, venait de décrocher un Groscontrat avec la compagnie énergétique étrangère EL Co. qui projetait de s'étendre dans toute l'Europe : ON prévoyait également de reprendre dans cette région l'exploitation à ciel ouvert du lignite arrêtée jusqu'à nouvel ordre depuis la fin de la ErDéA, (car cette forme de production d'énergie bénéficiait de subventions tout récemment votées par l'État) ; les projets initiaux, comme l'exploitation d'un autre-site dans le sud de la Lusace & l'inondation des anciennes mines afin de les transformer en lacs & parcs naturels protégés, avaient été abandonnés au nom de la création d'emplois dans la région. Il fallait par conséquent procéder au relevé topographique des environs de Rogov & de Thalov pour l'extraction du lignite & la création de l'infrastructure afférante.....

Ralf savait que terrain&maison seraient ainsi eux aussi à vendre & que s'il acceptait ce contrat, il démolirait lui-même son bien avec son étalon-en-théodolite & sa planche-à-dessin. *Travail = Travail. Si je ne le fais pas, un autre s'en chargera. Et j'ai des dettes, de Grossesdettes : Lescrédits-de-Labanque ne s'amortiront pas d'eux-mêmes.* : Ralf accepta Le-Contrat. Sans rien nous en dire. Mais passer La-Chose longtemps sous silence au village ne fut pas possible. Dès lors les-villageois dire de Ralf qu'il était *un traître.....*

Depuis longtemps le père d'Henry (qui, le-jour de sa sortie de l'hôpital, s'était lui-même adjoint comme autre prénom *Ferdinand*, et à qui je ne cachai pas la disparition de son fils aux U.S.A.) passait auprès des-médecins confrontés à son incapacité à parler pour *résistant-à-la-thérapie*. Aussi, à la nouvelle de la dispartion de son fils, demeura-t-il – muet. Son opération n'avait pas donné lieu à des complications – l'implant artificiel s'était soudé !sansproblème aux autres os du crâne à une vitesse incroyable. Je le conduisais tous les trimestres à Berlin pour un contrôle post-opératoire – de résultat négatif jamais. Les-médecins chargés de la théra-π manifestaient leur étonnement ; les-spécialistes n'avaient pas anticipé de !processus de guérison chez un homme aussi=âgé. Seul le mutisme de ce patient demeurait pour eux un Grandmystère.

Photo 92 *(de g. à dr. assis autour d'une table) Konrad le père, Susi (debout), Hilde, Hélène la mère, Elfriede, dans l'appartement de Tempelhof, 1955*

À supposer que cet homme, qui s'appelait Georg autrefois et Ferdinand aujourd'hui, ait décidé après son opération de renoncer momentanément à la-parole, à l'instar de ces écrivains qui abandonnent l'écriture et deviennent des muets de-l'écrit – jusqu'à ce qu'ils se trouvent, et ce malgré leur bonne volonté, dans l'incapacité de recommencer à écrire, l'écriture se dérobant à eux, Georg Ferdinand Adam avait ainsi, semble-t-il, perdu entre-temps l'usage de la parole. Probablement de la même manière dont on perd l'usage d'un membre longtemps immobilisé, quand la capsule articulaire s'ankylose & rend tout mouvement impossible. Se ?pouvait-il que l'homme ait ?perdu l'usage de ses voix&expression : Georg Adam, 1 individu plongé dans le mutisme durant les années de Survivance. – Son visage vieilli avait pris les traits d'1 masque é l'insistance avec laquelle il regardait semblait accaparer toutes ses forces vives, en ce sens où celles-ci cherchaient à se concentrer uniquement en=ces-regards. Mais ce retrait n'avait rien à voir avec la mort qui, souvent en secret, parvientà triompher des forces restantes en venant frapper la physionomie des personnes âgées –; nous étions là=en-présence d'Autre Chose : d'une énergie nouvelle jusque-là inexistante chez cet homme. Instinctivement ses yeux me faisaient penser à la lentille froide, inaltérable de deux objectifs d'appareil photographique.

Je remarquai d'abord qu'il gardait cet album de photographies toujours & constamment près=de=lui, cette collection obscure reliée dans un cuir écaillé, commencée autrefois par Johanna, sa belle-mère, & poursuivie avec zèle par sa sœur Felicitas ; une collection qui dans les-années=passées suscitait au mieux sa moquerie é: qu'il avait emportée à contre-cœur dans son voyage fatal pour se rendre chez=nous à Francfort, afin de la remettre à Henry *en-souvenir-éternel* (comme Felicitas avait chargé de lui transmettre) *d'Unefamille qu'il pourra retrouver, lui Henry, à tout-moment.* Je voyais Georg, qui prétendait désormais s'appeler Ferdinand, feuilleter cet album – des-heures=durant&au-delà – perdu dans l'ombre de son mutisme. Ce fut tout compte fait le seul livre, à supposer que vous considériez ce recueil de photographies comme tel, que je l'ai vu prendre dans ses mains. Cet album, il s'était pour ainsi dire transformé en encadrement de son temps. – Plus tard, en accord avec Ralf, empruntant son vieil équipement de photographe – un appareil fonctionnant avec des rouleaux, des trépieds, différents objectifs, quelques pellicules noir&blanc –, & équipé de tout cet attirail, le vieil homme quittait la maison – s'en allait au-Dehors, é: personne n'était autorisé à l'accompagner dans ses parcours.

Ralf rentrait à la maison au même moment, à la fin de ses travaux ; à la plus grande satisfaction du donneur d'ordres, son équipe avait exécuté en quelques semaines le contrat portant sur le relevé topographique de la région autour de Rogov et de Thalov pour le compte de l'entreprise énergétique globale EL Co.

Très vite l'agitation le bruit gagnèrent le village voisin de Rogov, étiré sur près de 2 kilomètres=le-long d'1 route départementale. À l'heure du laitier, on aurait dit une armée d'occupation étrangère, des troupes d'ouvriers envahissaient le lieu avec leur langue 1-ni-forme de beuglements-d'équipes & leurs machines BTP, bulldozers, camions, excavateurs, quantitésdefer&acier. Des générateurs mobiles, aussi massifs& carrés que des véhicules blindés, produisaient du courant dans un grondement de moteur. Des lampes à arc déchiraient l'aube & au faîte de hauts mâts une lumière blanche agressive retombait en bandes plates sur le paysage : le village de Rogov – en l'an 1999 le conseil municipal s'était vu décerner le *Prix allemand de l'Environnement* pour l'aménagement de la région dans le respect des dernières innovations écologiques –, ce village situé au cœur d'une contrée de Prés&Forêts devait dès-Ce-Jour être entièrement évacué, ramené à 1 surface plane & transformé en décharge pour l'extraction du lignite : démolition de toutes les habitations, déforestation, éventration des champs&prairies. Le vacarme des machines pénétrait jusque dans le bureau de Ralf & à la tombée de la nuit la lumière crue des lampes se dressait dans le ciel telle une muraille de feu blanche. Dans le village de Pritzkov, situé à une dizaine de kilomètres au nord de Rogov, on avait auparavant aménagé 1 nouvelle cité destinée à accueillir les 1700 personnes déplacées, ce qui eut pour effet de doubler d'un seul coup la population=locale. ON – la direction du groupe EL Co., la municipalité, le ministre-fédéral-des-finances – avait proposé aux habitants évacués de nouveaux logements & 1 compensation financière en contrepartie de l'évacuation ; contrairement à ce qui s'était produit en 1989, les habitants de cette bande-de-terre (un certain nombre de propriétés de Thalov en faisaient également partie) n'avaient opposé auc-1-résistance aux expulsions, avaient accepté la-proposition & s'étaient pliés au changement de résidence obligatoire.

À l'exception de deux d'entre eux : un homme de 67 ans & sa femme du même âge. Ils ne voulaient pas se laisser amadouer par la promesse de toucher de l'argent ni céder aux menaces & intimidations de-l'Entreprise, ces mesures systématiques mises en application dès lors que le produit-miracle=Argent s'avère inefficace. Ces deux personnes restaient sur leur=propriété-foncière à Rogov : 1 maison d'habitation, 1 étable pour 2 vaches & cochons, 1 jardin attenant avec verger, quelques planches de légumes & 1 poulailler. Ici=au=village, disaient les Deux à qui voulait l'entendre, avaient vécu tous=leurs ancêtres, eux aussi étant nés là ; maison & terrain quitte&libre-de-dettes depuis des générations. Ils désiraient vivre=ensemble sur leur terre=natale les années qu'il leur restait (ils n'avaient pas d'enfants). !Oui !parfaitement : rester sur place.

–!L'oseille. – Hurlèrent-ils à la face des-émissaires de Labanque. –C'est pas votre=oseille qui va nous nourrir. C'est pas elle qui nous protègera du froid du vent & de la pluie. !Gardez Votrefric & !décampez de notre=cour ou je lâche !Lechien. – Les employés de Labanque vêtus de belle étoffe se jetaient des regards décontenancés, l'1 tapota son front du doigt, puis les Boys-Parfumés rasés de frais prirent leurs attaché-cases & béquillèrent à travers la cour en direction de leurs limousines.

Les deux vieux n'étaient pas des paysans. L'homme de 67 ans était un professeur de musique du conservatoire de Vockau à la retraite, sa femme aussi. Ils s'étaient rencontrés voilà bientôt Cinquantans. 1 piano trônait dans le séjour de cette maison, plusieurs dizaines de chemises remplies d'œuvres pour l'instrument, de Schubert à Liszt. – Aussi, poussés par Lanécessité, ces Deux-là entreprirent-ils une démarche, semblable à celle d'Hewig Baeske quelques Soixantedizans plus tôt pour conserver son bien, imitée en ça par sa fille Friederike et plus tard par le fils de celle-ci, Peter-Paul Karge, puis par Henriette & Georg Adam : ils se rendirent au tribunal administratif de Vockau déposer plainte contre l'expulsion forcée de leur propriété foncièrement=la-leur. *Et l'indolent varan du Drouat aux crocs septiques envoya une fois encore ses coups de pattes !terriblement lourdes=de-conséquences.*

Printemps 2005. D'étranges processions s'étiraient le long de la route départementale, passant devant la maison des deux derniers habitants récalcitrants & résolus à demeurer en leur île d'obstination. D'abord les-Vivants, ensuite les-Morts : camions de déménagement, véhicules chargés à bloc de meubles & d'appareils ménagers ; camions découverts ou bâchés transportant cercueils & pierres tombales, sacs noirs en plastique pleins d'un grand nombre-d'ossements convoyés sur des remorques ; pierres tombales & sacs étaient couverts d'inscriptions à la craie, prière !d'éviter toute confusion : à chaque défunt !sa pierre. La procession s'acheminait lentement, on aurait dit que les processionnaires souhaitaient rendre Un-Dernier-Hommage à un lieu de mémoire. – Puis, exactement comme aux derniers jours de Laguerre, on fit sauter l'église du village. Naguère dans le but de priver d'1 point d'orientation l'Armée rouge en marche, ON voulait cette fois prévenir si possible toute découverte d'*importance historique* dans cette église villageoise, laquelle aurait retardé voire: rendu impossible la-démolition de tout le patelin.

À peine les anciens habitants eurent-ils quitté leurs maisons que les engins de démolition se mirent à-l'œuvre. Dans un tempo!d'enfer : comme si l'ON redoutait une possible contagion des villageois par les deux Vieillards récalcitrants & l'envie des habitants de retourner chez eux. 1 grand nombre d'entre les expulsés entendit s'effondrer les murs de leurs habitations imprégnés de chaleur humaine. Très vite il ne resta plus que quelques débris de maçonnerie é des poutres éclatées à pointer de gros tas de briques cassées & de gravois à l'emplacement de la plupart des maisons alignées de part et d'autre de la route, et seulement des moignons d'arbres, – des pelles mécaniques se déchaînèrent avec des filins d'acier & les déracinèrent violemment –, terre é lieu éventrés en cratères comme après un bombardement & une attaque d'artillerie, – les engins du BTP au milieu de tout cela, comme les tanks d'une Puissance=Victorieuse. 1 seule maison détruite par les bombes à Rogov pendant la Dernièreguerre ; 1 seule maison de Rogov encore debout aujourd'hui=Entempsdepaix. Pour l'heure.

Photo 93 *Susi dans la rue devant l'arrêt de bus (en cache-poussière clair avec parapluie & petit sac à main), Tempelhof (peu avant la construction du Mur), début de l'été 1961*

–Et les Quelquedizaines d'expulsés de leurs terres&biens longeaient cette=île d'opiniâtreté, un triste *Ex Odus* –, une fois j'ai vu Georg, qui s'appelait Ferdinand désormais, en bordure de la route, l'appareil photographique monté sur son trépied, l'objectif tourné dans la direction prise par la foule=au-départ de son village en partie déjà détruit. Et Ce fut la fin.

Mais point finies les intimidations & chicaneries à l'encontre du vieux couple vivant dans la dernière ferme : !tenus de déguerpir ils s'y !refusaient. Et vient le jour où toute obstination-tenace finit en décision sans appel : impossible de faire !marche arrière.

Le printemps épanouissait la verdure, le feuillage du lilas du jasmin poussait autour de la dernière maison tel un épais mur d'enceinte é condamnait la vue des deux Vieilles Gens sur le voisinage détruit. Seul le grondement grossier des machines au travail perçait la muraille fleurie – la vue vers le haut dégageait un pan de ciel printanier lumineux. Dès qu'ils passaient la porte de la maison ou son portail, comme au sortir d'un château enchanté, ils apercevaient les ruines crénelées alentour ; les entrailles de ces maisons démolies et leurs restes de vie disparue gisaient comme les corps équarris de bêtes d'abattoir. – Entre-temps, une équipe de tournage de films documentaires était venue sur place. Son instinct-de-photographe & mon instinct-de-journaliste-reporter nous faisaient ressentir l'effet de ces destructions é: percevoir l'1nique veine vivante grosse de rébellion chez ces deux vieilles gens qui refusaient de céder. *–Ne rien faire, c'est s'avouer vaincu d'avance.* Disaient les deux vieilles gens &, derrière leur muraille fleurie, elles essayaient de continuer de vivre la-Normalité Ordinaire des années passées.

1 matin : plusdecourant, plusdetéléphone (la communication avec leur avocat à Vockau coupée). Dans son travail de démolition, par mégarde disait-on, un excavateur avait sectionné les câbles. – Cela prit longtemps avant que le courant & le téléphone soient rétablis pour les 2 derniers habitants de Rogov.

Puis, les deux vieilles gens franchirent à nouveau une fois leur rempart verdoyant, pour se rendre-Dehors : et entrer dans un paysage déchiqueté. Ce qu'ils virent, les laissa sans voix, les médusa. À peine parvenaient-ils à se repérer : toutes les habitations du village disparues :ou réduites en tas de décombres, les rues jardins arbres familiers, introuvables. Comme si une troupe de bagarreurs avaient cassé les dents à un être vivant leur village les regardait fixement de ses traits méconnaissables. *–?Où sommes-nous.....* Se demandaient-ils, perturbés. Pour la 1re fois dans le doute quant à leur résistance : *–?Avons-nous vraiment envie de continuer à vivre ?ici au milieu de* *ces cratères lunaires. ?Sommes-nous capables de continuer à ?vivre ici.* Tels les morts revenus à la vie qui se languissent de la terre où ils furent ensevelis, les vieilles gens enfouissaient leurs mains dans le sol en jachère de leur jardinet derrière le rempart fleuri d'arbres & de haies. À l'horizon, découpées sur la brume, les silhouettes d'acier des gros excavateurs ; un engin de décapage avait déjà progressé de 300 mètres. Le vacarme de plus en plus proche & le tumulte des machines ébranlaient l'air le sol les nerfs. Le vieux professeur avait pris l'habitude de lutter contre Lebruit=heure-après-heure en jouant inlassablement du piano : Wagner, Verdi, Tchaïkovsky. (Les morceaux pour piano de Beethoven et de Schubert ne résistaient pas aux machines ; l'âpre grondement de fer constant les réduisaient en bouillie.) – Dans le sable gratté parfois des ossements de soldats morts lors des rudes combats livrés dans la région pendant la Dernièreguerre : os & fer et parfois une bombe rouillée non explosée ; de gigantesques corps bosselés d'argile. Alors les grosses roues des pelleteuses s'arrêtaient –, le temps de désamorcer & d'évacuer la bombe. Il était rare qu'elle explose sur le lieu de sa découverte : si c'était le cas, elle ne fendait en deux que quelques godets ; les Pellesmécaniques étaient plus fortes que les bombes & Lapaix plus vorace que Laguerre. Claquant au vent autour des trous les rubans bleus de signalisation bien tendus ; à peine quelqu'un s'approchait-il de-l'Extérieur, que déjà des gardiens menaçants se montraient. Au dos de leurs vestes raides bien=carrées figurait en lettres vertes phosphorescentes le nom de l'entreprise élaboratrice des plans de destruction de Rogov : EL Co. & en dessous SECURITY. – Quand elles retournèrent chez elles, les deux vieilles gens perturbées découvrirent leur chien au milieu de la cour, mort. À-compter=de-là, elles n'osèrent plus quitter ensemble leur maison, redoutant de la trouver en flammes à leur retour. (Il semble que ce fût seulement la crainte inspirée par la présence de l'équipe de tournage & de ses caméras rendant compte de Tout qui empêchait l'Entreprise de recourir à des mesures extrêmement musclées.)

Mais Quelqu'un d'autre apparaissait fréquemment sur la zone frontalière bordant la propriété é: le trou d'excavation : un homme âgé, muni d'un appareil photographique & d'un trépied. Il restait sur la défensive, & se retirait immédiatement dès qu'un être humain tentait de l'approcher. –

Été 2005. Depuis-longtemps Faire-leurs-courses=au-village était devenue chose impossible aux Derniersrescapés, car l'Endroit, si ce n'est leur maison, était devenu un Nonlieu. Jusque-là ils pouvaient se nourrir à-peu-près&simplement des produits de leur jardin & de leur petite ferme ainsi que des récoltes engrangées antérieurement. Mais vint le moment de tuer la dernière poule ; les autres avaient été dévorées depuis belle lurette par les renards & autres chiens errants qui vagabondaient librement à travers les vestiges du village é la contrée désolée désormais dépourvue d'arbres –.

Automne 2005. La-mine-à-ciel-ouvert étendit sa surface de déblaiement & s'approcha à 140 mètres de la propriété des deux vieilles gens. La distance de sécurité minimale fixée par la loi entre un terrain industriel é: un terrain à usage privatif est de 50 mètres. – De nouveau plusdecourant plusdetéléphone dans la dernière maison, les canalisations rompues elles aussi –.– 1 décision du tribunal de Vockau ordonna l'arrêt immédiat de tous les travaux de déblaiement à proximité du terrain à compter du 20 novembre 2005 et ce jusqu'à-nouvel-ordre. : 1re !victoire pour la partie plaignante. *–Plus 1 vie est longue,* faisait remarquer le vieux professeur à sa femme, *–et plus les événements sont étranges.* – La partie adverse, l'entreprise EL Co., fit aussitôt appel de la décision auprès de l'instance immédiatement supérieure : le tribunal administratif de Berlin. –

Mais avant ça silence soudain autour de la dernière propriété du village démoli. Un !silence que creuse le vent –. Les morceaux de Beethoven et de Schubert pouvaient maintenant à nouveau résonner sur le clavier du piano.

2 novembre 2005. Date des débats au tribunal administratif de Berlin. – Tôt le matin, le vieux manteau d'alpaga enfilé autour de son corps efflanqué, chapeau de feutre gras posé sur ses mèches grises flottant au vent, sous le bras la serviette en cuir écaillé contenant bouteille thermos & tartines, le vieil homme se mit ainsi en route : en car jusqu'à Vockau – en train régional jusqu'à Berlin. Sa femme resta à=la-maison ; il l'appelerait aussitôt après la décision du tribunal (le téléphone remarchait). Les heures du jour, prises dans un silence gris de givre, le ciel brumeux sans soleil, la femme à son fourneau le soir dans la cuisine. À ouvrir une conserve de soupe à la tomate, quand le téléphone sonna. D'une main tremblante elle posa la cuillère & prit l'écouteur : le coup de fil de son mari à Berlin. Il lui fallait maintenant entendre ce qu'elle avait pressenti : déboutés. Le-tribunal – *l'indolent Varan-du-Drouat* – ordonnait la poursuite sans condition des travaux de la compagnie EL Co. & l'expulsion forcée des deux vieilles gens dans les 2 prochaines semaines. La femme en larmes. (Sur la cuisinière la soupe à la tomate attacha.) –

15 novembre 2005. Depuis le matin devant la dernière maison de Rogov un camion de déménagement, trois déménageurs sortent & déposent dans la rue les menus-biens des deux vieux & entassent le tout dans le camion. Le vieil homme assis dans le séjour au piano, dernier îlot à lui être resté. Les déménageurs débarrassent la pièce, de la bibliothèque et ses livrets de notes, un simple carré pâle sur la tapisserie. Portes & fenêtres largement béantes – un courant d'air froid humide – l'homme, en manteau d'alpaga é coiffé de son chapeau, joue les doigts engourdis sur le piano légèrement désaccordé le *Chœur des esclaves* de *Nabucco,* tandis que les déménageurs sortent le dernier meuble. Enfin, sans façon, ils empoignent le piano & l'emmènent dehors. Assis sur le tabouret l'homme affaissé sur lui-même. Puis le-départ là où les 1700 de Rogov ont déménagé plusieurs-mois-avant. Fin.

6 décembre 2005. Les bulldozers démolissent la dernière maison évacuée. Dans la cabine-de-pilotage de l'un des engins, placé derrière le pare-brise, 1 Saint-Nicolas en chocolat dans un papier d'aluminium rouge.

Le village de Rogov n'existe plus.

43

Photo 94 *Werner (assis, de profil), dans l'appartement de Georg & Henriette (peu avant que Werner, à contre-cœur, entre en maison d'acc. pour pers. âgées), Mathildenbourg, 1980*

–La Terre – arpentée depuis-des-siècles, un monde parcouru analysé décrit violé abusé dans ses hauteurs profondeurs largeurs – demeure néant-Moins une incroyable immensité inconnue si vaste, qu'il est impossible de ne pas imaginer pouvoir s'en échapper. Or, chaque pas qui !éloigne du lieu où l'on court à sa perte, !rapproche davantage de ce même lieu é de la perdition. Phénomène inverse chez les humains : plus tu essaies de te rapprocher d'une personne, plus elle s'écarte de toi. Je suis une femme, dans la 40taine, et j'ai fait l'expérience des vicissitudes ordinaires.

Au rez-de-chaussée de la maison de Thalov les bureaux d'ingéniérie de Ralf, 1 laboratoire de photos attenant. Ces Dernierstemps Georg y travaille de Longuesheures, souvent jusque tard dans la nuit. Mais ne montre ses photographies à personne.

Nos pièces privatives sont situées le long du grand couloir au 1er étage : les miennes le plus près de l'escalier, celles de Georg en vis-à-vis, l'appartement de Ralf au bout du couloir.

L'heure tardive empreinte de silence obscur niche dans la maison. Ralf s'est absenté pour quelques jours, Georg encore occupé dans son laboratoire. Du-couloir j'accède à ma chambre à coucher par 1 autre porte, j'ai laissé la porte entrebâillée. Le lit, une île de lumière, que révèle la lampe de chevet, je suis allongée en bordure de l'ombre qui partage mon corps, nue – je me caresse. Je ne l'ai plus fait depuis longtemps, ma peau s'est endormie, lentement mes doigts la réveillent. Ce faisant, la porte entrebâillée s'est entrouverte 1 peu plus. (La bande de lumière qui s'en échappait vers le couloir sombre ressemblait probablement à 1 appeau jaune –.) Dans l'entrebâillement, Georg, nu lui aussi. Son corps imposant, monstrueux. Mais la lumière ombreuse couvre sa peau vieillie d'une faible lueur qui révèle de ce corps 1 autre corps, doux souple é presque tendre. Il me regarde, je sens ses regards posés=sur=moi comme des mains.

–Viens. – Dis-je à mi-voix au vieil homme.

Il ne bouge pas, me dévisage, ses yeux pleins des regards d'un être humain où se lit l'éclat profondément intime de la joie.

–Alléviens. – Je répète. –Viens t'allonger près=de=moi.

Mais il reste immobile. Sa verge n'est pas dure, mais grande. Inopinément, ça me traverse l'esprit : *Grave – elle a l'air si grave. Un homme d'un Autretemps. Sans pratique sportive ni crânerie ni rituel. Justunsexe.* Mais il ne bouge pas de la porte, me regarde en silence é fasciné.

Je veux lui faire plaisir : contrairement à ce que je fais d'habitude en me masturbant, je ne serre pas les cuisses l'une contre l'autre, je m'ouvre (– – – – – lui montre mon sexe –(,)– l'une de mes mains l'effleure ;) ;– ;– ;=) tandis que l'autre titille le bout de mes seins : : Je prends mon temps – – (')

Nous, le vieil homme é moi, ne nous quittons pas des yeux **" – ;– ;) – : ;) – :: – ::: – ;)**

Et là – quelque chose se brise dans les siens, on dirait 1 fêlure le long d'un verre. Son regard se déchire, – il se détourne, s'éloigne et s'enfonce dans l'obscurité profonde de la maison.

La peau de mes cuisses est humide – !!! – – – Monplaisir=solitaire.

J'ai le sentiment que Georg se tient toujours dans l'entrebâillement de la porte. Mais il y a longtemps qu'il est parti. Plus tard dans la salle de bains face au miroir : mon visage aux contours légèrement estompés. *Une deuxième vie : dans la profondeur de tout miroir la rencontre avec l'autre ne se fait qu'en pensées, en imagination – les champs élyséens sans la contrainte de la mort. Sans la crainte de la-violence ni la peur de la perte incontournable de tout être aimé. Un désir sans convoitise avide. Une vie sans adieu. L'imagination est une Deuxième Vie, et les racines du-crime ont été arrachées. Tout est, plus rien ne devient. Toi qui désires vivre dans Ces-Parages, !hâte-toi.* – Ici, où je vis, c'est=partout une liberté risible – à-la-maison : abandonnée, la femme Sansmari ; ma profession de journaliste exercée en free-lance : libre de ne pas toucher un revenu suffisant, de bonne pour la pige à bonne dont on se-paie-la-tête ; – 1 vie de Devoir Devoir Devoir. Depuis longtemps j'ai l'impression de vivre à-tempérament, que mon existence n'a qu'1 fonction, gagner round-après-round – mais ?qu'adviendra-t-il à l'issue du Dernieround.....

Le lendemain matin je trouvai un bout de papier sur la table de la cuisine. La main de Georg y avait tracé Ce mot étrange MERCI.

–Ses !yeux : des jours-plus-tard je me souvenais encore de ce vieux regard é de son éclat soudain fissuré alors qu'il m'observait dans mon jeu-de-plaisir=solitaire. : ?Où avais-je déjà ?vu ce regard. – Je dus y réfléchir longtemps –; le souvenir enfin de cet épisode d'il y a trentecinquans.

Après que ma grand-mère Marei était allée vivoter en maison-d'accueil pour personnes-âgées, ses visites à notre famille se limitaient aux jours-fériés, à Noël, au nouvel An, aux anniversaires. Plus tard, le personnel soignant transporta Grand-mère (dans notre famille tout le monde l'appelait *Mamé*) de la maison-d'accueil jusqu'à notre appartement &, la vieille femme ayant du mal à se déplacer seule après une attaque cérébrale, les-aides-soignants (ils effectuaient leur service civil) l'installaient dans le grand fauteuil capitonné à fleurs de notre séjour comme 1 vieille poupée fagotée avec élégance. Puis ils repartaient & revenaient seulement le=soir, quand il était l'heure de ramener la vieille dame au-foyer pour personnes-âgées.

Grand-mère Marei s'habillait toujours avec une élégance surannée : ainsi ce jour-là aussi, celui de mon 7e anniversaire, portait-elle un chemisier blanc crème en soie lavable avec de gros boutons en nacre, un collier de perles claires & la broche de rubis sertie d'or ; assortis à une longue jupe foncée, de coupe sobre, & des souliers à boucle également foncés. Ses cheveux (en dépit de ses quatrevingtans-passés elle conservait son abondante chevelure aux nuances argentées de novembre), permanentés avec soin, étaient pris dans un filet comme dans 1 toile d'araignée. Les grands coquelicots flamboyaient, la vieille femme était assise dans ce fauteuil de notre séjour comme au milieu d'un brasier. Ma petite robe rouge toute neuve était de la même couleur éclatante des coquelicots du fauteuil, et je croyais être moi-même l'une=de-ces fleurs en éventail. J'étais accroupie sur le tapis à ses pieds. Tournant lentement les pages d'un album de photographies relié en cuir (avec entre les pages, comme entre des rangées de pralines, un fin papier de soie au froissement délicat), ma grand-mère me montrait les photos &, d'une douce voix mélodieuse, me donnait des explications pour chac-1 d'entre elles. Mais à cause de l'attaque cérébrale la femme ne parvenait plus à se souvenir de tous les mots ; il arrivait qu'elle s'arrête en plein récit pour essayer de réfléchir au mot manquant. Le plus souvent en vain. Alors la vieille femme esquissait 1 triste sourire douloureux, baissait la tête. *–Non. J'ai oublié le mot,* – et elle tentait de reprende son histoire à un autre endroit. Cela durait Unmoment – jusqu'à ce qu'il lui faille s'arrêter de nouveau. De ma place assise à ses pieds je levai vers elle mon regard é la dévisageant, je demandai tout haut : *–Mamé : est-ce que tu veux ?mourir.* – La femme, sans que son visage exprime le moindre étonnement (au contraire, elle semblait se réjouir qu'un autre être humain, é fût-ce 1 fillette de 7 ans, lui pose !enfin la plus humaine d'entre les questions), ne se départit pas de son humeur rêveuse, en silence é avec un doux sourire, elle hocha plusieurs fois lentement la tête en signe d'approbation. Et dans ses yeux !cette fêlure délicate, cette lueur songeuse, – soudain fissurée.

Puis elle demeura tranquillement assise dans son fauteuil, l'album ouvert sur ses genoux, pendant qu'insouciante=je bondissais sur mes pieds (:quisait ce que les enfants entendent par *mourir*), la laissait seule=solo & courait à travers l'appartement à la recherche d'un jouet offert pour mon anniversaire. – Peu après la femme eut une nouvelle attaque ; elle recouvra l'usage de la parole – elle parlait certes avec lenteur, mais sans à-coups ni interruption. Désormais ma grand-mère rendait souvent visite à notre famille, racontait ses histoires d'un ton joyeux, plus un mot de son envie de mourir ; elle revivait, une vieille fleur plongée dans de l'eau fraîche. Elle mourut à la troisième attaque.

Tous les jours je quitte seule-solo la maison de Thalov pour marcher à la rencontre de l'excavateur qui se rapproche de plus en plus sans que rien ne puisse l'arrêter. 2006 : 1 nouveau printemps, mais ici plus de floraison. Le dernier tronçon du parcours déjà privé de ses arbres, la terre nue – 1 pays livré au coup de grâce.

Sur le chemin du retour, j'aperçois au-loin un homme qui s'avance vers moi. Le corps courbé comme s'il souffrait de rhumatismes. La silhouette drapée dans des vêtements foncés trop lourds, un sac à dos se balançant à son flanc. Le visage dissimulé sous les bords noirs de son chapeau, joues é menton sous une barbe grise clairsemée, cette silhouette porte avec elle une ombre considérable d'étrangeté. Mais ce corps & cette démarche sont loin d'être inconnus, car 15 années de mariage suffisent pour reconnaître – Henry.

Photo 95 *Werner (assis, fumant le cigare), dans l'appartement de Georg & Henriette, Berlin, Greifswalder Straße, 1980*

Peu après nous étions face à face.

–Me voici revenu. Sa voix rauque, maladroite, comme Longtemps déshabituée de la parole. Il clignait des yeux en me regardant. Ses paupières tressailllaient comme au contact d'une lumière trop vive é un tremblement agitait sa bouche flétrie. On l'aurait lui-même intrigué par les paroles qu'il allait prononcer.

–Pour te connaître 1-tout-petit-peu, Dorothea, je savais qu'en ne te trouvant plus à Francfort, tu ne pouvais être ailleurs=qu'ici. – Nous nous tenions au milieu du chemin.

Après toutes les tracasseries=bureaucratiques que les Autorités de deux Pays m'avait fait subir quant à *la disparition inexplicable de votre époux sur le territoire souverain des États-Unis,* je n'étais même pas surprise de voir devant moi *le Disparu* en-chair=&=en-os. J'aurais presque éclaté de rire. Ce revirement, il cadrait bien avec tout ce qui ne cadrait pas par le passé entre cet homme é: moi. –

Alors nous sommes revenus ensemble à la maison par le chemin nu. Raconter ce qui lui était arrivé, pourquoi il avait disparu, – l'homme le ferait seulement plus tard. Et la chose advint de manière inopinée, brusquement, comme si une digue très ancienne s'était rompue. Mais il parlait d'une voix terne, la lueur dans ses yeux, éteinte –. Seul lui restait son sourire narquois devant ses mauvaises dents. Toutefois 1 pellicule de dureté recouvrait désormais l'amère incertitude d'autrefois, sa physionomie était comme galvanisée.

?!Que lui était-il ?arrivé.

Ce qui adviendrait de nous=ici-à-Thalov, tout le monde en était conscient depuis longtemps : 1 coup d'œil jeté à l'horizon laissait voir le golem métallique de l'excavateur à godets, creusant la terre & dévorant jour après jour quelques mètres au sud de la ville..... Le jour paraissait plus sombre là-bas=au-dessus du paysage, le soleil coincé dans les tourbillons de poussière. – –Laisse tomber, Dorothea, arrête avec Ça. Tu as vu Ce qui est arrivé à Rogov : Ledroit & Dieu sont toujours du-côté=du-plus-Fort, & le-plus-Fort a toujours=le-Droit pour lui. – Faisait remarquer Ralf quand il me voyait regarder=par-la-fenêtre. –Il est inutile de polémiquer là où nous devrions !négocier. Le-contrat grâce auquel j'ai réussi à gagner pied à pied mon bien ici=surplace & vous avec, ce contrat plus le montant de l'indemnité pour cette propriété m'ont plus que largement sorti du rouge. Je vais fermer le cabinet d'ici & retourner à Bad Bentheim. Y monter une nouvelle=affaire : reconstruire l'Ouest. – Il eut un rire bref. Puis, retrouvant son sérieux : – !Venez avec moi. Georg m'a déjà fait comprendre qu'il voulait m'accompagner ; alors faites pareil : toi & Henry. Car la réussite que sera mon nouveau départ couvrira tous=nos=besoins. –

–Tu es vraiment un Chic Type, Ralf. – Ai-je répondu. – Et je te remercie sincèrement de ta proposition. Mais m'éloigner d'ici m'est impossible jusqu'à-nouvel-ordre, je dois encore m'acquitter d'Une Chose. – (:?Avais-je alors au moment où je prononçais cette phrase déjà parfaitement=?conscience de !Ce qu'elle signifiait.) Ralf eut la discrétion de ne pas me demander de Quelle Chose il s'agissait.

On en resta donc là : Ralf & Georg déménagèrent à Bad Bentheim ; Henry é : moi restant ici. – Durant ces semaines de cohabitation – Henry, Georg, Ralf, moi – sous-le-mêmetoit, Henry comme Georg évitaient soigneusement de se rencontrer. Comme si la chose s'était décidée dès la-1re-minute-du-retour-d'Henry, nous faisions chambre à part ; nous aussi, dans cette deuxième vie, restions séparés.

Aux derniers jours d'août 2006, Ralf & Georg s'apprêtèrent à quitter Thalov. Pendant que Ralf emballait ses affaires, j'écoutai *Son-Histoire-avec-Corinna.* L'engin de décapage s'était approché à 50 mètres de la périphérie de la ville.....

En déclarant avec fermeté que j'avais Ici encore Une Chose à accomplir, peut-être cela avait-il éveillé en moi le souvenir des premiers jours suivant le retour d'Henry ; quand il s'était enfin mis à raconter. Et probablement n'aurais-je pas transformé en-acte cette simple intention (à=moi-même encore floue avant) avec une !pareille détermination, n'eût été la fin rapide d'Henry. – Au début, juste 1 léger picotement dans la gorge en avalant, comme si 1 miette de nourriture y était accrochée. Puis des maux de gorge, – ils finiraient bien par passer, n'est-ce pas. Le mal de gorge persistait, s'amplifiait. Les quintes de toux se faisaient plus violentes, elles le prenaient d'assaut, et pas seulement aux repas. Il avait du mal à parler. Des sons enflammés sortis de sa bouche, pour dire la stricte interdiction d'aller chercher le médecin, & sans cesse des exécrations proférées contre le genre-humain..... Je l'entendais vomir quand il se brossait les dents, à peine 1 simple bouchée qu'il renvoyait aussitôt. Il accepta très vite d'ingurgiter uniquement des aliments liquides ou de la purée, mais cela aussi lui était une torture, alors il y renonça. Il maigrissait à vue d'œil, se sentait faible, n'arrivait plus à marcher ni à se tenir debout seul. Quand, passant outre son interdiction, je prévins finalement 1 médecin, celui-ci le fit transférer !immédiatement à l'hôpital. Mais voila longtemps qu'Il était trop tard..... Le reste arriva très vite.

Le jour de ma dernière=visite à l'hôpital ; je m'approchais de son lit é sus qu'il me fallait faire vite, autrement je m'adresserais à 1 mort. Mais je parvins encore à formuler ma question : *–Pourquoi me méprises-tu, moi é les-hommes.* Je regrettai aussitôt de l'avoir posée, mais même pour retirer 1 question stupide il était trop tard.

Chac-1 des mots qu'il prononçait, je le savais, lui causait de grandes souffrances. Mais il fit un effort=sur=lui-même : *–Doro Thea.* – Entendis-je sa voix rauque de douleur dire mon prénom. *–Tu te trompes. J'aurais tellement aimé vivre paisiblement. Mais les-hommes.....* (Une quinte de toux le fit s'interrompre, il cracha du sang. Puis encore une fois :) –*Les-hommes..... que j'ai rencontrés, n'étaient pas Enpaix. C'est pourquoi ils se sont sentis obligés de..... détruire Lapaix des Autres. Non, je ne méprise pas..... les-hommes : j'ai seulement de la haine pour vous.* – Mais en prononçant ces paroles il y avait une telle douceur dans ses yeux, que je crus à une erreur ou à l'égarement d'un esprit déjà sous l'emprise de la mort.

Et, déclenchant une longue attaque où il souffrait le martyre, la douleur l'assaillit une Dernièrefois : – le fit se convulser sur son lit, gémissements, râles, salivationimportante, cris é crampes ; – je suis partie, le médecin & l'infirmier se trouvaient à son chevet. – Il restait encore à Henry 2 heures à vivre dans de terribles souffrances. Puis – ce dimanche après-midi de début de novembre, le crépuscule s'étendit sous les nuages gris, le feuillage des derniers arbres-survivants de l'allée flamboyant comme des torches au milieu des couleurs rouillées de l'automne sur le déclin – Ce fut la fin.

À la maison, je regardais dehors par le chien-assis sans rien voir –; juste une sensation Defroid, comme si quelqu'un avait arraché les portes & les fenêtres d'une grande demeure depuis-Longtemps inoccupée –, mais l'air fétide de la mort que dégageait la maison absorbait même l'air frais=du-dehors. Mes ongles enfoncés dans les paumes, – du sang. À la place des larmes un ruissellement de sueur le long du dos –. Personne ne viendrait à moi maintenant, me toucherait, poserait sa main sur mon épaule, sur mes seins ; je m'enlaçais moi-même, de mes doigts creusais mes omoplates comme sous un gel durci.

En triant les affaires laissées par Henry je trouvai 1 lettre adressée à son père, qu'il avait sans doute eu l'intention de lui remettre avant le départ de celui-ci, pour finalement y renoncer. Et c'était moi, qui la lisais maintenant :

Père ! Je t'ai trahi à trois reprises sans que le chant du coq fût nécessaire pour l'annoncer : la 1re fois en venant au monde. La 2e fois en te plongeant dans une Quasi-Mort par ma faute. Et la 3e fois parce que Ta Mort t'empêche de mourir. Mais je te devancerai bientôt, Père, dans cette course à la mort, et je ferai ce que tu m'as toujours souhaité de faire : mourir. Ma mort, la mort de Ton Fils sera ma dernière trahison envers toi. Car qui est comme toi incapable de mourir, n'a de choix que de disparaître. Tu le feras bientôt, Père. Peu importe où tu te trouveras, à Bad Bentheim ou dans un autre paradis : porte-toi comme tu ne l'as jamais fait, Père : porte-toi bien ! – Même ces caractères tracés de sa main cherchaient encore à me faire voir son vieux sourire narquois. –

Henry obtint 1 tombe cinéraire, ainsi qu'il l'avait souhaité, au cimetière de Thalov. Il était situé au nord, de l'autre côté de la route départementale. Cette partie de la ville subsisterait.

Photo 96 *(assis à g.) Werner, (à dr.) Roland, sur la table une bouteille de bière par personne & des verres, à côté de Roland 1 cendrier, dans l'appartement de Werner, Mathildenbourg, 1980*

Si l'on me demandait maintenant de rédiger ta=nécrologie, Henry, toi qui fus pendant-plus-de-quinzans mon mari, que je ne comprends plus aujourd'hui, ton ex-femme t'écrirait ceci : *Ta plus grande richesse fut Tout ce dont tu manquas durant toute ta vie, avant Tout : d'*AUTORITÉ. *Plus encore : de n'avoir pas donner libre cours à la joie intarissable* AUTORITÉ. *C'était là aussi un trait que tu partageais avec ton père. Vous étiez tous deux semblables à cet homme qui craignait sa propre Ombre car il subodorait en Elle sa maladresse son mal-être é ses insuffisances. Pour se libérer de son ombre, cet homme se mit à courir de plus en plus vite & toujours plus vite, mais sans parvenir à se débarrasser de ce dont il voulait se défaire, & ainsi s'éreinta-t-il à courir jusqu'à mourir-d'épuisement. Mais vous étiez suffisamment malins tous deux pour savoir que chacun parvient à se débarrasser de son ombre dès qu'il entre lui-même dans l'ombre : Georg en se retirant dans son mutisme, toi, Henry, en rejoignant le royaume des-ombres. Et parce que tu manquais d'*AUTORITÉ, *tu manquais de* CONFIANCE=EN-TOI. *C'est ce ballon rebondi gonflé d'air chaud de l'Ego, décoré de toutes sortes de petits drapeaux multicolores & fanions, qui fait s'élever dans les airs même la plus sombre idiotie en lui donnant cette importance qui en impose aux* *gens-s1mples, & cette s1mplicité-des-gens se confond depuis longtemps avec leur s1mplicité dé-mesurée, é: c'est tout.* La CONFIANCE-EN-SOI *outre l'air chaud requiert aussi un* PRÊT-À-PORTER *élégant et tout son répertoire de* POSES *: ainsi du bref mouvement de la tête pour rejeter en arrière 1 mèche de cheveux & lui ordonner de rejoindre l'ensemble de la coiffure concoctée=avec-soin, ce qui a pour effet contraire de brouiller* PASSION *&* ENGAGEMENT *; le geste de sortir* 1 CIGARETTE *de l'*ÉTUI de choix *ouvert avec nonchalance & la manière de coincer cette cigarette entre les lèvres comme si c'était là sa place-toute-naturelle ; la façon de tendre le bras pour faire voir sous la manchette de la coûteuse* CHEMISE-DE-MARQUE *la coûteuse* MONTRE EN OR *portée au poignet. Ensuite il te manquait ce sens commun pour les* DIVERTISSEMENTS *qui passent pour un* PLAISIR-DES-SENS. *Les regards que tu portais sur les* DIVERTISSEMENTS *des-hommes te montraient au contraire la tristesse sans fard, le caractère maussade de ce Faire & S'efforcer, et donc le* DIVERTISSEMENT *était-il pour toi le terreau du dégoût. Et l'*AMUSEMENT *que les-Autres trouvaient pour=leur=compte sous la simple pression-d'1-bouton in&off, passait sans plus à tes yeux pour 1 attitude hautement suspecte derrière laquelle se cachent les méchancetés-perfides & les ruses qui gâchent tout jeu du seul fait que quelqu'un puisse loucher de derrière le rideau. !Oui, loucher : tes joues, tes lèvres, ton expression –; comme si toutes ensemble elles étaient destinées à n'être-qu'yeux pour uniquement laisser chacune libre de grimacer dans une autre direction. Ton sourire narquois barrait en travers ta mine-de-martyre ; mais tu n'aurais pas supporté longtemps ce mimétisme sans conférer un rictus supplémentaire à ton apparence. Ta laideur, Henry, était malheureusement de cette espèce sans artifice, sans style, qui devait donc nécessairement passer pour* véritable, *montrant à Toutunchacun* qu'il est Dangereux *de voir* La Vérité, *ses yeux demeureraient-ils ouverts assez=longtemps. Mais On n'a pas envie de voir, ni même de rêver, la seule chose qui intéresse, c'est de dérouler les fils sirupeux é gluants des kitscheries de la Vie. C'était pourquoi dès=le-1er-regard les-gens commençaient d'abord par te repousser pour ensuite, furieux, te mépriser. Comme si tu t'étais dessiné sur le visage une figure de jeu de massacre, dont la vue éveille chez Toulemonde ce réflexe primaire de n'avoir qu'une envie, celle de taper dedans. Et puis*

Les-Femmes. Cette pâle écoloconnasse, cette plante tombale que tu as dégotée il y a plus de 10 ans, probablement devait-elle être l'eau pour étancher Lasoif de l'Ennui, mais elle t'a servi de l'eau salée é: Tasoif n'en était devenue que plus grande, de plus en plus inextinguible é l'Ennui une peau, dont il t'était impossible de te défaire. – Ta voix ?fut-elle jamais capable de rire sans ?dérision, ton apparence de ressembler à ?autre chose qu'à 1 ?farce, être plus qu'un simple ?camouflage de toutes tes médiocrités. Ton air sombre & désespéré, Henry, commandait chacun de tes actes & te rangeait parmi ces Dé-Rangés énervés sans intérêt qui, à la limite de la folie, errent dans les rues & se tiennent le crachoir. Mais même cet aspect-là était loin d'attirer sur toi une attention particulière, depuis que la-foule plaque en public contre son crâne ses téléphones mobiles & lâche sans vergogne sa pisse dégueulbitante. Il y a quelques semaines dans une rue de Berlin : dans mon dos des éclats de voix, une femme un homme ; je croyais qu'ils se disputaient. !Excellent, car se disputer avec quelqu'un, c'est encore attendre ?Quelquechose de lui. Seulement les cris poussés par l'un, je le perçus très vite à l'écoute, ne répondaient jamais aux cris poussés par l'autre. En me retournant vers eux j'aperçus : 1 petit couple, peut-être dans les 25 ans, marchant collés l'un à l'autre, & chacun 1 téléphone mobile plaqué contre l'oreille : chacun gueulait avec 1autre personne se trouvant très loin d'ici. C'est pour moi l'incarnation de la stupidité de tous=ces primates technicisés. Toi, Henry, tu étais d'un calibre différent. Tu faisais partie de ces Inconsolés qui avaient atteint le malheur comme les maladies atteignent le corps. Les voilà qui surveillent tels des médecins consciencieux la manifestation correcte de leur propre malheur. Ainsi sont-ils capables de cultiver dans un éternel-renouvellement leur lot-d'inconsolé. Il se dégage de ces chercheurs de mélancolie calculateurs une mauvaise odeur, comme le-Menteur & le-Faux-Cul répandent leurs émanations perfides –.– Bien que tu ne m'en aies jamais parlé, je le sais : c'est !Toi, Henry, qui as poussé ton père autrefois Cètenuit-là dans les battes de base-ball des inconnus – tu !voulais le tuer :mais sans être coupable de sa mort. Et tu y es parvenu : il n'y a effectivement pas eu de-coupable excepté L'Éternelle-Hostilité *d'étrangers envers d'autres étrangers, mais personne ne peut porter plainte contre* L'Hostilité. *C'était ta signature, je la connais. J'ai compris une chose après ta mort : se taire n'avait rien à voir avec quelque lâcheté devant les mots, même pas. Ton silence disait la fatigue de t'exprimer. Eusses-tu avoué ton intention, tu n'aurais été qu'1 de plus parmi ces millions d'hypocrites démasqués qu'auraient condamnés en toute hypocrisie des millions de Tartufes. Te taire te permettait d'être & de demeurer en=toi. Peut-être est-ce Cètevolonté de tuer que j'ai décelée dans ton acte, qui plus tard m'a laissé accomplir mon geste..... – Une fois, Henry, j'ai trouvé* beau *ton regard. C'est arrivé très tard, presque déjà trop tard : après que tu m'as dit cette phrase, la dernière que je devais jamais entendre de ta bouche, prononcée de cette voix déjà éraillée par la mort :* J'ai seulement de la haine pour vous – *!Si tu avais vu tes yeux accompagnant ces paroles. Ce regard, Henry, t'assure l'éternité. Du moins comme parafe à l'Epi-tough de ma propre petite éther-nitée, qui cessera en même temps que=moi quand j'En serais venue-à-bout. Alors tous=deux=nous entrerons dans :* l'oubli éternel.

–À moins que ce ne soit Cela qui m'ait finalement conduit à accomplir ce-geste. : Toutes les photos qu'il avait développées, Georg les avait laissées sur-place=dans-la-maison de Thalov quand il s'en alla avec Ralf pour Bad Bentheim. Avant ça, durant-des-mois Chaquejour il était parti seul explorer le voisinage, arpentant des champs traversant des villages, toujours flanqué de son appareil photographique & de son trépied – personne n'était autorisé à l'accompagner. (En cachette, il allait visiter les lieux d'excavation.) Et comme c'était STRICTEMENT INTERDIT, des patrouilles de chiens-&-vigiles sillonnaient le terrain, armés de torches puissantes, talkies-walkies, matraques & pistolets. Ce personnel se recrutait principalement parmi les anciens sous-officiers de la eNVauA[54] & les sous-fifres des services secrets ; leur D-formation antérieure avait poncé toute humanité chez eux, & 1noculé la brutalité, l'absence de scrupules, le sentimentalisme & une obéissance de cadavres en guise d'ersatz-de-conscience. Cette méthode ayant fait ses preuves à-toute-époque et donc de nos jours aussi, ces vigiles avaient reçu carte blanche de-l'Entreprise & ils en usaient sans scrupule. Car personne ne veille plus jalousement & plus strictement sur son-bien que le-voleur sur son butin. – : Tout photographier, telle était la préoccupation de Georg & c'est à cela qu'il avait consacré son travail Cesdernierstemps nuit=après=nuit en=secret dans la chambre noire de la maison de Thalov ceint d'un grand mystère –: maintenant les clichés traînaient à l'abandon, les négatifs s'entortillaient autour d'eux-mêmes en pelotes négligées sur la table & par terre, comme des peaux de serpent étincelantes. –

Photo 97 *(assise à g.) Henriette (avec des lunettes), (à dr.) Werner, dans l'appartement de Georg & Henriette, Berlin, Greifswalder Straße, 1980*

–Peut-être Georg (qui désormais prétend s'appeler Ferdinand) connaît-il mieux l'histoire des deux familles, la sienne & celle de sa défunte épouse Henriette, & s'y est-il consacré avec plus d'attention qu'il n'a jamais voulu le reconnaître. Car sous les pelotes de négatifs, tel 1 monolithe, apparaissait ce vieil album de photographies brun noir dans sa reliure de cuir écaillé, qui pour lui en particulier avait pris une importance significative. Cet album ne l'avait pratiquement plus-quitté depuis sa venue ici=dans-la-maison de Thalov, il l'emportait même dans ses promenades-de-photographe, par tous-les-temps (rien de bien profitable à l'état de l'album) ; et là, cette collection rassemblée selon des règles mystérieuses !me revenait en héritage : C'était à !moi désormais qu'il incombait de la continuer, au-delà de la 100e photographie. La course de relais des-histoires=familiales : pour qu'un alphabet, des mots continuent de *les* relater au rythme d'une respiration bruyante. Afin qu'*elles* n'aient pas à s'arrêter. *Car s'arrêter signifie Le Silence.* – Au hasard je plongeai ma main dans l'un des tas de clichés développés traînant par terre, reconnus les décors. Mais à les regarder, je fus très vite prise de doute.

Car après avoir détaillé un certain nombre de photographies prises par Georg, je m'aperçus qu'aucune d'entre elles ne montrait un être humain ; je tenais entre-mes-mains des photos !dépeuplées. – Je fouillai alors plus vite dans les épreuves éparpillées. Là, par exemple, la série faite pendant l'évacuation des habitants de Rogov : des maisons, vides, parfois des pans de rideaux bâillant par une fenêtre –, des façades en partie déjà démolies, les jardins envahis par la mauvaise herbe, de profondes traces de semelles & de pneus incrustées dans la terre – mais : Nihomme Nibête. – Une autre série. L'exploitation de la mine à ciel ouvert & cette machinerie bizarre l'excavateur à godets de plus=de=cinquantemètres de haut – les longs alignements monotones de déblais, la terre écorchée sous l'action de ces godets de la taille d'une maison, se perdant maintenant par-delà-l'horizon telle une gigantesque colline née du creusement d'une fosse commune, – ici les griffes de fer de la paix=guerrière se sont acharnées sur leur proie, creusant cassant fouillant : le-travail était bien visible, mais ?où étaient les ouvriers ; pas le mo1ndre être humain sur ces photographies[55]. – Ou celles-ci encore : les marches-de-protest-station des-habitants dans les rues de Vockau & les manifs-ès-Testants venus en-touristes accompagnés des représentants des partis-poly-tiques, qui n'ont justement pas eu leur part du gâteau minier & qui cherchent à s'attirer les faveurs de la-population, pour cause de prochaines élections ou par simple opportunisme d'opposition aux décisions du gouvernement actuel de reprendre l'exploitation dans la région & de verser des subventions de l'État à la compagnie EL Co. – Je me souvenais des banderoles flottant au-dessus des cortèges mouvants, des devises sur les pancartes, des voitures & véhicules pleins de monde, des drapeaux fanions tournesols & des pancartes agitées, – pas le moindre 1ndividu sur les photographies prises par Georg, parfois posés par terre des panneaux couverts de slogans, dans le caniveau du tissu à banderole entortillé sur lui-même. Comme si une bombe à neutrons avait fait disparaître toute vie organique & que seul le bric-à-brac des hommes avait été épargné, corroborant la vision du monde qu'ON avait voulu nous donner autrefois, au début des années quatre-vingts. –

?Comment Georg était-il parvenu à obtenir avec ses photographies ce que même Leseigneur=Dieu n'avait pas su accomplir avec Son déluge : la terre de nouveau indemne d'hommes&bêtes.

À côté des piles de photos jetées avec négligence quelques feuillets écrits de la main de Georg. Des chiffres, des croquis de constructions géométriques, des parallélogrammes des forces, & de nouveau & encore des chiffres. – Une fois encore je compris seulement petit à petit, moi qui ignore tout du métier de photographe, que les colonnes de chiffres comportaient des estimations relatives à la durée d'exposition & à la distance focale, que les croquis géométriques matérialisaient le point d'appui=solide du trépied, et la chose devenait évidente à mes yeux, une vie=en-mouvement, qu'elle soit humaine ou animale, peut disparaître d'une photographie, pour cela il suffit de régler l'objectif de l'appareil en entrant une durée d'exposition supérieure au mouvement de l'objet à photographier, si bien que l'individu=cadré est amené à disparaître du fait de son propre mouvement vivant. Substistent de lui ses housses de protection, tous ces équipements&boîtiers techniques d'une vie artificielle – les machines qu'il conçut, fabriqua, fit-fonctionner un jour, les maisons qui devaient lui assurer une protection & une vie sécurisée, mais que des machines-conçues-par-les-hommes pouvaient attaquer, démolir, araser – d'usage à hors d'usage, & l'élément le plus tendre enfin : le-concepteur=le-créateur=l'homme qui devra retourner..... du corps organique à la matière anorganique ; la peur originelle l'ardent=désir originel..... Les hommes n'existent plus. Les animaux n'existent plus. En noir&blanc la lueur résiduelle de l'orage déjà avant La Grandeguerre. Georg – l'inventeur de la *photographie non organique.*

En regardant les nombreuses prises de vue qui jonchaient le sol, je me souvenais des circonstances qui leur avaient donné naissance, car à plusieurs reprises en cachette j'avais suivi Georg dans ses promenades. Parfois il remarquait ma présence, – alors sans en faire grand cas, il ramassait son matériel & s'éloignait.

1 seule fois il était venu à ma rencontre, m'avait invitée à prendre 1 photo, en sa compagnie, à laisser la pellicule m'immortaliser. C'était un après-midi d'été, le soleil répandait des couleurs bleues dorées sur le terrain situé devant la première excavation. 1 chemin recouvert par la végétation, aux scintillements ocre sous l'herbe vert foncé, conduisait à travers d'épaisses broussailles tout droit au trou. Georg manipula longtemps son trépied –, je craignais déjà que la lumière ne devienne trop faible pour la photo –, c'est alors qu'il me demanda de passer mon bras sous le sien & de marcher ainsi à ses côtés le long de l'étroite sente oubliée depuis-des-lustres. Certes, sa proposition m'étonnait, son intention était que je sache de prendre 1 photo é: non de tourner un film –; mais je gardai le silence et répondis à sa demande. Serrés l'un contre l'autre, nous avons marché le long de cette sente en nous éloignant de l'appareil –, le soleil projetait le dessin

de nos=deux ombres très en avant de nous sur le chemin incertain. Et je constatais, en dépit du fait que nous avancions serrés l'un contre l'autre, que nos deux ombres ne se rejoignaient pas, même dans le lointain. Derrière les buissons aux formes arrondies l'on voyait déjà poindre hors du trou les structures métalliques du premier excavateur. –:– C'est bien=cette-photo-là : le chemin recouvert par la végétation, les buissons abondants, à l'arrière les structures dressées de l'engin –; je ne m'étonne plus de ne pas voir son ombre é ni la mienne sur cette photo, sans parler de nos deux silhouettes, le temps d'exposition avait été supérieur à notre temps de présence sur ce chemin. Mais je sais que l'aspect d'un chemin que viennent de longer des individus est différent de celui vierge de pas humains, les chemins nous renseignent sur leurs fréquentations.

J'avais compris : chaque photographie est une utopie. Né de l'utopie de la disparition Le Silence. Et je voulais – pour des raisons bien=précises – en faire !enfin une réalité, une raison expliquant mon-geste. Ce fut plus facile à accomplir que prévu. C'était énorme, mais pas Tout.

44

Photo 98 — *Henry (6 ans, veste de tweed « poivre-é-sel » sans col, dessous une chemise à rayures en coton) avant son entrée à l'école, 1966*

Un jour, de manière inopinée, Henry s'était mis à raconter comme une personne condamnée au silence durant-de-longuezannées, qui voit soudain une occasion de parler & pressent que c'est là !sa=seule chance.

–Quoique déjà fin octobre, l'Été perdure dans ces contrées de Caroline du Nord. Un climat comme en Sicile. Dans les airs la suavité d'une végétation abondamment fanée, des paquets d'effluves enivrés d'un été qui s'incline –.

Tous les jours à grimper l'allée de gravier clair qui traverse le campus – flanquée de chaque côté comme par d'imposantes colonnes des platanes dressaient leurs troncs lisses, ombre é soleil, en îles morcelées, tombaient sur le gravier à travers le feuillage épais. Les grands arbres si pleins de ce silence ancestral, qu'on eût dit qu'ils cherchaient à gagner le ciel –, jour après jour mon trajet pareil à la traversée d'un tunnel de bruissement é de lumière. Les taches claires sur l'écorce des platanes, comme si de-toutemps des passants y avaient fixé de petits billets couverts de leurs désirs, de leurs tragédies & de toutes ces choses que les hommes transportent avec=eux sur le-chemin-qui-grimpe vers le point culminant en haut de l'allée faiblement escarpée – jusqu'au pied de pierres grises assemblées dans le style d'un château anglais, simple mais suscitant=le-respect : le bâtiment universitaire.

Au rez-de-chaussée le German Department, et déjà j'étais devant l'entrée. Le gris pierre des murs scintillant sous la lumière vive de cette matinée. Je me retournai, jetai un regard sur le chemin parcouru. Le ciel de la fin de l'été haut jeté par-dessus le toit des platanes – *ce !bleu incandescent* – il m'apparaissait comme magique ce matin-là. Et je sentais mes sens, comme s'ils étaient les vrilles d'une plante, grimper vers Ceciel rehaussé de lumière où le *Ding Deng Dong* de cette folle *envie de vivre libre* fait vibrer son carillon clair. Je sentais mes jambes les-pieds=les-premiers comme attirées par un puissant aimant, et des voix m'assaillaient du Hauduciel : *!Va-t'en – !Dé-gage-connard – !Disparaîs –*. Les platanes et le bleu incandescent : comme dans Unrêve, je fis demi-tour=sur-le-champ, revins en courant à mon appartement, rassemblai à la hâte mes affaires, rédigeai le petit message que tu connais, & me rendis dans l'heure même à l'aéroport de Raleigh. Mon voyage me conduirait très=loin, là=où je rêvais d'aller depuis-mon-enfance : en Alaska. – Il m'avait fallu attendre de longuezannées (d'ailleurs, j'avais tout oublié de cette attente), il m'avait fallu traverser un océan et frôler la vieillesse pour entendre la mélodie : *le carillon vibrant d'un bleu incandescent* : !MAINTENANT.

Puis 1 moment de silence. Comme si La Raison s'était éclaircie la voix à son récit. –Même la pleine jouissance de ses facultés mentales n'est elle aussi qu'1 masque – (dit-il) –auquel il arrive parfois de glisser. Naturellement, ce qui paraît ainsi=spontané ne s'est pas fait sans une préparation minutieuse. –

–Durham est 1 endroit sinistre situé près du campus le long d'une route de grande communication – l'1=de=ces villes américaines comme on en trouve des centaines, qui paraissent n'avoir été construites que pour être démolies, car on retrouve jusque dans les pierres cet aspect de bois=sec ; il n'y a que les gazons verts très fournis, les arbustes é les arbres à l'écorce noire que ces gens fugaces plantent autour de leurs maisons pour leur donner un semblant d'appui. À Durham donc, dans un *Seafood Restaurant*, dès la première semaine, j'avais fait la connaissance de deux personnes, d'1 Américain d'Atlanta & d'un Allemand de-Rhénanie. Tous les deux en=route depuis assez-longtemps, et sais-tu vers : ? : où : vers !l'Alaska. !Ce fut l'étincelle qui m'a fait démarrer. Beaucoup de choses semblent tellement s1mples Danscepays, que les-gens paraissent eux aussi être sans complication.

Des manières extrêmement=courtoises caractérisaient l'homme d'Atlanta – dans les 30 ans peut-être, efflanqué, 1 grand échalas, ses longues jambes prisonnières d'un pantalon moulant en cuir foncé, ce qui le rapprochait encore plus d'une araignée, son abondante chevelure blonde bien coiffée é tombant sur le col de sa chemise. Dans son visage étroit ses yeux très écartés l'un de l'autre, son expression faisait penser à un mouton, paraissaient m'examiner de haut en bas, les longs cils blonds donnaient à ses regards un air de petite fille modèle. Sa voix douce é économisée, il était d'un naturel plutôt taciturne, préférait rehausser d'un sourire sa nature avenante mais résolue. Cependant sa bouche sans lèvres grimaçait une moue légèrement déplaisante, découvrant les dents du haut é la gencive, é tenait de cette expression qui ne connaît aucune différence entre larmes é: sourire. De son menton en galoche, dont il éperonnait avec défi l'air saturé de graisses du restaurant, il semblait humer les-environs & s'exprimer avec une détermination bien plus marquée qu'avec ses mots prononcés à mi-voix. Souvent son copain l'appelait par ce nom étrange, Grandson.

Était-ce son ?véritable prénom ou simplement un surnom, jusqu'à-la-fin je n'ai pas réussi à le savoir. – L'Allemand, dans son apparence extérieure tout le contraire de Grandson : trapu, un corps rabougri, ses mains, pieds, tête, visage présentant une disproportion choquante avec son corps en forme de pois & paraissaient de la sorte immenses. Son aspect suscitait à la fois la compassion ressentie à la vue d'un animal réduit en servitude et le dégoût de valets avides d'agir en-seigneurs-&-maîtres. Les jambes grosses & arcquées, des yeux de belette, assortis à ses cheveux noirs frisés – un homme en ébullition, bavard, agité, des étincelles d'idées ne cessaient de fuser en-lui en tous sens, qu'il exprimait aussitôt à voix haute, é: rencontrait-il quelque obstacle à les formuler, il s'efforçait de l'écarter de toutesesforces ; – il se faisait appeler Harri par l'Américain taciturne.

Pour être franc, cette rencontre ne m'inspirait pas une grande confiance. En dépit de toutes leurs contradictions apparentes, on décelait au 1er regard que ces deux créatures étaient faites pour s'accorder=sans-condition. Mon malaise persistant provenait peut-être de cet aspect contradictoire. Mais j'écartai tous mes scrupules.

Ces deux individus-là, j'en pris conscience dès notre 1re rencontre, relevaient de ce type de voyageurs qu'on rencontre actuellement partout-danlemonde : aujourd'hui ici – demain là-bas, & dans-la-tête déjà=ailleurs ; – une perception superficielle en tout, sans point de chute, propulsés d'événement-en-événement comme un projectile soumis à des forces gravitationnelles aléatoires, courant de tous côtés à travers pays & continents – se poussant eux-mêmes de l'avant jusqu'à ce que qu'ils se désagrègent 1 jour à la surface du globe. Au fait, leur nom de famille à tous=les=deux était Müller (l'Américain évidemment sans tréma).

Tous deux étaient de ce-calibre duquel je me sentais aussitôt inférieur depuis-toujours. Pris de dégoût, j'éprouvais un mépris amer pour ces spécimens du Mondemoderne (me faisais toutefois violence, m'efforçais de réprimer tout doute & aversion). Car mon envie était d'aller Là-bas é: je n'y serais tout s1mplement !jamais arrivé : en ALASKA.

Harri venait à l'instant de m'expliquer d'une voix de boxeur obligé de frapper à coups de mots l'air chaud du *Seafood Restaurant* alourdi des arômes de frites, que lui & Grandson avaient loué en Alaska la cabane de l'une de leurs connaissances, un Suédois rencontré au cours de l'un=de=leurs voyages l'Anpassé. De cette cabane située=dans-le-Grandnord, ils avaient l'intention de partir *chasser-l'ours*, comme l'ajoutait l'Américain de sa voix douce, son menton prognate défiant le plafond du restaurant & sa bouche grimaçant cette moue déplaisante, un sourire sans doute. Ses yeux étaient limpides, immobiles, inexpressifs. De la poche latérale de son immense sac de voyage qu'il transportait toujours avec=lui (un nouveau voyage pouvait s'annoncer à tout moment), il sortit un revolver : *Smith & Wesson 357 Magnum.* –Voilà qui pourra nous servir. – Fut son commentaire succinct quant à cette arme. Les regards d'Harri, en revanche, ne prêtèrent aucune attention au revolver, mais jetèrent aussitôt des étincelles à l'évocation de la *chasse-à-l'ours*. Pour commencer, dit-il, l'avion nous emmènerait de Philadelphie à Anchorage ; là-bas : location d'un véhicule adapté pour rejoindre Fairbanks situé à environ 360 miles, de là 110 miles supplémentaires pour atteindre Circle au nord-est près de l'Yukon après avoir franchi l'Eagle Summit. – Grandson se taisait, et comme Harri se tut 1 moment à son tour, la douce voix expliqua que de=Circle nous descendrions l'Yukon en bateau pour pénétrer à l'intérieur des terres. Les yeux d'Harri jetèrent à nouveaux des étincelles enthousiastes –, à un endroit, ou plutôt au débarcadère de ? (je ne compris pas le nom), nous laisserions le bateau & rejoindrions avec des motoneiges la cabane du Suédois en nous enfonçant loin Danlamontagne. Là=haut, dans ces régions du Grand=Nord, ça ferait un bout de temps que nous aurions abandonné tous les sentiers touristiques –;– les regards d'Harri partaient sauvagement dans tous les sens, les yeux couleur de chaux de Grandson restaient vides. Et Harri déplia une carte froissée, pointa de son index boudiné l'endroit marqué d'une couleur au milieu d'un ocre brun & blanc immaculé : la cabane = le-but du-voyage. – Alors tous les deux me dévisagèrent. De toute façon, fit savoir Harri, ils cherchaient quelqu'un pour les accompagner, & je tombais !vraiment=à-pic. Est-ce que j'étais ?partant. C'était probablement une façon de parler.

Les détails du voyage dont nous discutâmes ensuite, tout le côté-organisationnel, qui semblait s'apparenter à celui d'une entreprise raisonnable & planifiée, m'empêchèrent réellement d'avoir une réflexion=censée. Et l'eussé-je menée, elle aurait avant-tout débouché sur la constatation, qu'à cette période de l'année où nous comptions faire notre voyage, l'Hiver avait commencé depuis longtemps en Alaska : nuit polaire, blizzard, température glaciale, les paysages sous une épaisse couche de neige, un Paysentier pris danlegel, – & quant à *chasser-l'ours* : en hibernation les ours bruns : la période de l'année la moins propice pour les apercevoir. *Mais Lebleu du ciel d'une fin d'été resplendissait si magnifiquement, les sons du carillon étaient si vibrants & le désir-ardent de neiges éternelles puissant –. Car il y avait Cebourdonnement dans=ma=tête, c'est le moment de me !jeter à l'eau maintenant : – Faire le-Grandsaut par nostalgie-de-l'enfance – Le souvenir de ce que, à l'âge de 7 ans, mon index traçait sur le givre couvrant la vitre* **Neige Chère Neige !** *– et après le fin goût tranchant des cristaux sur ma langue quand je léchais les fleurs de givre, é Dehors l'épais tourbillon de flocons blancs qui tombait déjà depuis des heures, un voile posé sur les bruits les hommes Laville – : Faire le-Grandsaut – je dois aller de l'autre côté dans=le-Réel ; cracher ce goût givré de l'enfance & brûlé d'une jeunesse durement=tourmentée, le goût que prirent plus tard les-livres & l'université : réapparu ici aussi = il y a quelques jours ressurgi d'abîmes que je croyais comblés par le temps ; – mais Lesabîmes étaient à découvert comme depuis-toujours & ils vomissaient Cesodeurs de camphrephénol lisol & encaustique d'1=certain cabinet-médical le vendredi après-midi..... Car la fenêtre décorée de fleurs de givre où j'écrivais sur la vitre gris gelé se trouvait dans la salle d'attente vide le vendredi après-midi & comme=toujours je devais attendre que !tu te montres :* !PÈRE..... *Et que tu me surprennes devant les fleurs glacées & me hurle* !Qu'est-cequetufais – *& venue par la porte ouverte du cabinet Cettodeur* !PÈRE..... *et plus tard l'odeur des-livres* !PÈRE..... *l'odeur des-études* !PÈRE..... *l'odeur de la-fac des-couloirs des salles de séminaires des foyers d'étudiants* !PÈRE..... !PÈRESANSARRÊT..... *: Faire le-Grandsaut* – !PÈREPLUSJAMAIS. – Puissant Legrondement comme je me hâtais le long de couloirs Noirdemonde & Voixhouleuses vers les halls d'enregistrement de l'aéroport de Philadelphie, alourdi-par=mon-sac-à-dos, *Réfugié-du-Devoir devenu Sans-Asile – au bord de la vieillesse, en quête de ce territoire qui est mon seul véritable chez-*

moi : ce rêve d'enfant blanc comme la neige fondu depuis des lustres –,– Legrondement des hélices d'un avion propulsé en oblique vers le ciel, *Legrondement dans ma tête, si pesante la motte-d'argile=en-moi, qui cherchait à m'empêcher d'agir depuistoujours. Même les-livres é leur mince rempart de papier aux caractères serrés : !plus un endroit où se cacher se protéger !tropminces pour résister aux jours&leçons de la Vie Un mur de feu Une muraille au rayonnement puissant qui fait divaguer é chanceler* : transpercé par le coup de poing du Réel : !LIBRE Ô !LIBRE C'est si facile de vivre !MAINTENANT.

Là pour la 1re fois Henry porta la main à son cou, toussa. Au fond de sa gorge une amère chaleur brûlante. – Sur quelques lampées d'air tranchantes, les yeux exhorbités remplis de larmes, il ramassa ensuite sa voix. – Et fut de nouveau en état de poursuivre.

–Très vite je les aperçus tous les deux Aumilieudelafoule dans le hall de l'aéroport – le corps efflanqué de Grandson, ses cheveux blonds très clairs, & son menton en galoche qui humait l'air, la stature trapue d'Harri qui frétillait & ses regards arrosant en tous sens –; eux aussi m'avaient repéré. Je n'ai rien soupçonné à l'époque de la s1mple raison qui poussait ces deux-là à accepter comme compagnon de voyage quelqu'1 comme moi si peu à l'aise avec les us&coutumes du monde –.– Je payai les-billets, de mon-plein-gré je payais largement plus que ce que je devais, comme à l'ordinaire. (Car ce qui pour eux était de simples frais-de-voyage, équivalait pour moi à : une réduction de dette.) – Dans l'avion, nous étions assis tous les trois sur 1 rangée : moi côté fenêtre, Harri à côté de moi, Grandson côté couloir. Selon son habitude, Harri nous assaillait de paroles, l'excitation faisait se mélanger dans ses propos l'expérience à venir & les voyages futurs comme si Tout=cela concernait une=seule=&=même excursion. (Grandson, tête appuyée contre le dossier avec une nonchalance délibérée, menton proéminent dressé, semblait dormir.) L'enthousiasme amenait parfois la voix d'Harri à s'élever. Derrière nous des places occupées par quelques Allemands. Qui entendaient leur langue, se mêlaient joyeusement à la conversation. Et avec ces voix amicales=gaies venaient soudain s'emparer de-moi=des-craintes que je croyais reléguées à des milliers de kilomètres de là – un goût de sang dans le café infect brûlant, mon front couvert de sueur, un frisson-intérieur réfrigérant égratigné vrillé par le vrombissement permanent des moteurs – :?Qu'ai-je commis : l'Irréparable. Et suis condamné à perpétrer l'Irréparable..... –

Un paysage raviné pris dans l'éclat rude du soleil glissait à des milliers de pieds=sous-nous – des nuages y projettaient leurs ombres immenses comme des feuilles tombées d'un automne noir. 35 000 pieds de haut é: auc-1 œil humain à même de distinguer ce qui est humain : leurs habitats é: leurs corps d'autant moins. *Si je ne vois pas mon-ennemi* (c'est ce que je croyais enfant) *mon-ennemi ne me verra pas non plus.* : Rienqueterreferme=Endessous Rienquesols forêts rivières lacs. Nous avons survolé les états du nord de part en part – les trois grands lacs Huron Michigan Lac Supérieur comparables aux miroitements argentés d'une feuille d'érable finement ridée (l'Ontario & l'Erié – derrière nous, flous déjà pris dans une brume légère –) –,– en=dessous, le Canada – un vol vers le soleil couchant, des chaînes de montagnes plissées sous un éclat d'or laminé, leurs crêtes ourlées d'une couture blanche – glaciers, neige ; – et les teintes dorées à s'automnaliser en bleu nuit –. Apaisé je m'adossai à mon tour et sombrai dans la conversation des gens-alentour & dans le vrombissement des moteurs comme au fond d'un courant chaud –. *Partir Tout quitter* – et puis Lesommeil pour recouvrir le tout. –

À mon réveil, nous approchions d'Anchorage – prêts à atterrir pour le voyage Aucœurdelanuit. Mais rien d'1 simple concours de circonstances avec l'heure-nocturne : à cette période de l'année la nuit-polaire avait débuté en Alaska, é une obscurité molle, installée pour les semaines&mois à venir, était descendue sur Anchorage – à 52° de latitude nord & ainsi au niveau de Tampere/Finlande. Hiver é nuit polaire : de quoi douter sérieusement – mais !trop tard – de l'intention de mes deux compagnons de voyage d'aller *chasser-l'ours.* ?Pourquoi eux qui avaient tout=préparé-jusque-dans-les-moindres-détails & étaient donc parfaitement informés de ces deux obstacles majeurs, tenaient-ils toujours malgré tout à ?lever-le-camp le jour même. ?Était-ce pour-finir la manifestation d'un désintérêt total du but visé, une ?parfaite=indifférence devant les ennuis, & le simple fait de pouvoir-dire *J'y-étais & je-l'ai-fait* suffisait à les combler. Dans=le=fond ?n'étaient-ils pas Nullepart é de fait toujours ?Ailleurs en même temps, peu=importe l'endroit. (Je leur jetai un regard en biais ; rien qui eût pu me frapper.) – L'avion amorça sa descente vers les lumières de la ville déversées dans l'obscurité et sur un paysage nocturne enneigé comme des braises rougeoyantes –.

Les bulletins-météorologiques annonçaient des routes praticables, dégagées de leur faible couche de neige sur le tracé que nous comptions emprunter. Des brouillards se formaient et s'épaississaient en un bloc laiteux givré ; le temps s'était réchauffé, il faisait !anormalement chaud pour la saison. (Il est possible que Grandson & Harri aient été au courant de ce changement climatique, & c'est pourquoi ils avaient planifié leur voyage à Cemoment-là.) Tous deux décidèrent donc de se passer d'*Airtaxis* pour parcourir les 500-miles-&-plus jusqu'à Circle, par téléphone portable ils réservèrent auprès d'une société de location de véhicules basée à proximité de l'aéroport un camping-car confortable – équipé d'un système de navigation DjiPieS & de toutes ces conneries technoïdes dont dépendent depuis-Peu euh=la-liberté-&-la-vie. – Grandson jeta son grand sac de voyage dans le véhicule (je regardai la poche latérale : son révolver ?était-il passé ?inaperçu : é notai le renflement sous le tissu) ; il s'installa au volant sans dire 1 mot. Entra la destination dans le navigateur de bord : *Circle via Fairbanks, AK.*

Les phares s'allumèrent & rebondirent contre la blancheur compacte du brouillard, nous quittâmes la ville, – direction le pays des montagnes. Au sud d'Anchorage Airport (qui tient du grand terrain industriel avec des halls de stockage) de hautes chaînes de montagnes couvertes de glaciers scintillaient dans le noir – et derrière, m'expliquaient-ils, se trouve le détroit du Prince William. – J'avais réglé de ma=poche la location du camping-car, ainsi que la grande quantité de nourriture, boîtes de conserves, eau, outillage, médicaments achetés à l'*Outdoor's Magazine*. Je le considérais comme de-mon-devoir, car les deux autres, Grandson & Harri, s'étaient chargés de tout le côté-organisationnel du voyage. Mon argent liquide fondait comme neige au soleil avec ces achats, mais je n'en pipais mot.

Pendant que les gros doigts agiles d'Harri tripotaient avides=&=réjouis les boutons des leviers petites lumières & affichages, on aurait dit un gamin découvrant de nouveaux jouets le soir de Noël, en les accompagnant de ses commentaires sur le développement magnifique de ces matériels techniques, car le véhicule était également équipé d'une connexion-internet sans fil, je gagnai la partie habitable du camping-car. Une banquette me permit de m'étirer, les jambes allongées, la tête calée sur un coussin, surélevée – dans cette position, durant le trajet, par l'interstice entre les dossiers du conducteur & du passager je regardais dehors à travers le pare-brise – je glissais comme dans un rêve –. Mais le brouillard s'épaississait, de leurs bras mous, comme s'ils flottaient dans une soie effilochée, les deux phares attaquaient le bloc opaque qui semblait se confondre, plus la conduite prudente se prolongeait, avec le ciel=lui-même de corpulence épaisse, qui pesait sur la terre et menaçait de l'étouffer. La station de radio émettait sans arrêt les bulletins météo de la région & signalait les routes barrées par suite d'accidents. –Au moins pas de risque de blizzard. – Fit remarquer Grandson & les yeux fixés sur le navigateur : –Encore un peu plus de 200 miles jusqu'à Fairbanks. – Je m'étirai sur ma banquette, jetai un coup d'œil vers=l'avant : Vue Bouchée. Pas le moindre flanc de montagnes abruptes, de neigéternelle, de forêts de pins sombres é graves, de rivières bouillonnant au-dessus de rochers, d'étranges ponts suspendus en travers, pas le moindre torrent dévalant en cascades les pentes rocheuses é montagneuses – Absolument rien. Rienquebrouillard. Rienquobscurité. *!Ça te ressemble bien.* Je m'en prenais à=moi=même. *!C'est toujours là !exactement ce que tu récoltes. Car chacun reçoit ce qu'il mérite. Dans le meilleur des cas.* Le panneau d'agglomération bondit hors du brouillard pour y retourner aussitôt. Déçu je refermai les yeux. Mais sans m'endormir. Pendant que Grandson conduisait & qu'Harri commentait les indications du navigateur & les bulletins météo annoncés à la radio, – j'inspirais l'odeur de l'habitacle qui collait au camping-car comme une atmosphère=en-soi, qui éveillait en moi des souvenirs=trèsprécis. Une odeur suscitant en moi un sentiment d'*intimité* dès-le 1er-instant où j'avais pénétré à l'intérieur. C'était !exactement=lamême odeur de cuisine présente un jour d'hiver Àlamaison, il n'y avait Paécole, car le gel qui durait depuisdessemaines avait interrompu les-livraisons-de-charbon pour alimenter la chaudière. Après que mes parents & ma sœur Corinna eurent quitté la maison de bonne heure, j'étais assis=seul à la table de la cuisine. Une vapeur fade de nourriture, & le tic-tac trop bruyant de la pendule dans le silence de la maison chaud comme au sortir du four. C'est là, une fois qu'ils étaient tous partis, que je lisais Meslivres jusqu'à ce que le crépuscule absorbe les caractères comme un papier buvard. Dehors=Danlebrouillard des branches d'arbres défilaient en glissant, ployant sous la neige les conifères décorés de glaçons émergeaient les 1 après les autres, ils semblaient parfois effleurer la voiture, luisants comme les dents de grands rubans de scie –, en vain les phares tentaient de fendre Lebrouillard, sa température réfrigérée, malgré le chauffage, se mélangeait lentement à l'odeur familière=à-l'intérieur et faisait frissonner la peau du visage –.

Fairbanks – un grand panneau vert pour une ville basse étirée sur une longue distance, profondément enfoncée dans la Nuitbrumeuse, des lampes multicolores voilées, des feux de circulation flottaient au-dessus des têtes & laissaient leurs lumières 3colores s'égoutter dans Lebrouillard qui en même temps asséchait Toubruit, les coups de klaxon comme étouffés par une main. Les rues enneigées transformées en véritables patinoires sous le passage des véhicules, le Grisblanc des tas de neige dégagée amoncelé sur leurs bords & dans les ruelles adjacentes. Ces tas prenaient des formes incroyables, il était devenu impossible de reconnaître les contours originaux des objets recouverts par Laneige ni leurs dimensions réelles ; ce qui avait été de petite taille avant, avait grandi maintenant, disparues les anciennes rues, voies, places – partout la couverture uniformisante de la neige. Ces agglomérats entassements amoncellements – pendant-la-traversée-de-la-ville ils défilaient tels d'étranges icebergs flottant dans une mer à la blancheur lactée passée –. Et ce n'est qu'avec l'absence de lumières dans le brouillard que je remarquai que nous avions quitté Fairbanks.

Maintenant, sur la Stees Highway, retour des masses brumeuses gris foncé, la route large é dégagée grimpaient en pentes de plus en plus raides vers=le=sommet, venait adhérer au bloc de brouillard près de versants escarpés. Nous croisions rarement les phares d'autres véhicules, parfois ceux de gros camions qui à leur passage lançaient contre nous leur mélodie machinique ; mais nous ne nous étions pas fait dépasser une seule fois.

Au départ nous avions prévu de dormir à Fairbanks, mais une ambition sportive avait gagné les deux autres. –Nous pourrons aller jusqu'à Circle sans=étape. – Annonça Grandson en poussant le moteur ; empressé Harri se rangea à son avis. (*?!Pas même 1 pause-pipi.* J'avais des Préoccupations-Supérieures, mais je n'osais pas demander à ce qu'on s'arrête. Car d'1-seul-coup je redoutais que les deux me laissent planté là, au sens propre du terme, au milieu de ce désert de neige. Jusqu'à ce que je découvre l'existence d'1 petit coin dans le camping-car.)

À mon retour, j'entendis Harri, entre-temps installé au volant, faire remarquer, & sa voix semblait tendue, que nous allions atteindre le col de l'Eagle Summit d'ici 1 heure environ. –Le col de l'Eagle Summit, situé à millecentmètres d'altitude, est la seule route qui permet de rejoindre Circle dans la vallée de l'Yukon en franchissant la montagne. – Se mit à expliquer Harri avec enthousiasme. –De ce côté-ci ça grimpe sec, mais sur le versant est, dans la descente vers l'Yukon, ce s'ra pire encore. Tu verras. Le col est une frontière météorologique : courants ascendants courants descendants, – le temps peut changer d'1-minute-à-l'autre. En hiver, souvent des tempêtes de neige comme tu n'en as !jamais vues. Elles soufflent de=l'est vers le sommet, elles sont aussi compactes qu'Unmur ; en été tempêtes&déluges sont fréquents, Ça vient s'arcbouter contre les voitures & c'est comme si tu fonçais dans Unmur. C'est déjà arrivé que même des grosses cylindrées soient tout s1mplement balayées de la route. Ça transforme la-voiture en kayak pour descendre les rapides. !Fun=!tastique. – Grandson se taisait. Mais il finit par demander à Harri de la boucler, car il écoutait avec une attention renforcée les bulletins météo du coin. Très vite la réception devint plus mauvaise, impossible de capter les stations –; dès lors Grandson alla chercher les bulletins sur Internet via le téléphone satellitaire.

Et puis Ceci : l'épais bloc de brouillard s'effilochait, et soudain, comme si nous venions d'enfoncer Unmur – notre véhicule le traversa, et un grand paysage se déroula sous nos yeux – s'éleva jusqu'à toucher la caverne granitique du ciel, des points scintillants l'étoilaient de paillettes dorées é froides. Nous coupâmes le moteur, sortîmes du véhicule, notre respiration fumant dans le gel. Les airs, limpides comme du verre sombre fraîchement fondu, étaient impassibles, ivres de silence ils laissaient notre-regard courir en bas du versant qui s'étendait à nos pieds tel un drap déployé traversant le clair-obscur à la rencontre de ce miroitement étrangement métallique d'une vallée sous la neige s'étirant longuement vers le point du jour. Au loin sur le vallon le fleuve Yukon, un fil d'argent mat, tiré à travers Unediversitégelée. Le spectacle chatoyait, une pièce de soie claire effilochée tendue par-dessus d'innombrables creux –: les millémille petits lacs dans les zones marécageuses de l'Yukon-River, les *Muskegs* du *Yukon Flat*, qui grêlaient gel&neige comme les marques de la petite vérole sur un visage pâle –. Quelques lumignons d'habitations scintillant dans la lointaine obscurité, semblables aux étincelles éparpillées d'une braise rougeoyante. –

Grandson, menton prognate tendu, se tenait silencieux en bordure de la grande route descendant vers la vallée é contemplait le paysage ; Harri, à ses côtés, en oubliait son bavardage. Au-dessus de nos têtes dans les ténèbres cosmiques l'invisible déchaînement de tourbillons d'une Nuitprofonde. Pour la première é sans doute dernière fois nous=trois formions dans ce monde Aumêmendroit un-Tout uni.

En roulant vers la ville de Circle, je crois bien que c'était tôt le matin, d'énormes panneaux publicitaires pour un lotissement de bungalows attirèrent notre attention : des maisons inoccupées pour passer-la-nuit. Nous fîmes un détour par là-bas, et un peu plus tard, emménageâmes dans l'un des bungalows construits dans le style des cabanes. Il fallait s'acquitter par-avance du prix de la location, une fois de plus c'est moi qui payais.

Il y a de fortes chances que nous ayons été les seuls locataires à cette période de l'année. Le bungalow se composait d'une pièce, de 30 m^2 peut-être, d'1 coin-cuisine (plaque électrique), d'1 cabinet de toilette avec douche é wc (la douche hors service, 1 lavabo pour se laver) & d'une cheminée à foyer ouvert. Dans 1 angle près de la fenêtre équipée d'un volet roulant 1 poste T.V. Grandson l'alluma aussitôt, chercha les dernières prévisions météorologiques de la région. Au milieu de la pièce un énorme canapé en similicuir, qu'on pouvait transformer en lit à 2 places, 1 autre banquette contre le côté le plus long du mur (je me la réservai aussitôt). Devant le canapé encore 1 table basse & 3 chaises. Le manque d'air glacial de cette pièce non aérée depuis-des-lustres boucanée de fumée & de tabac froid. À peine avions-nous franchi le seuil, qu'un bruit confus démarra au-dessus de nos têtes. –!Fuck Marten. – Cria le-loueur en cognant du poing contre le plafond bas, silence=là-haut illico.

Sans façon nous déballâmes nos sacs de couchage & chacun s'y glissa comme=il=était=vêtu. – –

Vers le soir nous prîmes place autour de la table basse, le feu brûlait dans la cheminée & dévorait l'ancien manque d'air, pour manger des boîtes de corned-beef que nous avions apportées avec nous, accompagnées d'un pain sec au goût de carton, tandis que Grandson & Harri discutaient des prochaines destinations de notre voyage & de leurs coûts. Le voyage en bateau & la location de motoneiges représentaient les plus gros montants. Ils me regardèrent d'un air expectatif.

Alors je leur fis savoir que je n'avais plus=d'argent liquide, qu'il m'était impossible de continuer à prendre en charge la majeurepartie des frais. *–Pour tout dire,* m'écriai-je, *– je n'ai !plus un rond.* – Silence, même Harri se taisait. Tous deux échangèrent un bref regard, puis me dévisagèrent. La voix douce é aimable de Grandson pour commencer : –Alors nous devrons nous séparer de toi.

Harri demanda combien d'argent il me restait. J'indiquai la somme. Il hocha la tête d'un air pensif. De nouveau Grandson, imperturbable : –Ça suffira pour acheter un ticket Greyhound au départ de Circle. Il y a 2 liaisons par jour : le matin à 8 h, l'après-midi à 4. En cours de route tu devras prendre plusieurs fois une correspondance. – Sa voix, courtoise, détachée, on aurait dit le-navigateur, m'expliqua l'itinéraire en détail. –T'auras encore assez de pépètes pour t'acheter un hamburger & un coca. Tu prendras le car demain matin. – Et il se détourna de moi comme si je n'étais déjà plus présent dans la pièce. La-détermination de son être était écrasante, é rien qu'on puisse répliquer à cela, chaque mot glissant sur lui comme sur 1 carapace. De l'expression de Grandson, on aurait dit que toute émotion s'était volatisée. Harri me-jeta 1 bref regard en biais – me trouva figé, sans voix, le froid é la honte plantant leurs aiguilles de glace dans ma chair ; – ses lèvres tressaillirent, puis ses yeux se détachèrent de moi pour venir se poser sur son camarade. Tout était décidé : terminus, moi Àlaporte. Unrêve : fini. ?Quelle importance l'Alaska avait-il encore pour moi désormais.– La douce voix aimable de Grandson & le staccato empressé d'Harri – comme s'ils parlaient derrière Unevitre, déjà dans un Autremonde.

Déprimé é terriblement humilié, je rampai vers le coin de la pièce, dans mon sac de couchage. Et contre toute attente sombrai immédiatement dans un sommeil comateux sans consistance. –

Il fut sans doute de courte durée. À mon=réveil, les deux hommes étaient toujours assis à la table & parlaient à mi-voix. Par politesse ou perfidie : ils baissaient tellement la voix qu'on aurait dit qu'ils cherchaient à exclure tout autre auditeur. Mais je saisis tout même l'1 ou l'autre bribe de phrases, où il était question de *maroon, leave, beat it, pay for* – peu à peu mon ouïe s'aiguisa & capta *murder* et *tomorrow burn down* – !Sonnerie d'alarme :Au-dedans, j'étais !toutàfait=réveillé. *Maroon,* ça voulait dire *abandonner* ; *leave*, quitter ; *beat it* = foutre le camp ; *murder* = meurtre, tuer ; *pay for* = ma-vie le prix à payer parce que je n'ai plus de quoi payer. *Tomorrow burn down* : Lachose était vraiment !claire maintenant : ces Deux-là refusaient de s'en tenir à mon abandon, leurs cerveaux fourbes avaient trouvé une meilleure solution pour se débarrasser de moi d'une manière définitive : ils voulaient me tuer, s'approprier le reste de mes biens, réduire-en-cendres la hutte avec mon cadavre à l'intérieur afin de camoufler leur crime & ensuite foutre le camp. : Aussi !clair que deux & deux font quatre. Il fallait que je prenne les devants, il me restait encore un peu de temps. Je fis donc un effort sur moi-même, gardai les yeux bien clos & continuai de faire semblant de dormir.

!Maintenant Toulereste s'expliquait à son tour : derrière la façade de politesse détachée de Grandson se cachait un homme d'affaires sans scrupules, que le crime n'effrayait pas si son=intérêt=personnel rencontrait un obstacle. Harri le moulin-à-paroles, son simple Homme de Main affublé d'un autre masque, qui sait comment puiser Largent dans la poche d'autrui en l'abreuvant de son bavardage. Et moi, l'inconnu=en-déconfiture, j'étais un=obstacle, 1 ennui dont On pouvait se débarrasser sans difficulté Dans-la-nuit=en-douce, après avoir satisfait aux conditions requises, raquer. – Ces=deux=fripouilles finiraient bien par aller se coucher & dormir. Je veillais (les yeux clos étendu comme 1 bûche), l'esprit tendu –. Certes, comme tu le sais Dorothea, je ne tiens pas particulièrement à-la-vie é j'aurais pu laisser ces Deux-là accomplir le geste pour lequel moi-même je suis bien trop lâche, mais je ne voulais pas payer de ma vie sous prétexte que je ne=valais=plus un clou ni me voir voué aux gémonies pour ça.

Après avoir entendu Harri éteindre la petite lampe sur la table et que la pièce fut plongée Danlenoir, j'ouvris les yeux, à l'affût des bruits du sommeil des deux autres. Ils ne furent pas longs à s'endormir, car leur bonne=conscience ne les quittait jamais.

Je me levai silencieusement, tâtonnai dans-le-noir, surtout !pasde-bruit, ne !rien heurter –,– mis la main sur le sac de voyage de Grandson, à l'intérieur le *Smith & Wesson 357 Magnum*. Le revolver se trouvait toujours bien là, dans la poche latérale. L'arme pesait lourd dans ma main, comme si la terre exerçait toute sa force d'attraction sur mon bras droit. Même-dans le noir le canon avait un éclat mat argenté, le métal froid semblant rayonner de-l'intérieur. Mais la crosse en bois sculpté se logeait comme-d'elle-même avec souplesse dans ma main. 2 pas, é j'arrivai devant le lit des deux hommes –, le chien levé, – 1 balle tirée dans la tête de Grandson, 1 autre dans le front d'Harri – : 2 éclairs, une détonation déchirant par deux fois le noir, comme si la hutte s'écroulait sur moi en même temps que le ciel gelé aux sombres couleurs de la mort. Et puis le silence. – – Visiblement personne n'avait daigné entendre Lescoupsdefeu. Le silence, empreint de l'odeur âcre de poudre brûlée.

Photo 99 *Henry (3 ans, en slip de bain, un seau tenu à la main gauche, la droite en un petit poing), au bord de la mer Baltique à Binz, vacances d'été 1963*

–Comme j'allumais la lampe, ma main droite, l'arme qu'elle tenait, se détachèrent de l'Obscurité, éclaboussées de sang. D'innombrables petits points rouges sur peau blanche, *Pointillisme du meurtre* (me vint à l'esprit, comme si je contemplais une toile) ; – je bondis vers le miroir : mon visage & le devant de ma chemise également maculés de petits fragments de chair & d'éclaboussures de sang. Dans la pièce une odeur douceâtre de posthumain – je remplis d'eau le lavabo, nettoyai ma figure & mes mains du sang & de l'odeur, je jetai la chemise dans la cheminée. Puis je regardai les deux hommes : raides, leurs yeux toujours clos de dormeurs, la bouche sans lèvres de Grandson semblable à elle-même dans-la-vie=comme-dans-la-mort hésitant entre larmes é: sourire, celle d'Harri en revanche ouverte é ronde, comme s'il avait été interrompu 1 instant au-milieu-d'une-phrase qu'il s'apprêtait à poursuivre aussitôt. Des filets de cervelle&sang s'échappaient par les trous bien dessinés sur les deux fronts. Lebruitdetonnerre de la détonation se répercutait encore dans la pièce, pris maintenant dans un gel compact d'inexorabilité é de silence=de=mort. Seul le printemps le ferait fondre. Mais je serais alors très loin d'Ici, de mon rêve d'enfant Alaska.....

Déjà sur-le-chemin du départ, l'éventualité qu'Harri même mort puisse se remettre à parler à tout moment sans s'arrêter, le temps que Quelqu'Un s'aventure dans les parages & apprenne ainsi l'Histoire de sa mort, s'implanta en=moi comme une Idéefixe, je retournai encore une fois dans le bungalow et ses deux cadavres. Leurs physionomies inaltérées par la rigidité, mais la peau de leurs visages déjà de cette teinte de jaune d'œuf sale. Le menton de Grandson, grotesquement pointu, saillait tel un os de son visage couvert de croûtes de sang. Et leurs crânes explosés reposaient sur les oreillers comme des icônes ceintes d'auréoles sanglantes. J'allai chercher le jerrican d'essence dans le camping-car, – répandis le liquide dans la pièce – franchis la porte en jetant derrière moi l'allumette enflammée – : – Lefeu jaillit en poussant un aboiement répugnant, il empoigna le vieux toit de bardeaux & la charpente de la hutte, un bloc de flammes en=moins=de=rien– *!Le feu, une force très=spéciale* – tremblant dévorant craquant Danlanuit, on aurait dit que devant les parois de neige abruptes des montagnes brûlait le flambeau de Ma Liberté toutepersonnelle dont les flammes gagnaient le ciel vide d'un noir cosmique é son brasier d'étoiles mortes. Et ce fut Tout.

Avant peu je figurerais sur les listes de personnes-recherchées-par-la-Police. Pour effacer mes traces, la meilleure façon aurait été de gagner Anchorage au plus vite & de là filer à bord d'un vol vers l'Europe. Mais je n'osais pas emprunter les moyens de transport officiels, craignais de me faire remarquer. Je conduisis donc le camping-car à une casse. (Le ferrailleur ne posa pas de questions & paya.) Avec cet argent & celui prélevé sur les deux morts, je prévoyais d'acheter ensuite les-billets-d'avion à Anchorage pour rentrer=en-Europe via Philadephie ou une Autreville, mon voyage d'exit de Lanuit..... Mais je devais m'abstenir d'acheter 1 billet en cours de route, car les touristes étaient rares ici=Danlegrandnord à cette période de l'année ; On aurait aussitôt fait le rapprochement entre un étranger & l'incendie&meurtre de Circle. J'étais donc contraint de faire tout le voyage-retour vers Anchorage en auto-stop. – Lepays Monrêve – : – désormais aussi éloigné de moi que ma présence tangible la nuit dernière dans la perception des deux autres, Grandson & Harri, partis pour le voyage éternel. –

Je m'attendais à ce qu'on m'arrête à Anchorage Airport. Double crime crapuleux & quesaisje=Encore – ?est-ce qu'on applique la peine-de-mort en Alaska. – En me rangeant dans la file d'attente devant le guichet de sortie du territoire, – m'approchant pas-à-pas de l'*Officer* installé derrière, j'étais en sueur, mes yeux brûlaient, – ma vision devint floue –. Debout devant le fonctionnaire, je lui tendis machinalement mon passeport –: Des regards sévères me scrutaient depuis un visage large au teint hâlé (le fonctionnaire avait certainement déjà sous les yeux l'avis de recherche avec mon portrait-robot) ; le corps trapu se leva de la chaise, la bouche de l'*Officer*, on aurait dit une trappe couleur lilas : !Maintenant il allait crier à ses collègues de venir –, je fermai les yeux, prêt à me rendre. Et perçus la voix inquiète lointaine : *–Sir, vous ne vous sentez pas ?bien. Vous avez besoin ?d'aide.* – Je me=ressaisis, m'entendis répondre par la négative, marmonner quelque chose à propos d'un refroidissement, – puis je sentis entre mes doigts le passeport qu'on m'avait rendu, & vis le fonctionnaire me faire un geste muet m'invitant à passer le-contrôle –.

Henry s'interrompit, il respirait difficilement, comme s'il avait dû traverser une deuxième fois cette épreuve. Son front était baigné de sueur. – Après une pause assez longue, il poursuivit.

–Ce n'est que bienplustard, en me remémorant pour la nième fois Cètenuit-dans-le-bungalow & les Événements=y=afférant, qu'il m'apparut que ce que j'avais cru saisir des quelques bribes de phrases dites par les deux hommes qui m'avaient fait Perdrelatête, aurait aussi bien pu signifier autre chose. *Maroon = châtaigne* ; *leave* pouvait être= *leaf*, *la feuille d'un arbre* : *beat it*, mal compris : *beat up = se frayer un chemin* ; *murder* – ?peut-être *marten*, la martre qui se faufilait entre les poutres de la hutte & *burn down* vouloir dire *borne down* : *l'emporter sur.* Et les chuchotements dans la nuit des deux globe-trotters auraient ainsi pu se rapporter à l'1nique sujet de conversation dont ils n'avaient=pas=cessé de parler entre eux : leur prochain voyage. Pour ça, ils devaient réfléchir à 1 plan qui leur permettrait de quitter cet endroit très enneigé, en ce sens qu'ils auraient à se frayer un chemin pour gagner=l'Ailleurs auquel ils aspiraient –. En prenant aux deux morts leur=argent, je constatai qu'ils en avaient étonnamment très peu sur=eux. Ils étaient donc constamment tributaires de quelqu'un qui payait pour=eux. Et c'était aussi la raison toute s1mple pourquoi les-deux-hommes m'avaient emmené avec eux : réduire les coûts de Leurvoyage qui n'était jamais que Le-Prochain-Voyage. D'où la nécessité pour eux de trouver quelqu'un-d'autre après moi : *to pay for Grandson & Harri*. Ils n'avaient jamais eu l'intention de me tuer ; dans leur voyage permanent je ne leur servais plus à rien, aussi voulaient-ils simplement se débarrasser de moi comme 1 fusée largue 1 étage consumé par les flammes. : 1 meurtre x 2 pour de s1mples erreurs de ?traduction.

Étrangement, je n'éprouvais aucun remords après cette réflexion. Je ne suis pas, comme tu le sais, une personne sans scrupules. Mais devant Cecrime, je ne ressens pas plus de honte & de sentiment de culpabilité que si j'avais démoli 2 distributeurs de billets. Ces deux-là faisaient partie d'une entreprise de Transport, sans doute un réseau mondial=juteux, & donc bien=assurée contre ce Type d'Accident ou d'autres dégâts à plus grande échelle.

?Que raconter d'autre. – Henry inspira profondément. –

–Il m'est resté une chose de Monrêve : j'ai séjourné trop longtemps dans-le-gel&la-glace, depuis les-rhumatismes tiennent mes articulations, le seul remords que je suis capable d'éprouver. Voilà ce qui reste des..... rêves. Et Cètetoux..... –

Il dut s'interrompre encore une fois. Longue et pénible la quinte..... –

Quand Elle se calma, j'intervins pour la 1re fois. –Mais : tu n'as ?pas ?vu 1 seule fois un ours durant-tout-le-voyage. – C'était l'1nique question qui m'était venue.

Henry retrouva alors sa contenance, c'est-à-dire qu'il arbora son sourire narquois. –Si. – Répondit-il, et sa toux se transforma en un faible rire. –Si. J'en ai vu un. À la fin, pendant ma fuite de Fairbanks à Anchorage en auto-stop. La plupart du temps, c'étaient les Groscamions qui me prenaient, OVERSIZE LOAD, ils transportaient de la viande congelée, du fuel & du bois : des grumes d'une longueur fantastique comme jamais vue jusque-là –, le silence des chauffeurs était souvent reposant, ils écoutaient de la country à la radio & ne craignaient jamais qu'1=type=comme=moi puisse leur ?jouer un sale tour. Aussi m'emmenaient-ils. La fuite par l'autoroute prit quelques jours&nuits pendant la=Nuitpolaire, je ne savais plus différencier le jour de la nuit, ni la date & la période de l'année, 1 intuition me disait que Noël était passé, peut-être bien reparti pour 1 ?nouvelle année. Au franchissement de l'Eagle Summit, le ciel sans nuages é la vue dégagée sur le lointain glacé, un panorama fantastique s'offrit au regard : à-perte=de-ciel 1 étrange frémissement se mêla soudain à l'obscurité bleu anthracite – le feu du soleil, un vermeil vacillant courant autour de l'horizon crevassé, couvant sous la haute voûte céleste de la Nuitpolaire dont les ténèbres-cosmiques béaient comme la Gorgeprofonde de l'univers. Et cet embrasement de l'horizon entier semblait vouloir brûler é réduire en cendres toute la noirceur nocturne, et brûler aussi tout ce qu'il y avait de noirceur=en-moi –. *Mais l'expérience me dira que je suis toujours en-vie.* C'était ma réflexion destinée aux rives enflammées Delanuit ; –il est ?midi. Demandai-je au chauffeur d'une voix sobre, très appuyée, mais celui-ci avait vu mon regard étonné juste avant. –Exactly.

– Répondit-il avec un petit ricanement. –High noon. – Et il souffla une fumée imaginaire à la pointe de son index tendu 1 canon de pistolet. L'homme a certainement remarqué ma frayeur, mais il était suffisamment=intelligent pour ne pas me poser de questions.

Quoique perclus de froid, tous mes os semblaient avoir explosé sous le gel, mes vêtements étaient trempés de sueur, raides de saleté, ils dégageaient une forte odeur de renfermé, comme si j'avais dormi dans une crypte. Les cheveux feutrés & graisseux, la peau crayeuse & gercée par le vent glacial, les paupières roussies par les nuits blanches –, ce fut dans cet état que je regagnai enfin Anchorage.

Mais auparavant, dans l'hôtel borgne d'1 trou-à-vaches, je dirais : dans la nuit, j'entendis du bruit venu-de-la-cour. Ma première pensée : des voleurs, – j'allai quand même à la fenêtre & aperçus en-bas=dans-la-cour une Ombre gigantesque. L'Ombre se vautrait dans le ruisseau de lumière vaseuse tombée d'1 lampadaire : un monstre pataud, un viel ours brun velu, qui avait probablement l'habitude de venir ici près des habitations & qui fouillait en reniflant dans les poubelles en quête de nourriture. J'entendais ses bruits de mastication. Quand il eut fini, il s'éloigna en lambinant, disparut dans le noir, tel un clochard en route vers le prochain tas de détritus. Personne pour lui barrer le chemin ; probablement tout un chacun ici=sur-place connaissait-il l'ours & lui abandonnait ses déchets de bouffe, car cet animal ne faisait plus de mal à personne. C'était *Old Ben*[56], Alaska, U.S.A., l'année-de-l'🧍 2005.

–Mais de Monrêve ALASKA il m'est resté autre chose que des-rhumatismes. –

C'est par cette phrase que Henry reprit soudain son histoire des semaines plus tard. Sa maladie avait atteint un stade qui excluait désormais 1 simple mal de gorge ou une inflammation éventuelle des amygdales. Il ne pouvait plus parler longtemps, des accès de toux l'interrompaient souvent. Mais il refusait avec courage & fermeté de voir le-médecin, à croire qu'il redoutait que son apparition l'empêche de terminer son récit. – Une fois de plus nous nous promenions sur le chemin herbeux en direction de la fosse minière au sud de Thalov. Le parcours n'était pas long, à peine 50 mètres, puis : Route Barrée.

De part et d'autre du chemin les vestiges d'un ancien bois de pins, é scintillant entre les troncs rectilignes élancés le blanc lumineux du ciel éclairant une terre entièrement déblayée.

–Oui. Il m'est resté autre chose que les rhumatismes. – Dit-il en glissant la main sous sa veste. –Au-Caïn=Américain ne devrait séjourner à l'étranger aujourd'hui sans !Ça. – Il arborait son sourire narquois, comme autrefois. –J'ai réussi à lui faire passer la-douane dans ma valise. D'ailleurs, la seule chose qui vaille la peine qu'on l'importe d'Amérique. – Sur sa paume tendue il me présenta un revolver : *Smith & Wesson 357 Magnum* pouvais-je lire gravé sur le canon mat argenté. Il manquait 2 cartouches dans le barillet en contenant 6.

–!Doro!thea. –

Et sa voix pareille-à=autrefois, quand il me suppliait d'aller chercher son père à l'hôpital universitaire, sans lui.

–J'ai essayé de Le faire : en plein milieu d'une contrée désolée dans l'attente solit1re dans la neige, que quelqu'un m'emmène jusqu'au prochain Village-Enneigé ; dans des Roadhouses des hôtels borgnes infestés de cafards, où les nuits de cuite je succombais aux brefs assauts d'un mauvais sommeil – toujours Surlequivive face aux sirènes de la Police que je m'attendais à voir arriver à tout moment, car ILS me pistaient naturellement=depuis-longtemps. J'ai essayé de le faire l'1-ou-l'autre-fois, dans des hôtels de passe rongés par la syphillis, des trous infects, étroits & puants comme des placards à balais ; ce serait passé quasiment inaperçu si je m'étais tiré une balle en cet endroit, personne ne s'en serait affolé. Je me suis aspergé de whisky, ai fourré le canon dans ma bouche, senti le goût de graisse amère du métal, ça m'a donné la nausée, j'ai vomi, – é: je ne suis pas parvenu à appuyer sur la détente. Jamais. Nulle part. Après ça Chaquematin, ?était-ce le matin le soir la nuit ou le jour, au-dessus du lavabo fatigué dans le miroir tavelé un visage que je ne voulais pas revoir. J'aimerais pouvoir un jour disperser au vent mes propres cendres puisées dans mon urne funéraire – qu'on !m'1ncinère : !surtout pas d'inhumation ; quisait : la-résurrection..... & le Sadisme=Vie à recommencer depuis=ledébut, – !nonhon : qu'on !m'1ncinère quand c'en sera fini & mes cendres dispersées au vent de ma propre main, alors j'aurai la certitude que ce sera : !réellement=fini. Voilà !Ce que je cherchais Là-Bas=en-

Alaska (la raison-principale de mon retour à un rêve d'enfant, c'était certainement d'en arriver là), car je !Le veux, tu le sais, depuis que j'ai 12 ans. Mais je ne le pouvais pas. – Il eut un rire bref, vacillant. –Je suis trop lâche pour vivre é: trop lâche pour me supprimer. Ma vie est une lâcheté de A à Z, j'ai atteint l'âge=que-j'ai par lâcheté. Mais c'est probablement le cas pour la-Plupart.

Il se tut 1 instant. Porta la main à son cou, étonné de ne pas avoir à tousser. Aussi poursuivit-il.

–Non pas que je ne voyais pas d'issue – j'ai essayé de vivre 1-nouvelle-vie. Mais après Mesagissements=Delautrecôté, je ne dois être reconnu Nullepart ; l'avis-de-recherche ne tardera pas à être lancé de ce côté-Ci. C'en sera fini&terminé pour=toujours de la vie-d'universitaire, Unechance. Il me reste pour survivre=les-petits-boulots au noir : le-prolo par nécessité qui, pour subsister, en est rendu à faire l'âne. Ça aussi je l'ai en-commun=avec-la-plupart. Je m'y suis essayé jusqu'à la semaine dernière, d'abord ici=dans-la-région, ensuite je suis allé à Berlin. Je voulais travailler au noir dans le bâtiment : ils m'ont regardé comme si j'étais du service-des-recherches, la dernière fois c'est tout juste s'ils ne m'ont pas tabassé. Ensuite dans 1 boîte de peinture : le Chèffe était prêt à m'embaucher, c'est là que j'ai eu Latoux..... – elle n'arrêtait plus. Alors le Chèffe m'a demandé d'un ton méfiant comment allait *ma santé*. Comme je ne pouvais pas fournir de certificat médical, ça s'est arrêté là. Mais pas tout de suite !terminus-tout-le-monde-descend : je pouvais encore faire magasinier – portier – fossoyeur – :là=je serais déjà à la bonne=place. –Oui, Dorothea – (il me regardait les yeux étincelants) –je saurais comment continuer, mais je ne !veux pas continuer. Pas continuer dans ce bagne qui maintient en=vie en réduisant la vie en poussière. Ni être obligé de m'humilier pour gagner de-l'argent&de-quoi-exister. !Ni être plus longtemps au service de ma propre lâcheté. Fini avec la peur. Enfin=la-fin. La vie est si décevante=ennuyeuse, qu'aucun-être-doué-de-raison é ayant du caractère ne voudrait rester Danlavie de son plein gré, jouirait-il de la Vraie Liberté lui assurant une mort sans souffrance ni mutilation ni humiliation nouvelle. Mais nous vivons au mieux en ½-liberté = l'Occident krétien, dans son odeur de sacristie faite d'amour du prochain, de tenue en laisse é de surveillance, & par-dessus=Tout le soleil de la *démo-crazy*, Lamalédiction encourue par toute vie. 2 coups tirés = 2 morts, voilà où j'en suis arrivé. Il n'y a que moi, que je n'ai pas réussi à intégrer dans cette équation. Je fais !quoi : je mange ton pain, vis sous ton toit é: ne peux rien payer. Je n'aime pas vivre aux-dépens d'autrui, quand je m'en aperçois.

–Tu vis sous le toit de Ralf, ton père é moi. Le peu que tu manges, je te le donne volontiers.

Mais il restait récalcitrant, intérieurement il trépignait. –Je ne veux !Rien. – S'écria-t-il. –Je veux être Rien, & pour ça j'ai besoin de deux choses : de !celle=là, – il soupesait le pistolet dans sa main, –& de toi : Dorothea. Tu m'as aimé autrefois, n'est-ce pas.

–Je t'aime toujours. – Répondis-je.

Il m'observa d'un regard pénétrant. –Alors fais-le pour moi. Fais ce que je n'arrive pas à faire, Dorothea : tue-moi.

Machinalement je pris l'arme, la posai contre=moi. D'un côté, elle était chaude du toucher de sa main, de l'autre, froide.

–Depuis-ma-plus-tendre-enfance les-gens me surnommaient *La Silencieuse*. Plus tard je remarquai à l'intonation de leurs voix que par ce Sur-Nom, outre l'innocence é la timidité ingénue=des-fillettes, On cherchait à désigner en même temps quelque chose d'obscur, d'insondable, d'opaque, oui quelque chose d'hostile dans=mon-être ; les-gens me regardaient comme s'ils s'attendaient à voir se manifester cet Obscur=Hostile dont ni eux ni moi ne savions ce que c'était. Un certain=vide m'entourait depuis-l'enfance, et plus tard j'entendis une fois des-gens dire de moi : *On n'arrive pas=vraiment à accrocher avec elle.* – J'ai mis Quelquesannées pour comprendre qu'1 solitude de cette sorte peut se transformer en Ma=propre=Solitude.

Après la mort d'Henry, durant les dernières semaines où je séjournai dans la maison de Thalov – les-Autorités avaient fixé l'évacuation au 30 septembre 2006 –, je sortis chaque jour pour marcher le long de l'étroit chemin recouvert par la végétation – à travers le bois de pins jusqu'à la route barrée devant la fosse. –

Nous sommes aujourd'hui le 13 août 2006, 10 heures du matin. Depuis plusieurs-jours déjà des nouvelles circulent dans le village, c'est aujourd'hui qu'on s'attaque à la dernière parcelle afin de rendre le terrain accessible au stockage des déblais, en quelque sorte Le Coup de Bêche donné pour démolir ce côté-ci du village de Thalov. – Grand Tralala ce matin : présent à côté du Ministre-Président de l'État fédéral & du ministre de l'Environnement du Land le président du conseil d'administration de la filiale allemande d'EL Co. qui par ses menées-stratégiques est à l'origine de la reprise de l'activité de la mine dans cette région. Les invitésenfoule se sont rassemblés en bordure de la fosse pour la cérémonie avec discours solennels & coupure-du-ruban. Au-loin s'élevant du terrain de stockage des déblais la rumeur impitoyablement=obstinée des énormes excavateurs parvient à travers le bois clairsemé de pins, les airs pareillement raclés de cliquetis grincements grondements abyssaux – en cette occasion de la Venue-de-Personnalités, On procède à la démonstration des capacités productives, comme à 1 parade militaire. Je m'approche du bois. !Bizarre qu'il n'y ait pas de vigiles chargés de la sécurité pour barrer l'accès à l'étroite bande de forêt – sans rencontrer d'obstacle j'enjambe les herbes hautes le long du sentier à peine encore visible. – C'est l'endroit où Henry=naguère m'avait donné le revolver & demandé de le tuer. *1 brise chaude passait délicatement son peigne dans les brins d'herbe filigranés. L'arme qu'il me tendait ne pesait pas lourd dans ma main, contrairement à ce que j'avais supposé. –Viens. Lui dis-je en tenant le revolver au bout de mon bras baissé. –Viens. Marchons. – Et, passant devant lui, j'avais continué, à l'intérieur du bois. – –Ouii. –L'entendis-je dire avec un soulagement sans fin. –Marchons. – À peine quelques foulées sur le chemin rural et le petit bois de pins nous accueillit. –Attends. – Lui dis-je en m'arrêtant mais sans me retourner – ?Ici. – Interrogea sa voix feutrée. – ?Tuveux : le faire ?ici. – Il vint se placer devant moi, me regarda droit=dans-les-yeux comme quelqu'un qui va prendre congé. – –!Non :!pas ça. – M'écriai-je, bouleversée. –Ne me regarde !pas. !Tuentends. !Tourne-toi. – Il obtempéra aussitôt. Et je ne pouvais pas le laisser plus longtemps comme ça tout seul=avec-lui-même. Il fallait que je m'approche toutprès/delui. Sanzumot. Maintenant nous regardions tous les deux dans la même direction à travers les ramures filiformes des pins vers le village derrière nous, vers le pignon de la dernière maison, notre maison. Et dans notre dos le bord de la fosse couleur de l'immense sable ocre des morts-terrains, – béante comme une monstrueuse tombe creusée. Le vent – Le revolver dans ma main tremblait. Letemps s'écoula. – –Tu En es incapable. – Dit-il profondément déçu son regard toujours tourné vers le village. – (Mais je savais déjà à ce moment-là !que faire.) –Non. – Répondis-je. –Ni ici & ni aujourd'hui. Plus tard. Et je fourrai le revolver dans mon sac. Mais plus tard il fut trop=tard ; la mort d'Henry retira l'arme de ma main & m'ôta la-culpabilité.* – Délicate é chaude 1 brise peigne les fines herbes élancées. Elle souffle du terrain de stockage des déblais, apporte les Dernièrephrases d'une allocution enthousiaste & puis les applaudissements gras d'une multitude de mains nues. Une fanfare joue & de nouveau Levrombrissement de puissants moteurs. Je plonge la main dans mon sac, sort le revolver, – quelques pas, et le bois est franchi. Devant moi le paysage aux teintes ocre scarifié en profondeur – en bordure de la fosse, le rassemblement-pour-l'inauguration, la fanfare, les excavateurs bruyants creusant le fond avec obstination & sans merci. Dans mon vis-à-vis direct le petit groupe resserré de-Personnalités, derrière é formant un demi-cercle la-Masse=applaudissante (des individus massés applaudissent toujours). ON s'était manifestement efforcé de faire de cette inauguration 1 fête populaire, comme si Cette Décision dépendait également d'1 approbation de la Population. Le front peu serré de visages blanchâtres comme des crachats collés au gris du ciel. Certains venus avec leurs enfants, taches blafardes de taille réduite, tenant en laisse des ballons au bout de leurs petits poings ; des fantômes Sanvisage, on dirait de fines vessies gonflées de toutes les couleurs, flottent piteusement ; – le vent tiraillant manteaux cheveux & notes de musique. Sur un coussin de velours rouge on vient à l'instant de tendre au Ministre-Président & au Directeur de la filiale du groupe EL Co. à chacun 1 grande paire de ciseaux – (je me tiens à quelques pas des-Personnalités ; ces silhouettes semblent étrangement petites) –, ensemble ils coupent le ruban étincelant é claquant dans le vent. Les bandes tombent mollement par terre, applaudissements, fanfare, trous sombres formés dans le front=de-masse glaviot pâle : bouches jubilantes, – gueules ouvertes Lesmoteurs poussent des grognements abyssaux – : 4 coups tirés comme 4 piqûres de moustique dans le bloc compact du vacarme convoqué.

À la 1re piqûre de moustisque le président du conseil d'administration lève les bras, titube.

La 2e piqûre fait éclater l'os pariétal du président du conseil d'administration et le projette sans défense sur le sable couleur ocre.

La 3e piqûre tranche la carotide du président du conseil d'administration. L'homme allongé dans la boue frétille, agite ses jambes comme un animal à qui l'on vient de trancher-la-tête. Le sang du président du conseil d'administration, 1 mince colonne échappée de la plaie sur son cou, tombe sur le sable couleur ôcre.

La 4e piqûre lui arrache la mâchoire. (Le barillet de mon revolver est vide.)

Et le voici immobile. Le président du conseil d'administration de la Compagnie d'électricité EL Co., foudroyé par 4 balles, est couché de tout son long dans son sang, – qui se coagule et ruisselle dans le sable aux grains grossiers.

– ?!Pourquoi tu ne l'as !pas fait. – Me hurlait autrefois Henry=désespéré.

Aujourd'hui, comme si son corps me devançait pour se précipiter au bord de la fosse, je l'entends une nouvelle fois, qui hurle son désespoir : – ?!Pourquoi tu as tiré sur-!lui é: ?pas sur=moi. – Et jaloux de la mort d'1 Autre Homme il n'aurait plus manquer qu'il me crie : – ?Qu'est-ce qu'1 employé minable a de ?plus que !moi. –

Le cadavre d'un homme dans le sable, foudroyé par 4 balles. Les gardes du corps déconfits, leurs petits yeux dans leurs têtes bouffies de graisse au regard de cochon battu, ils se jettent bientroptard & en vain sur le corps du Mort & sur les Personnalités encore-vivantes. Ils tiennent leurs pistolets-armés au bout de leurs bras tendus, visant de touslescôtés par à-coups=maladroits comme des Zommes-Robots devenus fous, – c'est ce qu'on leur a appris. Le-Commandeur des Gardes-du-Corps, manifestement pris=de=panique, donne des coups de sifflet idiots, probablement le signal convenu : *Trop!tard mon pote, C'est !fini.*

–?!Pourquoi avez-vous ?fait !Ça. – Me hurle le policier du commissariat en m'envoyant ses postillons de colère au visage.

–C'est parfaitement !insensé : descendre le chèffe de la filiale d'une compagnie d'électricité. !Imbécile=!insensé. – Continue de hurler le commissaire, qui se lève d'un bond & se place devant moi. –Le fauteuil du prédécesseur est encore chaud, le-prédécesseur=lui-même pas encore froid, et voilà déjà que se pointe le-successeur, & Tout-continue=comme-toujours. La-Fonction crée toujours les-hommes à son image, !jamais l'Homme ne crée la-Fonction. – Me dit le commissaire d'un ton pontifiant, un homme déjà d'un certain âge aux épaules rentrées & dos arrondi. Son visage, aplati é carré, dominé par une épaisse moustache grise, drue sur la lèvre supérieure. Quand il ouvre la bouche la broussaille poilue semble se prolonger avec ses canines jaunâtres de fumeur-de-pipe. Avec son crâne aplati à l'arrière, ses cheveux gris coupés courts peignés vers l'avant sur son front bas, il donne l'impression d'être tapi & prêt à bondir incessamment sur sa proie.

–!Qu'avez-vous ?!pensé en agissant ainsi : en supprimant Le-Représentant d'une société !étrangère – un Inn-!West-Tisseur. On va nous ressortir dare-dare : Allemagneuh = xénophobe, conséquence : les Inn-!West-Tisseurs ne viendront pas. ?!Qui est prêt à encaisser des pruneaux Encontrepartie de Sonargent. Des centaines d'emplois dans la région : !voilà ce que vous avez flingué. Si déjà vous vous sentiez obligée de descendre quelqu'un, alors !?pourquoi Le-Veau-d'Or !justement, y en a pourtant suffisamment=d'autres – je veux dire – : !AhSacrénomdedieudebordel=àculdevache.

Mais l'homme retrouve sa contenance – fait un geste mou de la main. –Insensé, ce geste. Ab-so-lument=in-!sensé. !Insensé & !naïf.

–?Insensé. ?Naïf. – M'entends-je répondre. –Bien sûr, Monsieur le Commissaire : parfaitement insensé é naïf.

–Alors : pour-l'amour-du-ciel-??pour-quoiâââ l'avez-vous ?fait.

–Parce que – (je veux le tenir 1-peu en suspens, je me lève de ma chaise –: !aussitôt le-policier=derrièremoi m'empoigne, veut me forcer à m'asseoir, mais avant cela j'ai encore le temps de planter 1 instant mon visage tout près de celui du commissaire (son haleine sent le tabac) et je parle lentement & distinctement comme si je lui dictais cette réponse) : –Parce que ça fait un PUTAINDEPLAISIR de crever la panse à une ordure, si petites la panse & l'ordure soient-elles. Toujours=est-il : 1 salaud de moins Surterre. (Retenue=prisonnière par la poigne de fer de l'ange-gardien comme par 1 ressort rigidifié dans mon dos, je m'entends qui poursuit :) –Parmi ces salauds figurent aussi ces Ex-Emplaires qui ont si bien réussi à enfouir leur passé dans=l'oubli, qu'ILS mériteraient qu'on les supprime dans une éternelle-répétition, afin qu'ils montrent !Ce qu'ils sont vraiment : de-haut-en-bas pleins de-sang&de-merde.

–Et qu'est-ce que ?ça vous apporte. ?Qu'est-ce que vous y avez ?gagné.

–Ce qui m'a incommodée depuis-toujours, Lapeur toujours&partout Lapeur – désormais je n'ai !plus peur. Voilà ce que j'y ai gagné. !Si je l'avais su plus tôt –.– C'est vrai, cette saloperie repousse comme les têtes de l'Hydre, mais déjà en son temps Herr Cule avait eu recours=au-Feu. Mais il n'y en pas beaucoup de cette sorte ; leur nombre n'atteint même pas 666. ?!Croyez-vous peut-être, Monsieur le Commissaire, qu'il se trouve quelqu'?1 pour se soucier de ce Fumier. Eh bien vous !voyez ? Ce que j'ai fait, il aurait fallu le faire des décennies-plus-tôt = presque Un siècle plus tôt. Les-Autorités vont & viennent, mais LEURS sales pattes restent les mêmes dès qu'ELLES veulent avoir en leur possession les propriétés é biens personnels des individus : l'Hydre est fidèle=à=elle-même, la même cire quelle que soit l'époque. Mais les individus se montrent toujours trop patients, trop bienveillants & soumis envers Tout ce que le-Pouvoir leur inflige. Vous l'avez dit vous-même, Monsieur le Commissaire : La-Fonction crée les-hommes –

–Je sais ce que j'ai dit. Mais ne voyez surtout pas dans mes propos une sympathie quelconque pour votre geste.

–Je n'ai pas besoin de sympathie, Monsieur le Commissaire. J'ai besoin de Justice. Mais Elle est aussi invisible que le Saint-Esprit : jamais vue nulle part. Car la Justice relève d'un Autre-Monde. Ici-Bas, nous avons : la-Vindicte. Ma confiance en ELLE – (entends-je prononcer ma voix entre mes lèvres pincées) –est innée-branlable ; mais chacun devrait se-soucier=lui-même de !Son-Droit. Et on ne s'y prend jamais assez tôt.

–Tu dois être !fou. – Avais-je dit à Henry alors (je ne lui avais pas rendu son pistolet.)

–Vous devez être !folle. – Secouant la tête avec consternation, le commissaire retourne derrière son bureau, fait 1 signe au policier qui monte la garde derrière moi : – il me conduit Danlacellule. Et maintenant je suis Ici. Et c'est Tout.

C'était notre Dernierjour aujourd'hui. Vous avez obtenu ce que vous vouliez : un-reportage sur l'auteure d'un at=tentat. Moi la journaliste, je n'ai pas été autorisée à le publier, ON a retenu les enseignements du=passé & ON ne tient pas à aider la-meurtrière à avoir plus-de=publiquecité. Ce que vous ferez de mon histoire, c'est votre problème maintenant.

Des nuages s'amoncellent au-dessus du toit du Secteur Fermé – regardez : !là-bas. Des avalanches foncées enterrent le ciel blanc, l'Atmosphère s'est rafraîchie : allons-nous vers 1 ?changement-de-temps. Les-gardiens aussi, ces blanches Caryatides du Devoir de Surveillance (sous la blouse blanche les pistolets), ne tarderont pas à sortir de l'ombre – pour venir me chercher & me ramener. – Du !vent – du !vent dans les arbres – un bruissement –. Vous !entendez : ça vient d'un étrange lointain..... Et ça n'a plus rien à voir avec le murmure ensoleillé de l'été qui capture d'1 seule prise Touslessons, – ce bruissement rappelle la résonance métallique argentée de minces cordes pincées – Vous ?n'entendez ?rien. Les feuilles, des mains noires, effacent la braise du ciel. L'été est fini. Maintenant il ne fait plus aussi beau.

PAS D'ÉPILOGUE

45

Photo 100 *Les « jumeaux » Corinna é: Henry (10 ans) assis sur une luge (Corinna devant, Henry derrière elle), à la fin d'une promenade en traîneau, dans le Harz, vacances d'hiver 1970*

Georg Heinrich Ferdinand Adam, ancien médecin avec un petit cabinet privé, retraité à partir de 2000, le Frappé devenu Muet, vit aujourd'hui à Bad Bentheim comme photographe ; mais il n'accepte pas de travaux de commande. Sa retraite de médecin lui permet de subvenir à l'entretien d'un étage avec un petit atelier de photographie privé situé dans la maison de Ralf ; du-matin-au-soir il est en chemin avec son appareil photographique à pellicule. Outre son aphasie, cette activité artistique inattendue, tardive, reste Unmystère pour lesmédecins. Comme si sa grave blessure à la tête, le coup porté par une batte de base-ball, avait favorisé la manifestation-extérieure de sa créativité. – Ses travaux photographiques – il poursuit ce qu'il a entrepris de faire jadis=à-Thalov, aucune représentation humaine ni animale : *Les photographies non organiques* – lui ont valu un succès d'estime. 1 galerie située dans la Hollande toute proche a été la première à l'inviter pour 1 exposition, d'autres ont suivi dans la région – il envoyait toujours aux galiéristes ses travaux accompagnésd'une-lettre dans laquelle il les priait d'excuser son absence à cause de son Grandâge. – Il vit é perdure, sans l'obligation de mourir. Car une fois déjà il s'est trouvé dans l'avenir = chez les Morts : il a vaincu..... Lapeur.

Dorothea Adam, la belle-fille de Georg, a été jugée et condamnée pour port illégal d'armes et assassinat du président du conseil d'administration de la Compagnie étrangère d'électricité EL Co. Elle n'a rien voulu savoir du comportement à adopter comme=meurtrière;

devant-le-tribunal elle n'a exprimé Aucunregret. En particulier l'expertise psychiatrique a pesé beaucoup sur la sévérité du jugement : condamnation à perpétuité, placée sous surveillance dans le quartier psychiatrique de la-prison. Moi, le journaliste qui lui a rendu visite au service psychiatrique de la prison, dans le but de relater sa vie & son geste, je commencerai la rédaction de mon article pour le-journal ce jour. Peut-être écrirai-je ensuite un livre. L'histoire de cette femme, qui est déjà entrée dans l'Histoire. Elle attend donc de connaître son avenir.

Felicitas Adam, la sœur de Georg é la mère d'Henry, le fils qu'ils ont eu ensemble, s'était séparée de son appartement de Berlin en 2003 peu après la grave blessure de son frère. Quelques économies et sa retraite de professeur lui permirent d'emménager dans une congrégation-de-femmes protestantes du Land de Brandebourg. C'est là qu'elle vit=désormais. Portant en=elle une si grande connaissance des choses-de-la-vie, qu'elle est parvenue à se détourner du-monde ; elle est arrivée à destination. Elle a appris la mort de son fils Henry par Dorothea. On ignore qu'elle a été sa réaction. Cette femme refuse toute visite. Elle ne désire pas non plus revoir son frère.

Ralf, qui après son départ de Thalov était retourné dans sa ville natale Bad Bentheim, investit là-bas le reste de sa fortune dans un nouveau *Cabinet d'ingéniérie géodésique* &, après le décès de ses parents, Rudolph et Petra (en 2007 et 2008), il a continué de gérer l'affaire seul & avec succès. Quelques années après la fin de cette étrange relation avec Corinna à Berlin, il a rencontré 1 femme dans sa ville natale, une ressortissante hollandaise, ils se sont mariés quelque temps plus tard. Ce qui est frappant, c'est la grande ressemblance entre cette Hollandaise et cette Corinna.

Corinna est restée pour moi la plus énigmatique de toutes ces figures. Elle a refusé tout entretien ; elle m'a obligé aux plus-longues supputations sur son compte. – Elle me semble être une créature d'une nature dédoublée. Dont les deux parties, en opposition constante, comme les polarités opposées de fortes charges électriques, exposent en permanence son être à des dangers qu'elle évite avec une difficulté=croissante à mesure que les années s'accumulent. Son travail-de-médecin a fait main basse sur 1 moitié de sa vie. Aux-temps-de-la-ErDéA, employée d'un service médical d'entreprise, après le-Tournant, ophtalmologue exerçant dans un cabinet privé, métier qui lui importe manifestement aussi peu que si on l'obligeait à transporter du fumier ; à l'évidence 1 métier qu'elle a choisi un jour sous la simple contrainte de l'exemple de son père & du consentement de celui-ci. Et plus le sable s'écoule par le petit tube de La Grande Horloge & s'accumule dangereusement dans le vase inférieur, plus elle s'afflige de cette situation ; chaque jour vécu comme médecin 1 jour de vie perdu pour=toujours. Reste qu'en son for-intérieur, le DEVOIR aux résonances creuses construit une immense voûte de peur de perdre le-contrôle de=soi-même : à supposer qu'elle abandonne son métier, ?qu'adviendra-t-il ensuite : dettes, dégringolade, caniveau. – C'est pourquoi cette femme se dépêche Chaquejour vers son cabinet, Chaquesoir vers son appartement. Là-bas, son-mari, cet étrange ingénieur & collectionneur-de-pierres-amateur. – L'autre moitié de sa vie, cette femme la jette avec son Grand Désir é une Avidité tenue=secrète dans des liaisons jamais vécues jusqu'au bout ; la plus candide d'entre elles est sans doute celle avec Ralf. Aujourd'hui, ai-je entendu dire, elle a une relation avec 1 compositeur & musicien de studio à peine plus âgé qu'elle, infructueux à percer dans son domaine mais plein des théories d'une sacrée=jeunesse – des monologues des-heures=durant traitant de la musique de l'histoire de la musique de la filosofie de la musique, avant qu'ils couchent=ensemble. *Une escalope aplatie à force de discours* – :Le Bonvieuxtruc des Vantards é des Sans-Succès. Mais au moins a-t-il donné à cette-femme le sentiment de ne pas être restée tête-à-tête avec ses désirs dans le monde qui lui était accessible. Sur ce chemin universel vers la deuxième vie elle apparaît comme une créature survivante du passé & qui maintenant doit se contenter de pauvres fréquentations – car son drame se joue en 1 temps où les-Théâtres de la Chair ont fermé. 2 x par-semaine elle se rend en début de soirée à l'appartement du musicien, rentre chez elle dans la nuit. – Or, les dangers induits par ce conflit intérieur étant pour-l'essentiel toujours les mêmes au-fil-des-ans, étonnement, effroi, tristesse, colère, déception ont à leur tour disparu. Certaines paroles & actions qui participaient de la nature de cette femme, sont même devenues une gêne pour elle, et ce malaise devait finir par n'être plus qu'une pénible=routine toujours plus vaguement ressentie. D'après ce qu'on m'a rapporté, elle parlait avec une vulgarité délibérée é pleine de mépris de sa fille, Laura : *!Je n'ai !pas=assisté à sa-naissance.* – Qui la regarde, aurait envie de l'approuver : Cette Femme a Tout ce qui fait d'elle Une Femme, mais Rien d'1 mère.

D'après ce que j'ai réussi à apprendre sur elle, elle est manifestement de cette majorité de gens que la vision globale sur la vie incite à soutenir l'opinion que celle-ci est surtout obligations&devoirs, dépourvue d'attrait, offre peudebonheur & beaucoup=de-contraintes. La-Quête=du-Sens=des-Choses est la quête-humaine la plus primitive, la plus indéracinable. En conséquence de quoi (ainsi de ma réflexion) obligations&devoirs, absence d'attrait, peudebonheur & beaucoup=de-contraintes ?devraient eux aussi avoir 1 ?sens. Et parce que ceux qui s'interrogent sont des hommes & des hommes=présents-sur-terre, ils répondent oui. Corinna non. Elle a réfuté, peut-être inconsciemment, l'équation fatale Existence = Sens, rompu avec la quête forcée du Sens de l'Existence. *?À quoi bon Tout=ça.* – :La pire, la plus imbécile, la plus terrifiante des questions. Qui tente d'y répondre, tombe inéxorablement dans le vide – le Sens n'existe pas. Nulle part. Jamais. Sans doute savait-elle la nécessité de donner un Sens. Partout. Toujours. Mais probablement est-elle déjà bien usée pour de telles inventions. Lassitude é: avidité – les deux grands pôles de sa nature. Sa vie n'est pas plus heureuse pour autant, mais au moins il lui sera épargné de se-fourvoyer dans la fausse-brillance des *mysticités* où s'égarent tant de malheureux=solit1res. D'un côté, je regrette que cette femme ait refusé de m'accorder tout entretien, de l'autre, elle=même aurait probablement été la 1re à ne pas savoir ce sur ?quoi elle aurait pu me renseigner. – *!Pff=donc, des zhistoires de famille : des platitudes qu'on gonfle artificiellement.* Et de cette voix détimbrée derrière laquelle elle s'efforce de dissimuler ses émotions=intérieures, elle avait sèchement refusé de parler-d'elle. Elle s'était tue, le visage fermé à l'image des individus qui toujours se repoussent eux-mêmes=en 1er lieu.

Mais l'héritage familial, l'esprit-volontaire : dans une figure ronde les grands yeux au regard comme perpétuellement étonné – –

À ma dernière visite dans le quartier psychiatrique de la-prison Dorothea m'avait remis le vieil album de photographies relié dans un cuir écaillé. Sans un mot, comme s'il s'était agi là d'une chose convenue de longue date. Aussi ai-je serré l'album contre=moi, sans rien dire non plus, n'ai même pas pensé à la remercier. La femme ne s'était probablement pas attendue à de la reconnaissance. *La bouche est aussi faite pour se taire. Car Laparole n'est pas ce qu'il y a de plus précieux. Or toute ambition=effrénée, toute aspiration est contenue-en-elle. Ainsi les années se frayent-elle leur chemin à travers les contrées sauvages toujours inexplorées des-Vivants dont les traces de pas demeurent indécelables, comme s'ils avaient marché dans l'eau, et tout silence est sous-estimé.* (En me regardant prendre l'album, 1 moment la femme eut l'air heureuse é délivrée.)

Depuis l'album et ses 100 photographies collées sur au total 45 pages est posé devant moi sur mon bureau. Je l'ai feuilleté avec précaution, car beaucoup de ses pages se sont détachées ; j'ai regardé les visages & les silhouettes inconnues. Chaque photographie est une réponse – chaque réponse a connaissance d'une question – chaque question procède d'un événement concret, les actes réduits au silence cristallisés dans=lepapier.

?Qu'ont-ils légué d'eux.

Des interrogations. À nouveau ils nous ont seulement laissé des interrogations. Or, comme nul ne sait, à l'instant de pénétrer dans ces cryptes de sommeil poussiéreux, qui il arrachera à cette disparition ordonnée par autrui é volontaire – pendant qu'Âge&Vieillissement nous parquent inexorablement dans le Devoir-d'Exister=ressuscité ; combien de coups de pied & horions morsures & coups assénés, distribués & encaissés, combien de sang versé révérences humiliations & combien de tourments (à quelle ?fin : juste pour 1 lichette de vie tranquille promise). Mais comme nul ne sait plus avec ?qui vivre encore, à ?qui se ?cramponner é de ?qui se souvenir encore au-Milieu de toutes ces occurrences de la-Réminiscence gavant les cervelles des Illusions de la Vie –, ainsi chaque promesse contient-elle aussi en elle celui qu'elle engage. Jamais nulle part personne ne s'est vu rétribuer pour ses Vie-&-Mémoire par : la Paix : elle vient bien après l'avenir.

Mais chacun consultera l'avenir pour=lui-même comme l'oracle aux Tempsanciens. De la 1re à la dernière : l'éternelle même question. Mais nous ne devrions pas attendre la réponse. De-tout-temps les réponses furent trop nombreuses ; ils en ont Trop demandé, de fait, aucune réponse n'a jamais pu réconforter. ***p. 357, Photo 58*** →

Vivre=Survivre, un cadeau. Or rien ne se paie plus cher que les cadeaux. Et rien ne ressemble aux sensations éprouvées au 1er jour, quand Lavie paraissait encore fraîche é être=à=soi, comme si l'on pénétrait en un territoire inconnu encore inhabité. Où tout reste à découvrir et à peupler – d'objets é de chimères, avec toute la peur é tout l'amour des Vivants é des Morts.

Et encore des choses é des chimères, les Éternels=Demainistes en progression continue qui fouissent leurs galeries pour l'Avenir. Mais l'Avenir implique de déterrer le Passé : découverte de munitions, – une Rouillargileuse fossile arrachée par les griffes des excavateurs, une guerre fossile jamais achevée. Poussant sans fin au-dessus de la terre comme la Main du Mort du conte cruel[57]*, qui de son-vivant l'avait levée sur ses propres parents – La Malédiction – comme si Detoutemps les descendants avaient abusé de leurs ascendants, – avec la nécessité, afin de pouvoir les atteindre, de commencer par trébucher sur eux : 1 geste 1 mot au mauvais moment : !..... La Main-de-Feu des-Anciens jaillit du Havre-de-Feu : deux soleils qui déclinent sur l'horizon..... Il n'y a rien d'autre à relater.*

Confié à la pluie, murmuré. Ombre é Poussière – tout de même, quel Grandbruit mené autour des-Morts. Autour des Vivants le silence

Notes

[1] eLPéGen : LPG, *Landwirtschaftliche Produktionsgenossenschaften*, coopératives agricoles.

[2] eSEuhDéh : SED, *Sozialistische Einheitspartei Deutschland*, Parti socialiste unitaire allemand, au pouvoir en République démocratique allemande jusqu'à la réunification en 1990.

[3] *Hals&Beinbruch* : traduit par « Bonne chance pour te rompre le-cou&les-os », vœu *a contrario* que se faisaient les chasseurs, alpinistes et sportifs en Allemagne, qui attribue les mêmes vertus prophylactiques à celui que les Français prêtent au mot de Cambronne *(Et merde à tous !)*.

[4] H.O. : *Handelsorganisation*, organisation du commerce de détail de l'État en RDA.

[5] « Le nom du père est le secret de la mère » : proverbe jamaïcain, L'enfant est-il bien celui du mari ?

[6] Thersite : personnage de *L'Iliade*, caricature de laideur, d'insolence et de lâcheté.

[7] « jusqu'au dernier plat servi » : inspiré de la phrase de Friedrich von Schiller dans *Le Visionnaire.*

[8] En français dans le texte.

[9] En français dans le texte.

[10] Achill Island : en Irlande, lieu de séjour de l'écrivain allemand Heinrich Böll, prix Nobel de littérature, à partir des années 1950. Il s'y serait réfugié, dit-on, afin de fuir les payasages de ruines de l'Allemagne après la guerre.

[11] En français dans le texte.

[12] Allusion au mythe de la création du monde dans la cosmogonie égyptienne héliopolitaine, qui dit qu'il existait au départ une étendue d'eau infinie et intemporelle d'où émergea une butte primordiale.

[13] VéPé : VP, *Volkspolizei*, Police du peuple.

[14] VoPos : abréviation courante pour *Volkspolizisten*, policiers, agents de la Police du peuple.

[15] eFDéJi : FDJ, *Freie Deutsche Jugend*, organisation de la jeunesse en R.D.A.

[16] Trakehner : race de cheval de selle la plus ancienne d'Allemagne.

[17] Aujourd'hui respectivement les villes de Koszalin, Szczecin, Olsztyn et Kwidzyn.

[18] L'équerre et le compas : signes symboliques de la franc-maçonnerie.

[19] Le nom de l'endroit dont il ne subsiste qu'1 lettre : Douchy.

[20] Référence à la Bible, Livre de Job, 40, versets 18 et 21.

[21] Wolfgang Kapp : avocat d'affaires et homme politique, à l'origine du putsch de 1920 qui visait à renverser la République de Weimar. Il est décédé en 1922, avant la tenue de son procès.

[22] 1 année-lumière = $9{,}460528 \cdot 10^{15}$ mètres

[23] Winne-Toux : en fait Winnetou, personnage d'Indien au cœur pur créé par le romancier populaire Karl May et interprété au cinéma par l'acteur français Pierre Brice.

[24] *belles chevelures :* allusion à la chevelure ensorcelante de Lilith, (*Le Second Faust* de Goethe). D'après la tradition juive, Lilith serait rousse et, en Éden, la première compagne d'Adam avant Ève.

[25] un-ménage-à-quatre : en français dans le texte.

[26] Hyphe : filament cloisonné dépourvu de chlorophylle, constitutif du mycélium des champignons supérieurs et des lichens.

[27] *Nouvellemonnaie émise à Bonn* : référence à la réforme monétaire de 1948 dans les zones occidentales. La suite de la phrase est un rappel chronologique : mai 1949, création de la République fédérale d'Allemagne (R.F.A.) ; octobre 1949, création de la République démocratique allemande (R.D.A.).

[28] D'après la citation d'Emmanuel Kant, « L'homme a été taillé dans un bois si tordu qu'il est douteux qu'on en puisse jamais tirer quelque chose de tout à fait droit. »

[29] « Stahlhelm » : désigne d'abord l'« Union des Soldats du front », une association de combattants de la Première Guerre mondiale créée en 1918 par Franz Seldte. Puis une formation militaire des membres de la S.A. créée en 1933 et dissoute en 1935. Recréée en 1951 en Allemagne de l'Ouest, son rôle est resté insignifiant.

[30] « Panta Rhei » : d'après Héraclite d'Éphèse qui affirme que nulle chose ne demeure ce qu'elle est, et tout passe en son contraire.

[31] Rentenmark : monnaie de transition allemande adoptée pour faire face à l'hyper-inflation qui sévissait entre 1919 et 1923. Le Rentenmark n'était pas une monnaie légale, en ce sens qu'il n'y avait aucune

obligation de l'accepter comme paiement, mais la population l'accepta et ce consensus mit un terme à l'inflation.

[32] La testostérone a été isolée pour la première fois en 1935 par E. Lacqueur à partir d'expérimentations faites sur des testicules de taureau. *(N.d.A.)*

[33] *Et les-Russes, déjà en Prusse orientale* : l'armée russe a franchi la frontière avec la Prusse orientale le 21 octobre 1944.

[34] Référence à la Bible, Ancien Testament, Nombres 33, versets 51 à 56.

[35] « Pas 1 pfennich de Markémoi » : l'original dit : *« Nich 1 Fennich Krä-Ditt »*. Littéralement : « pas un pfennig de crédit ». Le mot *Ditt* renvoie à *Dittchen*, une pièce de 10 pfennigs (en Prusse orientale) – « markémoi » est une expression familière synonyme de « crédit » (sous-entendu : vous le mettrez sur mon ardoise).

[36] Le vieux Fritz : surnom donné à Frédéric II de Prusse (1712 – 1786), dit aussi Frédéric le Grand. Les défilés dont il est question eurent lieu à Potsdam le 17 août 1936 devant la tombe du souverain pour la commémoration du 150e anniversaire de sa mort, en présence de Rudolf Hess, représentant personnel du Führer Adolf Hitler et chef de la chancellerie du NSDAP (parti nazi).

[37] « die Emma-Nazion » : Interrogé sur cet aspect, l'auteur a répondu qu'il s'agit d'un jeu de mots portant d'une part sur l'« émanation », à savoir le processus par lequel les êtres et le monde seraient produits par la nature divine, et d'autre part en référence à la première revue féministe allemande « Emma », publiée par Alice Schwarzer, une revue très importante dans les années soixante-dix qui est devenue entre-temps une « gardienne des vertus du politiquement correct ». Une nation qui comme la nation allemande – je cite l'auteur – se montre publiquement sous la domination de ce politiquement correct, devient par

conséquent une « Emma-Nation », désorthographiée en « Emma-Nazion » pour souligner la tendance fascisante de l'époque.

[38] Koudamm : en allemand *Kudamm*, abréviation courante pour Kurfürstendamm

[39] I-C-E : *Inter City Express*, train à grande vitesse reliant entre elles les grandes villes d'Allemagne.

[40] Référence à la pièce de William Shakespeare *La Nuit des rois* : « Si musique est nourriture de l'amour, alors, jouez ! Donnez m'en en excès, et plus encore. »

[41] « La nuit est aussi un soleil » : cf. Friedrich Nietzsche, *Ainsi parlait Zarathoustra. Un livre pour tous et pour personne.*

[42] « viole d'amour » : le texte original dit « *Viola pimposa* », déformation de *viola pomposa*, un instrument à cordes frottées de la famille des violons. Dans la littérature ancienne, les musiciens donnent divers noms à cet instrument, comme par exemple *violino pomposo.*

[43] Finito Rastelli : allusion faite à l'artiste de cirque Rastelli qui se rompit le cou dans un exercice de voltige au trapèze. L'auteur veut dire par là : « Terminé une bonne fois pour toutes. »

[44] Satyre puant : champignon qui, à maturité, dégage une odeur nauséabonde, et dont la forme rappelle celle d'un phallus en érection. Le nom scientifique est *phallus impudicus.*

[45] Ce passage figurant sous la photo 58 et les textes qui suivent les photos 64 et 65 sont un hommage rendu à Alfred Döblin et à son roman de science-fiction paru en 1924, *Montagnes, mers et géants*, lequel, résultant d'intenses études en sciences naturelles, pose de nouveaux critères dans un genre complètement nouveau. Cette œuvre de Döblin est, selon Günter Grass, « un grand roman exalté, oublié

qu'il nous faut redécouvrir et qui a été écrit comme sous l'effet d'une surpression visionnaire. »

[46] S.B.Z. : *Sowjetische Besatzungszone*, zone d'occupation soviétique.

[47] « Para-Graphe 48 » : référence au § 48 de la constitution est-allemande qui, outre toute une série d'obligations, prévoit notamment l'interdiction de séjour à Berlin pour un type de population bien déterminée.

[48] « 3 Justes à=se=prendre=par=les=cheveux » : allusion à la nouvelle *Les Ouvriers peigniers, histoire de trois justes* du nouvelliste, romancier et poète suisse Gottfried Keller (1819-1890), qui met en scène trois ouvriers peigniers et montre que trois « justes » ne peuvent vivre longtemps sous le même toit sans se prendre par les cheveux. Il ne s'agit pas, dans cette nouvelle, de « justes » au sens de la justice céleste, ou de la justice naturelle de la conscience humaine, mais de cette justice exsangue, qui ne fait jamais le moindre tort à personne, mais jamais non plus le moindre plaisir. Avec drôlerie, Gottfried Keller cherche à démontrer la parfaite pauvreté d'âme de ceux dont la « justice » n'est qu'égoïsme, dessèchement et sottise, pour les mettre ensuite en conflit entre eux.

[49] Le lest lâché par Krenz : ici est fait allusion à Egon Krenz, dernier Secrétaire général du S.E.D. et aux mesures prises pour faciliter les départs à l'Ouest.

[50] E.O.S. : *Erweiterte Oberschule*, correspond à l'époque au lycée dans le système éducatif de la R.D.A. et comporte quatre classes allant de la 9e à la 12e année.

[51] En français dans le texte.

[52] BéGéBé : BGB, *Bürgerliches Gesetzbuch*, code civil allemand.

[53] « Seul ce qui ne cesse de nous faire souffrir reste dans la mémoire… » : cf Friedrich Nietzsche, *La Généalogie de la morale.*

[54] eNVauA : NVA, *Nationale Volksarmee*, armée nationale populaire

[55] Référence aux travaux du photographe japonais contemporain Naoya Hatakeyama dont l'œuvre qui se concentre principalement sur l'architecture est caractérisée par une rigueur et un intérêt presque archéologiques.

[56] *Old Ben* : référence à la nouvelle de William Faulkner, *L'Ours* (*The Bear*, 1942)

[57] *La Main du Mort* : référence au conte *Die Emmerstedter Totenhand*, qui raconte qu'au temps de la guerre de Trente Ans un jeune homme nommé Stoffel avait coutume de maltraiter ses parents et ses semblables. Tyrannique, il imposait son bon vouloir à tous. Il mourut un jour sous l'emprise de la boisson et fut enterré au cimetière d'Emmerstedt en Basse-Saxe. Quelque temps plus tard, sa main poussa hors de sa tombe. Le fossoyeur la recouvrit de terre, mais la main ne cessait de repousser. Alors le fossoyeur décida de la couper. Depuis, cette main, d'abord conservée dans la sacristie de l'église d'Emmerstedt, puis mystérieusement disparue, pour réapparaître plus tard au Emmerstedter Museumshof, incarne l'avertissement adressé à tous les enfants : si jamais ils lèvent la main sur leurs parents, leur geste sera puni et sans fin leur main poussera hors de leur tombe.

Sommaire

Premier Livre. Couvée de cendres
Photo 1 – Photo 57 11

Deuxième Livre. Le rivage des Cimmériens
Photo 58 – Photo 70 355

Immortelles de fer
Photo 71 – Photo 77 443

Troisième Livre. Une deuxième vie et pas d'épilogue
Photo 78 – Photo 99 473

Pas d'épilogue
Photo 100 595

CHEZ LE MÊME ÉDITEUR

Philippe Annocque
Liquide
Monsieur Le Comte au pied de la lettre
Rien (qu'une affaire de regard)
Pas Liev

Julien d'Abrigeon
Sombre aux abords

Bettina Balàka
Murmures de glace

Nick Barlay
La Femme d'un homme qui

John Berger
La Tenda rouge de Bologne

Nella Bielski
C'était l'an 42

Julien Bosc
Le Corps de la langue

Lionel Bourg
L'Engendrement
L'Horizon partagé

Kate Braverman
Lithium pour Médée
Bleu éperdument

Rolf Dieter Brinkmann
Rome, regards

Ron Butlin
Le Son de ma voix
Visites de nuit

Jonathan Coe
B.S. Johnson, histoire d'un éléphant fougueux

Marie Cosnay
À notre humanité

Denis Decourchelle
La Persistance du froid

Paul Desalmand
Le Pilon

Karsten Dümmel
Le Dossier Robert

Miguel Duplan
Un long silence de carnaval

Eva Figes
La Version de Nelly

Frédéric Fiolof
La Magie dans les villes

Marie Frering
Désirée
L'Ombre des montagnes

Mihàlis Ganas
Quelques femmes

Undine Gruenter
La Cache du Minotaure
Le Jardin clos

John Herdman
Imelda

Paulus Hochgatterer
Brève histoire de pêche à la mouche
La Douceur de la vie

Victoria Horton
Grand Ménage
Attachements

Chrìstos Ikònomou
Ça va aller, tu vas voir

Reinhard Jirgl
Les Inachevés
Renégat, roman du temps nerveux

B.S. Johnson
R.A.S. Infirmière-Chef, une comédie gériatrique
Christie Malry règle ses comptes
Chalut
Albert Angelo
Les Malchanceux

Gabriel Josipovici
Moo Pak
Tout passe
Goldberg : Variations
Infini – l'histoire d'un moment

Jacques Josse
Cloués au port

Michel Karpinski
La Sortie au jour

Besik Kharanaouli
Le Livre d'Amba Besarion

Mènis Koumandaréas
La Femme du métro
Le Beau Capitaine

Alain Lacroix
Constellation

Jérôme Lafargue
L'Ami Butler
Dans les ombres sylvestres
L'Année de l'hippocampe
En territoire Auriaba

Erwan Larher
Marguerite n'aime pas ses fesses

Michael Lentz
Mourir de mère

Christoph Meckel
Portrait-robot. Mon père / Portrait-robot. Ma mère

Annette Mingels
Romantiques

Stéphane Padovani
La Veilleuse
L'Autre Vie de Valérie Straub
Le Bleu du ciel est déjà en eux

Robert Perchan
La Chorée de Perchan

Claudio Piersanti
Enrico Metz rentre chez lui

Monique Rivet
Le Cahier d'Alberto

Vedrana Rudan
Rage

Maïca Sanconie
Amor
De troublants détours
Le Bord du ciel

Ersi Sotiropoulos
Dompter la bête

Pierre Terzian
Crevasse

Bruno Testa
Dépression tropicale
L'Adoption

David M. Thomas
Un plat de sang andalou
Nos yeux maudits

Nils Trede
La Vie pétrifiée

Yannis Tsirbas
Victoria n'existe pas

Stéphane Vanderhaeghe
Charøgnards

Romain Verger
Zones sensibles
Grande Ourse
Forêts noires

Olivier Vigna
L'Appendice des jours

Marc Villemain
Le Pourceau, le Diable et la Putain

Catherine Ysmal
Irène, Nestor et la Vérité
À vous tous, je rends la couronne

Zyrànna Zatèli
Le Vent d'Anatolie

Lignée Baeske (Basse-Lusace)

Friedrich Christian — *épouse en 1893* — **Hedwig**
* 1876 † 1908 — * 1870 † 1941 (fin de l'automne)

Friedrich Heinrich Werner — *épouse en 1922* —
* 26.01.1896 à Thalov † 24.12.1984 à Berlin
Jardinier & garde-chasse chez von Dorset, commerçant

Frères & sœurs : . **Friederike** — *épouse en 1919* — **Paul Karge**
* 1893 † 1964 — * 1902 † 1958

Peter-Paul
* 1930 † 1989 (suicide)

. **Johannes**
* 1900 † 1916 (mort à la guerre)

August Adam — *épouse en 1935* — **Theresa Müller**
* 1901 à Altendorf — * 1911 à Altendorf
† 24.12.1939 (assassiné) — † 1941 (suicide)

Georg Heinrich (Ferdinand) Adam — *épouse le 07.03.1960* — **Henriette**
* 1935 à Altendorf — * 1936 à Mathildenbourg † 2000 à Berlin

Sœur : . **Felicitas (Lizi, Feli)**
* 01.09.1939 à Altendorf

Les « Jumeaux » :

. **Henry** — *épouse en 1992* — **Dorothea**
* 16.11.1960 (bulletin de naissance officiel) † novembre 2006 Germaniste — * 1963 à Francfort-sur-le-main Journaliste

. **Corinna** — *épouse en 1985* — **Dieter**
* 16.11.1960 Ophtalmologue — * 1950 Ingénieur (et collectionneur de pierres)

Laura (la « Crêpe »)
* 1985 à Berlin

Amie d'Henriette : **Dora** — *épouse* — **Roland**
* 1935 — * 1935 † 1995 (cancer du poumon)

Lignée Schneidereit (Prusse orientale)

Henry —— *épouse en 1890* —— **Ursula**
* 1865 † 1948 — * 1872 † 1926

Johanna
* 21.11.1891 † 22.12.1974
Dame de compagnie chez von Dorset

Frères & sœurs : . **Wilhelm** —— *épouse* —— **Elfriede**
* 1898 † 1943 (mort à la guerre) — * 1905 † ?

Père : . **Konrad Wernstorf**
Mère : . **Helene**
Sœur : . **Hilde**
* 1903 † ?

. **Anna**
* 1926

Fille : . **Susi**
* 1950

. **Bertha**
* 1928

. **Joseph**
* 1900 † 1943 (mort dans le Caucase)

Les Jumelles : . **Pauline**
* 1910 (réside à Lübeck après 1945)

. **Waltraut** —— *épouse* —— **Karl**
* 1910 — (prisonnier de guerre des Russes, porté disparu)

Petra —— *épouse en 1958* —— **Rudolf**
* 1935 † 2008 — * 1930 † 2007

Ralf
* 1960

Frère : . **Reinhold**
* 1937

—— *épouse en secondes noces* —— **Gustav**
(réside à Bad Bentheim après 1945)

Amie de Johanna : **Isolde Przemysl**
* 1895 à Przemysl (Pologne) † ? (assassinée à Theresienstadt)

exultant et féroce

Achevé d'imprimer par Pulsio en août 2016
pour Quidam éditeur 5, rue Mansart 92190 Meudon.